**Stefan Blank**

# Kalifornien

IWANOWSKI´S REISEBUCHVERLAG

Im Internet:

**www.iwanowski.de**

Hier finden Sie aktuelle Infos zu allen Titeln, interessante Links – und vieles mehr!

**Einfach anklicken!**

Schreiben Sie uns, wenn sich etwas verändert hat. Wir sind bei der Aktualisierung unserer Bücher auf Ihre Mithilfe angewiesen: **info@iwanowski.de**

# Kalifornien

## 9. Auflage 2019

© Reisebuchverlag Iwanowski GmbH
Salm-Reifferscheidt-Allee 37 • 41540 Dormagen
Telefon 0 21 33/26 03 11 • Fax 0 21 33/26 03 34
info@iwanowski.de
www.iwanowski.de

Titelfoto: Golden Gate Bridge, San Francisco (Jürgen Richter/LOOK)
Alle anderen Farbabbildungen: s. Abbildungsverzeichnis S. 569
Layout: Ulrike Jans, Krummhörn
Reisekarte: Astrid Fischer-Leitl, München
Innenkarten und Aktualisierung Reisekarte:
Klaus-Peter Lawall, Unterensingen
Titelgestaltung: Point of Media, www.pom-online.de
Redaktionelles Copyright, Konzeption und deren
ständige Überarbeitung: Michael Iwanowski

Alle Rechte vorbehalten. Alle Informationen und Hinweise erfolgen ohne Gewähr für die Richtigkeit im Sinne des Produkthaftungsrechts. Verlag und Autoren können daher keine Verantwortung und Haftung für inhaltliche oder sachliche Fehler übernehmen. Auf den Inhalt aller in diesem Buch erwähnten Internetseiten Dritter haben Autoren und Verlag keinen Einfluss. Eine Haftung dafür wird ebenso ausgeschlossen wie für den Inhalt der Internetseiten, die durch weiterführende Verknüpfungen (sog. „Links") damit verbunden sind.

Gesamtherstellung: Himmer GmbH, Augsburg
Printed in Germany

**ISBN: 978-3-86197-212-9**

### Alle Karten zum Gratis-Download – so funktioniert's

In diesem Reisehandbuch sind alle Detailpläne mit sogenannten QR-Codes versehen, die vor der Reise per Smartphone oder Tablet-PC gescannt und bei einer bestehenden Internet-Verbindung auf das eigene Gerät geladen werden können. Alle Karten sind im PDF-Format angelegt, das nahezu jedes Gerät darstellen kann. Für den Stadtbummel oder die Besichtigung unterwegs hat man so die Karte mit besuchenswerten Zielen und Restaurants auf dem Telefon, Tablet-PC, Reader oder als praktischen DIN-A-4-Ausdruck dabei.

Mit anderen Worten – der Reiseführer kann im Auto oder im Hotel bleiben und die Basis-Infos sind immer und überall ohne Roaming-Gebühren abrufbar.

Sollten wider Erwarten Probleme beim Karten-Download auftreten, wenden Sie sich bitte direkt an den Verlag. Unter info@iwanowski.de erhalten Sie die entsprechende Linkliste zum Herunterladen der Karten.

| | | |
|---|---|---|
| **EINLEITUNG** | | **10** |
| **Autorentipps** | | **12** |
| **Kalifornien auf einen Blick** | | **13** |
| **I.** | **LAND UND LEUTE** | **14** |
| **Historischer Überblick** | | **15** |
| | Die indianische Vergangenheit | 15 |
| | Europäischer Vorstoß und Kolonisation | 16 |
| | Spanische Kolonisation 17 · Die Besiedlung des Westens und der Amerikanisch-Mexikanische Krieg 18 | |
| | Der kalifornische Goldrausch | 19 |
| | Von der Provinz zum Hightech-Zentrum | 23 |
| | Zeittafel | 26 |
| **Geografischer Überblick** | | **28** |
| | Geologische Entwicklung | 28 |
| | Erdbeben 30 | |
| | Die Landschaften | 32 |
| | Klima und Reisezeit | 35 |
| | Nicht selten: Dürre, Waldbrände und Überflutungen 37 | |
| **Gesellschaftlicher Überblick** | | **40** |
| | Bevölkerung und Siedlungsstruktur | 40 |
| | Hispanics 40 | |
| | Afroamerikaner 41 | |
| | Asiaten 42 | |
| | Siedlungsstruktur 43 | |
| | Soziale Lage | 44 |
| | Der „Californian Way of Life" | 46 |
| **Wirtschaftlicher Überblick** | | **50** |
| | Allgemeines | 50 |
| | Wirtschaftsmentalität | 51 |
| | Fischerei, Land- und Forstwirtschaft | 52 |
| | Bergbau und Industrie | 55 |
| | Energie und Umweltschutz | 57 |
| | Tourismus | 58 |

# Reiserouten

## 2. KALIFORNIEN ALS REISEZIEL — 60

**Die gelben Seiten: Allgemeine Reisetipps A–Z** — 61

**Die grünen Seiten: Das kostet Sie das Reisen in Kalifornien** — 113

### Rundreisen / Routen — 119
Kleinere Rundreisen 120 · Große Kalifornien-Rundreise 121

## 3. SAN FRANCISCO UND UMGEBUNG — 122

### Überblick: die Stadtviertel — 123
Ein kurzer Blick in die Vergangenheit — 124
Besichtigungsvorschläge — 126
Redaktionstipps 128

### Rundfahrten und Rundgänge — 128
**Vom Union Square zur Fisherman's Wharf und zurück** — 128
Union Square 128 · Chinatown 131 · Telegraph Hill 134 · Fisherman's Wharf 135 · Alcatraz 136 · Lombard Street und Cable Car Museum 137 · Nob Hill 137

**Vom Civic Center zum Ferry Building** — 138
Civic Center und Asian Art Museum 140 · City Hall und San Francisco War Memorial 140 · St. Mary's Cathedral 142 · Japantown 142 · Yerba Buena Gardens 143 · Financial District 144 · Embarcadero Center und Ferry Building 146

**Von der Fisherman's Wharf zur Golden Gate Bridge** — 149
Maritime National Historical Park 149 · Golden Gate Promenade 151 · Fort Point 152 · Golden Gate Bridge 152

**Spaziergang durch den Golden Gate Park** — 154
Conservatory of Flowers 156 · De Young Museum 156 · Japanischer Teegarten 157 · California Academy of Sciences 157 · Strybing Arboretum & Botanical Gardens 158 · San Francisco County Fair Building 159

**Entlang dem 49-Mile Scenic Drive** — 160
Presidio of San Francisco 161 · Legion of Honor 162 · Cliff House 162 · San Francisco Zoo 162 · Twin Peaks und Mission Dolores 163

### Rund um die San Francisco Bay — 183
**Nördlich der Golden Gate Bridge** — 185
Golden Gate National Recreation Area 185 · Sausalito 186 · Muir Woods National Monument 189 · Mount Tamalpais State Park 190 · Tiburon, Angel Island und Mill Valley 191

**Östlich der Bay** — 192
San Francisco-Oakland Bay Bridge 192 · Treasure Island 194 · Oakland 194 · Berkeley 201

## 4. LOS ANGELES UND UMGEBUNG — 206

### Überblick — 207
**Geschichtlicher Überblick** — 210
Redaktionstipps 212

### Rundgänge und Fahrten durch Los Angeles und Umgebung — 212
**Sehenswürdigkeiten in Downtown Los Angeles** — 212
El Pueblo 212 · Union Station 214 · Chinatown 214 · Little Tokyo 215 · Civic Center 215 · Bunker Hill 216 · Zum Pershing Square, Broadway und Grand Central Market 218 · Die nördliche und südliche Peripherie der Downtown 218
**Hollywood und Griffith Park** — 220
Rundgang durch Hollywood 222 · Griffith Park 226
**Beverly Hills und Midtown** — 229
Museen 232 · Einkaufsgegenden 233 · Westwood Village 234 · Südliche Peripherie 235
**Sehenswerte Städte nördlich der Downtown** — 244
San Marino 244 · Pasadena 244

### Strände und Sehenswürdigkeiten entlang der Küste — 246
**Zwischen Flughafen und Malibu** — 246
Marina Del Rey 246 · Venice 247 · Santa Monica 249 · Getty Villa 250 · Malibu 252
**Zwischen Flughafen und Newport Beach** — 255
Palos Verdes Peninsula 256 · Long Beach 259 · Südlich von Long Beach 264

### Durch das Orange County — 266
**Strände, Städte und Sehenswürdigkeiten** — 266
Costa Mesa 266 · Santa Ana 266 · Yorba Linda 266 · Anaheim 267 · Disneyland Resort 268 · Disney California Adventure Park 271 · Buena Park 273 · Garden Grove 274
**Zwischen Newport Beach und San Clemente** — 274
Newport Beach 275 · Laguna Beach 275 · Santa Catalina Island 277

## 5. RUNDREISEVORSCHLÄGE ZU DEN HÖHEPUNKTEN KALIFORNIENS — 280

### Route 1: Rundfahrt zu den nordkalifornischen Highlights — 281
**Überblick und Streckenvarianten** — 281
Redaktionstipps 283
**Das Wine Country (Napa Valley, Sonoma Valley)** — 283
Möglichkeiten, das Wine Country zu entdecken 283 · Überblick 285 · Über Vallejo nach Napa 287 · Von San Francisco nach San Quentin 288 · San Rafael 288 · Novato 289 · Petaluma 290 · Weiterfahrt nach Sonoma und Napa 290 · Glen Ellen 292 · Sonoma 294 · Napa 297 · Durch das Napa Valley bis Calistoga 301 · Calistoga 303

**Vom Wine Country durchs Landesinnere
zum Lassen Volcanic Park** _____ 306
Oroville 306 · Über Chico zum Lassen Volcanic National Park 308 ·
Über den Feather River Scenic Byway (Hwy. 70) zum Lassen
Volcanic National Park 309· Lassen Volcanic National Park 309
**Vom Lassen Volcanic National Park zur Pazifikküste** _____ 314
Über Redding und Weaverville 314 · Alternativstrecke über Klamath
Falls und Crescent City 318 · Eureka 322 · Redwood National Park
324
**Vom Redwood National Park nach San Francisco
entlang der Küste** _____ 328
Ferndale 328 · Fort Bragg 331 · Mendocino 332 · Fort Ross 335 ·
Bodega Bay 336 · Point Reyes National Seashore 338

## Route 2: Rundfahrt zum Yosemite National Park 342
Redaktionstipps 342
**Überblick und Streckenvarianten** _____ 342
**Sacramento** _____ 343
Besichtigung 347 · Old Sacramento 349
**Von Sacramento zum Lake Tahoe** _____ 354
Zum Südufer: über Folsom 354 · Zum Nordufer: über Auburn 355 ·
Truckee 357
**Seitensprung nach Nevada:
über Reno, Virginia City und Carson City zum Lake Tahoe** ____ 357
Reno 357 · Virginia City 359 · Carson City 361 · Lake Tahoe 362
**Zum Mono Lake und Yosemite National Park** _____ 368
Geisterstadt Bodie 368 · Mono Lake 369 · Abstecher nach
Mammoth Lakes und zur Devils Postpile 370 · Yosemite National
Park 371
**Vom Yosemite National Park durch das Gold Country
nach Sacramento (San Francisco)** _____ 378
Von Jamestown nach Sonora und Angels Camp 379 · Placerville 382

## Route 3: zwischen San Francisco und Los Angeles 383
**Überblick und Streckenvarianten** _____ 383
Redaktionstipps 384
**Von San Francisco nach Monterey und Carmel** _____ 384
a) Nach Santa Cruz auf dem Highway 1 386 · b) Nach Santa Cruz
durchs Landesinnere 387 · Santa Cruz 395 · Von Santa Cruz nach
Carmel-by-the-Sea 397
**Monterey Peninsula** _____ 398
Das historische Monterey 398 · Rundgang 399 · Pacific Grove &
17-Mile-Drive 406 · Carmel-by-the-Sea 408
**Von Carmel nach Santa Barbara** _____ 411
Big Sur 412 · San Simeon und Hearst Castle 414 · Morro Bay, San
Luis Obispo und Pismo Beach 416 · Über Gaviota 417 · Über Solvang
418

Inhalt

| | |
|---|---|
| Santa Barbara | 419 |
| Von Santa Barbara nach Los Angeles | 430 |

Ventura 430 · Channel Islands National Park 433

**Von Los Angeles nach San Francisco durchs Inland** ... 440

Valencia 440 · Bakersfield 441 · Sequoia und Kings Canyon National Park 442 · Fresno 447

## Route 4: Rundfahrt zu den südkalifornischen Highlights und nach Las Vegas ... 449

Redaktionstipps 449

**Streckenvarianten und Hinweise** ... 449
**Von Los Angeles nach San Diego** ... 450

Oceanside 450 · Carlsbad 451 · Alternativstrecke durchs Landesinnere 455 · San Diego Zoo Safari Park 457

**San Diego** ... 458

Überblick 459 · 59-Mile Scenic Drive 461 · Stadtbesichtigung: Rundgänge in Downtown und im Balboa Park 461 · Old Town 470 · Mission Bay und La Jolla 472 · Von Downtown zum Point Loma 477 · Die Mission San Diego de Alcalá 479 · Coronado Peninsula 482

**Abstecher nach Tijuana/Baja California** ... 489

Tijuana (Mexiko) 491

**Von San Diego über Palm Springs und den Joshua Tree National Park nach Las Vegas** ... 494

Alternative 1: über Riverside und Cabazon 494 · Alternative 2: durch die Palomar Mountains und Idyllwild 495 · Alternative 3: über Descanso und den Lake Henshaw 496 · Alternative 4: über den Anza-Borrego Desert State Park 496

**Palm Springs und das Coachella Valley** ... 498

Überblick 498 · Fahrt durch das Coachella Valley (von Palm Springs bis Indio) 500 · Desert Hot Springs 506 · Joshua Tree National Park 508 · Vom Joshua Tree National Park nach Las Vegas 513

**Las Vegas und Umgebung** ... 514

Redaktionstipps 514 · Die Karriere einer Wüstenstadt 514 · Von der Glücksspiel- zur Entertainment-Metropole 517 · Sehenswürdigkeiten/Stadtrundgang 519 · Rundfahrt zum Lake Mead und Hoover Dam 538

**Von Las Vegas nach Los Angeles** ... 544

Der direkte Weg durch die Mojave-Wüste (I-15) 545 · Panoramastraße am Ende der Welt – Abstecher zu den San Bernardino Mountains 550 · Von Las Vegas zum Death Valley National Park 551 · Death Valley National Park 552 · Vom Death Valley zum Pazifik 558

## 6. ANHANG ... 561

**Literaturhinweise** ... 561
**Stichwortverzeichnis** ... 562

## Weiterführende Informationen:

| | |
|---|---|
| Johann August Sutter | 20 |
| Kalifornien gegen Donald Trump | 24 |
| Warten auf „The Big One" | 31 |
| Problem Wasserversorgung | 53 |
| Vegetarier in Kalifornien | 77 |
| Andrew Hallidie und die Cable Cars | 130 |
| J. Paul Getty und das Getty Center | 254 |
| Walt Disney | 271 |
| Weinverkostungen und Winzereitouren | 286 |
| Jack London | 293 |
| Kalifornischer Wein | 299 |
| Redwoods | 329 |
| Lee Vining Canyon Panoramastraße | 370 |
| Santa Cruz – wo der Surfsport den amerikanischen Kontinent erreichte | 396 |
| John Steinbeck | 403 |
| Whale Watching – die Wanderung der Grau- und anderer Wale | 425 |
| Mammutbäume | 445 |
| Juan Rodríguez Cabrillo | 478 |
| Pater Junípero Serra und die kalifornischen Missionen | 480 |
| Mojave-Wüste | 546 |

## Legende

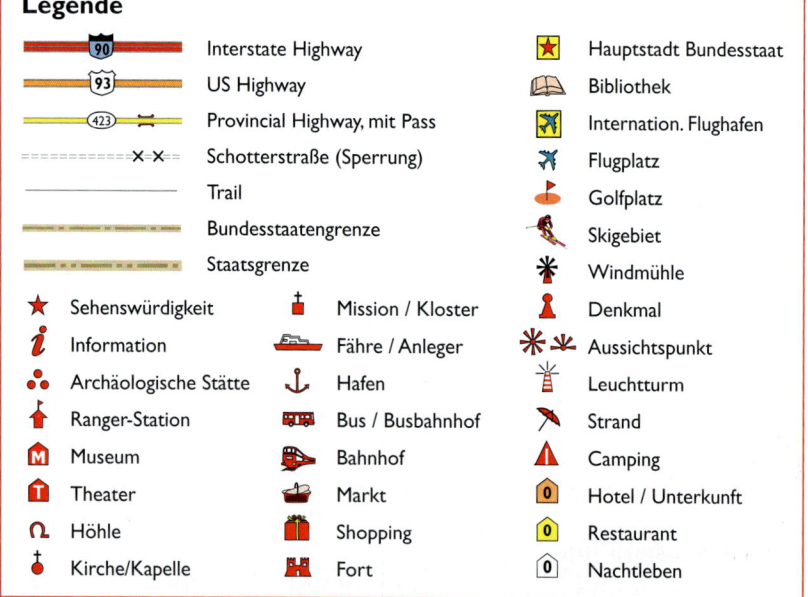

## Karten:

| | |
|---|---|
| Channel Islands National Park | 434 |
| Death Valley National Park | 553 |
| Geologie der Westküste | 29 |
| Joshua Tree National Park | 508 |
| Kings Canyon und Sequoia National Parks | 443 |
| Lake Tahoe | 363 |
| Lassen Volcanic National Park | 310 |
| Las Vegas: | |
|    Downtown | 520 |
|    The Strip | 524/525 |
|    Überblick | 515 |
| Long Beach | 259 |
| Los Angeles: | |
|    Beverly Hills und Midtown | 230 |
|    Downtown | 213 |
|    Hollywood | 221 |
|    Metro-Streckennetz | 242 |
|    Übersicht | 208 |
| Los Angeles – Las Vegas | 452/453 |
| Monterey: historische Altstadt | 400 |
| Monterey Peninsula mit Carmel-by-the-Sea | 407 |
| Napa und Sonoma Valley | 284 |
| Nordkalifornien | 282 |
| Oakland | 195 |
| Orange County | 267 |
| Palm Springs und Umgebung | 498 |
| Redwood National Park | 325 |
| Regionen Kaliforniens | 34 |
| Sacramento | 346 |
| San Diego: | |
|    Downtown und Balboa Park | 462 |
|    Mission Bay und La Jolla | 473 |
|    Umgebung | 460 |
| San Francisco Bay Area | 184 |
| San Francisco Bay Area – BART-Streckennetz | 180 |
| San Francisco: | |
|    Civic Center – Ferry Building | 139 |
|    Fisherman's Wharf – Golden Gate Bridge | 149 |
|    Golden Gate Park | 154/155 |
|    Union Square – Fisherman's Wharf | 129 |
| San Francisco – Los Angeles | 385 |
| San Francisco – Yosemite National Park | 344/345 |
| Santa Barbara: | |
|    Downtown | 422 |
|    Übersicht | 420 |
| Yosemite National Park | 371 |

## Karten in den Umschlagklappen:

Vordere Umschlagklappe: Kalifornien – Highlights
Hintere Umschlagklappe: San Francisco – Übersicht

# EINLEITUNG

*Einleitung*

Mit dem griffigen Slogan „California – dream big" präsentierte sich der „Golden State" im März 2019 auf der Internationalen Tourismus-Börse in Berlin (ITB). Und das trifft es noch immer auf den Punkt, denn seit jeher zieht der äußerste Südwesten der USA die unterschiedlichsten Menschen an, die hoffen, hier ihr Glück zu finden und ihre Träume verwirklichen zu können, ob Pioniere und Goldsucher auf dem harten Treck durch die Wüste, Blumenkinder, Beatniks und Homosexuelle in den Straßen von San Francisco, aufstrebende Jungschauspieler im „La La Land" Los Angeles – oder Reisende, die hier einen Hauch der kalifornischen Freiheit verspüren wollen.

Eine Ahnung der verheißungsvollen Weite dieses großen Landes bietet die Natur, die sich in Kalifornien so vielfältig wie kaum irgendwo sonst darstellt. Zwischen Mexiko und Oregon sowie dem Pazifik und den Rocky Mountains breiten sich Naturwunder aus, deren Höhepunkte in den National und State Parks geschützt sind: Hier warten die eisigen Gletscher und wasserlosen Wüsten, die endlosen Strände und tiefen Urwälder, über 4.000 m hohe Bergkegel und Landstriche unter Meeresspiegelniveau, Vulkane und tosende Wasserfälle auf den staunenden Betrachter. Am besten nähert man sich den natürlichen Schätzen mit sportlicher Aktivität, auch hierzu bietet Kalifornien unbegrenzte Möglichkeiten: Ob Wandern im Yosemite oder Klettern im Joshua Tree National Park, ob Angeln, Reiten, Skilang- oder -abfahrtslauf, Golfen und Surfen – den Urlaubsaktivitäten sind keine Grenzen gesetzt.

Zudem weist das „Land von Freiheit und Abenteuer" kulturelle Sehenswürdigkeiten in erstaunlicher Bandbreite auf. Felszeichnungen und Ausgrabungsstätten zeugen von der indianischen Vergangenheit, russische Forts, spanische Missionen und englische Siedlungen vom europäischen Vorstoß in den „Wilden Westen". Daneben treten die historischen Viertel der Städte San Diego und San Francisco, die verspiegelten Wolkenkratzer der heutigen Zeit, Attraktionen wie Disneyland und schließlich Hollywood, dessen Bann bis heute ungebrochen scheint.

Es fällt schwer, aus der Fülle des Angebots auszuwählen. Ziel dieses Reisehandbuchs ist es daher, dem Individualreisenden – neben einem Einblick in die Geschichte und Kultur Kaliforniens – bei der Planung der Route behilflich zu sein und mit komprimierten Angaben die Auswahl der Sehenswürdigkeiten zu erleichtern. Die dabei skizzierten Strecken und ihre Varianten sowie die Hotel- und Restauranttipps wollen dabei nichts weiter sein als Anregungen, die zum eigenen Entdecken einladen.

Die wichtigste Empfehlung vor Ort ist ohnehin, sich dem „Californian Way of Life" anzupassen. Denn hier kann man getrost große Träume träumen, etwa schon bald wiederzukommen, wohl wissend, dass ein Menschenleben nicht ausreicht, alles Sehenswerte aufzusuchen oder alle Naturschönheiten zu erleben ...

Stefan Blank im April 2019

# Autorentipps

**Stefan Blank**, geboren 1966, bereist seit seinem Studium der Entwicklungspolitik vor allem die Länder des Südens. Aus seinen Erlebnissen entstehen Reportagen und Reiseführer. In Iwanowski's Reisebuchverlag sind von ihm neben dem vorliegenden Band auch die Titel Bahamas, Seychellen, Mauritius mit Rodrigues, Sri Lanka und 101 Bodensee erschienen.

**Unser Autor Stefan Blank gibt Ihnen nützliche Tipps und individuelle Empfehlungen:**

### 1. TIPP

Wo immer möglich, sollte man auf die landschaftlich reizvollen und zum Teil menschenleeren Nebenstrecken abseits der Freeways ausweichen, wo man Natur pur genießen kann, z. B. rund um den **Lassen Volcanic National Park, Seite 310**.

### 2. TIPP

Stilvoller als in den Motels und großen Hotelketten übernachtet man in traditionsreichen Häusern oder Lodges, wie z. B. in der **Big Trees Lodge** des Yosemite National Park, **Seite 376**.

### TOP-TIPP

Wer ein wenig Zeit mitbringt, sollte unbedingt eine **Landschaftsfahrt durch die Mojave-Wüste** unternehmen. Vom Joshua Tree National Park geht es über Twentynine Palms nach Amboy, wo man der historischen Route 66 Richtung Osten folgen kann. In Arrowhead Junction biegt dann die US Route 95 gen Las Vegas ab, **Seite 513**.

# Kalifornien auf einen Blick

| | |
|---|---|
| **Beiname:** | Golden State |
| **Staatsmotto:** | Eureka! (Ich hab's gefunden!) |
| **Wappentier:** | Grizzlybär |
| **Flagge:** | Ein Grizzlybär auf weißem Grund mit schmalem roten Streifen (The Bear Flag) |
| **Gouverneur:** | Gavin Newsom (Demokrat, seit 2019) |
| **Lage:** | Kaliforniens westliche Grenze ist der Pazifik, es liegt zwischen 114° und 125° westlicher Länge sowie zwischen 32° und 42° nördlicher Breite. Eureka in Nordkalifornien ist etwa so weit nördlich wie New York oder Rom, San Diego im Süden liegt etwa auf der Höhe von Dallas oder Casablanca in Marokko. Auf der Landseite ist nur die Grenze nach Arizona im Südosten eine natürliche: Sie folgt dem Ufer des Colorado River. Ansonsten sind die Grenzen (nach Oregon, Nevada und Mexiko) ein Produkt der politischen Geometrie, erkennbar an ihrem schnurgeraden Verlauf. |
| **Größe:** | Die Gesamtfläche beträgt 411.012 km². Damit ist Kalifornien nach Alaska und Texas der drittgrößte US-Bundesstaat und größer als etwa Deutschland, Italien oder Großbritannien. In Nord-Süd-Richtung misst Kalifornien 1.200 km, in West-Ost-Richtung 250–400 km. |
| **Küstenlinie:** | Die Küstenlinie zwischen Oregon und Mexiko beträgt rund 1.200 km, einschließlich der Inseln und Buchten rund 2.000 km. |
| **Landschaftsprofil:** | Es weist z. T. beträchtliche Höhen mit mehreren Drei- und Viertausendern auf, wobei der Mount Whitney in der Sierra Nevada mit 4.421 m ü. d. M. den kalifornischen Rekord hält. Gleichzeitig befindet sich bei Badwater im Death Valley nicht nur der tiefste Punkt der USA, sondern des gesamten amerikanischen Kontinents: Er liegt 86 m unter Meeresspiegelniveau. |
| **Bevölkerung:** | Kalifornien hat ca. 39,8 Mio. Einwohner und ist damit der einwohnerstärkste Bundesstaat der USA. Davon sind 38,9 % Hispanics, 37,7 % Weiße, 14,8 % Asiaten, 6,5 % Schwarze und 1,2 % Indianer. Die meisten Menschen leben in Groß- oder Kleinstädten: Der Urbanisierungsgrad beträgt 95 %. |
| **Hauptstadt:** | Sacramento (495.000 Ew.) |
| **Große Städte:** | Los Angeles (4,05 Mio. Ew.), San Diego (1,4 Mio. Ew.), San Jose (1 Mio. Ew.), San Francisco (884.000 Ew.), Fresno (527.000 Ew.). Von den städtischen Großräumen (Metropolitan Areas) ist Los Angeles/Long Beach mit ca. 13 Mio. Ew. führend (nach New York mit 20 Mio. Ew. auf dem zweiten Platz der US-Rangliste) vor der San Francisco Bay Area (7,7 Mio.) und San Diego (3,3 Mio.). |
| **Wirtschaft:** | Tourismus, Landwirtschaft (Gemüse, Obst, Baumwolle, Wein, Nüsse), Lebensmittelindustrie, Fahrzeugbau, Elektro- und Computerindustrie, Flugzeugbau, Raumfahrttechnik, Gentechnologie, Waffenproduktion, Erdölförderung, petrochemische Industrie, Unterhaltungs- und Filmindustrie. |

# I. LAND UND LEUTE

# Historischer Überblick

## Die indianische Vergangenheit

Heutzutage ist bekannt, dass die Geschichte Amerikas nicht mit Kolumbus (oder den Wikingern) beginnt, sondern dass es im Süd-, Mittel- und Nordteil des Kontinents lange vor der „Entdeckung Amerikas" **hochentwickelte Indianerkulturen** gegeben hat. Ab wann die Einwanderung des Homo sapiens nach Amerika anzusetzen ist, wird in der Forschung unterschiedlich beantwortet. Einige setzen für dieses Ereignis die Zeit um etwa 10000 v. Chr., andere wiederum die vor 70.000 oder, wie die Archäologen der *Calico Early Man Site* (s. S. 547), vor 200.000 Jahren an. Die Mehrheit der Forschung geht aber von einer Immigration aus, die ab 35000 v. Chr. in mehreren Wellen erfolgte. Fest steht, dass Volksstämme aus dem Inneren Asiens über die (damals trockene oder zugefrorene) Beringstraße hinüberwanderten und den menschenleeren Kontinent von Norden aus besiedelten. Sie waren Großwildjäger, die den Fährten inzwischen ausgestorbener Tierarten (Mammuts usw.) nach Süden und in die Prärie folgten. Nachgewiesen sind Gerätschaften von Jäger-, Fischer- und Sammlerkulturen, die gegen 8000 v. Chr. in unterschiedlichen Gebieten der heutigen USA lebten und bereits jeweils eigene, differenzierte Charakteristika aufwiesen.

*Erste Besiedlung*

Als letzte Gruppe haben wahrscheinlich die Inuit ihre Wanderung angetreten und sich an den arktischen und subarktischen Küsten von Grönland, Kanada, Alaska und dem nordöstlichen Sibirien ausgebreitet. Zu diesen hielten und halten bis heute die Indianerstämme des amerikanischen Nordwestens, die größtenteils Fischer waren, engen kulturellen Kontakt. Demgegenüber war die Lebensgrundlage der Prärie-Indianer, die in die weiten Ebenen zwischen den Rocky Mountains und dem Mississippi zogen, die Büffeljagd. Die nomadische Lebensweise von Stämmen wie *Blackfoot*, *Comanche* und *Sioux* konnte erst (trotz aller Dezimierung durch die Weißen) mit der europäischen Einführung des Pferdes zur vollen Blüte gelangen und hat ihren Höhepunkt zur Mitte des 19. Jh.

Im **Südwesten** kristallisierte sich noch früher eine der am höchsten entwickelten Gesellschaften des Subkontinents heraus, von der vor allem die mehrstöckigen Klippenhäuser und Pueblos der *Sinagua* und *Anasazi* erzählen.

Das kulturelle Niveau der Indianerstämme Kaliforniens war nicht ganz so hoch – und musste es auch nicht sein: Das Klima an der Küste war gleichbleibend mild und zwang nicht zum Bau massiver Wohnungen, Fischfang und Jagd waren ganzjährig möglich, und für komplizierte Bewässerungstechniken wie im Südwesten bestand keine Notwendigkeit. Anstelle der Steinbauten im Südwesten oder der Stangenzelte der Prärie-Indianer lebten sie in Iglu-ähnlichen Schilfhütten, die bei Kälte oder Regen mit Hirschhäuten bedeckt wurden. Ab etwa 500 n. Chr. bildeten sich hier jene Clans und Sippen, die später auch die Europäer kennenlernten. In Nordkalifornien siedelten die *Konomihus*, *Atsugewis* und *Modokes* in der Region um den Mount Shasta. Die friedlichen *Miwok* und *Ohlone*, die an der Bay von San Francisco wohnten, waren Sammler und Jäger. Gesammelt wurden hauptsächlich Eicheln, aus denen man Mehl herstellte, daneben machte man Jagd auf Elche und Hirsche. Wegen der Sammelwirtschaft wurde in diesem Raum die Herstellung

*Günstiges Klima*

von Körben (Flechtwerk) bis zur Meisterschaft entwickelt. In Südkalifornien ließen sich die *Chumash* in der Gegend von Santa Barbara nieder. Ihren Lebensunterhalt bestritten sie zum größten Teil mit Fischfang. Einige ihrer kunstvoll geknüpften Netze, Angelhaken aus Muschelschalen oder Reusen sind noch erhalten und Schmuckstücke verschiedener Museen, ebenso wie die aus Redwood und Zedernholz gearbeiteten Kanus. Weitere größere der rund 80 kalifornischen Stämme waren die *Yokuts* im Central Valley, die *Cahuilla* in den südlichen Wüstengebieten sowie die *Wintun*, *Maidu*, *Costano*, *Pomo*, *Salina*, *Gabrielino*, *Diegueno* und *Luiseno*.

*80 Indianerstämme*

Nach der „Entdeckung" Amerikas im Jahre 1492 durch Kolumbus zerstörten die Europäer die **amerikanischen Hochkulturen** und errichteten ein riesiges spanisches Kolonialreich, das im Westen auch große Teile der heutigen USA mit einschloss. Die im damaligen weißen Selbstverständnis immer wieder geäußerte Behauptung, der „Wilde Westen" sei ein mehr oder weniger leeres Land gewesen, stimmte natürlich nicht. Insgesamt wird die Zahl der Indianer, die im heutigen Staatsgebiet der USA lebten, auf 1–2 Mio. geschätzt, wobei allein zu Kolumbus Zeiten Kalifornien rund 300.000 Bewohner gehabt haben dürfte.

*Kalifornien als Insel (Karte von 1638)*

## Europäischer Vorstoß und Kolonisation

Nach Kolumbus' Entdeckungsfahrten konzentrierte sich das Interesse der europäischen Kolonialmächte ab 1492 auf die dichtbesiedelten und hochentwickelten Gebiete Mittel- und Südamerikas, etwas später auch auf die nordamerikanische Ostküste, während der größte Teil des Nordwestens lange Zeit unerforscht blieb und einfach **terra incognita** (unbekanntes Land) war. Dabei hatten bereits zu Anfang des 16. Jh. erste spanische, portugiesische und englische Expeditionen stattgefunden, die von der mexikanischen Pazifikküste in den Norden gingen und sämtlich von der Suche nach Gold und Edelsteinen geleitet wurden. Denn dass es im Westen etwas zu holen gab – daran bestand nie Zweifel: Etwa 1510 war zum ersten Mal ein Gerücht über die Insel California zu hören, auf der schwarze Amazonen leben und Goldschätze horten sollten.

Auch die Mär vom **sagenhaften Goldland** El Dorado wurde von einigen Seefahrern auf den Westen der heutigen USA bezogen. Unter diesen befanden sich der Eroberer

## Europäischer Vorstoß und Kolonisation

**Hernán Cortéz**, sein spanischer Landsmann Francisco Vásquez de Coronado (der 1540 das heutige New Mexico erforschte) und der Portugiese Juan (portug.: João) Rodríguez Cabrillo, der 1542 von Mexiko aus entlang der pazifischen Küste nach Norden segelte und als erster Europäer in Kalifornien vor Anker ging. Auch der **englische Seeheld Sir Francis Drake** landete mit seinem Schiff *The Golden Hind* in Kalifornien – irgendwo nördlich der San Francisco Bay – und reklamierte das Gebiet für die britische Krone. Und noch im Jahre 1638 malte der **Holländer Johannes Jansson** Kalifornien als Insel. Es dauerte also eine ganze Weile, bis das kalifornische Gebiet wirklich erforscht und unter die Kontrolle der **Spanier** geraten war – gleichbedeutend mit Zwangsmaßnahmen gegen die Einheimischen, die ihr altes Leben aufzugeben hatten. Die südwestlichen Pueblo-Indianer waren zu dieser Zeit bereits Einwohner der Provinz Nueva México, die seit 1606 von der Hauptstadt Villa Real de la Santa Fé de San Francisco (Santa Fe) verwaltet wurde; zur gleichen Zeit gründeten Jesuiten, später auch Franziskaner dort ihre Missionen und ergänzten die weltliche Ausbeutung der Indianer um eine neue Variante.

*Ankunft der Europäer*

## Spanische Kolonisation

Erst sehr viel später, nämlich im Jahre 1769, begann die **spanische Kolonisation Kaliforniens**. Um den von Norden her vorstoßenden Russen zuvorzukommen, drängte König Karl III. zu einer raschen Einverleibung des Gebietes. Der dazu entsandten Expedition des Gaspar de Portolà folgten, wie schon in Nueva México, christliche Missionare. Entlang der Küste wurden dabei unter dem Franziskaner Junípero Serra, dem sogenannten „Apostel Kaliforniens", bis 1823 insgesamt 21 Missionsstationen gegründet, die erste davon 1769 in San Diego (s. S. 479). Die Missionen, deren Bauwerke heute als geschichtsträchtige Attraktionen Ziel touristischer Ausflüge sind, waren nicht nur geistliche Institutionen, sondern auch enorm reiche landwirtschaftliche Unternehmen, deren ökonomische Basis die Indianerarbeit war. Die Franziskaner zwangen die Eingeborenen zu unbedingtem Gehorsam, zur radikalen Änderung ihrer Lebensweise oder zur Sklavenarbeit. Nur selten fanden die Indianer die Kraft, gegen das System zu revoltieren, wie z. B. 1775 in San Diego, wobei ein Padre ermordet wurde. Den Schutz der Franziskaner übernahmen Soldaten, deren befestigte Forts (*Presidios*) die militärische Herrschaft der Spanier sicherten, während die politische in der Provinzhauptstadt Monterey ausgeübt wurde.

Die Spanier waren nicht die einzigen Europäer, die nach Kalifornien vordrangen: An der Pazifikküste trat als weitere fremde Großmacht das Zarenreich in Erscheinung, das seit 1788 (bis 1867) in Alaska bereits amerikanisches Land in Besitz hatte. Schon

*Glockenturm der ersten spanischen Missionsstation in San Diego*

## Historischer Überblick

Spanisches Kulturerbe: Wandkacheln in Carmel-by-the-Sea

1794 segelten von den Aleuten und Alaska aus russische Pelzhändler und Siedler in den Süden. 1812 gründeten **Russen** aus Alaska im kalifornischen Fort Ross eine befestigte Station mit Kommandantur, Kirche, landwirtschaftlichen Betrieben und einer Pelzhandelsfirma. Obwohl diese Kolonie 1844 wegen wirtschaftlicher Schwierigkeiten aufgegeben werden musste und die Russen alle ihre kalifornischen Besitzungen verkauften und das Land verließen, sollten noch häufiger Robben- und Seeotterjäger, Pelztierfänger und Händler aus dem Zarenreich bis weit in den Süden vorstoßen. Sie lebten, wenn man so will, lange vor den „Amerikanern" in Washington, Oregon und Nordkalifornien.

Diese hatten in der Revolution und im **Unabhängigkeitskrieg** gegen England (1776–1783) in den 13 Ostkolonien zum ersten Mal die staatliche Autonomie erkämpft und die Basis der heutigen Vereinigten Staaten geschaffen. Sie ließen keinen Zweifel daran, dass sie den gesamten Subkontinent, vom Atlantik bis zum Pazifik, als ihre alleinige Interessensphäre betrachteten. So kauften die USA unter Präsident Jefferson 1803 Napoleon für 15 Mio. Dollar das französische Gebiet westlich des Mississippi ab, und den Engländern machten sie durch eine Expedition in das sogenannte „Oregon-Territorium" (Washington, Idaho, Oregon) in den Jahren 1804–1806 ihre Ansprüche auf den amerikanischen Nordwesten bis hin zur Pazifikküste klar. Der formale politische Besitz der ehemaligen französischen Kolonie reizte immer mehr Menschen zum Überqueren der Appalachen und zum Zug in den „Wilden Westen". Auf der sogenannten „Wilderness Road" folgte Treck auf Treck, und in kürzester Zeit war alles vereinnahmt, was an fruchtbarem Boden vorhanden war, alles vermessen, was sich zur Besiedlung anbot, und alles abgeschossen, was die Prärie an Großwild hergab.

*Jeffersons Deal mit Napoleon*

## Die Besiedlung des Westens und der Amerikanisch-Mexikanische Krieg

Die Indianerstämme, die bisher das Land im Osten genutzt hatten, wurden im Jahre 1830 sämtlich zwangsenteignet, und vor der Menschenwelle, die da auf sie zukam, flohen etwa 100.000 recht- und heimatlos gewordene Indianer über den Mississippi nach Westen. Doch auch hier folgten die Weißen in großer Zahl, zuerst die Pelzhändler, dann die Holzfäller, Landvermesser, Viehzüchter, Bergleute und am Schluss die Farmer. Diese stetig vorrückende „Front", bei der es freilich vorspringende und zurückweichende Ausbuchtungen gab (etwa wegen Indianerkämpfen, natürlichen Hindernissen oder Naturkatastrophen), war ein dynamischer, gesetzloser Raum, in dem Menschen unterschiedlichster Herkunft allein und gemeinsam immense Schwierigkeiten bewältigen mussten.

Eine eigentliche Grenze hat es in dieser Zeit nicht gegeben, auch nicht, als die Weißen um 1840 bei etwa 98° westlicher Länge die ausgetrockneten und wüstenartigen Landstriche erreicht hatten, in denen Ackerbau nicht mehr möglich war. Gleichzeitig bot das Vordringen nach Westen auch gescheiterten Existenzen die Chance zu einem Neuanfang, die sich sogar mehrfach wiederholte, wenn man die Völkerwanderung nur weiter mitmachte. Auf diese wandernde Grenze, die im Amerikanischen **Frontier** genannt und im Deutschen am besten mit „Pionierfront" wiedergegeben wird, ist wohl der Begriff vom **Land der unbegrenzten Möglichkeiten** zurückzuführen. Sicher ist auch, dass sie viele Generationen von Amerikanern bis auf den heutigen Tag geprägt hat.

*Treck nach Westen*

Ein weiteres Erbe haben die Landvermesser hinterlassen, die der vorrückenden *Frontier* folgten und das gesamte Land in quadratische, nach Himmelsrichtungen geordnete Felder aufteilten. Überall, wo die Geländeverhältnisse es erlaubten, wurde diese schematische Landvermessung durchgeführt, und das Rastersystem der Städte genau wie die **schnurgeraden Straßen** auf dem Land gehen darauf zurück. Jeder Besucher San Franciscos erkennt, wie das Rastersystem selbst über die dortige steile Hügellandschaft gestülpt wurde.

Der amerikanische Vorstoß in den Westen wurde durch die politische Schwäche und organisatorische Unfähigkeit der europäischen Kolonialmächte in hohem Maße unterstützt. In Kalifornien herrschte, so Stefan Zweig in seinen „Sternstunden der Menschheit": „Spanische Unordnung, gesteigert durch Abwesenheit jeder Autorität, Revolten, Mangel an Arbeitstieren und Menschen, Mangel an zupackender Energie". Als **1821 Mexiko** die **Unabhängigkeit** vom spanischen Mutterland erklärte, sollte sich dieser Zustand nicht wesentlich ändern, sondern wurde nur unter anderen Vorzeichen weitergeführt. General Vallejo nutzte die Gunst der Stunde und schwang sich de facto zum Alleinherrscher der Provinz Alta California auf. **1846** rebellierten amerikanische Siedler in der **Bear-Flag-Revolte** gegen die mexikanische Herrschaft: Sie nahmen den General gefangen, hissten die Flagge mit dem Grizzlybären (die Vorlage der heutigen Flagge) und erklärten Kalifornien zur **unabhängigen Republik**.

*Kaliforniens kurze Unabhängigkeit*

Als unmittelbar danach US-Präsident James Polk **Mexiko** den **Krieg** erklärte, wurde ein weiterer Schritt auf dem Weg zur staatlichen Einheit vollzogen. Der Krieg endete **1848** mit dem Frieden von Guadalupe Hidalgo, in dem Mexiko riesige Gebiete an die USA verlor (die heutigen Staaten Kalifornien, Nevada, Utah, New Mexico und den größten Teil Arizonas). Damit war auch das Ende der Republik Kalifornien besiegelt, die nun im größeren amerikanischen Staatswesen aufging. Dass in diese entfernte Region überhaupt Menschen kamen, dafür sorgten in hohem Maße die **Goldfunde in Kalifornien** (1848). Der ständige Nachschub an Glücksrittern bedeutete einen sprunghaften Anstieg der Bevölkerung des Westens. Währenddessen wurden viele Indianerstämme enteignet und zu verzweifelten Aufständen getrieben.

# Der kalifornische Goldrausch

Als der Amerikanisch-Mexikanische Krieg zu Ende ging, lief die Neuigkeit wie ein Lauffeuer um die Welt: Gold in Kalifornien! Kaum ein Wort hat in so kurzer Zeit solche Menschenmassen über so große Entfernungen gebracht wie dieses „Gold!". Aus England, Frankreich, Spanien und Deutschland machten sich **Tausende von Glücksrittern** auf, oft armselige Hungerleider, und von New York segelten fast täglich Schiffe ab: Der Seeweg um Kap Hoorn war zeitsparender als der Zug durch den Wilden Westen. Andere setzten an der Landenge von Panama zum Pazifik über – mit einer eigens zu diesem Zweck gebauten Eisenbahn. In den Jahren 1848–51 stieg an der Westküste die Zahl der Bevölkerung sprunghaft an und mit ihr die Zahl der Verbrechen und der tragischen Schicksale. Beispielhaft dafür steht das bewegte Leben Johann August Sutters.

## Johann August Sutter

Der 1803 geborene Schweizer führte schon in Europa ein unruhiges Leben. Als er wegen Bankrott mittellos und aufgrund verschiedener Delikte von der Polizei gesucht wird, verlässt er seine Frau und fünf Kinder und schifft sich 1834 in Le Havre nach New York ein. Hier kommt er durch seine Arbeit u. a. als Drogist, Zahnarzt und Wirt zu bescheidenem Wohlstand. Aber ihn hält es nicht lange in der Metropole, sondern er lässt sich, dem Zug nach Westen folgend, als Landwirt in Missouri nieder. Kurze Zeit später (1837) packt ihn erneut die Abenteuerlust, er verkauft sein Anwesen und schließt sich einer Expedition in den Wilden Westen an – zusammen mit zwei Offizieren, drei Frauen und fünf Missionaren. Nach beschwerlicher Reise erreicht man Vancouver. Von hier befährt Sutter mit einem Boot den Pazifik, u. a. segelt er nach Alaska und Hawaii, von wo er Arbeiter mitbringt. Schließlich landet er in San Francisco, wo er 1839 von Gouverneur Alvarado neben einer 20.000 ha großen Ranch im Sacramento Valley die mexikanische Staatsbürgerschaft und Regierungsgewalt in seinem Territorium erhält.

*Denkmal für Sutter in Sacramento*

Mit angeworbenen Knechten rodet Sutter den Urwald und schafft es, aus dem Land einen fruchtbaren Garten zu machen, sein „**Neu-Helvetien**", das ihm schnell zu ungeheurem Reichtum verhilft. Mit seinem Wein- und Obstanbau legt er dabei den Grundstock zu heute noch blühenden Wirtschaftszweigen. 1841 erwirbt er schließlich Fort Ross von der sich zurückziehenden Amerikanisch-Russischen Gesellschaft (s. S. 335). So wächst sein Neu-Helvetien dank seiner hawaiianischen Arbeiter und bis zu 400 Indianern rasch zu einer stattlichen Ranch heran, er selbst steigt zum geachteten Pionier und Regenten, Viehzüchter, Bauern, Jäger, Händler und Armeeführer auf, der mehreren Hundert Amerikanern hilft, als Farmer nach Kalifornien zu ziehen. Im verhängnisvollen Januar des Jahres 1848 aber, sechs Tage bevor jener Vertrag unterzeichnet wird, der den Amerikanisch-Mexikanischen Krieg beendet und durch den Kalifornien offiziell an die USA abgetreten wird, findet Sutters Schreiner James Wilson Marshall in Coloma beim Bau einer Sägemühle Gold im American River. Beide versuchen, den sensationellen Fund geheim zu halten – vergebens. Und schon bald führen die Goldfunde zu dem berühmten *Rush*, wie man ihn weder vorher noch nachher erlebt hat. Mit der Idylle ist es indes nach dem Goldfund schlagartig vorbei.

*Der kalifornische Goldrausch*

**info**

Da das Gold auf dem Grund und Boden Sutters gefunden wird, ist der Schweizer nun tatsächlich der reichste Mann der Welt, was aber die Desperados, Abenteurer und Glücksritter nicht davon abhält, seine Güter zu zerstören, das Vieh zu schlachten und das Gold auf eigene Faust zu schürfen. Von seinen Arbeitern im Stich gelassen, verkommt sein Besitz zusehends, sodass er bald Pleite macht, zudem zweifeln die amerikanischen Gerichte seinen Landbesitz an. Im Herbst 1849, rund zehn Jahre nach seiner Ankunft, verkauft Sutter sein Fort für 7.000 Dollar. Zwar holte er 1850 noch seine Frau Anette und drei Kinder aus der Schweiz in sein Neu-Helvetien (sein ältester Sohn war bereits 1848 gekommen, sein jüngster Sohn in der Schweiz gestorben), doch kehrt er 1865 dem Westen für immer den Rücken und zieht mit seiner Frau zunächst nach Washington, D. C. und dann in die Nähe von Philadelphia, wo er fortan einen – letztendlich vergeblichen – Kampf um Entschädigung für seinen verlorenen Besitz führt. Zurück bleibt eine tragische Gestalt der Geschichte, auf deren Grund und Boden heute Sacramento, die Hauptstadt Kaliforniens, steht.

Am 18. Juni 1880 versagt dem gebrochenen Mann in einem Hotel das Herz – und ein Mensch stirbt, der wie kaum ein anderer Abenteuerlust und Tatkraft verbunden und sowohl höchste Genugtuung als auch tiefstes Leid erfahren hat.

---

Insgesamt schwemmte der **California Gold Rush** rund 300.000 Menschen aus aller Welt auf dem See- und Landweg ins Land, von denen die meisten San Francisco als Einfallstor auf ihrem Weg zum Sacramento River nutzten. In der Folge schnellt die Einwohnerzahl der *City of Gold* explosionsartig in die Höhe – von nur 600 im Jahre 1848 auf 25.000 Ende 1849. Schulen, Banken und ein Postamt entstehen, auch Theater, Spielsalons und Bordelle lassen nicht lange auf sich warten. Für die passenden Hosen, die den Anforderungen des harten Schürferalltags gewachsen sind, sorgt **Levi Strauss**, ein 20-jähriger Immigrant aus Bayern. Trotz aller Legenden von riesigen Nuggets und ungeheurem Reichtum: Die Nutznießer des Goldrausches sind nicht die Goldgräber, sondern Banken, Händler und Ladenbesitzer, die die Preise für Unterkunft, Lebensmittel, Ausrüstungsgegenstände und Dienstleistungen nach Belieben diktieren können. Während die Schürfer für eine Unze (28,365 g) Goldstaub gerade einmal 16 Dollar erhielten, mussten sie andererseits z. B. für eine einzige Holzplanke rund 20 Dollar, für ein Ei im günstigsten Fall einen Dollar, für ein Pfund Kaffee fünf Dollar, für eine Flasche Bourbon 30 Dollar und für ein Paar Stiefel mehr als 100 Dollar bezahlen.

*Der Goldrausch beginnt …*

Das alles jedoch konnte den Zustrom an Glücksrittern nicht eindämmen, zu verführerisch waren die Gerüchte vom schnell erworbenen Reichtum, für den viele alles stehen und liegen ließen. Selbst die Besatzungen der 626 in der San Francisco Bay ankernden Schiffe konnten dem nicht widerstehen und strömten zum Sacramento River. Die verlassenen Schiffe wandelte man kurzerhand in Hotels und Warenlager um, andere versenkte man direkt vor der Küste, um damit Neuland zu gewinnen, das der Bauboom dringend benötigte. **1852** wurde die Wells Fargo & Company gegründet, die mit Schiffen und Kutschen Postgut bis nach New York transportierte.

Dasselbe Jahr stellte gleichzeitig den Höhe- und Wendepunkt des Goldrausches dar, in dem allein die Digger eine Rekordsumme von 81 Mio. Dollar aus den Minen holten. Doch waren spätestens 1854 die Schürfgründe erschöpft, und der Rausch verflog fast so schnell, wie er gekommen war. Die Goldsucher suchten sich neue Ziele und wurden, sofern es sie nicht zu den eben entdeckten Goldadern Neuseelands zog, in anderen Ge-

*… und verfliegt wieder*

## Historischer Überblick

*Der Westen wurde durch die Bahn erschlossen, hier ein Güterzug in der Mojave-Wüste bei Trona*

bieten fündig (Gold in Colorado, Alaska und Kanada, Silber in Nevada und Colorado). Andere aber wurden sesshaft. Hinzu kamen Händler und Rancher, und aus den chaotischen Verhältnissen erwuchs langsam ein zivilisiertes Gemeinwesen. Die Infrastruktur dazu wurde praktisch nachgeliefert. Man installierte Postkutschenlinien, richtete feste Stationen ein, Städte und Dörfer entstanden. Und der Indianergefahr begegnete man mit drastischen Maßnahmen und brutaler Konsequenz.

*Erste trans-kontinentale Strecke*

Den Kartografen folgten die Vermesser der **Eisenbahngesellschaften**, und bald begannen die Bauarbeiten. Unaufhörlich schob sich der Schienenstrang nach Westen, bis **1869** die erste transkontinentale Strecke fertiggestellt werden konnte. Für die immensen Bauvorhaben griff man auf **chinesische Arbeiter** zurück, von denen etliche starben und andere im Lande blieben. Deren Nachkommen haben mit Chinatown in San Francisco ihre inoffizielle amerikanische Hauptstadt.

Auf der Suche nach einem neuen Leben, Arbeit oder Land führten die neugebauten Eisenbahnlinien Tausende von Einwanderern aus Europa und den Staaten östlich des Mississippi in den Westen. Damals kostete eine Zugfahrkarte für die mehrtägige Fahrt in der komfortlosen 3. Klasse weniger als 40 Dollar. Und an den Verkehrsknotenpunkten der Eisenbahnlinien entstanden, genau wie an Stelle der alten Forts, wieder neue Orte, die neue Immigranten anzogen.

Zu diesem Zeitpunkt war der **Amerikanische Bürgerkrieg** (1861–65) bereits zu Ende gegangen. Dabei kämpfte Kalifornien aufseiten der siegreichen Nordstaaten, war aber insgesamt nicht so betroffen wie die Bundesstaaten auf der anderen Seite des Kontinents.

# Von der Provinz zum Hightech-Zentrum

Um die Wende zum 20. Jh. begann man im Westen, den **Anschluss an den fortschrittlicheren Osten** zu suchen und zu finden. Neue, aufstrebende Städte entwickelten sich in atemberaubender Geschwindigkeit und liefen schon nach wenigen Jahrzehnten San Francisco den Rang ab. Entscheidend waren dabei an der Küste die Verkehrsverhältnisse, die einen Ort für den transpazifischen Handel prädestinierten oder nicht. So profitierte z. B. Los Angeles einerseits vom Anschluss an das amerikanische Eisenbahnnetz im Jahre 1885 und andererseits von den Bauarbeiten, mit denen in den Jahren 1899–1914 einer der größten künstlichen Häfen der Welt geschaffen wurde. Von 1890 bis 1900 stieg hier die Einwohnerzahl von 50.000 auf 102.000 Menschen (im gleichen Jahr hatten New York 3,4 Mio. und San Francisco mehr als 300.000 Einwohner).

*Ausbau der Infrastruktur*

Als ab **1908**, durch das ewig sonnige Klima Südkaliforniens angelockt, auch die **Filmindustrie** in Los Angeles Fuß fasste (den Beginn markierten die Dreharbeiten „Der Graf von Monte Christo"), wurde der zukünftige Stellenwert der heutigen „Megalopolis" deutlich. Entscheidend für die Entwicklung der südkalifornischen Küste zur heute am meisten verstädterten Region der USA war eine **Umverteilung des Wassers**. Denn während auf den Norden des Bundesstaates 70 % der Niederschläge fallen, werden im Süden 80 % des gesamten Wassers benötigt. Deshalb wurde das Wasser der Sierra Nevada und des Colorado River in Stauseen gesammelt, der örtlichen Landwirtschaft zugeführt und in extrem langen Aquädukten zu den Metropolen geleitet. Die Wasserversorgung des expandierenden Los Angeles wurde durch den 1908 eröffneten, 550 km langen Owens-River-Aquädukt sichergestellt (heute gibt es allein in Kalifornien ca. 200 Stauseen). Aufsehenerregend war in diesem Zusammenhang die Einweihung des Hoover-Staudamms im Jahre 1936, der in der Nähe von Las Vegas den Colorado River zum Lake Mead aufstaut und einer der größten Staudämme der Welt ist.

Zu diesem Zeitpunkt war die Bevölkerung von Los Angeles auf etwa 1,4 Mio. gestiegen und hatte damit San Francisco überflügelt. Als weiteres Zeichen für die steigende Bedeutung der Metropole können die **1932** abgehaltenen **Olympischen Sommerspiele** gelten.

*Metropole Los Angeles*

Die Entwicklung der Rivalin **San Francisco** erfuhr zwar durch das **Erdbeben** und die anschließende Feuersbrunst im Jahre **1906** einen tiefen Einschnitt, der bis heute psychologische Folgen hat. Die Stadt wurde aber in ihrer Substanz nicht vernichtet und blühte kurze Zeit später wieder auf. Durch den Menschenzustrom in die erste Großstadt des Westens stieg 1900–1920 sogar die Bevölkerung von 340.000 auf 506.000. Trotz der südkalifornischen Konkurrenz blieb die Stadt am Goldenen Tor zunächst das Banken- und Handelszentrum des Westens, ablesbar an vielen bedeutenden internationalen Ausstellungen und Messen. Die Infrastruktur der Bay Area wurde, u. a. durch spektakuläre Brückenbauten (1936: San Francisco-Oakland Bay Bridge; 1937: Golden Gate Bridge), vorbildlich modernisiert.

Im Hinterland lebte (und lebt) man hauptsächlich von der **Landwirtschaft**, die allerdings einen mehrfachen **Strukturwandel** erfuhr. Noch um 1870 zählte Kalifornien zu den weltweit führenden Weizenproduzenten. Durch die Eisenbahn und die Einführung

*Exportware: Apfelsine aus dem Orange County*

von Kühlwaggons (1880) war es dann aber möglich, auf bewässerten Feldern Zitrusfrüchte und anderes Obst zu pflanzen und die Produkte in den Osten zu exportieren. Bis heute ist der Bundesstaat einer der größten Exporteure der Welt von Gemüse und Obst. Daneben wurde im Napa und Sonoma Valley der Weinanbau ein führender Wirtschaftszweig (s. S. 283).

Auch die **Fischerei** (Sardinen-Konserven in Monterey, heute besonders Thunfisch in San Diego) war und ist ein wichtiger Faktor. Ab den 1920er-Jahren drängten jedoch immer mehr **Industriebetriebe** in den Vordergrund. Die Ölfunde in Südkalifornien, Automobilindustrie, Flugzeugbau und Rüstungsindustrie wurden insbesondere nach dem Zweiten Weltkrieg zu den bestimmenden Wirtschaftszweigen.

Noch mehr Arbeitsplätze wurden allerdings in der Verwaltung und im **Dienstleistungssektor** geschaffen. Und als außergewöhnlich müssen die Steigerungszahlen im **Tourismus** bezeichnet werden, der sich von bescheidenen Anfängen im 19. Jh. in einigen Countys zum prosperierendsten Wirtschaftszweig gemausert hat. Er lebt von den unter Naturschutz gestellten landschaftlichen Attraktionen ebenso wie von den Sehenswürdigkeiten der Städte, z. B. dem 1955 in Anaheim eröffneten Vergnügungspark Disneyland.

*Kalifornisches Selbstbewusstsein*

Als im Jahre 1980 der Republikaner und ehemalige Gouverneur von Kalifornien, **Ronald Reagan**, Präsident der Vereinigten Staaten wurde, konnte man daran eine gewisse Verschiebung der regionalen Kräfte innerhalb der USA ablesen. Auf einmal war es nicht mehr der europanahe Osten mit seinen Eliteuniversitäten und dem Beziehungsgeflecht aus Banken, Politik und Wirtschaft, der die Führung Amerikas repräsentierte. Das neue politische Selbstbewusstsein des Westens wurde unterstützt durch wirtschaftliche Tendenzen ab den 1970er-Jahren. Hochtechnologische Entwicklungssysteme, Mikrochips und die Computertechnologie fanden ihr Forschungszentrum im **Silicon Valley** in der Nähe von San Francisco.

## Kalifornien gegen Donald Trump

Als US-Präsident Donald Trump am 13. März 2018 in der Nähe von San Diego die Prototypen der Mauer begutachtete, die er an der Grenze zu Mexiko errichten lassen will, wurde er lautstark empfangen. Auf beiden Seiten der Grenze kam es zu Protesten. Schilder mit Aufschriften wie „Baut Brücken, keine Mauern" zeigten Trump, dass seine Idee in Kalifornien nicht allzu gut ankommt. Trump gab sich unbeeindruckt und diktierte den versammelten Journalisten eine seiner exklusiven Wahrheiten: „Der Bundesstaat Kalifornien bittet uns darum, in bestimmten Gegenden eine Mauer zu bauen, sie sagen Ihnen das nur nicht."

Eine solche Bitte existiert nicht. Im Gegenteil: Als Trump Anfang 2019 versuchte, die Milliarden für den Mauerbau im Zuge einer Notstandserklärung zu erzwingen, reichten gleich 16 Bundesstaaten dagegen Klage ein – angeführt von Kalifornien. Tatsächlich ist Trump in kaum einem anderen Bundesstaat der USA so unpopulär wie im bevölkerungsreichsten der USA. Prozentual gesehen erhielt er bei der Präsidentschaftswahl 2016 nur in Hawaii, Vermont und im District of Columbia weniger Stimmen.

Kurz nach der Wahl Trumps machte das kalifornische Parlament seinen Standpunkt gegenüber dem designierten Präsidenten mit wenigen Worten klar: „Wir sind stolzer denn je, Kalifornier zu sein. Wir werden den Widerstand gegen jeglichen Versuch, unser gesellschaftliches Gefüge oder unsere Verfassung zu zerstören, anführen." Trump revanchierte sich auf seine Weise. Kurz nach seiner Amtseinführung äußerte er in einem Interview mit seinem Lieblingssender Fox News, dass Kalifornien in vielerlei Hinsicht „außer Kontrolle" geraten sei.

Der Golden State hat mehr als 40 Klagen gegen die Trump-Administration eingereicht: gegen die Genehmigung für Öl-Pipelines in Naturschutzgebieten, gegen den Ausschluss von Transgendern aus dem US-Militär, gegen Trumps Einwanderungspolitik. Immerhin lebt rund ein Viertel der geschätzt rund 11 Mio. illegalen Einwanderer in den USA in Kalifornien. Schon lange galten Städte wie Los Angeles oder San Francisco als Sanctuary Cities, die die Zusammenarbeit mit den US-Immigrationsbehörden weitgehend verweigern. Trumps Versuch, diese Praxis per Dekret vom 25. Januar 2017 zu unterbinden, beantwortete Kalifornien nicht nur mit einer Klage, sondern erließ auch ein Gesetz, das gleich den ganzen Bundesstaat zum Sanctuary State erklärt – wogegen wiederum die Bundesregierung klagte.

Aber auch in der Klima- und Umweltpolitik ist das Konfliktpotenzial zwischen Staat und Bundesregierung groß. Als Reaktion auf den durch Trump erklärten Ausstieg der USA aus dem Pariser Klimaabkommen unterschrieb der damalige Gouverneur Jerry Brown im Juli 2017 ein Gesetz, um den Emissionshandel weiter auszubauen. Auch hält Kalifornien bis heute an seinen Zielen zur Reduzierung von Emissionen und zur Förderung erneuerbarer Energien fest. So verstärkte Brown sein Engagement für das Klima-Bündnis „Under2 Coalition", das 2015 aus einer Initiative Kaliforniens und des deutschen Bundeslandes Baden-Württemberg hervorgegangen war. Er bereiste die USA, Europa, Kanada, Mittel- und Südamerika sowie China, um an der Bundesregierung vorbei weltweit Allianzen zu schmieden. Mittlerweile haben sich zahlreiche weitere Regionen und föderale Regierungen dem Bündnis angeschlossen. Derweil nutzte Brown jede Gelegenheit, Kaliforniens führende Stellung im Umweltschutz in den USA herauszustellen. Besucher merken das an der Dichte der Hybrid- und Elektrofahrzeuge auf Kaliforniens Straßen.

Schon früh hatte Brown als Motto ausgegeben: „Wir werden zeigen, was Widerstand bedeutet. Was immer Washington glaubt zu tun – Kalifornien ist die Zukunft!" Und diese ist schon längst da: Auch unter Browns Nachfolger Gavin Newsom dürfte eine Annäherung zwischen Kalifornien und Trump eher unwahrscheinlich sein. Vielmehr führt der Demokrat den liberalen Kurs seines Vorgängers entschieden fort. So konstatierte er im März 2019, zwei Monate nach seinem Amtsantritt, die Todesstrafe sei „unvereinbar mit den Werten Kaliforniens", und verkündete ihre Aussetzung – sehr zum Missfallen des Präsidenten.

## Zeittafel

**ab ca. 35000 v. Chr.** Beginn der Einwanderung von asiatischen Volksstämmen nach Amerika.
**ab ca. 8000 v. Chr.** Erste Gruppen von differenzierten Jäger-, Fischer- und Sammlerkulturen tauchen auf.
**ab ca. 5000 v. Chr.** Beginn des Ackerbaus.
**ab ca. 2000 v. Chr.** Sogenannte neo-indianische Periode. Von Mexiko aus wird in den Basketmaker-Kulturen der Maisanbau eingeführt.
**ca. 500 n. Chr.** Die Stammesbildung der etwa 80 historisch bekannten kalifornischen Indianerstämme beginnt.
**1492** Kolumbus „entdeckt" Amerika. In der Folge zerstören die Europäer die mittel- und südamerikanischen Hochkulturen und errichten im Westen ein riesiges spanisches Kolonialreich.
**ab 1528** Auf der Suche nach Gold und Edelsteinen unternehmen kleinere Gruppen von Spaniern immer wieder Vorstöße in den amerikanischen Südwesten, so z. B. 1540 Francisco Vásquez de Coronado, der das heutige New Mexico erforscht.
**1542** Der Portugiese Juan Rodríguez Cabrillo segelt von Mexiko entlang der pazifischen Küste nach Norden und entdeckt dabei Kalifornien. Am 28. September erreicht er die Stelle des heutigen San Diego, anschließend Santa Catalina Island und Santa Monica.
**1579** Der englische Seeheld Sir Francis Drake gelangt an die San Francisco Bay.
**1606** Als Hauptstadt der spanischen Kolonie Nueva México wird Santa Fe gegründet.
**1769** Beginn der spanischen Missionierung Kaliforniens unter dem Franziskaner Junípero Serra. Als erste Missionsstation wird San Diego gegründet, die Keimzelle der späteren Stadt. Gleichzeitig installieren die Spanier unter Gaspar de Portolà ihre Provinz Alta California und machen 1777 Monterey zu deren Hauptstadt.
**1776** An der Stelle des heutigen San Francisco gründen die Spanier das Fort Presidio und in der Nähe die Missionsstation San Francisco de Asis.
**1776–83** Durch die amerikanische Revolution der 13 Ostkolonien und den Unabhängigkeitskrieg gegen England wird die Basis der Vereinigten Staaten geschaffen.
**1794** Mit dem ersten russischen Schiff beginnt für die Spanier an der kalifornischen Küste die Zeit der politischen und wirtschaftlichen Konkurrenz.
**1812** Russische Siedler aus Alaska gründen in Fort Ross ein Fort mit Kommandantur, Kirche, landwirtschaftlichen Betrieben und einer Pelzhandelsfirma.
**1821** Mexiko erklärt die Unabhängigkeit vom spanischen Mutterland, in die auch die Provinz Alta California eingeschlossen ist.
**1839** Der Schweizer Johann August Sutter lässt sich in Neu-Helvetien am Sacramento River nieder.
**1844** Wegen wirtschaftlicher Schwierigkeiten verkaufen die Russen ihre kalifornischen Besitzungen und verlassen das Land.
**1846** In Sonoma rebellieren amerikanische Siedler gegen Mexiko, hissen die Bärenflagge und erklären Kalifornien zur selbstständigen Republik. Kurze Zeit später erklärt Präsident James Polk Mexiko den Krieg (bis 1848).
**1848** Im Frieden von Guadalupe-Hidalgo verliert Mexiko das Gebiet der heutigen Staaten Kalifornien, Nevada, Utah, Arizona und New Mexico an die USA. Goldfunde in Kalifornien sorgen für weltweites Aufsehen und führen im amerikanischen Westen zu einem sprunghaften Anstieg der Bevölkerung. Währenddessen werden viele Indianerstämme enteignet und zu verzweifelten Aufständen getrieben.
**1850** Am 9. September wird Kalifornien als 31. Staat in die USA eingegliedert und Sacramento zu dessen Hauptstadt bestimmt.
**1861–65** Im Amerikanischen Bürgerkrieg (Civil War) kämpft Kalifornien auf der Seite der siegreichen Nordstaaten.
**1869** Die erste transkontinentale Eisenbahn wird fertiggestellt und damit Kalifornien wirtschaftlich an die Oststaaten angeschlossen. Viele chinesische Vertragsarbeiter werden in San Francisco sesshaft.
**1899** Die Bauarbeiten (bis 1914) im Los Angeles Harbor beginnen, die einen der größten künstlichen Häfen der Erde schaffen.

## Zeittafel

| | |
|---|---|
| **1906** | Ein schweres Erdbeben und das folgende Großfeuer vernichten große Teile San Franciscos. |
| **1908** | Mit dem Film „Der Graf von Monte Christo" beginnt der Aufstieg Hollywoods zum Zentrum der Filmindustrie. Zwei Jahre später entsteht das erste Studio. |
| **1915** | Die Panama-Pacific-Weltausstellung findet im wiederaufgebauten San Francisco statt. |
| **1929** | Der Zusammenbruch der New Yorker Börse am „Schwarzen Freitag" führt zu einer tiefgehenden Wirtschaftskrise im gesamten Land. |
| **1932** | Los Angeles ist Austragungsort der Olympischen Sommerspiele. |
| **1936** | Nach fünfjähriger Bauzeit wird der Hoover Dam bei Las Vegas (Nevada) eingeweiht. |
| **1937** | In San Francisco wird die Golden Gate Bridge fertiggestellt. |
| **1941** | Der japanische Angriff auf Pearl Harbor hat den Eintritt der USA in den Zweiten Weltkrieg zur Folge. Die Häfen von San Diego und San Francisco werden zu den wichtigsten Marinestützpunkten am Pazifik. In Kalifornien entstehen große Rüstungsfirmen. |
| **1955** | In Anaheim eröffnet Walt Disney seinen Vergnügungspark „Disneyland". |
| **1960** | Mit über 16 Mio. Einwohnern ist Kalifornien erstmalig der bevölkerungsreichste US-Bundesstaat. |
| **1964** | Ein schweres Erdbeben in Alaska fordert 115 Todesopfer und verursacht große Schäden u. a. in Anchorage. Die durch das Beben ausgelöste Flutwelle zerstört Teile der kalifornischen Küste (Crescent City) und Hawaiis (Hilo). |
| **1967–69** | Das Viertel Haight-Ashbury in San Francisco ist die inoffizielle Hauptstadt der Hippie-Bewegung. Gleichzeitig werden die Studentenunruhen von Berkeley zum Sinnbild der Jugendrevolten auf der ganzen Welt. Auch Teile der schwarzen Bevölkerung radikalisieren sich und gründen in Oakland die Black-Panther-Partei. |
| **1980** | Der Republikaner und ehemalige Gouverneur von Kalifornien, Ronald Reagan, wird Präsident der Vereinigten Staaten. In seiner Regierungszeit bekommt der Westen ein immenses politisches und wirtschaftliches Gewicht. |
| **1984** | Los Angeles ist zum zweiten Mal Ausrichter der Olympischen Spiele, die allerdings von vielen Ostblockstaaten boykottiert werden. |
| **1989** | In San Francisco und Umgebung fordert ein Erdbeben viele Tote und Verletzte und verursacht erhebliche Sachschäden. |
| **1992** | Nach Rassenunruhen in Los Angeles sind 51 Todesopfer und mehr als 2.000 Verletzte zu beklagen. |
| **1994** | Ein schweres Erdbeben erschüttert Los Angeles, 56 Menschen sterben dabei, rund 200.000 werden obdachlos. |
| **1998** | Das Klimaphänomen El Niño führt an der kalifornischen Küste zu den wärmsten Wassertemperaturen seit Jahrzehnten, gleichzeitig suchen schwere Stürme und Überschwemmungen die Bevölkerung heim. |
| **2000** | An der Börse fallen die Kurse der Dotcom-Unternehmen ins Bodenlose, die Wirtschaftskrise betrifft vor allem auch Kalifornien mit seiner Vielzahl an Hightech-Firmen. |
| **2001** | Die Terroranschläge vom 11. September auf das New Yorker World Trade Center und das Pentagon in Washington werden zu einem amerikanischen Trauma. |
| **2003** | Der aus Österreich stammende Schauspieler Arnold Schwarzenegger gewinnt die Gouverneurswahlen. 2006 wird er wiedergewählt. |
| **2008** | Im Herbst kollabieren Teile des globalen Finanzsystems, ausgehend von den USA. Die Banken- und Wirtschaftskrise führt zu einem rapiden Anstieg der Arbeitslosigkeit, einer starken Rezession und einem beängstigend schnellen Verfall der Immobilienpreise. Andererseits können Zehntausende überschuldeter Familien ihre Hauskredite nicht mehr bezahlen. |
| **2009** | Nach seinem Wahlsieg im November 2008 tritt Barack Obama im Januar sein Amt als erster afroamerikanischer Präsident der USA an. Im März steigt die Arbeitslosigkeit in Kalifornien erstmals seit Jahrzehnten wieder auf über 10 %. |
| **2011** | Nach der Wahl im November 2010 wird Jerry Brown (Demokrat) im Januar neuer Gouverneur von Kalifornien, 2014 wird er wiedergewählt. |
| **2012** | Dank eines sanften Wirtschaftsaufschwungs fällt die Arbeitslosenquote wieder unter die 10 %-Marke. |

| | |
|---|---|
| **2013** | Am 2. September wird der östliche Teil der Bay Bridge zwischen San Francisco und Oakland nach Neubau wiedereröffnet. Der Teil-Neubau ist 160 Meter hoch und eine der größten Hängebrücken der Welt. Elf Jahre Baustelle und 6,3 Mrd. Dollar Kosten. |
| **2014** | Zum 1. Oktober verbietet Kalifornien als erster US-Bundesstaat die Nutzung von Einweg-Plastiktüten. Ab 2015 dürfen keine dünnen, kostenlosen Plastiktüten mehr in Lebensmittelläden und Drogeriemärkten ausgegeben werden. Ab 2016 gilt das auch für kleinere Läden und Getränkehändler. |
| **2015** | Im April ruft Gouverneur Jerry Brown den Dürre-Notstand aus und weist Städte und Gemeinden Kaliforniens an, ihren Wasserverbrauch um 25 Prozent zu reduzieren. Im August und September suchen verheerende Waldbrände den Norden Kaliforniens heim: Tausende Menschen müssen ihre Häuser verlassen. |
| **2016** | Nach einem verhältnismäßig niederschlagsreichen Winter werden die Anordnungen zum Wassersparen im Juni wieder gelockert. |
| **2017** | Im Januar wird der Republikaner Donald Trump als 45. US-Präsident vereidigt. Im Herbst kommt es in vielen Regionen Kaliforniens zu den schwersten Waldbränden, die der Bundesstaat bis dahin erlebt hat. |
| **2018** | Nach Colorado, Washington, Oregon, Alaska und Nevada legalisiert Kalifornien als sechster US-Bundesstaat zum 1. Januar den Konsum von Cannabis. Ab dem Spätsommer brechen erneut heftige Waldbrände aus, die in ihrer Zerstörungskraft die von 2017 noch übertreffen. Der Gesamtschaden wird auf 24 Milliarden US$ geschätzt. |
| **2019** | Der Demokrat Gavin Newsom löst seinen Parteikollegen Jeremy Brown als Gouverneur ab. Im März setzt er die Todesstrafe in Kalifornien aus. |

# Geografischer Überblick

 **Größe und Lage**
*Geografische Daten, z. B. zur Größe und Lage Kaliforniens, s. S. 13.*

## Geologische Entwicklung

Die amerikanischen Landschaften sind ein Produkt der erdgeschichtlichen Prozesse, die in den letzten 500 Mio. Jahren die Lage der Urkontinente mehrfach veränderten, sie zusammenstoßen und wieder auseinanderdriften ließen. Als vor etwa 200 Mio. Jahren der Superkontinent Pangea (All-Erde), in dem zeitweilig alle Landflächen der Welt vereinigt waren, horizontal auseinanderbrach, glitt der alte nordamerikanische Festlandskern (Laurentischer Schild) mit der Landmasse Laurasia nach Norden ab, löste sich schließlich durch die Öffnung des Atlantiks (die Nahtstelle sind die Gebirge von Norwegen und Schottland sowie die Appalachen, die alle aus identischem Gestein bestehen) und wanderte nach Westen.

Das Wachsen des Festlandskerns vollzog sich nun durch die Angliederung anderer Erdschollen und durch die Ablagerung mächtiger Sedimentschichten. Gegen die Westbewegung der nordamerikanischen Platte stieß auf der anderen Seite aber die (weniger dicke) Pazifische Platte. Bei dem Aufprall, der sich in mehreren Schüben über einen Millionen Jahre währenden Zeitraum hinweg ereignete, türmten sich von Alaska bis nach Feuerland **mächtige Gebirgsstöcke** auf, die man insgesamt die Kordilleren nennt. Deren östlicher Strang, die Rocky Mountains, sind demnach älteren und das Pazifische Gebirgssystem jüngeren Ursprungs.

## Geologische Entwicklung

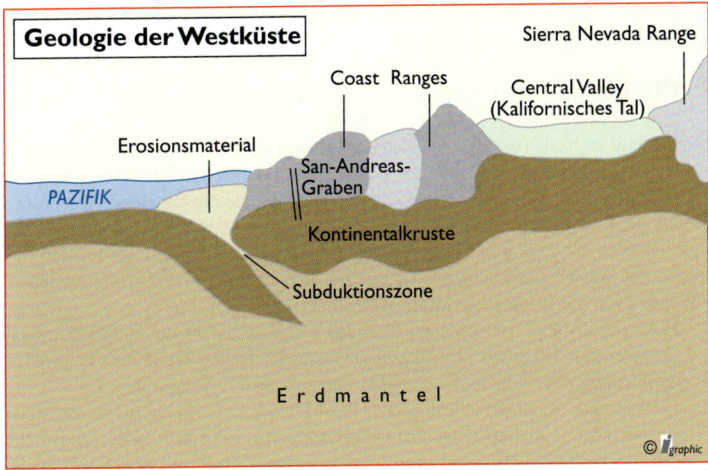

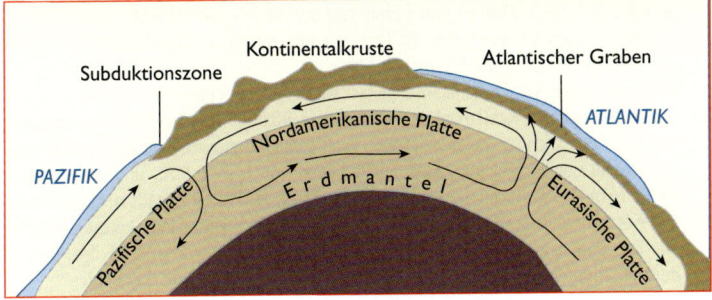

Für das Klima Nordamerikas ist wichtig, dass, anders als in Europa und Asien, die geologische Entwicklung hier nur längsgerichtete Gebirgszüge entstehen ließ. Weder die Appalachen noch die Kordilleren können die von Norden vordringenden Kaltluftströme oder die vom Süden ausgehenden Hitzewellen aufhalten.

Mit dem Auffaltungsprozess gingen in den letzten 60 Mio. Jahren gleichzeitig Vulkanismus und eine intensive Erdbebentätigkeit einher, weil die Pazifische Platte unter die Amerikanische Platte tauchte (Subduktionszone). An allen Rändern des Pazifiks, auf einer Länge von 45.000 km, gibt es diese Vulkan- und Erdbebentätigkeit, weswegen man auch vom **„Ring aus Feuer"** spricht. In diesem 178 Mio. km² großen Gebiet liegen 75 % aller tätigen Vulkane der Welt.

*Aktive Vulkane*

In Kalifornien werden die Verhältnisse noch komplizierter durch weitere Erdkrusten-Bewegungen. Erst einmal rumoren die verschluckten Teile der Pazifischen Platte unter der amerikanischen Kruste weiter und machen sich durch heiße Quellen, Geysire und Vulkane noch weit im Landesinneren bemerkbar. Zweitens hat sich zwischen die beiden großen Plattensysteme ein schmaler Krustensplitter geschoben, der mit hoher Geschwindigkeit (800 km in 25 Mio. Jahren) von Süden nach Norden vorstieß und sich zzt. entlang der Küste Kaliforniens bewegt.

## Erdbeben

Durch diese vertikalen und horizontalen Bewegungen werden die Erdbeben verursacht, die immer wieder die Bevölkerung des Golden State in Angst und Schrecken versetzen. Hinzu kommt eine sehr labile Struktur des Festlandes, für die die vielen Risse in der Kruste (St. Andreas-, Garlock- und Hayward-Spalte) der beste Beweis sind. Schon immer hat es an der gesamten Pazifikküste Naturkatastrophen gegeben, die seit den Anfängen der weißen Besiedlung des Landes gut dokumentiert sind (Fort-Tejon-Beben, 1854) und von denen die schlimmsten folgende waren:

- **1906** vernichteten das **schwere Erdbeben** (7,8 auf der Momenten-Magnituden-Skala) von San Francisco (wohl das bekannteste der Neuen Welt) und das folgende Großfeuer große Teile der Stadt und forderten etwa 700 Todesopfer.
- **1964** kostete ein schweres Erdbeben in Alaska (Stärke 9,2) 115 Menschen das Leben und vernichtete in Anchorage und Umgebung den Hafen sowie weite Landstriche (Schaden: US$ 300 Mio.). Eine durch das Erdbeben ausgelöste Flutwelle (Tsunami) bewegte sich nach Westen und Süden, traf auf die nordkalifornische Küste, wo es u. a. in der Stadt Crescent City elf Tote gab, und zerstörte schließlich die im Osten der Insel Hawaii gelegene Hafenstadt Hilo.
- **1971** wäre beim San-Fernando-Beben fast ein Staudamm gebrochen, was für Los Angeles eine schlimme Katastrophe bedeutet hätte. 80.000 Menschen mussten evakuiert werden. Aber auch so war der Schaden groß genug: Zerstörte Brücken und Straßen, der Ausfall der Stromversorgung, Sachschäden von US$ 1 Mrd. und nicht zuletzt 64 Menschenleben waren der bislang höchste Preis, den die Großstadt zu zahlen hatte.
- **1989** zerstörte in San Francisco und Umgebung ein Erdbeben einige Häuser, Straßen und Brücken, etwa 40 Tote und Hunderte von Verletzten waren die Folge. Besonders schlimm waren die Schäden auf der San Francisco-Oakland Bay Bridge.

*San Franciscos Innenstadt nach dem Erdbeben von 1906*

- Im Januar **1994** wurde erneut Los Angeles von schweren Erdbeben heimgesucht, die insgesamt 56 Todesopfer und rund 200.000 Obdachlose forderten. Wochenlang campierten ca. 18.000 Menschen im Freien. Lange Zeit kam die Erde wegen einer Serie heftiger Nachbeben nicht zur Ruhe: Noch zwei Wochen später gab es innerhalb von 21 Minuten sieben Nachbeben bis zur Stärke 6,7.

In der **jüngeren Vergangenheit** blieben zwar die ganz großen Katastrophen aus, dafür aber bebte die kalifornische Erde in unschöner Regelmäßigkeit, sodass fast jedes Jahr deutlich spürbare tektonische Bewegungen zu vermelden waren:
- **1999** wurde ein Erdstoß von der Stärke 7,1 registriert, der allerdings ohne negative Folgen blieb, da sein Epizentrum in der Wüste nahe bei Joshua Tree lag.
- Zwischen San Francisco und Los Angeles sorgte **2003** ein Beben der Stärke 6,5 in Städten wie Cambria, San Simeon und besonders Paso Robles für Panik. Zwei Frauen wurden von Dachtrümmern erschlagen, in mehreren Tausend Haushalten fiel der Strom aus, die Sachschäden gingen in die Millionen. Auch im Atomkraftwerk Diablo Canyon waren die Erdstöße deutlich spürbar. Innerhalb einer halben Stunde nach dem Beben wurden 30 Nachbeben registriert, darunter eines der Stärke 4,7.
- Im September **2004** erschütterte eine Reihe von Erdbeben von der Stärke 6,0 die Region um die Ortschaft Parkfield, wegen der geringen Bevölkerungsdichte kam es aber kaum zu nennenswerten Schäden.
- Im Juni **2005** gab es etwa 130 km vor der Küste ein Erdbeben der Stärke 7,0. Das Beben war in vielen kalifornischen Küstenorten zu merken, vor allem in Crescent City. Hier wurden auch einige Hotels evakuiert, nachdem vorübergehend Tsunami-Alarm ausgelöst worden war.
- Im November **2006** sorgte ein Seebeben im Pazifik für einen kleinen Tsunami, der die Küste bei Crescent City traf und dort Hafenanlagen zerstörte.
- Die tektonisch labile Situation wurde durch Erdbeben **2007** (in San Francisco, Stärke 5,6), **2008** (in San Bernardino und Los Angeles, Stärke 5,4), **2009** (in Los Angeles, Stärke 5,3) und **2010** (Calexico, Stärke 7,2) dokumentiert.
- Im August **2014** erschütterte ein Erdbeben der Stärke 6 das südliche Napa Valley und richtete zahlreiche Schäden an.
- Im April **2018** erbebten die Channel Islands im südlichen Kalifornien bei einem Ereignis der Stärke 5,3, das aber kaum Schäden verursachte.

## Warten auf „The Big One"

Im Juli 1992 wurde die kalifornische Mojave-Wüste wieder einmal von Erdbeben erschüttert. Die Erdstöße von Landers (7,4) und Big Bear (6,5) waren insofern von ungewöhnlicher Bedeutung, als sie offensichtlich die Situation in Kalifornien grundlegend veränderten. Wie Wissenschaftler in der New York Times berichteten, hat sich das Beben quer über vier bestehende Erdspalten hingezogen und eine neue, weitaus größere Spalte gerissen. Ein Gebiet in der Form eines Dreiecks mit den Eckpunkten Landers, Big Bear und Joshua Tree hat sich dabei vom St.-Andreas-Graben entfernt. Geologen sehen darin Hinweise für den „Großen Knall" (The Big One; Big Bang), der **in den nächsten Jahren** eintreten könne und das Schlimmste befürchten lasse. Dieses Beben, so der Direktor des südkalifornischen Erdbebenzentrums, werde auf der Richter-Skala über dem Wert 8,0 liegen und mindestens drei Minuten dauern. Sein Epizentrum werde vermutlich im Süden der St.-Andreas-Verwerfung liegen und die Städte San Bernardino, Riverside und Palm Springs existenziell betreffen. Zum

100. Jahrestag des Bebens von 1906 äußerten Experten sogar die Meinung, die Wahrscheinlichkeit eines großen Erdbebens in den nächsten 30 Jahren liege bei über 60 %. Milliarden werden investiert, um die Wasserversorgung für den Fall der Fälle zu sichern und Häuser erdbebenresistenter zu bauen.

Diese beunruhigenden Expertenmeinungen haben auf die Psyche der Menschen in den betroffenen Gebieten kaum Auswirkungen. Inzwischen hat man gelernt, mit der **Erdbebengefahr** umzugehen, sich so gut wie möglich darauf einzustellen und – z. B. auf dem architektonischen Sektor – Vorkehrungen zu treffen. Damit kann eine mögliche Naturkatastrophe zwar nicht verhindert, aber in ihren Folgen gemildert werden, was gerade in jüngerer Vergangenheit unter Beweis gestellt wurde. Und seit der Installierung mehrerer voneinander unabhängiger Löschwasser- und Hydrantensysteme hofft man, solch verheerenden Bränden wie 1906 in San Francisco vorgebeugt zu haben. Entscheidend aber ist, dass die Einwohner der erdbebengefährdeten Gebiete es nicht zulassen, dass die Angst vor dem nächsten Erdstoß oder gar dem Großen Knall in ihr Leben eingreift. Geübt in der Technik des Verdrängens, gehen sie fatalistisch davon aus, dass das Unvermeidliche irgendwann einmal kommen wird, aber es zählt nicht für das Hier und Jetzt.

# Die Landschaften

*Schmaler Küstenstreifen, gerade Uferlinie*

Etwa 2.000–3.000 m tiefe Seegräben begrenzen im Westen jene Erdplatte, die Kalifornien trägt (Amerikanische Platte) und die in einem rund 30 km breiten Schelfgürtel in den Stillen Ozean hineinragt. Dahinter steigt an der 1.200 km langen **pazifischen Küste** das Land unvermittelt und oft in Terrassen aus dem Ozean. Der eigentliche Küstenstreifen ist relativ schmal, die Uferlinie mit Ausnahme der Bays von San Francisco und San Diego vergleichsweise gerade, oft von erstaunlich langen Sandstränden gesäumt und nicht sehr differenziert.

Der erste Gebirgsstrang, der wie erwähnt in Nord-Süd-Richtung das Land durchzieht, ist das **pazifische Gebirgssystem** (Coast Ranges), das den westlichen Strang der

*Blumenbestandene Pazifikküste am Pigeon Point Lighthouse nahe Pescadero*

nordamerikanischen Kordilleren bildet und teilweise über 3.000 m hoch ist. Die Coast Ranges sind wiederum in mehrere Bergketten gegliedert und beginnen oft nur wenige Kilometer hinter der Küste. An manchen Stellen, wie zwischen Los Angeles und San Francisco, reichen sie aber direkt bis an den Ozean.

Während sich im Norden der zweite Gebirgszug fast unmittelbar östlich an die Coast Ranges anschließt, dehnt sich im südlichen Teil des Bundesstaates zwischen Redding und Bakersfield das 600 km lange und 60 km breite **Kalifornische Längstal** (Central Valley, Great Valley) aus, ein z. T. äußerst fruchtbares Schwemmland-Tal, das die bedeutendste landwirtschaftlich genutzte Region des amerikanischen Westens überhaupt darstellt und zur San Francisco Bay hin entwässert wird. Östlich wird das Central Valley von der **Sierra Nevada** begrenzt, die im Mount Whitney (4.421 m) ihren höchsten Punkt hat. Dieses hochalpine Gebirge ist noch eindrucksvoller als die Coast Ranges, und hier findet man z. B. den herrlichen Yosemite National Park und stimmungsvolle Gebirgsseen wie den Lake Tahoe.

*Hochalpine Landschaft im Yosemite National Park*

Weiter südöstlich dehnen sich die beiden Täler Death Valley und Imperial Valley aus, die als Grabenbrüche vollkommen von Bergen eingeschlossen sind und keine Verbindung zum Meer haben. Trocken, abweisend und im Sommer glühend heiß sind die großen **Wüsten** Kaliforniens.

Ganz anders stellt sich der Osten von Nordkalifornien dar, wo der Sierra Nevada im Süden die **Cascade Mountains** entsprechen. Dieses vulkanische Gebirgsland ist wasserreich, dicht bewaldet und wird von mehreren schneebedeckten Gipfeln wie dem Mount Lassen und – als höchstem Berg – dem Mount Shasta (4.316 m) überragt.

*Vulkanisches Gebirgsland*

Überwiegend an diese natürlichen Gegebenheiten angelehnt ist die Aufteilung des Bundesstaates in **zwölf Regionen**, die u. a. bei der touristischen Vermarktung eine Rolle spielen. **An der Küste** sind dies (von Norden nach Süden):
- **North Coast:** u. a. mit dem Redwood National Park, der Avenue of the Giants, der Küstenszenerie zwischen Crescent City und Bodega Bay sowie den Seen Lake Berryessa und Clear Lake
- **San Francisco Bay Area:** u. a. mit dem Point Reyes National Park, den Muir Woods und den Städten San Francisco, Oakland, Berkeley, San Jose und Santa Cruz
- **Central Coast:** u. a. mit dem Channel Islands National Park, der Küstenszenerie zwischen der Monterey Bay und den Santa Monica Mountains sowie den Städten Monterey, Carmel, Santa Barbara und Ventura
- **Los Angeles County:** u. a. mit den Stränden zwischen Malibu und Long Beach, den Santa Monica Mountains sowie den Inseln Catalina und Santa Barbara

*Geografischer Überblick*

- **Orange County:** u. a. mit den Stränden zwischen Sunset Beach und San Clemente sowie den Santa Ana Mountains
- **San Diego County:** u. a. mit den Stränden zwischen Oceanside und Imperial Beach, den Palomar Mountains sowie den Seen Lake Hodges, El Capitan Lake und Lake Henshaw

**Im Inland** sind dies (von Norden nach Süden):
- **Shasta Cascade:** u. a. mit dem Lassen Volcanic National Park, den Trinity Alps, dem Mount Shasta sowie den Seen Lake Oroville, Shasta Lake, Klamath Lake, Whiskeytown Lake und Clair Engle Lake
- **Gold Country:** u. a. mit der Hauptstadt Sacramento und den Goldgräberstädten Coloma, Columbia und Jamestown
- **High Sierra:** u. a. mit den Nationalparks Yosemite, Sequoia und Kings Canyon, den Seen Lake Tahoe und Mono Lake sowie den Mammoth Mountains
- **Central Valley:** u. a. mit den Städten Bakersfield, Fresno und Modesto
- **Deserts:** u. a. mit der Mojave-Wüste mit den Nationalparks Death Valley und Joshua Tree, dem Anza-Borrego Desert State Park sowie dem Salton Sea
- **Inland Empire:** u. a. mit den San Bernardino Mountains und den Seen Lake Arrowhead, Lake Elsinore, Silverwood Lake und Big Bear Lake.

# Klima und Reisezeit

Allgemein ist das Wetter im Westen der Vereinigten Staaten trockener und sonnenreicher als im Osten. Die Größe des Raumes aber bringt es mit sich, dass zwischen Rio Grande und Pazifik und zwischen Oregon und Mexiko **sehr unterschiedliche klimatische Gegebenheiten** herrschen.

Das westamerikanische Klima wird maßgeblich durch den Pazifischen Ozean, die Nord-Süd-Richtung der Kordilleren sowie die sich dadurch ergebende Verteilung von Niederschlägen beeinflusst. **Schroffe Wetterwechsel und plötzliche Temperaturänderungen** werden in erster Linie dadurch verursacht, dass durch das Fehlen von querlaufenden Gebirgszügen Kalt- und Warmluftströme ungehindert nach Süden bzw. Norden fließen können. Besonders im Winter macht sich dies bemerkbar: Die als Cold Waves (oder Northers) bezeichneten Kaltlufteinbrüche wirken sich bis zur mexikanischen Grenze und darüber hinaus aus.

*Kaltlufteinbrüche*

Der Juli 2017 war mit einer Durchschnittstemperatur von 41,9 °C der heißeste Monat seit Beginn der Temperaturaufzeichnungen. Den **Hitzerekord** hält das Death Valley, wo die Quecksilbersäule im Juli 1913 auf 56,7 °C stieg. Selbst mitten im Winter kann es im Death Valley oder in Kalifornien richtig warm sein. An der Küste jedoch sind die Temperaturen normalerweise weitaus ausgeglichener. Verantwortlich dafür ist der Pazifik. Dessen im Sommer nordwärts gerichtete kalte Strömung (Kalifornienstrom) und im Winter südwärts gerichtete warme Strömung (Kuro Schio) bringen nicht nur dem

*Warmes Klima*

*Im heißen Death Valley: Blick vom Zabriskie Point*

*Nebel nicht nur in San Francisco*

Nordwesten die höheren Niederschläge, sondern sorgen auch für die berühmten **Sommernebel**, die bis zu 2 km ins Landesinnere hineinreichen können. Sie sind übrigens nicht auf San Francisco beschränkt: In San Diego treten sie um den Monat Juni auf, von Mitte Juni bis Juli an der Monterey Bay, von Juli bis August an der San Francisco Bay und der nördlicheren Küste. Dies sind natürlich nur Durchschnittswerte, mit nebeligen Perioden muss man an der Küste das ganze Jahr über rechnen.

Gleichzeitig ist der Ozean für die ganzjährig **milden Temperaturen** bis hinauf nach Seattle verantwortlich. San Francisco z. B. hat ein Jahresmittel von 13,6 °C (das auf ähnlicher Breite gelegene Neapel 19,4 °C und New York 11,7 °C), wobei nur 6,7 °C zwischen dem kältesten (Januar) und dem wärmsten Monat (September) liegen (im Vergleich dazu sind es bei Neapel 19,5 °C und bei New York 24,4 °C Differenz).

Hinsichtlich der **Niederschläge** hat der Staueffekt des Pazifischen Gebirgssystems zur Folge, dass es an der Westküste ausreichend bis viel regnet, während auf den Hochebenen zwischen den Gebirgszügen Dürre und wüstenhaftes Klima vorherrschen. Die höchsten amerikanischen Niederschläge überhaupt liegen mit mehr als 4.000 mm im jährlichen Durchschnitt an der Pazifikküste Alaskas, aber auch in Washington, Oregon und Nordkalifornien können noch Werte von etwa 2.000 mm erreicht werden. Eine Ausnahme bildet die trockene Küstenregion Südkaliforniens. Da sich mit Los Angeles, San Diego, Long Beach und Dutzenden anderer Städte ausgerechnet hier die größte urbane Konzentration herausgebildet hat, ist eine Umverteilung des Wassers durch Stauseen und Aquädukte notwendig.

Zwischen den Coastal Ranges und der Sierra Nevada sowie jenseits der Gebirgsstränge nimmt die Trockenheit zu. Hier werden manchmal nur Durchschnittswerte von 100–300 mm Niederschlag erreicht.

*Regional unterschiedliches Klima*

Grob vereinfacht, ergibt sich aus dem Gesagten für das Reisegebiet Folgendes:

- An der **nordkalifornischen Küste** sind ganzjährig Niederschläge zu erwarten, bei ausgeglichen-milden Temperaturen sowohl im Sommer als auch im Winter. In San Francisco z. B. ist es nie kälter als 10 °C und selten wärmer als 17 °C. Die Niederschlagsmenge beträgt hier durchschnittlich 530 mm im Jahr. Bereisen kann man diese Region ganzjährig, allerdings ist im Winter der Himmel zwischen San Francisco und Crescent City oft grau, und es regnet häufig.
- Im **nordkalifornischen Bergland** ist es im Winter oft bitterkalt, und viele Straßen sind wegen Schneeverwehungen geschlossen – das betrifft auch die Nationalparks. Sofern man nicht Wintersport betreiben möchte, sollte man in dieser Zeit die Region meiden. Ab Mai meldet sich die Natur mit einem wahren Blütenmeer zurück. Am schönsten ist es von Juli bis Anfang September. Für die Weinanbaugebiete nahe der Bay ist aber auch der Oktober noch eine gute Reisezeit. Hier fängt außerdem der Frühling deutlich früher an, sodass man im Napa Valley schon um Ostern ausgesprochen warme Tage erwarten kann.
- An der **südkalifornischen Küste** ist es im Sommer warm und im Winter mäßig warm, es fällt außerdem nur wenig Niederschlag (im Sommer fast nie). In Los Angeles z. B. ist es in den kältesten Monaten nicht kälter als 13 °C und in den wärmsten selten heißer als 28 °C. Die Durchschnittstemperatur beträgt hier 17,7 °C und die Niederschlagsmenge 370 mm. Baden ist jedoch nur im Sommer und zwischen Santa

Barbara und San Diego möglich, wobei die Wassertemperaturen so gut wie nie 22 °C übersteigen.
- Im **südkalifornischen Inland** ist es im Sommer je nach Höhenlage warm bis heiß: In der Sierra Nevada sind Juli und August die angenehmsten Monate, in der gleichen Zeit ist es in der Wüste (besonders im Death Valley) kaum auszuhalten. Dorthin fährt man am besten im März/April, wenn Wildblumen und Kakteen blühen. Auch der Winter ist im Südosten angenehm warm und trocken – in der gleichen Zeit tummeln sich die Wintersportler auf den schneebedeckten Hängen der Sierra. Die hochgelegenen Passstrecken sind allerdings regelmäßig gesperrt und werden z. T. erst Anfang Juni wieder geöffnet.

Die klimatischen Bedingungen verhindern also ein ganzjähriges, problemloses Bereisen von Kalifornien, wenn man etwa eine große Rundfahrt unternehmen möchte, wie sie auf S. 121 skizziert ist. Ein **idealer Zeitraum** dafür wäre entweder **Ende Mai bis Mitte Juni**, wenn es in der Wüste noch nicht zu heiß ist, andererseits aber die Pass-Strecken befahrbar sind. Oder man wählt den Zeitraum von **Mitte August bis Anfang Oktober**, wenn es in San Francisco am wärmsten ist und die Nächte im Gebirge noch frostfrei sind.

*Reisezeit für große Rundfahrt*

**Hinweis**
*Eine Umrechnungstabelle Fahrenheit-Celsius findet sich auf den Gelben Seiten unter dem Stichwort Maßeinheiten, s. S. 91.*

# Nicht selten: Dürre, Waldbrände und Überflutungen

Wer nach Kalifornien reist, sollte sich darüber im Klaren sein, dass diese Region für ihre **Wetterkapriolen** berüchtigt ist. Gerade in den letzten Jahren litten die kalifornische Vegetation, aber auch die Fauna, die Menschen und die Landwirtschaft häufig unter Naturkatastrophen. Es gibt hier zwar nicht die berüchtigten Hurrikane, die regelmäßig die Südostküste der Vereinigten Staaten heimsuchen, dafür richteten Dürre, Waldbrände und Überflutungen Schäden an, die denen der Wirbelstürme in nichts nachstehen und die neben den Erdbeben zur größten natürlichen Gefährdung des Landesteiles gehören.

Entgegen der landläufigen Meinung vom immer sonnigen Wetter Kaliforniens kann es bisweilen auch im Süden des Bundesstaates wie aus Kübeln schütten, sodass Flüsse über die Ufer treten und weite Teile des Landes unter Wasser gesetzt werden. In ihrer schlimmsten Form gingen solche Unwetter in den vergangenen Jahren auf das periodisch auftretendes Naturphänomen El Niño zurück. El Niño (spanisch für „der Junge", „das Kind", weil es meist in der Weihnachtszeit auftritt) sorgte im Pazifik für deutlich höhere Wassertemperaturen, verursacht gleichzeitig aber ungewöhnlich heftige Stürme und starke Niederschläge. 1995 musste die kalifornische Küste deswegen zum Notstandsgebiet erklärt werden. Damals hatte sturzflutartiger Regen das gesamte Napa Valley und die Gegend um Carmel und Monterey in eine Seenlandschaft verwandelt; Zehntausende von Einwohnern und Touristen mussten evakuiert werden, fast die gesamte Ernte an Wein und Gemüse wurde vernichtet. Ende des gleichen Jahres fegte ein Sturm mit Windgeschwindigkeiten von mehr als 160 km/h über die Westküste hinweg. Sechs Menschen kamen dabei ums Leben, und Stromausfälle in Nordkalifornien und Südoregon ließen 2 Mio. Menschen im Dunkeln sitzen.

*Heftige Stürme*

*Waldbrand im Yosemite National Park im Herbst 2018*

Auch im Januar 1998 und im Dezember 2002 wurde Kalifornien ebenso wie die mexikanische Pazifikküste vom Naturphänomen El Niño in Mitleidenschaft gezogen. Auch in diesen Jahren musste deswegen für einige kalifornische Regionen jeweils der Notstand ausgerufen werden. Gleichzeitig wurden an der kalifornischen Küste die wärmsten Wassertemperaturen seit Jahrzehnten gemessen.

*Katastrophen in Serie*

Häufiger aber noch leiden die Kalifornier unter dem Gegenteil starker Niederschläge, nämlich einer lang anhaltenden **Dürre**. Viele Monate ohne jegliche Niederschläge fügen der Landwirtschaft großen Schaden zu, zumal die Dürre stets von **verheerenden Waldbränden** begleitet wird. 1993 und 1994 drangen Brände bis in die Villenviertel von Los Angeles vor, Bilder von ausgebrannten Domizilen verschiedener Hollywood-Stars gingen um die ganze Welt. Doch dies war nur der Auftakt einer beispiellosen Serie von Großbränden, die den Bundesstaat in regelmäßigen, aber immer schlimmeren Dimensionen heimsuchten. Im August 1996 führten Wald- und Buschbrände zur Ausrufung von Notstandsgebieten, allein in der Region nördlich von Los Angeles befanden sich 19.000 Feuerwehrleute im Einsatz, um die 52 größeren Brände zu löschen. 2004 erfassten die Brände binnen weniger Tage eine Fläche von insgesamt 7.500 ha.

2006 wurde wiederum Malibu in Mitleidenschaft gezogen. Mit weiteren heftigen Buschfeuern hatten die Feuerwehren in den Bezirken Santa Barbara und San Diego zu tun, und schließlich musste der damalige Gouverneur Arnold Schwarzenegger den Notstand ausrufen, nachdem sich zwei Brände im San Bernardino National Forest zu einem Großfeuer vereinigt hatten.

## Klima und Reisezeit

Die von der Fläche her schlimmsten Waldbrände seit Jahrzehnten wüteten aber im November 2008 und hinterließen eine 100.000 km² große Schneise der Verwüstung. Betroffen waren weite Gebiete in Südkalifornien, insbesondere das Orange County, die Vororte von Los Angeles, das Waldgebiet bei Santa Barbara, der Bezirk San Bernardino und Ortschaften wie Sylmar, Big Sur und Diamond Bar. Farmen, Plantagen, Reihenhäuser und ganze Wohncontainersiedlungen wurden ebenso ein Raub der Flammen wie Luxusvillen. 26.000 Menschen mussten evakuiert werden, und insgesamt flohen mehr als 640.000 vor der heranrückenden Feuerwalze.

*Flucht vor den Flammen*

Der Grund für das verheerende Ausmaß der Brände war einerseits die lange Dürreperiode und andererseits die hurrikanartigen Santa-Ana-Winde, die die Brände immer wieder aufs Neue anfachten. Trotz der Arbeit von mehr als 19.000 Feuerwehrleuten aus 41 Bundesstaaten und des Einsatzes der Nationalgarde dauerte es wochenlang, bis die über 1.400 lodernden Einzelbrände unter Kontrolle gebracht werden konnten.

Die Trockenheit zog sich bis ins Frühjahr 2009 hin, sodass im März erneut der Notstand ausgerufen werden musste, nun allerdings wegen des immer dramatischer werdenden Wassermangels. Die Trinkwasserreserven schrumpfen bis heute zusehends, für Laien und Touristen deutlich ablesbar an den extrem niedrigen Pegelständen in den Stauseen. Auch 2010 blieb Kalifornien nicht verschont: Unter anderem gingen im Juli 4.500 ha des Sequoia National Park in Flammen auf. 2013 war das trockenste Jahr seit 1895: Im Mai brannte es nördlich von Los Angeles, oberhalb von Malibu, im August im Yosemite National Park (s. S. 373) und Mitte Dezember an der Big-Sur-Küste. 2014 drohten Wassermangel und weitere Waldbrände, im April 2015 musste der damalige Gouverneur Jerry Brown den Dürre- und Wasser-Notstand ausrufen. Im August und September suchten verheerende Waldbrände den Norden Kaliforniens heim: Tausende Menschen waren gezwungen, ihre Wohnungen zu verlassen.

*Dürre-Notstand*

Dieser als Valley Fire bekannte Großbrand 2015 galt als drittgrößter in der Geschichte Kaliforniens, wurde aber bereits 2017 übertroffen. Nach dem heißesten kalifornischen Sommer seit Beginn der Aufzeichnungen brannte es im Oktober in Nordkalifornien u. a. rund um die Weinbauregion Sonoma und im November/Dezember im Ventura County nordwestlich von Los Angeles. Innerhalb von drei Tagen verbrannte eine Fläche von mehr als 380 Quadratkilometern, mehr als 200.000 Menschen mussten ihre Häuser verlassen.

Und die Verschnaufpause fiel wieder nur kurz aus: Tatsächlich gelten die **Waldbrände von 2018** als die bisher schwersten in der Geschichte Kaliforniens. Die angerichteten Schäden werden auf 24 Mrd. US$ geschätzt, der Yosemite NP musste wegen der Rauchentwicklung des nahen Ferguson Fire zeitweilig gesperrt werden, die Kleinstadt Paradise in Nordkalifornien wurde fast vollständig vernichtet. In den deutschen Medien wurde besonders über die Verheerungen in Malibu berichtet, nicht zuletzt, weil dabei Thomas Gottschalks Villa abbrannte. Präsident Trump machte als Ursache für das Ausmaß der Brände schlechtes Forstmanagement aus; Wissenschaftler sind sich aber einig, dass die enorme Trockenheit und Hitze mit ausschlaggebend waren. Da diese mit dem Fortschreiten des menschengemachten Klimawandels weiter verstärkt werden, ist jetzt schon klar: Die Feuer werden in Zukunft noch häufiger und heftiger sein.

# Gesellschaftlicher Überblick

## Bevölkerung und Siedlungsstruktur

In den USA leben auf rund 9,6 Mio. km² gut 329 Mio. Menschen (Schätzung Mai 2019), darunter 76,9 % Weiße (darin: 17,8 % Hispanics), 13,3 % Afroamerikaner, 5,7 % Asiaten, 1,3 % Native Americans und Inuit sowie 0,2 % andere (beispielsweise Polynesier), 2,6 % geben eine gemischte Herkunft an. Nach wie vor sind die USA ein **Einwanderungsland**, in den letzten 20 Jahren sogar in höherem Maße als in der Zeit nach dem Zweiten Weltkrieg. Die Einwanderung führte dazu, dass beispielsweise in Kalifornien rund 30 % der Einwohner keine gebürtigen Amerikaner sind. Rund ein Fünftel der Bewohner der USA spricht als Muttersprache bzw. im familiären Umfeld eine andere Sprache als Englisch, dabei liegt Spanisch mit ca. 41 Mio. Sprechern eindeutig an der Spitze.

*Spanisch weit verbreitet*

Seit 1960 ist Kalifornien der **bevölkerungsreichste Bundesstaat**. Im Januar 2018 wurde die Bevölkerung auf rund 39,8 Mio. geschätzt, womit Kalifornien fast 12 % der US-Bevölkerung stellt. Dabei bilden die Indianer, die ersten Bewohner des Landes, heute die kleinste Gruppe. Ihr Anteil wird nach der letzten Volkszählung mit 1,2 % angegeben. Davon leben viele in den 96 kalifornischen Reservationen, die jedoch längst nicht alle so groß sind wie in Arizona oder anderen Südwest-Bundesstaaten. Ein Großteil der Indianer ist jedoch aus anderen Staaten eingewandert und wohnt in den Städten.

*Größte Bevölkerungsgruppe*

Die größte Bevölkerungsgruppe stellen in Kalifornien heute die **Hispanics**. Dieser Sammelbegriff umfasst die spanischsprachige Bevölkerung. Abgesehen davon ist der Begriff nicht allzu trennscharf und umfasst sowohl Menschen spanischer wie lateinamerikanischer Abstammung. In Kalifornien sind dies vor allem Einwanderer aus Mexiko und mittelamerikanischen Ländern. Ihr Anteil an der Bevölkerung liegt heute mit 38,9 % und damit höher als der der Caucasians (37,7 %), wie man die Weißen nord-, mittel- und osteuropäischer Abstammung bezeichnet. Diese Entwicklung entspricht einem allgemeinen Trend: Laut Mitteilung des U.S. Census Bureau wurden 2011 in den USA erstmals mehr Kinder der hispanischen, schwarzen und asiatischen Bevölkerung geboren als Kinder von Weißen.

Heute sind, auf das ganze Land bezogen, die meisten Weißen englischer, deutscher und irischer Abstammung. In der zweiten Phase erfolgte die Einwanderung hauptsächlich aus Süd- und Osteuropa. Insgesamt sind die europäischen Weißen diejenigen, die sich untereinander am schnellsten und nachhaltigsten assimiliert haben. Trotzdem gibt es auch hier noch große ethnische und religiöse Unterschiede.

### Hispanics

In Kalifornien existieren noch kleine Kolonien, die Sprache und Kultur ihres Herkunftslandes bewahren – beispielsweise viele deutsche Vereinigungen, eine beachtliche russische Minorität in San Francisco oder das dänische Dorf Solvang. Andererseits wird der „europäische" Bevölkerungsanteil durch die massive Immigration aus Lateinamerika immer kleiner und hat in vielen Stadtteilen nur noch Minderheitenstatus. Nach der jüngsten Volkszählung bleibt als Fazit, dass in diesen Gemeinden der protestantische, weiße

Mittelschichtsangehörige nicht mehr das „normale Amerika" repräsentieren kann. Amerikaner mexikanischer oder mittelamerikanischer Herkunft, die häufig einen starken indianischen Einschlag haben, leben hauptsächlich im Südwesten. In New Mexico sind sie z. B. mit knapp 50 % an der Gesamtbevölkerung beteiligt. Das rapide Anwachsen dieser Gruppe auch in Kalifornien speist sich aus dem ständigen Nachzug weiterer junger und kinderreicher Familien aus Mexiko und Mittelamerika, außerdem liegt deren Geburtenrate über dem US-Durchschnitt. Zu der Zahl von etwa 64 Mio. Menschen in den USA, deren Muttersprache nicht Englisch ist, trägt diese Gruppe entscheidend bei. Deswegen hat sich jetzt schon in einigen südkalifornischen Gemeinden eine Zweisprachigkeit durchgesetzt – sowohl im Privaten (Speisekarten, Läden) als auch bei öffentlichen Institutionen. In East Los Angeles gibt es ganze Stadtteile, die geschlossen spanischsprachig sind, ebenso in San Diego. Los Angeles selbst gilt heute nach Mexico City als die größte mexikanische Gemeinde der Welt. 2005 wurde hier erstmals seit mehr als 130 Jahren mit dem Demokraten Antonio Villaraigosa ein *Hispanic* zum Bürgermeister gewählt.

*Indianischer Einschlag*

*Mexikanische Folklore in Eureka*

Bedingt durch die schlechten wirtschaftlichen Verhältnisse in ihren Heimatländern und die relativ lange Grenze (über 3.000 km) zwischen Mexiko und den USA sehen viele Lateinamerikaner in einem illegalen Grenzübertritt in Richtung USA eine Chance, ihre Lebensqualität zu verbessern. In den USA angekommen, sind sie ohne Aufenthalts- und Arbeitsgenehmigung gezwungen, für verhältnismäßig wenig Geld zu arbeiten. Doch verdienen sie immer noch mehr als in ihren Heimatländern. Ihren Höhepunkt erreichte diese Form der Migration um das Jahr 2000, als mehr als 1,6 Mio. Lateinamerikaner illegal in die USA kamen, der weit überwiegende Teil aus Mexiko. Seither sind diese Zahlen stark gesunken und lagen in den letzten Jahren bei 300.000–400.000 pro Jahr. Obwohl die Mexikaner noch immer die größte Einzelgruppe stellen, überqueren mittlerweile mehr Menschen aus Mittelamerika die Grenze. Oftmals sind es Familien, die vor der Gewalt in Ländern wie Honduras oder El Salvador fliehen, um in den USA um Asyl zu bitten.

## Afroamerikaner

Der Prozentsatz der kalifornischen Afroamerikaner ist mit 6,5 % niedriger als im Landesdurchschnitt, aber höher als in den benachbarten West-Staaten. Allerdings beträgt in Kalifornien der Verstädterungsgrad der Schwarzen 100 %, sodass diese Bevölkerungsgruppe nahezu ausschließlich in zwei Großräumen konzentriert ist: in Los Angeles, wo sie etwa 20 % der Bevölkerung stellt, und in der Bay Area gegenüber von San

*Verstädterungsgrad 100 %*

*Gesellschaftlicher Überblick*

Francisco, so z. B. in Berkeley (20 %) und besonders in Oakland (47 %). Ein nicht unerheblicher Anteil dieser Bevölkerungsgruppe lebt nach wie vor in Gegenden mit hoher Arbeitslosigkeit und Kriminalität. 30 % aller Afroamerikaner leben sogar unter der offiziellen Armutsgrenze. Proteste gegen die ungleichen Verhältnisse nehmen seit Beginn der 1990er-Jahre wieder deutlich zu, entladen sich bisweilen auch in blutigen Unruhen. Am schlimmsten waren die von 1992 im Stadtteil South Central von Los Angeles, die 51 Tote und mehr als 2.000 z. T. schwer Verletzte forderten (s. S. 211).

## Asiaten

Ebenfalls stark angestiegen ist die Zahl der in Kalifornien lebenden **Asiaten**, deren Prozentsatz inzwischen 14,8 % (in den USA 5,7 %) der Gesamtbevölkerung erreicht hat und durch einen ständigen Nachzug weiter zunimmt. Allein in Kalifornien und auf Hawaii lebt die Hälfte aller eingebürgerten Asiaten. Darunter stellen die **Chinesen** die älteste Einwanderergruppe, deren Vorfahren z. T. im 19. Jh. in den amerikanischen Westen kamen, wo sie in den 1860–70er-Jahren beim Bau der transkontinentalen Eisenbahn massenhaft (Sklaven-)Arbeit fanden. Als der Zustrom der Chinesen auch nach der Fertigstellung der Eisenbahn nicht abebbte und in den 1870er-Jahren durchschnittlich 15.000 von ihnen jährlich nach Kalifornien einwanderten, wurde der Begriff der „gelben Gefahr" geprägt. 1882 beugte sich der Kongress der öffentlichen Meinung und erließ den *Chinese Exclusion Act*, der der chinesischen Einwanderung zunächst ein Ende setzte. Die im Lande lebenden Chinesen mussten fast 60 Jahre auf ernstzunehmende Schritte in Richtung Gleichberechtigung warten.

*Ausbeutung der Chinesen*

Erst während des Zweiten Weltkrieges wurde der *Chinese Exclusion Act* aufgehoben. Ab 1947 wurde den Chinesen gestattet, auch außerhalb der Chinatowns Grund und Boden zu erwerben, 1948 hob Kalifornien das Gesetz gegen Mischehen zwischen Chinesen

*In San Franciscos Chinatown*

und Weißen auf. In der Nachkriegszeit kamen, auch verursacht durch die Ereignisse in der Volksrepublik China und in Hongkong, wieder sehr viele Chinesen ins Land, diesmal jedoch mehrheitlich kapitalkräftige Einwanderer, die oft ins Immobiliengeschäft einstiegen. In San Francisco z. B. sind mehr als 10 % der Wolkenkratzer des Financial District fest in chinesischer Hand. Hinsichtlich des Bildungsstands und Einkommens liegen die Chinesen längst über dem nationalen Durchschnitt, und trotz des Anwachsens krimineller chinesischer Banden gelten sie wegen ihres Fleißes und ihrer Strebsamkeit als *Model Minority*.

Die **Japaner** (heute insgesamt etwa 1,3 Mio, davon 428.000 in Kalifornien) folgten in der zweiten Einwanderungsphase und haben sich hauptsächlich in Hawaii und in Kalifornien niedergelassen. Wie die Chinesen hatten auch sie lange Zeit unter dem amerikanischen Rassismus zu leiden, der in Sondergesetze und ein Einwanderungsverbot mündete. Erst seit dem Zweiten Weltkrieg ist diesen Gruppen wieder der Zuzug in die Vereinigten Staaten erlaubt. Die **Philippinos** waren von diesem Verbot nie betroffen. Sie stellen mit rund 4 Mio. Menschen auch die zweitgrößte asiatische Gruppe und leben zu 47 % in Kalifornien.

*Rassismus*

Durch die amerikanischen Kriege im Fernen Osten sind weiter Hunderttausende **Koreaner** und **Vietnamesen** (heute jeweils ca. 1,7 Mio.) ins Land gekommen. Viele davon zog es nach New York, 11 % der Vietnamesen auch nach Texas, aber der größte Prozentsatz blieb in Kalifornien. Auch von den ca. 3,2 Mio. **Indern** lebt die größte Gruppe (ca. 590.000) in Kalifornien.

## Siedlungsstruktur

Allgemein in den USA zeigt die Siedlungsstruktur eine weitgehende **Verstädterung**. Lebten 1900 noch 60,4 % der Menschen auf dem Land, waren es 1950 nur noch 46 % und 1970 nur noch 26,4 %. Seit dieser Zeit nahm die städtische Bevölkerung nicht mehr so rapide zu, was auf die Abwanderung vieler Städter in benachbarte ländliche Gemeinden (*Counterurbanization*) zurückzuführen ist. Die ländlichsten Gebiete der Vereinigten Staaten liegen aber im Osten, sodass die Verstädterung im Westen noch viel weiter fortgeschritten ist: In Kalifornien beträgt sie etwa 95 %.

Am bevölkerungsreichsten sind hier die Städte an der Pazifikküste, unter denen der Großraum Los Angeles/Long Beach mit 13 Mio. Einwohnern inzwischen nach dem Großraum New York (20 Mio.) und vor Chicago (10 Mio.) auf dem zweiten Platz liegt. Es folgen die Großräume (Metropolitan Areas) der San Francisco Bay Area mit 7,7 Mio. und von San Diego mit 3,3 Mio. Menschen.

*Metropolregionen am Pazifik*

Innerhalb und zwischen den Großräumen haben sich vor allem an der südlichen Küste die endlosen Satelliten- und „Rentner"-Städte ausgebreitet. Dies hat zu einer bedeutenden Zersiedelung (*urban sprawl*) der Landschaft geführt, die zum monotonen Erscheinungsbild der amerikanischen Städte erheblich beiträgt. Auch die immer gleiche **schachbrettartige Anordnung** der Straßen und Häuserblocks ist für Europäer ungewohnt und nur selten attraktiv. Viele dieser Metropolen bestehen aus einem oder mehreren Zentren, in denen sich die verspiegelten Hochhäuser der Banken und Versicherungen auftürmen und die Skyline bestimmen. Hier wird allerdings hauptsächlich gearbeitet und in den seltensten Fällen auch gewohnt, weswegen man nicht von einer Innenstadt im europäischen Sinn sprechen kann.

Die Lage der sozial differenzierten Wohnquartiere zueinander und zum Zentrum orientiert sich natürlich auch an den Industriestandorten, Windverhältnissen etc. Entscheidend ist außerdem, dass es innerhalb der Schichten zu **Ghettobildungen** kommt, am häufigsten nach Gesichtspunkten der Hautfarbe bzw. Nationalität. So leben die Afroamerikaner und Immigranten mexikanischer Herkunft, deren Verstädterungsgrad nahezu 100 % beträgt, häufig unter sich. In San Franciscos Chinatown leben ärmere und reiche Chinesen zusammen.

Aufgelockert und durchbrochen wird das monotone Stadtbild immer da, wo noch **Teile der kolonialen Bausubstanz** oder Viertel der Jahrhundertwende erhalten sind. Dies ist insbesondere in San Francisco, San Diego und Monterey der Fall. Aber auch der neuspanische Baustil der 1920er-Jahre macht viele Städte selbst dann anheimelnd, wenn sie dem üblichen Straßenraster unterliegen. Beste Beispiele dafür sind Santa Barbara und Palm Springs. Ansonsten können topografische Gegebenheiten, Parkanlagen, Seepromenaden, viktorianische Holzhausviertel etc. das Gesamtbild auflockern. Die postmoderne Hochhausarchitektur hat vielen Zentren auch gut getan hat und ist zu einer der Hauptattraktionen bei Stadtbesichtigungen geworden.

# Soziale Lage

*Land der Kontraste*

Auch wenn es auf einer Rundreise durch Kalifornien meist nicht ins Auge springt, nimmt ein zweiter Blick doch die ärmeren Menschen in den Innenstädten wahr, erkennt die **höchst unterschiedliche Wohnstruktur**, die auch Baracken- und Wohnwagensiedlungen aufweist, sensibilisiert für die missliche Lage in den Indianerreservationen, entdeckt einige der rund 134.000 Obdachlosen oder der rund 2 Mio. Menschen, die in Kalifornien täglich auf Suppenküchen angewiesen sind. Kein Zweifel: Auch hinsichtlich der sozialen Lage sind die USA ein Land der Kontraste.

In den USA ist vor allem die zunehmend **ungleiche Verteilung** von Einkommen von sozialer Sprengkraft. Während vor einigen Jahren der Dow-Jones-Index um 30 % stieg, große US-Firmen ihre Gewinne im Schnitt um 20 % steigerten und Manager bei ihren Einkommen um 13 % zulegten, stagnierten die Löhne bei den mittleren und niedrigen Gehältern. Andererseits stiegen die Lebenshaltungskosten stetig an, sodass selbst in Mittelklasse-Familien das Einkommen eines Verdieners oftmals nicht mehr ausreicht – für Schulgeld für die Kinder, Ratenzahlungen für den Wagen oder Fernseher, für Hypothekenzinsen.

*Schlecht bezahlte Arbeit*

In der Amtszeit von Präsident Bill Clinton war die Schaffung neuer Arbeitsplätze eines der wichtigsten innenpolitischen Ziele, was Regierung und Wirtschaft mit außerordentlichem Erfolg erreichten. Ende 1996 war die Arbeitslosenquote auf 5,1 % gesunken. An der grundsätzlichen sozialen Situation hatte dieser Erfolg jedoch nichts ändern können. Der Grund: Neue Arbeitsplätze entstanden hauptsächlich in den **Niedriglohngruppen** des Dienstleistungssektors, in denen oft nur der gesetzlich vorgeschriebene Mindestlohn von US$ 7,25 (seit Mitte 2009, vorher US$ 6,55) bezahlt wird. Das Phänomen, dass sich trotz festen Jobs in dieser Branche der Lebensstandard verschlechtert, nennt man in Amerika *working poor*. Gerade Kalifornien und die Südwest-Staaten sind hier besonders betroffen, da Arbeitgeber und Arbeitnehmer gleichermaßen in Konkurrenzdruck zu den Immigranten aus dem Süden geraten: An der Grenze nach Mexiko bieten viele legale oder illegale Einwanderer ihre Arbeitskraft für US$ 3 pro Stunde an.

*„Working Poor"*

Viel sozialen Zündstoff bergen in den urbanen Regionen von Kalifornien zudem die stetig steigenden **Miet- und Grundstückspreise**. Durch Sozialleistungen wie Medicaid, Mietzuschüsse und Lebensmittelmarken können sozial bedingte Missstände nicht behoben werden. Oft fehlt trotzdem das Geld für das Nötigste, und zunehmend sind auch Jugendliche gezwungen, Geld zu verdienen oder zu stehlen, um die Familie durchzubringen, anstatt zur Schule zu gehen. Der Teufelskreis sozialer Verelendung nimmt so seinen Lauf, da Analphabeten oder Jugendliche mit einer schlechten Schulausbildung gar keine oder nur schlecht bezahlte Arbeit bekommen. Am Ende der Spirale steht die Obdachlosigkeit, die während der Reagan-Ära und später auch unter der Regierung George W. Bush dramatische Formen angenommen hat – vor allem in den Großstädten.

Durch die **Finanz- und Immobilienkrise** 2008–2010, als unzählige überschuldete Familien ihre Eigenheime verloren, wuchs die Obdachlosenzahl nochmals signifikant an. Und es stünde um diesen Personenkreis noch weitaus schlechter, würden ihm nicht viele karitative Organisationen mit Armenküchen oder anderer Hilfe zur Seite stehen. Wesentlich größer als in anderen Industrieländern ist hierbei der Anteil der Kirchen.

*Kalifornien besonders stark betroffen*

Von den Amerikanern lebten 2016 insgesamt 12,7 % unter der **Armutsgrenze** (*poverty line*). Von 2009 bis 2010 stieg die Zahl der Armen um 2,6 Mio. Als offizielle Armuts-

*Ob Hütte oder Villa: Seit der Immobilienkrise heißt es oft „For sale"*

grenze galten 2016 US$ 24.563 für eine Familie mit zwei Erwachsenen und zwei Kindern. Die Zahl der Armen hat sich dabei in allen ethnischen Gruppen vergrößert, allerdings am stärksten bei den Hispanics und Afroamerikanern. Unter dem gesetzlich definierten Existenzminimum lebten 2016 ca. 26,2 % der Afroamerikaner, ca. 23,6 % der Hispanics und ca. 12,4 % der Weißen. Statistiken belegen, dass etwa 21 % aller Kinder in Verhältnissen unterhalb der Armutsgrenze aufwachsen müssen. Zwar geht es Kalifornien im Landesdurchschnitt noch recht gut, doch wurde auch hier seit Mitte der 1990er-Jahre die Kluft zwischen Arm und Reich immer größer.

*Ungleiche Einkommensverteilung*

Inzwischen gehören 1 % der Haushalte 40 % des amerikanischen Reichtums, und die Zahl der Milliardäre ist seit 1982 von 13 auf über 560 im Jahr 2017 gewachsen, 124 davon leben in Kalifornien. Gleichzeitig stieg das Durchschnittseinkommen während des letzten Booms nur geringfügig. Von sozialer Sprengkraft ist, auch in Kalifornien, die zunehmend ungleiche Verteilung von Einkommen, die unter den Industriestaaten beispiellos ist und die sich in den letzten beiden Dekaden noch drastisch verschärft hat.

Ein weiteres Thema ist in diesem Zusammenhang die **Krankenversicherung**. Denn für den Krankheitsfall sind in den Vereinigten Staaten nur Beamte durch entsprechende Gesetze automatisch abgesichert. Im Übrigen besteht keine gesetzliche Krankenversicherung, sodass nur die Möglichkeit einer privaten Versicherung übrig bleibt, die recht teuer ist und entsprechend den Leistungen, die sie tragen muss, individuell den Jahresbeitrag anpasst. Noch im Jahre 2013 waren knapp 13,4 % der Amerikaner (rund 42 Mio. Einwohner) überhaupt nicht und rund 30 % nur unzureichend krankenversichert.

*„Obamacare"*

Am 21. März 2010 wurde mit 219 gegen 212 Stimmen im Repräsentantenhaus in einer als „historisch" geltenden Entscheidung der Gesetzesentwurf zur umstrittenen **Gesundheitsreform** verabschiedet. Dabei geht es um nicht weniger als die umfassendste Sozialreform in den USA seit den 1960er-Jahren. 28 republikanisch dominierte Bundesstaaten klagten anschließend gegen das Gesetz. Ihnen ging es um die Frage, ob der Staat seine Bürger unter Androhung einer Geldstrafe zum Abschluss einer Versicherung zwingen darf. Der Supreme Court aber erklärte die Gesundheitsreform am 28. Juni 2012 mit fünf zu vier Stimmen für verfassungsgemäß. Zur Präsidentschaftswahl trat Donald Trump mit dem Versprechen an, „Obamacare" wieder abzuschaffen – obwohl inzwischen mehr als 20 Millionen Menschen eine Krankenversicherung bekommen hatten. Alle juristischen, präsidialen und parlamentarischen Versuche hierzu sind aber bislang gescheitert – nicht zuletzt daran, dass die Republikaner bislang keinerlei Konzept für ein besseres System präsentieren konnten. Das hielt Trump aber nicht davon ab, die Gesundheitsversorgung im Frühjahr 2019 wieder stärker in den Mittelpunkt zu rücken und zu twittern: „The Republican Party will be known as the Party of Great HealtCare [sic!]"; wohl ein Vorgeschmack auf den Wahlkampf 2020.

# Der „Californian Way of Life"

In Kalifornien fallen dem Besucher schnell gewisse Unterschiede auf, die sich im alltäglichen zwischenmenschlichen Umgang äußern und nicht selten einem bestimmten **Lebensgefühl** entspringen. Allgemein gelten die Amerikaner als unkompliziert, freundlich und hilfsbereit. Es ist einfach, mit ihnen in Kontakt zu kommen, sehr schnell werden Adressen getauscht und Einladungen ausgesprochen. Bemerkenswert auch, dass viele Amerikaner eine äußerst optimistische, manchmal geradezu euphorische Grundstimmung haben, die die Bereitschaft mit einschließt, erst einmal möglichst viel uneingeschränkt *great*, *marvellous* oder *fantastic* zu finden. Allgemein ist es üblich, auch Fremden einen schönen Tag (*have a nice day*) oder viel Spaß (*enjoy it, have fun, have a good one*) zu wünschen. Diese auf Anhieb angenehme Atmosphäre scheint das direkte Resultat der gesellschaftlichen Forderung *Think positive!* zu sein.

*Freundliche Umgangsformen*

Teilweise sind diese Bekundungen allerdings eher Floskeln. Auch die Begrüßungsformeln *How are you?* oder *How' you doin'?* sind mehr eine Art der Anrede als der Ausdruck von ernsthaftem persönlichen Interesse. *Thank you, fine* oder *great* sollte also in jedem Fall die Antwort lauten – selbst wenn dem nicht so ist.

Weiter gehört es zur kalifornischen Lebensart, Fremde oft schon nach dem ersten Kontakt wie einen alten Freund zu behandeln. Dabei redet man sich mit dem Vornamen und mit *my friend* an, erzählt von seiner Familie und erkundigt sich recht **ungezwungen** nach den persönlichen Verhältnissen des Gesprächspartners. Streitbare Themen wie Politik und Religion werden beim Small Talk allerdings eher vermieden.

Zu solch familiären Umgangsformen passt die **betont legere Kleidung**. So sieht man vor dem Frühstück häufig Menschen mit Morgenmänteln auf den Straßen, und Frauen tragen öffentlich ihre Lockenwickler im Haar. Jeans, Baseballmützen, Jogging-Anzüge und Turnschuhe gehören zum ganz normalen Outfit, auch bei älteren Menschen. Wer nicht gerade in einer offiziellen Funktion ist, kann eigentlich tragen, was er will. Und die meisten entscheiden sich dann für das Bequeme und das Praktische. Auch daran wird das Bestreben der Amerikaner offensichtlich, ein angenehmes, unkompliziertes *feeling* zu erzeugen, bei dem der Genuss im Vordergrund steht. Drei Dinge sind dabei entscheidend:

*Jogginghose und Baseballmütze*

*Schräger, aber patriotischer Vogel am Venice Beach*

- Das Leben muss leicht sein: *Take it easy!* Grüblerische Gedanken, Hektik und Ungemütlichkeit stören nur. Deswegen heißt im Alltag, beim Straßenverkehr, beim Einkaufen usw. die Maxime *Easy going*.
- Probleme sind dabei hinderlich und sollen, wenn man sie schon nicht aus dem Weg räumen kann, am besten ignoriert werden. Daher versichert man sich immer wieder: *No problem* und *Don't worry!*
- Individualität wird großgeschrieben. Da die Menschen nicht gleich sind, muss man jedem das Recht zur Verwirklichung seines persönlichen Glücks zugestehen.

Natürlich sind solche Aussagen pauschalisierend. Auch in Kalifornien gibt es mürrische Schalterbeamte, unfreundliche Kellner und griesgrämige Zeitgenossen. Allgemein aber gilt, dass die soeben skizzierte Lebensweise eine amerikanische und ganz besonders eine kalifornische ist. Überhaupt scheint der Westen einiges mehr vom „typisch Amerikanischen" zu repräsentieren als der europanahe Osten. Während man am Atlantik noch häufig englisches Understatement, deutsche Reserviertheit oder skandinavische Zurückhaltung erlebt, stößt man in San Francisco und Los Angeles weit eher auf die aus unzähligen Filmen bekannten Amerikanismen.

*Selbstbestimmung*

Noch aus der Tradition der *Frontier* (s. S. 19) stammt wohl der unbedingte **Freiheitsdrang**, der eines der Kennzeichen des *American Way of Life* ist. Das Gefühl für Selbstverantwortlichkeit, das Vertrauen auf die eigene Kraft und die Ablehnung zu starker staatlicher Eingriffe sind damit gekoppelt. Ein deutliches Beispiel dafür sind die **Waffen**, die in 43 % der amerikanischen Haushalte (2018) vorhanden sind: ein immerwährendes Diskussionsthema, das von der allmächtigen „National Rifle Association" (NRA) seit Jahrzehnten milliardenschwer unter Kontrolle gehalten wird – trotz immer wieder vorkommender Amokläufe mit vielen Toten und Verletzten. Nachdem am 14. Dezember 2012 ein 20-jähriger Amokläufer in Newtown (Bundesstaat Connecticut) 26 Menschen, darunter 20 Kinder, an einer Grundschule ermordet hatte, sprach sich Präsident Obama immerhin für ein Verbot von Sturmgewehren aus, scheiterte aber im März 2013 an der konservativen Mehrheit im Kongress. Auch jüngere Gewaltexzesse wie das Attentat am 2. Oktober 2017 in Las Vegas mit 58 Toten und mehr als 800 Verletzten oder das Schulmassaker am 14. Februar 2018 in Parkland (Florida) änderten nichts am Widerstand vor allem republikanischer Politiker gegen schärfere Waffengesetze.

*Hippie-Hauptstadt*

Es war aber gerade dieses Zugestehen einer Individualität, das Pochen auf das persönliche Glück, das in der weltweiten Jugendbewegung den Westen der USA zum Mekka für Hippies und Alternative werden ließ. Ab Mitte der 1960er-Jahre zog es ganze Heerscharen von Jugendlichen an die kalifornische Küste, wo sie ihre Vorstellung von Freiheit ausleben konnten. Die Rock- und Popkultur „entdeckte" San Francisco, das in etlichen Songs als Kapitale der **Flower-Power-Bewegung** gefeiert wurde. Allerorten wurden Kommunen gegründet und alternative Formen des Zusammenlebens ausprobiert. Der Konsum von Marihuana wurde so selbstverständlich wie der von Alkohol, und Drogenapostel wie Timothy Leary verkündeten die Bewusstseinserweiterung durch LSD. Zugleich nahm auch der politische Jugendprotest seinen Anfang und verbreitete sich von der Universität Berkeley aus über das ganze Land.

Längst nicht alles aus dieser Zeit ist vergessen. Erhalten haben sich verschiedentlich alternative Lebensformen, die sich z. B. in Wohngemeinschaften, Hausbooten und experimenteller Architektur äußern. Erhalten haben sich auch die Lebenslust der wilden 60er, die Popularität von San Francisco, die Legenden der Musikgeschichte. So ist innerhalb der Vereinigten Staaten Kalifornien zum Sinnbild für Liberalität, Freizügigkeit und unkonventionelle Lebensentfaltung geworden.

Dem widersprechen ein oft überraschend puritanischer Zug und eine restriktive Gesetzgebung. Nicht nur im Mormonenstaat Utah, sondern auch in Kalifornien äußert sich das Erbe der streng-religiösen Pioniere auf vielfältige Weise. Konservativer als in Mitteleuropa gibt man sich bei folgenden Dingen:

*Konservative Ansichten*

- **Nacktheit**: Amerikaner sind im Durchschnitt weitaus prüder als Mitteleuropäer. Mag der *Playboy* auch aus den USA stammen, Nacktszenen im Fernsehen, wie man sie bei uns schon im Vorabendprogramm bringt, sind in den Staaten undenkbar und allenfalls auf Pay-TV-Kanälen zu sehen, wobei in den Programmzeitschriften vor den Sexszenen gewarnt wird (X-rated). Nacktheit in der Öffentlichkeit gilt als obszön und sollte daher tunlichst unterlassen werden, auch das „Oben ohne"-Baden.
- **Toiletten**: Im Gegensatz zu Worten wie *shit* und *fuck*, die allenthalben zu hören sind, versucht man das Wort *toilet* geflissentlich zu vermeiden. Stattdessen sagt man *Rest Room*, zu Damentoiletten auch *Powder Room* oder *Ladies' Room* und zu Herrentoiletten *Men's Room, Gents, Little Boy's Room* oder *Lavatory*.
- **Glücksspiele**: Jedem Wildwest-Klischee zum Trotz gibt es in den meisten Staaten keine legale Gelegenheit zum Pokern, Black Jack etc. Und in Nevada erklärt sich der Erfolg von Städten wie Reno und Las Vegas allein durch die entsprechenden Glücksspiel-Verbote in den Nachbarstaaten.
- **Kleidung**: Zwar geben sich die Amerikaner bei den meisten Gelegenheiten sehr leger. In teureren Restaurants jedoch, in denen ausdrücklich *Coat and Tie* verlangt wird, ist dieser Hinweis als obligatorisch anzusehen; ohne Sakko und Krawatte bzw. ein elegantes Erscheinungsbild der Damen läuft hier nichts. Das Gleiche gilt vielfach auch in Diskotheken, immer aber bei Wohltätigkeitsveranstaltungen und Galaabenden (Männer in Smoking und Fliege). Ansonsten aber zieht man das Bequeme vor. Dabei muss man jedoch gewisse Anstandsregeln einhalten: In Restaurants und Geschäften, auch in den weniger vornehmen und auch bei sehr heißem Wetter, heißt es oft: *No shoes, no shirt, no service*.

*Kalifornien, so wie es die Beach Boys besangen*

# Wirtschaftlicher Überblick

## Allgemeines

Nicht nur hinsichtlich seiner Größe und Einwohnerzahl, sondern auch hinsichtlich seiner Ökonomie ist Kalifornien selbst im weltweiten Maßstab bedeutend. Wäre Kalifornien ein unabhängiger Staat, würde seine **Wirtschaftskraft** immer noch unter den acht größten Märkten der Erde zu finden sein. Mit einem durchschnittlichen Jahresverdienst 2017 von US$ 57.832 wäre es zudem eines der reichsten Länder. Zum Bruttosozialprodukt der Vereinigten Staaten trägt Kalifornien allein 14,2 % bei. Sehr vorteilhaft wirkt sich die Tatsache aus, dass es keine eindeutige Bevorzugung bestimmter Branchen gibt, sondern dass Tourismus, Industrie, Landwirtschaft, Energiegewinnung, Hightech und Gentechnologie gleichermaßen zu den wirtschaftlichen Standbeinen gehören.

*14,2 % des US-Bruttosozialprodukts*

In der Gesamtübersicht der letzten Dekade kann also Kalifornien durchaus als boomender Industriestandort bezeichnet werden, allerdings überwogen dabei doch die Schattenseiten. Schon 1989–1992 gab es eine Finanzkrise, die zu einer für kalifornische Verhältnisse sehr hohen Arbeitslosigkeit von 9,5 % führte. Sieben Jahre später kam es zum **Dotcom-Crash**, in dem das Paradestück der kalifornischen Wirtschaft Federn lassen musste, die IT-Industrie des Silicon Valley. Diese Krisen mündeten in eine mehr als flaue Konjunktur, wurden begleitet von Energieproblemen mit vielfachen Unterbrechungen in der Stromversorgung und sorgten für ein Rekordhoch bei den Spritpreisen. Besonders schlimm aber war das Haushaltsdefizit des Bundesstaates, das 2003 stolze US$ 38 Mrd. betrug und schließlich sogar zu einem Verfahren zur Abberufung des Gouverneurs führte, dem sogenannten *recall*.

*Der Kapitalismus ist vorbei? Wandmalerei in San Franciscos Viertel Mission*

Anfang 2007 stand der Golden State wieder glänzend da, u. a. mit einer Arbeitslosigkeit von weniger als 4,9 %. Dann aber kam die Wirtschafts- und Finanzkrise von 2008–09, der Kalifornien nichts entgegenzusetzen hatte. Das Haushaltdefizit, das auch unter dem von 2003–2011 amtierenden Gouverneur Arnold Schwarzenegger nie ausgeglichen werden konnte, wuchs an und wies nach seiner Amtszeit eine **Haushaltslücke** von US$ 19 Mrd. auf, bei einem Gesamtbudget von US$ 86,6 Mrd. Beamte wurden auf Kurzarbeit gesetzt und viele staatlichen Zahlungen eingestellt. Kalifornien war gewissermaßen insolvent. Die Arbeitslosenquote stieg und lag 2010 bei knapp 12 %. Instrumente zur Gegensteuerung waren u. a. eine Steuererhöhung, eine weitere Neuverschuldung von US$ 12 Mrd. und eine Ausgabenkürzung um etwa US$ 15 Mrd. Lag im Dezember 2011 die Arbeitslosenquote noch bei 11,1 %, so sank sie 2012 unter die 10-%-Marke, 2018 betrug sie 4,3 %.

*Kampf gegen das Defizit*

# Wirtschaftsmentalität

Der Kalifornien-Besucher wird durch Beobachtungen oder Gespräche im Reisegebiet schnell bemerken, dass sich nicht nur die wirtschaftliche Struktur oder Einzelaspekte von europäischen Verhältnissen unterscheiden, sondern in hohem Maße auch die zugrundeliegende Mentalität. Gilt es in vielen europäischen Ländern nicht gerade als fein, über den Verdienst oder Gewinnspannen bei Geschäften zu reden, berührt in Amerika oft schon die erste Frage persönliche Finanzangelegenheiten. Während man in Europa Spitzenverdienern oft ambivalent, wenn nicht unverhohlen neidisch gegenübertritt, gehört ihnen gerade in Kalifornien die öffentliche Anerkennung und Bewunderung. Dass der wirtschaftliche Erfolg einen solchen Stellenwert hat, kann mit dem historischen Erbe der frühen puritanischen Siedler erklärt werden, mit der Pionierzeit, in der alle materiellen Werte aus eigener Kraft geschaffen wurden. Deswegen gilt der größte Respekt auch denjenigen, die – manchmal nur der Legende nach – ohne einen Cent in der Tasche Karriere machten und **vom Tellerwäscher zum Millionär** aufstiegen. Allerdings gerieten im Zuge der Finanzkrise 2009 auch die hochbezahlten Manager, vor allem die im Bankensektor, stark in die Kritik.

*Anerkennung wirtschaftlichen Erfolgs*

Wirtschaftsmentalität meint aber mehr als nur die Einstellung zum Erfolg. Sie sagt auch etwas über die **Einstellung zum Job** aus, zu dessen Anforderungen und der Bereitschaft, eben diesen zu genügen. Im Vergleich zur Alten Welt fallen hier einige Dinge sofort ins Auge:
- Es gibt **kaum sichere Arbeitsplätze**. Nach dem Prinzip des *hire and fire* können Kandidaten für nahezu jeden Job kurzfristig eingestellt und genauso schnell wieder entlassen werden. Es zählen der akute wirtschaftliche Erfolg und der persönliche Einsatz, nicht etwa Loyalität oder Verantwortung dem Mitarbeiter gegenüber. Sehr viel schneller als in Europa werden in den USA auch hochrangige Manager oder ganze Spezialabteilungen entlassen.
- Jeder **Mitarbeiter ist Repräsentant** der Firma. Deswegen werden von allen strenge Arbeitsdisziplin, korrekte Kleidung und höfliche Umgangsformen erwartet.
- Das Qualifikationsniveau ist niedriger, der **Spezialisierungsgrad höher**. Komplexe Arbeitsvorgänge, die bei uns zum Repertoire eines bestimmten Berufsstandes gehören, werden in den USA eher unterteilt und an mehrere Personen delegiert. Der Vorteil liegt in der schnelleren Erlernbarkeit der Handgriffe – man muss nicht

zum Maurer, Dachdecker, Verkäufer etc. ausgebildet werden, sondern nur zum Vernageln der Dachpappe, Anbringen der Regenrinne, Bedienen der Geschäftskasse usw. Der Nachteil ist das fehlende berufsspezifische Allgemeinwissen.
- Der **Prestigewert** bestimmter Arbeiten ist **unerheblich**. Es gibt keine „guten" oder „schlechten" Berufe an sich, sondern nur Jobs, mit denen man Erfolg haben kann oder nicht. Deswegen ist das gesellschaftliche Ansehen für einen Lehrer oder Piloten nicht größer als etwa für einen Lageristen oder Lastwagenfahrer. Dementsprechend bunt kann die Palette der Arbeiten sein, die ein und dieselbe Person im Laufe ihres Lebens ausgeführt hat.
- Die **Fluktuation** ist entsprechend **groß**. Da der Verlust des Arbeitsplatzes schneller möglich ist, Prestige ohnehin eine geringere Rolle spielt als Erfolg und man bei lukrativen Angeboten unsentimental zugreift, wechseln die Amerikaner ihren Arbeitsplatz viel häufiger als ihre europäischen Kollegen.
- Die **Mobilität ist enorm**. Von ihren Firmen auf einen Außenposten versetzt oder auf der Suche nach höheren Löhnen, ziehen manche Familien quer durch die Vereinigten Staaten. Es gilt nicht als unzumutbar, wegen einer Arbeitsstelle von einer Stadt in eine andere, von einem Staat in einen anderen zu ziehen. Der Besitz von Grund und Boden spielt dabei keine Rolle: Amerikaner sind viel eher bereit, ihr Eigenheim auch kurzfristig aufzugeben und sich ein neues Haus zu suchen.

# Fischerei, Land- und Forstwirtschaft

*Erfolgreiches Agrarland*

Mit Erlösen von rund US$ 46 Mrd. (2016) ist die kalifornische **Landwirtschaft** von sehr großer Bedeutung: Einer von fünf Jobs des Bundesstaates ist direkt oder indirekt an sie gekoppelt. Das kalifornische Agrarland, also vor allem das Central Valley, stellt insgesamt nur 3 % des landwirtschaftlich genutzten Areals der USA, dennoch gedeihen darauf mehr als die Hälfte aller in den USA produzierten Agrarprodukte. Nur beim Mais- und Getreideanbau können andere Bundesstaaten Kalifornien überflügeln, während Wein, Zitrusfrüchte, Nüsse, Birnen, Melonen usw. aus Kalifornien zu rund 80 % den gesamtamerikanischen Bedarf decken. Beim Anbau von Artischocken, Datteln, Feigen, Granatäpfeln, Kiwis, Mandeln, Pflaumen, Pistazien und Walnüssen ist Kalifornien sogar konkurrenzlos, da diese Waren nirgendwo sonst in den USA produziert werden.

Gleiches gilt für viele Gemüsesorten wie Tomaten, Brokkoli, Spinat Möhren, Blumenkohl etc. Eine Nische mit steigenden Produktions- und Exportwerten ist die Blumenzucht, die vor allem zwischen Monterey und San Diego betrieben wird. Auch als Produzent von Wein (s. S. 283), Baumwolle, Reis, Weizen sowie Fleisch- und Milchprodukten ist Kalifornien in den USA an führender Stelle zu finden. Davon lebt natürlich auch eine bedeutende **Nahrungsmittelindustrie**. Seit der Legalisierung des Konsums im Januar 2018 gehört auch der Cannabisanbau zu den lohnenden Industriezweigen.

Zu den bevorzugten **Landwirtschafts-Regionen** gehören die langgestreckten und weiten Täler wie San Joaquin Valley, Sacramento Valley, Imperial Valley, Napa Valley, Sonoma Valley, Santa Ynez Valley und Santa Clara Valley. Obwohl diese Anbaugebiete immer noch glänzend dastehen, kann nicht verschwiegen werden, dass die amerikanischen Farmer vor große Probleme gestellt sind. Die Konzentration landwirtschaftlicher Betriebe (immer weniger Farmen mit immer mehr Hektar), Überproduktion, Fortfall von

Subventionen, gesunkene Weltmarktpreise und reihenweise Bankrotte wegen nicht zurückzahlbarer Kredite hatten schon in den 1990er-Jahren ein landesweites Farmensterben ausgelöst. Innenpolitisch war und ist dies ein Thema von großer sozialer Sprengkraft, vor allem auch wieder nach der Finanz- und Wirtschaftskrise 2008/09. Heute gibt es rund 80.000 Farmen und Ranches in Kalifornien.

## Problem Wasserversorgung

Ein Grundproblem von Kalifornien ist die **ungleiche Verteilung der Niederschläge** und des Wasserverbrauchs. An der klimatisch begünstigten Pazifikküste und vor allem im Norden des Bundesstaates fällt eigentlich genügend Regen, nur gibt es dort weder die großen Bevölkerungskonglomerate noch die intensive Landwirtschaft, die von diesen Wassermengen profitieren könnten. Im Süden hingegen, wo die Sonne und fruchtbare Böden Landwirtschaft besonders interessant machen, fehlt das Wasser, auch die Megalopolis von Los Angeles muss sehen, wo sie ihre Vorräte für Industrie- und Trinkwasservorräte auffüllen kann. Eine existentiell wichtige Aufgabe ist also die effektive und bezahlbare Umverteilung von Wasser vom Norden, wo drei Viertel der Gesamtniederschläge fallen, nach Süden, wo mehr als drei Viertel des gesamten Wasserbedarfs bestehen. Schon seit Anfang des 20. Jh. wird an dieser Aufgabe gearbeitet, wobei es auch zu empfindlichen ökologischen Katastrophen kam. Z. B. hatte man 1913 damit begonnen, den 40 km langen und 70 m tiefen Owens Lake an der Sierra Nevada mit einem 375 km langen Kanal anzuzapfen, um Los Angeles mit Trinkwasser zu versorgen. Die Folge war, dass erstens der Owens Lake in relativ kurzer Zeit völlig verschwand und dass zweitens das gesamte, ehemals fruchtbare und landwirtschaftlich intensiv genutzte Tal Owens Valley zu einer öden Wüste verkam. Danach wurde ein ganzes System von Stauseen und Aquädukten installiert, auch der Colorado River mit seinen verschiedenen Staustufen (Lake Powell, Lake Mead) wurde zum Wasserlieferanten für Südkalifornien degradiert.

*Der Oroville-Staudamm versorgt Zentral- und Südkalifornien mit Trinkwasser*

**info**

Nahezu zwei Drittel der 39,8 Mio. Einwohner des Bundesstaates beziehen ihr Trinkwasser aus dem großen Inlanddelta des Sacramento-Flusses östlich der Bucht von San Francisco. Dass in Zeiten längerer Dürreperioden (wie 2007–09) dieses System **vom Kollaps bedroht** ist, macht ein Blick auf die enorm niedrigen Pegelstände dieser Stauseen deutlich. Neben den Bürgern der Millionenmetropolen, die gerade in San Diego und Los Angeles oft nicht auf Pools und bewässerte Golfplätze verzichten können, benötigt die Landwirtschaft riesige Mengen an Wasser. Sie ist existentiell auf flächendeckende Bewässerungstechniken angewiesen, die in jüngster Zeit auch mit Innovationen unterstützt werden, die durch die Gentechnologie möglich geworden sind. Dabei wurden riesige Erfolge erzielt und Wüsten buchstäblich zum Blühen gebracht, trotzdem ist die Not der Farmer groß. Kritiker werfen der Landwirtschaft allerdings auch vor, dass sie trotz der Knappheit des Rohstoffs weiterhin wasserintensive Plantagen wie z. B. für Baumwolle betreibe. Landwirte im Central Valley haben nämlich das Recht, große Wassermengen preiswert einzukaufen, um damit im Sommer ihre Felder zu bewässern – ein Umstand, der von Umweltschützern und den Großstädten gleichermaßen kritisiert wird.

Schon seit vielen Jahrzehnten gibt es diesen **Dauerstreit** um das Trinkwasser in Kalifornien, der z. T. noch auf die Zeiten des Goldrausches zurückgeht. Damals wurde ein kompliziertes System von Wasserrechten eingerichtet, das zum Teil vom Bundesstaat, zum Teil vom Innenministerium in Washington verwaltet wird. Umweltschützer und die Trinkwasserversorger für die Großstädte an der Küste versuchen seit Jahren, dieses Monopol zu brechen. Als erster kalifornischer Gouverneur mischte sich Arnold Schwarzenegger in diesen Streit ein und versuchte, effektive Maßnahmen zum Wassersparen einführen. So verhängte er im Februar 2009 wegen der anhaltenden Dürre den Notstand und forderte die Kalifornier auf, ihren Wasserverbrauch um ein Fünftel zu senken. Sein Nachfolger Jerry Brown musste im April 2015 den Wassernotstand ausrufen. Erst im April 2017 konnte er verkünden, der Notstand sei vorbei, betonte aber, man müsse weiterhin mit Dürren rechnen.

---

*Strenge Einfuhrbestimmungen*

Jeder Bundesstaat ist für den Schutz seiner Landwirtschaft selbst verantwortlich und setzt dazu umfangreiche Maßnahmen ein. Besonders in Kalifornien bemüht man sich, Obst oder andere Lebensmittel, die Schädlinge für die heimische Landwirtschaft tragen könnten, nicht über die Grenze gelangen zu lassen. Wer mit einem Schiff oder Flugzeug in Kalifornien einreist, darf solche Waren nicht mit sich führen. Ebenfalls gibt es an den großen Straßen in die Nachbarstaaten insgesamt 16 Stationen der Landwirtschaftsbehörde (*Agricultural Inspection Station*), die Lebensmittelkontrollen durchführen.

Neben Oregon und Washington ist Kalifornien auch der US-Bundesstaat mit der größten **Forstwirtschaft**. Insgesamt bedecken die pazifischen Wälder knapp 89 Mio. ha und stellen damit 30 % aller forstwirtschaftlichen Nutzflächen in den USA. Da hier außerdem die Bäume besonders hoch wachsen und voluminös sind, bergen diese Wälder sogar 33 % der gesamten Holzvorräte der Union. Andererseits wird dieses Potenzial wegen der schwierigen topografischen Bedingungen nur zu 15 % genutzt, was weit unter dem US-Durchschnitt liegt. Im Gegensatz zum Osten, dessen Laubwälder vorwiegend harte Nutzhölzer für die Bau- und Möbelindustrie liefern, wandern die Nadelhölzer des Westens hauptsächlich in die Zellulose- und Papierindustrie.

*Forstwirtschaft im Norden*

Die Forstwirtschaft ist überwiegend auf den Nordteil des Bundesstaates konzentriert. Dort stehen einer möglichen Ausweitung des Holzeinschlages allerdings mehrere Faktoren entgegen. Zwar sind die Wälder nur selten in privater Hand, sondern fast ausschließlich Staatswälder und Forste der Holzindustrie. Andererseits aber sind riesige Areale in Nationalparks geschützt und können forstwirtschaftlich kaum genutzt werden. Außerdem verhindern Auseinandersetzungen mit Naturschützern einen noch tiefergehenden Kahlschlag. Insgesamt sind die Aktivitäten der **Holzindustrie rückläufig**. In verschiedenen Gemeinden und beim Berufsstand der Holzfäller hat das zu einer ähnlichen Krisenstimmung geführt, wie es sie in der Landwirtschaft bei den Farmern gibt.

Angesichts der langen kalifornischen Küste ist verständlich, dass der **Fischerei** ein wichtiger Stellenwert zukommt, zumal die Fischanlandungen am Pazifik größer geworden sind und die Fänge im Vergleich zur atlantischen Küste ständig steigende Werte bringen. Dies vor allem, weil man in Kalifornien (wie in Washington und Alaska) vorherrschend teure Arten wie Lachs, Garnelen, Hummer und Krabben anlandet. Ein weiterer Aktivposten ist die Thunfischjagd, die u. a. in San Diego betrieben wird. Demgegenüber ist die Bedeutung anderer Fischarten zurückgegangen. Die einstmals übermächtige Sardinenfischerei (Monterey) wurde durch das Ausbleiben der Sardinenschwärme vernichtet, die von Heilbutt und Makrelen litt unter der Überfischung der nordpazifischen Gewässer. Eine Gesundung der Bestände erhofft man sich von den stark heruntergesetzten Fangquoten.

*Mehr Fänge am Pazifik*

# Bergbau und Industrie

Im Gegensatz zum oft vorherrschenden Eindruck einer weitgehend naturbelassenen Landschaft ist Kalifornien auch ein hoch entwickelter Industriestandort mit einer inzwischen langen Tradition. Bereits die Indianer kannten die Metallverarbeitung, und die **Bodenschätze**, die es in den verschiedensten Landesteilen gab und gibt, konnten von

*Eine aufgelassene Mine in Silver City*

*Goldene Vergangenheit*

den weißen Pionieren schon im 19. Jh. intensiv ausgebeutet werden. Ihnen kam entgegen, dass die großen Wälder für das nötige Baumaterial sorgten und dass die Flüsse nicht nur vorzügliche Transportwege boten, sondern auch ein großes Potenzial an Energie, nutzbar in der Anfangsphase für Mühlen, später dann immer mehr zur Stromerzeugung. Die ersten Bodenschätze, die im Westen der USA gefördert wurden, waren die reichen Lagerstätten an Mineralien und Metallen, die zur Mitte des 19. Jh. durch den *Gold Rush* von Kalifornien für weltweites Aufsehen sorgten. Heute erinnern nurmehr *Ghost towns* an die turbulenten Zeiten der Vergangenheit, als Kalifornien in der Förderung von Gold und Silber führend war.

Zwar ist der Westen der Vereinigten Staaten überproportional daran beteiligt, dass die USA in der Produktion von Uran, Kupfer, Kohle, Blei und Phosphat die globale Rangliste anführen, doch ist hier Kalifornien gegenüber den Bundesstaaten Arizona, Colorado, Idaho, Montana, Nevada, New Mexico und Wyoming klar im Hintertreffen. Immerhin können mehrere Mineralien wie z. B. Borax (im Death Valley und anderswo), Quecksilber, Mangan oder Blei aus kalifornischem Boden geholt werden. Und bereits seit Anfang des 20. Jh. werden in Südkalifornien **Erdöl** und **Erdgas** gefördert und in den Raffinerien bzw. petrochemischen Anlagen verarbeitet – u. a. im Großraum L.A. und bei Bakersfield. Inzwischen ist klar, dass es auch weiter nördlich Erdöl zu fördern gäbe, doch wurden in den letzten Jahren Bohrungen etwa bei Fort Bragg oder Mendocino aus Gründen des Umweltschutzes verhindert.

*Hightechregion*

Als **Industrienation** stellen die USA etwa ein Drittel der weltweiten Produktion. Ihr alter Standort – der als *Manufacturing Belt* bezeichnete Gürtel zwischen Atlantik und unteren Großen Seen – ist inzwischen aber längst nicht mehr das alleinige industrielle Standbein der Staaten und musste vor allem auch durch die Krise des Automobilbaus 2008–09 einen weiteren Bedeutungsverlust hinnehmen. In dem Maße, in dem die Industriezweige der Elektronik und Feinmechanik wuchsen, wurde auch der Westen und hier vor allem Kalifornien für das Bruttoinlandsprodukt immer wichtiger. Insbesondere ab den 1970er-Jahren, als die Branchen der Halbleiter- und Computerproduktion ungeheure Steigerungsraten erfuhren, avancierte das kalifornische **Silicon Valley** zur bedeutendsten Hightech-Konzentration in der Welt (s. S. 389). Die Krisen der Jahre 1985 und 2000, hervorgerufen durch den Preissturz bei der japanischen Konkurrenz bzw. dem Dotcom-Crash und jeweils begleitet durch Massenentlassungen, konnte man durch Gesundschrumpfen meistern. 2005–07 konnten Firmen wie Ebay, Google, Intel, IBM oder Hewlett-Packard Milliardengewinne einfahren und wurden im Silicon Valley Umsätze von über US$ 360 Mrd. gemacht. 2008–2010 holte die Finanzkrise auch diesen wichtigen Zweig der kalifornischen Ökonomie ein, seit 2012 geht es allerdings wieder aufwärts. Ansonsten werden in Kalifornien u. a. Nutzfahrzeuge, Flugzeuge, Raumfahrt-Bauteile und Maschinen hergestellt. Und schließlich ist allein der Bundesstaat Kalifornien einer der größten Waffenproduzenten und -exporteure der Welt.

*Unterhaltungsindustrie*

Ein Wirtschaftszweig ganz anderer Art ist die **Entertainment Industry**, die allein in Los Angeles 300.000 Arbeitsplätze stellt. Darunter darf man aber nicht nur Hollywood verstehen, auch die Musikindustrie ist ein ständig prosperierender Markt, in dem sich neben den Giganten der Unterhaltungsbranche unzählige kleine, unabhängige Firmen tummeln.

# Energie und Umweltschutz

Nicht nur in der Energiegewinnung, sondern leider auch im **Pro-Kopf-Verbrauch** nehmen die USA eine Spitzenstellung ein. Trotz eines inzwischen veränderten Bewusstseins trägt der amerikanische Lebensstil weitgehend zum hohen Verbrauch bei und muss als **Energieverschwendung** bezeichnet werden. 2016 waren die Vereinigten Staaten mit 5,01 Mrd. t energiebedingter Kohlendioxid-Emission hinter China der weltweit zweitgrößte Umweltsünder (Vergleich: Deutschland 776 Mio. t). Die Amerikaner stellen 5 % der Weltbevölkerung, sind aber mit 15,5 % am globalen Energieverbrauch beteiligt.

Der **Benzinverbrauch** ist in den USA höher als beispielsweise in Deutschland, was u. a. daran liegt, dass lange Zeit fast die Hälfte der neu zugelassenen Fahrzeuge Geländewagen und Pickups waren. Erst die Explosion der Benzinpreise steigerte das Interesse an kleineren, benzinsparenderen Autos und verschärfte die Krise der amerikanischen Autohersteller. Mittlerweile sinkt der durchschnittliche Benzinverbrauch, da die Motoren und Autos kostenbedingt kleiner werden. Eine ähnlich schlimme Umweltbilanz betrifft den **Wasserverbrauch**: Ca. 300 Liter gönnen sich die Amerikaner pro Tag, im Vergleich dazu nehmen sich die ca. 120 Liter der Deutschen pro Tag bescheidener, aber auch nicht gerade sparsam aus.

Auch wenn Präsident Trump den Ausstieg aus dem Pariser Klimavertrag und die Stärkung der Kohleindustrie verkündet hat, spielt der **Umweltschutz** in Vergangenheit und Gegenwart durchaus eine große Rolle in den USA – insbesondere in Kalifornien. Seltsamerweise war es gerade der republikanische Gouverneur Schwarzenegger, der diese grüne Politik weiterführte und stärkte. Noch während des Wahlkampfes 2003 wurde er oft von Umweltschützern angegriffen, die natürlich eine Schwäche für schwere, benzinschluckende Geländewagen kannten. In der praktischen Politik zeigte sich dann aber, dass Schwarzeneggers umweltpolitisches Programm, mit dem er in starkem Gegensatz zur Umweltpolitik des damaligen Präsidenten Bush stand, nach und nach umgesetzt wurde. U. a. tat Schwarzenegger entscheidende Schritte zum Einsatz von Wasserstoff-Brennstoffzellen bei Autos, auch der $CO_2$-Ausstoß bei Industrie und Kraftfahrzeugen sollte deutlich verringert werden – gegen den Widerstand der Automobilindustrie. Sein Clean-Air-Programm zur Eindämmung der **Luftverschmutzung** ist das weitestgehende in den Vereinigten Staaten, und auch beim Küstenschutz hatte sich Schwarzenegger klar gegen jede weitere Erdölsuche und -förderung vor der kalifornischen Küste ausgesprochen.

*Grüner Vorreiter*

Bereits 2005 hatte Schwarzenegger eine Verordnung unterzeichnet, die verbindliche Zielwerte zur Reduzierung der Treibhausgase in Kalifornien festlegte – getreu dem Kyoto-Protokoll, das von der US-Regierung ja nicht ratifiziert wurde. Am 2. Juni 2014 veröffentlichte die US-Umweltbehörde EPA den „Clean Power Plan". Damit sollte eine Reform der Energieversorgung durch die Festschreibung niedriger $CO_2$-Emissionsobergrenzen für Kraftwerke erreicht und bis 2030 ein Drittel weniger $CO_2$-Ausstoß als 2005 produziert werden.

Kalifornien erscheint seit Langem und in vielerlei Hinsicht als „grüner" Vorzeigestaat:
- Nirgendwo sonst in der Welt drehen sich so viele Windmühlen zur Energiegewinnung oder gibt es so viele „Sonnenfarmen".

- Das *Electric Power Research Institute* (EPRI) in Palo Alto ist weltweit eines der führenden Forschungsinstitute in Sachen Energieversorgung.
- Das geothermische Kraftwerk *The Geysers* bei San Francisco ist das weltweit größte.
- Ebenfalls zählen die acht Solarkraftwerke an drei Standorten an der I-40 bei Dagget zum innovativsten und fortschrittlichsten weltweit.

Seit 2009 fand Schwarzeneggers Umweltpolitik die Unterstützung von Präsident Barack Obama, der anders als sein Amtsvorgänger George W. Bush eine Stärkung des Umweltschutzes anstrebte. Auch Schwarzeneggers Nachfolger, die Demokraten Jerry Brown und Gavin Newsom, zeigten bzw. zeigen sich in diesem Bereich sehr engagiert. Im Alltag sichtbar wird insbesondere das 2014 erlassene Plastiktütenverbot.

*Kürzungen und Deregulierung*

Das politische Klima in den USA änderte sich allerdings nach der Wahl des Klimawandelleugners Donald Trump zum Präsidenten: Bereits der im März 2017 vorgelegte erste Haushaltsentwurf der Trump-Administration sah massive Kürzungen bei Umweltprogrammen vor. Am 28. März 2017 unterzeichnete Trump ein Dekret, mit dem wichtige Umweltschutzregeln aufgeweicht wurden. Gleichzeitig hob Trump den Stopp der Verpachtung von öffentlichem Land für Kohleförderung auf und hob die Begrenzungen der Methan-Emissionen in der Öl- und Gasindustrie an. Kalifornien schloss sich diesem Kurswechsel allerdings nicht an, vielmehr führt der Golden State die Opposition gegen die rückwärtsgewandte Umweltpolitik des Präsidenten an (s. auch S. 24f).

# Tourismus

Der Tourismus besitzt einen ständig wachsenden Stellenwert in den USA, wo neben Florida besonders der Südwesten und die pazifische Küstenregion zu den Spitzenreitern zählen. In den Zeiten der Wirtschaftsflaute, als es Einbrüche vor allem im industriellen Sektor gab und selbst der Dienstleistungssektor stagnierte, konnte allein die Tourismusbranche zulegen. Sie profitierte Anfang der **1990er-Jahre** vom niedrigen Dollarkurs, durch den viele ausländische Besucher angelockt wurden. Einen ähnlichen Effekt hatte zum Ende des Jahrhunderts der Preiskampf der Airlines, der Tickets in die USA plötzlich für jedermann erschwinglich werden ließ.

*Wachstumsbranche*

Dass aber auch dieser Sektor von anderen Entwicklungen negativ beeinflusst werden kann, zeigte sich zu Beginn des neuen Jahrtausends: Zunächst brachte die ungünstige Entwicklung des Dollar-Umtauschkurses zum Euro dem transatlantischen Fremdenverkehr erhebliche Einbußen, dann hielten die Terroranschläge im Jahre **2001** und der Irak-Krieg von **2003** besorgte bzw. empörte Naturen von einem Amerika-Besuch ab. Dies änderte sich schlagartig, als der Dollar Anfang 2008 von Rekordtief zu Rekordtief trudelte, verstärkt noch durch die Finanzkrise. Nie waren die USA für europäische Touristen günstiger, stark steigende Besucherzahlen waren die Folge. Allein aus Deutschland reisten in dieser Saison 1½ Mio. Gäste über den Atlantik, auf dem Weg zu einem recht preisgünstigen Urlaub, auf der Suche nach Schnäppchen oder sogar zu einer Shoppingtour auf dem Immobilienmarkt. Auch 2017 waren die Besucherzahlen hoch: 17,6 Mio. internationale Besucher zählte Kalifornien, davon rund 7,7 Mio. aus Mexiko und 1,65 Mio. aus Kanada. Aus den USA selbst kamen rund 260 Mio. Besucher. Insgesamt brachten die internationalen Besucher rund US$ 134,4 Mrd. ins Land.

*Günstige Wechselkurse*

## Tourismus

Für Kalifornien ist der Fremdenverkehr mit insgesamt rund 1,1 Mio. Arbeitsplätzen eine der Top-Branchen, für die außerdem in absehbarer Zeit kein Ende des Booms abzusehen ist. Das betrifft sowohl den internationalen Tourismus als auch den inneramerikanischen Reiseverkehr – Kalifornien ist die **Lieblings-Destination der US-Bürger** –, der seinen Höhepunkt in den Sommerferien und als Naherholungsverkehr an Wochenenden hat, seit den 1950er-Jahren aber auch zunehmend vom Wintersport profitiert. Zu den ganzjährig warmen Gebieten, die vor allem auch ältere Menschen nach Südkalifornien locken (mit großen Auswirkungen auf den Immobilienmarkt), üben die Nationalparks, Seen und Berge hier die größte Anziehungskraft aus. Überhaupt ist im gesamten Reisegebiet der Tourismus besonders für die kleinen, günstig gelegenen Orte (z. B. Palm Springs) von entscheidender wirtschaftlicher Bedeutung. Aber auch einige Großstädte können aufgrund ihrer allgemeinen Popularität (z. B. San Francisco) oder wegen bestimmter Attraktionen (z. B. Los Angeles) vom ganzjährigen Fremdenverkehr profitieren. Daneben tritt eine steigende Bedeutung des Messe- und Kongresstourismus.

*Nationalparks, Seen und Berge*

Die Statistik verrät auch, welche unterschiedlichen Attraktionen im Golden State die meisten Touristen anziehen. Bei den **Vergnügungs-** und **Themenparks** liegt Disneyland in Anaheim mit 18,27 Mio. Besuchern (2015) klar an erster Stelle, es folgen die Universal Studios Hollywood, SeaWorld San Diego, Knott's Berry Farm und Six Flags Magic Mountain. Bei den **Nationalparks** lag 2017 Yosemite weit vorne, der von über 4,3 Mio. Menschen aufgesucht wurde. Es folgen die Nationalparks Joshua Tree (2,9 Mio.), Death Valley (1,3 Mio.) und Sequoia (1,29 Mio.).

*Die „kurvenreichste Straße der Welt": die Lombard Street in San Francisco*

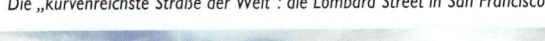

# 2. Kalifornien als Reiseziel

# Allgemeine Reisetipps A–Z

>  **Hinweis**
>
> In den **Allgemeinen Reisetipps** finden sich – alphabetisch geordnet – reisepraktische Hinweise für die Vorbereitung Ihrer Reise und für Ihren Aufenthalt in Kalifornien. **Regionale Reisetipps** – Infostellen, Sehenswürdigkeiten, Adressen und Öffnungszeiten, Unterkünfte, Restaurants, Verkehrsmittel, Einkaufs- und Sportmöglichkeiten etc. – stehen in den Kapiteln 3–5 bei den jeweiligen Orten und Routenbeschreibungen. Alle Angaben über Preise, Telefonnummern, Websites, Öffnungszeiten etc. waren zum Zeitpunkt der Drucklegung gültig, sind aber konstant Änderungen unterworfen.

| | |
|---|---|
| **A**bkürzungen | 62 |
| Alkohol | 62 |
| Auto fahren | 63 |
| Automobilclub | 65 |
| Autovermietung | 66 |
| | |
| **B**anken und Wechselstuben | 68 |
| Behinderte | 69 |
| Benzin / Tankstellen | 69 |
| Busse | 70 |
| | |
| **C**amper / Motorhomes | 70 |
| Camping | 72 |
| Coupons | 73 |
| | |
| **D**iplomatische Vertretungen | 73 |
| | |
| **E**inreise | 75 |
| Essen und Trinken | 76 |
| | |
| **F**ahrrad fahren | 80 |
| Feiertage und Events | 80 |
| Flüge | 83 |
| Fotografieren | 84 |
| | |
| **G**eld/Geldumtausch/Zahlungsmittel | 85 |
| Gesundheit | 87 |
| | |
| **I**nformationen | 89 |
| | |
| **K**artenmaterial | 89 |
| Kinder | 90 |
| Kleidung | 90 |
| | |
| **M**aßeinheiten | 91 |
| | |
| **N**ationalparks | 92 |
| Notfall / Unfall / Notruf | 93 |
| | |
| **Ö**ffnungszeiten | 93 |
| | |
| **P**ost | 93 |
| Preisermäßigungen | 94 |
| | |
| **R**auchen | 95 |
| Reisezeit | 95 |
| Restaurants | 96 |
| | |
| **S**icherheit | 97 |
| Sport | 98 |
| Sprache | 100 |
| Strände | 101 |
| Strom | 102 |
| | |
| **T**elekommunikation | 102 |
| Trinkgeld | 103 |
| | |
| **U**nterkunft | 104 |
| | |
| **V**ersicherung | 109 |
| Visum | 109 |
| | |
| **Z**eit | 109 |
| Zoll | 110 |
| Züge | 110 |

## Abkürzungen

Häufige Abkürzungen, die in Kalifornien (etwa in Broschüren, auf Landkarten, Straßenschildern usw.) und in diesem Buch gebraucht werden:

a.m.: ante meridiem (vormittags)
ATM: Automatic Teller Machine (Geldautomat)
Ave.: Avenue
Bldg.: Building
Blvd.: Boulevard
CA: California
Cr.: Creek (Bach)
Dept.: Department
Dr.: Drive
E: East
Ft.: Fort
Fwy.: Freeway
Hwy.: Highway
I: Interstate (oder Island)
Ln.: Lane
N: North
ID: Identification (Personalausweis etc.)
Ind.Res.: Indian Reservation
mph: miles per hour
Mt., Mtn.: Mountain
Mts.: Mountains
Nat'l.Rec.A. (NRA): National Recreation Area
Nat'l.For.: National Forest
NM: National Monument
NP: National Park
Pk.: Peak
Plgd: Playground
p.m.: post meridiem (nachmittags)
Rd.: Road
Res.: Reservoir (Stausee)
RV: Recreational Vehicle (Wohn- und Freizeitmobil)
RV Park: Recreational Vehicles Park (Wohnmobilabstellplatz)
S: South
St.: Street
W: West

## Alkohol

Der Verkauf und Ausschank alkoholischer Getränke ist in den USA bundesstaatlich geregelt. In Kalifornien liegt das **Mindestalter** für Alkoholkonsum bei 21 Jahren. Dies wird streng gehandhabt, und selbst weitaus Ältere müssen damit rechnen, vor dem Ausschank oder sogar vor dem Betreten des Lokals ihren Ausweis vorzeigen zu müssen („*We check ID*"). Der **öffentliche Konsum** alkoholischer Getränke (einschließlich Bier) ist verboten: eine Vorschrift, an die man sich auch halten sollte, da andernfalls mit einem Bußgeld zu rechnen ist. Zur Vermeidung von Missverständnissen empfiehlt es sich daher, gekaufte Dosen und Flaschen in den Papiertüten (*brown bagging*) zu lassen, in denen man die erstandene Ware eingepackt hat. Auch der Konsum im Auto ist untersagt, geöffnete Flaschen müssen im Kofferraum transportiert werden.

Bier und Wein bekommt man in Supermärkten und Geschäften, stärkere Spirituosen in den **Liquor Stores**. Viele Drugstores, Supermärkte und kleine Läden ha-

*Liquor Store in Santa Cruz*

*Allgemeine Reisetipps A–Z*

ben ebenfalls eine Lizenz für den Verkauf von Alkohol. Generell sind der Kauf und Verkauf alkoholischer Getränke zwischen 14 und 18 Uhr untersagt. In Cafés und Rasthäusern entlang der Highways werden nur selten Alkoholika ausgeschenkt. aber auch Restaurants und Hotels sind nicht immer *fully licensed*, besitzen also teils keine volle Alkohollizenz (d. h. Lizenz für Alkoholika über 17 % bzw. 20 % Alkoholgehalt).

### Hinweis
*Falls man abends noch ein Bier oder einen Wein trinken möchte, ist es ratsam, bei Überlandfahrten – vor allem beim Besuch der großen Nationalparks –* **einen kleinen Vorrat** *bei sich zu haben. Eis zum Kühlen findet man in fast allen Hotels.*

## Auto fahren

Jedem, der zum ersten Mal in den USA ist, werden im Vergleich zu Europa sofort bestimmte Unterschiede im Straßenverkehr auffallen: etwa dass man durchgängig entspannter, langsamer, weniger hektisch und Fußgängern gegenüber freundlicher fährt. Gleichzeitig aber sind viele Amerikaner unaufmerksam und auch ziemlich stur, wenn man auf ihre Spur einwechseln möchte. Am besten fährt man auf dem Highway, wenn man sich dem Verkehrsfluss anpasst. Bei drei- oder mehrspurigen Bahnen ist die zweite Spur von rechts stets am unverfänglichsten, während die rechte oft (und manchmal ziemlich unvermittelt!) zur Rechtsabbiegerspur wird (*this lane must turn right*). Diverse Straßen, vor allem aber Brücken, Tunnels und ähnliches, sind in den USA mautpflichtig.

**Tempolimits** sind in den USA bundesstaatlich geregelt. In Kalifornien beträgt die Höchstgeschwindigkeit auf Highways und Freeways generell 65 mph (105 km/h), bei zweispurigen Highways, auf denen die Fahrtrichtungen nicht voneinander getrennt sind, 55 mph (89 km/h), auf einigen Sektionen sind 70 mph (113 km/h) erlaubt, dies ist extra ausgeschildert. Allerdings verlangt das „Basic Speed Law", eine in Anbetracht der Bedingungen „vernünftige" Geschwindigkeit zu wählen („No person shall drive a vehicle upon a highway at a speed greater than is reasonable"). Bei schlechtem Wetter kann man in den Augen eines Polizisten also schon zu schnell unterwegs sein, wenn man sich ans Tempolimit hält. Weitere Geschwindigkeitsbegrenzungen sind ausgeschildert, in der Stadt und innerhalb geschlossener Ortschaften liegen sie meist bei 25–30 mph (40–48 km/h), in reinen Wohngebieten bei 20 mph (32 km/h) und vor Schulen, Altenheimen oder Krankenhäusern oft nur bei 10–15 mph (16–24 km/h).

Auch wenn dies längst nicht jeder Kalifornier tut, sollte man sich tunlichst an die Geschwindigkeitsbeschränkungen halten: Die Dichte der Polizeikontrollen ist hoch und der Einsatz der diversen Licht- und Tonmedien eines „Patrol Cars" durchaus abschreckend. Ganz abgesehen vom **deftigen Bußgeld**, das unmittelbar fällig wird.

### Verkehrsregeln
1. Generell gilt **rechts vor links**. Steht an Kreuzungen an jeder Ecke ein Stopp-Schild, gilt die Regel, dass der als Erster fahren kann, der zuerst an der Kreuzung gehalten hat.
2. Im Schulbereich gelten stark herabgesetzte Höchstgeschwindigkeiten. An **Schulbussen** mit Warnblinklicht darf nicht vorbeigefahren werden, auch nicht auf der Gegenspur.
3. In Amerika stehen die Ampeln hinter der Kreuzung. Sofern kein Fahrzeug behindert wird, ist bei rotem Ampellicht das **Rechtsabbiegen** generell erlaubt, es sei denn, es wird mit

Hinweisen wie *No right turn, No right on red* bzw. *Right turn only at green arrow* die Ausnahme von der Regel angezeigt.
4. Auf einer mehrspurigen Straße ist das **Rechts-Überholen** erlaubt.
5. Vor Bergkuppen, an Kreuzungen und in Kurven darf nicht überholt werden.
6. In der Morgen- und Abenddämmerung, bei diesigem Wetter und auf den langen Überlandstraßen mit Gegenverkehr muss mit **Abblendlicht** gefahren werden.
7. Die **Polizei** fordert einen zum Anhalten auf, indem sie mit Blaulicht und Sirene hinter und nicht vor einem fährt. Man sollte dann zur Seite fahren, den Motor abstellen und keine überhasteten Bewegungen machen. Aussteigen sollte man erst, wenn der Polizeibeamte dazu auffordert. In jedem Fall sollte man freundlich und sachlich bleiben, Diskussionen haben sowieso keinen Sinn.
8. Das Schild *Slower Traffic use Turnouts* ist vor allem auf Strecken durch das Gebirge ein guter Hinweis: Wer recht langsam unterwegs ist, um vielleicht die Natur anzuschauen, sollte auf die als *Turnout* markierte rechte Spur wechseln und schnellere Fahrzeuge passieren lassen.

**Park- und Haltevorschriften**: Strikt sollten die Einschränkungen fürs Parken beachtet werden. Zu einem saftigen Strafzettel oder zum rigorosen Abschleppen führt das Parken vor Hydranten, Feuerwehrausfahrten, an Bushaltestellen sowie in *Towaway Zones* und im Bereich eines *No Parking*- oder *No Stopping or Standing*-Schildes. Falls der Wagen abgeschleppt wurde, wendet man sich an das nächstgelegene District Police Dept., nach der Zahlung einer Strafe von mindestens US$ 250 kann man seinen Wagen anschließend bei der Abschleppfirma abholen.

Die **Farbe des Randsteins** gibt Aufschluss darüber, ob und wie lange man parken/halten darf:
| | |
|---|---|
| roter Randstein | = absolutes Halteverbot |
| gelber Randstein | = Ladezone für Pkw (30 Minuten) mit entsprechender Plakette; zwischen 18 und 7 Uhr sowie sonntags darf hier geparkt werden |
| weißer Randstein | = 5-minütiges Halten zum Ein- und Aussteigen erlaubt |
| grüner Randstein | = von 9–18 Uhr je nach Ort Parken für 10–30 Minuten erlaubt |
| blauer Randstein | = Parken nur für Behinderte erlaubt; entsprechender Nachweis erforderlich |
| grün/gelb/schwarzer R. | = Taxi-Zone |

Parkuhren schlucken Nickels, Dimes, Quarters und lassen sich meist per Kreditkarte füttern. Das Überschreiten der Parkzeit kostet mindestens US$ 30 Strafe. Im Vergleich dazu sind Parkhäuser die günstigere Alternative. Für eine Stunde zahlt man durchschnittlich US$ 2–6, für den ganzen Tag US$ 15–40.

**Verkehrsschilder**: Häufiger tragen Schilder Worte als Symbole, und Farben signalisieren zudem, um welche Art von Regel es sich grundsätzlich handelt.

Gelb: Warnung (Kurvengeschwindigkeit, Kreuzung etc.)
Weiß: Gebot (Höchstgeschwindigkeit, vorgeschriebene Fahrtrichtung, Abbiegeverbot etc.)
Braun: Hinweise (Sehenswürdigkeiten, Naturparks etc.)
Grün: Hinweise, z. B. nächste Ausfahrten oder Entfernungen
Blau: Hinweis auf offizielle und Serviceeinrichtungen (Rastplätze, Tankstellen etc.)

*Allgemeine Reisetipps A–Z*

Vielfach erfolgen **Warnungen** nicht in Symbol-, sondern in Schriftform:

Yield – Vorfahrt achten
Stop – Halt
Speed Limit/Maximum Speed – Höchstgeschwindigkeit
MPH – Miles per hour (Meilen pro Stunde; 1 mi = 1,6 km)
Dead End – Sackgasse
Merge – Einfädeln, die Spuren laufen zusammen
No U-Turn – Wenden verboten
No Passing/Do not pass – Überholverbot
Road Construction (next ... miles) oder
Men working/Flagman ahead – Baustelle auf den nächsten ... km
Detour – Umleitung
Alt Route – Alternative Route oder Umleitungsstrecke
RV – Recreation Van (alle Arten von Wohnmobilen, Campern)
Railroad X-ing (= Crossing) – Bahnübergang
Ped X-ing – Fußgängerüberweg

**Führerschein**: In Kalifornien (sowie Nevada und Oregon) wird der nationale Führerschein akzeptiert, dies gilt in der Regel auch für Mietwagen oder Autoüberführungen. Um allen Eventualitäten aus dem Wege zu gehen, kann man sich bei der zuständigen Behörde daheim einen Internationalen Führerschein (*International Drivers Permit*) besorgen, dieser ist aber nur in Kombination mit dem nationalen gültig.

**Pannenhilfe**: Notrufsäulen (*Call Boxes*) sind in den USA weniger verbreitet als in Deutschland. Wer mit einem Mietwagen unterwegs ist, sollte im Falle einer Panne zunächst den Autovermieter verständigen und dessen Instruktionen befolgen. Für diese Fälle lässt sich bei Anmietung gegen eine Zusatzgebühr ein „Pannenpaket" (*Emergency Roadside Assistance* o. ä.) abschließen. Ansonsten wendet man sich an die Polizei oder Highway Patrol. Ist das Fahrzeug noch fahrtüchtig, sollte man die nächste Werkstatt aufsuchen. Mitglieder einiger europäischer Automobilclubs können Dienstleistungen, wie Abschleppen oder Reparatur, der AAA kostenlos in Anspruch nehmen (Mitgliedsausweis nicht vergessen!), für Nicht-Mitglieder kann dies ziemlich teuer werden.

### Automobilclub

Der größte amerikanische Automobilclub heißt **American Automobile Association** (**AAA** oder „Triple A"). Im Falle einer Panne hilft der AAA dem ausländischen Touristen vor allem dann, wenn er Mitglied eines assoziierten heimischen Automobilclubs ist (z. B. ADAC, AvD, TCS oder ÖAMTC, Mitgliedsausweis nicht vergessen!). Über ☏ 1-800-222-4357 (gebührenfrei) erhält man Hinweise auf die nächste AAA-Pannenhilfe. Bei den AAA-Hauptniederlassungen und Geschäftsstellen, die es in jeder größeren Stadt gibt, bekommt man ausgezeichnetes Kartenmaterial, Verzeichnisse von Zelt- und Campingplätzen, exzellente Routenbeschreibungen und eine Liste mit zuverlässigen Kfz-Werkstätten.

Lokale AAA-Adressen findet man im Internet unter www.aaa.com.

### Autovermietung

Die Erkundung Kaliforniens mit einem gemieteten Wagen ist die wohl üblichste Reiseart der in- und ausländischen Touristen. Bei der grundsätzlichen Frage, ob man **Mietwagen oder Campmobil** vorziehen soll, sprechen für den Mietwagen der geringere Benzinverbrauch, die größere Beweglichkeit (vor allem auch im innerstädtischen Bereich) und – sofern man in den günstigen Motels oder auf Zeltplätzen übernachtet – sogar ein günstigerer Gesamtpreis. Letztendlich ist es aber die jeweils grundverschiedene Art des Reisens, die den Ausschlag gibt.

Die Preise der Automieten sind von der Größe des Fahrzeuges, der Mietdauer und besonderen Vereinbarungen (Meilenlimitierung, Einwegmiete etc.) abhängig. Die Fahrzeugflotten der großen Verleihfirmen verfügen über eine breit gefächerte und immer neuwertige Angebotspalette. Die häufigsten Typen sind hier:

- **Economy** (E):  untere Mittelklasse (z. B. Kia Rio)
- **Compact** (C):  Mittelklasse (z. B. Ford Focus)
- **Intermediate** (I):  obere Mittelklasse (z. B. Toyota Corolla)
- **Full size** (F):  Oberklasse (z. B. Chevrolet Malibu)
- **Passenger Standard SUV** (SF):  Kombiwagen (z. B. Chevrolet Equinox)
- **(Mini-)Van** (MV):  Kleinbus; 7 Sitzplätze (z. B. Dodge Grand Caravan)

Zusätzlich gibt es noch Luxury-Class (Luxuswagen), Cabriolets und Allradfahrzeuge. Für diese Typen werden z. T. andere Bezeichnungen oder Kürzel benutzt, daneben haben die größeren Anbieter noch weitere Kategorien im Programm. Alle Mietwagen sind ausgestattet mit Automatik-Getriebe und HiFi-System, i. d. R. auch mit Klimaanlage, Tempomat und elektrischen Fensterhebern. Falls man **Automatikwagen** nicht gewohnt ist, muss man daran denken, auf keinen Fall zu „kuppeln", denn die Fußbewegung könnte das Bremspedal treffen. Man stellt zum Start das Automatikgetriebe auf D (= Drive), und löst die Handbremse. Bei mittleren Steigungen kann man während der Fahrt auf Stufe 2, bei steilen Steigungen auf Stufe 1 umschalten. Zum Anhalten stellt man auf Stufe P (= Parking), nur in dieser Stufe kann der Zündschlüssel abgezogen werden. Die Kürzel N und R stehen für den Leerlauf und den Rückwärtsgang. Zum Beschleunigen, etwa im Überholvorgang, tritt man das Gaspedal ganz hinunter (kick down), damit das Getriebe automatisch in den nächstunteren Gang schaltet.

Bei feststehenden Terminen für eine längere Mietdauer ist es empfehlenswert, den entsprechenden Wagen schon im Heimatland zu buchen, und zwar zusammen mit dem Flug und/oder der Unterkunft. Erstens kommen dabei günstigere Tarife zur Anwendung, zweitens hat man eine Garantie, dass das Auto am Flughafen bereitsteht (auch in der Hochsaison!), und drittens hat man bei evtl. auftauchenden Schwierigkeiten das deutsche Reiserecht auf seiner Seite. Den vom Reisebüro erhaltenen Voucher (Gutschein) legt man dann vor Ort bei der Mietwagenfirma vor.

Die meisten Verleihfirmen verlangen den jeweiligen **nationalen Führerschein** und ein Mindestalter von 21 Jahren, einige berechnen noch einen Zuschlag, wenn der Fahrer zwischen 21 und 25 Jahre alt ist. Eine Gebühr für weitere Fahrer darf in Kalifornien nicht erhoben werden, diese müssen jedoch im Mietvertrag als *Authorized Driver* angegeben werden; Ehepartner sind automatisch „autorisiert". Ohne Kreditkarte ist das Mieten eines Autos in den USA nicht möglich. Auch Zusatzfahrer sollten im Besitz einer Kreditkarte sein.

Die **großen Anbieter** wie Alamo, Avis, Budget, Hertz und National haben ihre Niederlassungen in fast jeder Stadt und immer in der Nähe der Flughäfen. In Los Angeles und anderen großen Städten wird man durch ständig verkehrende und kostenlose Shuttle-Busse zu den Stationen gebracht. Daneben gibt es eine Vielzahl lokaler Anbieter, die manchmal günstiger sind. Auf solche Angebote sollte man aber nur bei einer kurzfristigen Wagenmiete eingehen, etwa für die Besichtigungen in und um Los Angeles. Denn das weiter gespannte Netz der größeren Firmen garantiert im Fall einer Panne die schnellere Bereitstellung eines Ersatzfahrzeuges und ermöglicht vielfach auch Einwegmieten.

> **Hinweis**
> **Günstige Wagenangebote** *haben übrigens die Rent-A-Wreck-Filialen, bei denen man ältere Autos, die längst nicht immer „Wracks" sind, mieten kann. Die Firma ist derzeit in sechs kalifornischen Städten vertreten, die Anschriften der lokalen Büros finden sich unter: Rent-A-Wreck, ① (877) 877-0700; www.rent-a-wreck.com.*

Für Europäer etwas verwirrend sind die verschiedenen **Versicherungen**, die man abschließen kann/sollte/muss. Dabei unterscheidet man folgende:

1. **LDW** (Loss Damage Waiver), **CDW** (Collision Damage Waiver): Vollkasko mit Haftungsbefreiung für Schäden am Mietwagen, auch bei Diebstahl. Abschluss dringend empfohlen und meist Pflicht.
2. Zusatzversicherungen zu LDW/CDW:
   **ALI** (Additional Liability Insurance): pauschale Erhöhung der Haftpflicht-Deckungssumme (zzt. auf US$ 1 bzw. 2 Mio.).
   **LIS** (Liability Insurance Supplement): analog zu ALI, zusätzlich bis zzt. US$ 100.000 Deckung für Personenschäden (Alamo, Hertz, Dollar) bei unterversicherten Unfallgegnern.
3. **UMP** (Uninsured Motorist Protection): Zusatzversicherung bei Unfall, Verletzung oder Tod durch unterversicherte/flüchtige Unfallgegner.
4. **PAI** (Personal Accident Insurance): Insassenversicherung bei Verletzung oder Tod bis zzt. maximal US$ 250.000 (variiert nach Anbieter).
5. **PEP** (Personal Effects Protection), PEC (Personal Effects Coverage): Gepäckversicherung bis zzt. US$ 600 (New York: US$ 500) pro Person. Auf US$ 1.800 pro Fahrzeug begrenzt. Nur zusammen mit PAI buchbar. Alle Schäden unterliegen aber einer Selbstbeteiligung.
6. **PERSPRO/CCP** (Carefree Personal Protection): Personen- und Gepäckversicherung, nur USA. Schutz für Mieter und Mitfahrende sowie beim Ein- und Aussteigen. Zudem Deckung für einige Notfalldienste. Lohnt i. d. R. nicht, da o. g. Versicherungen bzw. die zu Hause abgeschlossene Auslandskranken- u. Gepäckversicherungen diese Fälle abdecken.
7. **VFL** (Vehicle License Fee): obligatorische Zusatzgebühr für Mietwagen, die in Kalifornien übernommen werden. Deutsche Veranstalter versprechen aber, diese Gebühr im Mietpreis bereits mit einzuschließen.

Folgende Versicherungen sollte man abschließen: CDW/LDW, ALI (bzw. LIS) und PAI. Wichtig ist, dass man sich schon in Europa beim Reisebüro darüber erkundigt, welche Versicherungen man bereits beim Anmieten mitbekommen hat und ob eine Zusatzversicherung überhaupt nötig ist. Leicht versichert man sich doppelt. Und manche Kreditkarten beinhalten auch einige Versicherungen für Mietwagen. I. d. R. muss man den Wagen dann aber mit dieser Karte auch bezahlen.

**Hinweis**
*Die hier angegebenen Höhen der* **Deckungssummen** *können nur als* **Richtwert** *angesehen werden. Änderungen treten häufig ein, und jede Mietwagenfirma bietet oft noch weitere Versicherungen an.*

Bei einem **Preisvergleich** ist nur der Endpreis maßgebend, der sich auch aus u. a. folgenden Faktoren zusammensetzt:
- Hat der Wagen eine **unbegrenzte Kilometerleistung** (*unlimited mileage*) oder nicht? Da man oft die amerikanischen Entfernungen unterschätzt, ist es unbedingt anzuraten, nur Wagen mit freier Meilenzahl zu nehmen. Sonst wird ein Zuschlag von ca. 30 Cent pro Meile erhoben, der unterm Strich teurer kommt als die höhere Miete für die *unlimited mileage*.
- Welche **Steuern** sind enthalten oder zu entrichten? Die *sales tax* beträgt je nach Ort der Anmietung 7,25–10,5 %. Hinzu kommt die Vehicle License Fee (s. o.).
- Welche **Versicherungen** (s. S. 67) sind im Preis enthalten oder noch zu entrichten? Basis-Versicherungen sind bei den größeren Autovermietern meist im Preis eingeschlossen (sonst ca. US$ 12 pro Tag).
- In **welchen Staaten** gilt die Versicherung? Vor allem bei kleineren Mietwagenfirmen ist man nur in dem Staat versichert, in dem das Auto angemietet wurde.

**Weiterhin ist wichtig,**
- dass alle Fahrzeuge mit voller Tankfüllung übergeben werden und auch mit gefülltem Tank wieder abgegeben werden müssen,
- dass bei verspäteter Abgabe drastische Kosten auf den Mieter zukommen können,
- dass es besonders günstige Wochenend-, Wochen- oder Monatstarife gibt,
- dass je nach Firma und je nach Länge der Strecke für Einwegmieten gar keine Kosten oder Gebühren bis über US$ 600 entstehen,
- dass es im Frühjahr und Herbst für Überführungsstrecken von Küste zu Küste (oder Norden nach Süden) außerordentlich günstige Sondertarife gibt.

Die wichtigsten **überregionalen Autovermieter** sind (zentrale Reservierungen – gebührenfreie Telefonnummern innerhalb der USA außer Alaska und Hawaii, gelten oft auch für Kanada):

| | |
|---|---|
| Alamo Rent-A-Car: | ☎ 1-844-354-6962; www.alamo.com |
| Avis Reservations Center: | ☎ 1-800-633-3469 www.avis.com |
| Budget Rent-A-Car: | ☎ 1-800-218-7992; www.budget.com |
| Dollar Rent-A-Car: | ☎ 1-800-800-4000; www.dollar.com |
| Enterprise | ☎ 1-855-266-9289; www.enterprise.com |
| Hertz Corporation: | ☎ 1-800-654-3131; www.hertz.com |
| National Car Rental: | ☎ 1-844-382-6875 www.nationalcar.com |
| Payless-Rent-A-Car: | ☎ 1-800-729-5377; www.paylesscar.com |
| Thrifty Rent-A-Car: | ☎ 1-800-847-4389; www.thrifty.com |

## Banken und Wechselstuben

*s. auch Stichwort Geld/Geldumtausch*

Normalerweise sind Banken Mo–Fr 8.30–15 Uhr und an einem Tag (meist Fr) bis 18 Uhr geöffnet, aber es gibt viele Ausnahmen. Über Öffnungszeiten informieren auch die Fremdenverkehrsbüros in den einzelnen Städten. **24-Stunden-Wechselstuben** findet man in den Ankunftshallen der internationalen Flughäfen. In den Großstädten gibt es Wechselstuben, die über die normalen Bankzeiten hinaus geöffnet sind.

## Behinderte

Wie überall in den USA sind auch in Kalifornien Verkehrsmittel, Beherbergungsbetriebe und Attraktionen **in vorbildlicher Weise** für Reisende mit Behinderungen tauglich gemacht worden. Auch bei vielen Autovermietern kann man, ein rechtzeitiges Reservieren vorausgesetzt, Wagen bekommen, die auf Rollstuhlfahrer eingestellt sind. Ähnliches gilt für Verleiher von *Motorhomes*, die Modelle mit Heberampen und besonders breiten Türen im Angebot haben.

## Benzin / Tankstellen

In den USA unterscheidet man neben Diesel zwischen Regular oder Normal, Plus oder Mid Grade sowie Premium, Super oder Supreme und Ultra. Da die Oktanzahl anders errechnet wird, liegen die Werte leicht unter den gewohnten. Die **Preise variieren** stärker als bei uns innerhalb eines Staates und sogar einer Stadt. Trotz erheblicher Preissteigerungen in den letzten Jahren liegt der durchschnittliche Benzinpreis immer noch deutlich unter mitteleuropäischem Niveau. **1 Gallone** (3,79 l) des für die meisten Mietwagen ausreichenden Normalbenzins (gas) kostete Anfang Mai 2019 in Kalifornien im Schnitt ca. US$ 3,50. Aktuelle Preise unter https://gasprices.aaa.com.

**Selbsttanken** ist rund 10 % günstiger als der Tankservice, Trinkgelder für den Tankwart sind unüblich. An den meisten Tankstellen gibt es neben Kleinigkeiten zum Essen und Trinken diverses Infomaterial, z. B. Straßenkarten und Ortspläne. Viele verfügen auch über einen kleinen Supermarkt, außerdem stehen Toiletten zur Verfügung. Preisgünstig sind im Allgemeinen die Arco-Tankstellen. Fast überall kann man mit Kreditkarten bezahlen, allerdings verlangen einige Tankstellen dafür eine Zusatzgebühr.

*Verlassene Kleinsttankstelle am Hwy. 89*

Die Tankgebühren werden gewöhnlich vor dem Tanken beim Kassierer bezahlt. Bei Kreditkartenzahlung werden nicht verbrauchte Beträge, falls der Tank früher als erwartet voll ist, auf die Karte zurückgebucht. Bei der Bezahlung mit Kreditkarte wird man meist nach „Debit"- oder „Credit"-Zahlung gefragt. Bei der Zahlungsweise „Debit" muss man die PIN-Nummer eingeben. Wer klassisch mit der Kreditkarte zahlen will, muss nur unterschreiben und meist eine sogenannte „ID", also einen Ausweis oder den Führerschein, vorlegen.

## Busse

Busreisen sind eine vergleichsweise unkomfortable, aber auch günstigere und populäre Alternative zu Flügen und Zugreisen. Landesweit operiert **Greyhound** (① 1-800-231-2222, www.greyhound.com), dessen Busnetz eigentlich jede Stadt berührt. Die Greyhound-Stationen liegen oft in der Nähe der Bahnhöfe, haben manchmal einen Coffee Shop, sanitäre Einrichtungen und Schließfächer. Für Verpflegung während der Fahrt wird nicht gesorgt, aber etwa alle drei Stunden ein längerer Stopp eingelegt, bei dem man in ein Fast-Food-Restaurant einkehren kann. Im Südwesten bedient Greyhound auch die Strecken zu einigen Nationalparks. Der Verkauf des günstigen Discovery-Passes, der nur im Ausland für die USA und Teile Kanadas gekauft werden konnte, wurde leider eingestellt.

Daneben gibt es etliche lokale und überregionale Busunternehmen (z. B. Trailways, www.trailways.com) für den Personennahverkehr oder Sightseeing-Ausflüge. Das innerstädtische Busnetz ist oft nur rudimentär. Ausstattung und Komfort der Busse entsprechen nicht immer dem europäischen Standard.

## Camper / Motorhomes

Überall in Nordamerika, besonders aber in der Weite des Westens, hat sich die Idee durchgesetzt, das Land mit einem voll ausgerüsteten „fahrenden Haus" zu bereisen. Dabei unterscheidet man zwischen Camper(vans) und Motorhomes. Unter **Campervans** versteht man kompakte, 5–6 m lange Fahrzeuge mit eingebautem Herd, Toilette, z. T. Dusche und mindestens zwei Schlafliegen. Diese Autos sind ideal für zwei Erwachsene, evtl. mit Kind oder Zusatzperson. Am günstigsten, aber längst nicht überall zu bekommen, sind die VW-Camper mit ihrem geringen Kraftstoffverbrauch und ausgeklügelten Verstauungssystem. Andere Campervans, z. B. von Ford oder Chevrolet, sind größer, stärker motorisiert und schlucken mehr Sprit.

**Motorhomes**, auch RV (*recreational vehicle*) abgekürzt, sind fahrende Wohnungen mit Klimaanlage, Warmwasser, Dusche, Toilette, Herd, Kühlschrank und Betten für mindestens drei Personen. Durch *RV hookups* (das sind Wasser-, Elektrizitäts- und Abwasserverbindungen) können sie auf den Camping-Stellplätzen auch von außen versorgt werden. Das Wasser reicht für ca. drei Tage, Gas für mindestens eine Woche, und der Abwassertank muss etwa alle drei Tage geleert werden. Einige Plätze (RV-Parks) sind ganz auf Wohnmobile eingestellt.

> ### Hinweis
> *Einige Nationalparks können mit Wohnmobilen über 22 Fuß (7 m) Länge nicht befahren werden, beispielsweise Carmel-by-the-Sea, Big Sur oder Sequoia vom Südeingang aus. Hier sollte man sich im Vorfeld auf den Websites der jeweiligen Nationalparks informieren.*

Die einzelnen Motorhome-Typen unterscheidet man nach der Längenangabe in feet (1 foot = 30,5 cm). Die häufigsten sind:

| Motorhome | Länge | Breite | Höhe | Frisch-wassertank | ideale Belegung |
|---|---|---|---|---|---|
| 18–19 feet | 5,50 m | 2,25 m | 1,93 m | 130 l | 2 Personen |
| 19–21 feet | 5,80 m | 2,25 m | 1,95 m | 130 l | 2½ Personen |
| 21–23 feet | 6,40 m | 2,30 m | 1,95 m | 130 l | 3½ Personen |
| 23–25 feet | 7,00 m | 2,30 m | 1,95 m | 130 l | 4 Personen |
| 26–28 feet | 7,90 m | 2,30 m | 1,95 m | 170 l | 5 Personen |

Wie bei normalen Mietwagen ist eine CDW- (= Collision Damage Waiver) bzw. LDW- (= Loss Damage Waiver) -Versicherung im Mietpreis eingeschlossen, wenn man über einen guten deutschen Veranstalter bucht, meist auch eine Kfz-Zusatzversicherung mit einer höheren Haftungssumme. Bestimmte Schäden sind bei Wohnmobilen jedoch von der Haftung der CDW ausgenommen, z. B. Schäden am Dach, am Dachaufbau, an der Inneneinrichtung, am Unterbau, inkl. Reifen und Räder, sowie solche, die durch Rückwärtsfahren oder durch fahrlässiges Handeln herbeigeführt werden. Empfehlenswert ist hier der Abschluss der **Zusatzversicherung VIP** (Vacation Interruption Protection), die die Selbstbeteiligung bei Diebstahl oder Vandalismus auf meist US$ 1.000 beschränkt.

Ob man nun einen Mietwagen oder ein „Motorhome" mietet, ist letztlich eine Frage der „Weltanschauung", weil jeder Wagentyp eine andere **Art des Reisens** repräsentiert. Der Vorteil eines Motorhome ist, dass man, einmal eingerichtet, keinen Koffer mehr zu packen und kein Zelt aufzubauen hat. Man kann in der freien Natur anhalten und übernachten (in den Nationalparks aber nur auf den dafür vorgesehenen Stellplätzen). Andererseits ist das Leben mit dem Motorhome auch zeitaufwendig: Durch das ständige Kontrollieren und Auffüllen der Tanks, das Saubermachen, die Suche nach geeigneten Stellplätzen und ein allgemein langsameres Vorwärtskommen geht wertvolle Zeit verloren. Hinzu kommt, dass einen die Polizei immer häufiger von den Parkplätzen der Städte vertreibt und dass abgestellte Fahrzeuge zunehmend von Dieben heimgesucht werden.

☞ **Hinweis**
**Vorabinformationen** (Modelle, Angebote, Saisonzeiten etc.) oder **Online-Buchung** u. a. unter: www.adventuretouring.com, www.cruiseamerica.com, www.elmonterv.com.

Es ist auch ein **Irrtum**, dass die Wahl eines Motorhome günstiger sei als das Reisen mit dem Mietwagen. Erstens ist der Mietpreis selbst deutlich höher, zweitens schlägt der z. T. enorme Spritverbrauch (20–35 l auf 100 km) zu Buche, und drittens muss man zum Auffüllen bzw. Ablassen von (Ab)wasser etc. regelmäßig zu Campingplätzen mit *RV hookups*. Die Kosten sind hier ähnlich hoch wie die für ein mittleres Motelzimmer, das ja ebenfalls mit mehreren Personen belegt werden kann.

Aber wie gesagt: Als Motorhomefahrer reist man anders als mit einem Mietwagen und erfährt hautnah das „Gefühl von Freiheit und Abenteuer". Hat man sich also zur Wahl dieses Verkehrsmittels entschieden, sollte man an eine **frühzeitige Buchung** über ein heimisches Reisebüro denken, insbesondere wenn man in der Hochsaison reisen will. Eine spontane Wagenmiete in den USA zu günstigeren Preisen ist auch möglich, aber wegen der Ungewissheit, ob ein RV verfügbar ist, nicht ratsam.

Bei der Motorhome-Miete sind im Vorfeld und an der Mietstation folgende **Überlegungen** und Verhaltensweisen wichtig:

- Man sollte die Route **sorgfältig planen** und daran denken, dass mehr als 200 km Fahrstrecke pro Tag nicht sinnvoll sind.
- Durch eine Terminierung der Reise auf die **Nebensaison** kann man sehr viel Geld an Wagenmiete sparen.
- Die Motorhomes sind großzügig bemessen, aber man sollte nicht deren Kapazität überschätzen, indem man **zu viele Personen** dort unterbringen will. Ein 19/21-feet-Motorhome verträgt zwei Erwachsene mit Kind, aber mehrere Erwachsene sollten eine größere Kategorie (oder zwei kleine Motorhomes) buchen.
- Badehandtücher, Putzlappen und Arbeitshandschuhe (für den Abwasseranschluss) müssen mitgenommen oder nach der Ankunft gekauft werden.
- Die Übernahme erfolgt an der Mietstation meist zwischen 12 und 15 Uhr. Landet man erst am Abend, ist also i. d. R. eine erste Übernachtung am Zielort notwendig. Auch der nächste Tag wird ausgefüllt sein mit organisatorischen Dingen, Kennenlernen des Wohnmobils und Einkäufen, sodass er noch nicht als eigentlicher Reisetag eingeplant werden darf.
- Bei der **Übernahme** muss zunächst einmal gezahlt werden: Ausrüstungspakete (*convenience/personal kit* mit Bettwäsche, Handtüchern etc., ca. US$ 50–70 p. P; ggf. zusätzlich ein *kitchen kit* mit Kochtöpfen etc., ca. US$ 100–150), eine Gebühr für die Bereitstellung (ca. US$ 180–200) und, falls gewünscht, eine Zusatzversicherung. Außerdem muss eine Kaution hinterlegt werden (Kreditkartenabzug über US$ 1.000).
- Man sollte sich bei der Fahrzeugübergabe alles genau erklären lassen, insbesondere die Systeme der Abwasser- und Wassertanks, die Heizung, Warmwasserzubereitung und den Kühlschrank, die Klimaanlage und Gasversorgung.
- Verschmutzungen oder etwaige **Mängel** (vor allem im Dach- und Bodenbereich) sollten im Vertrag notiert werden, oder man besteht auf einem Ersatzfahrzeug.
- Man sollte es sich von Anfang an gemütlich machen, evtl. sperrige Sachen im Schließfach der Vermietstation lassen und die Reise langsam und ohne Hektik beginnen.
- **Geschwindigkeitsempfehlungen** einhalten und möglichst nicht schneller als 50 mph fahren: Der Benzinverbrauch steigt dann enorm, und Bodenwellen können schlagartig die Ordnung im Wagen zerstören.
- Bei der Abgabe darauf achten, dass man den verabredeten Termin einhält (meist 9–11 Uhr, Verspätungen kosten ca. US$ 30–50/Stunde) und das Fahrzeug besenrein und mit entleerten Tanks zurückgeben (bei Abgabe eines ungereinigten Motorhome kann eine Gebühr von bis zu US$ 100 fällig werden!).

## Camping

In den warmen Monaten ist Camping für viele eine **ideale Unterkunftsart**, bei der man den besten Kontakt zur Natur des Landes hat und außerdem günstig reist. Die Campingplätze (*campgrounds*) sind i. d. R. immer sauber und haben sehr große Zelt- und Stellplätze (*campsites*), sind aber höchst unterschiedlich ausgestattet. Vom luxuriösen und teuren Platz mit Sauna,

Swimmingpool, Cafeteria etc. bis hin zum kargen und anspruchslosen campground ohne Duschen ist im Westen alles vertreten.

Mit dem Mietwagen zu reisen und zu zelten ist gegenüber dem Wohnmobil sicher die günstigere Alternative. Wildes Campen ist jedoch nicht erlaubt. Und im Winter sind viele Campingplätze geschlossen.

Zu den besser ausgestatteten Plätzen gehören die rund 500 **Kampgrounds of America** (**KOA**). Auf der Website www.koa.com findet man einen kompletten Überblick der im Dachverband assoziierten Plätze. Diese lässt sich auch herunterladen oder in der zugehörigen App einsehen. Gute und detaillierte Campingführer halten auch die AAA-Geschäftsstellen bereit (s. Stichwort *Automobilclub*).

Was die Ausrüstung betrifft, lohnt es – sofern man nicht an bestimmten Stücken hängt – meist nicht, diese von zu Hause mitzubringen: Das Equipment ist in den USA günstiger als bei uns, und man kann auf diese Art und Weise Fluggepäck einsparen!

In den **National und State Parks** gibt es parkeigene Campingplätze, die ausnahmslos schön gelegen und großzügig dimensioniert sind. Die Plätze lassen sich über www.recreation.gov (National Parks) bzw. www.reservecalifornia.com (State Parks) reservieren, auf manchen Plätzen gilt das Prinzip *„first come, first serve"*. Gerade in der Hochsaison ist eine Reservierung zu empfehlen.

Man unterscheidet hier zwischen folgenden Plätzen:
- **Developed Campgrounds:** bezeichnet Campingplätze, die direkten Zugang zur Autostraße haben und auch über Stellplätze für Wohnmobile verfügen. Feuerstellen, Tische und Bänke, Waschbecken und Toiletten (nicht immer aber Duschen) gehören zur Standardausstattung solcher Plätze.
- **Backcountry Camping:** bezeichnet nur zu Fuß erreichbare und sehr einfache Plätze, oft nur mit einer Trockentoilette (*pit toilet*) ausgestattet. Eine Reservierung ist meist nicht nötig, i. d. R. ist aber ein (teils kostenloses) *permit* erforderlich.

### Coupons

Eine beliebte Freizeitbeschäftigung der US-Amerikaner, von der durchaus auch Urlauber profitieren können, ist das Sammeln von Coupons. Diese Coupons ermöglichen vergünstigten Eintritt ins Kino oder Museum, verschaffen 10 % **Rabatt** auf den mittäglichen Burger oder verhelfen zu einer preisgünstigeren Übernachtungsmöglichkeit. Coupons findet man in vielen lokalen Zeitschriften, die in Cafés und Restaurants ausliegen. Auf das „Couponing" von Unterkünften hat sich **HotelCoupons.com** spezialisiert. Das vierteljährlich erscheinende Heft kommt mit Regionalausgaben, hier „Southwest" inklusive Kalifornien und Nevada.

### Diplomatische Vertretungen

Bei den diplomatischen Vertretungen der USA, also den Botschaften oder Konsulaten, erhält man u. a. Visaanträge und Auskünfte bezüglich der Einreise bzw. der Aufenthalts- oder Arbeits-

*Allgemeine Reisetipps A–Z*

bedingungen. Wer in den Staaten seinen Pass, Führerschein oder sonstige wichtige Dokumente verliert oder anderweitig in Schwierigkeiten gerät bzw. Hilfe benötigt, der kann sich an die diplomatische Vertretung seines Landes wenden.

Neben den Botschaften in Washington, D.C. unterhalten Deutschland, Österreich und die Schweiz im Westen der USA konsularische Vertretungen.

## Botschaften

Die **amerikanischen Botschaften** sind in
- **Deutschland:** Clayallee 170, 14191 Berlin, ☏ (030) 8305–0, https://de.usembassy.gov/de. Aktuelle Informationen zu Visa unter ☏ 032-22 10 93 243 (Anrufer aus Deutschland), http://ustraveldocs.com/de.
- **Österreich:** Boltzmanngasse 16, A-1090 Wien, ☏ (01) 31339-0; https://at.usembassy.gov/de. Visainformation und Termine: ☏ (0043) 720116000. Konsularabteilung: Parkring 12a, 1010 Wien.
- **Schweiz:** Sulgeneckstrasse 19, CH-3007 Bern, ☏ 031-357 70 11, 0900-878472 (2,50 Fr./min); https://ch.usembassy.gov.

Die Adressen der **ausländischen Botschaften in den USA** sind:
- **Embassy of the Federal Republic of Germany,** 4645 Reservoir Road NW, Washington, D.C. 20007, ☏ (202) 298-4000, www.germany.info.
- **Austrian Embassy,** 3524 International Court NW, Washington, D.C. 20008, ☏ (202) 895-6700, ℻ 895-6750; www.austria.org. Im Internet gibt es genauere Infos zu den österreichischen Vertretungen im Ausland unter www.bmeia.gv.at.
- **Swiss Embassy,** 2900 Cathedral Ave. NW, Washington, D.C. 20008-3499, ☏ (202) 745-7900; www.eda.admin.ch/countries/usa/en/home.html.

Amerikanische Botschaften in anderen Ländern im Internet unter: www.travel.state.gov.

## Generalkonsulate der USA

**in Deutschland:**
- **Frankfurt:** Gießener Str. 30, 60435 Frankfurt am Main, ☏ (069) 7535-0; zuständig für Hessen, Rheinland-Pfalz, Saarland, https://de.usembassy.gov/de/die-botschaft-und-die-konsulate/konsulat-frankfurt.
- **Hamburg:** Alsterufer 27–28, 20354 Hamburg, ☏ (040) 41171-100; zuständig für Hamburg, Bremen, Schleswig-Holstein und Niedersachsen; keine Visaabteilung! https://de.usembassy.gov/de/die-botschaft-und-die-konsulate/konsulat-hamburg.
- **Leipzig:** Wilhelm-Seyffert-Straße 4, 04107 Leipzig, ☏ (0341) 213840; zuständig für die neuen Bundesländer, https://de.usembassy.gov/de/die-botschaft-und-die-konsulate/konsulat-leipzig.
- **München:** Königinstraße 5, 80539 München, ☏ (089) 28880; zuständig für Bayern, https://de.usembassy.gov/de/die-botschaft-und-die-konsulate/konsulat-munchen.
- **Düsseldorf:** Willi-Becker-Allee 10, 40227 Düsseldorf, ☏ (0211) 788-8927; zuständig für Nordrhein-Westfalen, keine Visaabteilung! https://de.usembassy.gov/de/die-botschaft-und-die-konsulate/konsulat-dusseldorf.

*Allgemeine Reisetipps A–Z*

**in der Schweiz:**
- **Generalkonsulat der USA**, c/o Zurich America Center, Dufourstraße 101, 8008 Zürich; ☎ (043) 4992960
- **U.S. Consular Agency**, Rue Versonnex 7, 1207 Genève, ☎ (022) 8405160

**Deutsche Konsulate** (Consulate General of the Federal Republic of Germany): In Kalifornien gibt es Konsulate in **Los Angeles** (6222 Wilshire Blvd., Suite 500, CA 90048, ☎ (323) 930-2703, www.germany.info/losangeles) und **San Francisco** (1960 Jackson St., CA 94109, ☎ (415) 775-1061, www.germany.info/sanfrancisco). Weitere Adressen und Telefonnummern anderer diplomatischer Vertretungen, u. a. Honorarkonsulate in San Diego und Las Vegas, unter www.germany.info oder vor Ort in den Yellow Pages unter *Consulates*.

**Schweizer Konsulate** (Consulate General of Switzerland): Im Kalifornien gibt es Konsulate in **Los Angeles** (11859 Wilshire Blvd., Suite 501, CA 90025, ☎ (310) 5751145, www.eda.admin.ch/la) und **San Francisco** (Pier 17, Suite 600, CA 94111, ☎ (415) 7882272, www.eda.admin.ch/sf). Infos zu weiteren Schweizer Vertretungen unter www.eda.admin.ch.

**Österreichische Konsulate** (Austrian Consulate General): Für Kalifornien zuständig ist das Generalkonsulat, 11859 Wilshire Blvd., Suite 501, **Los Angeles**, CA 90025, ☎ (310) 4449310, www.austria-la.org. Ein Honorarkonsulat befindet sich in: 580 California St., Suite 1500, **San Francisco**, CA 94104, ☎ (415) 3249195. Infos zu den Botschaften und Konsulaten Österreichs unter www.bmeia.gv.at.

### Einreise

Für den Neuankömmling ohne Visum gelten folgende **Einreisebestimmungen**:
- Bürger der Bundesrepublik Deutschland, Österreichs und der Schweiz benötigen einen **Reisepass mit biometrischen Daten**, der noch mindestens für die Dauer des Aufenthaltes gültig ist und maschinenlesbar sein muss. Kinder jeglichen Alters benötigen zwingend einen eigenen Kinderreisepass.
- Der Besuch dauert nicht länger als **90 Tage**, ein Ticket mit Rückflugdatum innerhalb dieses Zeitraums muss vorliegen.
- Seit 2009 muss im Vorfeld einer geplanten Reise das sogenannte **ESTA-Verfahren** (**E**lectronic **S**ystem for **T**ravel **A**uthorization) absolviert werden – ohne die vorherige Anmeldung über ESTA ist keine Einreise in die USA mehr möglich! Die Registrierung erfolgt online und spätestens 72 Stunden vor Abflug, das selbsterklärende Formular ist zu finden unter https://esta.cbp.dhs.gov/esta, hier gibt es auch eine deutschsprachige Version. Die Genehmigung erfolgt – ebenfalls online – normalerweise innerhalb von ein paar Minuten und gilt dann für zwei Jahre. Mehrere Einreisen sind möglich. Die Registrierung über ESTA kostet US$ 14 pro Person, zahlbar per Kreditkarte. Über die Einreiseerlaubnis selbst entscheidet dann der Beamte am ersten Flughafen, der in den USA angesteuert wird.
- Vor der Einreise ist außerdem das **APIS-Einreiseformular** (**A**dvance **P**assenger **I**nformation **S**ystem) auszufüllen, das von der Homeland Security verlangt wird. Nach der Buchung fordert die Fluggesellschaft oder der Reiseveranstalter die Daten von den Passagieren an, meist können die Daten unkompliziert online eingegeben werden.
- Im Flugzeug ist dann die **Zollerklärung** sauber in Blockbuchstaben auszufüllen, man erhält sie an Bord auch in einer deutschsprachigen Version.

*Allgemeine Reisetipps A–Z*

> **Wichtig**
> Im APIS-Formular wird nach der „**Adresse USA**/Address USA" gefragt. Diese Zeilen müssen unbedingt ausgefüllt werden – auch wenn vielleicht keine Adresse bekannt ist, da man gleich mit dem Leihwagen losfahren möchte. Wer eine Unterkunft gebucht hat – vielleicht auch nur für die erste Nacht –, gibt diese Adresse an. Wer nichts gebucht hat, kann sich im Vorfeld der Reise ein Motel oder ähnliches heraussuchen und diese Adresse eintragen. Wer einen privaten Besuch macht, trägt diese Adresse ein – muss dann aber damit rechnen, vom Beamten am Einreiseschalter aufs Schärfste befragt zu werden. Ist man mit dem Wohnmobil unterwegs, so weist man den Beamten mit dem Hinweis „Roundtrip by Recreational Vehicle" darauf hin.

Der erste amerikanische Flughafen (bei Zwischenaufenthalt also evtl. New York o. a.) ist der **Einreiseflughafen**, an dem ein **umfangreicher Sicherheitscheck** zu überstehen ist, bei dem man dem *immigration officer* mitunter ziemlich hartnäckige Fragen nach Reisezweck und -dauer, Weiterreise, Mitbringen von Lebensmitteln und finanzieller Basis der Reise beantworten muss. Dennoch sollte man tunlichst alle Fragen geduldig, höflich und gewissenhaft beantworten. An einigen Flughäfen wie in Los Angeles gibt es mittlerweile Automaten, an denen man die Einreiseformalitäten erledigen kann.

Der Sicherheitscheck mit Durchsuchung des Handgepäcks, z. T. auch Leibesvisitation, das Einscannen der Pässe, die Erstellung **digitaler Porträtfotos** und die Abnahme von **Fingerabdrücken** gehören zu den weiteren Schritten bei der Einreise. Dieses Verfahren ist naturgemäß zeitaufwendig, und es kann zu langen Schlangen vor den entsprechenden Einreiseschaltern kommen. Auch wenn man nach dem Anflug verständlicherweise müde ist, muss man doch für diese Prozedur eine gehörige Portion Geduld mitbringen.

Vom *immigration officer* geht es zum *baggage claim*, wo man das Gepäck abholt, dann nochmals durch eine Zollkontrolle, und dann ist man schließlich in Amerika bzw. in einem hektischen und lauten amerikanischen Flughafengebäude! Wer von hier aus ein Taxi benutzen will, sollte darauf achten, nur in ein autorisiertes *yellow cab* mit Erkennungsnummer und Taxameter einzusteigen. Wer zu einem fest gebuchten Hotel oder einer der großen Mietwagenstationen (z. B. Avis, Budget) will, sollte auf die kostenlosen Shuttle-Busse achten.

Die Ein- und Ausfuhr von fremden Währungen und US$ sind unbeschränkt möglich. Bei der Einreise müssen allerdings Zahlungsmittel (Bargeld, Schecks) im Wert von über US$ 10.000 deklariert werden.

## Essen und Trinken

*s. auch Stichwort Restaurants*

Es ist klar, dass ein so vielseitiger Landesteil wie Amerikas Westen auch eine äußerst **abwechslungsreiche Küche** zu bieten hat. Immerhin haben sich hier Einwanderer aus allen Ländern Europas, aus China, Japan, den Philippinen und aus vielen amerikanischen Staaten niedergelassen. Zwar stimmen z. T. die Vorurteile gegenüber den Essensgewohnheiten in der Neuen Welt: Die Amerikaner essen zu fett und zu cholesterinhaltig, als Restaurants sind Fast-Food-Ketten vorherrschend usw. Aber dies ist nur eine Facette der Wirklichkeit, denn es gibt natürlich auch **erstklassige Restaurants**, die keinen Vergleich mit der europäischen Haute Cuisine zu scheuen brauchen.

Das Fantastische ist die ethnische und damit auch kulinarische Vielfalt. Natürlich trifft man in den Großstädten (besonders an der Pazifikküste) auf die umfassendste Bandbreite im Essensangebot. Hier sind San Francisco, Los Angeles, San Diego, Sacramento und Santa Barbara und auch Las Vegas zu nennen, wo die Urlaubsreise leicht zu einer kulinarischen Offenbarung geraten kann. Unbedingt besuchen sollte man eine der zahlreichen japanischen Sushi-Bars und China-Restaurants, und die **Neue Amerikanische Küche** mit ihren leichten Seafood-, Wild- und Rindfleischgerichten ist ebenfalls einen Versuch wert. Wer möchte, kann aber genauso gut deutsch, dänisch, russisch, italienisch, griechisch, brasilianisch usw. essen.

Auch im Hinterland wird man immer wieder überrascht sein über kleine Lokale, die durch **bodenständige Qualität** oder raffinierte Arrangements aus dem Einerlei der normierten Fast-Food-Ketten und Hamburger-Restaurants herausragen. Besonders im Süden sollte man typische Spezialitäten der Texmex-Küche probieren, die sich aus texanischen und vor allem mexikanischen Gerichten zusammensetzt. Eine einfache *Taqueria* an der Straßenecke kann oftmals mit einigen kulinarischen Überraschungen aufwarten. Im Landesinneren ist es nie verkehrt, eines der besseren Steakhäuser aufzusuchen, in denen man auch gute Hamburger bekommt. Immer häufiger trifft man außerdem auf Restaurants mit *Health Food* aus oftmals regionalen Bio-Produkten.

## Vegetarier in Kalifornien

Auch wenn man es in einem Land, in dem Früchte, Gemüse und Obst prächtig gedeihen, nicht unbedingt vermuten würde: Der Vegetarismus ist in Kalifornien noch nicht überall angekommen. Klar, wer in den **Großstädten** unterwegs ist, findet immer eine vegetarische Alternative – und sei es der örtliche Inder oder die fleischfreie Suppenküche in Chinatown. Wer sich allerdings außerhalb der Metropolen bewegt, der muss Abstriche machen. Die **Küstenorte** sind stolz auf ihre Fischküche, im **Inland** kommt Rindfleisch in den Topf, und der Burger in all seinen Ausprägungen ist bekanntlich eine nationale Institution. Mit ein bisschen Glück hält die örtliche Burgerbude eine vegetarische Version bereit, einen sogenannten „Veggie Burger". Falls nicht, dann heißt es: Pommes und Salat. Auch die Deli-Kühltheken in den überbordenden Supermärkten sind gespickt mit fleischigen Genüssen wie Sandwiches, Tortillas und dergleichen. Daneben aber gibt es – manchmal sogar in Bio-Qualität – auch fertig gepackte Salate. Dazu ein französisches Baguette im amerikanischen Stil und ein Stück Käse – fertig ist das Vegetarier-Dinner.

Gutes Essen hat natürlich auch in Amerika seinen (hohen!) Preis. Als Faustregel kann gelten, dass europäische oder neu-amerikanische Gourmet-Küche übermäßig teuer ist (vor allem, wenn ein „französischer" Koch am Herd steht oder die Speisekarte auf Französisch abgefasst ist), die nicht minder reizvolle Küche der ethnischen Gruppen ist aber günstiger als bei uns.

Der folgende Überblick will die einzelnen Mahlzeiten im Tagesablauf vorstellen:

### Frühstück
Da das Frühstück in den seltensten Fällen im Übernachtungspreis eingeschlossen ist, nimmt man es vielfach in einem der reichlich zur Verfügung stehenden Coffee Shops ein, die deutlich günstiger als die Hotelrestaurants sind. In den Großstädten öffnen die Coffee Shops oft schon um 6 Uhr oder noch früher ihre Pforten und sind z. T. sogar rund um die Uhr geöffnet. Das

Amerikanische Frühstück ist **eine der beiden Hauptmahlzeiten** und für die Leibesfülle vieler US-Bürger mitverantwortlich. Weitaus üppiger als bei uns wird in den Morgenstunden gespeist: Mindestens zwei Eier, Schinken oder Speck, Kartoffeln, Brot und reichlich Ketchup gehören unverzichtbar dazu. Wer es ganz deftig möchte, bestellt „Steaks and Eggs", zwei Spiegeleier mit einem ausgewachsenen Steak. Bescheidener gibt sich das Continental Breakfast, das als Konzession an die Europäer nur Toast, Muffins oder Croissants, Marmelade u. Ä. beinhaltet, aber selten wohlschmeckend ist.

### Brunch

Weit verbreitet ist in den städtischen Restaurants und größeren Hotels der Brunch, der an Sonn- und Feiertagen i. d. R. zwischen 11 und 14.30 Uhr angeboten wird. Die Abfolge der kalten und warmen Speisen pflegt man sich an einem üppigen Buffet selbst zusammenzustellen.

### Lunch

Das Mittagessen fällt im Gegensatz zum deutschsprachigen Raum eher bescheiden aus. Meistens suchen die Amerikaner in der kurzen Mittagspause einen Coffee Shop, eines der Fast-Food-Restaurants oder eine Cafeteria auf und begnügen sich mit Hamburgern, Pommes Frites oder Sandwiches. Wer als Tourist nicht auf das gewohnte „größere" Mittagessen verzichten will, findet in vielen Gaststätten schon zur Mittagszeit das Angebot an Speisen, auf die man sich in Amerika normalerweise fürs Abendessen freut, die aber mittags als *Lunch Specials* oder *Daily Specials* deutlich preiswerter sind.

### Dinner

Das Abendessen ist die **Hauptmahlzeit des Tages** und wird etwa zwischen 18 und 21 Uhr eingenommen. Viele Restaurants schließen bereits um 22 Uhr. Immer häufiger wird in den Vereinigten Staaten das Dinner als gesellschaftliche Angelegenheit zelebriert, die mindestens aus Vorspeise, Hauptgericht und Dessert besteht und zu der man gerne Freunde und Geschäftspartner einlädt. Den Wandel der amerikanischen Küche hin zu mehr Qualität und Raffinesse haben die Konsumenten durch häufigere Restaurantbesuche honoriert.

Viele Gaststätten werben mit so genannten *early bird discounts*, bei denen es sich um Preisabschläge für Kunden handelt, die ihr Abendessen vor 19 Uhr einnehmen. Die Restaurants verdienen besonders an ihren Weinen, wobei man eine Flasche kalifornischen ab etwa US$ 30 erhält – nach oben fast ohne Limit.

### Getränke (beverages)

In Amerika liebt man Erfrischungsgetränke eiskalt. Deswegen werden Softdrinks und Fruchtsäfte, aber z. T. auch Bier, Milch und Wein mit Eisstücken serviert, und in den meisten Hotels hat jede Etage ihren Eiswürfel-Automaten. Auch Dosengetränke haben in der Regel eine magenunfreundliche Temperatur in Gefrierpunktnähe. Weiter fällt beim Kauf von Getränken auf, dass Plastikflaschen, Aluminiumdosen und Pappbehälter überwiegen.

#### • Kaffee und Tee

Kaffee- und Teetrinker können in den Vereinigten Staaten nicht überall die von zu Hause gewohnte Qualität erwarten. Zwar findet man Cafés im europäischen Stil, in denen man guten Cappuccino oder Espresso bekommt. Populär sind große Kaffeehaus-Ketten wie Starbucks, die über das übliche Kaffee-Programm hinaus zahlreiche aromatisierte Sorten (z. B. mit Zimt, Nuss oder Amaretto) im Angebot haben. Der Regelfall ist jedoch immer noch der schwach geröstete „American Coffee", der schal schmeckt und bedenkenlos zu jeder Tages- und Nachtzeit getrunken werden kann. Angenehm ist, dass in Coffee Shops der Kaffee ohne weiteren Aufpreis nachgeschenkt wird. Tee gibt es fast ausschließlich als Beutel-Tee. Köstlich und erfrischend ist im Sommer der Eistee (iced tea), der in großen Flaschen lange gezogen ist und dann mit Eiswürfeln, Zitrone und Zucker serviert wird.

- **Softdrinks**

Bei der Produktion alkoholfreier Getränke sind die USA führend und haben eine weltumspannende „Coca-Cola-Kultur" etabliert, daneben gibt es etliche andere Produkte ebenfalls weltweit bekannter Konkurrenzfirmen. Origineller ist da das traditionelle Root Beer (Wurzelbier), das allerdings nichts mit Bier zu tun hat. Es hat einen süß-sauren, an Medizin erinnernden Geschmack.

- **Milchshakes und Säfte**

Äußerst beliebt und z. T. von enormer Größe sind die Milchshakes, die es u. a. in jedem Fast-Food-Restaurant gibt und die zum Standardgetränk der Kinder gehören. In Kalifornien werden außerdem Mineralwasser sowie vorzüglicher Frucht- und Obstsaft hergestellt. I. d. R. sind die angebotenen Säfte (juices) jedoch nicht sehr schmackhaft. Selbst ein bestellter fresh juice ist oft nicht frisch gepresst, sondern entpuppt sich als mit Nektar versüßtes Trinkwasser.

- **Bier**

Bier ist in den Vereinigten Staaten äußerst beliebt. Es ist alkoholarm, sehr kohlensäurehaltig und meist in Dosen erhältlich. Sehr gefragt ist auch das noch schwächere Light-Bier. Trotz europäischer Markennamen (Budweiser, Löwenbräu etc.) sind die Brauereien rein amerikanische Unternehmen, die z. T. eigene Braumethoden und Ingredienzien (Mais, Reis, Konservierungsstoffe) haben. Außer den genannten sind die Marken Coors, Miller u. a. sehr populär. Besser schmeckt das amerikanische Bier, wenn es in Bars als Fassbier (american draft) bestellt wird. Bei einer Trinkrunde greift man gerne auf die größeren Bierkrüge (pitcher, tankard, mug) zurück.

In vielen Orten an der Westküste wird die Kneipenszene von den brew pubs der **Microbreweries** bestimmt, in denen hauseigenes craft beer ausgeschenkt wird. Hier stößt man auf teils sehr gute und kreative Biere. Die Spannweite reicht vom kräftig gehopften und fruchtigen India Pale Ale (IPA) über Smoked bis zum Sour Beer. Einige dieser Mikrobrauereien sind inzwischen gar nicht mehr so klein, haben längst die Hürde zum überregionalen Markt genommen und sind zu Nobelmarken aufgestiegen, die fast überall in den USA verkauft werden – allen voran Samuel Adams aus der Brauerei Boston Beer.

Wem die einheimische Produktion partout nicht schmecken will, der kann im Süden auf das mexikanische Bier (u. a. Corona) oder auf die europäischen Importbiere (Flaschenbier, z. B. Guinness, Heineken, Becks, Tuborg) zurückgreifen.

- **Wein**

Die Erkenntnis, dass Amerika hervorragende Weine herstellt, ist schon seit Längerem nach Europa gedrungen. Auch quantitativ sind die USA auf dem Vormarsch und nehmen mittlerweile bereits den vierten Rang in der Weinproduktion ein. Unter den Weinbaugebieten Nordamerikas genießt Kalifornien die unangefochtene Spitzenstellung.

*Allgemeine Reisetipps A–Z*

- **Cocktails und Spirituosen**

Nirgendwo sonst ist die Kunst des Mixens von Longdrinks und Cocktails so verbreitet wie in den USA. Dabei trinkt man gerne ein Gläschen direkt nach Feierabend, wenn in den Bars die *happy hour* eingeläutet wird: von 17–19 Uhr bekommt man Cocktails günstiger bzw. zwei Getränke zum Preis von einem. Außer den international bekannten Cocktails sind im Westen unter mexikanischem Einfluss die Mixgetränke Piña Colada (Rum, Kokosnusscreme, Ananassaft) und Margarita (Tequila mit Zitrone, im Glas mit Salzrand serviert) sehr beliebt geworden. An puren Spirituosen stehen Brandy, Whisky (Bourbon) und Wodka obenan.

### Fahrrad fahren

Längere Fahrradtouren sind angesichts der kalifornischen Dimensionen und der Schwierigkeiten des Geländes nur für trainierte und geübte Fahrer geeignet. In vielen Touristenorten und Städten kann man über spezielle Vermieter oder Hotels Fahrräder und Mopeds leihen. Informationen zum Fahrradfahren in Kalifornien (z. B. Karten zum Download) bekommt man bei CALBIKE (California Bicycle Coalition, www.calbike.org) oder regionalen Verbänden. Gut sortiert und informiert zum Thema Fahrradfahren sind zudem die lokalen Touristenbüros. Oft gibt es eigene Broschüren mit Routenvorschlägen.

Interessante Programme von Fahrradtouren für junge Leute und Familien bis zu mehrtägigen Mountain-Bike-Touren bieten inzwischen mehrere Spezialreiseveranstalter an. Lokale Anbieter sind unter anderem www.winecountrybikes.com, www.udctours.com, www.bicycleadventures.com oder www.napavalleybiketours.com.

### Feiertage und Events

Im Vergleich zu uns haben Amerikaner weniger **Feiertage (public holidays)**. Dafür wird in einer arbeitnehmerfreundlichen Regelung die Mehrzahl der weltlichen Feiertage – mit Ausnahme des Unabhängigkeitstags – alljährlich neu datiert, und zwar so, dass sie auf den Montag nach dem eigentlichen Feiertag fallen, wodurch jeweils ein verlängertes Wochenende entsteht. An Weihnachten und Ostern kennt man keinen zweiten Feiertag. An diversen Feiertagen haben zahlreiche Geschäfte und Restaurants geöffnet, während Banken, Museen, Börse, Post, Schulen und andere öffentliche Institutionen geschlossen bleiben.

Feiertage, an denen auch sämtliche Geschäfte geschlossen sind, werden im Folgenden mit einem (G) gekennzeichnet:
**Martin Luther King Jr. Day** dritter Montag im Januar
**Washington's (Presidents') Day** dritter Montag im Februar
**Good Friday** (Karfreitag) März/April
**Easter bzw. Resurrection Sunday** (Ostersonntag) (G) März/April
**Memorial Day** letzter Montag im Mai
**Independence Day** (Unabhängigkeitstag) 4. Juli
**Labor Day** (Tag der Arbeit) erster Montag im September
**Columbus Day** zweiter Montag im Oktober
**Veterans Day** (Soldatengedenktag) 11. November
**Thanksgiving Day** (Erntedankfest) (G) vierter Donnerstag im November
**Christmas Day** (Weihnachten) (G) 25. Dezember

Allgemeine Reisetipps A–Z

Weitere Feiertage, die zwar in Kalifornien, aber nicht in allen Bundesstaaten gelten, sind:
**Abraham Lincoln's Birthday** 12. Februar
**Cesar Chavez Day** 31. März

Bei einer solch heterogenen Bevölkerung wie der kalifornischen ist es klar, dass es neben den offiziellen Feiertagen eine ganze Reihe von Anlässen gibt, auf interessante, farbenfrohe, quirlige oder witzige Art und Weise bestimmte Tage zu begehen. Angesichts der vielen **Feste und Events**, die im gesamten Bundesstaat gefeiert werden, stehen die Chancen daher nicht schlecht, während der Reise durch Kalifornien irgendwo in den Trubel eines solchen Ereignisses einzutauchen und eine Portion Lokalkolorit mitnehmen zu können. Auf den Websites der lokalen Touristenbüros sind die spektakulärsten Events oft lange im Voraus mit detailliertem Programm angegeben, sodass man evtl. seine Reiseroute danach ausrichten kann. Vor Ort lohnt es sich besonders in den Großstädten, sich beim Touristenbüro, bei Einheimischen oder in der Presse danach zu erkundigen, wann und in welchem Stadtteil was gefeiert wird.

Im Folgenden ist eine nur sehr bescheidene Auswahl überregional bedeutender sportlicher und kultureller Events aufgelistet:

**Januar:** Das vielleicht schönste Neujahrsfest im Bundesstaat ist die **Tournament of Roses Parade** in **Pasadena** (www.tournamentofroses.com) mit Umzügen von Fußgruppen und Blumenwagen. Am Ende des Monats treffen sich Geiger aus der ganzen Welt zum **Old Time Fiddle Festival** in **Cloverdale** (www.cloverdalefiddles.com), eine seit 1975 alljährlich abgehaltene Institution.

*Buntes Fahnenmeer bei der Pride Day Parade in San Francisco*

*Allgemeine Reisetipps A–Z*

**Februar:** Ende Januar/Anfang Februar feiern die Chinatowns von **San Francisco** und **Los Angeles** das **chinesische Neujahrsfest** mit Knallereien, Papierdrachen und Umzügen. Am Salzsee von **Indio** findet das ungewöhnliche Dattelfest **Riverside County Fair and National Date Festival** (www.datefest.org) mit u. a. Kamel-Wettrennen und Kür der Dattelkönigin statt. **Karneval (Mardi Gras)** wird hauptsächlich am Veilchendienstag begangen, besonders farbenfroh in **San Luis Obispo** und **West Hollywood**.

**März:** Der **LA Marathon** in **Los Angeles** (www.lamarathon.com), begleitet von über 100 Musikgruppen an der Strecke, ist der erste große Marathon des Jahres. In **Clovis** treffen sich Antiquitäten-Händler aus nah und fern zur **Old Town Antique & Collectible Street Fair** (http://oldtownclovis.org). Ein zweiter Termin findet im Oktober statt. Und das **SnowFest** am Lake Tahoe (http://tahoesnowfest.org) gilt als größter Winterkarneval im Westen der USA.

**April:** In **Bodega Bay** findet das **Fishermen's Festival** (www.bbfishfest.org) statt, ein zünftiges Volksfest mit Imbissbuden, Livemusik und der Segnung der Fischerflotte. Ein kultureller Höhepunkt des Veranstaltungskalenders ist das **San Francisco International Film Festival** (www.sffilm.org), auf dem viele kommerzielle und Avantgardefilme gezeigt werden, ebenso wie das **LA Times Festival of Books** (www.latimes.com/books/festivalofbooks), das jährlich über 600 Autoren und mehr als 130.000 Besucher anzieht. Es findet seit 1980 auf dem Campus der University of Southern California in **Los Angeles** statt.

**Mai:** Am **Cinco de Mayo** gedenken die *Californios* genannten mexikanischen Einwanderer der Schlacht von Puebla (5. Mai 1862), als ein mexikanisches Heer die Truppen Napoleons III. zurückwarf. Dieses bedeutendste Fest der spanischsprachigen Immigranten wird eine Woche lang mit Paraden, Mariachi-Musik, Straßenkarneval und Feuerwerk gefeiert, besonders farbenfroh in der Altstadt von **Los Angeles** und in **San Diego**. Ebenfalls turbulent und stimmungsvoll geht es am Memorial Day Weekend in **San Francisco** zu, denn dann ist der Stadtteil Mission District Schauplatz des **Carnaval**, der über 1 Mio. Zuschauer anzieht. Viele Menschen kommen in diesem Monat aber auch nach **Paso Robles** zum **Wine Festival** mit seinen Weinverkostungen, Leckereien und einem bunten Rahmenprogramm (https://pasowine.com/events/winefest).

**Juni:** Um Wein geht es auch bei der **Napa Valley Wine Auction** in **St. Helena**, bei der die besten Weine der Westküste meistbietend versteigert werden (https://auctionnapavalley.org). Und in **Sonoma** starten jede Menge Heißluftballonfahrer zur berühmten **Hot Air Balloon Classic** (www.schabc.org). Am Ende des Monats feiert in **San Francisco** Amerikas LGBTQ-Community mit tollen Paraden und Kostümen ihren **Pride Day** (www.sfpride.org), zu dessen Umzügen mehr als 300.000 Besucher anreisen. Zur gleichen Zeit hat die spanischsprachige Gemeinde von **Los Angeles** ihr **Mariachi USA Festival** (www.mariachiusa.com), das größte der USA, und in **San Diego** wird die Landwirtschaftsmesse **County Fair** drei Wochen lang mit vielen Veranstaltungen und Produktshows begangen (https://sdfair.com). Mitte oder Ende Mai findet am Lake San Antonio in **Bradley** das Festival **Lightning in a Bottle** (http://lightninginabottle.org) statt, bei dem es neben Musik um Kunst, Körperbewusstsein (Meditation, Yoga) und Nachhaltigkeit geht.

**Juli:** Der Unabhängigkeitstag am 4. Juli wird überall mit Paraden und Musik gefeiert. Mitte Juli spielen beim **Mammoth JazzFest** (www.mammothjazzfest.org) zahlreiche Bands vor einer beeindruckenden Bergkulisse auf. Etwa zur gleichen Zeit stehen Besucher in **San Diego** staunend vor den kurzlebigen Sandskulpturen beim Imperial Beach's Sun & Sea Festival (http://sunandseafestival.com). Den ganzen Monat und bis hinein in den Agust werden schließlich in **Laguna Beach** während des **Pageant of the Masters** (www.foapom.com) berühmte Kunstwerke von Laienschauspielern zum Leben erweckt, begleitet von Orchestermusik und artistischen Vorstellungen.

**August:** Sportlich geht es während des **International Surf Festival** zu, das alternierend in **Hermosa Beach, Manhattan Beach, Redondo Beach** oder **Torrance** (www.surffestival.org) stattfindet und bei dem sich die besten Surfer der Welt messen. Mit Paraden, Kostümen und viel Essen würdigt die **Old Spanish Days Fiesta** (www.oldspanishdaysfiesta.org) fünf Tage lang die Gründung der Stadt **Santa Barbara**. Ebenfalls zu Anfang

*Allgemeine Reisetipps A–Z*

des Monats findet in **North Lake Tahoe** ein weiteres Musikfestival statt, nämlich das renommierte **Lake Tahoe Music Festival** (www.tahoemusic.org) mit Openair-Musik von der Klassik bis zu Jazz, Blues und Rock. Bleibt man in **Lake Tahoe**, sollte man sich im August die vom örtlichen Yacht Club in der Carnelian Bay durchgeführte **Concours d'Elegance** (www.laketahoeconcours.com) anschauen, eine Vorführung der schönsten historischen Holzboote der USA. Am Labor-Day-Wochenende kommen in **Millbrae** über 100.000 Besucher zum alljährlichen **Art & Wine Festival** (http://millbrae.miramar events.com) mit etlichen Konzerten, Kunstausstellungen, großem kulinarischen Angebot und Volksfeststimmung zusammen.

**September:** In **Monterey** lockt eines der ältesten und bekanntesten Jazzfestivals der Welt (www.montereyjazzfestival.org). Ebenfalls im September präsentiert das **Sausalito Art Festival** Künstler aus aller Welt (www.sausalitoartfestival.org). Ende des Monats oder im Oktober werden im Gas Lamp Quarter von **San Diego** mehr als 100 Spiel-, Kurz- und Dokumentarfilme während des renommierten **International Film Festival** gezeigt (www.sdfilmfest.com). Und in **San Bernardino** stoßen bei der Route 66 Cruisin' Reunion (https://route66cruisinreunion.com) Oldtimer, auffällige Trucks und andere interessante Fahrzeuge auf ein starkes Echo der großen Fangemeinde.

**Oktober:** Überall in Amerika wird **Halloween** gefeiert, besonders schrill und ausgelassen im Schwulenviertel Castro in **San Francisco** und in **West Hollywood**. Das **Half Moon Bay Art & Pumpkin Festival** steht ganz im Zeichen des Kürbisses (https://pumpkin fest.miramarevents.com). In einer ganz und gar unschottischen Umgebung, nämlich in **Ventura**, finden im Oktober während dreier Tage die **Seaside Highland Games** (www.seaside-games.com) nach gälischem Vorbild statt.

**November:** In **Los Angeles** beginnen die Weihnachtsfeierlichkeiten bereits Anfang November mit der **Hollywood Christmas Parade**, bei der auch viel Filmprominenz vertreten ist (http://thehollywoodchristmasparade.org).

**Dezember:** Anfang des Monats strahlt der Balboa Park in **San Diego** während eines Wochenendes im Lichterglanz der **Balboa Park December Nights** (www.balboapark.org/decembernights), mit unzähligen Lampions und mit zauberhaften Musikkonzerten. Architekturinteressierte, die im Dezember zu Besuch in Palm Springs sind, sollten sich nicht den **Palm Springs Walk of the Inns** entgehen lassen, bei dem man vom Art Museum aus durch die historischen Inns zieht. Die Silvesternacht in einer amerikanischen Großstadt zu feiern ist aufgrund der enormen Feuerwerke immer ein besonderes Erlebnis. Besonders toll fällt dieses natürlich in **Las Vegas** aus, sodass sich der Abstecher nach Nevada durchaus lohnt. Auf dem Land kann man an außergewöhnlichen Aktionen u. a. in **Big Bear Lake** teilnehmen, wo auf den Schneehängen traditionell eine Vielzahl von Fackelläufern zu Tal fährt.

## Flüge

Es gibt reichlich Flugverbindungen von Mitteleuropa nach Kalifornien. Die am häufigsten angeflogenen Airports dort sind Los Angeles (LAX) und San Francisco (SFO). Hier bestehen Direktverbindungen mit München, Frankfurt a. M. (Lufthansa), Zürich (Swiss) und Wien (Austrian, nur L. A.). Las Vegas (Nevada) wird von Düsseldorf (Eurowings) und Frankfurt (Condor) direkt angeflogen. Die Flüge werden teils im Codesharing betrieben, sodass bei der Buchung teils andere Airlines (z. B. United) als Anbieter auftreten.

Wählt man statt Direktflug einen Zwischenstopp, ist das Angebot natürlich noch einmal sehr viel breiter. Und ein vorheriger Aufenthalt in New York, Chicago, Washington, Florida oder sogar Island kann die Reise zusätzlich interessant machen. Auf die Möglichkeit von Gabelflügen sei an dieser Stelle ausdrücklich hingewiesen. So kann man z. B. von Deutschland aus nach Los Angeles reisen und von Seattle wieder zurückfliegen.

Will man seinen Trip zur Gänze selbst organisieren, bietet sich ein Preisvergleich über verschiedene **Flugsuchen im Internet** an (z. B.: www.ebookers.com, www.followme.de, www.skyscanner.de, www.expedia.de, www.cheaptickets.com, www.flug.de). Hier lassen sich oft günstigere Angebote finden als bei der Direktbuchung bei der Airline – wer aber mehr als nur den Transatlantik- oder Direktflug buchen möchte (z. B. Anschlussflüge, Mietwagen, Unterkünfte etc.), sollte lieber auf ein Reisebüro zurückgreifen.

Wer mehrere Inlandsflüge plant, für den lohnt sich in den allermeisten Fällen der Kauf eines **Air Pass** oder Coupon Air Pass, der zu einer bestimmten Anzahl an Flügen innerhalb einer begrenzten Zeit berechtigt. Genau vergleichen sollte man den jeweiligen Leistungsumfang der einzelnen Pakete, die von Airline zu Airline sehr variieren. Erworben werden muss der Air Pass in jedem Fall bereits vor der Reise im Heimatland. Unbedingt nachfragen sollte man, von welchem Flughafen der Weiterflug startet, da die großen amerikanischen Städte i. d. R. mehrere internationale und regionale Airports haben.

Vor dem Rückflug sollte man es nicht versäumen, 48 oder 24 Stunden (je nach Fluglinie) vor dem Abflug einen **Online-Check-in** vorzunehmen. Man spart sich am Abflughafen lange Wartezeiten und braucht, da die Bordkarte bereits vorliegt, das Gepäck nur noch am *Baggage Drop-Off* abzugeben. Infos hält die jeweilige Fluglinie online bereit. Abgesehen davon wird die internationale Vorschrift, dass der Fluggast bis spätestens eine Stunde vor dem Abflug eingecheckt haben sollte, in den USA nicht ganz so eng gesehen: Bis 30 Minuten vor dem Abflug werden die Sitzplätze auf keinen Fall anderweitig vergeben. Wer zu spät kommt, hat notfalls die Möglichkeit, am Flugsteig direkt einzuchecken.

### Tipp

**America Unlimited**, *Leonhardtstraße 10, 30175 Hannover, ☏ 0511-37444750, www.america-unlimited.de, bietet als Nordamerika-Spezialist ungewöhnliche Mietwagen- und Wohnmobilrundreisen an. Die Stärke des Teams sind individuelle Zusammenstellungen von Reisen nach Kundenwunsch.*

## Fotografieren

Speicherkarten und Akkus für Digitalkameras sind in Fotoläden, Elektronikshops und mittlerweile auch in Fotoabteilungen von Drugstores und Supermärkten zu bekommen. Dort gibt es häufig auch digitale Druckservices, *photo kiosks*. Mitgebrachte Ladegeräte müssen „reisetauglich" sein, d. h. der anderen, niedrigeren Spannung angepasst werden können. Das ist meist kein Problem, nur verlängert sich die Ladezeit. Zudem ist ein **Amerika-Adapter** für die anderen Steckdosen nötig, gleiches gilt für ein evtl. mitgebrachtes Kartenlesegerät. Kleinbildfilme – vor allem der Firma Kodak – sind ebenso wie Wegwerfkameras in jedem Supermarkt, Drugstore oder Souvenirladen erhältlich, und preiswerter Entwicklungs-Schnellservice steht zur Verfügung.

**Verboten** bzw. nur zu Privatzwecken erlaubt (ohne Blitz und Stativ) ist Fotografieren meistens in Museen und manchen anderen Sehenswürdigkeiten sowie im Umkreis von militärischen Anlagen. Bei Personenaufnahmen ist Respekt oberstes Gebot (ggf. vorher Fotografiererlaubnis einholen).

*Allgemeine Reisetipps A–Z*

*Kalifornien bietet zahlreiche fotogene Landschaften, hier der Morro Rock*

## Geld / Geldumtausch / Zahlungsmittel

**Währung**

Die amerikanische Währungseinheit ist der US-Dollar (US$), wobei 1 US$ aus 100 Cents besteht. Folgende Nennwerte werden ausgegeben (in Klammern die gebräuchlichen Bezeichnungen):
> **Münzen**: 1 Cent (Penny), 5 Cents (Nickel), 10 Cents (Dime), 25 Cents (Quarter), 50 Cents (Half Dollar) und 1 Dollar. Die beiden letztgenannten Münzen sind selten und spielen für Automaten, Telefonapparate etc. keine Rolle. Der geringerwertige Nickel ist größer als der Dime.
> **Banknoten**: 1-, 2-, 5-, 10-, 20-, 50-, 100-, 500- und 1.000-Dollar-Scheine (die beiden letzten sind sehr selten).

Alle Dollar-Noten sind **gleich groß** und haben die **gleiche Farbe**, d. h., sie unterscheiden sich nur durch den Nennwert und die aufgedruckten Bilder auf der schwarzen Vorder- und grünen Rückseite (daher im Volksmund auch *Green backs* genannt; umgangssprachlich redet man von *Bucks*). Das hat sich im Wesentlichen nicht verändert, deshalb sollte man beim Bezahlen, Trinkgeldgeben oder beim Rückgeldempfang ganz genau aufpassen! Inzwischen haben die Dollar-Noten ein neues und fälschungssicheres Gesicht, u. a. durch eine zusätzliche Randlinie von Strichen und Punkten, das Format ist allerdings das gleiche wie früher.

## Geldumtausch

Da beim Geldumtausch in den USA höhere Provisionen berechnet werden als in Europa, sollte man sich seine Dollar bereits **zu Hause besorgen**. Dabei ist es ratsam, sich eine Menge kleiner Noten (1-, 2-, 5- und 10-Dollar-Noten) geben zu lassen, die einem bei der Ankunft gute Dienste leisten können, denn z. B. Taxifahrer führen aus Sicherheitsgründen wenig Wechselgeld bei sich. Bargeld kann man vor Ort in einigen Banken, bei einigen Wechselstuben (erheben meist eine höhere Provision als Banken) oder in den größeren Hotels wechseln, jedoch kassieren letztere saftige Provisionen. Geschäfte und Restaurants indes verweigern die Annahme ausländischer Währungen grundsätzlich.

**Die besten Umtauschkurse** hat normalerweise die Wells Fargo Bank, wobei auch diese rund 10 % unter dem eigentlichen Tauschwert angesetzt sind. Dazu kommen US$ 5 Provision. Die Kurse und die Umtauschmöglichkeiten unterscheiden sich von Stadt zu Stadt teilweise erheblich: Kann man in Los Angeles am Flughafen noch ganz ordentlich tauschen, gibt es in den Banken von San Diego keine Umtauschmöglichkeit. Die dortigen Geldwäsche-Gesetze verbieten das. Der Gang zur Wechselstube schmerzt, denn der Kurs ist sehr schlecht, die Provision dagegen gewaltig. Einzig Las Vegas ist hier eine Ausnahme: Wer auf viel Euro oder Schweizer Franken Bargeld sitzt, kann diese meist in einem großen Casino zu günstigem Kurs wechseln.

Am einfachsten ist es, sich mit einer Kreditkarte am Geldautomaten (ATM) an Banken und Supermärkten mit Hilfe der PIN-Nummer Bargeld abzuheben, dabei fallen bei einigen Anbietern gar keine, bei anderen bis zu 5,5 % oder mindestens 5 € Gebühr an. Am besten vor Abflug bei der Hausbank nachfragen. Geld abheben kann man auch mit der EC-Karte (mit einem Cirrus- oder Maestro-Zeichen) für eine Gebühr von 2–5 €. Einige deutsche Banken wie die Postbank statten ihre Geldkarten nicht mehr mit der Maestro-, sondern mit der **Bezahlfunktion V Pay** (www.vpay.de) aus. Hier wird nicht mehr der Magnetstreifen gelesen, sondern ein Chip. Die Folge ist, dass an Bankautomaten außerhalb der EU mit der V-Pay-Karte kein Geld gezogen werden kann, da die Automaten die Chips nicht lesen können. Man sollte sich also vor der Reise bei seiner Bank erkundigen. Die Akzeptanz von **Reiseschecks** hat enorm abgenommen, in Geschäften werden sie nur noch selten als Zahlungsmittel akzeptiert. Da außer American Express alle Anbieter aus dem Geschäft ausgestiegen sind, sind sie auch kaum noch erhältlich.

## Wechselkurs

Der Wechselkurs des US-Dollars zum Euro war und ist sehr starken Schwankungen ausgesetzt. Im Mai 2019 lag er bei:
1 $ = 0,89 €, 1 € = 1,12 $.

Aktuelle Wechselkurse im Internet u. a. unter www.oanda.com.

## Kreditkarten

Wichtiger als Bargeld ist dem Amerikaner die Kreditkarte, von der er meistens mehrere Exemplare unterschiedlicher Firmen besitzt. Auch kleinere Beträge können problemlos mit Karte bezahlt werden, einen Wagen zu mieten ist ohne Kreditkarte gar nicht möglich. Manche bieten zudem in vielen Fällen Versicherungsschutz. Nicht nur deswegen ist der Tourist gut beraten, ebenfalls (wenigstens) eine Kreditkarte in die Staaten mitzunehmen. Denn ein Mensch ohne „Plastikgeld" ist dort sozusagen nicht gesellschaftsfähig, zumindest aber sehr suspekt. Am weitesten verbreitet sind MasterCard und Visa, American Express (Amexco) wird in vielen Geschäften und Restaurants akzeptiert, Diner's Club hingegen seltener. Bei Zahlung mit der Kreditkarte muss Folgendes beachtet werden: Häufig kommt die Frage „**Credit or Debit?**". Im „Debit"-Verfahren wird das Geld direkt vom Konto abgebucht, hierfür wird die PIN-Nummer benötigt. Bei Zahlung per „Credit" muss man eine ID, also einen Ausweis, Führerschein o. Ä. vorzeigen, um Missbrauch auszuschließen. Die ID muss ein erkennbares Foto des Inhabers beinhalten, z. B. der europäische Führerschein kann genutzt werden. Sobald das geschehen ist, geht die Abbuchung vonstatten.

Kreditkarten sind versichert, und bei Verlust oder Diebstahl sorgt die Gesellschaft nach einem Anruf unter ihrer Notfallnummer (s. Kartenrückseite bzw. Merkblatt, Nummer vor der Reise notieren!) für Sperrung und raschen Ersatz (siehe auch: www.kartensicherheit.de). In Deutschland gibt es seit 2005 die **einheitliche Sperrnummer** ☏ 0049-116116, im Ausland zusätzlich ☏ 0049 (30) 4050-4050. Sie gilt mit wenigen Ausnahmen (siehe www.sperr-notruf.de) für alle Arten von Karten (auch Maestro/EC-Karten) bzw. Banken.

## Gesundheit

Besondere **Gesundheitsrisiken** für eine Reise nach Kalifornien gibt es nicht. Ernährungsbedingte Umstellungsprobleme sind selten, das Leitungswasser kann unbesorgt getrunken werden, besondere Impfungen sind nicht nötig. Häufig sind Erkältungen aufgrund der Vollklimatisierung der Räume (*Air Conditioning* oder *AC*). Evtl. Gesundheitsrisiken ergeben sich ansonsten allein aus der touristischen Aktivität (z. B. Bergsteigen, Sonnenbaden) oder durch Ausflüge, auf denen man mit Klapperschlangen, Skorpionen oder Bären konfrontiert wird.

**Sauberkeit** wird großgeschrieben, und ein eigenes Badezimmer gehört zu jedem noch so günstigen Motel, ein passables WC zu jeder Raststätte oder Tankstelle. Allerdings sollte man nie nach der *toilet* fragen, ein WC heißt *restroom, ladies' oder men's room, bathroom* oder *powder room*.

Im **Notfall** ruft man die Ambulanz (☏ 911) oder fährt zur Notaufnahme eines Hospitals (Emergency Room). Weiter hilft auch die Touristenorganisation Traveler's Aid (www.travelersaid.org). Im Krankheitsfall ist in den USA für rasche und effektive Behandlung gesorgt.

Qualifizierte **Ärzte** (*physicians*) bzw. **Zahnärzte** (*dentists*) gibt es reichlich. Der Spezialisierungsgrad ist hoch, die Konkurrenz groß. Namen und Adressen von Ärzten können leicht über die Hotelrezeption herausgefunden werden. Hausbesuche sind unüblich, und meist sind die in größeren Orten bzw. Städten existierenden *Health Care* oder *Family Centers*, Gemeinschaftspraxen, die ohne Terminvereinbarung (*walk-in*) weiterhelfen, die bequemste Version des Arztbesuchs. Arzt-, Medikamenten- und Krankenhauskosten sind hoch, und jeder Patient wird systembedingt als „Privatpatient" behandelt. Das setzt auch beim Besucher einen Nachweis der Zahlungsfähigkeit (Kreditkarte) voraus. Zudem muss für jeden Arztbesuch sofort und häufig bar bezahlt werden.

Da zwischen Deutschland und den USA kein Sozialversicherungsabkommen besteht, müssen gesetzlich Krankenversicherte ihre Kosten selbst tragen, lediglich bei beruflich bedingten Reisen erfolgt die Erstattung seitens des Arbeitgebers. Privat Versicherten werden die Kosten in der Regel im Nachhinein erstattet, doch sollten auch sie sich diesbezüglich rechtzeitig erkundigen. Gleiches gilt für die Bürger Österreichs und der Schweiz. Eine Reise- bzw. **Auslands-Krankenversicherung mit Rücktransport** ist daher unbedingt ratsam!

Zu Hause erstattet die Versicherung dann gegen ausführliche Bescheinigung und Quittungen über Diagnose, Behandlungsmaßnahmen und Medikamente die Kosten zurück. Bei schweren Erkrankungen oder Unfällen zusätzlich den Notfallservice der Versicherung und ggf. Botschaft bzw. Konsulat informieren! Außer den dringend benötigten (**rezeptpflichtigen**) **Medikamenten** (bei größeren Mengen ist eine englischsprachige Bescheinigung für den Zoll nötig) sollte auch die übliche kleine **Reiseapotheke** mit dabei sein. Dazu gehören (außer evtl. regelmäßig zu nehmenden Medikamenten) ein Mittel gegen Durchfall, Pflaster, elastische Binden, ein Thermometer, ein leichtes fiebersenkendes Mittel, Antiseptikum und ein Mittel gegen Halsschmerzen.

## Risikovermeidung

- Auf die **richtige Bekleidung** achten: In der Sierra Nevada und in den Übergangszeiten kann es nachts sehr kalt werden, und auch auf die gefürchteten Kaltluftvorstöße muss man vorbereitet sein. Bei Wanderungen ist vor allem auf das richtige Schuhwerk zu achten. Klapperschlangen beißen immer in die Regionen unterhalb des Knöchels, deshalb auf keinen Fall mit Sandalen oder barfuß Wüstenwanderungen unternehmen. Im nördlichen Kaskadengebirge an Regenschutz denken.
- Sich vor **UV-Strahlung** schützen: Die Sonne Kaliforniens hat es in sich, selbst wenn der Himmel bedeckt ist. Empfehlenswert ist daher ein Sonnenschutzmittel mit hohem Schutzfaktor.
- **Sicherheitsbestimmungen** ernst nehmen: An Stränden, in Nationalparks oder State Forests in jedem Fall den Empfehlungen der Hinweisschilder oder des Aufsichtspersonals folgen.
- Sich auf das amerikanische System mit **Klimaanlagen und Heizungen** einstellen: Im Sommer sind Restaurants, Hotelzimmer und andere klimatisierte Räume oft sehr kalt, im Winter in der Regel überheizt. Man sollte niemals im direkten Gebläsestrom der Klimaanlagen schlafen. Während des Aufenthaltes im Zimmer schaltet man sie am besten auf die niedrigste Stufe oder ganz ab.

**Apotheken** in unserem Sinn gibt es nicht. Medikamente erhält man in den *pharmacies*, die sich in *drugstores* befinden, wo auch andere Waren verkauft werden. Harmlosere Arzneien sind hier ohne Weiteres zu bekommen, nicht aber rezeptpflichtige! Sofern man solche benötigt, sollte man diese von zu Hause mitbringen (und sich für eventuelle Fragen des Zolls dafür ein Arztattest ausstellen lassen).

**Impfvorschriften** bestehen für die USA nur, wenn man sich kurz zuvor in Seuchengebieten aufgehalten hat. Um sicherzugehen, fragt man in solchen Fällen bei den diplomatischen Vertretungen nach. Allgemein sollte man sich vergewissern, dass die letzte Tetanus-Impfung nicht länger als neun Jahre zurückliegt, denn kleine Ursachen können oft unangenehme Wirkungen haben.

# Allgemeine Reisetipps A–Z

## Informationen

Allgemeine reisepraktische Infos finden sich unter www.vusa-germany.de und www.visittheusa.de, der offiziellen Tourismus-Seite der USA. Wer vorab Detailinformationen, Landkarten, Unterkunftsnachweise etc. für bestimmte Städte oder Regionen braucht, muss sich bei den Fremdenverkehrsämtern der einzelnen Städte melden. In einigen Fällen werden diese durch deutsche PR-Firmen repräsentiert, bei denen man zunächst ausführliches Infomaterial anfordern kann.

Für **Kalifornien** ist **Visit California** zuständig, 555 Capitol Mall Suite 1100, Sacramento, CA 95814, ① (877) 225-4367, www.visitcalifornia.com. Informationen in **Deutschland**: ① (916) 444-4429, www.visitcalifornia.com/de.

### ☞ Hinweis
*Kalifornien verfügt wie viele andere Bundesstaaten an allen wesentlichen Einfallstraßen (Interstates und US-Highways) – meist kurz hinter der Grenze – über gesonderte **California Welcome Centers** (= Informationszentren), die in der Regel bis 17 Uhr geöffnet sind. Hier erhält man Karten, haufenweise Prospektmaterial und auch die beliebten Couponhefte, mit denen man in vielen Hotels und Motels günstiger übernachten kann. Infos: www.visitcalifornia.com/feature/california-welcome-centers.*

**Besucherinformationen (Visitor Bureaus)** gibt es in jeder größeren oder touristisch interessanten Gemeinde, in jedem Nationalpark und selbst in großen Einkaufszentren, wo man mit einer wahren Informationsflut eingedeckt wird. Ebenfalls kann man sich vor der Reise bei den **Deutsch-Amerikanischen Instituten** informieren, die man in zahlreichen Städten findet (https://de.usembassy.gov/de/deutsch-amerikanische-beziehungen/deutsch-amerikanische-kulturinstitute-in-deutschland). Daneben halten die ADAC-Stellen (Touristikabteilung) gutes Infomaterial über das Reiseziel bereit.

## Kartenmaterial

Für den amerikanischen Westen gibt es unzählige Straßen- und topografische Karten sowie Stadtpläne. Eine **herausnehmbare Reisekarte** liegt diesem Buch bei. Vor der Reise kann man sich zusätzlich und meist kostenlos beim Fremdenverkehrsamt von Kalifornien und den Touristenbüros der Städte mit entsprechendem Material eindecken.

Als **sehr praktisch** für Individualreisende haben sich die USA Road Guides von Hallwag Kümmerly + Frey erwiesen, für das Reisegebiet liegt die Karte „No.5 Road Guide California Nevada" im Maßstab 1:1.100.000 vor (11,95 €; www.swisstravelcenter.ch/usa_roadguides.html). Auch der ADAC (Touring-Abteilungen) verkauft Karten und aktuelle Infos für Autofahrer zu den einzelnen Großregionen der USA.

### ☞ Hinweis
*Wer Spezialkarten nicht unbedingt zur Vorbereitung benötigt, sollte sie **am Reiseziel kaufen**, wo sie erheblich preisgünstiger sind als in Europa.*

Websites mit Kartenmaterial sind u. a. www.randmcnally.com und www.mapquest.com. Hier gibt es auch die dazugehörigen Apps zum Download.

## Kinder

Wie alle anderen US-Bundesstaaten ist auch Kalifornien **kinderfreundlich** und auf Reisende mit Kindern eingestellt. Das betrifft z. B. die Unterkünfte, wo Kinderbetten gegen einen geringen Aufpreis (oder gratis) im Elternzimmer aufgestellt werden, und die Restaurants, in denen Kindermenüs angeboten werden und Kinderstühle bereitstehen. Allgemein gibt es in Amerika viele Spielplätze (*playgrounds*), und auch in den Nationalparks oder Museen hat man sich auf den Besuch der kleinen Gäste durch didaktisch aufbereitete Ausstellungen oder Sonderführungen eingestellt. Ein Amerika-Urlaub ist für Kinder außerdem schon deshalb ein Erlebnis, weil man in diesem Land ein riesiges Angebot an Zoos, Attraktionen wie Disneyland und ähnliche Freizeitparks für Jung und Alt findet.

## Kleidung

So hemdsärmelig sich manchmal die Amerikaner auch geben und Freizeitkleidung selbst in besseren Hotels und da sogar zum Abendessen tragen, so förmlich geht es bei offiziellen Treffen, geschäftlichen Besprechungen etc. zu: Für Männer ist dabei ein Anzug (am besten dunkel und natürlich mit Schlips und Kragen) absolutes Muss. Wer als Tourist nicht repräsentieren muss, kann auf legere Kleidung zurückgreifen. Allerdings sollte man schon beim Packen des Koffers **Klima und Reisezeit** (s. S. 35) bedenken. Im Sommer ist es i. d. R. im Inland nicht nur sehr trocken, sondern auch ausgesprochen heiß. Lockere, luftige Kleidung, am besten aus Baumwolle oder Leinen, darf im Reisegepäck deshalb genauso wenig fehlen wie eine Kopfbedeckung. Wer wandern möchte, sollte Bergschuhe dabei haben, für Wanderungen in den Nationalparks an der Pazifikküste oder in den Rockies ist ein Regenschutz sinnvoll.

*Kinderführung in der Getty Villa in Pacific Palisades*

Nachts kann es auch in den tagsüber glühend heißen Wüstengebieten extrem abkühlen, sogar bis an den Gefrierpunkt! Für Camper und Outdoor-Fans ist also die Mitnahme zumindest eines dünnen Pullovers oder einer Allzweckjacke anzuraten.

### Hinweis
Zu empfehlen ist der **Kauf der benötigten Kleidung vor Ort**. In den Shopping Malls der größeren Städte bzw. an den Interstates und vor allem in den zahlreichen Factory Outlet Stores findet man ausgesuchte Spezialgeschäfte für qualitätsvolle Ware, und die Preise sind selbst bei hohem Dollarkurs meist günstiger als bei uns.

## Maßeinheiten

| Temperaturen (Umrechnung: (Grad F - 32) x 0,56 = Grad C) | | | |
|---|---|---|---|
| 23 °F ▶ -5 °C | 32 °F ▶ 0 °C | 41 °F ▶ 5 °C | 50 °F ▶ 10 °C |
| 59 °F ▶ 15 °C | 68 °F ▶ 20 °C | 77 °F ▶ 25 °C | 86 °F ▶ 30 °C |
| 95 °F ▶ 35 °C | 104 °F ▶ 40 °C | | |

| Längen | Gewichte |
|---|---|
| 1 inch (in.) ▶ 2,54 cm | 1 ounce ▶ 28,35 g |
| 1 foot (ft.) ▶ 12 in. ▶ 30,48 cm | 1 pound (lb.) ▶ 16 oz. ▶ 453,59 g |
| 1 yard (yd.) ▶ 3 ft. ▶ 0,91 m | 1 ton ▶ 2.000 lb ▶ 907 kg |
| 1 mile ▶ 1.760 yd. ▶ 1,61 km | |

| Hohlmaße | Flächen |
|---|---|
| 1 fluid ounce ▶ 29,57 ml | 1 square inch (sq.in.) ▶ 6,45 cm² |
| 1 pint ▶ 16 fl. oz. = 0,47 | 1 sq.ft. ▶ 929 cm² |
| 1 quart ▶ 2 pints = 0,95 l | 1 sq.yd. ▶ 0,84 m² |
| 1 gallon ▶ 4 quarts = 3,79 l | 1 acre ▶ 4.840 squ.yd. ▶ 4.046,8 m² o. 0,405 ha |
| 1 barrel ▶ 42 gallons = 158,97 l | 1 sq.mi. ▶ 640 acres ▶ 2,59 km² |

| Größentabelle Bekleidung | | | | | | |
|---|---|---|---|---|---|---|
| Herrenbekleidung | | | | | | |
| Deutsche Größe (z. B. 50) minus 10 ergibt amerikanische Größe (40) | | | | | | |
| Herrenhemden | | | | | | |
| D | 36 | 37 | 38 | 39 | 40/41 | 42 | 43 |
| USA | 14 | 14,5 | 15 | 15,5 | 16 | 16,5 | 17 |
| Herrenschuhe | | | | | | |
| D | 39 | 40 | 41 | 42 | 43 | 44 | 45 |
| USA | 6,5 | 7,5 | 8,5 | 9 | 10 | 10,5 | 11 |
| Damenbekleidung | | | | | | |
| D | 36 | 38 | 40 | 42 | 44 | 46 | |
| USA | 6 | 8 | 10 | 12 | 14 | 16 | |
| Damenschuhe | | | | | | |
| D | 36 | 37 | 38 | 39 | 40 | 41 | 42 |
| USA | 5,5 | 6 | 7 | 7,5 | 8,5 | 9 | 9,5 |
| Kinderbekleidung | | | | | | |
| D | 98 | 104 | 110 | 116 | 122 | | |
| USA | 3 | 4 | 5 | 6 | 6x | | |

## Nationalparks

Neben zahlreichen State Parks gibt es in Kalifornien neun Nationalparks, die von der Bundesregierung unterhalten werden. Darunter befinden sich so klangvolle Namen wie Yosemite und Joshua Tree. Die Nationalparks sind nur über wenige Straßen zu erreichen und kosten meistens ein **Eintrittsgeld**. Dieses wird pro Wagen entrichtet und beträgt i. d. R. US$ 35 für einen Aufenthalt bis zu sieben Tagen. Besucht man auf seiner Reise mehr als zwei Parks, lohnt es sich also, sich für US$ 80 den „**America the Beautiful" Annual Pass** zu besorgen, der ein Jahr lang zum freien Zutritt zu allen Nationalparks, National Wildlife Refuges sowie zu allen ähnlich gearteten öffentlichen Einrichtungen berechtigt. Dieser Pass gilt für alle Passagiere eines Fahrzeugs, ist aber nicht übertragbar. Man kann ihn auch online über https://store.usgs.gov/pass bestellen. Der Pass gewährt zusätzlich Zutritt zu Gebieten, die dem U. S. Fish and Wildlife Service, dem U.S. Forest Service oder dem Bureau of Land Management unterstehen.

Jeder Nationalpark ist mit mindestens einem **Besucherzentrum** (Visitor Center) ausgestattet, in dem man alle notwendigen Informationen, Kartenmaterial usw. erhält. Im Allgemeinen ist das Gelände ganzjährig geöffnet, was aber nicht mit permanenter **Befahrbarkeit** der Straßen oder ungehindertem **Zugang** gleichgesetzt werden darf. So sind viele hoch gelegene Zufahrtsstraßen (z. B. Tioga Pass/Yosemite NP) oder auch ganze Parkteile im Winter regelmäßig geschlossen.

Fast jeder Park hat ein **Veranstaltungsprogramm**, über das man sich vorab, an Ort und Stelle in den Visitor Centers und manchmal in eigens dafür aufgelegten Zeitungen informieren kann. Die lehrreichen Veranstaltungen werden von Rangern durchgeführt, finden oft in entspannter Atmosphäre am Lagerfeuer statt und beinhalten außerdem Kurse, Exkursionen, Spaziergänge, Diskussionen u. a. Viele Programme sind besonders auf Kinder ausgerichtet. In jedem Fall empfehlenswert ist es, sich zu Beginn eines Parkbesuches die Dia- oder Filmvorführung im Visitor Center anzuschauen. So hat man von Anfang an ein solides Grundwissen über die spezifischen geologischen, historischen oder anderen Hintergründe der Region.

**Tierbeobachtung**: In den Nationalparks sind nicht nur Landschaften von einmaliger Schönheit geschützt, sondern auch alle darin lebenden Tiere. Über weite Strecken muten die Parks deswegen wie riesige Wildfreigehege an, in denen sich viele Tiere an die Anwesenheit von Menschen gewöhnt haben – die besten Voraussetzungen also für Tierbeobachtungen. In den Visitor Centers erhält man eine Checkliste der vorkommenden Arten, erfährt die besten Standorte zur Beobachtung und die jeweils günstigsten Tages- oder Jahreszeiten. Natürlich sollte man es unterlassen, die Tiere zu füttern. Und außer Teleobjektiv und Fernglas sollte man – besonders für die seltenen Exemplare – immer auch Geduld mitbringen!

**Angeln**: In vielen Nationalparks kann man gut angeln, benötigt dafür aber eine Lizenz (*fishing licence*). Diese ist meistens – aber nicht immer – bei der Parkverwaltung zu erwerben, alternativ erhält man sie an zahlreichen Verkaufsstellen oder online direkt beim California Department of Fish and Wildlife (www.wildlife.ca.gov/licensing). Natürlich muss man sich an die Vorschriften über Schonzeiten, Fanggrößen, Angelgerät etc. halten. Wegen der Wasserknappheit in Kalifornien kann es allerdings passieren, dass Angeln in Flüssen oder Stauseen nicht (mehr) möglich ist, da sie schlichtweg verschwunden sind oder der Wasserspiegel so tief gesunken ist, dass es kaum mehr Fische gibt.

*Allgemeine Reisetipps A–Z* **93**

Die **Internet-Adresse** www.nps.gov ist geeignet, Basisinfos über die Nationalparks einzuholen und dort Unterkünfte zu buchen. Demgegenüber dient die Website www.recreation.gov als Suchmaschine für alle staatlichen Erholungseinrichtungen. Hier kann man jedes noch so kleine Historic Monument oder -Park eingeben und bekommt dann eine gute Kurzinformation und evtl. einen entsprechenden Link auf die erstgenannte Internetadresse. Über die **State Parks** in Kalifornien bzw. Nevada informieren die Websites www.parks.ca.gov und http://parks.nv.gov, über die **National Forests** www.fs.fed.us. Und natürlich hat auch jeder größere Park seine eigene Website (z. B. der Yosemite NP unter www.travelyosemite.com).

### Buchtipp
*Über die Nationalparks des amerikanischen Westens informiert präzise und zuverlässig* **Fodor's The Complete Guide to the National Parks of the West**, *Fodor's Travel Guides (www.fodors.com). Englisch, 784 Seiten, mit vielen praktischen Tipps, Adressen und informativen Karten, ca. 24 € (neueste Auflage April 2019).*

## Notfall / Unfall / Notruf

Im Fall eines Unfalls oder einer Autopanne fordert man am besten telefonisch über den *operator* Hilfe an, der einen mit Ambulanz, Abschleppdienst, Polizei, Automobilclub etc. verbindet. Bei Schwierigkeiten mit dem Mietwagen sollte unbedingt auch der Mietstation Bescheid gegeben werden. Unfälle mit Personen- oder Sachschaden muss man der Polizei bzw. der Highway Patrol mitteilen.

Der allgemeine **Notruf** in den Vereinigten Staaten ist ☏ **911**.

## Öffnungszeiten

**Ämter** und öffentliche Einrichtungen: i. d. R. Mo–Fr 9–17 Uhr und Sa 9–13 Uhr.
**Banken**: Die Schalter sind im Allgemeinen Mo–Fr 9–17 Uhr für die Abwicklung der üblichen Bankgeschäfte geöffnet. Viele Banken öffnen auch am Samstagvormittag.
**Büros**: gewöhnlich Mo–Fr 9–18 Uhr.
**Restaurants**: Die Öffnungszeiten und Ruhetage der einzelnen Lokale sind sehr unterschiedlich. In Großstädten beginnen die meisten den neuen Geschäftstag vor dem Mittag und schließen zwischen Mitternacht und 1 Uhr morgens. Hat man ein spezielles Restaurant im Auge, sollte man dessen Öffnungszeiten notfalls telefonisch erfragen. Einige Lokale halten ihre Pforten indes rund um die Uhr geöffnet, insbesondere Fast-Food-Anbieter.

## Post

Im Staatsgebiet der USA gibt es etwa 40.000 Ämter des U. S. Postal Service. Wegen der langen Zustelldauer sowohl innerhalb der Vereinigten Staaten als auch ins Ausland (z. T. über eine Woche) nehmen viele Kunden die Dienste privater Zustell- und Kurierdienste in Anspruch.

Die **Postämter** des U.S. Postal Service sind i. d. R. Mo–Fr 9–17 Uhr und Sa 9–12 Uhr geöffnet. Hier kauft man am besten Briefmarken, da in den Hotels, Geschäften usw. hohe Aufschlä-

*Private Briefkästen am Big Sur*

ge genommen werden. Das gilt auch für die dort aufgestellten Briefmarkenautomaten! Amerikanische Briefkästen sind blau und tragen die Aufschrift *U. S. Mail*. Bei der postalischen Anschrift für die USA ist zu beachten, dass zunächst der Wohnort, dann das Kürzel für den Bundesstaat und am Schluss die **Postleitzahl** (Zip Code) geschrieben werden.

**Postlagernde Sendungen** kann man sich auf seinen Namen auf jedes Postamt mit dem Vermerk *General Delivery* schicken lassen, wobei die Anschrift des Postamtes die genaue Postleitzahl enthalten muss. Die Sendungen müssen persönlich unter Vorlage eines Ausweispapiers abgeholt werden.

Das **Porto** für eine Postkarte per Luftpost nach Europa kostet derzeit US$ 1,15, ebenso wie ein Standardbrief, man muss mit einer Beförderungszeit von knapp einer Woche rechnen. Weitere **Infos** über die US-Post und ihre aktuellen Beförderungstarife unter www.usps.com.

### Preisermäßigungen

In den USA gibt es jede Menge Möglichkeiten, Preisnachlässe oder Rabattangebote wahrzunehmen. Wer sich damit beschäftigt, kann durchaus viel Geld sparen. **Schüler**, **Studenten**, **Rentner** und **Behinderte** sollten einen internationalen Ausweis mitnehmen. Mit diesem sind erhebliche Preisnachlässe möglich. **Kinder** zahlen fast durchweg weniger, in vielen Fällen – je nach Alter – auch nichts.

*Allgemeine Reisetipps A–Z*

Bei den **Hotels/Motels** sind die Zimmerpreise kein Dogma. Hartnäckiges Nachfragen nach einem günstigeren Zimmer führt nicht selten zum Erfolg. Viele Hotels bieten auch Sonderpreise für AAA-Mitglieder. ADAC- sowie Mitglieder anderer europäischer Automobilclubs erhalten eine AAA-Discount-Karte in den Geschäftsstellen oder zum Ausdrucken online unter https://www.adac.de/_mmm/pdf/AAA_Card_2019_9848.pdf.

Eine weitere Sparmöglichkeit sind die zahlreichen **Coupons**, die man in den Touristenbüros, den Infoständen an den Grenzen der Bundesstaaten, den Büros der Autovermieter, in Zeitungen oder Werbeprospekten (s. Stichwort *Coupons*) vorfindet.

Immer mehr Firmen/Kaufhausketten etc. versuchen, ihre Kunden dadurch an sich zu binden, dass sie „Mitgliedern" erhebliche Rabatte gewähren. Der Erwerb einer **Mitgliedskarte** kostet i. d. R. nichts, ist einfach (an der Kasse) zu bewerkstelligen und gutes Geld wert.

Auch **Airlines** bieten in Verbindung mit den Flugtickets häufig vergünstigte Eintritte zu Vergnügungsparks o. ä. und Rabatte bei der Unterkunft in bestimmten Hotelketten oder bei der Wagenmiete bei bestimmten Firmen.

## Rauchen

Seit Juni 2016 ist das Rauchen in Kalifornien **erst ab 21 Jahren** erlaubt. In öffentlichen Gebäuden herrscht ein genauso **strenges Rauchverbot** wie in allen Büros, in den Restaurants und Bars, auf allen Flügen, in Bussen und an Bushaltestellen. In Malibu und anderen Seebädern ist zudem das Rauchen am Strand verboten, die Strafe für Raucher beträgt bis zu US$ 500!

Die **Unterkünfte** (Hotels, Motels, B&Bs) sind – abgesehen von einem kleinen Kontingent an *smoking rooms* – überwiegend rauchfrei. Wer in *non smoking rooms* raucht, muss damit rechnen, dass bei bzw. nach Abreise (Kreditkartenabbuchung) die Reinigung und Desinfizierung des Zimmers in Rechnung gestellt wird.

Auch in den **Mietwagen** ist das Rauchen meist verboten. Nahezu in allen Fahrzeugen hängt ein Nichtraucherschild und sind die Aschenbecher ausgebaut.

## Reisezeit

Die geeignete Reisezeit (s. S. 35) **hängt von dem Gebiet ab**, das man besuchen möchte. Ganzjährig zu empfehlen sind die südkalifornische Küstenregion und die Stadt San Francisco, während man im Hochsommer (Juli, August) im südwestlichen Binnenland bei Temperaturen von 35 °C (Umrechnungstabelle Fahrenheit-Celsius s. S. 91) gehörig ins Schwitzen kommt. Zwischen Ende November und Mitte März können hier bitterkalte Temperaturen herrschen, und auch im Oktober und im April sind noch Kaltluftvorstöße möglich. Der kühlere Nordwesten ist zwischen Mai und Ende September zu empfehlen. Ein fantastisches Farbenspiel bietet in den dortigen Wäldern der herbstliche Indian Summer, wenn zwischen dunklen Koniferen das Laub von Ahorn, Eiche und Wildkirsche fast glühend erscheint. Für den Wintersport sind die kalifornischen Skigebiete bestens zu empfehlen, schließlich fällt in den USA nirgendwo mehr Schnee als in der Sierra Nevada.

## Restaurants

Überall in Kalifornien kann man nicht nur landschaftliche, sondern auch kulinarische Höhepunkte erleben, und es ist unbedingt anzuraten, selbst bei schmalem Budget wenigstens ab und zu auf die mal raffinierte, mal bodenständige Küche des Reisegebietes zurückzugreifen. Fantastisch sind Fischgerichte (Lachs), Crabs und Lobster an der gesamten Pazifikküste, besonders aber im nördlichen Kalifornien. San Francisco hat sich schon früh als **Gourmet-Metropole** Amerikas etabliert, in der italienische, französische, deutsche und amerikanische Meisterköche wetteifern und in der angeblich kein (noch so ausgefallenes) fernöstliches Gericht fehlt. Aber auch San Diego und Los Angeles haben aufgeholt, wobei L.A. vor allem durch die ethnische Vielfalt den Feinschmecker reizt.

Im Süden lohnen kulinarische Abstecher zu den Kochtöpfen der Texmex, die texanische und vor allem spanisch-mexikanische Spezialitäten bereithalten. Mehr im Landesinneren lohnen die Steakhäuser und überall die grandios frischen Salate und Früchte, die man wohl nur in einem so produktiven Bundesstaat wie Kalifornien erwarten kann. Auch in den Indianerreservaten gibt es lokale Spezialitäten. Und jenseits der Grenze bietet Las Vegas Gourmetrestaurants en masse.

Internationales Einerlei, daneben aber auch sowohl preisgünstige als auch recht gute Kost mit Texmex- oder mexikanischen Spezialitäten, bieten diverse **Fast-Food- und Restaurant-Ketten**. Die bekanntesten sind: Burger King (Hamburger), Chipotle (Texmex), Denny's (Texmex), In-N-Out Burger (Burger), Kentucky Fried Chicken (Hühnchen), McDonald's (Hamburger), Pizza Hut (Pizzen), Popeye's (Hühnchen), Jack in the Box (Sandwiches), Subway (Baguettes), Taco Bell (mexikanische Küche) und Wendy's (Hamburger). Diese Ketten sind für den Mittags-Snack allemal geeignet, zudem liegen sie verkehrsgünstig an den wichtigsten Straßen und sind jeweils gut zu finden. Zu den gehobeneren Kettenrestaurants zählen die Häuser der Cheesecake Factory, die immer sehr schmackhafte (und oftmals sehr kalorienreiche) Speisen bereithält. Und selbst in den recht günstigen Sizzler-Häusern, deren Angebotspalette hauptsächlich Steaks und Meeresfrüchte enthält, kann man bei den guten Buffets mit ihren knackigen Salaten nichts falsch machen. Das Chart House ist bekannt für gute Steaks und Seafood, auch seine Architektur ist interessant. Sehr gute Steaks gibt es außerdem in den Filialen der von Stuart Anderson gegründeten Black Angus Steakhouse, wo ein 500-g-Steak samt Beilagen rund US$ 20 kostet. Bei den genannten Häusern sind die Restaurants in den Städten stets gut besucht, und ab 18 Uhr kann es zu Wartezeiten kommen.

Insgesamt sind die **Preisdifferenzen** zwischen einer Fastfood-Gaststätte und einem Restaurant gewaltig. In ersterer kann man sich für US$ 4–8 satt essen (inkl. eines Getränkes), während ein Restaurantbesuch mit mindestens US$ 20 p. P. (plus Getränke und Trinkgeld) zu Buche schlägt. „Gutbürgerliche" Gaststätten oder Studentenrestaurants, die bei uns die mittlere Preisklasse abdecken, findet man nur vereinzelt in größeren Städten.

Zu den in den Speisekarten angegebenen Preisen muss man noch **Steuern (sales tax)** hinzurechnen, die in Kalifornien je nach Ort 7,25–10,5 % betragen, außerdem das Trinkgeld. Erwartet werden 15–20 % des Rechnungsbetrages vor Steuer. Dies gilt selbst dann, wenn das Trinkgeld bereits auf die Rechnung aufgeschlagen wurde (*tips/gratuity/service charge included*). Das Geld lässt man beim Gehen einfach am Tisch liegen oder legt es der Bedienung in die gereichte Rechnungsmappe. Zahlt man mit Kreditkarte, lässt sich Trinkgeld beim Zahlungsvorgang meist unkompliziert hinzubuchen. In Fast-Food-Läden gibt man kein Trinkgeld (*s. a. Stichwort Trinkgeld*).

Bei einem Restaurantbesuch ist es üblich, auf die **Platzzuweisung** zu warten (*wait to be seated*). Dies gilt auch, wenn gerade das Personal, das für die Platzanweisung zuständig ist, nicht da ist und jede Menge freier Tische vorhanden sind. Für den Fall, dass alle Plätze momentan besetzt sind, kann man sich in eine Warteliste eintragen lassen. Die Bedienung weiß im Normalfall, wann ein Tisch frei wird, sodass man entweder (z. B. an der Bar) warten oder – bei längerer Wartezeit – noch spazieren gehen kann. Besondere Tagesgerichte (*daily specials*) werden meist mündlich empfohlen. Die Rechnung (*check*, bei getrennter Bezahlung: *separate check*) zahlt man häufig an einer Kasse am Ausgang.

Weiterhin wissenswert:
- Die Amerikaner haben z. T. eigene **Tischsitten**: Sie benutzen beim Essen nur die Gabel (das Messer wird nach dem Schneiden der Speisen wieder hingelegt, die linke Hand bleibt untätig). Gemüse balancieren sie gerne auf der rückwärtigen Seite der Gabel.
- Zu einem vornehmen Essen gehören in Amerika eine dunkle Umgebung und gedämpfte Musik. Die Dining Rooms zeichnen sich deshalb generell durch **Lichtarmut** aus. Trotz der Versuche, eine gemütliche Atmosphäre zu schaffen, verweilen die Amerikaner aber meist sehr viel kürzer im Restaurant als die Europäer.
- Außer in den Restaurants mit französischer oder neuer amerikanischer Küche sind die **Portionen** oft riesig. Wer seine Portion nicht schafft, sollte sich nicht scheuen, sich den Rest als *doggie bag* einpacken zu lassen. Diese Verfahrensweise ist selbst in Nobelrestaurants durchaus üblich.

*s. auch Stichwort Essen & Trinken*

## Sicherheit

Bekanntlich gibt es in den Vereinigten Staaten eine relativ hohe Kriminalitätsrate. Deshalb sollte man stets seine Augen offen halten, damit einem der Urlaub nicht durch Diebstahl oder Schlimmeres verdorben wird. Durch umsichtiges Verhalten minimiert man das Risiko auf jenen Rest, der sich niemals und nirgendwo ausräumen lässt:
- Vor der Reise alle wichtigen Dokumente – dazu zählen neben Reisepass und Personalausweis auch Führerschein, Flugticket, Kreditkarte u. ä. (zur **einheitlichen Sperrnummer** für alle Karten s. S. 87) – kopieren oder scannen und an die eigene Email-Adresse schicken bzw. in der Cloud hinterlegen.
- Gepäck, Filmkameras oder Wertsachen sollten **nicht unbeaufsichtigt im Wagen** liegen gelassen werden. Den Mietwagen stellt man nachts am besten in einer Tiefgarage, auf einem bewachten Parkplatz oder notfalls auch an einem beleuchteten Ort ab.
- **Wertsachen** (dazu gehören auch die Flugtickets und der Reisepass) sollten grundsätzlich im Hotel gelassen werden. Fast alle Hotels haben eine Safe Deposit Box an der Rezeption, manche auch Safes auf den Zimmern.
- Wenn man das Hotel verlässt, nimmt man den **Zimmerschlüssel** mit – nur wenn man ganz sicher ist, dass kein Unbefugter an den Schlüssel kommt, an der Rezeption abgeben.
- Nur so viel **Geld** mitnehmen, wie man wirklich benötigt, vor allem niemandem zeigen, wie viel man bei sich hat. Es ist immer besser, mit Reiseschecks oder Kreditkarte zu zahlen.

- Tunlichst erkundigt man sich vorher über **unsichere Stadtviertel** (*bad neighborhoods*) und meidet diese natürlich. Falls man sich dennoch in eine solche Gegend verirrt hat, die man u. a. an menschenleeren Straßen, verfallenen Häusern, Schrottautos und dubiosen Gestalten erkennt, sollte man am besten schnurstracks weiterfahren bzw. -gehen, bis man wieder in ein belebteres Areal kommt, wo man z. B. in einem Laden nach dem Weg fragen kann.
- Nach Einbruch der **Dunkelheit** sollte man dunkle Straßen und Plätze, Parkanlagen oder Unterführungen meiden und lieber Umwege oder Taxikosten in Kauf nehmen.
- In U-Bahn-Stationen sollte man die meist gesondert gekennzeichneten und kameraüberwachten **Sicherheitsbereiche** (*off-hour waiting areas*) aufsuchen. In den Zügen haben die Zugbegleiter (attendants) ihre eigenen Abteile in der Mitte.
- Für den Fall der **Bedrohung** sollte man stets zehn oder zwanzig Dollar separat vom restlichen Geld in einer Hosentasche bei sich haben, denn in vielen Fällen handelt es sich um Junkies, die Geld für den nächsten Schuss brauchen und die sich mit dieser Summe begnügen. Man sollte nicht den Helden spielen, sondern das Geforderte unverzüglich herausgeben.

## Sport

Dass die US-Amerikaner ganz allgemein und die Kalifornier im Besonderen sportbegeistert sind, ist eine Binsenweisheit. Und kein Gebiet in den USA bietet eine solche Bandbreite an Sportmöglichkeiten wie der Westen, wo man allenthalben Jogger, Fahrradfahrer oder Walker sieht. Auch Touristen sind eingeladen, die vielfältigen Möglichkeiten wahrzunehmen, ihren Urlaub sportlich-aktiv zu gestalten. **Tennisplätze** etwa sind bei fast allen guten Hotels zu finden, daneben wird dieser Volkssport auf unzähligen privaten und öffentlichen Plätzen ausgeübt. An der kalifornischen Südküste sind außer Surfen selbstverständlich auch alle anderen **Wassersportarten** möglich, passionierte Segler finden zudem in der San Francisco Bay ein wahres Eldorado. In San Diego oder Palm Springs locken Flüge mit Heißluft-Ballons.

Für **Golfer** ist Kalifornien ein Paradies, liegen doch hier einige der weltweit besten Courses (vor allem in Palm Springs, Los Angeles, Carmel und San Diego). Man kann aber auch z. B. bergsteigen und Ausritte unternehmen oder auf den Seen und Flüssen an Kanu- und Bootsfahrten teilnehmen. Im Folgenden sollen einige Sport-Themen erwähnt werden, die besonders mit Kalifornien verknüpft sind:

### Surfen

Die ursprünglich aus Hawaii kommende Sportart hat im Westen der USA begeisterte Anhänger, sind doch Brandungslänge und -höhe an der Pazifikküste ideal. Als „Hauptstadt der Surfer" gilt Huntington Beach bei Los Angeles, wo das Wellenreiten ab 1907 zum Sportereignis wurde und wo alljährlich Anfang September die Surfing Championships stattfinden. Auch an den anderen, nächstgelegenen Stränden wie Hermosa Beach sind die Surf-Bedingungen gut, und im Juli sind Manhattan Beach und Redondo Beach Schauplatz des International Surf Festival, bei dem sich die besten Surfer der Welt messen. Ebenfalls ein heißer Spot: Oceanside, wo sich nicht zufällig das California Surf Museum befindet.

Ein Mekka für Surffreunde stellt Santa Cruz dar, erstens wegen der guten Bedingungen am Cowell Beach, zweitens wegen des Surfing Museum, des ersten weltweit. Und, nicht zu vergessen, drittens: Hier begann 1885 die Geschichte des Surfens an der Westküste der USA. Auch in San

Simeon und Umgebung kommen Surfer auf ihre Kosten, vor allem nahe dem Point Piedras Blancas. Weiter im Norden haben in San Francisco Surfer am Ocean Beach nahe der Golden Gate Bridge beste Verhältnisse, ebenso wie am Stinson Beach, bei Daly City, bei Pacifica und am Montara State Beach.

## Wintersport
Was viele nicht wissen: Auch Ski-Enthusiasten finden in Kalifornien paradiesische Verhältnisse vor. Die besten Pisten sind die von Squaw Valley, Heavenly, Northstar und Alpine Meadows am Lake Tahoe, die Skigebiete am Mount Shasta, im Bear Valley und bei Mammoth Lakes, wo überall die Gesamtbreite des Wintersports samt zugehöriger Infrastruktur vorhanden ist. Die Liftpreise bewegen sich zwischen US$ 30–60 pro Tag. Skiresorts findet man im Internet für Kalifornien direkt unter https://skicalifornia.org. Weitere Infos u. a. unter www.visitmammoth.com, http://squawalpine.com, www.visitinglaketahoe.com oder www.skiheavenly.com.

Den Skiurlaub pauschal über einen europäischen Veranstalter zu buchen ist erheblich günstiger und erspart die Organisation vor Ort.

*Surfer in Venice Beach*

## Wandern
In ganz Kalifornien, sowohl an der Küste als auch im Binnenland, steht ein ausgedehntes Netz an Wanderwegen zur Verfügung, das man sogar in den Zentren der Großstädte finden kann. Erst recht natürlich in den Naturschutzgebieten und Nationalparks, deren größte natürliche Schätze meist nur zu Fuß erkundet werden können. Entsprechend umfangreich ist auch das Infomaterial über Wanderwege, das in jedem Visitor Center erhältlich ist.

## Sport ansehen
Nicht nur Sport treiben, sondern auch das Miterleben eines sportlichen Ereignisses als Zuschauer kann ein Erlebnis sein. Diese Veranstaltungen geraten bei wichtigen Spielen zu einem regelrechten Happening. Bei Zeit, Interesse und dem Glück eines nicht ausverkauften Stadions sollte man mal ein Baseball-Spiel etwa der Erstliga-Mannschaften Los Angeles Dodgers oder San Francisco Giants anschauen. Oder ein Footballmatch der Oakland Riders – oder ein Basketball-Spiel aus der Profiliga NBA, in der u. a. die kalifornischen Mannschaften Golden State Warriors und Los Angeles Lakers vertreten sind. Falls gerade kein Stadion in der Nähe ist, könnte man einen Pub-Besuch als Ersatz ins Auge fassen, wo Spiele live übertragen werden und wo ebenfalls gute Stimmung garantiert ist.

## Sprache

Amerikanisches ist nicht gleich britisches Englisch. Trotz aller grundsätzlichen Gemeinsamkeiten in Grammatik, Aussprache und Vokabular haben sich z. T. erhebliche Unterschiede herausgebildet. Mit etwas **Gewöhnung** ist die amerikanische Sprache aber leicht zu verstehen und zu lernen. Nur besondere mexikanisch-englische Dialekte oder der Gebrauch von Slang oder Soziolekten können zu enormen Verständigungsschwierigkeiten führen. Es fällt auf, dass die Amerikaner zu Abkürzungen neigen (z. B. *U* für *You*, *4sale* für *for sale*, *xing* für *crossing*, *Xmas* für *Christmas*) und immer häufiger so ähnlich schreiben, wie sie sprechen (z. B. *center* für *centre*, *color* für *colour*, *nite* für *night*).

Im Folgenden sind einige Wörter aufgeführt, die sich im britischen und im amerikanischen Englisch erheblich unterscheiden:

| Amerikanisch | Britisch | Deutsch |
|---|---|---|
| after | past | nach (zeitlich) |
| aisle | gangway | Durchgang |
| apartment | flat | Wohnung |
| baggage | luggage | Gepäck |
| bumper | buffer | Stoßstange |
| billion | milliard | Milliarde |
| booth | kiosk | Kiosk |
| to call | to ring up | anrufen |
| can | tin | Konservendose |
| candy | sweets | Süßigkeiten |
| check | bill | Rechnung |
| checkroom | cloakroom | Garderobe, Gepäckraum |
| closet | cupboard | Schrank |
| comforter | eiderdown | Daunendecke |
| commencement | graduation | Schulabschluss |
| cookies | biscuits | Plätzchen |
| cop | policeman (bobby) | Polizist |
| corn | maize | Mais |
| cute | attractive | niedlich, reizend |
| date | appointment | Verabredung, Termin |
| daylight savings time | summer time | Sommerzeit |
| diaper | nappy | Windel |
| drugstore | chemist | Drogerie |
| elevator | lift | Fahrstuhl |
| eraser | rubber | Radiergummi |
| fall | autumn | Herbst |
| faucet | tap | Wasserhahn |
| first floor | ground floor | Erdgeschoss |
| first name | Christian name | Vorname |
| to fix | to repair | reparieren |
| flashlight | torch | Taschenlampe |
| freeway | motorway | Autobahn |
| french fries | chips | Pommes Frites |
| gas (gasoline) | petrol | Benzin |
| grain | corn | Weizen |
| guy | chap | Kerl |
| hood | bonnet | Motorhaube |
| icebox | refrigerator | Kühlschrank |

| | | |
|---|---|---|
| kid | child | Kind |
| last name | surname | Nachname |
| line | queue | Schlange |
| to line up | to queue up | sich anstellen |
| loafer | slipper, slip-on | Slipper, Mokassin |
| long distance call | trunk call | Ferngespräch |
| mail | post | Post |
| motorhome | caravan | Wohnwagen |
| movie | cinema | Kino |
| observatory | view tower | Aussichtsturm |
| one way ticket | single ticket | einfache Fahrt |
| package | parcel | Paket |
| pants | trousers | Hose |
| pavement | road surface | Straßenoberfläche |
| Pentecost | Whitsuntide | Pfingsten |
| purse | handbag | Handtasche |
| round trip ticket | return ticket | Rückfahrkarte |
| shoe shine | boot polish | Schuhcreme |
| sidewalk | pavement | Bürgersteig |
| sticker | label | Etikett, Anhänger |
| stick shift | gear stick | Schaltknüppel |
| store | shop | Geschäft |
| streetcar | tram | Straßenbahn |
| subway | underground | U-Bahn |
| suspenders | braces | Hosenträger |
| tenderloin | undercut | Rinderfilet |
| thread | cotton | Baumwolle |
| trailer | caravan | Wohnwagen |
| truck | lorry | Lastwagen |
| trunk | boot | Kofferraum |
| underpass | subway | Fußgängerunterführung |
| vacation | holiday | Ferien, Urlaub |
| vest | waistcoat | Weste |
| wrench | spanner | Schraubenschlüssel |
| zip code | postcode | Postleitzahl |

## Strände

An der gesamten kalifornischen Küste gibt es ausgezeichnete Sandstrände mit einem herrlichen Hinterland. So schön die menschenleeren Strände in **Nordkalifornien** aber auch sein mögen – zum Baden sind sie nur für Abgebrühte geeignet, die sich von Wassertemperaturen von unter 16 °C nicht schrecken lassen. Das gilt auch noch für den Großraum San Francisco, wo z. B. der Stinson Beach nördlich der Golden Gate Bridge (s. S. 190) eine besonders schöne Szenerie, aber leider ebenfalls keine angenehmeren Wassertemperaturen aufweist. Demgegenüber bieten die Strände in **Südkalifornien** nicht nur Sonne, sondern auch warmes Wasser. Sehr populär sind auch die grenznahen Strände der Baja California.

**Bitte beachten:** Parken direkt an touristischen Stränden oder auch nur am Straßenrand bei einem bekannten Strand ist häufig mit teilweise hohen Kosten verbunden. Besucher sollten immer zuerst nach den Gebühren schauen, bevor sie sich auf den heißen Sand oder in das kühle Nass begeben. Wer im Halteverbot parkt, muss mit ordentlichen Strafen rechnen.

Im Landesinneren locken die unzähligen Seen und Flüsse z. T. ebenfalls mit feinsandigen Uferabschnitten. Bei Abstechern nach Nevada sind besonders die großen Stauseen Lake Powell und Lake Mead für alle Wassersportarten, einschließlich Schwimmen, zu empfehlen.

## Strom

Die USA haben eine Netzspannung von **110/115 Volt** Wechselstrom (60 Hz). Deshalb und wegen der amerikanischen Flachstecker ist ein **Adapter** notwendig, den man sich noch vor Reiseantritt besorgen sollte. Falls man das vergessen haben sollte, schaut man am besten in Hardware Stores, Drugstores, Elektrogeschäften oder Kaufhäusern unter *Appliance* nach.

## Telekommunikation

Es gibt grundsätzlich mehrere Arten, von den USA nach Europa zu telefonieren: von öffentlichen Apparaten (die nur noch selten zu finden sind und sich nur für Ortsgespräche bzw. mit Calling Card (s. unten) anbieten), vom Hotel aus (was ohne Calling Card, mit Ausnahme von local calls, teuer kommen bzw. unmöglich sein kann) oder per „Handy" (korrekt: *Mobile* oder *Cell Phone*). An vielen öffentlichen Apparaten kann man mit Kreditkarte telefonieren, wobei die Preise höher sind als mit Calling Card.

Formal wird unterschieden zwischen local calls (25–50 Cent für ca. 4 Min.), non-local oder zone calls, long-distance und oversea calls. 1-900-Nummern sind nicht gebührenfrei, sondern gehen im Gegenteil sehr ins Geld. Gebührenfrei, aber regional (meist auf den Bundesstaat) begrenzt, sind 1-800-, 1-888- oder 1-877-Nummern.

Um im Hotel eine Außenleitung zu bekommen, muss im Allgemeinen 9 oder 8 vorgewählt werden. Bei US-Telefonnummern folgt einem dreistelligen Area Code, der in manchen Bundesstaaten einheitlich ist, die normalerweise siebenstellige Rufnummer, manchmal als werbewirksame Buchstabenkombination angegeben:
- 2: ABC
- 3: DEF
- 4: GHI
- 5: JKL
- 6: MNO
- 7: PRS
- 8: TUV
- 9: WXY

**Telefonkarten** aller Art sind zu einer schwer durchschaubaren Wissenschaft geworden. Grundsätzlich wird zwischen Calling Cards und Prepaid oder Phone Cards unterschieden. Um eine **Calling Card** zu bekommen, muss vor der Reise mit einem Calling-Card-Anbieter ein Vertrag geschlossen werden. Die zugeteilte persönliche Geheimnummer (PIN) macht es zusammen mit der Einwahlnummer (USA: 1-800-..., kostenfrei) einfach, von jedem Apparat aus zu telefonieren. Telefongebühren werden nachträglich und ohne Aufschlag über die Kreditkarte abgerechnet. Die Karten können bei Verlust gesperrt und ersetzt werden. Calling Cards gibt es vor allem von den großen Telefongesellschaften wie AT&T (www.att.com) oder Sprint (www.sprint.com).

>  **Wichtige Telefonnummern**
>
> von den **USA**
>   nach **Deutschland**:
>   01149 + Ortsvorwahl (ohne 0) + Teilnehmernummer
>   nach **Österreich**: Ländervorwahl 01143
>   in die **Schweiz**: Ländervorwahl 01141
> von **Deutschland** in die **USA**: 001
> **Operator**: 0
> **internationale Fernsprechauskunft**: 00
> **internationale Vermittlung**: 01
> **einheitliche Sperrnummer** für alle Karten (s. S. 87): ☏ 01149-30-4050-4050.

**Prepaid Cards** bzw. **Phone Cards** sind mit einem festen, im Voraus bezahlten Guthaben (z. B. US$ 20 oder 50) geladen. Sie können meist über eine Hotline – gegen Belastung der Kreditkarte – jederzeit nachgeladen werden. Anbieter solcher Karten finden sich z. B. auf den Webpages www.long-distance-phone-cards.info/callingcards oder www.fonecards.de. In den USA gibt es auch Telefonkarten in Supermärkten oder Tankstellen zu kaufen. Die Bedingungen bzw. Einsatzmöglichkeiten unterscheiden sich gravierend, und viele sind für Überseegespräche ungeeignet. Auf alle Fälle sollte die Eignung für internationale Gespräche, evtl. anfallende Einwahlgebühren und Zuschläge, die Höhe der Telefongebühren und die Gültigkeitsdauer geprüft werden.

In Amerika spricht man von **Mobile Phone** oder **Cell(ular) Phone**. Der Begriff „Handy" (wörtlich für „nützlich, praktisch, geschickt") existiert im Englischen nicht. Diese funktionieren in der mittlerweile verbreiteten Triband-Version mit dem in den USA nötigen 1900-Mhz-Band gut, vor allem im Einzugsbereich der großen Metropolen. In weniger dicht besiedelten Regionen benötigt man evtl. ein Quadband-Handy. Die Kosten mit einem deutschen Vertrag können bei Anrufen in die und aus den USA ins Geld gehen, die Roaminggebühren liegen oft bei 2–3 € pro Minute. Man sollte sich auf jeden Fall vor der Abreise bei seinem Anbieter über Handykosten in den USA erkundigen. Passive Kosten entstehen bei Anrufen von zu Hause, da die Rufweiterleitung von Deutschland in die USA immer auf Kosten des Angerufenen geht. Zudem sollte dringend die Rufumleitung auf die Mailbox deaktiviert werden. Die hohen Roamingkosten können durch eine eigene **amerikanische SIM-Karte** vermieden werden. So hat man eine amerikanische Rufnummer, unter der man für jeden erreichbar ist. Falls das Mobiltelefon verloren geht oder gestohlen wird, sollte man die Nutzung der SIM sofort beim Provider sperren lassen.

**Internetnutzung** (WIFI) mit privaten Laptops oder Smartphones stellt in Kalifornien kaum mehr ein Problem dar, Hotels/Motels, Cafés, Restaurants, öffentliche Bibliotheken, Buchläden und Elektronikshops bieten meist gratis Internetzugang.

## Trinkgeld

Dienstleistungen werden in den USA üblicherweise mit einem Trinkgeld (*tip, gratuity*) belohnt. Man sollte immer bedenken, dass die Grundgehälter im Dienstleistungsgewerbe oft sehr niedrig sind, sodass die Trinkgelder für die hier Tätigen das eigentliche Einkommen darstellen. Die unterste Grenze für einen Tip sind 50 Cents. In **Restaurants** waren Trinkgelder früher nur äußerst selten in der Rechnung enthalten, doch gehen mehr und mehr Häuser dazu über, diese mit zu verrechnen. Findet man auf seiner Rechnung den Hinweis „Tips included" (*Gratuity included, Service Charge included*), ist im Prinzip alles erledigt, trotzdem gehört es zum guten Ton, 5–10 % des Endbetrages als Trinkgeld zu geben. Für den Fall, dass das Trinkgeld nicht in der Rechnung eingeschlossen ist, gibt man bei anständigem Service **15–20 %** des Netto-Rechnungspreises. In besseren Restaurants ist es üblich, auch dem Oberkellner (*Maître d'hôtel*) ein Trinkgeld von mindestens US$ 5 zu geben, dem Getränkekellner lässt man pro Flasche Wein US$ 2–3 zukommen. In Lokalen wird das Trinkgeld beim Verlassen auf dem Tisch bzw. in der gereichten Rechnungsmappe zurückgelassen oder bei Kreditkartenbezahlung direkt auf den Rechnungsbetrag aufgeschlagen.

**Taxifahrer**, **Friseure** usw. erhalten durchschnittlich 15 % Trinkgeld, **Gepäckträger** erwarten pro Gepäckstück US$ 1, ebenso der **Portier** für den persönlichen Taxiruf, das **Zimmermädchen** pro Tag ca. US$ 2, die **Garderobenfrau** pro Kleidungsstück und der **Barkeeper** pro Getränk etwa US$ 1. Den Angestellten, die einem beim Restaurant oder Hotel den Wagen einparken und wieder holen, drückt man ebenfalls US$ 2–3 in die Hände. Das Trinkgeld bezieht sich übrigens nur auf die Dienstleistung der entsprechenden Person, z. B. kann der Kellner nichts dafür, wenn das Essen schlecht ist. Andererseits sollte man nichts geben, wenn der Service nicht stimmt, dies aber mit Begründung: *No service, no tip!* In Fastfood-Restaurants und ähnlichen Einrichtungen gibt man kein Trinkgeld.

> **Hinweis**
> *Ist die Rubrik „Tips" auf dem* **Rechnungsbeleg der Kreditkarte** *offen gelassen, sollte man diese entsprechend seiner Wertschätzung ausfüllen und die Gesamtsumme eintragen, da dies ansonsten der Abrechnende nach eigenem Gutdünken tut, was mitunter zu bösen Überraschungen führen kann.*

### Unterkunft

Reisende können auf ein dichtes Netz an **Unterkunftsmöglichkeiten jeder Art** zurückgreifen, das die Vereinigten Staaten als Reiseland par excellence schon früh gespannt haben. Die Wahl einer bestimmten Unterkunft richtet sich nach der Verfügbarkeit, der Art des Reisens und nach dem Komfortanspruch. Bei der Frage, ob man in einem Hotel oder einem Motel einkehren soll, gilt die Regel, dass für Stadtbesichtigungen ein zentral gelegenes Hotel günstiger ist. Wer nur ein bequemes Nachtquartier sucht, ist mit einem Motel an einer Ausfallstraße genauso gut bedient. In jedem Fall kann man in den USA eigentlich immer saubere Zimmer erwarten.

Bei der **Ankunft** ist ein Anmeldeformular auszufüllen und i. d. R. auch der Übernachtungspreis zu entrichten (Kreditkartenabzug). Wer vorhat, an einem der nächsten Tage in einem Hotel/Motel der gleichen Kette zu übernachten, kann von der Rezeption aus die gewünschte Kategorie reservieren lassen. Auch sonst sollte man während der Reise Vorab-Reservierungen mit Hilfe der kostenlosen 800er-Nummern oder per Internet vornehmen. Wichtig ist, dass die reservierte Unterkunft bis spätestens um 18 Uhr in Anspruch genommen oder die Verspätung telefonisch mitgeteilt wird. Hat man keinerlei Reservierung, ist es besonders in der Hochsaison ratsam, sich sofort bei Ankunft am Zielort (möglichst gegen 15 Uhr) um eine Übernachtungsmöglichkeit zu kümmern und erst anschließend die Besichtigungen vorzuneh-

## Allgemeine Reisetipps A–Z

men. Hilfreich bei der spontanen Zimmersuche sind auch die Visitor Bureaus, die es in jedem größeren Ort gibt.

Angesichts des enormen Angebotes an Unterkünften aller Art können **in diesem Buch** nur einige wenige Adressen genannt werden. Dabei wurde versucht, einen repräsentativen Querschnitt zu geben. Die Auswahl und die bewertenden Aussagen entstammen allein dem subjektiven Empfinden des Autors. Häuser, die in diese Auswahl nicht aufgenommen wurden, müssen deswegen nicht schlechter sein. Die jeweilige Preiskategorie der Unterkünfte ist mit Dollarsymbolen gekennzeichnet. Da durch Saisonzeiten, Sondertarife, unterschiedliche Zimmerkategorien, allgemeine Preisentwicklung etc. gerade auf diesem Sektor verlässliche Angaben schwer zu machen sind, können die Symbole nicht mehr als eine vage Richtschnur sein, ein eigenes Nachfragen ist unerlässlich.

☞ **Hinweis**
Wer sich von zu Hause aus via Internet eine Unterkunft reservieren möchte, kann das u. a. über folgende **Hotelbroker** tun:
www.agoda.de – bekannt, leicht verständlich und zuverlässig
www.hotel.de – über 210.000 Hotels weltweit
www.hrs.de – weltweite Hotelreservierungen, außerdem Auskünfte zu Airports, Fluggesellschaften etc.
www.booking.com – Zimmersuche und allgemeine Infos (Sightseeing, Restaurants, Stadtpläne usw.)
Oft sind die Preise hier günstiger, dafür behalten die Broker aber eine gewisse Summe als Provision ein. Etliche Hotel- und Motelketten haben eigene Apps entwickelt, über die man sich Sonderangebote anzeigen lassen und gleich buchen kann.

Motel in Santa Clara

## Klassifizierung der Unterkünfte

Die **Preiskategorien** der Unterkünfte verstehen sich pro Standard-Doppelzimmer (DZ), sofern nicht anders angegeben, ohne Frühstück und Tax. An Wochenenden, in der Nebensaison, mit Rabattcoupons, bei Sonderaktionen usw. können z. T. erheblich abweichende Tarife gelten. Die Kategorisierung bezieht sich allein auf den Preis, der nicht zwingend mit der Qualität des Gebotenen korrespondieren muss.

| | |
|---|---|
| $ | unter US$ 60 |
| $$ | US$ 60–100 |
| $$$ | US$ 100–200 |
| $$$$ | US$ 200–300 |
| $$$$$ | über US$ 300 |

**Hotels:** Zur Standardeinrichtung eines moderneren Hotels gehören heutzutage ein Bad mit WC und Dusche, TV, Ventilator oder Klimaanlage, sehr häufig sind aber auch Minibar, Safe, Kaffeemaschine und Kühlschrank selbst in den günstigeren Zimmern vorhanden, bei besseren Häusern auch ein Swimmingpool, Restaurant, Bar etc. Der Zimmerpreis, der i. d. R. immer für zwei Personen gilt, ist nicht bindend, sondern kann durch Nachfragen mitunter gesenkt werden. Oft bieten die Hotels von sich aus Spezialtarife an (Wochenenden oder Ferienzeiten, wenn die Geschäftsreisenden ausbleiben). Daneben gibt es die üblichen saisonbedingten Schwankungen. Natürlich bestimmen auch Lage, Ort und Qualität der Unterkunft über den Zimmerpreis. Man sollte bei der Buchung auf die Zimmerkategorie und die eingeschlossene Verpflegungsleistung achten. Zimmer werden eingeteilt in die Kategorien Standard, Superior, Deluxe und Suite, die sich hinsichtlich ihrer Größe, Lage innerhalb des Hotels und Ausstattung unterscheiden. Selbst Standard-Zimmer bieten i. d. R. aber drei Personen Platz, und ein Zustellbett kostet meist nur einen geringen Aufpreis.

Hinsichtlich der Verpflegungsleistung werden am häufigsten in den Programmen Unterkünfte nach dem sogenannten *European Plan* (EP) mit bloßer Übernachtung, also ohne Frühstück, angeboten. Im *Continental Plan* (CP) ist das Frühstück eingeschlossen, beim *Modified American Plan* (MAP) Halbpension und beim *American Plan* (AP) Vollpension.

Trotz des großen Hotelangebots können viele Häuser in den touristischen Brennpunkten und in der Hochsaison ausgebucht sein, weswegen sich eine rechtzeitige Anmeldung empfiehlt. Ein weiterer Grund spricht für die Vorreservierung vom Heimatort aus: Zusammen mit einer Flugbuchung oder anderen touristischen Leistungen (Pauschalangebote) bekommt man das gewünschte Hotelzimmer zu erheblich günstigeren Preisen als vor Ort, hat außerdem keine Sucherei, kann sich auf die Prospektbeschreibung berufen und hat im Fall von Reklamationen das kundenfreundliche deutsche Reiserecht auf seiner Seite.

### Tipps

Möchte man telefonisch ein Zimmer reservieren, sollte man immer die Kreditkarte bereithalten, häufig wird man nach der Nummer gefragt. Falls man dann nämlich nicht erscheint, rechnet man den Zimmerpreis trotzdem an! Man sollte Bescheid sagen, falls man nach 16 oder besonders nach 18 Uhr ankommen wird. Sonst wird das Zimmer evtl. weitervergeben! Bevor man ein Hotel fest bucht, kann man nach einem Sondertarif fragen, der häufig gewährt wird, besonders an Wochenenden (Stadtbereich), Wochentarif (in der Nähe der Nationalparks), mit Hilfe der AAA-Karte oder in der Nebensaison (s. Stichwort Preisermäßigung).

**Motels:** Motels gibt es an jeder größeren Straße und an den Ausfallwegen eines jeden größeren Ortes, oft werden sie auf Reklameschildern weit im Voraus entlang der Highways angepriesen und sind nicht zu verfehlen. Häufig werden auch Preis und Ausstattungsdetails (z. B. Swimmingpool, Kabel-TV, WIFI) rechtzeitig mitgeteilt. Kennzeichen eines Motels ist der Autoparkplatz direkt vor dem Zimmer. Die Standardausrüstung unterscheidet sich nicht sehr von der eines Hotels, und auch sonst sind die Grenzen fließend. Günstig ist, dass man in den Motels durch Mehrfachbelegung der Zimmer viel Geld sparen kann und dass einige Kochgelegenheit bieten.

| Auswahl von Hotel- und Motelketten mit US-Rufnummern und Internet-Adressen: | | | |
|---|---|---|---|
| Name | Tel.-Nr. | Internet-Adresse | Preiskategorie |
| America's Best Value | 1-888-315-2378 | www.redlion.com/americas-best-value-inn | niedrig |
| Best Western | 1-800-780-7234 | www.bestwestern.com | mittel |
| Budget Host | 1-800-BUD-HOST | www.budgethost.com | niedrig |
| Choice Hotels | 1-877-424-6423 | www.choicehotels.com | mittel/ teilweise niedrig |
| Clarion Hotels | 1-877-424-6423 | www.choicehotels.com/clarion | mittel |
| Comfort Inns | 1-877-424-6423 | www.choicehotels.com/comfort-inn | mittel/ teilweise niedrig |
| Crowne Plaza | 1-800-181-6068 | www.crowneplaza.com | mittel |
| Days Inn | 1-800-225-3297 | www.wyndhamhotels.com/days-inn | mittel |
| Doubletree | 1-800-560-7753 | http://doubletree3.hilton.com | hoch |
| Econo Lodges | 1-877-424-6423 | www.choicehotels.com/econo-lodge | niedrig |
| Embassy Suites | 1-800-560-7782 | http://embassysuites3.hilton.com | mittel bis hoch |
| Fairmont Hotels | 1-800-0441-1414 | www.fairmont.com | mittel |
| Four Seasons Hotels | 1-800-819-5053 | www.fourseasons.com | hoch |
| Hampton Inn | 1-800-560-7809 | http://hamptoninn3.hilton.com | niedrig bis mittel |
| Hilton Hotels | 1-800-774-1500 | www.hilton.com | teuer |
| Holiday Inns | 1-800-181-6068 | www.ihg.com | mittel bis hoch |
| Howard Johnson | 1-800-221-5801 | www.wyndhamhotels.com/hojo | niedrig bis mittel |
| Hyatt | 1-800-233-1234 | www.hyatt.com | hoch |
| Intercontinental | 1-800-181-6068 | www.ihg.com | hoch |
| La Quinta | 1-800-SLEEP-LQ | www.lq.com | niedrig bis mittel |
| Le Meridien | 1-888-625-4988 | https://le-meridien.marriott.com | mittel bis hoch |
| Marriott Hotels | 1-888-236-2427 | www.marriott.com | hoch |
| Motel 6 | 1-800-899-9841 | www.motel6.com | niedrig |
| Omni Hotels | 1-888-444-6664 | www.omnihotels.com | hoch |
| Quality Inns | 1-877-424-6423 | www.choicehotels.com/quality-inn | niedrig bis mittel |
| Radisson Hotel | 1-800-000-4469 | www.radisson.com | mittel bis hoch |
| Ramada Inns | 1-800-854-9517 | www.ramada.com | mittel |
| Red Carpet Inn und Scottish Inn | 1-800-251-1962 | www.bookroomsnow.com | niedrig |
| Red Roof Inn | 1-800-RED-ROOF | www.redroof.com | niedrig, teilweise mittel |
| Renaissance | 1-888-236-2427 | http://renaissance-hotels.marriott.com | hoch |

| Residence Inns by Marriott | 1-888-236-2427 | http://www.residenceinn.marriott.com | hoch |
|---|---|---|---|
| Ritz-Carlton | 1-800-542-8680 | www.ritzcarlton.com | hoch |
| Rodeway Inns | 1-877-424-6423 | www.choicehotels.com/rodeway-inn | niedrig bis mittel |
| Sheraton | 1-888-625-4988 | https://sheraton.marriott.com | hoch |
| Sleep Inn | 1-877-424-6423 | www.choicehotels.com/sleep-inn | niedrig |
| Super 8 Motels | 1-800-454-3213 | www.wyndhamhotels.com/super-8 | niedrig |
| Travelodge | 1-800-525-4055 | www.wyndhamhotels.com/travelodge | niedrig bis mittel |
| Vagabond Inn | 1-800-522-1555 | www.vagabondinn.com | niedrig |
| Westin | 1-888-625-4988 | https://westin.marriott.com | hoch |
| Wyndham | 1-877-999-3223 | www.wyndhamhotels.com/wyndham | hoch |

**Gästehäuser/Bed & Breakfast:** Manchmal günstiger und vor allem einfacher sind die *guest houses*, auf die man durch Werbeschilder (*rooms, tourist home*) oder über die örtlichen Visitor Bureaus aufmerksam wird. Oft bieten die guest houses als B&B (Bed & Breakfast) auch Frühstück oder weitere Mahlzeiten an. In einer ungezwungenen Atmosphäre kommt man hier besser als in den Hotels/Motels mit der lokalen Bevölkerung in Kontakt. Eleganter und selbstverständlich auch (viel) teurer sind die meisten Bed-&-Breakfast-Inns, die man vor allem in den Innenstädten antrifft. Hier handelt es sich überwiegend um luxuriöse Unterkünfte, die oft in vorzüglich restaurierten Villen oder denkmalgeschützten Stadthäusern untergebracht sind. Einige von ihnen, insbesondere in San Francisco, gehören zu den besten Übernachtungsgelegenheiten überhaupt.
Rund 300 B&B-Adressen im gesamten Bundesstaat gehören der California Association of Boutique & Breakfast Inns an, 414 Twenty-Ninth St., Sacramento, CA 95816-3211, ☏ 1-800-373-9251, www.cabbi.com. Die Häuser werden im Internet einzeln vorgestellt und sind individuell buchbar.

**YMCA/YWCA:** Die Young Men's (Women's) Christian Association betreibt in vielen amerikanischen Großstädten Häuser mit günstigen, sauberen Zimmern und einem sehr guten Preis-Leistungsverhältnis, da nicht selten auch Sportanlagen, Küchen etc. zum Hotelbetrieb gehören. Es gibt Einzel-, Doppel- und Dreibettzimmer, keine Altersbeschränkungen, und bei den meisten YMCAs können auch Frauen übernachten. Infos gibt YMCA of the USA, 101 N. Wacker Dr., Chicago, IL 60606, ☏ 1-800-872-9622, www.ymca.net. In Deutschland kann man Infos über YMCAs bei den CVJM-Reisen einholen: Bundeshöhe 6, D-42285 Wuppertal, ☏ (0202) 574285, www.cvjm-reisen.de.

**Jugendherbergen:** In Kalifornien gibt es Häuser von Hostelling International, www.hiusa.org. Diese sind zu finden in Los Angeles (3), Midpines (Yosemite), Montara, Monterey, Pescadero, Point Reyes, Sacramento, San Diego (2), San Francisco (3), San Luis Obispo, Santa Cruz und Sausalito. Es handelt sich um einfache, oft in historischen Gebäuden untergebrachte und äußerst preiswerte Unterkünfte mit Kochgelegenheit, Waschräumen und Schlafsälen (nach Geschlechtern getrennt). Eine Voranmeldung ist in jedem Fall empfehlenswert, an Wochenenden und Feiertagen sowie zu Ferienzeiten sogar unerlässlich. Weitere Infos bei: Hostelling International USA, National Administrative Office, 8401 Colesville Rd., Suite 600, Silver Spring, MD 20910, ☏ (240) 650-2100, www.hiusa.org. Für Auskünfte oder Anträge auf Mitgliedschaft im Internationalen Jugendherbergsverband wende man sich in Deutschland an: Deutsches Jugendherbergswerk, Leonardo-da-Vinci-Weg 1, D-32756 Detmold, ☏ (05231) 74010, www.jugend herberge.de.

**Private Unterkünfte:** Die Erfinder des Online-Portals www.AirBnB.com (Airbed & Breakfast) stammen aus San Francisco und gründeten 2008 ihr heutiges Imperium aus dem Gedanken heraus, Reisenden zu einer günstigen Unterkunft bei Privatleuten zu verhelfen. Heute findet man über das Portal Unterkünfte in 190 Ländern der Welt, die durchaus in Konkurrenz zu den klassischen Angeboten stehen. Vor allem junge Reisende setzen oft auf das Portal, weil hier im Zielort zumindest ein wenig Familienanschluss möglich ist und man nicht anonym übernachten muss. Reichlich Tipps sind meist inklusive.

## Versicherung

Wegen der hohen Arzt- und Behandlungskosten in den USA ist für die Dauer des Amerika-Urlaubs der Abschluss einer **Reisekranken- und Reiseunfallversicherung** anzuraten. Entsprechende Policen kann man praktisch bei jeder Versicherung abschließen. Diese sind in der Regel auf 31 Tage beschränkt, bei einem längeren Aufenthalt kommt eine Jahresversicherung oftmals günstiger. Beim Abschluss einer Unfallversicherung sollte man darauf achten, dass diese eine Rücktransportversicherung enthält. Für ihren Leistungsumfang recht preiswert sind Pakete, die die Versicherung touristischer Beistandsleistungen (z. B. Rechtsanwalt) und Rücktransportkosten, eine Reisekranken- und Unfallversicherung, eine Haftpflicht- und Reisegepäckversicherung beinhalten. Bei Buchung einer Pauschalreise ist der Abschluss einer Reiserücktrittskostenversicherung zu empfehlen.

## Visum

Wer einen über dreimonatigen Urlaub plant oder nicht genügend Geld zur Finanzierung des USA-Aufenthaltes nachweisen kann, braucht ebenso ein Visum wie alle, die in den Vereinigten Staaten arbeiten oder studieren möchten. Informationen zur Visaerteilung bei den amerikanischen Botschaften und unter www.travel.state.gov.

### Hinweis
*Die **Bestimmungen zur Visumspflicht** können sich jederzeit ändern. Deswegen ist es ratsam, sich vor Reiseantritt bei Reisebüros, den zuständigen Botschaften/Konsulaten oder im Internet unter https://de.usembassy.gov/de nach dem aktuellen Stand zu erkundigen! S. a. Stichwort Einreise.*

## Zeit

In Kalifornien gilt wie an der gesamten Westküste der USA sowie in Nevada und im nördlichen Idaho die **Pacific Time** (MEZ -9 Stunden). Ein Beispiel: Wenn es in San Francisco 12 Uhr ist, ist es in Berlin, Bern und Wien 21 Uhr.

Zwischen dem zweiten Wochenende im März und November gibt es auch in den USA die **Sommerzeit** (*daylight savings time*), mit Ausnahme allerdings von Arizona! Die Stunden zwischen 0 und 12 Uhr tragen den Zusatz **a.m.** (ante meridiem = vormittags), die zwischen 12 und 24 Uhr **p.m.** (post meridiem = nachmittags). Also meint 8 a.m. 8 Uhr und 8 p.m. 20 Uhr. Das

**Datum** wird i. d. R. in der Reihenfolge Monat-Tag-Jahr angegeben, z. B.: June 21, 2010 oder kurz: 6-21-10.
Wichtig bei Ausflügen in andere Weststaaten: In Montana, Wyoming, Utah, Colorado, Arizona, New Mexico und in Teilen von Idaho, North Dakota, South Dakota und Nebraska gilt die Mountain Time (MEZ -8 Stunden).

## Zoll

Bei der **Einreise in die USA** dürfen **zollfrei** eingeführt werden: alle persönlichen Dinge (Kleidung, Kamera, Tablet etc.), außerdem: 2 kg Tabak oder 200 Zigaretten oder 100 Zigarren (keine kubanischen), 1 Liter alkoholische Getränke (für Personen ab 21 Jahren), Geschenke im Gegenwert bis zu US$ 100. Geldbeträge über US$ 10.000 müssen deklariert werden. **Nicht eingeführt** werden dürfen: Lebensmittel (Schokolade ist erlaubt), Pflanzen, Erde, lebende Tiere, Sprengstoff, Schusswaffen, Munition, Feuerwerkskörper, Springmesser, Drogen und Betäubungsmittel, rechts- oder linksradikale Schriften, Pornographie, gefährliche und giftige Waren. Details finden sich unter www.cbp.gov.

Bei der **Wiedereinreise nach Deutschland**, **Österreich** oder andere EU-Staaten sind p. P. zollfrei: 200 Zigaretten oder 100 Zigarillos oder 50 Zigarren oder 250 g Tabak, Alkohol (Personen über 17 Jahre): 1 Liter über 22 Vol.-% oder 2 Liter bis 22 Vol.-% und zusätzlich 4 Liter nichtschäumende Weine sowie sonstige Waren im Gegenwert von 430 €.

Bei der **Wiedereinreise in die Schweiz** sind zollfrei: insgesamt 250 Zigaretten oder Zigarren oder 250 g Tabak (Personen über 17 Jahre); 5 l alkoholische Getränke bis zu 18 Vol.-% (Personen über 17 Jahre); 1 l alkoholische Getränke über 18 Vol.-% (Personen über 17 Jahre); weitere Waren bis zu einem Wert von 300 SFR.

Für Betäubungsmittel, Elfenbein, Absinth, Schusswaffen und Munition herrscht Einfuhrverbot. Strenge Regelungen bestehen für die Einfuhr von Fleisch und Fleischwaren, Medikamenten, Butter und Lebensmitteln.

Auskünfte über die **aktuellen Zollbestimmungen** in **Deutschland**: ☏ (0351) 44834-510, www.zoll.de, in **Österreich**: ☏ (01) 51433-564053, www.bmf.gv.at, und in der **Schweiz**: ☏ (058) 4626511, www.ezv.admin.ch.

## Züge

Eine wenig bekannte, aber interessante und sehr komfortable Art, Kalifornien kennenzulernen, bieten die Eisenbahnverbindungen der AMTRAK (*America's National Railroad Passenger Corporation*). Auf mehreren berühmten und landschaftlich reizvollen Strecken kann man zu jeder größeren Stadt im Reisegebiet gelangen – und das in Zügen, die über gute bis luxuriöse Schlafwagen (z. T. Abteile mit eigenem Bad), Ankleideräume, zweistöckige Speisewagen mit Panoramafenstern, Gesellschaftswagen, saubere Toiletten u. ä. m. verfügen. Viele Züge bieten außerdem die Möglichkeit, ein Fahrrad mitzunehmen. Einige der bekanntesten Strecken:

- Der **California Zephyr** verkehrt täglich auf einer zweitägigen Bahnfahrt zwischen Chicago und Emeryville/San Francisco durch herrliche Landschaften und über Denver, Salt Lake City, Reno und Sacramento.

## Allgemeine Reisetipps A–Z

- Ähnlich der **Southwest Chief**, der ebenfalls in Chicago startet und auf einer südlicheren Route über Kansas City und Albuquerque zur Pazifikküste (Los Angeles) fährt. Dabei kommt er u. a. in der Nähe des Monument Valley und des Grand Canyon vorbei (Buszubringer zu diesen Attraktionen).
- Der **Sunset Limited**, der einen auf der südlichsten Route der USA von New Orleans über Texas, die Wüsten New Mexicos und Arizonas bis nach Los Angeles bringt.
- Der **Coast Starlight** auf seiner abwechslungsreichen Küstenroute zwischen Seattle und Los Angeles, u. a. über Eugene und Oakland.

Zu den weniger langen und ausschließlich innerkalifornischen AMTRAK-Strecken gehören:
- Der **Capitol Corridor**, der mehrmals täglich auf der Strecke zwischen San Jose im Süden und Auburn im Norden verkehrt; Stationen unterwegs sind u. a. Santa Clara, Oakland, Berkeley, Richmond, Sacramento und Rocklin.
- Der **Pacific Surfliner**, der täglich 12mal auf der Küstenstrecke zwischen San Diego im Süden und San Luis Obispo im Norden verkehrt; Stationen unterwegs sind u. a. Oceanside, San Clemente, Anaheim, Los Angeles, Burbank, Ventura, Santa Barbara, Surf und Grover Beach.
- Der **San Joaquins**, der mehrmals täglich zwischen Bakersfield im Süden und durch Kaliforniens Central Valley bis Sacramento im Norden verkehrt. Stationen unterwegs sind u. a. Hanford, Fresno, Merced, Modesto, Stockton, Richmond und Oakland.

Wer an Zugreisen durch und in Kalifornien interessiert ist, sollte frühzeitig bei Reisebüros oder direkt bei AMTRAK Informationen einholen: ① 1-800-872-7245, www.amtrak.com (auch auf Deutsch; Fahrpläne, Streckenpläne, Reservierungen und Last-Minute-Tickets). AM-

*Der Coast Starlight auf seiner Fahrt entlang der Küste*

*Allgemeine Reisetipps A–Z*

TRAK-Agenturen mit Informationen, Buchungen und Reservierungen, auch für Schlaf- und Liegewagen, sind:
- **MESO Reisen GmbH**, Reisebüro Berlin, Otto-Suhr-Allee 59, 10585 Berlin, ☏ (0800) 2006088 oder (030) 2123-4190 (Berlin), info@meso-berlin.de, www.meso-berlin.de.
- **CRD INTERNATIONAL GmbH**, Große Elbstraße 68, 22767 Hamburg, ☏ (040) 30061670, www.crd.de.

Günstige Preise erhält man bei Benutzung eines **AMTRAK USA Rail Pass**, der für einen Zeitraum von 15, 30 oder 45 Tagen gültig ist. Die Railpässe werden nur außerhalb der USA verkauft und vor Ort an den AMTRAK-Schaltern gegen Bahnfahrkarten eingetauscht. Für acht Abschnitte (Reisedauer 15 Tage) kostet der Railpass US$ 459, für 12 Abschnitte (Reisedauer 30 Tage) US$ 689 und für 18 Abschnitte (Reisedauer 45 Tage) US$ 899 (Stand: Mai 2019). Als Abschnitt gilt dabei jede Bahnstrecke zwischen einem Ein- und einem Ausstieg (Umstiege einkalkulieren!), unabhängig von der Dauer der Reise. Daneben gibt es den **Kalifornien-Reisepass (California Rail Pass)**. Er ist für Reisen an sieben beliebigen Tagen innerhalb einer durchgehenden Reiseperiode von 21 Tagen gültig und kostet US$ 159.

# Entfernungstabelle

| in Meilen | Bakersfield | Chico | Crescent City | Eureka | Fresno | Los Angeles | Monterey | Oakland | Palm Springs | Sacramento | San Diego | San Francisco | Santa Barbara |
|---|---|---|---|---|---|---|---|---|---|---|---|---|---|
| **Bakersfield** | - | 336 | 657 | 579 | 107 | 108 | 224 | 285 | 209 | 275 | 235 | 295 | 151 |
| **Chico** | 366 | - | 291 | 228 | 259 | 474 | 280 | 172 | 575 | 91 | 601 | 178 | 496 |
| **Crescent City** | 657 | 291 | - | 84 | 550 | 743 | 477 | 372 | 872 | 382 | 892 | 362 | 683 |
| **Eureka** | 579 | 228 | 84 | - | 472 | 659 | 393 | 288 | 788 | 304 | 776 | 278 | 599 |
| **Fresno** | 107 | 259 | 550 | 472 | - | 215 | 152 | 178 | 316 | 168 | 342 | 188 | 258 |
| **Los Angeles** | 108 | 474 | 743 | 659 | 215 | - | 332 | 393 | 103 | 383 | 127 | 403 | 96 |
| **Monterey** | 224 | 280 | 477 | 393 | 152 | 332 | - | 111 | 433 | 185 | 459 | 115 | 236 |
| **Oakland** | 285 | 172 | 372 | 288 | 178 | 393 | 111 | - | 494 | 81 | 520 | 10 | 317 |
| **Palm Springs** | 209 | 575 | 872 | 788 | 316 | 103 | 433 | 494 | - | 484 | 135 | 504 | 199 |
| **Sacramento** | 275 | 91 | 382 | 304 | 168 | 383 | 185 | 81 | 484 | - | 510 | 87 | 391 |
| **San Diego** | 235 | 601 | 892 | 776 | 342 | 127 | 459 | 520 | 135 | 510 | - | 548 | 228 |
| **San Francisco** | 295 | 178 | 362 | 278 | 188 | 403 | 115 | 10 | 504 | 87 | 548 | - | 321 |
| **Santa Barbara** | 151 | 496 | 683 | 599 | 258 | 96 | 236 | 317 | 199 | 391 | 228 | 321 | - |

# Iwanowski's Reisen

Der Spezialist für das Südliche und Östliche Afrika

Südafrika · Namibia · Botswana · Simbabwe · Sambia · Malawi · Mosambik · Kenia · Tansania · Uganda · Ruanda · Madagaskar · Äthiopien · Oman

**PLANEN SIE IHRE TRAUMREISE**

**JETZT GRATIS ANFORDERN**

*Wir wecken Ihre Afrikanischen Träume wach!*

**Bitte freimachen**

An:
# IWANOWSKI'S REISEN
Salm-Reifferscheidt-Allee 37
D-41540 Dormagen

---

☑ **Ja, ich möchte den neuen, größeren Afrika-Katalog von IWANOWSKI'S kostenlos erhalten!**
Mit allen Angeboten (Mietwagen-, Camper-, Allrad-Angebote, Safaris, Selbstfahrer-Touren, Campingreisen, Übernachtungsbausteine) zu Reisen nach **Südafrika, Namibia, Botswana, Sambia, Kenia, Tansania, Mosambik, Malawi, Uganda, Ruanda, Äthiopien, Oman, Simbabwe und Madagaskar!**

Vorname: _____

Name: _____

Straße: _____

PLZ: _____ Ort: _____

Telefon: _____

Mail: _____

08.2018

## IWANOWSKI'S INDIVIDUELLES REISEN GMBH
📞 +49 (0) 21 33 / 26 03-0  @ iwanowski@afrika.de
**www.afrika.de**

### Datenschutz
Wir speichern Ihre Daten mit dem Zweck, Ihnen auch in Zukunft unseren Afrika-Reisekatalog zusenden zu können. Sie können die Speicherung Ihrer Daten jederzeit über die oben genannten Kontaktdaten oder über Datenschutz@afrika.de widerrufen. Weitere Informationen finden Sie unter **Punkt 14** unserer Datenschutzerklärung auf https://www.afrika.de/datenschutzerklaerung.

# Das kostet Sie das Reisen in Kalifornien

*- Stand Mai 2019 -*

Auf den Grünen Seiten geben wir Ihnen Preisbeispiele für Ihren Kalifornien-Urlaub, damit Sie sich ein realistisches Bild über die Reise- und Aufenthaltskosten machen können. Selbstverständlich sollten Sie die folgenden Angaben lediglich als **Richtschnur** auffassen, bei einigen Produkten/Leistungen ist eine Preis-Spannbreite angegeben.

Zu beachten ist, dass viele Waren einer **Verkaufssteuer** (sales tax) unterliegen, die je nach Stadt/Region unterschiedlich und i. d. R. nicht im ausgeschilderten Preis enthalten ist. Derzeit beträgt sie in Kalifornien zwischen 7,25 und 10,25 %. Zusätzlich können noch **lokale Steuern** (etwa in San Francisco oder Los Angeles) auf Waren erhoben werden.

**Aktueller Wechselkurs**: 1 US$ = 0,89 €, 1 € = 1,12 US$
(aktuelle Kurse u. a. unter www.oanda.com)

## Beförderung

### Flüge
Als Richtlinie kann gelten, dass während der **Hauptsaison** im mitteleuropäischen Sommer die Preise nach Los Angeles, Seattle oder San Francisco bei ca. 800–1.200 € liegen. Während der Zwischensaison und besonders in der Nebensaison können die Preise dann um ca. 100–250 € niedriger sein.
Wer auf **Sonderangebote** achtet, kann ebenfalls oft unter dem offiziellen Tarif fliegen. Insgesamt machen sich Preisvergleiche in alle Richtungen immer bezahlt. Achten sollte man dabei besonders auf die Zusatzleistungen – z. T. gibt es mit einem bestimmten und etwas teureren Airline-Ticket nicht nur vergünstigte Mietwagen, sondern auch Rabatte in Hotelketten.
Bei **Inlandsflügen** kann eine Kombination mit dem Transatlantikflug z. T. erhebliche Ermäßigungen mit sich bringen.
Einen guten Überblick und günstige Angebote im Internet erhalten Sie u. a. auf den Webseiten von www.skyscanner.de, www.expedia.com, www.travelocity.com, www.cheaptickets.com und www.kayak.com.

### Mietwagen
Die genannten Preise beinhalten in der Regel **alle gefahrenen Kilometer** – nur bei Campern wird häufig ab einer bestimmten Kilometerleistung extra abgerechnet (siehe unten). Alle größeren Mietwagenfirmen in Kalifornien liegen in etwa im gleichen Preisniveau, und die Unterschiede sind minimal.
Gelegentlich ist es günstiger, eine **Flug-Mietwagen-Kombination** zu buchen, was meist auch bei den oben genannten Portalen für die Flugbuchung möglich ist. Ein Wagen der beiden unteren Klassen (*Economy, Subcompact, Compact,* etwa VW-Golf-Größe) kostet dabei ab 230 € pro Woche mit unbegrenzter Kilometerleistung. Allerdings sind solche Autos in der Regel zu klein für einen Urlaub mit dem nötigen Gepäck. Empfehlenswert wäre eher ein *Intermediate* (mit 4 Türen), der Platz und ausreichenden Fahrkomfort auf den langen Strecken in den USA bietet. Diese Klasse kostet etwa 270 € pro Woche. Wer noch mehr Platz braucht, weil er mit

Familie und Kind reist, sollte sich für eine Limousine *(Full-Size-Car)* oder am besten einen Kombi *(Station Wagon)* entscheiden – die Tarife liegen hier bei ca. 300 € pro Woche. Für eine große Familie bzw. Reisegesellschaft am geeignetsten, jedoch auch am teuersten sind Kleinbusse *(Mini-Vans)*, die ab 400 € pro Woche kosten, oft aber auch deutlich teurer sind.

Alle hier genannten Preise sind nur **Anhaltswerte**. Mit etwas Glück erhält man Fahrzeuge zu Holidaytarifen etwas günstiger. Zu beachten ist, dass bei Abgabe des Fahrzeugs an einem anderen Ort als dem Empfangsort manchmal Rückführungsgebühren verlangt werden. Diese variieren je nach Vermieter teils beträchtlich und liegen bei 500 km bei ca. US$ 100, bei 1.500 km bei US$ 300 und mehr.

### Tipps

*Zu den in Deutschland berechneten Mietwagenpreisen kommen oft noch die* **vor Ort** *zu zahlenden* **Versicherungskosten** *hinzu. Bei einer empfehlenswerten Rundumversicherung muss man nochmal mit über US$ 20 pro Tag rechnen. Also: Bei der Buchung von Deutschland aus unbedingt nach den Versicherungen fragen! Häufig sind Broker wie www.billiger-mietwagen.de oder www.holidayautos.de günstiger, als direkt beim Anbieter zu buchen.*

*Wer als* **Ankunftsort San Francisco** *gewählt hat, sollte sich überlegen, ob schon ab dem ersten Tag ein Mietwagen gebraucht wird. Denn San Francisco selbst lässt sich hervorragend zu Fuß oder mit Bus und Bahn erkunden, und die Parkgebühren in der Stadt sind heftig. Es könnte sich also lohnen, erst zur Weiterfahrt den Mietwagen zu übernehmen.*

## Camper

Generell sprechen die komplizierten Miet-, Versicherungs- und Haftungsbedingungen für eine **Buchung von zu Hause**. Wohnmobile oder „RVs" kosten je nach Größe, Ausstattung und Saison zwischen etwa 60 und 250 € pro Tag. Der Preis hängt stark von den unterschiedlichen Modellen (Motorhome, Van und Pick-up-Camper bzw. Truck-Camper), ein wenig von den diversen Anbietern (wie El Monte, Cruise America etc.) und – stärker – von der Saison ab. Als **Hauptsaison** gilt im Allgemeinen die Zeit von Anfang Juli bis Mitte August, am preiswertesten sind die Fahrzeuge von November bis März. Sogenannte Flex-Tarife zielen auf frühzeitige Buchung ab und senken dabei den Tagessatz.

Zum Grundpreis addieren sich **beträchtliche Nebenkosten** (s. S. 72) – für Zusatzausstattung, Endreinigung und gelegentlich Übergabe, ggf. auch für Zusatzversicherungen, Wochenendzuschläge und gefahrene Meilen (meist keine oder nur wenige inklusive). Die Campingplätze schlagen gesondert zu Buche: Für ein Campmobil inklusive zwei Personen sind mindestens US$ 20 für den Stellplatz zu rechnen, auf Top-Plätzen auch mehr. Bedenkt man außerdem den ziemlich hohen Spritverbrauch, ergibt sich eine Kostenersparnis gegenüber einem „normalen" Mietwagen und Übernachtungen in Motels mit Sicherheit nicht.

## Taxi

I. d. R. sind im Taxi neben einer **Grundgebühr** (US$ 2,85–5) eine **Gebühr pro Meile** (ca. US$ 2–3,50) und **pro weiterem Fahrgast** (US$ 0,50) zu zahlen. Staus und verzögerte Fahrten werden etwas höher berechnet. Besonders in Großstädten ist es ratsam, auf einwandfreies Funktionieren und Einstellen der Taxameter zu achten, wobei der Missbrauch durch die Taxiunternehmen deutlich nachgelassen hat. Eine Preisliste ist im oder am Taxi angebracht.

## Züge

Günstig reist man mit dem **USA Rail Pass** der **AMTRAK** (www.amtrak.com – auch auf Deutsch), der für einen Zeitraum von 15, 30 oder 45 Tagen gültig ist. Die Railpässe werden nur außerhalb der USA verkauft und vor Ort an den AMTRAK-Schaltern gegen Bahnfahrkarten eingetauscht. Sie sind auf dem gesamten AMTRAK-Streckennetz und für maximal 180 Tage gültig. Im April 2019 kostet der USA Rail Pass für acht Abschnitte (Reisedauer 15 Tage) US$ 459, für zwölf Abschnitte (Reisedauer 30 Tage) US$ 689 und für 18 Abschnitte (Reisedauer 45 Tage) US$ 899. Als Abschnitt gilt dabei jede Bahnstrecke zwischen einem Ein- und einem Ausstieg (Umstiege einkalkulieren!), unabhängig von der Dauer der Reise.

Außerdem bietet AMTRAK den **California Rail Pass** an, mit dem man an sieben Tagen innerhalb eines Zeitraums von 21 Tagen für US$ 159 den Golden State auf der Schiene bereisen kann.

## Busse

Nachdem **Greyhound** den Verkauf des günstigen Discovery Pass eingestellt hat, muss man sich auf der Website des Unternehmens (www.greyhound.com) über den Preis der gewünschten Strecke informieren. Es gibt Früh- sowie Onlinebucher-Rabatte, Rabatte für Kleingruppen von Familien und Freunden, Studenten- bzw. Seniorenrabatte sowie spezielle Aktionen.

## Aufenthaltskosten

## Übernachtung

### Hinweis

*An zahlreichen Orten wie Tankstellen, Visitor oder bzw. Welcome Centers erhält man* **kostenlose Travelling Coupons**, *also Hefte mit Informationen zu örtlichen Motels, Hotels oder anderen Unterkünften. Hier findet man – neben einer Übersicht über Preise und Ausstattung des jeweiligen Hauses und hilfreichen Anfahrtsskizzen – vor allem Rabattcoupons. Bei Vorlage eines Coupons darf man teilweise mit erheblichen Preisnachlässen (bis zu 50 %!) rechnen. Allerdings steht immer nur ein gewisses Kontingent an ermäßigten Zimmern zur Verfügung. Im Internet kann man sich diese Coupons unter www.hotelcoupons.com oder https://travelcoupons.com ansehen.*

### Hotels/Motels/Lodges

Generell muss man als **unterste Grenze** ca. US$ 50 pro Nacht für ein Doppelzimmer eines günstigen Franchise-Motels (z. B. Motel 6, Super 8) rechnen, wobei die Regel eher bei US$ 60–80 liegt. **Mittelklassehotels** (private oder z. B. Holiday Inns und andere bessere Franchise-Motels) verlangen US$ 80–130 für ein Doppelzimmer, besonders in größeren Städten teils mehr. Hier sind oft auch die Unterschiede zwischen den Werktags- und Wochenendtarifen größer (US$ 50–70). **Luxushotels**, besonders die mit historischem Ambiente oder die, die zusätzliche Einrichtungen bieten (Golfplatz, Tennisplatz etc.), liegen eher bei US$ 150–300 pro Tag im DZ.

### Tipps

*Besonders in den Großstädten hat die Übernachtung in einem teureren Franchise-Hotel (z. B. Radisson, Holiday Inn)* **wenig Sinn**, *da der etwas höhere Standard den großen Preisunterschied zu den viel günstigeren Motels nicht wettmacht.*

*Eine Alternative für das Buchen vor Ort stellen* **Hotelgutscheine** *dar, die einige Hotelketten anbieten, die meist aber vor der Abreise im Ausland gebucht werden müssen.*

### Bed & Breakfast

Wegen des **speziellen Service** sind diese Unterkünfte etwas teurer und kosten ab US$ 80 pro Person, beinhalten dafür aber auch ein gutes Frühstück. Besonders in den größeren Städten befinden sich häufig sehr **vornehme Häuser** unter den B&Bs, die schon mal US$ 120 und mehr pro Person berechnen.

## Lebensmittelpreise

Hier lässt sich das eine oder andere Schnäppchen machen, wenn man den unzähligen **Sonderangeboten** folgt. Insgesamt aber liegen die Preise des „Warenkorbes" **auf europäischem Niveau**. Käse ist meist teurer, Fertiggerichte (die man im Camper oder auch in dem einen oder anderen Residence-Hotel mit Mikrowelle/Küche selbst zubereiten kann) sind günstiger, ebenso Fleisch und Fisch. Grundnahrungsmittel, wie z. B. Milch, Frischgemüse und Säfte, sind etwas teurer. Früchte kosten, je nach Herkunftsland, etwa so viel wie bei uns. Deutlich günstiger sind Softdrinks, alkoholische Getränke i. d. R. teurer.

## Benzin

Der Preis lag zur Jahrtausendwende noch bei knapp über US$ 1 pro Gallone (= 3,79 l). Nach einigen Jahren des Anstiegs hat er sich mittlerweile auf deutlich höherem Niveau eingependelt und liegt derzeit durchschnittlich bei US$ 3,50, wobei erhebliche regionale Unterschiede auftreten können. Aktuelle Preise unter https://gasprices.aaa.com.

### Hinweise

An Tankstellen erfolgt die **Zahlung im Voraus**. *Man zahlt an der Kasse z. B. US$ 20 bar oder mit Kreditkarte, und die Zapfsäule wird dann für diesen Betrag freigeschaltet. Nicht „vertankte" Beträge werden erstattet. Man kann meist auch mit Kreditkarte direkt am Automaten zahlen, sollte aber die Geheimnummer parat haben.*

*Zudem sollte man bei Fahrten in* **abgelegene Gegenden** *daran denken, dass das Tankstellennetz dort nicht allzu dicht ist und sich die örtlichen Tankwarte ihre Exklusivität teuer bezahlen lassen. So kostet der Sprit z. B. vor der Einfahrt ins Death Valley oder in Big Sur mindestens US$ 1 mehr als in den Ballungszentren – ein* **rechtzeitig gefüllter Tank** *schont Nerven und Geldbeutel.*

## Restaurants

**Fastfood** in entsprechenden Ketten ist etwas günstiger als in Europa. Für einen „Big Mac" zahlt man i. d. R. ca. US$ 4, ein Menü („Meal") ca. US$ 6. **Gehobene Restaurants** sind besonders abends teuer, vor allem, da auf die angegebenen Preise noch die Steuer (8–14 %) und das obligatorische Trinkgeld (15–20 %) aufgeschlagen wird. Inklusive eines Biers, eines normalen Hauptgerichts (oft inkl. Salat oder Suppe), **Tax und Trinkgeld** muss man mit etwa US$ 25 pro Person rechnen, wobei elegantere Restaurants um nochmals US$ 10–20 teurer sein können. Am günstigsten sind Familien- und China-Restaurants.

Bei einem Vergleich mit dem Preisniveau des Heimatlandes darf nicht vergessen werden, dass die **Portionen** in den USA meist deutlich größer sind, vor allem bei Steaks.

## Eintritte und Parkgebühren

Wer länger im Westen der USA herumfahren und sich **viele Attraktionen** anschauen möchte, muss damit rechnen, dass die Ausgaben für Eintritte in Nationalparks, Museen, Vergnügungsparks, Filmstudios etc. einen **großen Teil der Reisekasse** verschlingen. Kulturinteressierte wird freuen, dass viele Museen keinen Eintritt erheben (jedoch manchmal Empfehlungen für eine „freiwillige Spende" geben), dafür langen die berühmtesten und interessantesten Museen umso kräftiger zu. Der Eintrittspreis liegt dabei i. d. R. bei US$ 3–15 p. P., z. T. auch darüber.

Der Eintritt in die **Nationalparks** ist pro Fahrzeug zu entrichten und beträgt für einen Pkw i. d. R. US$ 35 für einen Aufenthalt bis zu sieben Tagen.

Für den **Besuch mehrerer Parks** ist der „America the Beautiful" Annual Pass für US$ 80 empfehlenswert, mit dem alle Fahrzeuginsassen ein ganzes Kalenderjahr in allen Nationalparks der USA und anderen staatlichen Parks (z. B. auch vielen Nat. Monuments und Nat. Historic Sites) freien Eintritt haben. Dieser gilt aber nicht in den State Parks, die den Behörden der einzelnen Bundesstaaten unterstehen. Bei diesen variieren die jeweiligen Eintrittspreise stark.

Wer sich für Tiere interessiert und einige der berühmtesten **Zoos und Tiershows** anschauen möchte, muss über ein entsprechend großzügiges Budget verfügen. Der Eintritt in die Zoos z. B. in Santa Barbara, San Francisco, Los Angeles oder Oakland kostet US$ 18–24. In San Diego verlangen der Zoo und der Zoo Safari Park – das wohl schönste Freigehege im Westen der USA – sogar jeweils US$ 54. Ein Besuch von SeaWorld in San Diego kommt auf US$ 91,99 und der des Bay Aquarium in Monterey auf US$ 49,95.

Keine günstige Angelegenheit sind natürlich auch die **Filmstudios** oder die **Vergnügungs- und Themenparks**, von denen es gerade in Kalifornien eine ganze Menge gibt. Wer für die Universal Studios US$ 109 bezahlt hat, muss nicht auch noch US$ 39,99 (bei Online-Buchung) für California's Great America in Santa Clara ausgeben. Und wer einen Vergnügungspark wie Disneyland Resort (ab US$ 97) gesehen hat, kann eigentlich auf Knott's Berry Farm oder Six Flags verzichten, will man die Aufenthaltskosten nicht in astronomische Höhen treiben.

### Hinweis

**Alle genannten Preise** beziehen sich, wenn nicht anders vermerkt, auf den Eintritt eines Erwachsenen; Kinderermäßigungen sind üblich, oft gibt es auch stark reduzierte Eintrittspreise für Familien oder Senioren (ab 65 Jahren) bzw. bei Online-Buchung der Tickets!

## Gesamtkostenplanung

Dem folgenden Versuch einer Gesamtkostenplanung, die mehr oder weniger alle anfallenden Reisekosten für eine Reise abdeckt, liegt der aktuelle Wechselkurs 1 US$ = 0,89 € (Mai 2019) zugrunde.

Die Gesamtkostenplanung ist für **ein Paar bzw. eine dreiköpfige Familie** kalkuliert, bei einer Reisezeit von drei bzw. fünf Wochen und Übernachtungen in recht günstigen Mittelklasse-Motels.

**Sparen** kann man vor allem am Essen, aber nur teilweise bei den Übernachtungen. Geben Sie sich fast nur mit Fastfood bzw. Familien-Restaurant-Ketten zufrieden, liegen die Essenskosten um ca. 30 % unter den genannten Preisen. Sollten Sie im Gegenteil nicht so sehr auf die Reisekasse achten müssen, können Sie mit guten Restaurants Ihre Essensausgaben um bis zu 150 % steigern.

Alle Angaben gerundet:

| Aufenthalt: | 3 Wochen | 5 Wochen |
|---|---|---|
| An- und Abfahrt zum/vom europäischen Flughafen | 100 € | 100 € |
| 2 Flugtickets | 1.500 € | 1.500 € |
| Gepäck- und Krankenversicherung | 100 € | 130 € |
| Mietwagen (mittlere Klasse, inkl. Versicherungen) | 1.100 € | 1.800 € |
| Benzin (5.500 bzw. 8.000 km) | 400 € | 600 € |
| Übernachtungen (à US$ 70/DZ) | 1.320 € | 2.200 € |
| Amerik. Frühstücke (à US$ 12 p. P.) | 445 € | 750 € |
| Mittagessen (Fastfood, günstiges Restaurant, à US$ 12 p. P.) | 445 € | 750 € |
| Abendessen (à US$ 20 p. P.) | 750 € | 1.250 € |
| Getränke zwischendurch (US$ 7 p. P./Tag) | 265 € | 440 € |
| Eintritte | 385 € | 605 € |
| Telefonate, Briefmarken etc. | 75 € | 110 € |
| Sonstiges (z. B. Kleidung) | 265 € | 330 € |
| **Gesamt** (zwei Erwachsene): | **7.150 €** | **10.565 €** |
| Für **ein Kind** im Alter von unter 11 Jahren (Sondertarife für Kleinstkinder unter 2 Jahren sind u. a. bei Flügen, Unterkünften und Eintritten möglich) kämen bei Übernachtung im Zimmer der Eltern noch folgende Kosten hinzu: | | |
| Flugticket | 650 € | 650 € |
| Krankenversicherung | 30 € | 50 € |
| Übernachtung (zusätzlich US$ 12/Tag) | 225 € | 375 € |
| Mahlzeiten (inkl. Zusatzgetränke) | 1.100 € | 1.980 € |
| Eintritte | 70 € | 110 € |
| Sonstiges | 130 € | 190 € |
| **Gesamt** (zwei Erwachsene + ein Kind): | **9.355 €** | **13.920 €** |

# Rundreisen / Routen

Kalifornien stellt mit Sicherheit ein **Traumziel** dar, das einige der schönsten Landschaften der USA in sich vereinigt und außerdem problemlos zu bereisen ist. Oft allerdings werden die **Distanzen unterschätzt**. Die Vorstellung, man könne in zwei Wochen nicht nur die Nationalparks und die berühmten Küstenstädte erleben, sondern auch noch Abstecher bis nach Nevada, Arizona und sogar Mexiko unternehmen, geht einfach am Machbaren vorbei.

Diese Tatsache stellt den Kalifornien-Reisenden vor folgende Alternativen:
- Entweder nimmt man von vornherein genug Zeit mit und erfüllt sich den Traum einer umfassenden Rundfahrt, die auch Wanderungen, Baden, Shopping und Abenteuer umfasst. Mit etwa fünf Wochen kann man da schon eine ganze Menge sehen und unternehmen und alle in diesem Reiseführer beschriebenen Rundfahrten bequem nachvollziehen.
- Oder man konzentriert sich auf ein bestimmtes Gebiet, für das man sich immer schon besonders interessiert hat (z. B. Nord- oder Südkalifornien) und das man in zwei bis drei Wochen intensiv erforscht.
- Oder man versucht, auf einer Kurzreise einen ersten Eindruck (z. B. der Städte San Francisco und Los Angeles) zu gewinnen, den man später vielleicht einmal vertiefen und mit anderen Zielen kombinieren wird.

Das individuelle Reiseprogramm richtet sich aber nicht nur nach der zur Verfügung stehenden Zeit, sondern natürlich auch nach der **Wahl des Transportmittels**. Wer, eventuell in Verbindung mit Motelgutscheinen, einen Pkw oder ein Motorrad gemietet hat, kann größere Strecken zurücklegen als die Fahrer von Motorhomes. Wer mit Bussen oder der Eisenbahn unterwegs ist, muss den manchmal zeitaufwendigen Transport von den Städten zu den Nationalparks o. ä. in Rechnung stellen. Und wer schließlich mit inneramerikanischen Flügen operiert, kann Rundreisen in jeweils weit entfernten Gebiete miteinander kombinieren. Die wenigsten Sorgen über einen

*Die Routen bieten sich auch für eine Bikertour an*

einzuhaltenden Zeitplan brauchen sich diejenigen zu machen, die sich von vornherein einer Gruppenreise anschließen. Ein Blick in die Prospekte der Reiseveranstalter zeigt, dass es hier eine Vielzahl von Angeboten gibt, die i. d. R. ein weitgespanntes Routennetz zu den wichtigsten Sehenswürdigkeiten enthalten – bis hin zu Harley-Davidson-Touren auf dem Highway 1. Wer sich überblicksartig informieren, Schwierigkeiten aus dem Weg gehen und leicht Kontakt finden möchte, hat hier im Land der Individualisten eine durchaus empfehlenswerte Alternative zum Reisen auf eigene Faust.

Das weite Land des Westens mit seinen Seen und Wüsten, seinen Gebirgen und Schluchten, seinen Küsten und Urwäldern, seiner Menschenleere und seinen Millionenstädten – auch heute noch will dieses Land erobert werden. Und obwohl der Planwagen der frühen Siedler längst durch motorisierte Transportmittel ersetzt ist und die Wege dem Touristen im Wortsinn geebnet worden sind, bedeutet das eine gute Vorbereitung, eine Auswahl der Zielpunkte und die frühzeitige Festlegung der ungefähren Route. Dabei ist der Zahl der möglichen Rundreisen kaum eine Grenze gesetzt. Es ist heutzutage einfach, von Europa aus zu jeder größeren Stadt in Kalifornien zu fliegen, ab wo sich, in einem Radius von vielleicht 200 km, in jedem Fall imposante Naturerscheinungen und andere Attraktionen besuchen lassen. Die Auswahl ist hier eine Frage der **Vorliebe für Nord- oder Südkalifornien**, für Amüsement oder pures Naturerleben.

# Kleinere Rundreisen

Der Begriff „Kleinere Rundreisen" bedeutet in einem solch großen Bundesstaat wie Kalifornien natürlich keinen Wochenendausflug: Selbst ein zwei- bis dreiwöchiger Trip fällt angesichts der Reisemöglichkeiten, die die Destination bietet, noch unter diese Kategorie. Aber auch **einwöchige** Rundreisen können einiges bringen, nämlich dann, wenn sie mit einem Städteaufenthalt oder mit anderen Kurzreisen kombiniert werden. So kann beispielsweise eine gebuchte einwöchige San-Francisco-Reise, während der man die Stadt und ihre Umgebung recht gut kennengelernt hat, mit einer der im Reisekapitel aufgeführten Routen (z. B. zu den nordkalifornischen Highlights oder zum Yosemite NP) komplettiert werden.

Wer nur **zwei bis drei Wochen** zur Verfügung hat, sollte sich schwerpunktmäßig auf Nord- oder Südkalifornien oder das Gebiet zwischen San Francisco und Los Angeles konzentrieren. Vorstellbar sind dabei u. a. folgende Kombinationen der im Reisekapitel skizzierten Routen ab/bis San Francisco oder ab/bis Los Angeles:

## Nordkalifornien
**1.–3. Tag:** San Francisco und Umgebung
**4.–8. Tag:** Rundfahrt zum Yosemite NP über Sacramento – Lake Tahoe – Mono Lake – Tioga Pass Road – Yosemite Valley – Gold Country. Besichtigung von und Aufenthalt in Sacramento legt man hierbei am besten auf die Rückfahrt (Route 2).
**9.–15. Tag:** Von Sacramento aus Fahrt zu den nordkalifornischen Highlights mit Napa Valley, Lassen Volcanic NP, Redwood NP und Hwy. 1 (Route 1).

## Mittelkalifornien

| | |
|---|---|
| **1.–3. Tag:** | San Francisco |
| **4.–6. Tag:** | San Francisco – Napa Valley – Sacramento – Gold Country (Teile der Routen 1 und 2) |
| **7.–10. Tag:** | Gold Country – Yosemite NP – Fresno – Sequoia und Kings Canyon NP – Bakersfield – Los Angeles (Teile der Routen 2 und 3) |
| **11.–13. Tag:** | Los Angeles |
| **14.–17. Tag:** | Entlang der Küste mit den Stationen Santa Barbara – San Simeon – Big Sur – Monterey – San Francisco (Teile der Route 3). |

## Südkalifornien

| | |
|---|---|
| **1.–3. Tag:** | Los Angeles und Umgebung |
| **4.–10. Tag:** | Fahrt zu den südkalifornischen Highlights und nach Las Vegas über San Diego – Palm Springs – Joshua Tree NP – Las Vegas – Lake Mead – Death Valley NP (Route 4). |
| **11.–15. Tag:** | Man verlässt das Death Valley am Nordausgang und setzt die Fahrt über Mono Lake und Yosemite NP nach San Francisco fort (Teile der Route 2). |
| **16.–18. Tag:** | San Francisco. |
| **19.–22. Tag:** | Entlang der Küste mit den Stationen Monterey – Big Sur – San Simeon – Santa Barbara – Los Angeles (Teile der Route 3). Evtl. zwei zusätzliche Tage für den Abstecher nach Tijuana und weitere Besichtigungen in San Francisco einplanen. |

## Große Kalifornien-Rundreise

Will man alle wichtigen natürlichen und kulturellen Sehenswürdigkeiten Kaliforniens auf einer großen Rundreise vereinen, sollte man **mindestens vier Wochen** Zeit haben. Und für die Abstecher nach Las Vegas, evtl. Tijuana und einige Tage, an denen man an der Küste entspannt oder die Natur erwandernd genießt, sollte eine weitere Woche eingeplant werden.

Der Versuch, den Besuch der beiden Millionenstädte am Pazifik und die vier Routen dieses Reiseführers zu einer Gesamtreise ab/bis Los Angeles zu kombinieren, könnte so aussehen:

| | |
|---|---|
| **1.–3. Tag:** | Los Angeles und Umgebung |
| **4.–10. Tag:** | Fahrt zu den südkalifornischen Highlights und nach Las Vegas über San Diego – Palm Springs – Joshua Tree NP – Las Vegas – Lake Mead – Death Valley NP (Route 4). |
| **11.–13. Tag:** | Death Valley – Bakersfield – Sequoia und Kings Canyon NP (Teile der Route 3) |
| **14.–18. Tag:** | Sequoia – Fresno – Yosemite NP – Tioga Pass – Mono Lake – Lake Tahoe – Sacramento (Teile der Route 2). |
| **19.–25. Tag:** | Von Sacramento aus Fahrt zu den nordkalifornischen Highlights mit Napa Valley – Lassen Volcanic NP – Redwood NP – Hwy. 1 (Route 1). |
| **26.–28. Tag:** | San Francisco |
| **29.–32. Tag:** | Entlang der Küste mit den Stationen Monterey – Big Sur – San Simeon – Santa Barbara – Los Angeles (Teile der Route 3). |

# 3. San Francisco und Umgebung

# Überblick: die Stadtviertel

San Francisco befindet sich auf der **Nordspitze einer Halbinsel**, ist also von drei Seiten vom Wasser umgeben: Westlich liegt der Pazifik, östlich die San Francisco Bay, und im Norden reicht das „Goldene Tor" nah an die Gegenküste heran. Die eigentliche City hat ihren Stadtkern am Ufer der Bay, dort, wo schon das alte Yerba Buena der Spanier lag. Einer der wichtigsten Punkte ist hier das Ferry Building, von dem die Market St. ausgeht und schnurgerade in Richtung Twin Peaks führt. Sie teilt das Straßenraster, das man ohne Rücksicht auf die Topografie San Francisco übergestülpt hat, in *South of Market St.* (SoMa) und *North of Market St.* (NoMa).

Während die im spitzen Winkel nördlich abgehenden Straßen Namen tragen, werden viele der rechtwinklig abgehenden im Süden durchnummeriert (von 1st bis 12th St.). Am nächsten zum Ferry Bldg. liegt der **Financial District** mit der größten Bankenkonzentration der amerikanischen Westküste. Westlich wird er durch den Union Square abgeschlossen, im Norden von der berühmten **Chinatown** begrenzt. Westlich der Chinatown liegt das elegante Wohnviertel **Nob Hill** und nörd-

*Beliebtes Motiv: die „Painted Ladies" am Alamo Square mit der Skyline des Financial District im Hintergrund*

lich davon **North Beach**. Die benachbarten Stadtviertel (Neighborhoods) von North Beach wiederum sind im Westen Russian Hill, im Osten Telegraph Hill und im Norden schließlich **Fisherman's Wharf**.

Weitere Gemeinden sind vom Zentrum (Downtown) etwas weiter entfernt. Folgt man der Market St. nach Südwesten, passiert man das **Civic Center**, den administrativen und politischen Nabel der Stadt, dann erreicht man Mission, einen der historischen Kristallisationspunkte, und schließlich **Castro**, das bekannte Viertel der Homosexuellen. San Francisco gilt „Gay Capital of the World". Diesen Ruf verdankt die Stadt nicht zuletzt dem US-Militär. Dieses änderte im Zweiten Weltkrieg seine Politik, um Homosexuelle leichter aus dem Militärdienst entlassen zu können. San Francisco war der Heimathafen der US-Flotte, also wurden hier die Soldaten „rausgeschmissen".

*Viertel der Homosexuellen*

Da viele Soldaten von Farmen auf dem Land kamen, konnten sie nicht in die Heimat zurückkehren, denn in den ländlichen USA war es nicht weit her mit der Toleranz gegenüber Homosexuellen. Also blieben die Soldaten hier und gründeten ihre eigene Community. Bald zogen andere nach – in San Francisco waren sie willkommen.

Als **Grüne Lungen** sind der Harding Park (mit dem Zoo) im Südwesten, der Golden Gate Park im Westen und im Norden das Presidio von Bedeutung. Über 40 Hügel sind im Stadtareal verteilt, wovon (wie bei jeder bedeutenden Stadt) sieben besonders herausragen. Wegen des schwierigen Geländes können Spaziergänge wie auch Autofahrten anstrengend sein, was aber durch die stets überraschenden Perspektiven und grandiosen Ausblicke mehr als aufgewogen wird.

Zum **Großraum San Francisco** (Metropolitan Area) zählt man darüber hinaus die Countys Marin (im Norden), San Mateo (im Süden), Alameda und Contra Costa (beide im Osten). Wirtschaftlich sind allerdings auch die autonomen Gemeinden auf der anderen Seite der Bay mit der Stadt verknüpft, die z. T. mehr Einwohner haben als San Francisco selbst. Insgesamt leben rund 7,7 Mio. Menschen in der Bay Area.

# Ein kurzer Blick in die Vergangenheit

Abgesehen davon, dass die meisten Besucher (und die Einheimischen sowieso) San Francisco für die **schönste Großstadt** der USA halten, ist sie gleichzeitig eine Gemeinde von großer historischer Bedeutung und hat eine der erstaunlichsten urbanen Karrieren des Landes hinter sich. Dabei fing die Zeit der weißen Entdeckung dieses paradiesischen Fleckens Erde erst sehr spät an. Obwohl schon im 16. Jh. von Juan Rodriguez Cabrillo und wohl auch von Sir Francis Drake gesichtet, konnte das Gebiet am Goldenen Tor zunächst keine Europäer anlocken.

*Späte Besiedlung*

Von Mitte des 18. Jh. bis 1846 bestand die spanisch-mexikanische Bevölkerung aus gerade einmal 350 Menschen. 1846 wurde die kleine Gemeinde, die bis dahin Yerba Buena hieß, Teil der Vereinigten Staaten und erhielt ihren heutigen Namen. Zwei Jahre später allerdings bedeuteten die **kalifornischen Goldfunde** den Startschuss für eine stürmische, z. T. chaotische Entwicklung. Aus einem unbedeutenden Hafenort mit wenigen Tausend Einwohnern entwickelte sich binnen weniger Jahre eine richtige Stadt.

## Ein kurzer Blick in die Vergangenheit

| 1850: | 25.000 Einwohner | 1860: | 56.000 Einwohner |
|---|---|---|---|
| 1870: | 150.000 Einwohner | 1900: | 342.000 Einwohner |
| 1950: | 775.000 Einwohner | 1960: | 741.000 Einwohner |
| 1980: | 678.000 Einwohner | 2018: | 884.000 Einwohner |

1861/62 zogen schwere Stürme über Kalifornien und brachten so viel Wasser mit sich, dass sich im Central Valley ein 13.000 km² großer Binnensee bildete. Die gesamte kalifornische Regierung floh in sichere Gefilde, nach San Francisco. Daher ist hier bis heute der oberste Gerichtshof, der State Supreme Court, angesiedelt.

*Oberster Gerichtshof*

Vom Bevölkerungsrückgang in den 1960/70ern erholte sich die Metropole wieder und übertraf im Jahr 2000 die ehemalige Höchstmarke von 1950. Auf das Anwachsen der Population reagierte die technische Entwicklung, insbesondere des Transportwesens. Schon 1873 gab es die erste (allerdings nur 100 m lange) Fahrt eines **Cable Car**, seit 1876 verband die *Southern Pacific Railroad* die Stadt mit Los Angeles, und 1898 wurde das Ferry Building eröffnet und damit die Entwicklung der gesamten Bay Area vorangetrieben. 1903 schließlich erreichte zum ersten Mal ein in New York gestartetes Auto San Francisco.

Drei Jahre später kam es zu einer kurzen, aber einschneidenden Zäsur durch das berüchtigte **Erdbeben vom 18. April 1906**. Das Beben, das um 5.13 Uhr begann und eine Minute und fünfzehn Sekunden dauerte, lieferte den Stoff für mindestens ein halbes Dutzend Katastrophenfilme. Aber obwohl von dem Erdstoß selbst mächtige Häuser zum Einsturz gebracht wurden, war das Beben – im Vergleich zu anderen am Pazifik – sehr bescheiden. Zwar wurde der Sänger Enrico Caruso, der gerade in der Stadt gastierte, zu Tode erschreckt, und es gab einen beträchtlichen Sachschaden, aber die Zahl von Todesopfern und Verletzten blieb gering. Es war vielmehr ein durch einen defekten Kamin ausgelöster **Großbrand**, der das Beben zur Katastrophe werden ließ. In Minutenschnelle breitete sich das Feuer über die weitgehend aus Holz gebaute Stadt aus. Die Feuerwehr war machtlos.

Als sich die Rauchschwaden verzogen hatten, sah man das Ausmaß des Desasters: über 700 Tote, 250.000 Obdachlose und Schäden in Höhe von über 400 Mio. Dollar. Um Plünderungen vorzubeugen, musste in San Francisco das Kriegsrecht ausgerufen werden. Es waren also nicht die Zerstörungen des Erdbebens, sondern die des Brandes, die Jack London am 5. Mai des gleichen Jahres in der Zeitschrift *Colliers* schreiben ließen: „*Not in history has a modern imperial city been so completely destroyed. San Francisco is gone.*"

*„San Francisco is gone"*

Mit einer bewundernswerten Energie ging die Stadt an den Wiederaufbau. Der englische Schriftsteller H.G. Wells hatte noch im Unglücksjahr geschrieben: „*Nirgends wird ein Zweifel darüber laut, dass San Francisco größer, besser und in kürzester Zeit wieder erstehen wird*". Er sollte recht behalten: Tatsächlich sah bereits 1915 die große *Panama-Pacific International Exposition* eine neu erstrahlende Metropole an der Bay. Und zwanzig Jahre später, in der Zeit der wirtschaftlichen Rezession, bescherte Roosevelts Wirtschaftspolitik der Stadt zwei weitere Wahrzeichen: Fast gleichzeitig konnten 1936/37 die **Golden Gate** und die **Bay Bridge** eröffnet werden.

*San Francisco: Überblick*

*San Franciscos Innenstadt kurz nach dem Erdbeben von 1906*

Nach dem Zweiten Weltkrieg, der in San Francisco hysterische Ängste vor einer japanischen Invasion hervorrief und den Einwohnern verdunkelte Nächte bescherte, versammelten sich 1945 die Vertreter der Völkergemeinschaft im *War Memorial Opera House* und gründeten hier die UNO. Es sollte nicht das letzte Mal sein, dass die Augen der Welt auf die Bay gerichtet waren. Besonders in den 1950er- und 1960er-Jahren. Denn als Beatniks und Hippies den Aufbruch zum alternativen Leben proklamierten, hatten sie ihre heimliche Hauptstadt längst gefunden. Nicht umsonst wurde der „San Francisco Sound" prägend für die späten 1960er. 1968 schließlich wurden die Studentenunruhen an der Universität von Berkeley zum Fanal für die gesamte westliche Welt.

Wegen ihrer Dynamik war, ist und bleibt die Stadt eine der ganz großen Attraktionen in den USA. In Amerika sieht man das übrigens genauso: Neun von zehn US-Amerikanern haben den Wunsch, wenigstens einmal in ihrem Leben die Stadt an der Bay zu sehen. Und wie oft ist San Francisco **in Liedern und Gedichten verewigt** worden: Ob Frank Sinatra oder Otis Redding die Stadt besangen, ob die Hippies Scott McKenzie folgten und mit *flowers in their hair* hierhin pilgerten, ob man mit Eric Burdon von den *Warm San Franciscan Nights* schwärmte – die Zahl ihrer Liebhaber ist gigantisch. Außer der landschaftlichen Umgebung, den Sehenswürdigkeiten, der kosmopolitischen Weite und der liberalen Atmosphäre ist es natürlich auch das stets milde, selten zu warme und selten zu kalte Wetter, das die Besucher anspricht. Erst einmal, im Jahre 1887, war San Francisco von Schnee bedeckt.

*Hippie-Hymne*

Heute ist San Francisco auf dem Weg, die teuerste Stadt der Welt zu werden. Das liegt in erster Linie daran, dass es viele Mitarbeiter von Silicon-Valley-Riesen wie Apple oder Facebook in die Stadt zieht, die mit ihrer Finanzkraft die Wohnungspreise in die Höhe treiben. Morgens werden sie von klimatisierten Minibussen eingesammelt und zum Arbeitsplatz im Valley gekarrt. Dank WLAN können sie den Tag bereits im Bus arbeitend vorbereiten. Die Einwohner von San Francisco versuchen sich gegen den Ausverkauf ihrer Stadt zu wehren – nicht immer nur auf legale Weise. So wurden schon Minibussen die Reifen aufgeschlitzt, auch wurden Busse mit Steinen beworfen. Bisher aber beeindruckt das die „neuen Reichen" aus dem Silicon Valley wenig – und das Leben in San Francisco wird immer teurer.

# Besichtigungsvorschläge

*Besondere Atmosphäre*

Der Erlebniswert San Franciscos besteht bereits im Spaziergang durch die diversen Neighborhoods. Es geht nicht nur um die Attraktionen, sondern hauptsächlich um die unverwechselbare Atmosphäre dieser Stadt.

## Besichtigungsvorschläge

Wer nur **einen Tag** zur Verfügung hat, kann eine Stadtrundfahrt oder den 49-Mile Scenic Drive nutzen, die Stadt übersichtsartig kennenzulernen. Stopps sollte man zumindest an folgenden Punkten einlegen: Telegraph Hill, Palace of Fine Arts, Fort Point mit Golden Gate Bridge, Legion of Honor, Cliff House, Golden Gate Park, Twin Peaks, Mission Dolores, Embarcadero Center. Abends empfiehlt es sich, der Fisherman's Wharf oder Chinatown einen Besuch abzustatten und dort zu essen. Auch eine Fahrt mit dem Cable Car gehört natürlich zum Pflichtprogramm.

Bei **zwei Tagen** kann man sich mehr Zeit für die Downtown lassen und auf den Mietwagen weitgehend verzichten. Am ersten Tag könnte man mit dem Cable Car bis zur Lombard St. fahren, dann den Stadtteil North Beach zu Fuß erkunden, den Telegraph Hill besteigen und sich anschließend zur Fisherman's Wharf begeben. Von dort kann man am Ufer entlang nach Fort Mason wandern und dort den Bus zur Golden Gate Bridge nehmen (einschl. Überquerung). Am Nachmittag stünde je nach Interesse die Mission Dolores oder das Viertel am Yerba Buena Park mit modernem Museum auf dem Programm, am Abend könnte man eine der hochgelegenen Hotelbars mit Blick auf das Lichtermeer aufsuchen. Der Vormittag des zweiten Tages gehört dem Golden Gate Park, von wo aus man mit dem Bus zum Legion of Honor fährt, dann weiter zum Ferry Bldg. und zum Embarcadero Center. Am Abend schlendert man durch den Financial District bis zur Chinatown, wo man in eines der zahlreichen Restaurants einkehren kann.

*Zahlreiche Attraktionen*

Wer sich bei einem Aufenthalt von **drei Tagen** nur auf die Stadt konzentrieren möchte, sollte das unten skizzierte viertägige Programm um den letzten Tag kürzen, dabei aber die Besichtigung am zweiten Tag um einige Punkte zwischen Fisherman's Wharf und Fort Mason erweitern.

Ein **viertägiges Besichtigungsprogramm** könnte folgendermaßen aussehen:
1. **Tag:** Orientierende Stadtrundfahrt mit dem Wagen oder in einer geführten Gruppe (49-Miles Scenic Dr., einschließlich Twin Peaks, Sea Cliff House, Mission Dolores, Golden Gate Bridge, Legion of Honor (S. 162), dann zum Golden Gate Park (S. 154).
2. **Tag:** Stadtrundgang „Vom Union Square zur Fisherman's Wharf und zurück" (S. 128) mit Besuch der Chinatown und Cable-Car-Fahrt. Nach Einbruch der Dunkelheit Tagesausklang in einer der hochgelegenen Hotelbars.
3. **Tag:** Stadtrundgang „Vom Civic Center zum Ferry Building" mit Museumsbesuchen und Einkaufsbummel (S. 138). Abends Fahrt mit der AC T oder T2 vom Salesforce Transit Center (S. 181) nach Treasure Island (S. 194) in der Mitte der Bay.
4. **Tag:** Entweder Stadtrundgang „Von der Fisherman's Wharf zur Golden Gate Bridge" (S. 149) oder Ausflug je nach Interesse in die Umgebung der Stadt bzw. Kreuzfahrten in der Bay. Vorstellbar sind u. a. ein ganztägiger Ausflug ins Wine Country (mit dem Pkw oder innerhalb einer geführten Gruppe), eine Bay-Kreuzfahrt mit oder ohne Besichtigung von Alcatraz bzw. die Fährüberfahrt nach Sausalito. Ein herrlicher Ausflug für Selbstfahrer ist der Besuch Sausalitos und der Muir Woods und, falls noch Zeit, ein Abstecher nach Tiburon oder zum Mt. Tamalpais. Auf dem Rückweg sollte man unbedingt die Conzelman Rd. nördlich der Golden Gate Bridge befahren, um den Panoramablick bei Sonnenuntergang zu genießen.

*Vorschläge zur Besichtigung*

# Rundfahrten und Rundgänge

## Redaktionstipps

▸ Viele gute **italienische Restaurants** findet man rund um den Washington Square in Little Italy, die besten **China-Restaurants** gibt es natürlich in Chinatown (z. B. Oriental Pearl, City View Restaurant) und vorzügliche **japanische Küche** in Japantown (S. 170).
▸ Am Pier 39 und an der **Fisherman's Wharf** isst man besonders gut Fisch und Seafood – nicht nur in den Restaurants, sondern auch an den Imbiss-Ständen.
▸ Ein tolles Erlebnis ist eine Wanderung entlang der **Golden Gate Promenade** (S. 151), dem **Coastal Trail** (S. 153), in der **Golden Gate National Recreation Area** nördlich der Golden Gate Bridge (S. 185) oder im **Mt. Tamalpais State Park** (S. 190).
▸ Lohnend: eine **Mini-Kreuzfahrt** durch die Bay oder per **Fähre** nach Sausalito (S. 181).

Im Folgenden sollen einige der bekanntesten Sehenswürdigkeiten des städtischen Zentrums vorgestellt werden. Die einzelnen Unterkapitel dienen dabei gleichzeitig als Vorschläge für Stadtspaziergänge. Auf dem 49-Mile Scenic Drive werden viele dieser Stationen nochmals berührt. Diese Rundstrecke ist für Selbstfahrer gedacht; allerdings verlaufen die halbtägigen Bustouren, die von verschiedenen Unternehmen angeboten werden, auf einer ganz ähnlichen Route.

## Vom Union Square zur Fisherman's Wharf und zurück

Die **Hallidie Plaza (1)**, an der die Powell St. in die Market St. einmündet, ist ein guter Start für Besichtigungstouren. Von diesem zentralen Punkt aus kann man das Ferry Building, das Civic Center und die nördlichen Neighborhoods gleichermaßen gut erreichen, zudem befindet sich hier (Untergeschoss der Hallidie Plaza) die *Tourist Information*, und man hat Anschluss an das Verkehrsnetz von BART, MUNI und Cable Car. Die Strecke zur Fisherman's Wharf führt mehr oder weniger parallel zu den Cable-Car-Linien Powell-Mason und Powell-Hyde, sodass man bei Müdigkeit darauf zurückgreifen kann.

> **Hinweis**
> Die **Vorwahl** für San Francisco und Umgebung lautet 415, soweit nicht anders angegeben.

Straßenmusikanten, Schaulustige und meistens eine lange Schlange von Reisewilligen markieren am Anfang der Powell St. den *turntable*, wo der Schaffner und der Wagenführer eines Cable Car das Gefährt umdrehen und zum erneuten Start klarmachen. Zweifellos gehören die **Cable Cars** zu den herausragenden Sehenswürdigkeiten der Stadt, denn schließlich ist San Francisco der Ort, „*where little cable cars climb halfway to the stars …*". Die Strecke zwischen Fisherman's Wharf und Downtown kann ganz oder teilweise mit dem Cable Car zurückgelegt werden. Wenigstens für den Rücktransport ist dies zu empfehlen. Ein Ticket für zwei Stunden kostet US$ 7, gilt aber lediglich für ein Fahrzeug. Auf einen Sitzplatz freilich kann man nur an den Endstationen (*turntables*) spekulieren.

### Union Square (2)

Geht man die Powell St. bergan, erreicht man nach drei Blocks den Union Square. Der palmenbestandene, rechteckige Platz kann als der **Hauptplatz** der Stadt gelten. Dies

## Vom Union Square zur Fisherman's Wharf und zurück

**San Francisco – Vom Union Square zur Fisherman's Wharf**

★ **Sehenswürdigkeiten**
1 Hallidie Plaza
2 Union Square
3 Chinatown
4 Old St. Mary's Cathedral
5 Chinese Historical Society Museum
6 Columbus Tower
7 City Lights Bookstore
8 Coit Tower
9 Washington Square
10 Fisherman's Wharf
11 Pier 39
12 Alcatraz
13 Lombard Street
14 Cable Car Museum
15 Fairmont Hotel
16 Grace Cathedral

**Unterkünfte**
1 VanNess Hotel San Francisco
2 Capri
3 Hotel Del Sol
4 Grant Plaza
5 The Nob Hill Hotel
6 Triton
7 Holiday Inn Fisherman's Wharf
8 Holiday Inn Golden Gateway
9 Orchard Garden Hotel
10 Hilton Financial District
11 Washington Square Inn
12 Fisherman's Wharf Hostel

**Restaurants**
1 City View Restaurant
2 Oriental Pearl
3 Baonecci Ristorante
4 Vesuvio
5 Mario's Bohemian Cigar Store Café
6 Kennedy's Irish Pub and Curry House
7 Liguria Bakery
8 Caffè Trieste
9 Scoma's
10 McCormick & Schmick's
11 Caffè Roma

— 49 Mile Scenic Drive

© ilgraphic

nicht wegen seiner Größe (die ist mit rund 1 ha eher bescheiden), sondern wegen seiner historischen Rolle, seiner Funktion als **Verkehrsknotenpunkt** und wegen der bedeutenden Kaufhäuser, Edelboutiquen, Hotels, Restaurants und Theater, die sich an seinem Rand angesiedelt haben. Seinen Namen hat der Union Square von den Kundgebungen während des Bürgerkrieges (damals kämpfte Kalifornien an der Seite der Nordstaaten). John W. Geary, San Franciscos erster Bürgermeister, schenkte der Stadt 1850 den Platz, unter dem sich seit 1942 eine Großgarage verbirgt. Älteren Datums ist die 33 m hohe korinthische **Siegessäule** in der Mitte mit der Göttin Victoria: Sie stammt aus dem Jahr 1903.

## Andrew Hallidie und die Cable Cars

San Franciscos steile Hügel, auf die das rasterförmige Wegenetz überhaupt keine Rücksicht nahm, machten von Anfang an das alltägliche Leben beschwerlich, die verkehrsmäßige Erschließung kompliziert und den Transport von Waren gefährlich. Immer wieder kam es auf den Straßen (Gefälle bis zu 21 %) zu folgenschweren Unfällen, wenn Pferde ins Rutschen gerieten und Wagen talwärts stürzten.

Da hatte der Engländer Andrew Smith Hallidie, der während des Goldrausches Stahlkabel für die kalifornischen Minen hergestellt hatte, eine im wahren Wortsinn bahnbrechende Idee: In einem Schlitz unter den Straßen sollten endlose Kabel verlegt werden, die an bestimmten Depotstationen von Motorwinden ständig in Bewegung gehalten wurden. An dieses Seil brauchten nur speziell konstruierte Wagen zum Transport angeschlossen zu werden, zum Halten musste man dann die Verbindung lockern und den Wagen abbremsen. 1873 stellte Hallidie nach dreijähriger Arbeit das neue Verkehrsmittel vor und hatte sofort **durchschlagenden Erfolg**. Am Ende des 19. Jh. waren bereits die meisten Straßen in San Francisco mit Cable Cars zu befahren, das Streckennetz betrug nicht weniger als 190 km, und der Fuhrpark umfasste etwa 600 Wagen. Durch die Erfindung des Automobils sind davon jedoch im Laufe der Zeit nur noch 37 Wagen übriggeblieben, und das Streckennetz ist auf 16 Kilometer geschrumpft. Auf Bürgerproteste hin konnte ein endgültiges Verschwinden der Cable Cars verhindert werden, und nach zweijähriger Stilllegung (1982–84) hatte die Stadt ihr Wahrzeichen wieder. Heute sind die Cable Cars das einzige Verkehrsmittel, das in den USA unter **Denkmalschutz** steht. Im Cable Car Museum (Ecke Washington/Mason St., s. S. 137) wird dessen Geschichte und Konstruktionsweise geschildert.

Da die 6 t schweren Kabelwagen selbst antriebslos sind, hat die wichtigste Aufgabe der *gripman* (Greifer-Mann), der den Seilgreiferhebel (*grip*) bedient. Damit wird das Cable Car an das mit ca. 15 km/h fortlaufende Seil angeschlossen oder die Verbindung wird gelockert bzw. unterbrochen. Dass dies keine leichte Aufgabe ist, kann jeder Fahrgast beobachten. Genauso wichtig wie der Seilgreiferhebel sind natürlich die Bremsen: Vier verschiedene gibt es davon in jedem Wagen, sodass bei den Talfahrten niemand Angst zu haben braucht.

*Cable Car bei voller Geschwindigkeit*

Touristen, die an Shopping interessiert sind, finden rund um den Platz Filialen einiger der größten amerikanischen Kaufhausketten wie *Macy's* oder *Saks Fifth Avenue* und ebenso Luxusgeschäfte wie *Tiffany*. Besonders in den östlich abgehenden Seitenstraßen haben sich auch Zweigstellen der bekanntesten Nobelmarken (hauptsächlich Mode) niedergelassen. Das dominierende Gebäude am Union Square ist jedoch kein Kaufhaus, sondern ein Luxushotel, nämlich das **Westin St. Francis**. Beachtung verdient hier die schöne Buntglaskuppel, die man aus einem alten Kaufhaus gerettet hat. Wer den Platz aus erhöhter Perspektive überblicken möchte, sollte sich einen Tisch im Restaurant *The Rotunda at Neiman Marcus* (150 Stockton St.) sichern.

*Beste Shoppinggelegenheiten*

## Chinatown (3)

Folgt man vom Union Square der nördlichen Längsseite (Post St. oder Maiden Lane) nach rechts, erreicht man nach zwei Blocks die Grant Ave., die bergan geradewegs in die berühmte Chinatown führt. Dieses Areal, das insgesamt 24 Blocks umfasst, wurde bereits 1847 von Chinesen besiedelt und entwickelte sich zur **größten chinesischen Siedlung** außerhalb Asiens. Durch das Großfeuer von 1906 fast völlig zerstört, wurde das Viertel anschließend im ostasiatischen Stil und schöner wiederaufgebaut. Sein Kern wird von den Straßen Kearny St., Bush St., Stockton St. und Broadway begrenzt. Mit geschätzten 100.000 Einwohnern ist Chinatown die am dichtesten besiedelte Gegend der Stadt. Sehr viel Geld ist durch Hongkong-Emigranten nach Chinatown geflossen. Die farbenprächtigsten Feiern der hiesigen Gemeinde erlebt man während des Chinesischen Neujahrsfestes, das – je nach Mondkalender – im Januar oder Februar stattfindet und dessen Höhepunkt die dreistündige Parade ist. Den Mittelpunkt des Zuges bildet dabei ein ca. **18 m langer Drache**, in dem zwölf Männer stecken und der oftmals in Hongkong gefertigt wird.

*Prächtiges Neujahrsfest*

Bei einem Spaziergang entlang der Grant Ave., die als wichtigste touristische Meile Chinatowns gelten kann (die Chinesen selbst bezeichnen die Stockton St. als ihre Hauptstraße), kommt man auf Höhe der Bush St. zunächst zum grün-roten **Chinatown Gate** von 1970, das eindrucksvoll den Financial District abschließt. Ein weiteres Eingangsportal in diese andere Welt ist das **Dragon Gate** an der Ecke Grant Ave./Bush St. Hier, wie in den meisten Straßen des Viertels, sieht man die typische Pagodenarchitektur selbst der Telefonzellen, und chinesische Schriftzeichen sind allerorten zu entdecken. Wer in die wirkliche Chinatown eintauchen möchte, sollte jedoch die Grant Ave. verlassen und sich in den Nebenstraßen umschauen.

Beim Spaziergang über die Grant Ave. kann man zunächst rechts in die Pine St. abbiegen, die zum Saint Mary's Square führt. Auf dem stillen Platz erhebt sich seit 1938 eine 4 m hohe Granit- und Stahlstatue von Dr. Sun Yat-sen (1866–1925). Er war Gründer und erster Präsident der Republik China und verbrachte zu Beginn des 20. Jh. mehrere Jahre als politischer Asylant in San Francisco. Nördlich des Platzes ragt jenseits der California St. der Backsteinturm der **Old St. Mary's Cathedral (4)** auf. Diese überwiegend von Chinesen erbaute katholische Kirche, die 1854–91 die Kathedrale des Erzbistums war, hat nach mehreren Restaurierungsarbeiten wieder ihr ursprüngliches Aussehen bekommen.

Geht man von der Kirche den Hügel hinunter und folgt der Kearny St. nach Norden, stößt man zwei Blocks weiter linker Hand auf den **Portsmouth Square**. Der Platz mit

Tiefgarage, Kinderspielplatz und chinesischen Pagoden gilt als „Heart of Chinatown", tatsächlich ist er sogar das historische Herz von San Francisco: Bereits zu Zeiten der Vorgängersiedlung Yerba Buena befand sich hier der erste öffentliche Platz, und als John B. Montgomery den Ort 1846 annektierte, hisste er hier die Flagge der USA. Heute trägt der Platz den Namen seines Schiffes, der *USS Portsmouth*. Schon Robert Louis Stevenson wusste den Portsmouth Square als Aufenthaltsort zu schätzen – so sehr, dass man den schottischen Autor hier mit einem kleinen Monument geehrt hat. Jenseits des Platzes liegt an der Ecke Grant Ave./Washington St. der **Old Chinese Telephone Exchange**. Die 1909 erbaute Telefonvermittlung stellt sich mit ihren drei kaskadenhaften Dächern als „typisch chinesisch" dar. Es war das erste Gebäude in diesem Stil, das nach dem Erdbeben in San Francisco errichtet wurde. Heute ist es eine Filiale der East West Bank.

*Das „alte China"*

Hinter der Washington St. und vor der Sacramento St. lohnt ein Abstecher in die schmale Gasse **Waverly Place**, die mit ihren dicht gedrängten Läden, bemalten Balkons und ziegelgekachelten Hausdächern noch am ehesten das „alte China" widerspiegelt. Auch **zwei Tempel** sind hier in den oberen Stockwerken zu finden. Zum einen ist das der stimmungsvolle Tienhou Temple (Nr. 125), der mit seinen Lampions und Räucherstäbchen nicht nur Zeugnis der Volksfrömmigkeit ablegt, sondern von der Terrasse auch einen hübschen Blick auf den Coit Tower bietet. Und zum anderen befindet sich gleich daneben der Norras Temple (Nr. 109) mit seinem eindrucksvollen Altar.
**Tienhou Temple**, *125 Waverly Place, oberste Etage; tgl. 10–16 Uhr.*
**Norras Temple**, *109 Waverly Place; tgl. 9–16 Uhr.*
*Jeweils freier Eintritt, Spende erbeten.*

### Tipp
*Eine interessante Art, Chinatown kennenzulernen, stellen die zweistündigen geführten Rundgänge des Unternehmens* **All about Chinatown** *(② 982-8839, www.allaboutchinatown.com) dar. Sie starten um 10 Uhr an der Old St. Mary's Cathedral und kosten US$ 35 p. P., 6–17 Jahre US$ 25 (mit Lunch US$ 65/55 p. P.)*

*Interessante Museen*

Als nächstes Straße quert die Sacramento St. die Grant Ave., die einen ein kleines Stück nordwärts zur Commercial St. bringt. Auf dieser Straße, die z. T. noch ihr altes Kopfsteinpflaster besitzt, lohnt der Besuch zweier Museen: Das **Chinese Historical Society Museum (5)** bereitet die Geschichte des Viertels und der Chinesen in Amerika didaktisch auf und besitzt außerdem eine sehr schöne Sammlung chinesischer Kunst. Unmittelbar daneben liegt das **Pacific Heritage Museum**. Es präsentiert auf zwei Ebenen ostasiatische Kunstgegenstände und Wechselausstellungen zum Thema. Das Museum ist im ehemaligen US Subtreasury Building untergebracht, das 1874 anstelle der früheren Niederlassung des US-Münzamtes errichtet wurde.
**Chinese Historical Society Museum**, *965 Clay St., ② 391-1188, www.chsa.org; Mi–So 11–16 Uhr, Eintritt frei.*
**Pacific Heritage Museum**, *608 Commercial St., ② 399-1124, www.lokstuff.com/UCB/ phm/home.html; Di–Sa 10–16 Uhr, Eintritt frei.*

Von der Commercial St. aus kann man den Rundgang in nördlicher Richtung über die Kearny St. fortsetzen, wobei ein etwas längeres und z. T. ansteigendes Wegstück zu bewältigen ist. An der Ecke der Columbus Ave., die bis zur Cannery hin das Straßenraster diagonal durchkreuzt, stößt man auf den kuriosen **Columbus Tower (6)**. Das auf-

*City Lights Bookstore: Bücherhort der Beat Generation*

fällige grüne Eckhaus von 1907 gehört dem berühmten Filmemacher Francis Ford Coppola, der hier seine Produktionsfirma American Zoetrope untergebracht hat. Je weiter man der Kearny St. aufwärts folgt, desto besser kann man in der Rückschau den Columbus Tower betrachten, der vor der im Hintergrund aufragenden Transamerica Pyramid (s. S. 146) einen überaus reizvollen – und dementsprechend oft fotografierten – Kontrast aus 65 Jahren Baugeschichte bildet.

Freunde zeitgenössischer amerikanischer Literatur machen jetzt einen kleinen Abstecher in westlicher Richtung entlang des Broadway. An der Kreuzung zur Columbus Ave. liegt ein Wallfahrtsort für alle Anhänger der „spontaneous prose": der **City Lights Bookstore (7)**. Die 1953 von dem Dichter Lawrence Ferlinghetti gegründete Buchhandlung hält bis heute die Fahne für aufwühlende, provozierende, politische und häufig unbequeme Literatur hoch und ist ein Treffpunkt für Poeten, Künstler und Intellektuelle. Ferlinghetti, ein Jünger der Beat Generation rund um Jack Kerouac, Allen Ginsberg und William S. Burroughs, betreibt neben dem Buchladen auch einen Verlag, der Geschichte geschrieben hat: 1956 veröffentlichte „City Lights Publishers" in der „Pocket Poets Series" Allen Ginsbergs Band „Howl & Other Poems". So etwas war in den USA noch nie gelesen, geschweige denn öffentlich gemacht worden. Ferlinghetti wurde wegen der Verbreitung von Obszönitäten verhaftet, doch die Gerichtsverhandlung lenkte den Blick der Öffentlichkeit auf die literarische Renaissance in San Francisco und die Worte und Sprache der Beat Generation. Etliche Berühmtheiten schlugen sich auf die Seite Ferlinghettis, der schließlich mit einem blauen Auge davonkam, aber in den Folgejahren kaum ruhiger wurde. Er ist bis heute aktiv und kann im Buchladen angetroffen werden. Es verwundert nicht, dass die Gasse neben dem City Lights Bookstore nach einem der führenden amerikanischen Dichter nicht nur der Beat Generation benannt wurde: Jack Kerouac. Sein bahnbrechendes Buch „On the Road" schrieb er, so will es die Legende, im Drogenrausch und in wenigen Wochen ohne Schlaf. Damit er seinen

*Kerouac, Ginsberg und Burroughs*

„Flow" beim Schreiben nicht unterbrechen musste, hatte er das Manuskriptpapier zu einer einzigen langen Rolle zusammengeklebt, die dann durch die Schreibmaschine lief. Daher trägt „On the Road" in der letzten Ausgabe auch den Untertitel „The Original Scroll" (Die Original-Rolle). Eben jene Underwood-Schreibmaschine kann man im **Beat Museum** ein paar Schritte weiter begutachten.
**City Lights Bookstore**, *261 Columbus Ave., ① 362-8193, www.citylights.com; tgl. 10–24 Uhr.*
**Beat Museum**, *540 Broadway, ① 800-537-6822, www.kerouac.com; tgl. 10–19 Uhr, Erwachsene US$ 8, Schüler/Senioren US$ 5. Anfang 2019 hatte das Museum Probleme wegen Umbaumaßnahmen am Gebäude; ob und inwieweit der Betrieb in Zukunft fortgeführt werden kann, lässt sich derzeit nicht absehen.*

Folgt man nun vom Broadway der Kearny St., geht es an vielen Restaurants, Cafés, Pasta-Läden, Szene-Kneipen, Bäckereien und Eiscafés vorbei, von denen viele italienische Namen tragen. Kein Zweifel: Hier befindet man sich in **Little Italy**. Zwar ist der Bezirk, der eigentlich **North Beach** heißt und ein bekanntes Ausgehviertel ist, nicht mehr so fest in italienischer Hand wie früher, doch unter seinen ca. 20.000 Einwohnern gibt es noch immer viele Italoamerikaner. Manchmal heißt es, Little Italy habe den Großbrand 1906 überstanden, weil die Bewohner Hunderte Gallonen italienischen Weins auf ihre Dächer gossen, um die Häuser vor dem Feuer zu schützen. So schön diese Geschichte klingt, darf sie doch bezweifelt werden, zumal die Ansiedlung der Italiener im großen Stil erst im Zuge des Wiederaufbaus des Viertels erfolgte, also nachdem es beim Großbrand vollständig zerstört worden war …

*Schöne Geschichte …*

## Telegraph Hill

Richtig steil wird es, wenn man von der Kearny St. rechts auf die Filbert St. einbiegt und sich über die Filbert Steps (Hinweisschilder: „Stairs to Coit Tower") vorbei an schönen viktorianischen Holzhäusern dem Coit Tower auf dem **Telegraph Hill** nähert. Seinen Namen verdankt der Hügel einem 1849 auf seinem Gipfel aufgestellten optischen Telegrafen, der den Kaufleuten in der Stadt die Ankunft von Schiffen signalisierte.

Während von dem Telegrafen nichts mehr zu sehen ist, breitet sich auf der Kuppe des knapp 90 m hohen Telegraph Hill der baumreiche Pioneer Park aus. In dessen Mitte ragt über einem Freiplatz 64 m hoch der zylindrische **Coit Tower (8)**. Der Aussichtsturm, der 1933 als Denkmal für die Freiwillige Feuerwehr und im Stil des Art déco errichtet wurde, ist mit monumentalen Fresken geschmückt und bietet wegen seiner zentralen Lage eines der besten Panoramen überhaupt. Auf die verglaste Aussichtsterrasse geht es mit einem Fahrstuhl, dessen Eingang sich mitten im engen Souvenirladen befindet. Falls man das Geld sparen möchte, kann man auch die prächtige Aussicht vom Parkplatz aus genießen. Das dortige Standbild von Christoph Kolumbus stammt aus dem Jahre 1957, das Podest stiftete die Stadt Genua.
**Coit Tower**, *1 Telegraph Hill Blvd., ① 249-0995; April–Okt. 10–18, Nov.–März 10–17 Uhr, Erwachsene US$ 9, ab 65 u. 12–17 Jahre US$ 6, 5–11 Jahre US$ 2.*

*Tolle Aussicht*

Nach dem Besuch des Coit Tower geht es auf der Filbert St. wieder abwärts bis zum **Washington Square (9)**. Dieser Platz, eine schöne, grüne Oase, ist der Kristallisationspunkt des italienischen Viertels. Überragt wird der Platz von den weißen Türmen

*Vom Union Square zur Fisherman's Wharf und zurück*

der katholischen Kirche Saints Peter and Paul aus dem Jahre 1922. Die Messen in diesem Gotteshaus werden auf Italienisch gelesen, sonntags allerdings auch auf Englisch und Chinesisch. Die italienische Gemeinde ist in North Beach immer noch tonangebend, aber das Viertel befindet sich in einer Umstrukturierung: Immer mehr Japaner, Chinesen und Mexikaner werden hier ansässig.

Rund um den Washington Square gibt es Pizzerien und Trattorien, und auf dem Grün verdienen mehrere Statuen Beachtung. Besonders hübsch ist die Skulptur „Drinking Man" von M. Earl Cummings, die sich auf der anderen Seite der Columbus Ave. in einem kleinen, eingezäunten, dreieckigen Park befindet.

## Fisherman's Wharf (10)

Vom Washington Square ist es auf der Powell St. nicht weit bis zur **Fisherman's Wharf** (*www.visitfishermanswharf.com*), wie das Gebiet von zwölf Blocks zwischen Powell St., Bay St. und Columbus Ave. bezeichnet wird. Wer einen klassischen Fischerhafen erwartet, wird enttäuscht sein: Längst ist das Areal von Hotels, Restaurants und Shops erobert und in einen Rummelplatz mit rund 15 Mio. Besuchern jährlich verwandelt worden. Doch trotz des Trubels gehört die Wharf zum Pflichtprogramm in San Francisco.

Es lohnt sich, die fangfrischen Krabben, Krebse etc. zu probieren, die an Ständen als Imbiss angeboten werden. Auf keinen Fall versäumen sollte man einen **Spaziergang am Meer** entlang, wo an den Piers etliche eindrucksvolle Schiffe liegen. Von Westen nach Osten ist der **Pier 45** ein geeigneter Startpunkt, der nicht nur gute Seafood-Restaurants beherbergt, sondern an der Ostseite auch das U-Boot **USS Pampanito**, das 1943 gebaut wurde und während des Zweiten Weltkrieges fünf japanische Schiffe versenkte. Am Ende des Piers liegt die **SS Jeremiah O'Brien**, ein ebenfalls 1943 gebauter Frachter der Liberty-Klasse, der zur Invasionsflotte am D-Day gehörte und heute ebenso als Museumsschiff dient. Interessant ist das **Musée Mecanique**, eine skurrile Privatsammlung mechanischer Figuren und Spielautomaten.
**USS Pampanito**, *https://maritime.org/uss-pampanito; So–Do 9–18, Fr/Sa 9–20 Uhr;* **SS Jeremiah O'Brien**, *https://www.ssjeremiahobrien.org; tgl. 10–16 Uhr. Eintritt jeweils: Erwachsene US$ 20, ab 62 Jahre US$ 12, 6–12 Jahre US$ 10.*
**Musée Mecanique**, *http://museemecaniquesf.com/forsale.php; tgl. 10–20 Uhr, Eintritt frei.*

*Seafood und U-Boot*

Im Morgengrauen kann man südlich des Piers den Fischern beim Anlanden ihrer Fänge zuschauen, während tagsüber deren Kutter und Trawler ruhig im Hafenbecken dümpeln. Vorbei an den Fährterminals nach Sausalito, Tiburon und Angel Island gelangt man zum **Pier 43½** und **Pier 43** mit seinem Seafood-Restaurant Franciscan, dann zum **Pier 41**, an dem die Fähren und Ausflugsboote der Red and White Fleet starten.

Zur Landseite hin haben sich einige Attraktionen angesiedelt, die jedoch nicht unbedingt zum touristischen Pflichtprogramm gehören. Beispielsweise wären da das Kuriositätenkabinett **Ripley's Believe It or Not!** (*www.ripleys.com/sanfrancisco*) oder nebenan die Wachsfiguren von **Madame Tussauds** (*www.madametussauds.com*).

Auf Höhe des schmalen North Point Park schließlich ragt 300 m weit der 1978 auf einem verlassenen Landungssteg im „alten Stil" neuerbaute **Pier 39 (11)** (*www.pier39.com*)

ins Wasser. Der 18 ha große Komplex beherbergt auf zwei Ebenen eine Vielzahl von Fischrestaurants (empfehlenswert u. a. das *Eagle Café*), Imbisse, Läden und Boutiquen verschiedenster Art. Eine der beliebtesten Attraktionen des Piers ist die **Seelöwenkolonie** (Infocenter am Pier). Ansonsten ist mit Straßenmusikanten, einer großen Spielhalle mit Sportbar (*Players Sports Grill & Arcade*) oder dem wunderschönen, nostalgischen *San Francisco Carousel* immer etwas los auf dem Pier. Und wer keine Zeit für die größeren Aquarien wie z. B. das von Monterey oder die Academy of Sciences im Golden Gate Park (s. S. 157) hat, kann hier das **Aquarium of the Bay** aufsuchen und durch einen Acrylglastunnel die Wunderwelt der Meeresflora und -fauna erleben oder an einer simulierten Tauchfahrt in die Tiefsee teilnehmen

*Mächtig was los*

**Aquarium of the Bay**, *Pier 39, ① 623-5300, www.aquariumofthebay.org; tgl. 10–18 Uhr, Erwachsene US$ 27,95, ab 65 Jahre US$ 22,95, 4–12 Jahre US$ 17,95.*

## Alcatraz (12)

Eine weitere Attraktion liegt in Sichtweite, 2½ km von Fisherman's Wharf, mitten in der Bay: Alcatraz. Vom Pier 33 aus kann man mit einem Boot dorthin übersetzen, in kurzer Distanz fahren überdies die Ausflugsboote bei ihren Bay-Kreuzfahrten hier vorbei. Auf dem ursprünglich völlig kahlen Felsen errichtete man nacheinander einen Leuchtturm, Befestigungsanlagen und, während des Bürgerkriegs, ein Militärgefängnis. 1933/34 baute man dann die ehemalige *Isla de los Alcatraces* (Insel der Pelikane) zum wohl bekanntesten und berüchtigtsten **Zuchthaus** der Welt um. Bis 1963 saßen hier Schwerverbrecher wie z. B. Al Capone ein. Nach der Schließung des Zuchthauses besetzten Indianer 1969 die Insel und demonstrierten jahrelang ihren Anspruch auf das Land.

*Berühmtes Gefängnis*

Seit 1973 sind Besucher auf Alcatraz zugelassen, die an Führungen von Rangern des National Parks Service teilnehmen oder auf eigene Faust die Insel erkunden (auch per

*Die USS Pampanito mit Blick auf Alcatraz*

Kopfhörer in deutscher Sprache). Jährlich kommen mehr als 1,4 Mio. Besucher auf die Insel. Manchmal trifft man ehemalige Gefangene, die „Autogramme" geben und signierte Bücher über ihr Leben verkaufen. Die Gäste scheinen allerdings von der Unwirtlichkeit der Insel, dem Stacheldraht und den bedrückenden Ruinen weitgehend unbeeindruckt zu bleiben und allenfalls ein angenehmes Gruseln zu verspüren.

**Alcatraz Island**, *Fährdienste tgl. ab 8.45 Uhr, Führungen ca. 1 Std., Infos zum Nationalpark unter www.nps.gov/alcatraz; zu Fähren und Touren unter www.alcatrazcruises.com. Tickets inkl. Überfahrt und Zugang zur Insel ab US$ 38,35 für Erwachsene und Jugendliche (12–17 Jahre), Senioren (ab 62 Jahre) US$ 36,10, 5–11 Jahre US$ 23,50.*

## Lombard Street und Cable Car Museum

Nach dem langen Spaziergang bietet sich für die Rückkehr zum Ausgangspunkt natürlich das Cable Car an, das auf zwei Linien (Powell-Mason und Powell-Hyde) nach Süden fährt, beide treffen sich unterwegs am Cable Car Museum (s. u.). Zwar weiter westlich, dafür aber in schönerer Umgebung liegt die Abfahrtsstelle der Powell-Hyde-Linie, auf der man nach einigen Blocks an der **Lombard Street (13)** die Fahrt unterbrechen sollte. Denn direkt neben der Cable-Car-Station windet sich die Straße auf einem kurzen Abschnitt in acht Haarnadelkurven mit 27 % Gefälle hinunter und wird so zur „kurvenreichsten Straße der Welt". Auch wegen der hübschen Häuser und der Vorgärten mit Hortensien gibt dieses Straßenstück ein schönes, oft fotografiertes Bild ab.

Ein ganzes Stück weiter südlich befindet sich an der Ecke Mason St./Washington St. im Kreuzungspunkt zweier Cable-Car-Linien das **Cable Car Museum (14)**. In dem roten Ziegelsteingebäude, das gleichzeitig als das Maschinen- und Kontrollzentrum der drei heutigen Linien dient, können Besucher von einer Galerie aus die Funktionsweise der Cable Cars, die sich seit der Inbetriebnahme im Jahre 1873 kaum geändert hat, beobachten: Vier Motoren mit jeweils 510 PS halten mittels mächtiger Räder das Gewirr der Stahlseile in Bewegung. Interessant ist auch der Blick durch das Fenster im Untergeschoss, wo man die Kabelführung unter der Straße sieht. Außerdem präsentiert das Museum drei originale Wagen (darunter das erste Cable Car überhaupt), Fotos von allen bisherigen Modellen sowie einen dokumentarischen 15-Minuten-Film.

**Cable Car Museum**, *Ecke Washington/1201 Mason St., ① 474-1887, www.cablecarmuseum.org; tgl. 10–18, im Winter bis 17 Uhr, freier Eintritt.*

## Nob Hill

Wer anschließend noch Lust und Zeit zu einem weiteren interessanten Abstecher hat, dem sei

*So schlängelt sich die Lombard Street*

das Nobelviertel **Nob Hill** empfohlen. Dorthin geht es in drei Blocks über die Washington St. und Taylor St. oder, wieder mit dem Cable Car, die steile California St. hinauf. Der Stadtteil, dessen Name nach einer Version von *Nabob* (indische Prinzen) abgeleitet wird, nach einer anderen von *Snob* und nach einer dritten von *Knob* (abgerundeter Berg, Hügel), war seit dem Bau des Cable Car die vornehmste Gegend San Franciscos, in der sich vorzugsweise die Silberminen- und Eisenbahn-Barone oder reiche Immigranten ihre Prachtvillen errichten ließen. Obwohl der meiste Luxus dieses „Hügels der Paläste", wie Robert Louis Stevenson Nob Hill nannte, in den Flammen des Jahres 1906 aufging, ist das Viertel immer noch gleichbedeutend mit Reichtum und Noblesse sowie Standort einiger der feinsten Hotels Kaliforniens. Prächtige Stadthäuser findet man hier an der Taylor St. (besonders der 1100er-Block) und entlang der Sacramento St., während man auf der California St. zunächst das Stouffer Stanford Court Hotel (Ecke Powell St.) und dann an der Ecke zur Mason St. das hochherrschaftliche **Fairmont Hotel (15)** passiert, das gleichermaßen eine architektonische Sehenswürdigkeit und eine der ersten Adressen der Stadt ist. Der 1907 eröffnete Hotelpalast mit seiner prunkvollen Eingangshalle war Drehort der Fernsehserie „Hotel". Wer Zeit, Lust und das nötige Kleingeld hat, der sollte sich eine Mahlzeit im *Laurel Court* gönnen, das mit seinem überkuppelten Saal zu den schönsten Restaurants Kaliforniens zählt. Das dem Fairmont Hotel an der California St. gegenüber gelegene Luxushotel Intercontinental Mark Hopkins besitzt mit dem *Top of the Mark* eine nicht minder berühmte Panorama-Bar in der 19. Etage.

*Nobelviertel*

Einen Block weiter aufwärts bringt einen die California St. am schönen **Huntington Park** sowie an dem 1886 erbauten James C. Flood Mansion vorbei, Heimat von San Franciscos exklusivstem Herrenklub. Schließlich geht es zur hoch aufragenden, neugotischen Domkirche **Grace Cathedral (16)**. An diesem prächtigsten protestantischen Gotteshaus der Stadt, dessen Vorbild eindeutig Notre-Dame ist, baute man 53 Jahre, bis es 1964 eingeweiht werden konnte. Anders als beim französischen Vorbild nahm man hier der Erdbebengefahr wegen jedoch Stahlbeton. Die gut 75 m hohe, 49 m breite und 100 m lange Kathedrale hat innen wie außen einige bemerkenswerte Details aufzuweisen, so z. B. die Portale, die Nachbildungen derer des Doms von Florenz sind, die große, in Chartres gefertigte Fensterrose, das Fußboden-Labyrinth und mehrere originale, aus Europa importierte Einrichtungsgegenstände.

*Vorbild Notre-Dame*

Auf der anderen Seite der California St. stehen das 1958 erbaute SF Masonic Auditorium und daneben das Huntington Hotel aus dem Jahr 1922, das im Mai 2014 als The Scarlet Huntington luxuriös wiedereröffnet wurde.

# Vom Civic Center zum Ferry Building

Zwischen dem Civic Center und dem Ferry Building, verbunden durch die Achse der Market St., dehnt sich das aus, was man in Amerika **Downtown** nennt, was aber nicht unbedingt mit „Zentrum" oder gar mit „Altstadt" zu übersetzen ist. Man kann die nicht unbeträchtliche Entfernung zum Civic Center wenigstens in einer Richtung mit öffentlichen Verkehrsmitteln zurücklegen.
*Dazu nimmt man die* **Buslinien** *6, 9, 21, die* **Streetcar F** *oder eine der MUNI-Metro- oder BART-Linien (Station Civic Center).*

*Vom Civic Center zum Ferry Building*

### 🅞 **Unterkünfte**
1 Dakota Hotel
2 Americania Hotel
3 King George Hotel
4 The Handlery Union Square Hotel
5 Kimpton Sir Francis Drake
6 Hotel Kabuki
7 San Francisco Marriott Marquis
8 Hilton San Francisco Union Square
9 Palace Hotel San Francisco
10 Stanford Court Hotel
11 The Clift Royal Sonesta Hotel
12 Loews Regency San Francisco
13 The Golden Gate Hotel
14 Sleep over Sauce
15 Petite Auberge
16 San Francisco Downtown Hostel
17 San Francisco City Center Hostel

### 🅞 **Nachtleben**
1 The Great American Music Hall

### ★ **Sehenswürdigkeiten**
1 Asian Art Museum
2 Main Public Library
3 City Hall
4 War Memorial Veterans Building
5 War Memorial Opera House
6 Louise M. Davies Symphony Hall
7 St. Mary's Cathedral
8 Japantown
9 Hallidie Plaza
10 Old U.S. Mint
11 Center for the Arts
12 Moscone Center
13 San Francisco Museum of Modern Art
14 Metreon
15 Contemporary Jewish Museum
16 Cartoon Art Museum
17 555 California Street (Bank of America)
18 Wells Fargo Bank
19 Bank of California
20 Transamerica Pyramid
21 Embarcadero Center
22 Exploratorium
23 Ferry Building
24 San Francisco-Oakland Bay Bridge

### 🅞 **Restaurants**
1 Quince Restaurant
2 John's Grill
3 Zuni Café
4 Roy's San Francisco
5 Farallon
6 21st Amendment
7 The Thirsty Bear Brewing Co.
8 E&O Kitchen and Bar
9 Tommy's Joynt

Beschrieben ist im Folgenden der Weg vom Civic Center zum Ferry Building, also in nordöstlicher Richtung.

## Civic Center und Asian Art Museum

Das Behörden- und Verwaltungszentrum San Franciscos macht einen eigenen Stadtteil aus, wobei die acht wichtigsten Gebäude symmetrisch um die Civic Center Plaza gruppiert sind. Der Gesamtplanung, die sofort nach dem Erdbeben von 1906 realisiert wurde, merkt man das Bestreben nach Großzügigkeit und Repräsentation an.

Von der Market St. aus überquert man zunächst die vorgelagerte United Nations Plaza, auf der u. a. ein Standbild des südamerikanischen Freiheitshelden Simón Bolívar zu sehen ist. Mittwochs und sonntags fungiert die Plaza als Standort des **Farmer's Market** (http://heartofthecity-farmersmar.squarespace.com). Zur Rechten wird die Plaza vom Federal Building flankiert, während man am Westende durch zwei Gebäude hindurch zur Civic Center Plaza gelangt.

Zur Rechten passiert man die ehemalige Stadtbibliothek, einen üppigen Bau aus dem Jahre 1917. Seit dem Jahr 2003 beherbergt das von der Architektin Gae Aulenti genial umgeformte Gebäude das **Asian Art Museum (1)**. Die Sammlungen dieses ungewöhnlichen Baus entstammen dem Besitz des Geschäftsmannes Avery Brundage, der von 1952 bis 1972 Präsident des Internationalen Olympischen Komitees war. Den Großteil des Museums machen die Exponate aus China aus, die alle Perioden der chinesischen Kunst umfassen. Außerdem sind Kunstgegenstände aus Ländern des Nahen Ostens und aus Afghanistan, Indien, Pakistan, der Mongolei, Korea, Indonesien und – besonders wertvoll – aus Japan ausgestellt: insgesamt mehr als 18.000 Schätze, die 6.000 Jahre Kunstgeschichte umspannen. Bei speziellem Interesse kann man auch die Fachbibliothek nutzen, in der in rund 43.000 Bänden alles Wissenswerte über die Kunst des Nahen und Fernen Ostens gesammelt ist.

*Vor allem chinesische Kunst*

**Asian Art Museum**, 200 Larkin St., ① 581-3500, www.asianart.org; Di–So 10–17 Uhr, Erwachsene US$ 15, 13–17 Jahre u. ab 65 Jahre US$ 10, Sonderausstellungen US$ 10 extra.

Dem Gebäude gegenüber befindet sich die vom Architekturbüro Pei Cobb Freed & Partners entworfene, sechsstöckige **Main Public Library (2)**, die 1996 eingeweiht wurde und einen Bestand von über 1,7 Mio. Bänden hat. Besucher können dort an über 300 Computerterminals arbeiten, des Weiteren gibt es einen Raum für 1.100 Laptops, einen eigenen Gebäudeflügel für Kinder und die Abteilung Magazines & Newspapers Center auch mit deutschsprachigen Zeitungen. Wer an der Geschichte der Stadt interessiert ist, findet im San Francisco History Center und in der San Francisco Historical Photography Collection vielfältiges Material an Fotodokumenten, Karten, Literatur und anderen Exponaten. Die Bücherei ist tgl. geöffnet, Infos unter *www.sfpl.org*.

## City Hall (3) und San Francisco War Memorial

*Verwaltungszentrum*

Hinter der Bücherei bildet die Civic Center Plaza mit ihren Grünanlagen einen würdigen Rahmen für die **City Hall**. Das Rathaus wurde von 1912 bis 1915 erbaut, nachdem sein Vorgänger dem Erdbeben zum Opfer gefallen war. Mit ihrer ausladenden Architektur erinnert die City Hall an das Washingtoner Kapitol – tatsächlich ist der 94 m hohe

Kuppelbau sogar ganze 35 cm größer als sein Pendant in der Hauptstadt.

Mit ihren um einen Innenhof gruppierten Büroflügeln hat die City Hall auch sonst wahrhaft gewaltige Ausmaße (Länge 119 m, Breite 83 m, Grundfläche 46.000 m²). Das Gebäude ist dabei nicht nur wuchtig, sondern besitzt auch einige schöne Details, etwa die Rotunda mit dem Treppenhaus oder die Portale mit ihrem allegorischen Figurenschmuck. 1989 wurde das Rathaus vom Erdbeben in Mitleidenschaft gezogen, erst nach zehnjährigen Renovierungsarbeiten konnte es wieder besichtigt werden.
**San Francisco City Hall**, *1 Dr. Carlton B. Goodlett Place, www.sfgov.org/cityhall; öffentlich zugänglich Mo–Fr 8–20, Touren 10, 12 und 14 Uhr, Reservierung ☎ 554-6139.*

Hinter der City Hall (also westlich davon) stößt man auf ein Ensemble von Gebäuden, die insgesamt unter dem Titel **San Francisco War Memorial and Performing Arts Center** firmieren und einen der größten kulturellen Komplexe in den USA bilden. Neben vielen Galas, Vorlesungen und Filmvorführungen haben hier die Oper, das Symphonieorchester, Theater sowie klassischer und moderner Tanz ihre ständige Adresse. Die Reihe der Gebäude beginnt mit dem **War Memorial Veterans Building (4)**, in dem die Vertreter von 50 Nationen am 26. Juni

*Menschenmassen auf der Civic Center Plaza am Pride Day*

1945 die Gründungscharta der Vereinten Nationen (UNO) unterzeichneten. Zzt. beherbergt das Gebäude das Herbst Theatre. Sofort daneben liegt südlich sein 1932 eingeweihter Vorgängerbau, das **War Memorial Opera House (5)**, das die 1923 gegründete San Francisco Opera und das Ballett beherbergt. Südlich an das Opernhaus schließt sich die 1980 eingeweihte **Louise M. Davies Symphony Hall (6)** an, ein mit 3.000 Plätzen ausgestatteter Konzertsaal der San Francisco Symphony. Das Haus hebt sich angenehm von der oft aufdringlichen Architektur der Postmoderne ab. Es ist ein Bau mit schön fließenden Linien, ohne Schnörkel und der Umgebung sehr gut angepasst. Zu dem Eindruck trägt auch die Bronzeplastik des britischen Bildhauers Henry Moore bei.

*Gründungsort der UNO*

**San Francisco War Memorial and Performing Arts Center**, *201 Van Ness Ave., www.sfwmpac.org; Touren: Mo 10–14 Uhr zu jeder vollen Stunde. Erwachsene US$ 7. Reservierung ☎ 552-8338.*

Zur Market St. zurück geht es über die Grove St., wobei man das Bill Graham Civic Auditorium von 1915, das als Ausstellungs- und Konzerthalle genutzt wird, sowie die 1958 unterirdisch angebaute Brooks Hall (Kongresszentrum) passiert.

Der einfachste und schnellste Weg vom Civic Center in Richtung Ferry Bldg. führt über die Market St., wobei man unterwegs an der einen oder anderen Sehenswürdigkeit vorbeikommt. Dieser Weg wird weiter unten beschrieben. Mit genügend Zeit bieten sich allerdings ab dem Civic Center noch weitere **Abstecher** an. So könnte man z. B. mit der Metro zur historischen Mission Dolores weiterfahren (s. S. 163) oder man macht einen Spaziergang zu den interessanten nördlichen Stadtvierteln: Wer dabei der Franklin St. hinter dem Kunstmuseum stadteinwärts folgt, erreicht nach ca. 400 m die Ellis St., die nach links zur einen Block entfernten Marienkathedrale führt.

## St. Mary's Cathedral (7)

Das den Cathedral Hill dominierende Gotteshaus, ein Werk der italienischen Architekten Pier Luigi Nervi und Pietro Belluschi, zählt zu den eindrucksvollsten Sakralbauwerken der modernen Zeit und wurde 1971 vollendet. Von besonderem Interesse ist der 60 m hohe Innenraum, der von einem farbigen Glaskreuz beleuchtet wird. In dem katholischen Bischofssitz zelebrierte Papst Johannes Paul II. bei seinem USA-Besuch 1986 eine Messe. **Cathedral of Saint Mary's of the Assumption**, 1111 Gough St., Ecke Geary Blvd., ① 567-2020, www.stmarycathedralsf.org; die Kathedrale ist tgl. ab der ersten Messe (So–Mo 7.30, Sa 8 Uhr) bis 17 Uhr geöffnet. Während der Messen sind Besichtigungen nicht gestattet.

## Japantown (8)

Nicht weit von hier entfernt und über den Geary Blvd. in 200 m zu erreichen, liegt das Viertel Japantown – immerhin leben rund 12.000 Japaner in der Stadt. Mit Chinatown ist der Stadtteil insofern nicht zu vergleichen, als er viel großzügiger angelegt und die Architektur durchweg modern ist. Durch die vielen Restaurants, Tempel, Läden und Schreine wird *Nippon machi*, wie die Japaner ihre „Stadt" nennen, trotzdem zu einem Erlebnis. Am markantesten ist die fünfstöckige Pagode auf dem Platz des Friedens, um die herum sich zwischen Post St. und Geary Blvd. das nüchterne **Japan Center** ausbreitet, ein 1968 fertiggestellter und 2 ha großer Komplex mit Einkaufszentren, Hotels und Fußgängerzone.

*Traditionelle Feste* — Am interessantesten ist ein Besuch der Japantown, wenn hier eines der traditionellen Feste gefeiert wird – Ende April etwa das **Kirschblütenfest**. Vom Japan Center bzw. der St. Mary's Cathedral aus gelangt man mit dem Bus oder auf einem längeren Marsch über die Ellis St., Geary St. oder O'Farrell St. zu den Besichtigungspunkten auf Höhe der Hallidie Plaza zurück (die nächste Cable Car Station der California Line ist über die Van Ness Ave. in etwa 500 m zu erreichen).

Der direktere Weg entlang der Market St. ist von der United Nations Plaza bis zur Hallidie Plaza rund 500 m lang und führt an nicht sehr attraktiven Kaufhäusern und Discount-Läden vorbei. Beachtung verdient aber die sehr schöne, 1892 errichtete **Hibernia Bank**, die man an der Ecke zur Jones St./McAllister St. findet. Schließlich hat man die **Hallidie Plaza (9)** erreicht (s. S. 128).

Auf der gegenüberliegenden Seite der Market St. befindet sich das **Westfield San Francisco Centre**. Ein weiteres Einkaufszentrum, das **Emporium**, hat sich gleich nebenan in einem kuppelbekrönten Bau von 1908 niedergelassen.

Wenn man vor dem Shopping Centre von der Market St. links in die 5th St. einbiegt, entdeckt man nach wenigen Metern die **Old U.S. Mint (10)**, die 1869–74 im neoklassizistischen Stil erbaut wurde. In dem massigen Granitgebäude wurden bis 1937 kalifornisches Gold und Silber zu Münzen geprägt.

## Yerba Buena Gardens

Über die Mission St. gelangt man anschließend in ein Gebiet, das nach dem Erdbeben von 1989 grundlegend neugestaltet wurde. Auffälligste Landmarke ist hier das 1989 eröffnete postmoderne Hotel San Francisco Marriott Marquis, das wegen seiner abgerundeten Glasflächen „Jukebox" genannt wird. Es lohnt ein Blick ins Atrium oder ein Drink in der Bar *The View Lounge* im 39. Stock, die nicht umsonst diesen Namen trägt. Fast direkter Nachbar des Hotels ist die katholische **St. Patrick's Church**, ein 1870 erbautes und nach dem Erdbeben 1909 wiedererrichtetes rotes Ziegelsteingebäude.

*Bar mit Ausblick*

Östlich der Mission St. dehnt sich das 2 ha große Gelände der Yerba Buena Gardens mit Grünflächen, Wasserspielen, Terrassen und Stufengängen aus. Der Park ist Mittelpunkt eines architektonisch anspruchsvollen Ensembles von Museen und Messezentren. Spektakulärster Teil ist ein 12 m hoher und 15 m langer künstlicher Wasserfall, der mit eingravierten und beleuchteten Zitaten an den Bürgerrechtler Dr. Martin Luther King erinnert. Nördlich wird die Parkanlage vom **Yerba Buena Center for the Arts (11)** begrenzt, einem knapp 9 ha großen Projekt, das u. a. eine Open-Air-Bühne, ein Zentrum für visuelle Kunst, Galerien und ein Theater umfasst. 2020 soll hier das Mexican Museum eröffnen, das sich bis 2018 im Fort Mason befand.

**Yerba Buena Center for the Arts**, *701 Mission St., ② 978-2700, www.ybca.org; Galerie-Öffnungszeiten: Di, Mi, Fr–So 11–18, Do 11–20 Uhr, Erwachsene US$ 10, Schüler/Senioren US$ 9, bis 5 Jahre frei.*

Von den Yerba Buena Gardens führt eine Fußgängerbrücke hinüber zum 1981 erbauten und 1991 erweiterten **Moscone Center (12)** (*www.moscone.com*), das einen ganzen Block einnimmt und das wichtigste Kongresszentrum der Stadt darstellt. Das architektonische Meisterstück des 126 Mio. US$ teuren Komplexes ist eine 28.000 m² große unterirdische Halle. Benannt wurde das Kongresszentrum nach dem ehemaligen Bürgermeister George Moscone, der im November 1978 im Rathaus erschossen wurde.

Die wichtigste Adresse für Kunst- und Architekturfreunde wurde von 2013 bis 2016 auf die dop-

*Museum of Modern Art:
Über 33.000 Kunstwerke sind hier zu sehen*

pelte Fläche erweitert und ist nun das wohl größte Museum für zeitgenössische Kunst in den Vereinigten Staaten: das hinter dem Center for the Arts und der 3rd St. befindliche (Fußgängerbrücke) **San Francisco Museum of Modern Art (SFMOMA) (13)**. Das nach Plänen des Architekten Mario Botta errichtete Museum, das mit seiner zylindrischen, schwarz-weiß gestreiften und abgeschrägten Rotunde Kritiker im In- und Ausland zu Begeisterungsstürmen hinriss, ergänzt nun ein heller Anbau, den das Architekturbüro Snøhetta entworfen hat und dessen Fassade sich aus 700 Fiberglasplatten zusammensetzt. Seit der Wiedereröffnung im Mai 2016 präsentiert das Museum in 19 Abteilungen, die auf zehn Stockwerke verteilt sind, moderne Kunst höchsten Ranges, hauptsächlich aus der Sammlung von Doris und Donald G. Fisher, den Gründern der Modefirma Gap. Das Pritzker Center in der dritten Etage beherbergt die umfangreichste Sammlung an Fotografien in den ganzen USA, außerdem gewähren Terrassen eine großartige Aussicht über die Stadt. Der Komplex verfügt über drei Cafés und ein Restaurant.
**San Francisco Museum of Modern Art**, *151 3rd St., ☏ 357-4000, www.sfmoma.org; Fr–Di 10–17, Do 10–21 Uhr, US$ 25, bis 18 Jahre frei, 19–24 Jahre US$ 19, ab 65 Jahre US$ 22.*

Zur anderen, südwestlichen Seite der Yerba Buena Gardens sind weitere Kulturinstitutionen eröffnet und moderne Gebäude errichtet worden, u. a. das hochmoderne, vierstöckige Einkaufszentrum **Metreon (14)**, das nicht nur eine Vielzahl von Geschäften und Restaurants aufweist, sondern auch interaktive Attraktionen und ein IMAX-Kino. Im Metreon, das nachts grell beleuchtet wird, sind die Geschäfte tgl. 10.30–20.30 geöffnet, Fr & Sa bis 21.30 Uhr; weitere Infos unter *www.shoppingmetreon.com*.

*Geschichte der amerikanischen Juden*

Vom Metreon und den Yerba Buena Gardens durch die Mission St. getrennt, befindet sich hinter dem Jessie Square das **Contemporary Jewish Museum (15)**, das im Jahre 2005 seine Pforten öffnete. Teile der Sammlung zu Kultur und Geschichte der amerikanischen Juden sind in einem Trafo-Gebäude von 1907 untergebracht. Hinter dessen neoklassizistischer Fassade schwingen sich aber zwei von dem Stararchitekten Daniel Libeskind entworfene Gebäudeteile nach oben, die dem ganzen Ensemble ein unverwechselbares, futuristisches Aussehen geben. Eingerahmt von den Hotels Four Seasons, Park Central und Marriott sowie Seite an Seite mit der katholischen St. Patrick's Church, ist das Museum allein schon wegen seiner Außen- und Innenarchitektur erlebenswert.
**Contemporary Jewish Museum**, *736 Mission St., ☏ 655-7800, www.thecjm.org; Fr–Di 11–17, Do 11–20 Uhr, Erwachsene US$ 14, Senioren/Studenten US$ 12, bis 18 Jahre frei, Do ab 17 Uhr US$ 5.*

Von diesem Ensemble kehrt man am besten über die Howard St. und New Montgomery St. zur Market St. zurück. Unterwegs passiert man das Gebäude von Pacific Bell (Ecke Natoma St.), in dem das Telephone Pioneers Communications Museum untergebracht ist. Kurz darauf steht man an der New Montgomery St. vor dem 1909 gebauten **Palace Hotel**, dessen pompöser Garden Court mit seiner Bleiglas-Kuppel das vielleicht eleganteste Café/Restaurant von San Francisco ist.

## Financial District

Jenseits der Market St. ist die Welt des Financial District die letzte Station des Rundgangs. Dieses Viertel liegt auf der Grundlinie der Market St. als Dreieck zwischen Union

Square, Chinatown und dem Embarcadero Center. Wie überall auf der Welt werden Macht und Reichtum der Banken vorzugsweise in Architektur ausgedrückt. Natürlich konnte man wegen der Erdbebengefahr nicht ganz so in den Himmel bauen wie die Oststaatler, aber ohne Zweifel ist dies der Stadtteil, auf den am ehesten das Wort von der *Manhattanization* zutrifft. Dort, wo Post St. und Montgomery St. bei der Market St. zusammenstoßen, hebt sich der 212 m hohe **Crocker Bank Tower** aus dem internationalen Einerlei der Hochhaus-Architektur hervor. Insbesondere die spektakuläre **Crocker Galleria**, ein 1985 angebauter Konsumtempel für gehobene Ansprüche, lockt das Publikum an. Wer vom Shopping müde geworden ist, findet vielleicht im hübschen Dachgarten Entspannung, zu dem man von der dritten Etage aus Zugang hat. Besondere Erwähnung verdient das gewölbte Glasdach der Galerie.

Die anderen steingewordenen Wahrzeichen der Finanzkraft entdeckt man gut bei einem kurzen Spaziergang die Montgomery St. hinauf. Dabei passiert man zunächst linker Hand den gut 237 m hohen, granitverkleideten Wolkenkratzer **555 California Street**, das ehemalige Hauptquartier der **Bank of America (17)**. Bei der Einweihung im Jahre 1971 war das Gebäude mit 52 Stockwerken, in denen über 5.000 Menschen arbeiten, das größte Bankhaus der Welt.

*Bankenriese*

An der Plaza vor dem Bankgebäude, die von einer aus schwarzem Marmor gefertigten modernen Großplastik dominiert wird, geht es zurück auf die Montgomery St., wo man wenige Schritte entfernt im Museum der **Wells Fargo Bank (18)** einen Blick in die Geschichte werfen kann. Eine originale Postkutsche, Nuggets, Bankdokumente, Briefmarken etc. sind Inhalt der Sammlung: Hier kommt Wild-West-Feeling auf, insbesondere beim Anblick der alten Concord-Postkutsche.
**Wells Fargo History Museum**, *420 Montgomery St., ① 396-2619, www.wellsfargo history.com; Mo–Fr 9–17 Uhr, freier Eintritt.*

*Die Wolkenkratzer des Financial District*

*San Francisco: Rundfahrten und Rundgänge*

Nebenan befindet sich auf der California St. das Gebäude der **Bank of California (19)**, der ältesten Bank des Bundesstaates. Sie firmiert heute unter dem Namen Union Bank, mit der sie 1996 fusionierte. Neben dem neuen Wolkenkratzer entdeckt man das 1908 im griechischen Tempelstil errichtete alte Bankgebäude, das im Kellergeschoss ein kleines Museum unterhält. Hier kann man eine ansehnliche Sammlung von Nuggets, Geldstücken und -noten, Karten, Fotodokumenten, Münzprägegeräten und historischen Waffen bewundern (*Mo–Fr 10–17 Uhr, freier Eintritt*).

*Luxushotel mit Aussicht*

Unweit davon, zwischen der Sansome St. und Battery St., erhebt sich im wahren Wortsinn das 1987 eröffnete **First Interstate Center** (*345 California St.*), mit rund 221 m das dritthöchste Gebäude der Stadt, das leicht an seinen beiden nadelartigen Türmen zu identifizieren ist. In den Etagen 38–48 beherbergt der Wolkenkratzer das Luxushotel Loews Regency, bis März 2015 das Mandarin Oriental.

Noch höher hinauf geht es bei der **Transamerica Pyramid (20)**, die sich zwei Blocks weiter, wo die Columbus Ave. und Montgomery St. aufeinandertreffen, in den Himmel von San Francisco erhebt. Kein anderes Gebäude bestimmt so auffällig die moderne Skyline der Stadt wie dieses 1972 fertiggestellte, 260 m hohe Bürohochhaus (48 Stockwerke) – wenngleich es seit Fertigstellung des Salesforce Tower 2018 nicht mehr das höchste Gebäude in San Francisco ist. Über einem quadratischen Grundriss laufen die einzelnen Seiten in einer pyramidalen Spitze aus. Diese ist über 65 m hoch und innen hohl. Ein Drittel des Turms, in dem rund 1.500 Menschen arbeiten und der 6.000 Fenster hat, ist von der Transamerica-Versicherung belegt, den Rest teilen sich 50 weitere Firmen, Banken und Kanzleien. Die Transamerica Pyramid ist nicht nur wegen ihrer Höhe so weit zu sehen, sondern auch, weil sie in der Fluchtlinie der diagonalen Columbus Ave. liegt. Auf der Ostseite wird man von einem kleinen, aus 80 Bäumen bestehenden Redwood-Wäldchen überrascht.

## Embarcadero Center und Ferry Building

Von der Transamerica Pyramid in östlicher Richtung entlang der Clay St. gelangt man zu einem weiteren Hochhaus-Projekt, dem **Embarcadero Center (21)**. Dieses 3½ ha große Einkaufs-, Büro-, Vergnügungs- und Hotelzentrum ist nicht nur eine kleine Stadt für sich, sondern stellt einen der bemerkenswertesten Versuche dar, mit modernen Architekturmitteln sogenannte „Erlebniswelten" zu schaffen. Der 375-Mio.-Dollar-Komplex umfasst vier Wolkenkratzer (1971–82), deren beiden höchsten Türme jeweils 173 m hoch aufragen, den 1988 eingeweihten Büroturm Embarcadero Center West, das 25-stöckige Le-Méridien-Hotel (1988) und das 20-stöckige Hyatt-Regency-Hotel (1973).

*Hotels, Restaurants, Geschäfte*

Auf mehreren Ebenen, die über Treppen und Fußgängerbrücken miteinander verbunden sind, stehen den Kunden mehr als 175 Läden und Restaurants zur Verfügung. Die öffentlichen Räume wurden mit Plastiken geschmückt, und gelegentliche Konzerte sorgen für Unterhaltung. Besonders eindrucksvoll ist die hohe Lobby im **Hyatt Regency**, die sich niemand entgehen lassen sollte und die laut Guinness-Buch der Rekorde als größte Hotelhalle der Welt gilt.

Östlich begrenzt wird das Embarcadero Center von der Justin Herman Plaza mit ihrer eigenwilligen Brunnenanlage **Vaillancourt Fountain** (1971), die von geknickten Stahl-

*Vom Civic Center zum Ferry Building*

*Das Embarcadero Center zur blauen Stunde*

trägern und kunterbunt gewürfelten Steinquadern bestimmt und besonders zur Mittagszeit von den Bankangestellten des Viertels stark frequentiert wird.

Von hier aus lohnt sich ein Abstecher die Davis St. hinunter in Richtung Wasser: Am Pier 15 wartet das gerade rechtzeitig zur 150-Jahr-Feier des Hafens von San Francisco eröffnete **Exploratorium (22)**. Am 17. April 2013 öffnete das Erlebnismuseum seine Pforten. Von dem Physiker Frank Oppenheimer, übrigens der jüngere Bruder von Robert Oppenheimer, im Jahr 1969 ins Leben gerufen und bis 2013 im Palace of Fine Arts (s. S. 151) beheimatet, geht es jetzt am Pier 15 auf moderne, effekt- und didaktisch wertvolle Art und Weise besonders um die Vermittlung von Naturwissenschaften. Selbige werden in 150 Einzelausstellungen – innen und außen – mit allen Sinnen fühlbar gemacht, in Szene gesetzt und erläutert.

*Naturwissenschaften erleben*

**Exploratorium**, *Pier 15, ① 528-4444, www.exploratorium.edu; tgl. außer Mo 10–17 Uhr, Do ab 18 Jahre zusätzlich 18–22 Uhr, Erwachsene US$ 29,95, 3–17 Jahre, ab 65 Jahre und Studenten US$ 24,95, bis 3 Jahre frei.*

Ein kleines Stückchen zurück am Embarcadero ist der Endpunkt des Rundganges in wenigen Minuten erreicht: das **Ferry Building (23)**. Da die Market St. eine wichtige Achse ist, kommt auch dem an ihrem Ende aufragenden Ferry Bldg. eine besondere Bedeutung zu. Tatsächlich war das neoromanische Gebäude mit seinem 70 m hohen Turm einmal das höchste der Stadt. Nirgendwo besser als hier – im Schatten der Bankhochhäuser des Financial District – wird offensichtlich, wie sehr sich die Zeiten geändert haben. Seinen Stellenwert erhielt das Ferry Bldg. durch den unbeschreiblich lebhaften Fährverkehr vor dem Bau der großen Brücken. Hunderte von Schiffen und Fähren transportierten damals Waren und Menschen quer über die Bay und trugen zur Entwicklung der Region wesentlich bei. Das 1896–1903 erbaute Ferry Bldg. wurde übrigens vom Erdbeben 1906 verschont. Mit mehr als 50 Mio. Passagieren jährlich war das Gebäude das (nach

*Großer Bogen: Cupid's Span*

**Ehemaliger Fährhafen** der Londoner Charing Cross Station) zweitwichtigste Fährterminal der Welt. Als beim letzten großen Erdbeben am 17. Oktober 1989 die Zeiger der Uhr exakt um 4 Minuten nach 5 Uhr stehen blieben, gelangte der Turm noch einmal in die Schlagzeilen der Weltpresse.

Das historische Ferry Building wurde 1998–2003 wunderschön renoviert und in ein lebhaftes Zentrum mit Marktständen, Bio- und Feinkost-Läden sowie Straßencafés umgewandelt. Der bei Einheimischen und Touristen gleichermaßen beliebte **Ferry Building Marketplace** ist Mo–Fr 10–19, Sa 8–18 und So 11–17 Uhr geöffnet, der benachbarte Blumen-, Obst- und Gemüsemarkt Ferry Plaza Farmer Market Di und Do 10–14 und Sa 8–14 Uhr. Weitere Infos unter *www.ferrybuildingmarketplace.com*.

Man sollte den geschichtsträchtigen Platz nicht verlassen, ohne auch dem Pier hinter dem Ferry Bldg., auf dem sich u. a. eine lebensgroße Mahatma-Gandhi-Statue befindet, zu besuchen, die Aussicht auf die Bay zu genießen oder von der Ferry Plaza aus das bunte Treiben auf dem Wasser anzuschauen. Noch ein Stückchen weiter die Embarcadero hinunter folgt der überschaubare **Rincon Park** mit dem auffälligen Kunstwerk „Cupid's Span" (Cupidos Bogen) von Claes Oldenburg und Coosje van Bruggen – eine Anspielung auf San Francisco als Heimat des Eros.

**Beeindruckende Lichtinstallation** Von hier ist die **San Francisco-Oakland Bay Bridge (24)** gut zu sehen, die zu Unrecht seit jeher ein wenig im Schatten ihrer berühmteren Kollegin am Golden Gate steht (s. S. 152). Der 160 m hohe östliche Teil der Bay Bridge wurde von 2002 bis 2013 für 6,5 Mrd. Dollar neu gebaut und ist 160 Meter hoch. Nachts bildet die Brücke dank Leo Villareals Lichtinstallation **The Bay Lights** (*gift.thebaylights.org*) ein ganz besonderes Highlight: Von den Streben her wird die gesamte Brücke von Abertausenden LED-Leuchten aus z. T. über 150 m Höhe in prachtvolles Licht getaucht.

# Von der Fisherman's Wharf zur Golden Gate Bridge

Der knapp 6 km lange Weg von der Wharf zur Golden Gate Bridge, dem Wahrzeichen der Stadt, eignet sich für eine geruhsame Wanderung bei sonnigem Wetter, wobei man sich stets in Wassernähe aufhält und fast immer die mächtige Brücke vor Augen hat.

Startpunkt ist die Waterfront der **Fisherman's Wharf (1)** (s. S. 135), wo u. a. die Ausflugsboote der blau-goldenen Flotte ablegen. Zwischen Jefferson St., Beach St., Leavenworth St. und Jones St. sieht man dabei zunächst die Mall **Anchorage Square (2)**, in der auf mehreren Etagen ein Hotel sowie etwa 50 Geschäfte und Restaurants untergebracht sind. Das Kennzeichen dieses Zentrums sind die roten Anker auf Masten, die die Eingänge zum Innenhof markieren.

Im nächsten Block nach Westen lockt **The Cannery (3)** Touristen und Einheimische an. Das 1907–09 errichtete Backsteingebäude war ursprünglich eine Fabrik für Pfirsich-Konserven und einer der ersten Industriebauten, die man in ein Einkaufszentrum umgebaut hat. Auf drei Etagen findet man hier zahlreiche Büros, Geschäfte und Restaurants. Im Sommer gibt es im schönen Innenhof manchmal Veranstaltungen, in den letzten Jahren hat das Gelände aber leider etwas von seinem kreativen Vibe verloren.

## Maritime National Historical Park

Jenseits der Hyde St. gelangt man von der Cannery zum 1960 angelegten Victorian Park, in dem sich auch die Endhaltestelle (*turntable*) des Cable Car befindet, vor der fast immer eine Menschenschlange auf die nächste Abfahrt wartet. Zur Seeseite hin erstreckt sich hier der **Maritime National Historical Park (6)**, zu dem historische Schiffe, eine Bücherei und ein Seefahrtsmuseum gehören. Am **Pier 45** und am **Hyde Street**

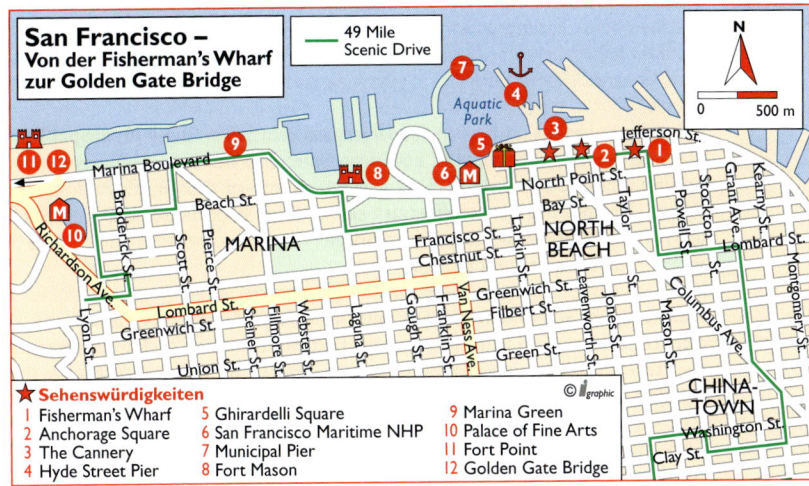

*Historische Schiffe* An **Pier (4)** liegen alte Schiffe vertäut, u. a. der 1890 vom Stapel gelaufene Schaufelraddampfer *Eureka*, der Dreimastschoner *C. A. Thayer* von 1895 und der 1914 gebaute britische Schaufelradschlepper *Paddle Eppleton Hall*. Das Prunkstück dieser Sammlung ist die *Balclutha*, ein Dreimaster mit Stahlrumpf aus dem Jahr 1886, der allein 17-mal das Kap Hoorn umrundete. Das Schiff, das Kulisse für den Oscar-gekrönten Filmklassiker „Die Meuterei auf der Bounty" (1935) lieferte, kann samt Kabinen und Laderäumen besichtigt werden, ebenso die anderen Museumsstücke (s. u.). Außerdem zum Historical Park gehört das **Maritime Museum** im **Aquatic Park Bathhouse Building** (an der Beach St.), das wie ein riesiges gestrandetes weißes Schiff am Strand vor dem Blau der Bay liegt und ein gutes Beispiel für den Art-déco-Stil ist. Im Visitor Center, das sich nahe dem Cable Car Turnaround (Ecke Jefferson/Hyde St.) befindet, kann man Filmvorführungen besuchen und das tägliche Programm sondieren.
**San Francisco Maritime NHP**, *2905 Hyde St., ① 447-5000, www.nps.gov/safr; tgl. 9.30–17, Maritime Museum tgl. 10–16 Uhr, Eintritt Besichtigung der Schiffe: Erwachsene US$ 15, bis 15 Jahre frei.*

Direkt an der Beach Street entführt seit seinem Umzug im Herbst 2017 das **Cartoon Art Museum** in die bunte Welt der Comics. Es wurde 1987 in der Mission Street in San Francisco gegründet und ist das einzige seiner Art im Westen der Vereinigten Staaten. Unter den rund 7.000 Exponaten der Dauerausstellung finden sich originale Disney-Animationen und zahlreiche Arbeiten von „Peanuts"-Schöpfer Charles M. Schulz, aber auch von vielen anderen Vertretern der neunten Kunst. Daneben gibt es immer wieder interessante Sonderausstellungen zu sehen.
**Cartoon Art Museum**, *781 Beach St., Tel. 227-8666, www.cartoonart.org; Do–Di 11–17 Uhr, Erwachsene US$ 10, Senioren und Studenten US$ 6, 6–12 Jahre US$ 4, Kinder bis 5 Jahre frei.*

Entlang der Beach St. weiter nach Westen fällt zur Rechten das 1866 entstandene, rote Ziegelsteingebäude einer ehemaligen Schokoladenfabrik ins Auge, in dem sich seit 1964 die Mall **Ghirardelli Square (5)** befindet. Der große Komplex mit seinen Promenaden, Innenhöfen, Springbrunnen sowie Cafeterien, Restaurants, Läden und Galerien ist *Schokoladenladen* heute ein äußerst beliebter Treffpunkt. In einem Spezialgeschäft verkauft die Traditionsfirma Ghirardelli immer noch ihre in ganz Amerika bekannte Schokolade.

Man sollte unbedingt noch einen Spaziergang auf dem 565 m langen **Municipal Pier (7)** unternehmen, vielleicht auch bei Sonnenuntergang. Der halbkreisförmige, meist ziemlich windige Steg wurde 1929–34 angelegt und schützt den Aquatic Park vor den Wellen. Am Ende des Piers eröffnet sich ein herrlicher Blick auf die Skyline der Stadt und im Westen bis hin zur Golden Gate Bridge.

*Ziviles Innenleben* Von hier aus ist es nur ein kurzes Stück über den asphaltierten Fußgängerweg zum **Fort Mason (8)**, das von der militärischen längst in eine zivile Nutzung überführt wurde: In den alten Kasernen und Offizierskasinos des Forts wurden rund 50 kulturelle Institutionen, das vorzügliche vegetarische Restaurant Greens, Theater, Galerien und Museen einquartiert, und auch eine Jugendherberge hat hier eine (schön gelegene) Heimat gefunden.

Zu den Museen und Galerien, die in den verschiedenen umgebauten Lagerhäusern des Fort Mason Center for Arts & Culture ihre Exponate zeigen, gehören das **San Fran-**

*Von der Fisherman's Wharf zur Golden Gate Bridge*

*Die Harbor Front am Abend*

cisco **Museum of Modern Art Artists Gallery** (Gebäude A; Wechsel- und Verkaufsausstellung lokaler Künstler, *www.sfmoma.org/artists-gallery*) und das **Museo Italoamericano** (Gebäude C; italienische und italo-amerikanische Gegenwartskünstler, *http://museoitaloamericano.org*).

Aber auch die zahlreichen **Theater** sind einen Besuch wert. So bietet **Chinese Cultural Productions** Auftritte der Lily Cai Chinese Dance Company *(www.lilycaidance.org)*, das **Magic Theatre** Stücke neuer Autoren *(http://magictheatre.org)* und das **Young Performers Theatre** bringt Nachwuchstalente auf die Bühne *(http://ypt.org)*. Im westlichen Teil des Erholungsparks informiert das **Fort Mason Center** (① 345-7500, *http://fortmason.org*) über die vielfältigen kulturellen Aktivitäten.

*Theater*

## Golden Gate Promenade

Nach der geballten Ladung an Kultur und Shoppingzentren geht es im weiteren Verlauf des Spazierganges gemächlicher zu. Auf der asphaltierten **Golden Gate Promenade**, die direkt am Ufer entlang bis zur Golden Gate Bridge führt, gelangt man dabei zunächst zur flachen Rasenfläche des **Marina Green (9)**, einem Teil des Marina District, der z. T. auf aufgeschüttetem Land entstanden ist. Das Grün ist beliebt für Freizeitaktivitäten: Es wird gejoggt, gepicknickt und in der Sonne gelegen. Vor allem auf den unzähligen Booten des St. Francis Yacht Club und des Golden Gate Yacht Club herrscht an schönen Tagen reges Treiben. Am westlichen Ende des Parks lohnt sich der kleine Abstecher entlang der Hafenmole (West Harbor Jetty), an deren Ende das merkwürdige Musikinstrument Wave Organ (Wellenorgel) installiert wurde. Der „Organist" dieses Instrumentes ist das Meer selbst, dessen Wellen die Luft aus den Orgelpfeifen pressen und so die Geräusche erzeugen.

*Meeresinstrument*

Am Ende des Hafenbeckens wartet dann an der Lyon St., jenseits des Marina Blvd., eine weitere Attraktion: der **Palace of Fine Arts (10)**. Das monumentale Gebäude mit seiner Rotunde, Kolonnaden und einem wunderschönen Teich war im Jahr 1915 Mittelpunkt der Panama-Pacific-Weltausstellung. In seinem Inneren werden heute nur noch Events abgehalten, nachdem das Museum Exploratorium 2013 an den Pier 15 (s. S. 147) umgezogen ist.

**Palace of Fine Arts**, *3301 Lyon St., ① 563-6504, www.palaceoffinearts.org.*

Vom Palace of Fine Arts aus ist es möglich, den Rundgang über die Lyon St. und Lombard St. bis zum **Presidio** (s. S. 161) auszudehnen. Da dies jedoch den Zeitrahmen der meisten sprengen würde, geht es zurück ans Ufer, wo die Golden Gate Promenade an einem schönen Parkgebiet, dem ehemaligen Stadtflughafen Crissy Field und an der alten U. S. Coast Guard Station vorbei nach Westen auf die Golden Gate Bridge zuführt.

## Fort Point (11)

Am Ende des Weges, direkt unter dem alles überragenden roten Brückenbau, bietet sich zunächst noch die Besichtigung des Fort Point an. Ein Besuch der historischen **Verteidigungsanlage** lohnt sich aus mehreren Gründen: Erstens ist das Fort eines der frühesten Militärgebäude des Westens. Es wurde 1853–61 gebaut und war mit seinen 600 Soldaten und 126 Kanonen (Reichweite: 3 km) ein nahezu unüberwindliches Bollwerk am Eingang der Bay. Zu kriegerischen Auseinandersetzungen ist es jedoch nie gekommen, und 1896 gab man deswegen das Fort auf. Zudem ist die Architektur des rundlichen Bauwerks interessant. Dreistöckige, massive **Bogenkasematten** umschließen einen großen Innenhof. Die drei Stockwerke mit einer Mauerdicke von bis zu 4 m sind untereinander mit großen Wendeltreppen aus Granit verbunden, auf jeder Etage befinden sich 30 Geschützstände. Das Material der gesamten Anlage sind Ziegel – im 19. Jh. galt Fort Point sogar als größtes Ziegelsteingebäude westlich des Mississippi. Und die Aussicht ist einfach fantastisch: Im Vordergrund hat man den spannenden Kontrast zwischen den roten Ziegelsteinen und dem 1864 aufgesetzten kleinen weißen Leuchtturm des Forts, darüber spannt sich mit mächtigem Eisenskelett ein Bogen, mit dem die Golden Gate Bridge das Fort überbrückt, und im Hintergrund erheben sich die Berge des Marine County und leuchtet das Blau des Meeres.

*Ungenutztes Bollwerk*

**Fort Point National Historic Site**, *Marine Dr., ① 504-2334, www.nps.gov/fopo; Fr–So 10–17 Uhr, freier Eintritt (Spende erbeten).*

Ab dem Fort Point muss man einige Minuten auf der Long Ave. zurückgehen, bis man einen L-förmigen Pier entdeckt, von dem man nochmals einen fantastischen Ausblick auf die Brücke hat. Auf dessen Höhe führt rechts ein ungepflasterter Pfad den Berghang hinauf, der die 1876 angelegte Battery East trägt. Von hier aus sind es nur wenige Gehminuten, bis man die Brückenzoll-Station (Toll Plaza) der Golden Gate Bridge erreicht.

## Golden Gate Bridge (12)

*Wahrzeichen der Stadt*

Die fast 3 km lange Hängebrücke ist zwar nicht mehr die längste der Welt, aber mit Sicherheit eine der schönsten Brücken überhaupt. Das Wahrzeichen San Franciscos wurde nach vier Jahren Bauzeit unter Leitung des Ingenieurs Joseph B. Strauss am 28. Mai 1937 fertiggestellt. Fußgänger (bis 21 Uhr) und Fahrradfahrer dürfen die Brücke ohne Weiteres passieren. Für Autos, die in die Stadt fahren, wird ein bargeldloser Brückenzoll von US$ 8 erhoben, die Fahrt nach Norden ist abgabenfrei. Auf beiden Seiten der

Brücke bestehen Parkmöglichkeiten, wobei es sich außerordentlich lohnt, auf das jenseitige Ufer hinüberzugehen. Auf der San-Francisco-Seite im Bridge Plaza ist das runderneuerte **Visitor Center** (*www.parksconservancy.org*) untergebracht, und in dem kleinen Park beim Vista Point steht eine Statue von Joseph B. Strauss, der über 400 große Brücken in aller Welt errichtet hat. Daneben sieht man einen Querschnitt durch ein Stück Kabel, aus dem der Aufbau der beiden stählernen Hauptseile ersichtlich wird.

An der Golden Gate Bridge endet der Rundgang, und für die Rückkehr in die Innenstadt empfiehlt es sich, die öffentlichen Verkehrsmittel zu nutzen. Vom Toll Plaza bringt einen die Buslinie 28 (in Chestnut & Fillmore oder am Fort Mason in Bus 30 umsteigen) wieder in die Stadt zurück, während die Linie 29 von hier bis zum Golden Gate Park fährt.

Wer noch Zeit und Kondition hat, kann diese nutzen, um entweder über die Golden Gate Bridge zu gehen oder auf der San-Francisco-Seite jenseits des Hwy. 101 die Wanderung auf dem **Coastal Trail** fortzusetzen. Dieser Pfad folgt dem Geländerücken an der Pazifikküste und bringt einen von der Golden Gate Bridge bis zum Cliff House (s. S. 162). Unterwegs entdeckt man noch die eine oder andere Kanonenbatterie und kann dem unterhalb des Trails liegenden Baker Beach einen Besuch abstatten. Vom Cliff House kann man mit dem Bus zurück nach Downtown fahren.

*Surfer an der berühmtesten Hängebrücke der Welt*

### ☞ Die Golden Gate Bridge in Zahlen

- Die Brücke ist 2.737 m lang und 27 m breit. Die Pfeiler ragen 2.271 m über dem Meeresspiegel auf und reichen 331 m unter Wasser. Der Hauptbogen zwischen den beiden Pylonen ist 1.281 m lang. Die Fahrbahn befindet sich 67 m ü. d. M.
- Die Länge aller Einzeldrähte, aus denen die die Fahrbahn haltenden Stahlseile gefertigt sind, beträgt 129.000 km, ihr Gesamtgewicht beträgt 22.226 t.
- Von Juli 2016 bis Juni 2017 querten täglich durchschnittlich mehr als 110.000 Fahrzeuge die Brücke, insgesamt ca. 41 Mio.
- Seit der Eröffnung für den Verkehr am 28. Mai 1937 überquerten bis Januar 2014 2.025.883.491 Fahrzeuge die Golden Gate Bridge.
- Die meisten Menschen befanden sich am Tag ihres 50. Jubiläums (1987) auf der damals für den Autoverkehr gesperrten Fahrbahn: über 250.000.
- Tagtäglich arbeiten hier ca. 60 Elektriker, Schlosser, Klempner, Maler und andere Handwerker, um Rost und Materialermüdung vorzubeugen.
- Es gibt 4 Nebelhörner, die genau unter der Mitte der achtspurigen Autobahn montiert sind. Kapitäne sagen, dies seien die einzigen Nebelhörner der Welt, auf die man zu- und nicht von ihnen wegsteuern müsse.
- Jährlich werden rund 20.000 l der Farbe International Orange verstrichen.

# Spaziergang durch den Golden Gate Park

Der etwa 6 km lange und 1 km breite Stadtpark (*www.golden-gate-park.com*) ist eine der herausragenden Sehenswürdigkeiten San Franciscos. Aus drei Gründen sollte sich keiner einen Besuch entgehen lassen: Die **landschaftliche Gestaltung** mit ihren Blumen, Bäumen, Seen, Teichen und Tieren ist wunderschön. Dabei befand sich hier bis 1870 nur trockenes Dünenland. Unter der Leitung von John McLaren, der 1887–1943 Parkkommissar war und von vielen Bürgern der Stadt immer noch liebevoll *Uncle John* genannt wird, begann man, das Gebiet zur größten von Menschenhand geformten Grünanlage umzugestalten. Dazu wurden aus allen Teilen der Welt Pflanzen und Samen eingeführt, die in dem feuchten und milden Klima gut gediehen. Zur Bewässerung sind täglich mehr als 15 Mio. l Wasser nötig.

*Unbedingt sehenswert*

Der rund 411,5 ha große Golden Gate Park ist bevorzugter Ort der Entspannung und des Sports für die Einwohner der Stadt. Hier erlebt man sie beim Rudern, Golfen, Wandern, Radfahren, Rollschuhlaufen, Joggen, Fußballspielen usw. Nicht zuletzt hat der Park eine sehr **vielfältige Kulturlandschaft**. Einige der wichtigsten Museen sind hier versammelt.

Eigentlich ist es selbst in mehreren Tagen nicht möglich, alle interessanten Punkte des Golden Gate Park kennenzulernen. Immerhin wird die Anlage von nicht weniger als 45 km Fuß- und 12 km Reitwegen durchzogen, abgesehen von den Autostraßen. Trotzdem kann man bei einem halbtägigen Spaziergang schon eine ganze Menge sehen. Besser noch ist ein ganzer Tag. Allerdings verlangen allein die Museumsbesuche schon einen relativ großen Zeitaufwand. Schneller unterwegs ist man mit einem Fahrrad oder Segway, das man am Parkeingang mieten kann. Bei einer individuellen Stadtrundfahrt per Auto, z. B. auf dem Scenic Drive, ist zu bedenken, dass sonntags die meisten Straßen gesperrt sind. Mit nur ganz wenig Zeit sollte man wenigstens einen Blick in den Japani-

*Große Auswahl an Aktivitäten*

*Spaziergang durch den Golden Gate Park*

schen Teegarten werfen und das prächtige Palmenhaus bewundern. Die organisierten Stadtrundfahrten haben den Park i. d. R. auf ihrem Programm.

Im Folgenden sind einige der Sehenswürdigkeiten erwähnt, und zwar von Osten nach Westen. Dabei können sich Fußgänger wie Autofahrer an der Achse des J. F. Kennedy Dr. (erreichbar über die Fell St.) orientieren. Wer vorher noch eine Sehenswürdigkeit in unmittelbarer Parknähe anschauen möchte, dem sei die **University of San Francisco** empfohlen, von der man in wenigen Hundert Metern auf dem J. F. Kennedy Dr. den Parkeingang erreicht. Die 1855 von Jesuiten gegründete Universität ist die älteste der Stadt, allerdings wurde sie erst nach dreimaligem Umzug an der heutigen Stelle auf dem Lone Mountain errichtet. Besonders sehenswert an dem Komplex ist die 1914 erbaute, kuppelbekrönte St. Ignatius Church mit ihrem 66 m hohen Turmpaar und dem Campanile.

### Infos zur Besichtigung

**App:** Es gibt eine App zum Golden Gate Park und den Museen für iOS und Android, die man im jeweiligen Store gratis downloaden kann. Die App enthält eine 3-D-Karte des Parks und zahlreiche Hinweise, beispielsweise auf Toilettenanlagen.
**Bus:** Der Golden Gate Park ist **ab Downtown** (Market St.) problemlos unter anderem mit den Buslinien MUNI 5, 21, 28, 28R, 29, 33, 44 und 91 zu erreichen. Wer zur Nordseite (Japanischer Teegarten etc.) möchte, nimmt dabei am besten MUNI 5 und 21. Zur Südseite (Hall of Flowers etc.) nimmt man MUNI 71 und zum Osteingang MUNI 5, 21, 44 oder 71. Die Universität wird ab der Market St. von der Buslinie 31 bedient. Sa/So und in den Ferien verbindet ein Gratis-Shuttlebus die Sehenswürdigkeiten alle 15–20 Minuten (https://goldengatepark.com/golden-gate-park-shuttle.html).
**Hinweis:** Für das De Young Museum (s. S. 156) und das außerhalb gelegene Legion of Honor (s. S. 162) braucht man bei Besuch am gleichen Tag nur einmal Eintritt zu zahlen.

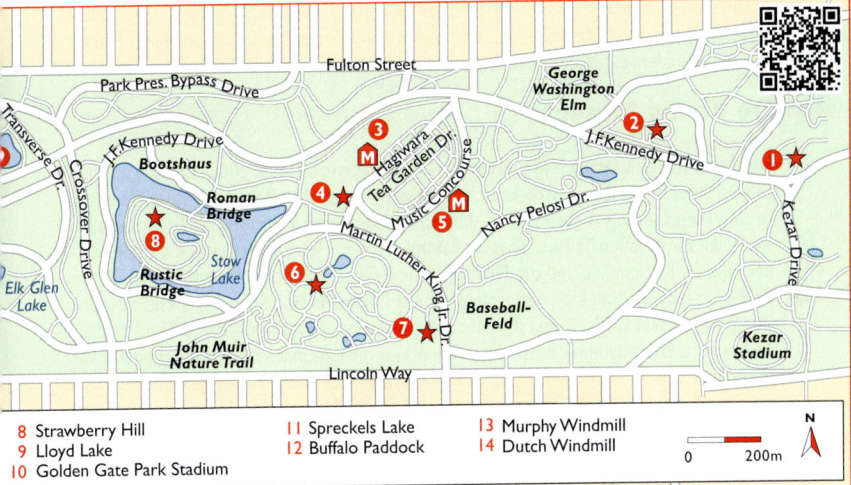

8 Strawberry Hill
9 Lloyd Lake
10 Golden Gate Park Stadium
11 Spreckels Lake
12 Buffalo Paddock
13 Murphy Windmill
14 Dutch Windmill

Sofort hinter dem Parkeingang ist die **McLaren Lodge (1)** die erste Anlaufstation für Besucher. In dem schönen Gebäude von 1896, in dem die Parkverwaltung untergebracht ist, kann man sich Infos und Karten besorgen (*geöffnet Mo–Fr 8–17 Uhr*). Vor der Lodge steht eine Monterey-Zypresse, die unter dem Namen *Uncle John McLaren's Christmas Tree* bekannt ist und in der Weihnachtszeit festlich beleuchtet wird.

## Conservatory of Flowers (2)

Anschließend geht es an den Fuchsia Gardens und dem Succulent Garden vorbei zu den herrlichen Gewächshäusern des Conservatory of Flowers. Dieses älteste Gebäude des Parks wurde in England angefertigt, dann in Einzelteilen um Kap Hoorn herum nach San Francisco transportiert und hier 1879 aufgebaut. Es gilt als das beste Beispiel für den viktorianischen Stil. Im Inneren des von einer achteckigen Kuppel bekrönten und feuchtwarmen Palmenhauses kann man eine **tropische Pflanzenvielfalt** von knapp 15.000 Orchideen, Farnen, Seerosen und weiteren exotischen Blüten und Pflanzen bewundern. Auch außerhalb des Gewächshauses breitet sich eine üppige Vegetation aus, hier verdient insbesondere die John McLaren Rhododendron Dell mit über 3.000 Rhododendren Beachtung.

*Viktorianisches Gewächshaus*

**Conservatory of Flowers**, *Golden Gate Park, Kennedy Dr., ① 831-2090, www.conservatoryofflowers.org; Di–So 10–16.30 Uhr, Erwachsene US$ 9, Schüler/Senioren US$ 6, 5–11 Jahre US$ 3, der erste Di im Monat ist frei.*

Etwa 500 m hinter dem Glasbau geht vom J. F. Kennedy Dr. eine Straße nach links ab, die zu dem ovalen Platz Music Concourse führt. Auf ihm können sich bis zu 20.000 Zuschauer versammeln und Musik- oder Theaterdarbietungen beiwohnen. Im Musikpavillon (*Spreckels Temple of Music*) geben verschiedene Orchester sonntags oft kostenlose Konzerte.

Außer einer ganzen Reihe von Denkmälern und Statuen und dem 1917 entstandenen „Zauberteich" *Pool of Enchantment* (mit der Skulptur eines Indianerjungen samt Puma-Pärchen) lockt der Platz wegen seiner Museen und Gärten die Touristen an. Im Einzelnen sind dies (entgegen dem Uhrzeigersinn):

## De Young Museum (3)

Der Neubau des ältesten Museums in San Francisco wurde Ende 2005 nach langer Bauzeit eröffnet – ein lang gestrecktes, **aufsehenerregendes Bauwerk** der Schweizer Architekten Herzog & de Meuron. Im Innern sieht man Kunstgegenstände aus aller Welt, die zum großen Teil aus privaten Sammlungen zur Verfügung gestellt wurden, wobei John D. Rockefeller und die Großverleger William Randolph Hearst und M. H. de Young wesentlich zum internationalen Ruf des Museums beitrugen. Hauptakzente der Sammlungen sind antike Kunst (Exponate aus Ägypten, Griechenland und Rom), indigene Kunst (z. B. Neuguinea, besonders interessant die Exponate zur indianischen Kunst), europäische Malerei (u. a. Tizian, El Greco, Goya, Rembrandt), Möbel und Inneneinrichtung sowie amerikanische Malerei des 18. und 19. Jh. Zusammen mit der Legion of Honor (s. S. 162) bildet dieses Museum die **Fine Arts Museums of San Francisco**.

*Weltweit renommiertes Museum*

**De Young Museum**, *50 Hagiwara Tea Garden Dr., Golden Gate Park, ① 750-3600, http://deyoung.famsf.org; tgl. außer Mo 9.30–17.15 Uhr, Erwachsene US$ 15, ab 65 Jahre US$ 12,*

Studenten US$ 6, bis 17 Jahre frei. Das Ticket gilt am gleichen Tag auch für Legion of Honor, s. S. 162). Am ersten Di im Monat freier Eintritt.

## Japanischer Teegarten (4)

An das Museum für asiatische Kunst schließt sich die wohl meistfotografierte Attraktion des Golden Gate Park an, der Japanische Teegarten. Bereits 1894 als **„japanisches Dorf"** im Park installiert, ist der Teegarten von japanischen Landschaftsgärtnern in der ersten Hälfte des 20. Jh. zu einem spirituellen Erlebnis (Zen-Garten) umgestaltet worden. Mit seinen kunstvoll arrangierten Teichen, Pflanzen, Steinen und Wegen, mit seinen Buddha-Statuen, Brücken (u. a. die kaum begehbare Mondbrücke) und Pagoden verbreitet der Garten am eindrucksvollsten in Kalifornien eine fernöstliche Atmosphäre.

Natürlich kann man im Teegarten auch die üblichen Souvenirs kaufen und Erfrischungen zu sich nehmen: Im kleinen Tea House werden grüner Tee und Glückskekse angeboten. Das mit 2 ha nicht allzu große Gelände leidet allerdings unter dem Massenandrang der Besucher.

*Im Japanischen Teegarten*

Da hier die Busse der Sightseeing-Touren meistens in den Vormittagsstunden einen Halt einlegen, sollte bei freier Zeiteinteilung ein anderer Besuchstermin angepeilt werden. **Japanese Tea Garden**, Golden Gate Park, www.japaneseteagardensf.com; Nov.–Feb. tgl. 9–16.45, sonst 9–18 Uhr, Erwachsene US$ 9, ab 65 und 12–17 Jahre US$ 6, 5–11 Jahre US$ 3, Mo, Mi, Fr freier Eintritt bei Einlass vor 10 Uhr.

## California Academy of Sciences (5)

Auf der gegenüberliegenden, also südlichen Seite des Concourse wartet eine Attraktion ganz anderer Qualität. Die verschiedenen Institutionen der 1853 eröffneten California Academy of Sciences zählen zu den bedeutendsten naturwissenschaftlichen Einrichtungen Kaliforniens. Und dies in einem modernen, vom italienischen Stararchitekten Renzo Piano gezeichneten Kleid, das nach zehn Jahren Planung und einem Kostenaufwand von US$ 500 Mio. im Jahre 2008 der Welt vorgestellt wurde. Seitdem reißt der Strom der Besucher nicht ab, die einerseits an den spektakulären Sammlungen, andererseits aber auch an diesem **Musterprojekt** für nachhaltiges Bauen interessiert sind.

Dass die Presse vom „grünsten Museum der Welt" sprach, liegt sowohl an dem begrünten und markant geschwungenen Dach als auch an der umweltverträglichen Architektur, z. B. der Photovoltaik-Anlage, die mit ihren 55.000 Solarzellen knapp 10 % des Stromverbrauchs abdeckt.

*Naturverträgliches Museum*

Der neue Komplex, in dem auch große Teile der alten Fassade bewahrt sind, ist im Übrigen weltweit die einzige Institution, die ein Aquarium, ein Naturkundemuseum und ein Planetarium unter einem Dach beherbergt. Der Aufbau wird von mehreren Besucherebenen bestimmt:

- Durch den Haupteingang gelangt man zum Erdgeschoss (Level 1) mit seiner riesigen Piazza, um die u. a. ein großes Café, ein Bücher- und Souvenirshop sowie verschiedene Ausstellungen angeordnet sind. Zu den wichtigsten gehört die **African Hall**, in der die afrikanische Tierwelt in Dioramen und mit gezielten Soundeffekten z. T. spektakulär in Szene gesetzt wird. Ihr Prunkstück ist eine kleine Kolonie südafrikanischer Pinguine. Auch ein Foucaultsches Pendel, das hypermoderne, digitalisierte **Morrison Planetarium**, eine große Ausstellung zum Klimawandel in Kalifornien und, als absolutes Highlight, ein dreistöckiger Regenwald (**Osher Rainforest**) sind auf dieser Ebene zu finden.
- Im Stockwerk darunter (Lower Level) befindet sich das **Steinhart Aquarium**, eine unbedingt lohnende Attraktion mit fast 40.000 Tiere aus rund 900 verschiedenen Arten. Zu seinen fantastisch konzipierten Abteilungen gehören das „Philippinische Korallenriff", die Multimedia-Präsentation „Water Planet", ein riesiger Tank mit Flora und Fauna der nordkalifornischen Küste und die Grube „The Swamp", in der sich ansehnliche und furchterregende Alligatoren-Exemplare tummeln, darunter auch ein Albino-Alligator. Durch einen verglasten Aufzug und einen Tunnel aus Acrylglas kann man hier auch die überfluteten Regionen des Amazonas-Regenwaldes mit Schlangen, Piranhas und anderem Getier kennenlernen.
- In den oberen Stockwerken (Upper Levels) sind u. a. ein Forschungszentrum, Räume für Wechselausstellungen und das Forum mit dem 3-D-Theater untergebracht.
- Ganz oben (Observation Deck) ist es möglich, von der Dachterrasse aus das begrünte **Living Roof** mit seinen futuristischen Kuppeln zu bestaunen und die Aussicht auf den Golden Gate Park zu genießen.

Neben dem Bau schließlich findet man Themengärten und ein Goethe-Schiller-Denkmal, das deutsche Einwanderer 1901 stifteten.
**California Academy of Sciences**, *Golden Gate Park, 55 Music Concourse, ① 379-8000, www.calacademy.org; Mo–Sa 9.30–17, Do zusätzlich 18–22 (ab 21 Jahre), So 11–17 Uhr, Erwachsene US$ 39,95, 4–11 Jahre US$ 29,95, 12–17 und ab 65 Jahre US$ 34,95.*

## Strybing Arboretum & Botanical Gardens (6)

*Stifterin Helen Strybing*

Von hier aus erreicht man in wenigen Minuten die südlich am Martin Luther King Jr. Dr. gelegenen und nach der Stifterin Helen Strybing benannten Botanischen Gärten. In der 1937 eröffneten Parkanlage werden auf 22 ha mehr als **7.500 Pflanzenarten** gezeigt, darunter viele seltene und exotische Exemplare. Außer Themengärten, die der Vegetation Nord- und Südamerikas, Australiens, Neuseelands, Asiens und Afrikas gewidmet sind, enthält der Park auch den speziell für Blinde konzipierten Garden of Fragrance, den stillen Moon Viewing Garden im asiatischen Stil und einen naturbelassenen Redwood-Hain. Zusätzlich beleben Enten, Schwäne und Pfauen die Szenerie.
**Strybing Arboretum**, *Golden Gate Park, 9th Ave./Lincoln Way, ① 661-1316, www.sfbotanicalgarden.org; Mitte März–Sept. tgl. 7.30–18, Okt. und Feb.–Mitte März 7.30–16, Nov.–Jan. 7.30–17 Uhr, Erwachsene US$ 9, über 65 und 12–17 Jahre US$ 6, 5–11 Jahre US$ 2. Freier Eintritt jeden zweiten Di des Monats und tgl. 7.30–9 Uhr.*

## San Francisco County Fair Building (7)

Vom Strybing Arboretum aus kann man den Park über den Luther King Jr. Dr. und die 9th Ave. verlassen, wobei man das County Fair Bldg. passiert, das mit rund 3.000 ausgestellten Pflanzenarten eine der besten Adressen für Blumenliebhaber ist. Im gleichen Gebäude wird auch die **Helen Crocker Russell Library of Horticulture** untergebracht, die 27.000 Bände botanischer Fachliteratur umfasst (*www.sfbotanicalgarden.org/library; tgl. außer Di 10–16 Uhr geöffnet*).

Wer noch Zeit und Muße hat, kann den Spaziergang um folgende Stationen verlängern, die an dieser Stelle nur stichwortartig genannt werden:

*Spaziergang verlängern*

Über den Luther King Jr. Dr. nach Westen gelangt man zum Stow Lake, dem größten See und Hauptwasserreservoir des Parks. In seiner Mitte erhebt sich die 130 m hohe Insel **Strawberry Hill (8)**, die man auf zwei Brücken erreichen oder per Ruderboot umrunden kann. Der Bootsverleih befindet sich am Boat House an der Nordwestseite des Sees. Weiter auf dem John F. Kennedy Dr. passiert man die künstlichen Rainbow Falls, dann das 17 m hohe Prayer Book Cross (die Kopie eines keltischen Kreuzes) und gelangt schließlich zum idyllischen **Lloyd Lake (9)**. Hier ist man bereits in der deutlich ruhigeren westlichen Parkhälfte, die von einem ganzen Kranz von Seen geprägt wird.

Auf dem John F. Kennedy Dr. kommt man im weiteren Verlauf nahe am **Golden Gate Park Stadium (10)** und den angeschlossenen Reitställen vorbei, sodann zum **Spreckels Lake (11)**, der oft von den Minibooten des Model Boat Club bevölkert wird. Westlich davon schließt sich das **Buffalo Paddock (12)** an, ein Freigehege u. a. für Bisons. Der Fly Casting Pool gegenüber ist ein beliebtes Ziel für Freizeitangler. Am Golden Gate Park Golf Course, wo der John F. Kennedy Dr. eine scharfe Rechtskurve macht, lohnt der Abstecher auf dem kleinen Pfad zur Linken, der einen parallel zum Martin Luther King Jr. Dr. zur 1908 erbauten **Murphy Windmill (13)** führt. Nach Jahrzehnten des Verfalls wurde diese Mühle – angeblich die größte ihrer Art weltweit – 2006 restauriert. Dahinter kann man zwischen den Fußballplätzen und dem Great Highway nach Norden wandern, vorbei am Beach Chalet, das im Erdgeschoss schöne Wandmalereien (1936–37) aufweist. Schließlich gelangt man wieder auf den John F. Kennedy Dr., an dem als letzte Station die 1902 erbaute **Dutch Windmill (14)** liegt. Zum holländischen Ambiente passt hier der nach der Königin Wilhelmina benannte Queen Wilhelmina Tulip Garden, in dem jedes Frühjahr rund 14.000 Tulpen und Narzissen blühen.

Man verlässt den Golden Gate Park in Richtung Osten und dem Great Highway, wo man mit der Buslinie 18 zurück in die Innenstadt kommt.

---

 **Abstecher nach Haight-Ashbury und zum Alamo Square**

Verlässt man den Golden Gate Park in Richtung Westen (Stanyan St.), kommt man in das lebhaft-verrückte, bunte Viertel **Haight-Ashbury**, das zusammen mit dem Golden Gate Park entstanden ist. Sein Herz schlägt an den Straßenecken von Haight und Ashbury Street im Bereich zwischen Masonic und Cole Street. Zu wahren Pilgerstätten entwickelten sich die Wohnhäuser von Idolen der Blumenkinder-

*Hippie-Viertel*

*Relaxen am Alamo Square nach einem Spaziergang durchs Hippie-Viertel*

Generation, u. a. das der Sängerin Janis Joplin, und wie eh und je ist die **Haight Street** Flanierallee und Ort zum Sehen und Gesehenwerden. Man schmökert in Buchläden, wühlt in Secondhand-Shops nach alten Hippie-Klamotten oder sitzt einfach nur in oder vor einem der zahlreichen Cafés.

In den 1930er-Jahren befand sich hier ein Arbeiterviertel, das erst zum Rückzugsgebiet der Afroamerikaner wurde, ehe in den 1960er-Jahren „Hashbury", die Hippie-Hauptstadt der Welt, aus der Wiege gehoben wurde. Nach dem Niedergang der Szene waren es die *Urban Pioneers*, die sich in den späten 1980er-Jahren daran machten, die damals preiswert angebotenen viktorianischen Häuschen zu renovieren, und so das Viertel ganz allmählich wieder zu einer gefragten Adresse machten.

Ganz in der Nähe, im Nordosten des Viertels, befindet sich der **Alamo Square**. Dort muss man die hübsche Reihe historischer Häuschen vor der modernen Skyline von Downtown fotografieren, um danach beim Bummel festzustellen, dass es auch andernorts sehenswerte Bauten im „Queen Anne Style" gibt. Nach dem Stadtplan heißt das ganze Viertel **Western Addition** (s. Sicherheitshinweise S. 176), bekanntester Teil ist jedoch sein Kern, das sechs Blocks umfassende **Japantown** mit dem Japan Center an der Geary Street (s. S. 142).

(Text: Margit Brinke, Peter Kränzle)

**Tipp:** Im wahrsten Sinne des Wortes auf Entdeckungstour in Sachen „Flower Power" begeben sich die **Haight-Ashbury-Flower-Power-Walking-Touren** mit authentischen Guides und netten Geschichten. www.haightashburytour.com; Di 10.30, Fr 14, Sa 10.30 Uhr, Erwachsene US$ 20, bis 9 Jahre frei.

# Entlang dem 49-Mile Scenic Drive

 **Hinweis**
*Der Verlauf des 49-Mile Scenic Drive in der Innenstadt von San Francisco ist auf der hinteren Umschlagklappe eingezeichnet, die folgend genannten Sehenswürdigkeiten finden sich auf der Karte S. 184.*

Die Rundfahrt berührt die berühmtesten Sehenswürdigkeiten der Stadt. Über die Fahrstrecke gibt es beim Visitor Information Center auf der Hallidie Plaza eine kostenlose Spezial-Karte. Es ist aber auch möglich, die Strecke auf eigene Faust zu finden. Den Weg weisen blaue Schilder mit einer weißen Seemöwe und der Aufschrift **49-Mile Scenic Drive**. Man muss allerdings nicht die gesamte Strecke abfahren, denn vor allem in Chinatown und anderen Stadtvierteln des Zentrums verhindert an Werktagen zwischen 8 und 18 Uhr der starke Verkehr ein unbeschwertes Weiterkommen. Diese Viertel sollte

*Ausgeschildert*

man sich für Stadtspaziergänge aufheben. Eine weitere Abkürzungsmöglichkeit besteht darin, den südlichen Harding Park auszulassen. So kann die Route in der Hälfte der Zeit bewältigt werden.

Es folgt eine Kurzbeschreibung der Stationen. Auf schon beschriebene Sehenswürdigkeiten wird dabei nicht näher eingegangen.

Startpunkt ist das leicht zu findende und markante **Civic Center**. Von hier aus geht es über die Van Ness Ave. in nördlicher Richtung bis zur Geary St., in die man links einbiegt. Es folgt eine kurze Schleife durch das Japan Center und zurück über die Post St. bis zur Van Ness Ave. (Hwy. 101). Der ausgeschilderte Scenic Drive nimmt nun folgende Route: Post St. – Union Square – Chinatown – Nob Hill – Cable Car Museum – Portsmouth Square – Jackson Square – North Beach – Coit Tower (Telegraph Hill) – Pier 39 – Fisherman's Wharf – Aquatic Park – The Cannery – Ghirardelli Square – Marina Green – Palace of Fine Arts – Lincoln Blvd.

*Statue von Christoph Kolumbus und Coit Tower auf dem Telegraph Hill*

## Presidio of San Francisco

Aus oben genannten Gründen empfiehlt es sich, selbst für eine erste Orientierungsfahrt, der Van Ness Ave. bis zur Lombard St. zu folgen und in diese nach links einzubiegen. Diese Strecke entspricht dem Verlauf des Hwy. 101 und ist auch entsprechend ausgeschildert. Am Ende der Straße, wo die 101 in einer Rechtsbiegung zur Golden Gate Bridge weitergeführt wird, fährt man weiter geradeaus und ist damit wieder auf dem beschilderten Scenic Drive. Der Lincoln Blvd. führt dabei durch das 6 km² große Areal des Presidio of San Francisco. Mit Presidio bezeichnet man ein **Fort der Spanier** in Mexiko oder Kalifornien. Das von San Francisco wurde im Jahr 1776 etabliert und kam dann 1846 zusammen mit der Provinz in die Hände der US-Amerikaner. Nach einer langen Nutzung – u. a. als Hauptquartier der Sechsten Armee – verließ 1994 das Militär das Presidio, das heute der Nationalparkverwaltung unterstellt und der Öffentlichkeit zugänglich ist.

*Ehemaliges Militärgelände*

Bei einem Besuch kann man sich die großzügigen Parks, den Kriegsgräberfriedhof für etwa 15.000 Gefallene des Ersten Weltkrieges und z. T. historisch bedeutsame Militärgebäude anschauen, die nun rund 150 kulturelle, gemeinnützige und gewerbliche Unternehmen beherbergen. Der finanzstärkste Mieter ist George Lucas („Star Wars"), der seit 2005 auf dem Gelände des ehemaligen Militärkrankenhauses (Letterman General Hospital) Computerspiele und Animationsfilme entwickeln lässt. Die alten Offiziersquartiere sind aber auch als Mietwohnungen in bester Lage sehr begehrt, etwa 2.500 Menschen leben dauerhaft im Presidio.

## Legion of Honor

Weiter führt der Scenic Drive zum Fort Point, dann unter der Rampe der Golden Gate Bridge hindurch und am Baker Beach vorbei zum China Beach und schließlich zum Lincoln Park. Hier lohnt sich ein Besuch des Museums Legion of Honor, das zusammen mit dem De Young Museum (s. S. 156) die Fine Arts Museums of San Francisco bildet. Im Inneren des palastartigen Komplexes, der 1924 einem Pariser Vorbild nachgebaut wurde, befindet sich die **größte Sammlung französischer Kunst** des 15.–18. Jh., die es außerhalb Frankreichs gibt, viele Skulpturen von Auguste Rodin und Exponate europäischer Malerei. Fantastische Ausblicke auf die Golden Gate Bridge bietet auch der hoch gelegene Park mit seinem Golfplatz.

*Skulpturen von Rodin*

**Legion of Honor**, 100 34th Ave., ① 750-3600, http://legionofhonor.famsf.org; Di–So 9.30–17.15 Uhr, Erwachsene US$ 15, ab 65 Jahre US$ 12, Studenten US$ 6, bis 17 Jahre frei. Am ersten Di im Monat ist der Eintritt frei. Das Ticket gilt am gleichen Tag auch für das De Young Museum, s. S. 156).

## Cliff House

Die nächste Station ist das Cliff House (*1090 Point Lobos*, ① *386-3330, www.cliffhouse.com; tgl. ab 9 Uhr geöffnet, So ab 8.30 Uhr*), das freilich nicht mit der altehrwürdigen **Vergnügungsstätte** San Franciscos identisch ist. Vom alten, abgebrannten Cliff House sind im heutigen Restaurant nurmehr historische Aufnahmen zu sehen. In den beiden Etagen des stets gut besuchten Hauses befinden sich ein Bistro, das Feinschmeckerlokal Sutro's und ein Souvenirladen. Ein Stopp lohnt sich aber nicht wegen der Souvenirs, sondern wegen der prächtigen Aussicht auf den langgestreckten **Ocean Beach** und die Klippen vor der Küste, auf denen sich oft Robben in der Sonne aalen. Am hinteren Ende des großen Parkplatzes führt ein Fußweg in wenigen Hundert Metern zu einem Aussichtspunkt, von dem aus die Golden Gate Bridge nochmals gut zu sehen ist.

## San Francisco Zoo

Ein kurzes Stück auf dem Great Hwy. entlang der Küste erreicht man den Beginn des Golden Gate Park. Hier kann man über den J. F. Kennedy Dr. einfahren; bei den schon beschriebenen Attraktionen stößt man dann wieder auf den ausgeschilderten Verlauf des Scenic Drive. Dessen offizielle Route folgt dem Great Hwy. in südlicher Richtung, immer entlang der Küstenlinie. Etwa 3½ km hinter dem Golden Gate Park kommt man zum Gelände des groß angelegten San Francisco Zoo. Er ist **einer der sechs bedeutendsten Tiergärten** der USA und hinter den zoologischen Gärten von San Diego und Los Angeles der wichtigste des Westens. Das Affenhaus mit seinem Primate Discovery Center und der Gorilla World genießt weltweite Reputation. Auch für seine Koalas und Vögel ist der Zoo berühmt. Wer seine Füße schonen möchte, kann mit den Zebra-Zephyr-Wagen auf Besichtigungsfahrt gehen. Familien mit Kindern dürfen nicht den Children's Zoo versäumen.

*Berühmter Zoo*

**San Francisco Zoo**, Sloat Blvd./45th Ave., ① 753-7080, www.sfzoo.org; tgl. 10–17, im Winter bis 16 Uhr, Erwachsene US$ 22, ab 65 Jahre US$ 18, 4–14 Jahre US$ 16.

In nächster Nachbarschaft zum Zoo erstreckt sich der **Lake Merced**, ein hübscher und großer See innerhalb der Stadtgrenzen, auf dem Segel- und Ruderboote fahren und in dem Forellen geangelt werden können. Der Scenic Drive umrundet über den Hwy. 35 (Skyline Blvd.) und den John Muir Dr. das südliche Ende des Sees, dann geht es über den Lake Merced Blvd. wieder in nördliche Richtung. Dabei passiert man die beiden Buchten des östlichen Ufers, gegenüber dann das Gelände der Universität, stößt schließlich auf den Sunset Blvd. und fährt nun schnurgerade auf den Golden Gate Park zu. Hier hat man Gelegenheit, Attraktionen wie den Japanischen Teegarten oder die verschiedenen Museen zu besichtigen, bevor man ihn am östlichen Ende verlässt.

## Twin Peaks und Mission Dolores

Hier biegt man sofort rechts auf die Stanyan St. ein, nach einer kurzen Weile wieder nach rechts auf die Parnassus Ave., nach etwa 600 m dann nach links auf die 7th Ave. und schließlich, über die Woodside Ave. und den Twin Peaks Blvd., zum Doppelberg der **Twin Peaks**. Kaum anderswo hat man einen besseren Überblick über Stadt und Umland als auf den knapp 300 m hohen Hügeln, die niemals bebaut waren (mit Ausnahme der heutigen Sendeanlagen). Die perfekt geformten Zwillingshügel hießen bei den Spaniern übrigens „Die Brüste des Indianermädchens" (*Los pechos de la Chola*). Ein Ausflug hierhin empfiehlt sich nicht nur bei Tag, sondern besonders auch nach Einbruch der Dunkelheit, wenn sich San Franciscos Lichtermeer unter dem Betrachter ausbreitet. *Fantastischer Überblick*

Vom hochgelegenen Aussichtspunkt führen einen die blau-weißen Schilder über gewundene Straßen bergab. Über den Roosevelt Way und die 14th St. erreicht man schließlich die Market St. und kurz die **Mission Dolores**. Das älteste Gebäude der Stadt lohnt aus vielen Gründen den Besuch, nicht zuletzt wegen der schönen Stimmung des Kirchgartens und des Friedhofes sowie der farbenprächtigen Inneneinrichtung. Die später umbenannte *Mission San Francisco de Asís* wurde als sechste der kalifornischen Missionen von Pater Junípero Serra (s. S. 480) 1776 gegründet. Das kleine, gedrungene Gebäude (34 m lang, 6½ m breit) besteht aus nur einem Schiff, an das sich im Westen ein kleines Museum anschließt. Sehenswert sind besonders die originalen Deckenbalken und der reich geschmückte Tabernakel, der von den Philippinen stammt. Auf dem Friedhof liegen viele Pioniere der Goldgräberzeit, aber auch Tausende von Indianern sind hier begraben worden. Rechts neben der Mission erhebt sich die Basilika aus dem Jahre 1918 im Stil des spanischen Neo-Barock.
**Mission Dolores (La Misión de San Francisco de Asís)**, *Dolores St./3321 16th St., ✆ 621-8203, www.missiondolores.org; So–Fr 9.30–16.30, Sa 9–16 Uhr, freier Eintritt (es wird eine Spende von ca. US$ 3 erwartet).*

Zwei Blocks weiter gen Süden grüßt der ausladende **Mission Dolores Park** (*18th–20th Dolores St.*). Hier gibt es zahlreiche Sport- und Freizeitmöglichkeiten sowie einen wunderbaren Blick auf die imposante Skyline von San Francisco. Den Stadtteil **Mission** selbst kann man sich bei einer kleinen Spazierfahrt oder einem Spaziergang anschauen. Hier kommen Jung und Alt, Punk und Poet, Reich und Arm, Weiße, Hispanics und Afroamerikaner zusammen. (Überlebens-)Künstler wohnen neben Studenten-WGs, es gibt günstige Taquerias mit Nachos und Burritos zum Spottpreis, ein paar Häuser weiter einen sündhaft teuren Szene-Vietnamesen. Auch hier wird, wie in Szenevierteln überall auf der Welt, kräftig gentrifiziert. Ein Highlight einer Mission-Tour sind die sogenannten **Murals**, große, bunte Be- und Übermalungen im öffentlichen Raum an Mauern, Zäunen, Fenstern, auf der Straße. Diese Form der Streetart dokumentiert das Leben im Hispa- *Straßengemälde*

*San Francisco: Rundfahrten und Rundgänge*

*Die typischen Murals zieren die Wände in Mission*

nic-Stadtviertel mit all seinen Problemen und Herausforderungen, ist also Medium der Kommunikation und lebendiges Zeugnis der Zeitgeschichte. Wer sich selbst auf die Suche machen will, fährt oder läuft von der BART-Station „16th Street Mission" ein kurzes Stück die Mission Street hinunter in Richtung Süden. Rechter Hand folgt bald die Clarion Alley, ein besonders buntes Beispiel für Murals. Zum Thema gibt es ein eigenes Visitor Center, das **Precita Eyes** (*2981 24th St., ☏ 285-2287, www.precitaeyes.org; Mo–Fr 10–17, Sa 10–16, So 12–16 Uhr*). Hier erhält man Übersichtskarten, und es werden Führungen angeboten.

Über die nahe Market St. kommt man in wenigen Fahrminuten zum Civic Center zurück, dem Ausgangspunkt der Rundfahrt. Der ausgeschilderte Scenic Drive allerdings beschreibt einen großen Bogen durch den Stadtteil **Castro** (*Dolores St.*), dann über die Army St. bis zum Hwy. 280 und schließlich nach Downtown, an den Rampen der San Francisco-Oakland Bay Bridge vorbei bis zum Ferry Bldg. Die weiteren Stationen sind das Embarcadero Center und andere Teile des Financial District.

## Reisepraktische Informationen San Francisco

**Vorwahl**: 415

### Information

**San Francisco Visitor Information Center**, *Hallidie Plaza, Lower Level, 900 Market St./Powell St., ☏ 391-2000, www.sftravel.com. Mo–Fr 9–17 Uhr, Sa–So 9–15 Uhr, von Nov. bis Apr. So geschlossen.* Die zentrale Besucher-Information liegt unmittelbar an der BART-Station Powell St. bzw. am Cable-Car-Wendeplatz. Es gibt reichlich Karten- und Infomaterial *über die Stadt bzw. die aktuellen Geschehnisse und Veranstaltungen, zudem deutschsprachiges Personal und Prospekte in deutscher Sprache. Weitere Visitor Information Centers finden sich in der 170 O'Farrell St., am Macy's Union Square sowie an der Fisherman's Wharf, Pier 39. Fluggäste können sich bereits am* **Flughafen** *in jedem Terminal auf der Ankunftsebene (lower level) an den Airport Information Booths erste Informationen besorgen (tgl. 8–24 Uhr).*

### Hinweis
*Wer sich länger in San Francisco aufhält, sollte sich einen* **Visitor Passport** *besorgen, der für alle MUNI-Strecken, Cable Cars, Metro und Streetcars (nicht aber für das BART-System) gilt. Er kostet für 1/3/7 Tage in der Papierversion US$ 23/34/45 bzw. beim Kauf über die App MuniMobile US$ 12/29/39. Alternativ gibt es den* **CityPASS®**. *Für US$ 89 (5–11 Jahre US$ 69) kann man damit drei Tage lang auf dem gesamten MUNI-Streckennetz einschließlich der Cable Cars fahren und hat freien Eintritt in viele Museen bzw. Attraktionen. Den CityPASS® gibt es u. a. im Visitor Information Center. Infos und Kauf unter www.citypass.com. Eine andere Sparmöglichkeit ist die* **Go San Francisco Card** *(www.gosanfranciscocard.com), die es für 1, 2, 3, 5 oder 7 Tage gibt und die ebenfalls freie Eintritte zu fast allen Museen, außerdem Sightseeingtouren, Fahrradverleih, Vergnügungsparks, Alcatraz, Weinverkostungen etc., aber keine öffentlichen Verkehrsmittel beinhaltet.*

### Wichtige Telefon-Nummern
**Vorwahl** *in San Francisco und Umgebung sowie im Marin County:* 415
**Notfall** *(Polizei, Ambulanz, Feuer):* 911
**Polizeiauskunft:** 553-1234
**Wettervorhersage** *für die Bay Area:* 936-1212
**Zeitansage:** 767-8900
**Ortsauskunft** *(Directory assistance):* 411

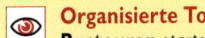

### Im Krankheitsfall
**Notkrankenhaus Discover Health**, *990 Columbus Ave., Suite 710, ① 325-2054, www.discoverhealthmd.com, auch Hausbesuche.*
**Zahnärztlicher Notdienst** *(San Francisco Urgent Dental Care), 6332 Geary Blvd., ① 640-6004, www.sfurgentdental.com.*
*Bitte daran denken, dass in der Regel bei allen ärztlichen Leistungen die Behandlung sofort per Kreditkarte beglichen werden muss. Da diese sehr teuer sind, ist eine Auslandskrankenversicherung dringend zu empfehlen.*

### Konsulate
*s. S. 75*

### Organisierte Touren
**Bustouren** *starten außer am Union Square und am Pier 43 auch an weiteren Orten in der Innenstadt, viele Veranstalter holen ihre Gäste von großen Hotels ab. Auf dem Programm stehen halbtägige Stadtrundfahrten, Tagesausflüge nach Yosemite, ins Napa Valley sowie nach Sausalito und zu den Muir Woods. Anbieter sind zahlreich, u. a.* **Gray Line Tours** *(① 353-5310, www.sanfranciscosightseeing.com, auch deutschsprachig).*
*Für* **Stadtrundgänge** *braucht man i. d. R. gute Englischkenntnisse, dafür wird man von Insidern durch bestimmte Stadtviertel und zu Sehenswürdigkeiten geführt, die man sonst kaum finden würde. Aus der breiten Angebotspalette seien hier nur genannt:*

**Chinatown Walking Tours** with the Wok Wiz, 250 King St., ① 650-355-9657, www.wokwiz.com; Rundgänge durch Chinatown, mit oder ohne Essen.
**San Francisco City Guides**, 100 Larkin St., ① 557-4266, www.sfcityguides.org; Rundgänge zu architektonischen und kulturellen Highlights – kostenlos, Spende erbeten.
**Flower Power Haight-Ashbury Walking Tour**, www.haightashburytour.com; Spaziergang auf den Spuren der Hippies der Flower-Power-Ära.
**Precita Eyes Mural Arts Center**, 2981 24th St., ① 285-2287, www.precitaeyes.org; Führung entlang der Wandmalereien im Mission District, das Visitor Center ist Mo–Fr 10–17, Sa 10–16 und So 12–16 Uhr geöffnet.
**Thinkwalks**, ① 505-8255, www.thinkwalks.org; gute und kenntnisreiche Führungen und Fahrradtouren vor allem zu sozialen und kulturellen Themen der Stadt.

>  Sightseeing für Selbstfahrer mit dem „sprechenden Auto"
>
> Eine ungewöhnliche und recht witzige Art, die Stadt zu erkunden, sind die kleinen gelben und offenen GoCar-Miniautos mit Navigationssystem für Selbstfahrer. Sie sind GPS-gesteuert und leiten einen auf verschiedenen Routen, wobei der eingebaute Reiseführer die Sehenswürdigkeiten kommentiert – auch in deutscher Sprache. Das nicht gerade billige Vergnügen (tgl. 8 Uhr bis zum Sonnenuntergang) ist vor Ort buchbar, empfehlenswert aber ist eine Online-Reservierung. Weitere Infos, auch auf Deutsch, auf der Website.
> **GoCar Rentals**, 1331 Columbus Ave., Third Floor, ① 441-5695, www.gocartours.com.

Auf **Helikopter-Rundflügen** erlebt man Stadt und Bay aus der Vogelperspektive. Ein bewährter Anbieter sind hier die San Francisco Helicopter Tours in San Bruno (① 650-635-4500, www.sfhelicoptertours.com), die u. a. 30-minütige Rundflüge über Golden Gate Bridge, Alcatraz, Fisherman's Wharf und San Francisco-Oakland Bay Bridge oder eine Halbtagestour ins Wine Country mit Lunch und Weinprobe im Programm haben.

### Unterkünfte

Mit etwa **34.000 Hotel-/Motelzimmern** in allen Preisklassen dürfte es kaum ein Problem sein, in San Francisco eine geeignete Unterkunft zu bekommen. Es empfiehlt sich, ein Zimmer in der Innenstadt zu buchen, da man i. d. R. viel zu Fuß unterwegs ist. Günstig gelegen sind die Gegend um den Union Square, wo die Mehrzahl der Hotels zu finden ist, sowie das Hafengebiet bei Fisherman's Wharf. **Preiswertere Unterkünfte** bekommt man entlang der Van Ness Ave. und der Lombard St., vor allem unter den 1500–1700er- bzw. 2000–2300er-Nummern. Auf dem Nob Hill befinden sich etliche Luxus-Herbergen. Außerhalb der Downtown gibt es viele reizvolle Gegenden, so z. B. das Stadtviertel Castro mit schönen viktorianischen Häusern und der Community der Homosexuellen, North Beach oder die Haight St. mit vielen Reminiszenzen an die Flower-Power-Zeit der 1960er. Wer außerhalb der Stadt wohnen möchte: In Sausalito hat man die Atmosphäre eines eleganten Seebads und ist mit der Fähre trotzdem schnell in San Francisco.

Auf alle angegebenen Preise muss man in San Francisco noch eine **Übernachtungssteuer** von 14 % hinzurechnen (in Oakland 11 %, in anderen Orten 8,5–12 %) sowie 1,7–2,5 % Tourismussteuer. In der Nebensaison offerieren die meisten Hotels Sonderangebote, bei denen man mitunter ganz erheblich sparen kann – also unbedingt danach fragen, das gilt auch für längere Aufenthalte (long-term staying).

*Reisepraktische Informationen*

Ohne vorgebuchtes Hotel wende man sich am besten an das Touristen-Büro. Nicht zu vergessen die großen Internetportale wie www.airbnb.com, www.tripadvisor.de, www.booking.com, www.expedia.de oder www.trivago.de.

### Hinweis
Soweit nicht anders angegeben, gilt immer die **Vorwahl** 415.

### Hotels
#### UNION SQUARE – FISHERMAN'S WHARF (→ Karte S. 129)
**VanNess Inn $$–$$$ (1)**, 2850 Van Ness Ave., ① 776-3220, www.vannessinn.com; einfaches Motel in Fußentfernung zur Fisherman's Wharf, Parkplatz und Frühstück inklusive. Seit etlichen Jahren eine bekannte Größe für Reisende, die mit dem eigenen Fahrzeug unterwegs sind und trotzdem mitten in der Stadt nächtigen möchten.
**Capri $$$ (2)**, 2015 Greenwich St., ① 346-4667, www.sfmotelcapri.com; praktisches Motel, einfach, aber sauber, freies Parken.
**Grant Plaza $$$ (4)**, 465 Grant Ave., ① 434-3883, www.grantplaza.com; angenehme Unterkunft zu guten Preisen im Herzen von Chinatown, 72 saubere Zimmer, alle mit eigenem Bad.
**Holiday Inn Golden Gateway $$$–$$$$ (8)**, 1500 Van Ness Ave., ① 441-4000, www.goldengatewayhotel.com; bestes Holiday Inn in San Francisco, in Downtown und in Fußnähe zu vielen Sehenswürdigkeiten gelegen, 499 Zimmer mit allen Annehmlichkeiten, Pool, Restaurant, Bars, Shops, tolle Aussicht vom 26. Stock (Dachterrasse).
**Hotel Del Sol $$$–$$$$$ (3)**, 3100 Webster St., ① (877) 433-5765, www.jdvhotels.com; durchgestyltes und kinderfreundliches Motel im Marina District mit Pool, freies Parken.
**The Nob Hill Hotel $$$$ (5)**, 835 Hyde St., ① 885-2987, www.nobhillhotel.com; kleines, viktorianisches Haus von 1906 auf dem Nob Hill, 50 liebevoll und zeittypisch renovierte Zimmer mit allem Komfort, italienisches Bistro.
**Orchard Garden Hotel $$$$–$$$$$ (9)**, 466 Bush St., ① (844) 332-5240, www.theorchardgardenhotel.com; 2006 eröffnetes, erstes komplett „grünes" Hotel in der Stadt, Verzicht auf chemische Produkte. 28 Zimmer und vier Suiten, Dachgarten, Restaurant und Bar.
**Holiday Inn Fisherman's Wharf $$$$–$$$$$ (7)**, 1300 Columbus Ave., ① 771-9000, www.hifishermanswharf.com; günstig zur turbulenten Fisherman's Wharf gelegenes modernes Hotel im internationalen Stil, 585 großzügige Zimmer, Pool, Restaurant, Cocktail Lounge etc., viele Reisegruppen.
**Hilton Financial District $$$$$ (10)**, 750 Kearny St., ① 433-6600, www3.hilton.com; First-Class-Hotel (das beste Haus der Kette in der Stadt) mitten im Finanzdistrikt und nahe Chinatown gelegen, alle Annehmlichkeiten, 543 großzügige Zimmer und Suiten, fantastischer Blick vom 27. Stock (Dachterrasse, Swimmingpool).
**Triton $$$$$ (6)**, 342 Grant Ave., ① 394-0500, www.hoteltriton.com; in Chinatown gelegenes durchgestyltes Designer-Hotel mit orientalischem Flair, 140 Zimmer, jeden Abend wird in der Lobby zum Wein geladen.
**Fairmont San Francisco $$$$$** (Sehenswürdigkeit **(15)**), 950 Mason St., ① 772-5000, www.fairmont.com; das Hotel auf dem Nob Hill (weltbekannt aus der Fernsehserie „Hotel") ist immer noch eine der ersten Adressen der Stadt und besitzt altehrwürdigen Charme, 591 Zimmer und Suiten mit allem Komfort, mehrere Bars und Gourmet-Restaurants.

## ZWISCHEN CIVIC CENTER UND FERRY BUILDING (→ Karte S. 139)

**Dakota Hostel & Hotel** $$$ (1), 606 Post St., ① 931-7475, http://dakotahostelnhotel sanfrancisco.us; zentrales, historisches Haus von 1914, zwei Blocks vom Union Square entfernt, 1993 als Hotel eröffnet, 41 einfache Zimmer und Schlafsaal.

**Americania Hotel** $$$$ (2), 121 7th St., ① 626-0200, www.haiyi-hotels.com/america niahotel; gepflegtes Mittelklasse-Hotel südlich der Market St., 111 geräumige und familiengeeignete Zimmer und 32 Suiten; Pool, Sauna, kleiner Fitnessraum.

**King George Hotel** $$$$–$$$$$ (3), 334 Mason St., ① 781-5050, www.kinggeorge.com; nettes, zentral gelegenes Hotel mit europäischem Ambiente, 153 gut ausgestattete Zimmer.

**Kimpton Sir Francis Drake** $$$$–$$$$$ (5), 450 Powell St., ① 392-7755, www.sirfrancisdrake.com; elegantes Stadthotel der oberen Mittelklasse im britischen Stil, 405 Zimmer und 12 Suiten ($$$$$), ideale Lage am Union Square, schönes Café und Restaurant.

**Hilton San Francisco Union Square** $$$$–$$$$$ (8), 333 O'Farrell St., ① 771-1400, www3.hilton.com; First-Class-Haus mit Hilton-Standard, 1.900 Zimmer und Suiten, mehrere Restaurants, Bars und Sportangebote, herrlicher Ausblick aus den oberen Etagen (Hilton Towers), verkehrsgünstig nahe dem Union Square gelegen.

**Stanford Court Hotel** $$$$–$$$$$ (10), 905 California St., ① 989-3500, www.stanfordcourt.com; historisches First-Class-Haus in Nob Hill mit 402 großzügig bemessenen Zimmern und Suiten, alle im europäischen Stil des 19. Jh. eingerichtet, wunderschöne Lobby mit Springbrunnen und Kuppel aus Tiffany-Glas.

**San Francisco Marriott Marquis** $$$$–$$$$$ (7), 780 Mission St., ① 896-1600, www.marriott.com; markantes Hochhaus im postmodernen Stil, das aufgrund seiner Architektur „Musikbox" genannt wird, direkt am Convention Center gelegen. 1.500 Zimmer mit allen Annehmlichkeiten und prächtiger Aussicht in den oberen Etagen, Pool, Fitness-Center, mehrere Restaurants, Lounges und Shops, riesiges Atrium, im 39. Stock Bar mit Panoramablick.

**The Clift Royal Sonesta Hotel** $$$$–$$$$$ (11), 495 Geary St., Ecke Taylor St., ① 775-4700, www.sonesta.com; nahe am Union Square gelegenes, luxuriöses und elegantes Haus mit europäischer Atmosphäre, seit einem Jahrhundert eine der herausragenden Adressen der Stadt, 329 Zimmer und 32 Suiten, alle Annehmlichkeiten in altehrwürdigem Ambiente.

**The Handlery Union Square Hotel** $$$$–$$$$$ (4), 351 Geary St., ① 781-7800, http://sf.handlery.com; alteingesessenes, klassisch, aber zeitgemäß gestaltetes und großes Familienhotel mit gutem Service in superzentraler Lage am Union Square, 377 Zimmer und Suiten, Pool, Restaurant, viele Reisegruppen.

**Hotel Kabuki** $$$$$ (6), 1625 Post St., ① 922-3200, www.jdvhotels.com; exquisites japanisches Hotel mit entsprechendem Ambiente von Architektur, Design und Essen, 218 luxuriöse Zimmer, im Japan Center (Japantown) zentral gelegen, perfekter Service.

**Palace Hotel San Francisco** $$$$$ (9), 2 New Montgomery St., ① 512-1111, www.sfpalace.com; Luxushotel aus dem Jahre 1875, mitten im Financial District gelegen, 553 Zimmer und Suiten, alle Annehmlichkeiten wie Pool, Sauna etc., das fantastische Glas-überkuppelte Restaurant Garden Court ist eines der schönsten weit und breit.

**Loews Regency San Francisco** $$$$$ (12), 222 Sansome St., ① 276-9888 u. 1-888-731-3386, www.loewshotels.com; das Luxushotel im Financial District, seit 2015 unter neuem Eigentümer, nimmt die Etagen 38–48 des 345 California Center ein, dementsprechend verfügen alle 155 komfortabel eingerichteten Gästezimmer über eine fantastische Aussicht. Gläserne Fußgängerbrücken zwischen den einzelnen Etagen der beiden Türme, tadelloser Service, alle Annehmlichkeiten.

### Bed-&-Breakfast-Unterkünfte

Eine Alternative zum Hotel bieten die Bed-&-Breakfast-Inns (B&B), die sich zumeist in alten restaurierten Häusern befinden und sich in der Regel durch individuellen und sehr herzlichen Service auszeichnen, zudem ist – wie der Name schon zu erkennen gibt – das Frühstück im Übernachtungspreis eingeschlossen. Hinweise gibt die Organisation **Bed & Breakfast San Francisco** unter ① 1-800-452-8249, www.bbsf.com.

### UNION SQUARE – FISHERMAN'S WHARF (→ Karte S. 129)

**Washington Square Inn** $$$$–$$$$$ (11), 1660 Stockton St., ① 981-4220, www.wsisf.com; gemütliche B&B-Unterkunft im klassischen Stil, 16 individuell und viktorianisch eingerichtete Zimmer, nahe zum Coit Tower und zu Fisherman's Wharf gelegen.

### ZWISCHEN CIVIC CENTER UND FERRY BUILDING (→ Karte S. 139)

**The Golden Gate Hotel** $$$–$$$$ (13), 775 Bush St., ① 392-3702, www.goldengatehotel.com; sehr zentrales Haus nahe dem Union Square mit 25 im edwardianischen Stil eingerichteten Zimmern, deutschsprachige Inhaberin, freundliche Atmosphäre.
**Sleep over Sauce** $$$–$$$$ (14), 135 Gough St., ① 621-0896, www.sleepsf.com; angenehmes B&B im boomenden Hayes Valley mit acht unterschiedlich eingerichteten Zimmern. Unten im Haus befindet sich das nette Restaurant „Sauce" (www.saucesf.com) – daher der Name der Unterkunft. Moderne amerikanische Küche, angeschlossene Bar.
**Petite Auberge** $$$$ (15), 863 Bush St., ① 928-6000, www.petiteaubergesf.com; gemütliche B&B-Unterkunft im französischen Landhausstil, intime Atmosphäre und schöner Garten, 26 liebevoll gestaltete Gästezimmer.

### HAIGHT-ASHBURY; ALAMO SQUARE (→ Umschlagkarte hinten)

**The Red Victorian** $$$ (2), 1665 Haight St., Haight-Ashbury, ① 864-1978, www.redvictorian.com; hier nächtigt man in einer bunten Gemeinschaft in einem „co-living home" mit Kultstatus und künstlerischer sowie sozialer Mission im Hippie-Viertel. Einfache, aber individuell eingerichtete Zimmer, Schlafsaal, Kunstausstellungen, Lesungen.
**Chateau Tivoli Bed & Breakfast** $$$–$$$$ (3), 1057 Steiner St. (zw. Golden Gate Ave. und McCallister St.), ① 776-5462, www.chateautivoli.com. Charmante B&B-Unterkunft, dekoriert mit zahlreichen Antiquitäten und Kristallleuchtern. Alle fünf Zimmer und vier Suiten sind unterschiedlich eingerichtet, zwei davon teilen sich ein Bad (Jack London und Joaquin Miller Room).
**Stanyan Park Hotel** $$$–$$$$ (1), 750 Stanyan St., Haight-Ashbury, ① 751-1000, www.stanyanpark.com; sehr schöne, traditionsreiche B&B-Unterkunft am Golden Gate Park mit 36 Zimmern und vier Suiten; freundliches Personal.

### Jugendherbergen
### UNION SQUARE – FISHERMAN'S WHARF (→ Karte S. 129)

**Fisherman's Wharf Hostel** $$–$$$ (12), Bldg. 240, Fort Mason, Bay & Franklin St., ① 771-7277, www.sfhostels.org/fishermans-wharf; angenehme Herberge mit 150 Betten (in Schlafsälen ($), Einzel- und Doppelzimmern), Café, freies Frühstück, freies Parken, Infos über andere Jugendherbergen in Nordkalifornien.

### ZWISCHEN CIVIC CENTER UND FERRY BUILDING (→ Karte S. 139)

**San Francisco Downtown Hostel** $–$$$ (16), 312 Mason St., ① 788-5604, www.sfhostels.com/downtown; 100 Betten, Frühstück inkl.

**San Francisco City Center Hostel $–$$$ (17)**, 685 Ellis St., ✆ 474-5721, www.sf hostels.com/city-center; zentral gelegenes ehemaliges Hotel mit 75 Zimmern (Schlafsäle, Einzel- u. Doppelzimmer), Frühstück inkl., viele Restaurants und Clubs in der Nähe.

### ⚠ Camping/R.V. Parks

In der Nähe der Metropole gibt es Camping- und Wohnmobilplätze u. a. im Napa Valley, an der Westküste und im Marin County. In San Francisco selbst befindet sich nur der (teure) **Candlestick R. V. Park** an der 650 Gilman Ave., ✆ (800) 888-2267, www.sanfranciscorvpark.com. Man erreicht ihn vom Hwy. 101 über die Abfahrt 429A (COM Park), der Platz liegt dann gegenüber dem Gate 4 des Stadions.

### 🍴 Restaurants

Kaum etwas anderes spiegelt den kosmopolitischen Charakter der Stadt derart eindrucksvoll wider wie die Gastronomie, die mit gut **4.400 Restaurants** mit Vertretern so ziemlich aller Regionalküchen dieser Welt aufwarten kann. Gemessen an der Einwohnerzahl ist die Anzahl, aber auch die Vielfalt der Restaurants in San Francisco am reichhaltigsten in der Neuen Welt. Von Anfang an war hier die Gourmet-Metropole der Vereinigten Staaten, und die Küchen aller Herren Länder wetteifern um die Gunst der Kunden. Besonders stark vertreten sind Chinesen, Italiener, Franzosen und Lateinamerikaner, wobei jede Gruppe für sich in zahlreiche Regionalküchen gesplittet ist, die alle ihr Erbe so original wie möglich fortzuführen versuchen, um neben den Touristen vor allem auch den hohen Ansprüchen der Einheimischen gerecht zu werden.

*Clam Chowder (Muschelsuppe), serviert in Fisherman's Wharf*

## Reisepraktische Informationen

Es fällt nicht schwer, bei einem Stadtbummel genau das zu finden, was man sucht. Auch für den kleinen Hunger gibt es unzählige Gaststätten, von der üblichen Hamburger-Bude bis zur vornehmen Sushi-Bar. Eine Konzentration solcher Lokale gibt es an der Fisherman's Wharf/ Pier 39 oder am Ghirardelli Square. Man sollte auf die Early-Bird-Angebote mit ihren reduzierten Preisen und an Wochenenden auf die blühende Brunch-Szene achten. Wer die japanische oder chinesische Küche ausprobieren möchte, hat die größte Auswahl in den entsprechenden Stadtvierteln. Weitere Tipps finden sich u. a. bei https://sf.eater.com, http://sanfrancisco.com/category/things-to-do/cuisine und www.zagat.com/sanfrancisco.

Die Hotel-Restaurants der Nobelherbergen bieten **Haute Cuisine** zu einem entsprechend hohen Preis. Ganz oben steht die Küche des Ritz-Carlton, die keine Gourmet-Wünsche offenlässt. Zusätzlich zur Qualität der dargebotenen Speisen bietet der Laurel Court im Fairmont Hotel einen grandiosen Raumeindruck mit drei Kuppeln.

Der Renner seit einiger Zeit ist eine moderne Version von „Essen auf Rädern", die sogenannten **Food Trucks**. Hier gibt es feinste Küche aus so gut wie allen Ländern der Welt zu kleinsten Preisen, gereicht aus dem Imbiss-Mobil. Die Trucks sind die Woche über in und rund um San Francisco unterwegs und kampieren an verschiedenen Stellen – aber die Suche lohnt. Infos gibt's unter: https://roaminghunger.com/food-trucks/ca/san-francisco/ oder https://offthegrid.com.

Außerhalb der Hotels findet man die gehobene bis sehr gute Küche gleichmäßig in allen Stadtteilen verteilt. Hier eine ganz kleine Auswahl:

### KALIFORNISCHE UND AMERIKANISCHE KÜCHE (→ Karte S. 139)
**Quince Restaurant (1)**, 470 Pacific Ave./Montgomery St., ☎ 775-8500, www.quincerestaurant.com. Das Restaurant ist in einem schönen alten Haus aus dem Jahr 1907 untergebracht. Italienisch-kalifornische Küche in schicker, aber angenehmer Atmosphäre; super Service, große Bar und viele Weine.
**John's Grill (2)**, 63 Ellis St., ☎ 986-0069, www.johnsgrill.com; historisches Restaurant mit rustikaler amerikanischer Küche und Seafood-Gerichten, seit 1908 ununterbrochen als Gaststätte in Funktion und hat bereits Legionen prominenter Gäste gesehen. Literarisch hat Dashiell Hammett John's Grill in seinem Hardboiled-Klassiker „Der Malteser Falke" verewigt. Privatdetektiv Sam Spade isst hier „chops, baked potatoes, sliced tomatoes". Schöne Inneneinrichtung. Mitten in der Downtown nahe Market Street und Union Square gelegen. Mo-Sa 11–21.45, So 12–21.45 Uhr.
**Zuni Café (3)**, 1658 Market St., ☎ 552-2522, www.zunicafe.com; alteingesessenes und gleichbleibend beliebtes Lokal Castro-Viertel mit frischer kalifornischer Küche. Die Menüs mit italienischem und französischem Einschlag ändern sich täglich und werden fast ausschließlich aus biologischen Zutaten zubereitet. Di–Do 11.30–23, Fr-Sa 11.30–24 und So 11–23 Uhr.

### ASIATISCHE KÜCHE
**City View Restaurant (1)** (→ Karte S. 129), 662 Commercial St., ☎ 398-2838, http://cityviewdimsum.com; bekannt gut und bekannt günstig, nicht nur für Dim Sum – aber die sollte man sich, lecker aufgebaut auf einem Servierwagen, nicht entgehen lassen. Mo–Fr 11–14.30, Sa/So 10–14.30 Uhr.
**Oriental Pearl (2)** (→ Karte S. 129), 760 Clay St., ☎ 433-1817, www.orientalpearlsf.com; Leser äußerten sich „wirklich mehr als zufrieden. Das Restaurant ist im mittleren Preissegment

angesiedelt. Für 2 Personen haben wir mit Vorspeisen und Getränken zwischen $ 50 und $ 60 bezahlt. Einziger Kritikpunkt ist der etwas angepasste Geschmack an Europa bzw. Amerika." Tgl. 11–15 und 17–21.30 Uhr.
**E&O Kitchen and Bar (8)** (→ Karte S. 139), 314 Sutter St., ℘ 693-0303, www.eandokitchen.com; modernes Restaurant mit ostasiatischer Fusionküche und lebhafter Atmosphäre.
**Roy's San Francisco (4)** (→ Karte S. 139), 575 Mission/1st-2nd St., ℘ 777-0277, www.roysrestaurant.com; interessantes Lokal mit hawaiianisch-asiatisch-europäischen Kreationen, viel Fisch. Mo–Do 11–22, Fr 11–23, Sa 17–23, So 17–22 Uhr.

## FISCH & SEAFOOD
**McCormick & Schmick's (10)** (→ Karte S. 129), 900 North Point St., ℘ 929-1730, www.mccormickandschmicks.com; nahe der Fisherman's Wharf gelegene Gaststätte mit guten Steak- und Seafood-Gerichten, gute Aussicht, moderat bis teuer. So–Do 11.30–22, Fr/Sa bis 22.30 Uhr.
**Scoma's (9)** (→ Karte S. 129), Pier 47 am Al Scoma Way, Ende Jones St. und Jefferson St., ℘ 771-4383, www.scomas.com; auf einem Pier an der Fisherman's Wharf gelegenes Seafood-Restaurant mit italienischer Note, sehr beliebt, tgl. geöffnet, noch moderate Preise. Eine Zweigstelle des Lokals gibt es in Sausalito an der Waterfront. Mo–Do 12–21, Fr/Sa 11.30–21.30, So 11.30–21 Uhr.
**Farallon (5)** (→ Karte S. 139), 450 Post St., ℘ 956-6969, www.farallonrestaurant.com; schickes, teures und ungewöhnlich gestaltetes Restaurant, Spezialität sind Seafood-Gerichte. Mo–Do 17.30–21.30, Fr/Sa 17.30–22, Sa 17.30–21 Uhr.

## ITALIENISCHES/CAFÉS/HANGOUTS (→ Karte S. 129)
**Caffè Roma (11)**, 526 Columbus Ave., ℘ 296-7942, www.cafferoma.com; die traditionsreiche Kaffeerösterei der Familie Azzollini in North Beach ist ein beliebter Hangout. Eine weitere Filiale befindet sich in Millbrae (143 S. El Camino Real).
**Caffè Trieste (8)**, 601 Vallejo St./Columbus Ave., ℘ 392-6739, www.caffetrieste.com; legendäres Café mit eigener Kaffeerösterei, regelmäßiger Livemusik und angeschlossenem Tonstudio. Fr/Sa 6.30–23, So–Do bis 22 Uhr.
**Liguria Bakery (7)**, 1700 Stockton St. Ecke Filbert St., ℘ 421-3786; winzige und schlichte, aber ausgesprochen gute Bäckerei mit Spezialität Focaccia, seit 1906 im Familienbesitz. Mo–Fr 8–14, Sa 7–14, So 7–12 Uhr.
**Baonecci Ristorante (3)**, 516 Green St., ℘ 989-1806, www.caffebaonecci.com; Mama Stefania kocht und backt selbst, von toskanischer Küche bis zur saftigen Pizza. 2005 zog die Familie Gambaccini aus Italien nach San Francisco, und seitdem hat sich das Haus einen glänzenden Ruf erarbeitet. Mo–Fr 17–21.30, Sa 12–21.30 Uhr.

## HISPANO-KÜCHE (→ Umschlagkarte hinten)

>  **Tipp**
>
> **Taqueria La Cumbre (1)**, 515 Valencia St., ℘ 863-8205, www.taquerialacumbre.com; eine Institution im Mission District: Hier wurde 1969 der berühmte „Mission Style Burrito" erfunden. Muss man probieren. Mo–Do 11–22, Fr/Sa 11–14.30, So 11–21 Uhr.

**La Taqueria (2)**, 2889 Mission St., ℘ 285-7117, www.facebook.com/LaTaqSF; der Adobe-Bau an der Ecke zur 25th St. präsentiert sich mit offener Küche und Wandmalereien, das

preiswerte mexikanische Essen ist so gut, dass sich oft lange Schlangen bilden. Mi–Sa 11–21, So bis 20 Uhr.
**Tacolicious (4)**, 741 Valencia St., ① 649-6077, www.tacolicious.com; wer von Tacos im Mission District noch nicht genug hat, der ist hier richtig. Und wer die Taco-Rezepte mit nach Hause nehmen will, der greift gleich zum hauseigenen Kochbuch. Tgl. 11.30–24 Uhr. Weitere Filialen in North Beach (1548 Stockton St.) und Marina (2250 Chestnut St.).

## DEUTSCHE KÜCHE (→ Umschlagkarte hinten)
**Walzwerk (3)**, 381 S. Van Ness Ave., ① 551-7181, www.walzwerk.com. Mal ganz was anderes: ein ostdeutsches Restaurant mit Gerichten von Soljanka bis Käsespätzle – und ostalgischen Erinnerungsstückchen. Di–So 17.30–22 Uhr.

## BREWERIES UND PUBS
Daneben gibt es eine große Bandbreite preiswerterer Gaststätten, Pubs und anderer Lokale.
**21st Amendment (6)** (→ Karte S. 139), 563 2nd St., ① 369-0900, www.21st-amendment.com; gemütliche und recht preiswerte Microbrewery (und Sports Bar) in einem alten Lagerhaus in SoMa mit sehr guter Bierauswahl und bodenständiger Küche. Mo–Sa 11.30–24, So ab 10 Uhr.
**The Thirsty Bear Brewing Co. (7)** (→ Karte S. 139), 661 Howard St., ① 974-0905, www.thirstybear.com; Kleinbrauerei, die bekannt ist für Tapas und Paellas; ungezwungene Atmosphäre. Am Sonntagabend steht Live-Flamenco auf dem Programm. Mo–Do 11.30–22, Fr 11.30–23, Sa 12–23, So 12–22 Uhr.
**Tommy's Joynt (9)** (→ Karte S. 139), 1101 Geary Blvd./Van Ness Ave., ① 775-4216, www.tommysjoynt.com; urige Kneipe mit gutem Bier und leckeren Buffalo-Gerichten. Tgl. 11–1.30 Uhr.
**Vesuvio (4)** (→ Karte S. 129), 255 Columbus Ave./Kerouac St., ① 362-3370, www.vesuvio.com; in North Beach gelegene legendäre Bohème-Bar seit 1948, auffälliges Dekor, gute Cocktails, viele europäische Besucher und jede Menge Erinnerungen an die Beat-Generation-Ära.
**Mario's Bohemian Cigar Store Café (5)** (→ Karte S. 129), 566 Columbus Ave., ① 362-0536; ebenfalls in North Beach gelegenes und ebenfalls legendäres Café mit eigener Kaffeerösterei. Tgl. 10–23 Uhr.
**Kennedy's Irish Pub and Curry House (6)** (→ Karte S. 129), 1040 Columbus Ave., ① 441-8855, www.kennedyscurry.com. Nicht weit entfernt von der Cable-Car-Station Bay Street ist Kennedy's eine gelungene Mischung zwischen Irish Pub mit Guinness, Sport-TV, Billard und einem guten indischen Restaurant, das in die Mitte des Pubs gesetzt wurde.

### Nachtleben
Als Zentren des Nachtlebens gelten vor allem SoMa (11th St. zwischen Folsom und Harrison, außerdem rund um SBC Park/South Park und China Basin) und Mission/Castro sowie die Viertel Hayes Valley, Cow Hollow und Polk Gulch. Auch in North Beach (bodenständiger) und Haight-Ashbury lässt sich zum Ausgehen etwas finden. Wer sich vorab informieren möchte, sollte die Webseiten www.sftravel.com/explore/nightlife oder www.citysearch.com/guide/sanfrancisco-ca-metro besuchen (Clubs, Diskos, Livemusik, Bars). Hier nur einige wenige Tipps:
**Café du Nord (1)** (→ Umschlagkarte hinten), 2174 Market St. Ecke Sanchez St., ① 375-3370, www.swedishamericanhall.com/cafe-du-nord; Club mit Alternative- und Independent-Musik im historischen Gebäude der Swedish American Hall von 1907.
**The Great American Music Hall (1)** (→ Karte S. 139), 859 O' Farrell St. Ecke Polk St., ① 885-0750, www.slimspresents.com; Ballhaus im Stil der Jahrhundertwende mit Livemusik aller Richtungen und bekannten Interpreten.

## Einkaufen

Man kann in San Francisco hervorragend einkaufen, seien es Souvenirs, fernöstliche Waren, elegante Mode oder Kunst. Lokale Zentren mit einem jeweils charakteristischen Angebot (Restaurants, Souvenirs, Alltagswaren, Kitsch) gibt es im **Japan Center** und in Chinatown. Ein buntes, auf Touristen abgestimmtes Angebot findet sich in den Boutiquen und Shops nahe der **Fisherman's Wharf**, insbesondere am Pier 39, am Ghirardelli Square, in der Cannery und im **Anchorage Square**. Von anderem Gepräge sind die hypermodernen Einkaufszentren des **Embarcadero Center** (Ecke Sacramento/Davis St.), des **Westfield San Francisco Centre** (Ecke Fifth/Market St.) und der **Crocker Galleria** (Ecke Post/Kearny St.). Diese Glitzerpaläste mit anspruchsvoller Architektur wollen „Erlebniswelten" schaffen, liegen sämtlich in Downtown und bieten eine Konzentration feinster Geschäfte, Cafés und Restaurants.

Seinen Ruf als Modestadt verdient sich San Francisco vor allem auf der Union St., und zwar in den acht Blocks zwischen der Van Ness Ave. bis zur Steiner St. In Downtown steht in der Nähe des Union Square **Neiman Marcus** (150 Stockton St.), ein ehrwürdiges Einkaufszentrum mit Mode, Geschenken, Glas, schönem Rotunda-Restaurant, luxuriösem Lichthof etc. Ganz in der Nähe befinden sich weitere berühmte Modegeschäfte bzw. Kaufhäuser, wie z. B. das **Macy's** (170 O'Farrell St.), **Saks Fifth Avenue** (384 Post St.) und **Nordstrom** (865 Market St.).

Weniger vornehm, dafür aber turbulent geht es auf den regelmäßigen **Wochenmärkten** zu, die in vielen Stadtteilen abgehalten werden und auf denen die Farmer der Umgebung Gemüse und Obst anbieten, so z. B. im Ferry Building Marketplace. Richtige Schnäppchen – etwa bei der Suche nach den preiswertesten Jeans – macht man in den Outlets (Verkauf von Restposten) und Discountläden (Restposten und leicht beschädigte Ware). Über diese Läden gibt es regelrechte Straßenkarten, die man in vielen Buchläden und Drugstores erhält.

## Sport

Auskünfte über Freizeitmöglichkeiten und die entsprechenden Lokalitäten erteilt das **San Francisco Recreation and Park Department**, ① 831-2700, www.sfrecpark.org, inklusive App-Download. Diese Behörde informiert u. a. über Angebote zu Baseball, Basketball, Bogenschießen, Bootfahren, Fahrradfahren, Fischen, Football, Fußball, Golf, Pferderennen, Reiten, Schwimmen, Segeln, Softball, Tennis und Zielscheibenschießen. Gute Möglichkeiten, seinen Lieblingssport auszuüben, bietet die 176 km² große Golden Gate National Recreation Area, in der u. a. der Aquatic Park, Baker Beach, China Beach, Fort Funston, Golden Gate Promenade, Land's End, Golden Gate Promenade, Marina Green und Ocean Beach zusammengeschlossen sind. Die Palette der sportlichen Aktivitäten umfasst hier u. a. Laufen, Schwimmen, Wandern, Fahrradfahren, Fischen, Gymnastik, Joggen und Drachenfliegen.

Golfer finden im Stadtgebiet und in der Umgebung mehr als ein Dutzend Plätze, an denen man sich auch Equipment ausleihen kann. Hier eine Auswahl:
**Golden Gate Park Golf Course**: 47th Ave., Ecke Fulton St., 9 Loch, Par 27 ① 751-8987, www.goldengateparkgolf.com).
**TPC Harding Park:** 99 Harding Rd., zwei Plätze: Fleming (9 Loch, Par 30) und Harding (18 Loch, 72 Par) ① 415-664-4690, https://tpc.com/hardingpark).
**Lincoln Park Golf Course**: 300 34th Ave., Ecke Clement St., Richmond District (① 221-9911, www.lincolnparkgolfcourse.com), 18 Loch, Par 68. Dies ist der wohl schönste öffentliche

Platz: auf einer Klippe gelegen, mit fantastischem Blick auf die Golden Gate Bridge und die Bucht.

### Strände

Es gibt sehr schöne Sandstrände, vor allem an der Westseite. Am nächsten zur Golden Gate Bridge liegt der **Baker Beach**, eindrucksvoller noch ist südwestlich des Golden Gate Park der lang gezogene **Ocean Beach**. Im Süden werden hinter Daly City und besonders Pacifica die Strände noch breiter und sind dort wildromantisch. Überall sind die Surfbedingungen sehr gut. Das Wasser jedoch erreicht selbst im August selten 15 °C, und somit sind die Strände allenfalls zum Sonnenbaden geeignet. Zur Bay-Seite hin hat der Aquatic Park (hinter dem Maritime Museum, Beach St.) einen kleinen Sandstrand. Wärmer ist das Wasser hier aber auch nicht. Wer im Ozean schwimmen möchte, sollte südwärts mindestens bis Santa Cruz fahren, besser noch bis Carmel, oder aber ca. 30 km nordwärts ins Marin County an den Stinson Beach.

### Rad fahren

Trotz des schwierigen, hügeligen Geländes sind in San Francisco einige **scenic bike routes** ausgeschildert, deren Strecken grüne Schilder kennzeichnen. Eine ganze Reihe Fahrradvermieter findet man in der Stanyan St. beim Golden Gate Park und rund um Fisherman's Wharf, von denen einige einen Transportservice zur Golden Gate Bridge unterhalten. Hilfreich für eine Erkundung der Stadt zu Fuß oder per Fahrrad ist die Karte „SF Bike Map and Walking Guide" der San Francisco Bicycle Coalition (https://sfbike.org). Eine große Auswahl an Rädern unterschiedlichster Art hat **Blazing Saddles**, (① 202-8888, www.blazingsaddles.com) mit vielen Stationen, u. a.: Pier 41, 2715 Hyde St. (Hauptstation), 465 Jefferson St., 433 Mason St. (Union Square) und 757 Beach St., 2555 Powell St., sowie **Bay City Bike**, ① 346-2453, www.baycitybike.com, mit Stationen u. a. 2661 Taylor St. und 501 Bay St./Fisherman's Wharf. Beide bieten auch geführte Touren an.

### Veranstaltungen

Eigentlich findet an jedem Tag irgendwo in San Francisco irgendeine größere Veranstaltung statt. Besonders sehenswert ist das **chinesische Neujahrsfest**, das in Chinatown Ende Januar/Anfang Februar mit Umzügen, Knallereien und Papierdrachen gefeiert wird. Ebenfalls turbulent und stimmungsvoll geht es im Mai am Memorial Day Weekend zu, wenn man im Stadtteil Mission District den hiesigen **Karneval** begeht. Teils bizarr, teils schräg, aber immer fröhlich feiert die große schwule und lesbische Gemeinde ihren **Pride Day** (www.sfpride.org), natürlich vor allem im Szene-Viertel Castro. Originell ist auch der **How Weird Street Faire** (www.howweird.org), der jedes Jahr Ende April/Anfang Mai in der Howard Street über die Bühnen geht. Bunt, krass, trashig, Tanzmusik, Flohmarkt – alles, was das Partyherz begehrt.

### Wetter/Kleidung

In San Francisco ist es gleichmäßig mild. Temperaturen unter 10 °C und über 25 °C sind äußerst selten. Da sich aber die berüchtigten Nebelschwaden (vor allem im Sommer) plötzlich auf das Land zubewegen und sich durch das Golden Gate in die Bay drängen, kann es binnen weniger Minuten spürbar kälter werden. Am besten nimmt man immer eine leichte Jacke o. ä. mit.

## Sicherheit

San Francisco stellt unter Amerikas Städten hinsichtlich der Kriminalität keine Ausnahme dar. Durch die hohe Zahl an Obdachlosen und Drogensüchtigen ist die Situation in gewissen Stadtvierteln nicht ungefährlich. Erhöhte Aufmerksamkeit ist insbesondere in folgenden Vierteln angebracht:

**Hunter's Point**: die gesamte Halbinsel nördlich des Candlestick Park.

**Mission District**: Vorsicht in den engen, unbeleuchteten Gassen zwischen Dolores St. und Potrero Ave. sowie 10th und Army St.

**South of Market**: das gesamte Gebiet zwischen Embarcadero St. und Church St., vor allem um die 6th St. herum, nach Einbruch der Dunkelheit meiden.

**Tenderloin**: Die Grenzen hier sind fließend und liegen etwa zwischen Bush St., Powell St., Polk St. und Market St. Um das genannte Gebiet, das sich u. a. durch zwielichtige Bars, Sex-Shops, und Drogendealer auszeichnet, sollte man nachts, Frauen ohne Begleitung auch tagsüber, einen Bogen machen.

**Western Addition**: Dieses Viertel zwischen Hayes St. (Süden), Geary St. (Norden), Gough St. (Osten) und Divisadero St. (Westen) besitzt schlimme, Slum-ähnliche Wohngebiete und eine sehr aktive Drogenszene. Überfälle auf Touristen sind bereits häufiger vorgekommen. Hier wie überhaupt gilt: Falls man bedroht wird, sollte man den Angreifern ohne Widerstände und schnell US$ 10–20 aushändigen, die immer separat vom restlichen Geld in einer anderen Tasche sein sollten. Meistens handelt es sich um Junkies, die sich mit dieser Summe begnügen.

## Flüge

Die meisten ausländischen Fluggäste kommen auf dem **San Francisco International Airport** (SFO) rund 23 km südlich der City an. Mit rund 60 Mio. Fluggästen im Jahr ist er einer der größten der USA. Sollte man noch keine Unterkunft gebucht haben, so kann man dies bei der Travel Agency tun (International Terminal, Departure Level, tgl. 6–23 Uhr, ☏ (650) 877-0422). Hier kann man auch Taschen und Koffer zur Aufbewahrung abgeben. Die Gebühren (US$ 7–10/Std., US$ 15–40/24 Std.) richten sich nach der Größe der Gepäckstücke. Den Airport erreicht man telefonisch unter ☏ 1-800-435-9736 (allgemeine Auskunft) bzw. (650) 821-7900 (Parkplatzauskunft), www.flysfo.com.

Für den **Transport in die Innenstadt** benötigt man, je nach Verkehrslage und -mittel, 10–60 Minuten. Die schnellste Verbindung ist die **BART** (www.bart.gov), die zwischen dem Airport und der Innenstadt bzw. Oakland und anderen Orten verkehrt. Die BART-Haltestelle befindet sich im International Terminal, Departure Level. Der **AirTrain** verbindet mit seiner Red Line die vier Terminals mit den Parkhäusern und der BART Station sowie mit seiner Blue Line die genannten Stationen mit dem Rental Car Center – maximale Wartezeit: fünf Minuten. Deutlich langsamer ist eine Fahrt mit dem **Taxi**, für die man außerdem mit ca. US$ 50 plus Trinkgeld rechnen muss. Der Preis kann aber auch im Vorhinein ausgehandelt werden. Dabei sollte man ein autorisiertes „Cab" mit Erkennungsnummer und Taxameter nehmen. Günstiger wird es mit einem der Airporter-Kleinbusse, die auf einer festen Route verkehren. Ähnlich wie die Airporter-Kleinbusse bringen die Shuttle-Busse der **Door-to-Door Van Services** Besucher recht preiswert in die City und sogar bis vor die Haustür. Diese Sammeltaxen sind rund um die Uhr im Einsatz und fahren etwa alle 20 Minuten ab; die Fahrt nach Downtown kostet US$ 17–25. Es gibt etwa ein Dutzend verschiedener Shuttle Services, die die Stadt unter sich in einzelne Regionen aufgeteilt haben; Hinweise vor Ort erteilen die einzelnen Fahrer. Im Gegensatz dazu bieten viele Hotels der gehobenen Kategorien einen Hotel-Shuttle-Service an, der für ihre Gäste bestimmt und kostenlos ist; der Fahrer erwartet jedoch pro Gast US$ 2–3 Trinkgeld. Am günstigsten ist der Transport per Linienbus der SamTrans (① 1-800-660-4287, www.samtrans.com), wobei das Liniennetz sehr weit gespannt ist. Bei den Information Booths gibt es Fahrpläne und Infos zur jeweils günstigsten Linie. Der Nachteil der Linienbusse besteht darin, dass keine Koffer oder Rucksäcke akzeptiert werden, sondern nur Handgepäck (Aktenkoffergröße). Unterwegs kann man an verschiedenen Stellen zu- und aussteigen. Der Fahrpreis ist jeweils passend zu bezahlen, da der Fahrer über kein Wechselgeld verfügt. Man sollte beim Bezahlen den Fahrschein verlangen und ihn bis zum Zielort aufbewahren, da es mitunter vorkommt, dass der Fahrer in einer neuen Zone die Tickets kontrolliert.

Einige **wichtige Fluggesellschaften**, die SFO anfliegen (weitere Nummern und Anschriften findet man hier: www.flysfo.com/flight-info/airlines-at-sfo):
**Air France**, ① 1-800-237-2747, www.airfrance.us.
**Air New Zealand**, ① 1-800-262-1234, www.airnewzealand.com.
**American Airlines**, ① 1-800-433-7300, www.aa.com.
**British Airways**, ① 1-800-247-9297, www.britishairways.com.
**Delta Air Lines**, ① 1-800-221-1212, www.delta.com.
**KLM**, ① 1-800-225-2525, www.klm.com.
**Lufthansa**, ① 1-800-645-3880, www.lufthansa.com.
**Qantas**, ① 1-800-227-4500, www.qantas.com.
**Singapore Airlines**, ① 1-800-742-3333, www.singaporeair.com.
**Swiss Airlines**, ① 1-877-359-7947, www.swiss.com.
**United Airlines**, ① 1-800-538-2929, www.united.com.

### Mietwagen

Die Stadt bietet sich für Erkundungen zu Fuß an, und längere Strecken können mit den öffentlichen Verkehrsmitteln zurückgelegt werden. Ein Mietwagen lohnt sich eigentlich nur für Ausflüge in die Umgebung (z. B. Monterey, Santa Cruz, Wine Country, rund um die Bay). Alle großen Mietwagenfirmen sind am Flughafen vertreten. Der zentrale Stellplatz ist gut ausge-

---

### ☞ Keine Bargeld-Maut auf der Golden Gate Bridge!

Anfang April 2013 wurde die Bargeld-Maut auf der Golden Gate Bridge Richtung Süden, also in die Stadt, abgeschafft. Das neue System heißt „FasTrack" bzw. „Pay by Plate", und der Einsatz an der Golden Gate gilt als Pilotprojekt für die gesamte Bay Area. Bei **FasTrack** kann man sich online anmelden (s. u.) und dann ein „Toll Tag", eine Art Sender, im Fahrzeug installieren. Über dieses Toll Tag werden die ausstehenden Gebühren für die Brückennutzungen per Kreditkarte abgebucht. Wer einen Mietwagen hat, sollte herausfinden, ob die Mietwagenfirma am Tolling-Programm teilnimmt. Dabei werden die Maut-Kosten dem Mieter dann mit der Nutzung des Mietwagens in Rechnung gestellt. Bei **Pay by Plate** müssen die Maut-Kosten (US$ 8) per Kreditkarte bezahlt werden, per **One-Time Payment** – und zwar **vor der Querung** der Golden Gate Bridge unter www.bayareafastrak.org.

Infos gibt's beim **Bay Area FasTrak Customer Service Center** (Bay Area Metro Center, 375 Beale Street, zwischen Folsom und Harrison Streets, ① 1-877-229-8655 oder 486-8655; Mo–Fr 8.30–17.30, Sa 9–13 Uhr). Hier kann einfach und unkompliziert mit Bargeld oder Kreditkarte vor oder nach der Überquerung der Golden Gate Bridge bezahlt werden.
Eine gute deutschsprachige Anleitung gibt es online unter: http://goldengate.org/tolls/german.php.

schildert und heißt Rental Car Center (780 N. McDonnell Rd.). Vom Flughafen ist er am besten mit dem AirTrain, Blaue Linie, zu erreichen, ebenso von Downtown aus via BART zum Flughafen. Mitunter gibt es günstige Wochenendtarife. Nachstehend die wichtigsten Verleihfirmen, mit Internetadresse und Telefonnummer (alle Nummern mit Vorwahl 415):

**Alamo**, u. a. 750 Bush St. (Union Square), ☎ 1-888-826-6893, www.alamo.com.
**Avis**, u. a. 675 Post St., ☎ 929-2555, www.avis.com.
**Budget**, u. a. 821 Howard St., ☎ 957-9998, www.budget.com.
**Dollar**, 364 O'Farrell St., ☎ 866-434-2226, www.dollar.com.
**Enterprise**, 233 Ellis St., ☎ 837-1700, www.enterprise.com.
**Hertz**, 500 Post Street, ☎ 771-2200, www.hertz.com.
**National**, 340 O'Farrell St., ☎ 1-888-826-6890, www.nationalcar.com.
**Thrifty**, 350 O'Farrell St., ☎ 788-8111, www.thrifty.com.

### Autoclubs/Pannenhilfsdienste
**AAA**, u. a.: 160 Sutter St., ☎ 773-1900, https://calstate.aaa.com, Mo–Fr 9–18 Uhr; Notruf und Pannendienst des AAA: 1-800-222-4357.

### Parken
Bei den steilen Straßen der Stadt ist es besonders wichtig, auf eine gute Parksicherung zu achten. Gesetzlich vorgeschrieben ist das **Einschlagen der Vorderräder in Richtung Bordstein**. Unbedingt auch auf farbige Bordsteinränder achten, die einzelnen Farben bedeuten: **rot** = absolutes Halteverbot; **gelb** = Ladezone für Pkw (30 Minuten) mit entsprechender Plakette; **blau** = Parken nur für Behinderte; **weiß** = Laden/Entladen von Fahrgästen; **grün** = zwischen 9 und 18 Uhr Halten für zehn Minuten erlaubt; **grün-gelb-schwarz** = Taxi-Zone. Am besten parkt man also nur dort, wo keinerlei Farbe oder Beschriftung an der Bordsteinkante zu finden ist.

### Motorrad fahren
Mietstationen für Motorräder, Mopeds und z. T. auch Fahrräder sind u. a.:
**Dubbelju Motorcycle Rentals**, 274 Shotwell St., ☎ 495-2774, www.dubbelju.com; u. a. BMW und Harley Davidson, Mo–Sa 9–18 Uhr.
**San Francisco Scooter Centre**, 127 10th St., ☎ 558-9854, www.sfscootercentre.com; u. a. Vespa-Roller, Di–Sa 10–18 Uhr.

### MUNI: Busse/Metro/Straßenbahn
Auf 78 verschiedenen Linien verkehren die Busse sowie die Metro, zusammengeschlossen in der San Francisco Municipal Railway (MUNI). Diese ist außerdem für die Cable Cars und die Streetcars zuständig. Dank dieses eng gewobenen Bus- und Schienennetzes ist es möglich, alle touristischen Attraktionen der Innenstadt problemlos auch ohne Auto zu erreichen. Die derzeitige Gebühr beträgt bei Barzahlung US$ 2,75 pro Fahrt. Als Mehrtagesticket gibt es den **Visitor Passport**, mit dem man alle Busse, Straßenbahnen und Cable Cars benutzen kann (s. S. 165). Die Ticket-Automaten akzeptieren Geldscheine und Münzen, wobei der Fahrpreis passend bezahlt werden muss, dies gilt auch bei Bezahlung beim Fahrer selbst, der kein Wechselgeld mit sich führt. Eingestiegen wird grundsätzlich vorne beim Fahrer. Netzkarten gibt es u. a. beim Visitor Information Center, Tageskarten auch an den Automaten.
Neben den Bussen sind sieben Metro-Linien und die Streetcars dem System angeschlossen. Erstere sind mit den Buchstaben J, K, L, M, N, S und T gekennzeichnet und verlaufen von Downtown aus in südlicher Richtung unterirdisch. Für Touristen interessanter sind die oberirdi-

schen Strecken F und E der Streetcar, die entlang der Market St. bzw. Embarcadero entlang und bis zur Fisherman's Wharf verkehren, dabei werden historische Wagen aus aller Welt eingesetzt.

Alle Verkehrsmittel verkehren i. d. R. zwischen 6 und 24 Uhr in kurzen Minuten-Intervallen. Welcher Bus/welche Metro wohin fährt, entnimmt man am besten der detaillierten **Muni System Map**, die es in vielen Metro-Bahnhöfen, bei allen Zeitungskiosken und im Visitor Information Center gibt bzw. die online unter www.sfmta.com/maps/muni-system-map zum Download bereitsteht. Für einen Kurzbesuch reicht meist die Abbildung des MUNI-Streckennetzes aus, die die meisten Stadtpläne enthalten. Ein vollständiger Buslinienplan und Livekarten finden sich unter www.sfmta.com, Übersichtskarten zudem an allen Bushaltestellen. Die Touristeninformation gibt ein Faltblatt heraus, auf dem die Bus- und Anfahrtsverbindungen zu so gut wie allen Sehenswürdigkeiten genannt sind.

> ☞ **Wichtig**
>
> Auch im **San Francisco City Pass** (s. S. 165) ist ein **3-Tage-MUNI-Ticket** enthalten.
> **Weitere Infos** zum MUNI-System unter www.sfmta.com/muni.

###  BART – die U-Bahn

Das 5 Mrd. Dollar teure, 1967–74 erbaute und 2003–09 erweiterte BART-System (**Bay Area Rapid Transit**) transportiert mit einer Spitzengeschwindigkeit von 130 km/h täglich Hunderttausende und ist somit das schnellste Verkehrssystem innerhalb der Bay Area. Die Gleise verlaufen teils unterirdisch, teils oberirdisch und passieren mittels eines der längsten Unterwassertunnels der Welt die Bay von San Francisco. Das über 180 km lange Streckennetz verfügt über sechs Linien mit insgesamt 48 Stationen und bedient neben den Städten San Francisco, Oakland und Berkeley gut 20 Vororte in vier Counties sowie den Flughafen (US$ 9,50). Die Stationen der sauberen und vollautomatischen Züge sind mit einem blau-weißen „ba"-Zeichen markiert. In San Francisco fährt die BART entlang der Market St. noch unterhalb der MUNI Metro. Die Züge verkehren tgl. 4–24, Sa ab 6, So ab 8 Uhr, und zwar im 15-/20-Minuten-Takt. In allen Stationen hängen Übersichtskarten aus, die einen über nahe gelegene Touristenattraktionen, Einkaufszentren und geeignete Busverbindungen informieren. Fahrkarten erhält man an Automaten, die alle Münzen sowie 1-, 5-, 10- und 20-Dollar-Scheine akzeptieren. Die Tarife für Einzelfahrten bewegen sich zzt. zwischen US$ 2 und 10. Es gibt mehrere Vergünstigungen und Kombitickets. Strecken- und Fahrpläne sowie weitere Infos unter www.bart.gov.

### Cable Car

Die wohl berühmteste Kabelbahn der Welt verkehrt noch auf folgenden drei Linien:
**1. Powell-Hyde**: Von der Powell St./Market St. via Hyde St. bis zur Beach St. nahe dem Aquatic Park und Fisherman's Wharf. Die spektakulärste Trasse mit bis zu über 21 % Steigung.
**2. Powell-Mason**: Von Powell St./Market St. auf z. T. identischer Strecke über Mason St., Columbus St. und Taylor St. – vorbei an Chinatown und North Beach, bis zur Bay St. nahe Fisherman's Wharf.
**3. California**: Von California St./Market St. entlang der California St. (Chinatown) und durch Nob Hill bis zur Van Ness Ave.

Die Cable Cars operieren tgl. zwischen 6 und 1 Uhr, der Fahrpreis beträgt US$ 7, die Tickets werden an Self-Service-Automaten gezogen oder beim Schaffner gekauft. Bei jedem Fahrzeugwechsel muss für ein Cable Car der volle Tarif über US$ 7 bezahlt werden. Deshalb lohnt sich unter Umständen der Erwerb eines Visitor Passport (s. S. 165). Muni Passports erlauben Fahrten nur in Muni-Fahrzeugen, gelten also nicht für BART, andere Transitsysteme oder für den Transfer zum oder vom Flughafen. Ein Muni-Ticket erlaubt beliebig viele Fahrten und Fahrzeugwechsel binnen eines Zeitraums von 90 Minuten.

### Regional- und Fernbusse

Neben den MUNI-Bussen gibt es mehrere Busunternehmen, die Reiseziele in der näheren oder weiteren Umgebung bedienen.

## Reisepraktische Informationen

Der zentrale Busbahnhof, das **Salesforce Transit Center** (https://salesforcetransitcenter.com), liegt an der Beale St. im Block zwischen Mission und Howard St. Wenige Wochen nach der Eröffnung im Aug. 2018 musste es für Reparaturarbeiten geschlossen werden, soll aber im Laufe des Jahres 2019 wieder eröffnen. Eine Übersicht über aktuelle Abfahrten und Haltestellen bietet ☎ 511, https://511.org. Zu den wichtigsten Busunternehmen gehören:

**Golden Gate Transit**: unterhält Verbindungen nach Norden in die Counties Marin und Sonoma, u. a. also auch nach Sausalito. Die grün-blau-weiß markierten Haltestellen findet man u. a. entlang der Lombard St., Van Ness Ave. und der Geary St. Die Fahrpreise sind entfernungsabhängig. Infos unter ☎ 455-2000, www.goldengatetransit.org.

**SamTrans**: bedient das südlich gelegene San Mateo County bis hinunter nach Palo Alto. Der Fahrpreis beträgt US$ 2,05–5,50. Infos unter ☎ 1-800-660-4287, www.samtrans.com.

**AC Transit**: bedient die meisten Städte der East Bay und die Alameda und Contra Costa Counties. Infos unter ☎ (510) 891-5470, www.actransit.org.

**Greyhound**: Mit den silbergrauen Bussen des größten Busunternehmens der USA gelangt man in alle Teile des Landes. Infos unter ☎ 558-6711, www.greyhound.com.

### Fähren/Cruises

Nicht nur bei Sightseeing-Rundfahrten mit dem Schiff, sondern auch bei den Fährfahrten hat man oftmals eine gute Sicht auf Stadt und Bucht. Anbieter sind:

**Golden Gate Ferries** (☎ 455-2000, www.goldengateferry.org): Die Fähren starten mehrmals tgl. am östlichen Ende der Market St. am Ferry Bldg. Die Ziele sind Sausalito (30 Minuten) und Larkspur (45 Minuten).

**Red & White Fleet** (☎ 673-2900, www.redandwhite.com): Die beliebte einstündige Golden Gate Bay Cruise startet tgl. alle 30–45 Minuten. Die Bridge-2Bridge Cruise (90 Min.) wird je nach Saison 1–5 x tgl. angeboten. Außerdem stehen je nach Saison die California Sunset/Twilight Cruise sowie Ausflüge über Land auf dem Programm. Die Schiffe legen am Pier 43½ an der Fisherman's Wharf ab.

**Blue & Gold Fleet** (☎ 705-8200, www.blueandgoldfleet.com): Startpunkt der Fähren nach Suasalito, Tiburon und Angel Island ist Pier 41 an der Fisherman's Wharf. Vom Pier 39 starten Sightseeing-Bootstouren durch die Bay.

*Auf einer Fährfahrt ist die Golden Gate Bridge nicht selten im Nebel zu sehen*

**San Francisco Bay Ferry** (① 705-8291, http://sanfranciscobayferry.com): Netz regelmäßiger Fährfahrten über die Bay. Abfahrtsorte in San Francisco sind Ferry Building, Pier 41 (Fisherman's Wharf) und das South San Francisco Terminal. Zielorte sind Oakland, Richmond, Vallejo (Vallejo Terminal sowie Mare Island) und Alameda (Main Street sowie Harbor Bay).

### Taxis

Die zahlreichen Taxen hält man in San Francisco an der Straße durch Winken an. Taxistände gibt es am Flughafen, am Union Square, am Downtown Air Terminal sowie vor größeren Hotels, Kaufhäusern etc. Die Fahrpreise sind in der Innenstadt recht günstig und bei allen Unternehmen gleich; Taxifahrer erwarten 15 % Trinkgeld.

Zu den größten Taxiunternehmen, die rund um die Uhr rufbereit sind, gehören:
**Flywheel Taxi**, ① 970-1300, http://flywheeltaxi.com.
**Luxor Cab Co.**, ① 282-4141, www.luxorcab.com.
**Yellow Cab Co.**, ① 333-3333, www.yellowcabsf.com.

Diese großen Unternehmen bieten i. d. R. eigene Smartphone-Apps, mit denen man Taxen ordern kann. Eine Alternative sind Fahrdienste wie Uber oder Lyft, die beide in San Francisco ihren Hauptsitz haben und den Markt in den letzten Jahren ordentlich durcheinandergewirbelt haben.

### Züge

Die nächsten **AMTRAK-Stationen** in der Bay Area sind in Emeryville, Oakland und San José; Auskünfte erhält man unter ① 1-800-872-7245 oder www.amtrakcalifornia.com. Zu den Bahnhöfen von Emeryville und Oakland(16th St./Wood St.) enden, verkehrt ein kostenloser Zubringer ab dem Ferry Building und der CalTrain Station Ecke 4th St./Townsend St.

# Rund um die San Francisco Bay

Weitere Attraktionen warten in den Städten und Ortschaften jenseits der Bay. Gegen den überwältigenden Namen San Franciscos hat es die Tourismusindustrie dieser Städte schwer, sie ausländischen Besuchern schmackhaft zu machen. Zwar ist San Francisco die Hauptattraktion, hat man aber einen freien Tag zur Verfügung oder möchte auf dem Weg nach Sausalito, Sacramento oder dem Napa Valley zusätzliche Highlights einplanen, ist der Sprung über die Bay sehr zu empfehlen. Beispielsweise ist eine **Rundfahrt** möglich, bei der man morgens über die Golden Gate Bridge nach Sausalito und zu den Muir Woods aufbricht, nach der Mittagspause über die Richmond-San Rafael Bridge (Hwy. 580) nach Richmond, Berkeley und Oakland übersetzt (oder die San Pablo Bay in weitem Bogen umfährt und sich den Reisezielen über die Carquinez Bridge von Norden her nähert). Abends kehrt man dann über die San Francisco-Oakland Bay Bridge zum Ausgangspunkt zurück.

*Sprung über die Bay*

### Entfernungen
Die Entfernungen ab San Francisco Downtown
(in Klammern: Meilen):

| | | | | | |
|---|---|---|---|---|---|
| Sausalito | 13 km | (8) | Calistoga | 122 km | (75) |
| Oakland Downtown | 16 km | (10) | Monterey | 214 km | (133) |
| Berkeley | 19 km | (12) | Mendocino | 251 km | (156) |
| Muir Woods | 26 km | (16) | Lake Tahoe | 314 km | (195) |
| Sonoma Wine County | 69 km | (43) | Reno | 374 km | (230) |
| Napa Wine County | 74 km | (46) | Yosemite National Park | 338 km | (210) |
| San José | 80 km | (50) | Las Vegas | 946 km | (582) |

*Blick über die Bay von Sausalito nach San Francisco*

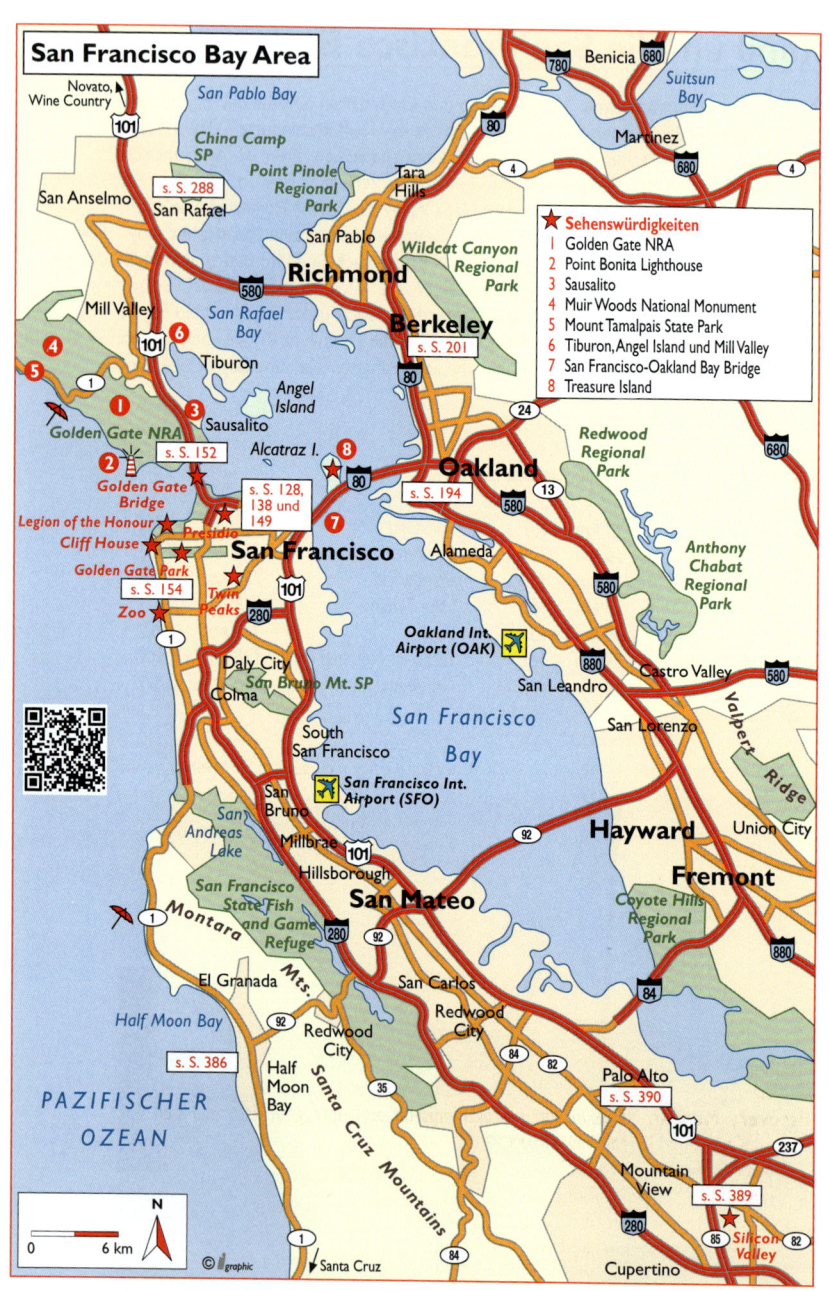

# Nördlich der Golden Gate Bridge

Ganz in der Nähe der Metropole lohnt ein Ausflug in das waldreiche Gebiet des Marin County und nach Sausalito. Dieser Ausflug wird von fast allen Sightseeing-Unternehmen als halbtägige Exkursion organisiert und ist natürlich auch für Selbstfahrer möglich. Besonders schön ist, dass man dabei über die Golden Gate Bridge fährt und auf der nördlichen Seite die spektakuläre Aussicht genießen kann.

*Halbtägige Exkursion*

>  **Anfahrt Sausalito**
>
> Einen Besuch von Sausalito kann man auch mit öffentlichen Verkehrsmitteln durchführen: Dazu fährt man mit den Linien 2, 30 oder 92 von Golden Gate Transit ab dem Salesforce Transit Center (s. S. 181). Die Busse halten i. d. R. auch beim Vista Point auf der anderen Seite der Golden Gate Bridge. Nach einer Besichtigung des Städtchens Sausalito bringt einen die Fähre zurück zur Fisherman's Wharf. Dabei ergeben sich herrliche Ausblicke auf die Bay und die umgebenden Ufer.

Das National Monument der Muir Woods ist eindrucksvoll genug, aber Reisende, die bereits im Redwood oder Sequoia National Park waren oder die Avenue of the Giants kennenlernten (bzw. dorthin fahren werden), sollten sich die knapp bemessene Zeit für andere Attraktionen in und um San Francisco aufsparen.

Mit dem Wagen kommt man aus dem Stadtgebiet über die Hwys. 1 und 101 zur und auf die **Golden Gate Bridge** (s. S. 152). Für den ersten Stopp nimmt man anschließend die erste Ausfahrt zum **Vista Point**, wo nicht nur die hochaufragende Brücke und oft auch der berühmte Durchzug der Nebelschwaden die Blicke auf sich ziehen, sondern zudem anhand von aufgestellten Schildern viele Informationen zur Natur und Geologie der Region gegeben werden. Eindrucksvoll ist das Segment eines Redwood-Baumstamms.

## Golden Gate National Recreation Area (1)

Ein weiterer, noch besserer Aussichtspunkt befindet sich auf der jenseitigen Straßenseite in den Bergen der **Golden Gate National Recreation Area** (*www.nps.gov/goga*). Verlässt man hinter der Brücke an der ersten Ausfahrt den Hwy. 101, sieht man unter sich das an der Horseshoe Bay gelegene **Fort Baker**, das nördliche Gegenstück zum Fort Point – und wie dieses schon längst als militärischer Posten aufgegeben. Stattdessen sind in den alten Kadetten- und Offizierswohnungen luxuriöse Zimmer und Suiten der Nobelherberge Cavallo Point (s. S. 188) eingerichtet worden, die auch über eines der besten Restaurants weit und breit verfügt. In anderen Gebäuden ist das **Bay Area Discovery Museum** (*http://bayareadiscoverymuseum.org*) untergebracht, das sich vor allem an Kinder und Jugendliche richtet.

Wer die übermächtige Brücke aus einer ungewöhnlichen Perspektive sehen möchte, sollte vom Fort über die Sommerville Rd. zum Lime Point Lighthouse spazieren, wo sich einem die Unterseite der gewaltigen Konstruktion darbietet.

*Blick auf die Brücke*

Weiter geht es unter der Golden Bridge hindurch auf die westliche Seite und dann auf der Conzelman Rd. immer höher hinauf. Auch diese Seite war einst militärisches Sperrgebiet und lange Zeit nicht öffentlich zugänglich, heute jedoch ist es als Recreation Area eines der beliebtesten Naherholungsziele, das als zusätzliches Plus immer den großartigen Blick auf Brücke und Stadt besitzt. Eine der **besten Perspektiven** ergibt sich am Kirby Beach, zu dem man auf einem steilen Fußpfad an der Battery Spencer hinabsteigt. Vielleicht noch eindrucksvoller ist der Panoramablick von der Artilleriestellung Battery 129, einem im Zweiten Weltkrieg erbauten Fort.

*Beliebtes Naherholungsgebiet*

Die Conzelman Rd. wird ab der Battery 129 als Einbahnstraße weitergeführt, die einen an weiteren Geschützstellungen vorbei zu einem Parkplatz in der Nähe des Visitor Centers bringt, von wo aus man zu Fuß zum etwa 40 m hohen **Point Bonita Lighthouse (2)** gelangt. Der spektakuläre Pfad mit vielen Stufen und einem Tunnel, der 1877 in die Felsen gehauen wurde, endet an einer Steilklippe hoch über dem Pazifik. Hier kann man nur auf einer schwindelerregenden Holzbrücke, die maximal fünf Personen gleichzeitig trägt, zum Leuchtturm gelangen. *Tunnel und Brücke zum Leuchtturm sind nur Sa–Mo 12.30–15.30 Uhr geöffnet, nicht jedoch bei stürmischem Wetter. Weitere Infos: www.nps.gov/goga/pobo.htm.*

> **Fototipp**
> *Eine* **fantastische Aussicht** *bietet sich zu jeder Tages- und Nachtzeit. Fast schon kitschig-schön wird es jedoch beim Sonnenuntergang, wenn die Abendsonne die Golden Gate Bridge und die Skyline von San Francisco in ein tiefrotes Licht taucht. Ebenso werden Fotoprofis und -laien vom Lichtermeer nach Einbruch der Dunkelheit begeistert sein oder vom oft zu beobachtenden Phänomen der hereinziehenden Nebelbänke.*

Am Ende der Straße (jetzt Field Rd.) gelangt man zur Battery Mendell und an weiteren Stellungen vorbei zu einer bei Ornithologen beliebten Lagune. Oberhalb davon kann man sich das **Marine Mammal Center** anschauen, eine Aufzuchtstation für kranke, verletzte und elternlose Walrosse, Robben und Seelöwen. Das Zentrum bezog 2009 sein komplett neu gebautes Quartier neben der alten Station (*www.marinemammalcenter.org; tgl. 10–16 Uhr, freier Eintritt*).

*Aufzuchtstation*

Über die Bunker Rd. und McCullough Rd. stößt man wieder auf die Conzelman Rd., die einen zur Golden Gate Bridge zurück bringt. Hier muss man darauf achten, sich nicht in den fließenden Verkehr nach San Francisco einzufädeln, sondern erneut die Brücke zu unterqueren. Auch auf der östlichen Seite ist es nicht nötig, auf den Hwy. 101 zurückzukehren, der in einem Tunnel Richtung Marin County verschwindet. Man bleibt stattdessen auf der East Coastal Rd., auf der man später via Alexander Ave. und Bridgeway geradewegs ins Zentrum von Sausalito findet.

## Sausalito (3)

Der spanische Name (ursprünglich Saucelito) bedeutet übersetzt „kleiner Weidenhain" und leitet sich von der ersten Ranch des Gebietes (Rancho Saucelito) ab, die 1838 dem in London geborenen William A. Richardson vom mexikanischen Gouverneur José Figueroa überschrieben wurde. Diese Zeiten jedoch sind lange vorbei, auch die Epoche, in der Sausalito nichts anderes war als ein kleines, idyllisches Fischerdorf. Dank der Golden Gate Bridge nur noch wenige Fahrminuten von San Francisco entfernt, hat es sich seit den 1930er-Jahren zu einem beliebten und in letzter Zeit sogar mondänen Vorort (7.300 Ew.) entwickelt. Der Besucher darf also teure Boutiquen, Schmuckgeschäfte und vorzügliche Fischrestaurants erwarten. Ein Highlight des örtlichen Eventkalenders ist das **Sausalito Art Festival** (http://sausalitoartfestival.org), das alljährlich im September Künstler aus aller Welt präsentiert. Darüber hinaus ließ sich schon so mancher Künstler von der südländischen Architektur, der besonderen Atmosphäre und dem fantastischen Blick über die Bay inspirieren. Auf einem Hausboot in der Nähe von Waldo Point schrieb Otis Redding 1967 nur wenige Tage vor seinem Tod das Lied „(Sittin' On) The Dock of the Bay", das im 2004 vorgenommenen Ranking der 500 besten Songs aller Zeiten des Musikmagazins „Rolling Stone" Platz 28 belegt.

*Mondäner Vorort*

Die in den 1960ern zugewanderten Hippies, daneben auch eine ganze Menge von Freigeistern, Künstlern und sonstigen Kreativen haben den Ort trotz allen neuzeitlichen Wohlstandes geprägt und für manch überraschende, unkonventionelle Entscheidung gesorgt. Beispielsweise wurde 1973 Sally Stanford zur Bürgermeisterin gewählt, die früher eine der bekanntesten Prostituierten von San Francisco war.

Wenn man von Süden über Sausalitos Hauptstraße, den parallel zum Ufer verlaufenden Bridgeway einfährt, sollte man zunächst einen kurzen Stopp beim **Bay Model Visitor Center** einlegen. Hier ist in einer Halle eine 1957 von Pionieren der Army konstruierte verkleinerte Nachbildung der gesamten Bay zu sehen, in der mithilfe von 120.000 l Wasser Strömungen simuliert werden. Besucher, die sich für die geografische und geologische Situation der Bucht interessieren, werden von der technischen Darbietung begeistert sein, die von erhöhten Plattformen zu erleben ist. Hilfreich sind dabei die Tonbanderklärungen.

*Miniatur-Bay*

**Bay Model Visitor Center**, *2100 Bridgeway, ① (415) 332-3871, facebook.com/baymodel visitorcenter; im Sommer (Juli–Aug.) Di–Fr 9–16, Sa–So 10–17 Uhr, sonst Di–Sa 9–16 Uhr, Eintritt frei, aber Spenden erwünscht.*

Über den Bridgeway gelangt man in das eigentliche und alte Stadtzentrum, das unschwer an der Plaza **Vina del Mar** mit ihren auffälligen steinernen Zwillingselefanten zu erkennen ist. Auf dem großen Parkplatz rechter Hand, nahe am Fähr-Terminal mit Touristen-Information, kann man den Wagen abstellen und die mediterrane Atmosphäre Sausalitos zu Fuß kennenlernen. Schön ist auch das Viertel jenseits der Hauptstraße Bridgeway, dessen höher gelegene Wohnbezirke mit ihrem viktorianischen Baubestand durch enge Gassen und Treppen verbunden sind und in dem sich herrlich herumschlendern lässt.

Bekannt ist Sausalito auch für seine Kolonie unzähliger **Hausboote**. Sie wurden meist von Hippies aus den Resten des Baumaterials zusammengeschustert, das bei der Stilllegung der Werften nach dem Ende des Zweiten Weltkriegs nicht mehr genutzt wurde. So entstanden z. T. ziemlich verwegene und fantasievolle Gebilde. Die heutigen Besitzer haben ihre Boote teilweise zu schwimmenden Häusern mit jeglichem Komfort ausgebaut, aber ein wenig ist von der Stimmung der 68er noch übriggeblieben. In seltsamem Kontrast dazu dümpeln sofort neben den Hippie-Hausbooten zahlreiche Luxusyachten, von denen die größten und kostbarsten am Issaquah Dock festgemacht sind. Man erreicht die Hausbootkolonie am Waldo Point, wenn man an der Uferstraße etwa 1 km in nördlicher Richtung geht.

*Schwimmende Häuser*

## Reisepraktische Informationen Sausalito

**Vorwahl**: 415

### Information

**Sausalito Chamber of Commerce**, 1913 Bridgeway, ☎ 331-7262, https://visit sausalito.org, www.sausalito.org Ein **Visitor Kiosk** (tgl. 10–16 Uhr) befindet sich zwischen Fährterminal und dem „Inn Above Tide". 200 m weiter betreibt die **Sausalito Historical Society** ein **Visitor Center** mit kleiner Ausstellung (780 Bridgeway, ☎: 332-0505, www. sausalitohistoricalsociety.com; Di–So 11.30–16 Uhr). **Weitere Infos** bietet www.oursausalito.com.

### Hotels

**The Inn Above Tide** $$$$$, 30 El Portal, ☎ 332-9535, www.innabovetide.com; schön gelegenes, kleines Hotel direkt am Hafen mit 29 luxuriösen Zimmern und Suiten.
**Casa Madrona Hotel & Spa** $$$$$, 801 Bridgeway, ☎ 332-0502, www.casamadrona.com; 2014 renoviert, hat das Luxus-Inn am Hang über Sausalito mit 32 traumhaften Zimmern seinen Preis, aber Ausblick, Service, der angeschlossene Wellness-Bereich und der gesamte Luxus sind ihn wert!
**Cavallo Point – the Lodge at the Golden Gate** $$$$$, 601 Murray Circle, Fort Baker, ☎ 339-4700, (855) 730-6984, www.cavallopoint.com; im historischen Fort Baker gelegenes, ganz besonderes Haus mit wunderbarer Aussicht auf San Francisco, die Bay und die Golden Gate Bridge, 68 historische, liebevoll restaurierte Zimmer in ehemaligen Offizierswohnungen, daneben 74 Zimmer und Suiten im modernen Trakt, Gourmet-Restaurant „Murray Circle", Bar, Spa & Wellness Center, Kreativangebote, Verleih von Fahrrädern und Kajaks.

### Restaurants

**Bridgeway Cafe**, 633 Bridgeway, ☎ 332-3426, www.facebook.com/BridgewayCafe Sausalito; nettes Lokal mit schöner Aussicht, opulentes, ganztägig serviertes Frühstück, Sandwiches, Salate, Pasta, Hamburger, ideal für einen schnellen Imbiss. Tgl. 7.30–17 Uhr.
**Angelino**, 621 Bridgeway, ☎ 331-5225, www.angelinorestaurant.com; Familienrestaurant, bekannt für seine Pizzen mit Zutaten aus organischem Anbau, guten Fettuccine und die große Weinkarte. Mo u. Do 11.30–15, 17–21, Di–Mi, Fr–So 11.30–21 Uhr. Die Familie betreibt auch das ebenfalls empfehlenswerte Lokal **CIBO** (1201 Bridgeway, ☎ 331-2426, www.cibosausalito.com). Mo–Fr 7–15, Sa/So 7–17 Uhr.
**Saylor's Restaurant & Bar**, 2009 Bridgeway, ☎ 332-1512, www.saylorsrestaurantandbar.com; gutes Restaurant mit abwechslungsreicher amerikanischer, italienischer und Texmex-Küche, dazu gute Weine, manchmal Livemusik. Mo–Do 11.30–21, Fr 11.30–22, Sa 16–22 Uhr.

### Fährverbindungen

Von/nach San Francisco gibt es mehrmals Fährverbindungen mit der Blue & Gold Ferry (☎ 705-8200, www.blueandgoldfleet.com, vom Pier 41/Fisherman's Wharf) und der Golden Gate Ferry (☎ 455-2000, www.goldengate.org, vom Ferry Bldg.); die Überfahrt dauert etwa 20 Minuten.

## Muir Woods National Monument (4)

Zu den Muir Woods fährt man hinter Marin City vom Hwy. 101 zunächst auf den Hwy. 1 und von diesem dann nach rechts auf den Panoramic Hwy. ab. Nach etwa 1½ km geht davon die Nebenstraße zu den Muir Woods ab. Der Weg ist gut ausgeschildert und führt über enge und kurvenreiche Straßen. Die Vielzahl der Eukalyptus-Bäume ist dabei auffallend: Anstelle der extensiv abgeholzten Redwoods nahm man erfolgreich diese schnell wachsenden australischen Importe zur Aufforstung. Gelegentlich heißt es, die mystische Landschaft habe im Star-Wars-Film „Die Rückkehr der Jedi-Ritter" als Kulisse gedient. Doch obwohl man sich hier tatsächlich ein bisschen wie auf Endor fühlt, wurden die Waldszenen ca. 400 km weiter nördlich im Redwood NP gedreht (s. S. 324).

Der Park selbst ist ein **beliebtes Ausflugsziel** und vor allem am Wochenende stark frequentiert. Wer die Redwoods nahezu allein genießen möchte, sollte an einem Werktag und möglichst recht früh hier sein. Schon die Spanier waren von den hohen Bäumen an der kalifornischen Küste beeindruckt und nannten sie ihrer roten Farbe wegen *Palo Colorado*. Genutzt aber wurden sie weder von den Indianern noch von den ersten Weißen. Erst als der kalifornische Goldrausch einen Ansturm von Menschen und einen enormen Bedarf an Holz (für Schiffe, Häuser, Bergwerke) mit sich brachte, wurden die Bestände rund um San Francisco schnell und rücksichtslos ausgebeutet. Die Muir-Wälder entgingen allein deswegen diesem Schicksal, weil sie zu abgeschieden lagen und ein Transport zu schwierig war. Trotzdem blieben auch sie bedroht, bis der Privatier William Kent das Gelände aufkaufte und es 1908 der amerikanischen Bundesregierung zum Geschenk machte – unter der Voraussetzung, dass diese das Gelände schützte. Er wählte auch den Namen, und zwar nach John Muir (1838–1914), einem Schriftsteller, großen Naturliebhaber und „Vater der Nationalparks".

*Redwoods*

Die **Mammutbäume** (*Sequoia sempervirens*; s. S. 445) erreichen in diesem Park nicht die gewaltigen Ausmaße der Exemplare von Nordkalifornien, sind aber auch mit einer

*Mystische Stimmung in den Muir Woods*

Höhe von 65 m noch eindrucksvoll genug. Der höchste Baum misst stolze 76 m, der breiteste hat eine Dicke von 4 m. Und ihr biblisches Alter wird an einem aufgeschnittenen Segment am Visitor Center verdeutlicht, wo in die Jahresringe Daten der Weltgeschichte eingeschrieben sind.

Ein **Spaziergang** in den Muir Woods beginnt am Visitor Center, wo man auch Pläne erhält. Angeschlossen sind eine Cafeteria und ein Souvenirladen. Ab hier hat man Gelegenheit, bis zu 7 km in den Wald hineinzuziehen, aber bei wenig Zeit lohnt es sich schon, nur bis zur Brücke bei der Cathedral Grove zu spazieren, hier den Redwood Creek zu überqueren und auf der anderen Seite zurückzuziehen (insgesamt knapp 3 km). Wanderer werden feststellen, dass sie auf den Trails der umliegenden Hügel fast völlig allein sind, während der Park selbst oft von Besuchermassen überlaufen scheint. Und wer viel Zeit und Wanderlust mitgebracht hat, kann auch lange Märsche unternehmen, z. B. auf dem Ben Johnson Trail bis zum Mount Tamalpais.

*Gute Wandermöglichkeiten*

Die Hauptattraktion aber bleiben die uralten und mächtigen Baumriesen. Vielleicht empfindet man bei einem Besuch wie der englische Dichter John Masefield (1878–1967), der schrieb: *„Sie muten einem gar nicht wie Bäume an, sondern eher wie Geister. Man könnte glauben, dass Zentauren oder Götter ihre bewaldeten Schluchten heimsuchten. Die Bäume erheben sich stolz und majestätisch-ernsthaft, als ob sie schon ewig dort gestanden hätten."*
**Muir Woods National Monument**, *Mill Valley, ① (415) 561-2850, www.nps.gov/muwo; der Park ist tgl. von 8 Uhr bis zum Sonnenuntergang geöffnet, das Visitor Center tgl. ab 9 Uhr, Erwachsene US$ 10, bis 15 Jahre frei.*

## Mount Tamalpais State Park (5)

Von den Muir Woods aus gibt es noch weitere Ausflugsmöglichkeiten in die landschaftlich reizvolle Szenerie des Marin County, die ohne Weiteres auch bis zur Pazifikküste auszudehnen sind. Besonders lohnend ist dabei der Kontrast der Strände wie **Muir Beach** oder **Stinson Beach** zu dem hoch aufragenden Hinterland des Mt. Tamalpais State Park. Den Muir Beach erreicht man relativ schnell auf dem Shoreline Hwy. bzw. der Muir Woods Rd., während der Panoramic Hwy. eine weitaus schwierigere, sehr kurvenreiche, dafür aber mit **prächtigen Panoramablicken** aufwartende Route bildet.

Auf ihm gelangt man auf Höhe des Stinson Beach an den Pazifik. Auf dem Hwy. 1 geht es dann jeweils in nördliche Richtung, bis es vor Bolinas nach rechts auf die Bolinas Rd. in Richtung Fairfax geht. Von dieser engen und ebenfalls sehr kurvigen Nebenstraße zweigt rechts die Stichstraße Ridgecrest Blvd. ab, die einen zum Gipfel des Mount Tamalpais bringt. *Mount Tam*, wie der Berg von den Einheimischen genannt wird, ist mit 784 m ü. d. M. der höchste Berg in der Nähe von San Francisco und bietet einen großartigen Rundum-Blick über die Wälder, den Ozean und die Bay sowie an klaren Tagen bis hin zur 30 km entfernten Metropole.

*Höchster Berg der Region*

Der von den Miwok-Indianern als heilig verehrte Mt. Tamalpais und seine nähere Umgebung wurden in den 1770ern zum ersten Mal von Weißen erkundet. Gut hundert Jahre später (1896) war die Region so weit erschlossen, dass man sogar eine Eisenbahnlinie bis auf den Gipfel fertiggestellt hatte, die bald als *crookedest Railroad in the World* bekannt wurde. Nach einem Feuer wurde die Linie jedoch 1930 stillgelegt und abmontiert.

*Nördlich der Golden Gate Bridge*

Heute dient das 25,5 km² große **Naturschutzgebiet** Wanderern und Mountainbikern zur stadtnahen Erholung. Hier findet man eine Vielzahl einheimischer Vogelarten sowie Hirsche, Rehe und meist harmlose Schlangen, während die Fauna durch riesige Redwoods und mehr als 750 Pflanzenarten repräsentiert ist. Unangenehm kann dabei eine Berührung der eichenblättrigen Poison-Oak-Büsche sein, deren rötlich-grüne Blätter ein oft Tage andauerndes Jucken verursachen. Daher sollten Wanderer nicht nur an festes Schuhwerk, sondern auch an lange Hosen denken! Bei den Bay-Anwohnern ist der Park ein sehr beliebtes Naherholungsgebiet, das vor allem wegen der ausgezeichneten Wanderbedingungen geschätzt wird (80 km markierte Trails). Auch wenn die wenigsten die Zeit mitbringen, das Angebot voll auszunutzen, sollte man es doch nicht versäumen, vom Visitor Center aus eine Viertelstunde für den Pfad zum Gardner Overlook hinauf zu investieren.
**Mount Tamalpais State Park**, *801 Panoramic Hwy., Mill Valley, ✆ (415) 388-2070, www.parks.ca.gov/?page_id=471; tgl. von 7 Uhr bis Sonnenuntergang geöffnet. Eintritt US$ 8 pro Fahrzeug.*

*Am Stinson Beach*

Auf dem Sir Francis Drake Blvd. geht es in östlicher Richtung bis zum Hwy. 101, der zurück nach San Francisco führt oder den man als kurzen Anfahrtsweg z. B. zum Besuch des idyllischen Städtchens Mill Valley bzw. von Tiburon nutzen kann.

## Tiburon, Angel Island und Mill Valley (6)

Vom Hwy. 101 locken in unmittelbarer Nähe weitere Sehenswürdigkeiten. Nach Osten zweigt beispielsweise der Hwy. 131 ab, der später in den Paradise Dr. übergeht und einen an der Küste entlang nach **Tiburon** auf der gleichnamigen Halbinsel bringt. Das sympathische Hafenstädtchen (8.900 Ew), dessen Name aus dem Spanischen kommt und Haifisch bedeutet, konnte viel von seinem ursprünglichen Charakter bewahren und besitzt eindeutig mehr Charme als das manchmal zu überlaufene Sausalito. Noch in den 1920er-Jahren lebten die meisten der Einwohner in Hausbooten. Die Uferpromenade der Main St. lädt ein zu einem Bummel. Der heutige Ort ist so richtig geeignet, die Seele baumeln zu lassen, die schöne Stimmung zu genießen oder sich auf Wanderungen bzw. Radtouren sportlich zu betätigen – z. B. auf dem San Francisco Bay Trail, der der ehemaligen Bahntrasse folgt. Wer trotzdem auf Besichtigungen nicht verzichten möchte, sollte sich z. B. die neugotische Old St. Hilary's anschauen. Die **Tiburon Peninsula** wird durch eine gute, auf der Ostseite aber sehr kurvenreiche und schmale Straße erschlossen, die eine schöne Rundfahrt ermöglicht. Dabei gelangt man, vorbei an ausgedehnten Lagunen, auch zum hübschen Ort **Belvedere** am Südpunkt der Halbinsel.

*Städtchen mit Charme*

Belvedere gegenüber liegt die 301 ha große, bewaldete **Angel Island** (*www.angelisland.com*), die man ab dem Pier von Tiburon mit einer regelmäßigen Fähre in 12 Minuten er-

*Naturidylle* — reicht. Die größte Insel in der Bucht, einst von Miwok-Indianern besiedelt, ist heute autofreies Naturschutzgebiet und beliebtes Ausflugsziel, das auf einem rund 8 km langen Rundgang erwandert, auf einer Tram-Tour durchfahren oder mit dem Fahrrad erkundet werden kann. Die „Engelsinsel", deren Hügel bis auf 238 m ü. d. M. ansteigen, wird heute nur noch von rund 200 Stück Rotwild bewohnt. Vor Ort gibt es ein kleines Café, aber kein Hotel. Wer die letzte Fähre verpasst, muss entweder ein privates Boot (teuer) oder eine der Campingstellen in Anspruch nehmen.

Im Gegensatz zur heutigen idyllischen Ruhe steht die sehr **lebhafte Geschichte**, die Angel Island hintereinander als Quarantänestation des 19. Jh. (damals wurde San Francisco von einer Pocken-Epidemie heimgesucht), als Stützpunkt während des amerikanischen Bürgerkriegs, als Internierungslager für Indianer und schließlich 1910–40 als Quarantänestation für asiatische Einwanderer sah. Daran erinnert die kleine Angel Island Immigration Station (China Cove), die Besuchern zugänglich ist; chinesische Schriftzeichen an den Wänden der Station wurden zum Teil übersetzt. Im Zweiten Weltkrieg diente sie als Gefängnis für deutsche Kriegsgefangene und der Spionage Verdächtigte, gleichzeitig aber auch als Luftabwehrstation. Und nach dem Krieg waren zeitweilig Nike-Raketen auf der Insel stationiert. An all diese historischen Intermezzi erinnern heute nur noch Ruinen, die einen merkwürdig-makabren Kontrast zur Schönheit der Landschaft bilden.

*Ehemaliges Holzfäller-Camp* — Auf Höhe von Tiburon, doch auf der jenseitigen, westlichen Seite des Hwy. 101 (Abfahrt Almonte Blvd./Miller Ave.), kommt man zum wunderschönen Städtchen **Mill Valley** (14.000 Ew), das sich am Südwesthang des Mt. Tamalpais ausbreitet. Das von Redwoods umstandene Zentrum dieses ehemaligen Holzfäller-Camps ist der Downtown Square (Miller Ave./Throckmorton St.), um den herum man etliche gemütliche Läden, Lokale und Kunstgalerien findet.

### Fährverbindung

Zwischen San Francisco und Tiburon verkehren die Fähren der Blue & Gold Fleet (① 705-8200, www.blueandgoldfleet.com, vom Pier 41/Fisherman's Wharf) und von Golden Gate Ferry (① 455-2000, www.goldengate.org, vom Ferry Bldg.). Die Blue & Gold Fleet fährt auch von San Francisco direkt nach Angel Island, zwischen Tiburon und Angel Island verkehrt die Tiburon-Angel Island Ferry (① (415) 435-2131, www.angelislandferry.com). In Tiburon bieten einige Unternehmen Hafenrundfahrten und Sunset Cruises an.

# Östlich der Bay

Oakland und Berkeley, die bedeutendsten Städte östlich der San Francisco Bay, könnten Stationen einer Rundfahrt um die gesamte Bucht sein. In diesem Fall würde man, von Norden kommend, zuerst Berkeley einen Besuch abstatten. Die meisten Touristen nähern sich dem östlichen Buchtufer aber direkt ab San Francisco über die Bay Bridge.

## San Francisco-Oakland Bay Bridge (7)

Sicher hat der weltweite Ruhm der Golden Gate Bridge ihrer landschaftlichen Lage und ihrer Schönheit wegen seine Berechtigung, doch darf darüber die viel längere, in einer ungeheuren Ingenieursleistung errichtete und ein halbes Jahr eher eröffnete **Bay Bridge**

# Östlich der Bay

*Die Lichtinstallation „The Bay Lights" erleuchtet nachts die Bay Bridge (s. a. S. 148)*

nicht vergessen werden. Als die von Charles H. Purcell konstruierte Brücke nach nur dreijähriger Bauzeit am 12. November 1936 dem Verkehr übergeben wurde, galt sie als technisches Wunderwerk: Nie zuvor war eine Länge von 13,3 km (davon 6,8 km über Wasser) überbrückt worden. Und noch immer hält sie den Rekord der längsten Hoch-Niveau-Stahlbrücke der Welt.

*Technische Meisterleistung*

Das damals 77 Mio. Dollar teure Gesamtbauwerk besteht auf der San-Francisco-Seite aus einer Hängebrücke mit vier Zwillingstürmen, die im von 28 Stützpfeilern getragen und mit 119.000 km Stahlkabel zusammengehalten wird. Zusätzliche Stütze und zentrale Verankerung ist der Betonpfeiler in der Mitte, der 80 m unter der Wasseroberfläche in den Grund der Bucht eingegossen ist. An die Hängebrücke schließt sich auf Yerba Buena Island ein Tunnel an, durch den man wiederum zur Oakland-Seite hin auf eine Gitterträgerbrücke gelangt. Alle sieben Jahre gönnt man diesem Wunderwerk einen neuen Anstrich, wozu jeweils 1½ Mio. Liter Farbe benötigt werden. Ein besonderer Clou der Ingenieure war die 2-Etagen-Lösung, sodass die Brücke eigentlich nicht fünf, sondern insgesamt zehn Fahrspuren hat, wobei die obere Ebene für den Verkehr nach San Francisco, die untere für den nach Oakland reserviert ist.

### Brückengebühr
*Die San Francisco-Oakland Bay Bridge ist* **gebührenpflichtig**, *jedoch nur in Richtung San Francisco. Für Fahrradfahrer und Fußgänger ist die Brückennutzung verboten.*

Während des Erdbebens im Jahre 1989 gelangte die Bay Bridge zu trauriger Berühmtheit, als Segmente des oberen Fahrdecks abbrachen. Wie durch ein Wunder kam dabei nur ein Fahrer ums Leben, und bereits nach einem Monat waren die Schäden an der überaus wichtigen Verkehrsader behoben. Eine andere Katastrophe war der Unfall eines mit 32.000 l Benzin beladenen Tanklasters, der 2007 in Brand geriet und die Brücke

*Erdbeben 1989*

auf einem 70 m langen Teilstück zerstörte. Sicherheitsgründe waren es denn auch in erster Linie, die für eine grundlegende Renovierung bzw. den Neubau des östlichen Teils der Bay Bridge sprachen. Anfang September 2013 wurde das neue Teilstück für den Verkehr freigegeben. Von der Oakland-Seite aus wird die Trasse nun auf Betonpfeilern immer höher geleitet, bis kurz vor Yerba Buena Island eine riesige „unechte Hängebrücke" (nur ein Pylon) aus Stahl die Bucht überspannt. Anders als vorher sind die Fahrspuren nicht mehr doppelgeschossig, sondern nebeneinander angeordnet.

Benutzer der Brücke (I-80) erreichen etwa auf halbem Wege den Tunnel auf **Yerba Buena Island**, die sich zum großen Teil im Besitz der U. S. Coast Guard befindet. Über eine Ausfahrt ist es möglich, auf die Insel zu kommen, was sich wegen des Blicks auf San Francisco lohnt. Allerdings ist für Zivilpersonen das Parken auf Yerba Buena Island nur mit Sondergenehmigung gestattet. Von der Insel kommt man über einen 300 m langen Damm zu einem weiteren Eiland in der Bay:

## Treasure Island (8)

*Künstliche Insel*

Hierbei handelt es sich um eine 2,3 km² große Insel, die künstlich aufgeschüttet wurde (z. T. aus dem Schuttmaterial des Erdbebens von 1906) und später eine Zeitlang als Flughafen gedient hat. Anschließend wurde sie als Marinestützpunkt genutzt, bis das Militär parallel zum Rückzug aus dem Presidio die Insel 1996 verließ. Die ehemaligen Kasernen wandelte man in Wohnungen für sozial Schwache und Studenten um, insgesamt wohnen nun ca. 2.300 Menschen auf Treasure Island. Die komplett von einer Uferpromenade umsäumte Insel wird langsam für Besucher erschlossen. Neben dem Treasure Island Museum (www.treasureislandmuseum.org) – in dem u. a. die Geschichte der Navy und der Coast Guard dokumentiert wird und das im ehemaligen Flughafen-Terminal untergebracht ist – gibt es ein kleines Weingut (www.tiwines.net) und ein Café, das Aracely (www.aracelysf.com), sowie natürlich den Blick auf San Francisco und die Bay Bridge.

> **Fototipp**
> Wenn man es einrichten kann, lohnt sich nach Einbruch der Dunkelheit ein kurzer Halt auf Yerba Buena Island oder Treasure Island. Der Blick auf die **erleuchtete Skyline** von San Francisco ist fantastisch!

## Oakland

*Unbekanntes Oakland*

Keine Frage: Oakland erschließt sich dem Besucher weit weniger schnell als das berühmtere San Francisco. Anstelle pittoresker Holzhäuser, hoch aufragender Bankpaläste, malerischer Viertel und spektakulärer Verkehrsmittel trifft man zunächst auf alle Anzeichen einer typischen Industriestadt, deren hohe Arbeitslosigkeit sich auch im Straßenbild niederschlägt. Doch wer den Versuch der Annäherung wagt, wird nicht enttäuscht werden, denn mit interessanten Sehenswürdigkeiten kann auch diese Stadt aufwarten, selbst nach der verheerenden Feuersbrunst, die 1991 ganze Viertel zerstörte und Sachschäden in Milliardenhöhe verursachte.

Gegründet wurde Oakland im Jahre 1852 von Horace W. Carpentier. In den ersten Jahren verlief die Entwicklung nur schleppend, siedelten sich doch zunächst nur Holzfäller an, die die großen Eichen- und Redwood-Bestände in dem bis auf 535 m ansteigenden

# Östlich der Bay

★ **Sehenswürdigkeiten**
1 Old Oakland
2 Chinatown
3 City Hall
4 Fox Oakland Theater
5 Paramount Theater of the Arts
6 Lake Merritt
7 Camron-Stanford House
8 Lakeside Park
9 Oakland Museum of California
10 Jack London Square
11 Chabot Space & Science Center

**Unterkünfte**
1 Z Hotel Jack London Square
2 Jack London Inn
3 Inn at Temescal

**Restaurants**
1 Kincaid's Classic American Dining

> ### Anfahrt Oakland
>
> Wer Oakland **ohne eigenen Wagen** auf einem Tagesausflug ab/bis San Francisco besuchen möchte, nimmt am besten die **BART** (→ Karte S. 180), deren Strecke die gesamte Bay unterquert, und steigt an der Station „19th Street/Oakland" aus. Gemütlicher geht es mit einer Fähre der San Francisco Bay Ferry (*https://sanfrancisbayferry.com*).
> **Autofahrer**, die direkt von San Francisco anreisen, benutzen die San Francisco-Oakland Bay Bridge (I-80) und fahren in Oakland über die Fwys. 580/980 bis zu einer zentrumsnahen Ausfahrt auf Höhe der 20th St.

Hügelland abholzten. Danach kamen Goldsucher, dann Eisenbahnarbeiter, die Oakland 1869 zum Endpunkt der Trans Continental Railroad machten. Das war der Startschuss für einen stürmischen Bevölkerungsanstieg. Vor allem nach 1906 zogen viele Obdachlose aus San Francisco hierhin. Arbeitskräfte waren genügend vorhanden, sodass bald schon etliche Industrieunternehmen Oakland als Standort wählten. Das hatte den weiteren Bau von Piers, Kanälen und Kaianlagen zur Folge, die der Stadt bis heute einen der fünf größten Häfen der USA bescherten. Die größte Bevölkerungsgruppe bildeten lange Zeit Afroamerikaner, 1966 wurde in Oakland aufgrund grassierender Polizeigewalt die revolutionäre Black Panther Party gegründet. Heute leben etwa 420.000 Menschen in Oakland, damit ist sie die **achtgrößte Stadt Kaliforniens**. Die Stilllegung oder Abwanderung vieler Industriebetriebe sowie eine hohe Arbeitslosenquote von über 20 % führten in der Vergangenheit dazu, dass Oakland nicht gerade als ein „sicheres Gebiet" für Urlauber galt. Heute ist das anders. Es wurde nicht nur in die Ordnungskräfte investiert, sondern auch in eine **„menschenfreundliche" Infrastruktur** mit kommunikativen Orten wie dem ausgebauten Jack London Square oder dem restaurierten und 2009 als Konzerthalle wiedereröffneten Kino Fox Oakland Theater (s. S. 197). Insbesondere der Stadtteil Temescal ist heute in der Hand der kreativen Szene, die aufgrund der hohen Kosten und Mieten in San Francisco über die Bay gezogen ist.

*Zukunftsweisende Investitionen*

## Stadtrundgang in Oakland Downtown

**Hinweis**
Die **Vorwahl** für Oakland und Berkeley lautet *510*.

Als Startpunkt eines Rundgangs empfiehlt sich das Viertel, das sich zwischen Broadway und Washington St. sowie zwischen 8th St. und 10th St. ausdehnt. Es wird wegen der vielen Holz- und Backsteinhäuser des 19. Jh., die freilich stark restauriert sind, **Old Oakland (1)** genannt. Interessant ist die Altstadt aber nicht nur wegen der Anwesen im viktorianischen Stil, sondern mindestens genauso wegen der lebhaften Märkte. Weithin bekannt ist z. B. der 1917 eröffnete Swan's Market (*Ecke Washington St./zwischen 9th und 10th St., http://swansmarket.com*), in dem heute allerdings hauptsächlich Restaurants und Imbisse untergebracht sind.

*Lebhafte Märkte*

An der Ecke Broadway/9th St. wird jeden Freitag der Old Oakland Farmer's Market abgehalten. Und ein wenig weiter, hinter der Unterquerung des Nimitz Fwy., stößt man östlich des Broadway bei der 3rd St. auf den Lebensmittelgroßmarkt der Stadt, den Oakland Produce Market. Wer dessen lebhafte Geschäftigkeit erleben will, muss jedoch sehr früh auf den Beinen sein, da sich ein Großteil des Geschehens bereits vor Sonnen-

*Östlich der Bay*

*Jack London ist der berühmteste Sohn der Stadt*

aufgang abspielt. Im Kontrast zur historischen Bausubstanz steht das moderne **Oakland Convention Center**; diesem gegenüber findet man auf der 10th St. den Washington Inn, ein hübsches Lokal aus dem Jahre 1913.

Im westlichen Teil der Old City, zwischen der 14th St. und 12th St., lohnt der **Preservation Park**, in dem u. a. 16 viktorianische Holzhäuser (1870–1911) versammelt sind, einen Abstecher. Auf der anderen, östlichen Seite stößt man auf die **Chinatown (2)**. Das fernöstliche Viertel nimmt die Blocks zwischen den Straßen Broadway, Harrison St., 8th St. und 11th St. ein und zeichnet sich durch eine nüchterne, unverfälschtere und nicht auf Touristen zugeschnittene Atmosphäre aus.

Weiter nördlich zweigt vom Broadway die Frank H. Ogawa Plaza ab, ein lebhaftes Geschäftszentrum im historischen Stil mit hübschen Springbrunnen. An ihrer Westseite ist das auffälligste Gebäude die im Zuckerbäckerstil gehaltene **City Hall (3)**. Das knapp 100 m hohe, blockhafte und mit einer Laterne bekrönte Bauwerk wurde 1914 fertiggestellt.

*Zuckerbäckerstil*

Renoviert und wieder im Art-déco-Stil erstrahlt das **Fox Oakland Theater (4)** (*1807 Telegraph Ave., www.thefoxoakland.com*) vor allem in der Abenddämmerung. Am Tag ist hier die Oakland School for the Arts untergebracht; sobald es Nacht wird, übernehmen Live-Musikveranstaltungen die Spielstätte.

Wieder zurück auf dem Broadway, der das eigentliche Zentrum des Geschäftslebens und die Einkaufsmeile der Stadt darstellt, gelangt man in nördlicher Richtung an der Kreuzung mit der 20th St. zum 1931 erbauten **Paramount Theater of the Arts (5)** (*www.paramounttheatre.com*). In dem schönen Art-déco-Gebäude, in dem früher ein Kino untergebracht war, spielt heute das renommierte Oakland Symphony Orchestra

*Rund um die San Francisco Bay*

*Amerikas erstes Tierschutzgebiet*

(www.oaklandsymphony.org). Drei Blocks weiter östlich kommt man zum 64 ha großen **Lake Merritt (6)**, einem von Zugvögeln gern aufgesuchten Salzwassersee, der bereits 1870 zum ersten Tierschutzgebiet in Amerika erklärt wurde. Er ist ein wesentliches Element des zentralen Stadtbildes und kann auf einem 5½ km langen, asphaltierten Fuß- und Radweg umrundet werden. Wenn man dem westlichen Ufer des Sees folgt, passiert man u. a. die aus dem Jahr 1876 stammende und hervorragend erhaltene Residenz **Camron-Stanford House (7)** (*1418 Lakeside Dr., https://cshouse.org, Touren So 13, 14 und 15 Uhr; US$ 5*), die mitsamt der originalen Inneneinrichtung besichtigt werden kann.

Die Nordseite des Seeufers schließlich wird von dem charmanten **Lakeside Park (8)** eingenommen, in dem es auch ein hübsches Vogelhaus zu sehen gibt. Inmitten des Parks befindet sich das Lakeside Park Garden Center, das von Gärten verschiedener Kulturkreise (Japan, Polynesien) und Themen (Kakteen-, Palmen-, Gewürz- und Duftgarten) umgeben ist. Bei genügend Zeit kann man es hier gut einige Stunden aushalten, sich evtl. ein Ruderboot mieten oder den Einwohnern zuschauen, für die Park als grüne Lunge ihrer Stadt einen beliebten Ort des Zusammentreffens, der sportlichen Betätigung oder für Picknicks darstellt.

*Sehenswertes Museum*

Am südwestlichen Ufer des Sees kann man einen kleinen Abstecher zum bereits erwähnten Camron-Stanford House unternehmen. Ein anderes, ungleich größeres Museum befindet sich nicht weit entfernt, einen Block vom Südufer des Sees entfernt: das **Oakland Museum of California (9)**. Es ist ausschließlich der Natur- und Kulturgeschichte Kaliforniens gewidmet und gilt als eines der wichtigsten und schönsten des Bundesstaates. Das jetzige Museum, das größtenteils unter der Erde liegt, wurde nach Plänen des Architekten Kevin Roche 1969 eröffnet und 2009 erweitert. Jedes Stockwerk ist einem anderen Thema gewidmet, etwa der kalifornischen Malerei und Fotografie, der Geschichte und der Naturgeschichte des Bundesstaates. Zudem verfügt das Museum über eine Cafeteria und einen gut sortierten Buchladen.
**Oakland Museum of California**, *1000 Oak St., ☏ 318-8400, www.museumca.org; Mi–Do 11–17, Fr 11–21, Sa & So 10–18 Uhr, Erwachsene US$ 15,95, 9–17 Jahre US$ 6,95.*

*Jack London auf Schritt und Tritt*

Von hier aus geht es quer durch die Stadt bis zum südlichen Endpunkt des Rundgangs, wo der Broadway schließlich auf den Inner Harbor stößt und sich der **Jack London Square (10)** ausbreitet. Für diese lange Strecke sollte man evtl. auf öffentliche Verkehrsmittel ausweichen. Hier erinnert vieles an den berühmtesten Sohn der Stadt (s. S. 293), u. a. eine Statue, das kleine Jack London Museum und sogar die Hütte Jack London's Cabin, in der der Schriftsteller während des Goldrauschs am Klondike in den Jahren 1897/98 lebte. 1960 hatte man sie im Yukon Territory (Alaska) wiederentdeckt und hierhin überführt. Und selbst das Stammlokal des Dichters, der **Heinold's First and Last Chance Saloon** (*http://heinoldsfirstandlastchance.com*), ist erhalten geblieben. Der Platz ist auf jeden Fall einen Spaziergang wert, sei es, um auf den Spuren Jack Londons zu wandeln, sei es, um die gut aufgemachten Warenhäuser und Restaurants aufzusuchen, oder sei es, um die an der Waterfront und der Mole vertäuten Yachten und Schiffe zu bestaunen. Das alles wirkt wie eine kleinere und längst nicht so turbulente Ausgabe von San Franciscos Fisherman's Wharf.

*Roosevelts Privatyacht*

Am westlichen Ende der Waterfront liegt die **USS Potomac** (*www.usspotomac.org*). Das Schiff, das auch besichtigt werden kann, war die Yacht von Präsident Franklin D.

Östlich der Bay

*Jack Londons Stammlokal: Heinold's First and Last Chance Saloon*

Roosevelt und gehörte zeitweilig Elvis Presley. Lohnend ist auch der kurze Gang zum **Jack London Village** mit seiner Marina samt Restaurants und Boutiquen, ein jüngeres Projekt, dessen Architektur sich an die Bausubstanz des frühen 19. Jh. anlehnt.

## Sehenswürdigkeiten außerhalb der Downtown

Weitere Sehenswürdigkeiten der Stadt sind nur mit öffentlichen Verkehrsmitteln oder per Wagen zu erreichen. Bei Interesse erkundigt man sich am besten bei den Visitor Centers nach den entsprechenden Verkehrsverbindungen oder Routenbeschreibungen.

Die wohl interessanteste Attraktion, etwas außerhalb des Stadtzentrums und im Redwood Regional Park gelegen, ist dabei das im Jahre 2000 eingeweihte **Chabot Space & Science Center (11)**. Zu seinen Highlights gehören drei historische Teleskope in einem der am besten ausgestatteten Planetarien. In verschiedenen interaktiven Ausstellungen erfährt man mehr über die Geheimnisse des Kosmos, die Faszination der Raumfahrt und des Nachthimmels. Das eigentliche Observatorium wurde bereits 1915 errichtet. Mit einer Höhe von 500 m über dem Meeresspiegel bietet das Science Center seinen Besuchern natürlich auch eine wunderbare Aussicht auf die Bay mit der Skyline San Franciscos.

*Geheimnisse des Kosmos*

**Chabot Observatory & Science Center**, *10000 Skyline Blvd., ✆ 336-7300, www. chabotspace.org; Mi–So 10–17 Uhr, Erwachsene US$ 18, ab 65 und 13–18 Jahre US$ 15, 3–12 Jahre US$ 14.*

Im **Nordosten** ragt der weißglänzende, fünftürmige **Oakland Mormon Temple** mit seinen vergoldeten Spitzen als Landmarke über den Oakland Hills auf. Das Monument, das nachts beleuchtet wird, bietet eine fantastische Aussicht über die Bay. Sofort unterhalb des Tempels weist das grüne Kupferdach auf die im byzantinischen Stil erbaute

*Mormonen-Monument*

**Greek Orthodox Cathedral of the Ascension** (4700 Lincoln Ave., tgl. 9–16 Uhr) hin, eines der schönsten Gotteshäuser der Umgebung mit sehenswertem Inneren.
**Oakland Mormon Temple**, 4770 Lincoln Ave., ☏ 531-3200, www.lds.org/temples/details/oakland-california-temple; tgl. 9–21 Uhr, kostenlose Führungen.

Im **Süden**, rund 11 km von der Stadtmitte entfernt, befindet sich an der Golf Links Rd. der schöne Knowland State Park mit dem **Oakland Zoo**, einem der größeren Tierparks der Region. Noch ein Stückchen weiter lohnt sich in den östlichen Oakland Hills ein Besuch des **Dunsmuir Hellman House**. Mit seinem 16 ha großen Garten, den weißen Säulen und Veranden erinnert das 37-Zimmer-Anwesen an ein Plantagenhaus in den Südstaaten. Und in Flughafennähe lockt das **Oakland Aviation Museum** mit mehreren Raritäten (u. a. einem Flugboot von 1946) und Flugsimulatoren Luftfahrtfans aus nah und fern an.
**Oakland Zoo**, 9777 Golf Links Road, ☏ 632-9525, www.oaklandzoo.org; tgl. 10–16, Erwachsene US$ 24, 65–75 und 2–14 Jahre US$ 20, unter 2 und ab 76 Jahre frei.
**Dunsmuir Hellman House**, ☏ 615-5555, www.dunsmuirhellman.com.
**Oakland Aviation Museum**, 8252 Earhart Rd., ☏ 638-7100, www.oaklandaviationmuseum.org; Mi–So 10–16 Uhr, Erwachsene US$ 15, ab 60 Jahre US$ 12, 5–12 Jahre US$ 8.

*Weißer Prunkbau*

Im **Nordwesten** schließlich erhebt sich an der Stadtgrenze von Berkeley das palastartige, von Palmen umrahmte Hotel **The Claremont**. Der 1915 fertiggestellte, strahlend weiße Prunkbau gilt mit seinen vielen hölzernen Türmchen, Kaminen und Giebeln und seiner exquisiten Innenausstattung immer noch als das schönste Hotel in der Bay Area. Heute gehört das riesige, im britischen Kolonialstil gehaltene Haus zur kanadischen Hotelkette Fairmont. Zum Übernachten dürfte es für die meisten zwar zu teuer sein, doch lohnt es sich, einmal die herrliche Terrasse zu betreten und in der Terrace Lounge eine Tasse Kaffee und den Blick auf die Bay und die Gartenanlage zu genießen.
**Claremont Club & Spa** $$$$$, 41 Tunnel Rd., Berkeley, ☏ 843-3000, www.fairmont.com/claremont-berkeley.

## Reisepraktische Informationen Oakland

**Vorwahl**: 510

**Information**
**Visit Oakland**, 481 Water St., ☏ 839-9000, www.visitoakland.org, tgl. 9–17 Uhr.

**Hotels** (→ Karte S. 195)
**Jack London Inn** $$–$$$ **(2)**, 444 Embarcadero West, ☏ 444-2032, www.jacklondoninnoakland.com; älteres Hotel direkt am lebhaften Jack London Square und am Hafen gelegen. 110 geräumige, moderne und komfortable Zimmer, Restaurant.
**Inn at Temescal** $$$, 3720 Telegraph Ave., ☏ 652-9800, www.innattemescal.com; nette, freundliche Unterkunft im Motel-Stil. Prima Service, kostenloser Fahrradverleih.
**Z Hotel Jack London Square** $$$–$$$$ **(1)**, 233 Broadway, ☏ 800-633-5973, www.innatthesquare.com; gutes 100-Zimmer-Mittelklassehotel in zentraler Lage, Pool, Fitnessraum, schöner Innenhof.

**Restaurants** (→ Karte S. 195)
**Kincaid's Classic American Dining (1)**, 1 Franklin St., ① 835-8600, www.kinc aids.com; tolle Fischgerichte und dazu Blick auf den Hafen; ebenfalls am Jack London Square: der legendäre Heinold's First and Last Chance Saloon.

**Shopping**
**Free Oakland up**, 2809 MacArthur Blvd., http://freeup.us; Di–So 12–16 Uhr. Ein ganz besonderer Laden oder vielmehr ein Projekt: Alles, was angeboten wird, kostet nichts, denn es handelt sich um Spenden. Das kann eine Couch sein oder eine Staffelei. Hobbykünstler können ihre Bilder aufhängen, man trifft sich, man plaudert.

**Öffentlicher Nahverkehr**
In Oakland garantieren insgesamt acht Stationen der **BART** (→ Karte S. 180) einen schnellen Anschluss nach San Francisco und Berkeley. Außerdem gibt es in Oakland einen Bahnhof der AMTRAK am Jack London Square, ein weiterer Bahnhof befindet sich am Coliseum-Stadion. In Oakland kann man sich mit dem alle 15 Min. verkehrenden **Broadway Shuttle** kostenlos zu den Attraktionen der Stadt kutschieren lassen.

---

### Tipp

**Royal Egyptian Cuisine Food Truck**, wechselnde Standorte in Oakland und Berkeley (z. B. Folger Ave.), aktuelle Infos unter https://twitter.com/EgyptianCuisine. Für einen Food-Truck mag der Name etwas opulent gewählt sein, aber Elmy Kader serviert vorzügliche ägyptische Spezialitäten, die durchaus das Prädikat „königlich" verdienen.

---

## Berkeley

Ganz anders als Oakland mit seinem eher proletarischen Image gilt das weltberühmte Berkeley (ca. 120.000 Ew.) als **intellektuelles Zentrum** Kaliforniens und als charmantes Städtchen der gutsituierten Mittelschicht, aber auch als Hort der Jugendrevolte und Aushängeschild amerikanischer Liberalität. Viele der Klischees kann der Ort, trotz großer Industriebetriebe, erfüllen, und es sind eindeutig das Universitätsgelände und die rund 42.000 Elite-Studenten, die das kleinstädtische Leben bestimmen. So werden die Cafés in Downtown und rund um den Universitätsbereich von Studentinnen und Studenten bevölkert, die auf ihre Laptops schauen. Zudem gibt es ausgezeichnete Fahrradstraßen, die Zebrastreifen sind breit und der Müll wird getrennt. *Berühmte Universität*

Schon bei der Gründung im Jahre 1868 war Berkeley, das den Namen des irischen Philosophen und Bischofs George Berkeley (1685–1753) trägt, als Universitätsstadt geplant. Als solche war sie natürlich nicht vor einigen Katastrophen gefeit, vor allem haben immer wieder Feuersbrünste – besonders schlimm 1923 und zuletzt 1991 – ganze Viertel zerstört.

Von ausschlaggebender Bedeutung für die weltweiten Jugend- und Studentenproteste in den 1960ern war das **Free Speech Movement**, mit dem die Berkeley-Studenten 1964 das Recht der freien Meinungsäußerung auf dem Campus durchsetzen wollten. Die eher *Prostestbewegung*

*Rund um die San Francisco Bay*

*Auf dem Campus der Elite-Uni*

*Liberaler Ruf*

harmlose Demonstration schlug bald in einen politischen Protest gegen den Vietnamkrieg um. Zu einer traurigen Zuspitzung kam es 1969, als der damalige Gouverneur von Kalifornien, Ronald Reagan, das Campus-Gelände durch die Nationalgarde räumen ließ, wobei ein Student getötet und Hunderte verletzt wurden. Am liberalen Ruf und Verhalten der Berkeleyaner hat das nichts ändern können, bis heute beschäftigen sich Studenten, Professoren und der Stadtrat mit nationalen und internationalen Themen, die sonst im konservativen Amerika nur wenig Gehör finden.

Die erste und wichtigste Anlaufadresse in Berkeley sollte natürlich die **University of California** sein, die schon 1873 als privates College gegründet wurde und deren Areal sich im Laufe der Zeit zu einer riesigen parkähnlichen Anlage (498,5 ha) mit mehr als 320 Gebäuden erweitert hat. Der unbestrittene Weltruf der Universität beruht auf zahlreichen herausragenden wissenschaftlichen Leistungen. Dies wird dadurch unterstrichen, dass bislang allein 107 Nobelpreisträger hier studiert, geforscht oder gelehrt haben.

Zum Campus-Gelände kommt man über verschiedene Zugänge, am schönsten ist der über die Telegraph Ave. und durch das bronzene **Sather Gate**. Hier, auf dem Campus

###  Anfahrt Berkeley

**Mit dem eigenen Wagen** erreicht man Berkeley von Oakland (oder San Francisco) aus am besten über die I-80.
**Mit öffentlichen Verkehrsmitteln** ist die günstigste Verbindung die BART-Linie nach Richmond, Station „Downtown Berkeley". In Berkeley selbst kann man das weitläufige Universitätsgelände mit dem Shuttle Bus (Bear Transit/Campus Shuttle) erkunden, der auch an der BART-Station haltmacht.

gleich rechts, ist auch das **Visitor Center** untergebracht. Am besten besorgt man sich zunächst eine Übersichtskarte, einen Veranstaltungskalender sowie den Fahrplan der Shuttle-Busse. Wer möchte, kann auch an einer der regelmäßig angebotenen Campus-Führungen teilnehmen. Das Gelände umfasst mit seinen Parks, Lehrgebäuden und Museen die unterschiedlichsten kulturellen und natürlichen Sehenswürdigkeiten, sodass man sich sein persönliches Programm je nach Interesse zusammenstellen sollte. Am Westeingang (Ende des University Dr.) reizt z. B. die **Eucalyptus Grove** zu einem Besuch, wo die größten Eukalyptusbäume der Welt wachsen sollen.

*Campus-Tour*

In der Mitte des Campus, durch den der Mining Circle führt, befindet sich die **Bancroft Library** mit den kostbarsten Büchern und Dokumenten der Universität. In einem kleinen Museum sind besonders interessante Exemplare ausgestellt. Nebenan sieht man die Doe Library, das zentrale Buchlager der Universität, in dessen Obergeschoss der Nachlass von Mark Twain aufbewahrt wird. Östlich davon erhebt sich das weithin sichtbare Wahrzeichen der Universität: der 93,6 m hohe Glockenturm **Sather Tower**, der 1914 in Anlehnung an den Markusturm von Venedig entstand und daher auch „Campanile" genannt wird. Er bietet nicht nur eine prächtige Aussicht über die Bay bis hin zur Golden Gate Bridge (Aufzug), sondern auch ein aus 61 Glocken bestehendes Spiel, das mehrmals täglich zu hören ist.

*Glockenturm*

Das älteste Gebäude des Campus, die 1878 im Tudorstil ausgeführte **South Hall**, liegt direkt westlich des Campanile. Und ein wenig weiter südöstlich gelangt man zur Wurster Hall, dem College für Umweltdesign, das durch seine außergewöhnliche Architektur auffällt. Daneben kann man sich in der Kroeber Hall die interessanten anthropologischen Sammlungen des **Phoebe Apperson Hearst Museum of Anthropology** anschauen. Auf der anderen Seite des Bancroft Way wurde 1970 das eindrucksvolle **University Art Museum** erbaut, das über einen erstaunlich großen Bestand an Gemälden des 19. und 20. Jh. sowie orientalischer und asiatischer Kunst verfügt. Außerdem beherbergt das Museum das **Pacific Film Archive**, das nicht weniger als 16.000 Filme sein Eigen nennt, u. a. viele Raritäten der Stummfilmzeit. Aus denen werden im 200 Plätze umfassenden Auditorium regelmäßig Filmvorführungen gegeben.
**Phoebe Apperson Hearst Museum of Anthropology**, *103 Kroeber Hall, ☏ 643-1191, https://hearstmuseum.berkeley.edu; Mi, Fr, So 11–17, Do 11–20, Sa 10–18 Uhr, Erwachsene US$ 6, ab 65 Jahre US$ 3.*
**University Art Museum and Pacific Film Archive (BAMPFA)**, *2155 Center St., ☏ 642-0808, https://bampfa.org; Mi, Do, So 11–19, Fr–Sa 11–21 Uhr, Erwachsene US$ 13, ab 65 Jahre US$ 11.*

Wenn man direkt westlich des Museums der Bowditch St. zwei Blocks nach Süden folgt und dann nach rechts in die Haste St. einbiegt, gelangt man zum **People's Park**, jenem Grundstück, das 1969 von Studenten, Hippies und Aktivisten besetzt und anschließend von der Nationalgarde gewaltsam geräumt wurde – zentraler Punkt und gleichzeitig Symbol für Berkeleys Rolle hinsichtlich des Jugendprotestes.

*Zentrum der Jugendproteste*

Zurück zum Campus geht man von hier am besten wieder über die Telegraph Ave., die heute von Politclowns, Straßenmusikanten und Würstchenverkäufern dominiert wird. Man erreicht das Unigelände an der Sproul Plaza mit der **Sproul Hall**, wo 1964 das Free Speech Movement begann. Vor der Sproul Hall plätschert die kuriose Ludwig's

Fountain, die an den Hund Ludwig von Schwarenburg erinnert, der hier in den 1960er-Jahren sein tägliches Bad nahm. Wenige Schritte vom Sather Gate (s. o.) entfernt, beherbergt das Life Sciences Building das **Museum of Paleontology**. Da es sich um ein Forschungsmuseum handelt, befindet sich der Großteil der Objekte zwar hinter verschlossenen Türen, doch im Atrium kann man u. a. das Skelett eines Tyrannosaurus Rex bewundern.

Wenn man vom Visitor Information Center der Oxford St. nach Norden folgt, gelangt man über die Hearst Ave. und Scenic Ave. zum **Holbrook Bldg.**, dessen Pacific School of Religion eines der größten bemalten Glasfenster der Welt besitzt und dessen Museum u. a. steinzeitliche Funde aus Palästina sowie Bibeln aus dem 15.–18. Jh. zeigt.

Wieder auf der Hearst Ave., geht es an der Le Roy Ave. wieder nach rechts zum Campus, wo einen als Erstes das **Hearst Memorial Mining Building** begrüßt. Das 1907 erbaute Gebäude mit seiner imposanten Kuppelhalle (Mineraliensammlung) zählt zu den schönsten der Universität. Wenige Gehminuten weiter östlich sieht man jenseits der Gayley Rd. das **William Randolph Hearst Greek Theatre**. Die 8.500-Sitzplätze-Arena, die dem Theater von Epidauros nachgebildet ist, wurde 1903 von dem Zeitungsmagnaten William Randolph Hearst gestiftet und 1957 erweitert. Das riesige California Memorial Stadium ein wenig weiter südlich wurde bereits 1923 erbaut und bietet 62.500 Plätze.

*Wissenschaftsmuseum* Mit dem Shuttle-Bus sollte man anschließend zum oberhalb des Campus gelegenen Wissenschaftsmuseum **Lawrence Hall of Science** fahren. Die Ausstellungen in dem oktogonalen Gebäude widmen sich den unterschiedlichen Wissenschaften wie Astronomie, Biologie, Chemie, Geologie, Mathematik und Physik. Anschließend geht es mit dem Shuttle-Bus zu den ca. 14 ha großen **University Botanical Gardens**, in denen rund 10.000 Pflanzenarten in verschiedenen thematischen und geografischen Abteilungen geordnet sind.
**Lawrence Hall of Science**, *1 Centennial Dr., ① 642-5132, www.lawrencehallofscience. org; Di–So 10–17 Uhr, Erwachsene US$ 12, 3–18 und ab 62 Jahre US$ 10.*
**University Botanical Gardens**, *200 Centennial Dr., ① 643-2755, http://botanicalgarden.berkeley.edu; tgl. 9–17 Uhr, Erwachsene US$ 12, 7–17 Jahre US$ 7, ab 65 Jahre US$ 10.*

Die Universität ist zwar die mit Abstand wichtigste, aber nicht die einzige Attraktion von Berkeley: Das **Judah L. Magnes Memorial Museum** ist das drittgrößte jüdische Museum der westlichen Welt und präsentiert Gemälde (u. a. von Max Liebermann und Marc Chagall), Skulpturen und Antiquitäten aus dem jüdischen Kulturkreis.
**Judah L. Magnes Memorial Museum**, *2121 Allston Way, ① 643-2526, https://magnes.berkeley.edu; Di–Fr 11–16 Uhr, Eintritt frei.*

Wer sich eines der schönsten Wohnviertel der Stadt anschauen möchte, sollte das hügelreiche Viertel nördlich des Universitätsgeländes erkunden, wo man entlang der Alleen allenthalben romantische Villen, alte Parks und gepflegte Gärten antrifft. Dort, etwa 1½ km nördlich des Campus unterhalb der Euclid St./Eunice St., stößt man auch auf den *4.000 Rosenarten* **Berkeley Municipal Rose Garden**, der sich in Terrassen den Abhang hinunterzieht und in dem im späten Frühling und Frühsommer mehr als 4.000 verschiedene Rosenarten blühen.

Sehr viel größer ist einige Fahrminuten weiter östlich der auf einem Hügel gelegene, 841 ha große **Tilden Regional Park**, dessen Botanic Garden einer der besten Orte ist, um die Pflanzenwelt Kaliforniens kennenzulernen, wobei die neun Abschnitte die unterschiedlichen klimatischen und geologischen Regionen des Bundesstaates repräsentieren. Besonders lohnend ist ein Besuch in den Monaten Februar bis Juni, wenn die Pflanzen blühen. Wer etwas Zeit mitbringt, kann noch eine Wanderung um den zum Park gehörenden Lake Anza machen oder dort schwimmen gehen.

## Reisepraktische Informationen Berkeley

**Vorwahl**: 510

### Information
**Berkeley Convention & Visitor's Bureau**, 2030 Addison St., #102, ① 549-7040, www.visitberkeley.com; Mo–Fr 9–17 Uhr (13–14 Uhr Mittagspause). Hier gibt es neben ausführlichen Informationen ein Faltblatt: „Visit Berkeley". Damit sind Besucher für den Rest des Tages gut unterwegs.
**UC Berkeley/Koret Visitor Center**, 2227 Piedmont Ave., ① 642-5215, http://visit.berkeley.edu; Mo–Fr 8.30–16.30, Sa–So 9–13 Uhr.

### Hotels
**Berkeley Y Hotel $–$$**, 2001 Allston Way, ① 848-9622, www.ymcaeastbay.org; seit 1910 bestehende YMCA-Unterkunft mit Einzel- und Doppelzimmern ohne eigenem Bad, in der Downtown gelegen, gut eingerichtete Gästeküche, Internet-Lounge, interessantes Publikum mit vielen Jungakademikern.
**Bancroft Hotel $$$**, 2680 Bancroft Way, ① 549-1000, http://bancrofthotel.com; renoviertes Bed&Breakfast, direkt am Uni-Campus. 22 Zimmer, nach ökologischen Aspekten eingerichtet – selbst die Bettwäsche ist bio.
**Graduate Berkeley $$$–$$$$$**, ① 845-8981, www.graduatehotels.com/berkeley; altehrwürdiges, renommiertes Hotel nahe dem Unicampus mit 144 gut ausgestatteten Zimmern, zuletzt 2008 mit mehreren Mio. US$ renoviert.

### Restaurants
**Chez Panisse**, 1517 Shattuck Ave., ① 548-5525 (Reservierungen nur Mo–Sa 21–21.30 Uhr), www.chezpanisse.com; Gourmettempel und Geburtsort der kalifornischen Nouvelle Cuisine von Alice Waters, seit vielen Jahren an der Spitze der hiesigen Gastronomie, Reservierung unbedingt notwendig, teuer. Restaurant: Mo–Sa ab 17.30 Uhr. Café: Mo–Do 11.30–14.45, 17–22.30, Fr–Sa 11.30–15, 17–23 Uhr.
**Jupiter**, 2181 Shattuck Ave., ① 843-8277, www.jupiterbeer.com; rustikale Kneipe in einem der ältesten Häuser der Downtown mit Biergarten, Salate, Suppen und gute Pizzen, preiswert. Mo–Do 11.30–23, Fr 11.30–24, Sa 12–24, So 12–22 Uhr (Bar je 1,5 Std. länger).

### Öffentlicher Nahverkehr
Berkeley hat drei **BART-Stationen** (→ Karte S. 180): Ashby, Downtown Berkeley und North Berkeley. Eine AMTRAK-Station befindet sich z. B. an der University Ave.

# 4. Los Angeles und Umgebung

# Überblick

Ausländische Besucher erreichen Los Angeles zumeist über den Luftweg. Der Internationale **Flughafen** befindet sich nahe der Pazifikküste, ungefähr in der Mitte von Greater Los Angeles. Von hier geht es auf den Freeway, und bei einer Fahrt nach Anaheim, Long Beach oder Hollywood wird sehr schnell klar: Diese Stadt ist keine Stadt im üblichen Sinn, und sie ist wie für den Autoverkehr geschaffen. Folgendes ist dabei charakteristisch: Die „**Lebensadern**" von Los Angeles sind die breiten, endlosen Bänder der Freeways, über die sich permanent eine ungeheure Blechlawine schiebt. Die **Dimensionen** sind dabei von Weitläufigkeit und Unüberschaubarkeit geprägt. Mit 1.291 km² ist L.A. flächenmäßig eine der größten Städte der Welt. Die Entfernungen im Großraum Los Angeles sind mit denen im Ruhrgebiet vergleichbar. Ein **wirkliches Zentrum** gibt es allerdings nicht. Allein die Konzentration von Wolkenkratzern weist

das heute hippe Downtown als Herz des Stadtmonsters aus, aber daneben existieren viele andere Zentren, z. T. ebenfalls mit Hochhausbebauung. Durch die urbane Ausdehnung bis zum Horizont wirkt L.A. zersiedelt: eine monotone Aneinanderreihung der immer gleichen Reklameschilder, Straßen, Häuser und Viertel.

*Downtown als Herz*

Dieses Konglomerat kann Fremden – Selbstfahrern zumal – unübersichtlich erscheinen. Allein durch den Verkehr und durch die räumliche Ausdehnung sieht mancher sich hier vor Probleme gestellt. Das aber ist eigentlich unbegründet, denn hat man das Ordnungssystem erst einmal durchschaut, fällt einem die Orientierung in L.A. an für sich leicht.

## ☞ Orientierungstipps für Selbstfahrer und Besichtigungen

- Ortsfremde Autofahrer sollten sich vor dem Start den **Stadtplan** ganz genau anschauen und sich die **Nummern** oder Namen der Freeways merken bzw. die **Himmelsrichtung**, die man einschlagen muss. Das auf Verkehrsschildern genannte „I" steht dabei für „Interstate" (Freeway, der durch mehrere Bundesstaaten führt). Auf der Karte die Himmelsrichtung anschauen: Oft nämlich gibt es zusätzlich zum Namen des Freeway nur die Richtungsangabe; beispielsweise führt „San Diego Fwy, North" nicht nach San Diego, sondern in entgegengesetzte Richtung. Wer sich mit Karten nicht allzu sicher fühlt, sollte einen **Leihwagen mit Navigations-Gerät** vorziehen.
- Meist geben **Schilder** die größeren Städte (Stadtteile) an, zu denen der Freeway führt, und die Autobahn trägt dann den entsprechenden Namen (z. B. San Diego Freeway). Folgende Namen tauchen am häufigsten auf: San Fernando (Nordosten); Glendale, Pasadena (beide Norden); Hollywood (zwischen Downtown und Pazi-

fik); Santa Monica (Westen); Bernardino (Osten); Long Beach, San Diego (Süden). „Los Angeles" steht nur für die Mitte, also für Downtown.
• **Welche Straßen sind die günstigsten Verbindungen zu welchen Zielen?**
Wer in den **Norden** möchte, sei es zu Vororten wie Marina del Rey, Venice, Santa Monica und Malibu, oder sei es auf dem Küstenweg nach San Francisco über Santa Barbara, biegt sofort am Flughafen LAX auf den Lincoln Blvd. ein, der später in den Hwy. 1 übergeht. Liegen die Ziele weiter landeinwärts (z. B. Bakersfield, Fresno, Yosemite NP), sollte man die I-5 wählen, zu erreichen über den San Diego Fwy. North (405).

Liegt das Reiseziel im **Osten** (z. B. Palm Springs), dann ist die I-10 (Santa Monica Fwy.) die wichtigste Verbindung. Vom Flughafen aus erreicht man sie, wenn man wie oben zunächst einige Meilen auf dem Lincoln Blvd. nach Norden fährt, von dem die Autobahn abgeht. Die I-10 ist auch die Hauptverbindung nach Hollywood oder Downtown L.A. Andererseits ist dieser Freeway chronisch überlastet, und Staus dort sind nicht mehr die Ausnahme, sondern die Regel. Eine Alternative: ab dem Flughafen LAX zuerst ein Stückchen in südliche Richtung bis zur Auffahrt auf die Autobahn 105 (Glenn Anderson Fwy.). Sie kreuzt nacheinander die wichtigsten Nord-Süd-Verbindungen in Greater Los Angeles: zuerst den San Diego Fwy. (405), dann die Autobahnen Harbor Fwy. (110), Long Beach Fwy. (710) und San Gabriel River Fwy. (605).

Möchte man in den **Süden** (San Clemente, Oceanside, San Diego) reisen, ist der schnellste Weg der San Diego Fwy. South (405), der später auf die I-5 stößt. Für nähere Ziele an der Küste (Redondo Beach, Long Beach, Huntington etc.) ist der Hwy. 1 (Pacific Coast Hwy.) besser geeignet.

• Auf vielen Freeways in Los Angeles ist die linke Spur als sogenannte **carpool lane** oder Spur für high-occupancy-vehicles (HOV) markiert. Hier dürfen nur Fahrzeuge fahren, die – je nach Ausschilderung – mit mindestens zwei oder drei Passagieren besetzt sind. Die Einhaltung wird per Kamera überwacht, die Zuwiderhandlung kostet bei einmaligem Verstoß ab US $ 100, bei viermaligem Verstoß bis zu US$ 1.000!

Für alle, die Los Angeles nicht sofort den Rücken kehren, stellt sich die Frage, was man in der Megalopolis eigentlich zu suchen hat. Lohnt die Stadt den Versuch der

*Um L.A. herum lockt eine Vielzahl wunderbarer Strände, hier der Santa Monica Beach*

*Los Angeles: Überblick*

Annäherung oder hat sie nur ihren sprichwörtlichen Smog zu bieten? Um diese Frage sofort zu beantworten: L.A. lohnt sich unbedingt! Ohne Weiteres könnte man seinen gesamten Urlaub hier verbringen, ohne es zu bereuen. Zusammen mit dem fast immer idealen Wetter garantieren einmalige Attraktionen, ein reges kulturelles Leben, aber auch eine vielseitige Natur (Wüsten, Berge, Sandstrände) einen interessanten Aufenthalt.

Bei drei Tagen (die man bei Ziel und Start in LAX natürlich aufteilen könnte) wäre folgendes Programm vorstellbar:
**1. Tag:** Vormittags Besuch von Beverly Hills, Hollywood und einem der Studios. Am späten Nachmittag Fahrt nach Santa Monica oder Venice und Tagesausklang am Strand.
**2. Tag:** Besichtigung eines der Museen und Fahrt in die Downtown. Dort Bummel durch das Pueblo (Olvera St.) und Panoramablick vom 27. Stock der City Hall. Zum Sonnenuntergang zum Planetarium im Griffith Park mit Blick auf das Lichtermeer.
**3. Tag:** Ganztägiger Besuch von Disneyland, evtl. vorher Besichtigung der Crystal Cathedral in Garden Grove.

Ersatzweise oder zusätzlich kann ein Tagesprogramm so gestaltet werden: geruhsame Fahrt entlang der Strände südlich des Flughafens mit Badepausen. Umrundung der Palos-Verdes-Halbinsel, evtl. Besuch des Marineland. Weiterfahrt nach Long Beach, Besichtigung der Queen Mary. Weiter entlang der Küste und Dinner bei Sonnenuntergang in Sunset, Huntington, Newport oder Laguna Beach. Oder man besucht das spektakuläre Museum Getty Center und legt vielleicht anschließend eine Badepause in Malibu oder Santa Monica ein.

# Geschichtlicher Überblick

Die **Geschichte der Stadt** begann im Jahre 1781, als eine kleine Gruppe spanischer Konquistadoren auf Befehl des Gouverneurs Felipe de Neve aus Mexiko hierhin zog und *El Pueblo de Nuestra Señora la Reina de los Angeles de Porciúncula* gründeten. Die Entwicklung dieses Fleckens verlief aber schleppend; fast bis zum Ende des 19. Jh. blieb die „Stadt der Engel" nur ein unbedeutendes Nest. Erst 1850, drei Jahre, nachdem die mexikanische Provinz an die USA gefallen war, erhielt Los Angeles die Stadtrechte. Nachdem dann der Ort 1885 an das amerikanische Eisenbahnnetz angeschlossen wurde und 1899–1914 einen riesigen künstlichen Hafen erhielt, begann seine steile Karriere.

*Rasantes Wachstum* Zwischen 1890 und 1900 hat sich die Einwohnerzahl mit 102.000 Personen mehr als verdoppelt. Das dringende Problem der Wasserversorgung wurde mit dem 1908 eröffneten und 550 km langen Owens-River-Aquädukt gelöst. Schon in den 1930er-Jahren war Los Angeles eine Millionenstadt und damit größer als San Francisco.

2018 wohnten in der Stadt (City of Los Angeles) ca. 4,05 Mio. Menschen. Im Großraum (County of Los Angeles) sind es ca. 13 Mio., und nimmt man den inzwischen zusammengewachsenen Ballungsraum der Counties Los Angeles, Riverside, Ventura, Orange und San Bernard (sog. Five-County Area), dann beträgt die Einwohnerzahl ca. 18,7 Mio. – das sind mehr, als 45 Bundesstaaten aufweisen. In der Hierarchie der US-Städte nimmt Los Angeles damit nach New York City und vor Chicago den zweiten Rang ein.

Diese Megalopolis ist eine **Welt für sich**, in der Menschen aus 140 Ländern und mit etwa 220 verschiedenen Sprachen leben. Nach aktuellen statistischen Angaben gelten nunmehr 48 % der Bevölkerung als *Hispanics*. Heute sprechen damit in der Metropole mehr Menschen Spanisch als Englisch – und unter den Städten dieser Welt gibt es nur noch in Mexico City einen höheren Hispanic-Anteil. Die ehemals beherrschende Gruppe der Weißen ist wegen ihrer wesentlich niedrigeren Geburtenrate seit der Jahrtausendwende auf den zweiten Platz abgerutscht, ihr Anteil beträgt inzwischen 27,2 %. 14,6 % der Bevölkerung stammen aus asiatischen bzw. pazifischen Ländern, was in absoluten Zahlen einen amerikanischen Rekord darstellt. Und mit 9,2 % Afro-Amerikanern ist Los Angeles die viertgrößte schwarze Gemeinde in den USA. Indianer und andere ethnische Gruppen schließlich machen in diesem Bevölkerungsmosaik 1,5 % aus.

*Viele Hispanics*

Dass das Zusammenleben der einzelnen ethnischen und sozialen Gruppen **nicht problemlos** ist, zeigten die Rassenkrawalle in den 1960er-Jahren und im April 1992. In letzterem Fall war der Auslöser der Freispruch von vier angeklagten Polizisten durch eine weiße Jury. Die vier Beamten der Stadtpolizei waren bei der Festnahme des Schwarzen Rodney King äußerst brutal vorgegangen, wobei ein Video-Amateur die nächtliche Prügelei von seinem Balkon aus gefilmt hatte. Kaum wurde der Freispruch bekannt, erhob sich ein Sturm der Entrüstung. Die spontanen Demonstrationen schlugen schließlich in nackte Gewalt von Plünderern, Brandstiftern und Heckenschützen um, insbesondere im Gebiet von South Central (vor allem auf dem Martin Luther King Blvd. und der Manchester Ave.). Das Resultat waren 51 Tote, mehr als 2.000 z. T. schwer Verletzte und mehrere Tausend Gebäude, die in Flammen aufgingen. Der Verlust an Sachwerten betrug mindestens 1 Mrd. US$. Erst durch die Ausrufung des Ausnahmezustandes, durch den massiven Einsatz von Polizei, Nationalgarde und U.S. Army sowie durch Sperrstunden und Massenfestnahmen konnte die Welle der Zerstörung gestoppt werden. Nach den Unruhen wurden Aufbauprogramme für die betroffenen Stadtviertel sowie Programme zur Revitalisierung der Innenstädte ins Leben gerufen. Auch wenn der Fall „Rodney King" lange zurückzuliegen scheint, sind Diskriminierung und Polizeigewalt gegen Schwarze, die u. a. die „Black Lives Matter"-Kampagne anprangert, in den USA wie in Kalifornien nach wie vor traurige Realität.

*Diskriminierung der schwarzen Bevölkerung*

## ☞ Sicherheit

**Vorsicht** sollten Touristen immer noch im Stadtteil South Central walten lassen, sich nicht länger als nötig und vor allem nicht nachts dort aufhalten. Auch das Viertel Watts sowie die Vororte Lynwood und Compton haben eine Mord- und Kriminalitätsrate, die deutlich über dem städtischen und achtfach über dem Landesdurchschnitt liegt.

Gleichzeitig wird in L.A. durchaus liberales Gedankengut vorgelebt – vor allem bei der Integration: L.A. zählt zu den sogenannten rund 200 „Sanctuary Cities" in den USA. Diese „Zufluchts"-Städte, darunter auch San Francisco, bekennen sich gegen den Willen von US-Präsident Trump dazu, auch illegalen Einwanderern eine sichere Heimat zu bieten. Entsprechend verweigern sie die Zusammenarbeit mit den staatlichen Behörden, die Illegale abschieben wollen. 2018 gab es Schätzungen zufolge rund elf Millionen Menschen, die sich illegal in den USA aufhielten – davon der größte Teil in den Sanctuary Cities.

# Rundgänge und Fahrten durch Los Angeles und Umgebung

## Sehenswürdigkeiten in Downtown Los Angeles

### El Pueblo (I)

Was liegt näher, als eine Erkundung von Los Angeles da zu beginnen, wo auch die Ursprünge dieser Stadt liegen: mitten in Downtown, auf der Plaza, dem **historischen Hauptplatz**. Man erreicht die Keimzelle der Stadt der Engel über die Metrostation „El Pueblo" oder über den Hollywood Fwy. (101), zu dem man wiederum über die Hwys. 110, 10 und 5 gelangt. Bei der Ausfahrt Civic Center ist dann das Historical Monument von **El Pueblo** ausgeschildert. Hier war es, wo 1781 eine Gruppe von elf spanischen Familien, Menschen gemischter Ethnizität und schwarzen Sklaven nach einem hunderttägigen Fußmarsch aus Mexiko eintraf und ihr Pueblo errichtete.

Während der ganzen spanischen und mexikanischen Epoche war das auch der offizielle Name für Los Angeles. Heute steht das Gelände unter Denkmalschutz, obwohl kaum noch etwas original aus der ersten Zeit erhalten ist. Die Missionskirche **Nuestra Señora la Reina de los Angeles** etwa (an der Ecke N. Main St./ Sunset Blvd.) hatte zwei Vorgängerinnen und stammt erst aus den Jahren nach 1860. Interessant ist sie trotzdem, insbesondere das Innere verdient Beachtung.

Touristisches Kernstück des geschichtsträchtigen Platzes ist die kurze **Olvera Street**, die von der Plaza nach Norden führt. Einiges der Bausubstanz kann noch ins 18. Jh. datiert werden, während das meiste (manchmal mehr schlecht als recht) nach alten Vorbildern gestaltet wurde. Sehenswert ist das **Avila Adobe**, das älteste noch stehende Gebäude von Los Angeles. Das 1818 aus Adobe-Ziegeln errichtete Gehöft ist um einen kleinen Innenhof herum angelegt und beherbergt heute ein kleines Museum (*tgl. 9–16 Uhr, Eintritt frei*) über das Leben zu der damaligen Zeit.

*Mexikanisches Flair* — Am interessantesten in der Olvera Street wirkt das Marktgeschehen, wo es eigentlich immer turbulent zugeht. Neben einer Vielzahl von kleinen Läden und Straßenhändlern gibt es mehrere Restaurants, in denen man hausgemachte Tortillas und andere Spezialitäten der mexikanischen Küche probieren kann. Abends, wenn auch Tequila und das gute mexikanische Bier für Stimmung sorgen, spielen Mariachi-Musikgruppen an den Tischen. Wem das zu folkloristisch scheint, kann in den Straßen von East L.A. authenti-

> **Redaktionstipps**
>
> ▸ **Hollywood** mit dem „Walk of Fame", ein Studiobesuch – am besten in den **Universal Studios** (S. 222/225).
> ▸ Das Strandleben von **Venice Beach** und **Santa Monica** (S. 248 bzw. 249).
> ▸ **Griffith Park** mit Observatorium und dem **Autry Museum of the American West** (S. 226/228).
> ▸ Auf dem **South Bay Bicycle Trail** an der Pazifikküste entlang radeln (S. 248).
> ▸ Wandern in den **Santa Monica Mountains** (S. 250).
> ▸ Ein- oder mehrtägiger Ausflug nach **Santa Catalina Island** (S. 277).
> ▸ Neben dem überragenden **Getty Center** (S. 253) sind interessante Museen der Stadt das **L.A. County Museum of Art** (S. 232), das **Museum of Tolerance** (S. 233), die **La Brea Tar Pits & Museum** (S. 232) und **The Broad** (S. 217).

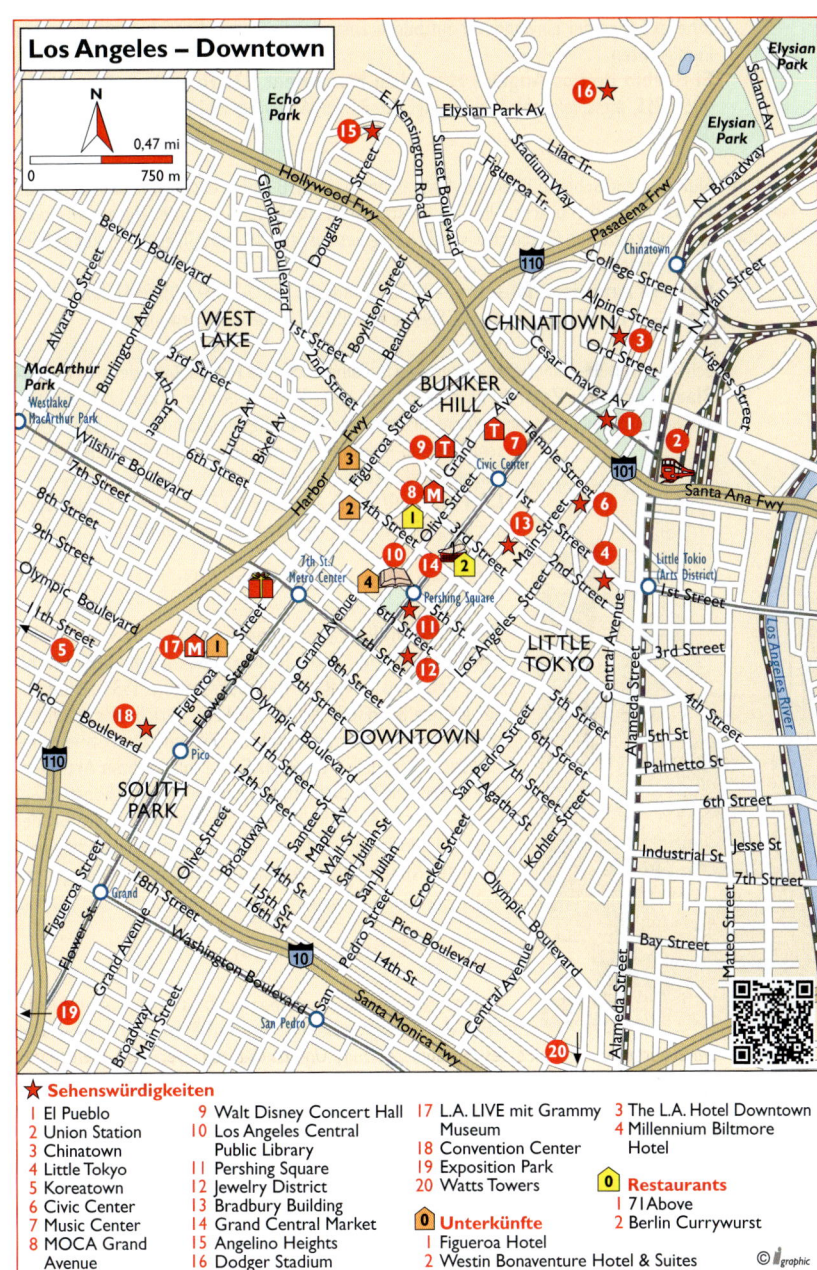

scheres Leben der Einwanderer aufspüren: Fast alle, die hier wohnen, sind mexikanische Immigranten.
**El Pueblo de Los Angeles Historical Monument**, *125 Paseo De La Paz, ℡ (213) 485-6855, https://elpueblo.lacity.org; tgl. 10–22, im Winter bis 19 Uhr (Restaurants und Läden).*

*Multikulturelle Geschichte*

Nur ein paar Schritte über den Platz ist im Garnier Building das **Chinese American Museum** untergebracht. Hier, im ältesten noch stehenden Gebäude Chinatowns, wird die multikulturelle Geschichte von Los Angeles ausgestellt, dabei liegt der Fokus auf den Einwanderern aus China.
**Chinese American Museum**, *425 N. Los Angeles St., ℡ (213) 485-8567, http://camla.org/; Di–So 10–15 Uhr, Eintritt frei, Spende von US$ 3 (Erwachsene) erwünscht.*

Schräg gegenüber, im Vickrey-Brunswig Building und Plaza House, befindet sich das **LA Plaza**, das größte Zentrum für mexikanisch-amerikanische Kultur in den USA. In interaktiven Ausstellungen und einem breiten Veranstaltungsprogramm geht es um Geschichte und Identität der mexikanischen Minderheit in Los Angeles und darüber hinaus.
**LA Plaza**, *501 North Main St., ℡ (213) 542-6259, www.lapca.org; Mo, Mi, Do 12–17, Fr–So 12–18 Uhr, Eintritt frei.*

## Union Station (2)

Genau östlich des Parks befindet sich die aus vielen Hollywood-Filmen (z. B. „Blade Runner" und „The Dark Knight Rises") bekannte AMTRAK-Eisenbahnstation. 1939 als letzter der großen Bahnhöfe der USA erbaut, spricht das mächtige, architektonisch sehr interessante Gebäude die Formensprache des sogenannten **Mission Style** mit leichten Art-déco-Anklängen. Die Union Station gilt als eines der schönsten Gebäude dieser Zeit in Kalifornien. Durch die Installation der neuen Metro-Linien ist die Union Station außerdem zu einem wichtigen Knotenpunkt des öffentlichen Nahverkehrs geworden.

## Chinatown (3)

*Union Station*

In der Nähe des mexikanischen Pueblos liegen weitere originelle Viertel, die ohne Weiteres zu Fuß zu erreichen sind. Folgt man dem Broadway, der die Plaza begrenzt, etwa 500 m in nördlicher Richtung, sieht man schon an den Reklameschildern und den typischen Einrichtungsstücken, dass man sich in der Chinatown (Block des North Broadway mit den 900-Hausnummern) befindet. Zwar kann dieses Viertel nicht mit der berühmteren Schwester in San Francisco konkurrieren, doch lebt hier immerhin die **zweitgrößte chinesische Gemeinde** der US-Westküste, und man bemüht sich, die Erinnerung an das Alte China wach zu halten. Dies wird u. a. beim Anblick der Metro-Station „Chinatown" deutlich, sie ist in einem pseudo-chinesischen Stil gebaut. Am chinesischen **Neujahrsfest** etwa (erster Neumond zwischen 21. Januar und 19. Februar) gibt es hier das entsprechende Feuerwerk und den berühmten Drachentanz. In den Läden werden Waren aus China, Taiwan und Hongkong verkauft, und die vielen Restaurants bieten alle Köstlichkeiten des Fernen Ostens, hauptsächlich aber die kantonesische Küche.

## Little Tokyo (4)

Die zweite fernöstliche Gemeinde lebt südlich vom State Historic Park, wo die 2nd St. die San Pedro St. kreuzt. Little Tokyo ist das religiöse, kulturelle und wirtschaftliche Zentrum der Japaner, von denen es hier so viele gibt wie sonst nirgends in den USA (Hawaii ausgenommen). Einen Besuch wert ist v. a. die Japanese Village Plaza (*335 E. Second St., ① (213) 617-1900, www.japanesevillageplaza.net*) mit ihren vielen Geschäften und Restaurants. Die meisten Läden sind von 10 bis 19, z. T. auch bis 21/22 Uhr geöffnet.

*Zentrum der Japaner*

Wer von Little Tokyo Richtung Westen auf der 1st Street läuft, erreicht rechter Hand den **Arts District**, der sich im Süden bis zur 7th Street erstreckt. Früher war hier Industrie angesiedelt, heute sind es Künstler und Kreative, die die Lagerhäuser und Fabrikhallen besetzen. Mit den Künstlern kamen hippe Restaurants, stylishe Art-Hotels, Cafés und schicke Klamottenläden. Ein Spaziergang lohnt sich auf jeden Fall, denn immer feiert eine Galerie gerade Eröffnung oder ist ein Straßenkünstler bei der Arbeit.

Wer übrigens auch der dritten ethnischen Konzentration aus dem Fernen Osten einen Besuch abstatten möchte, sollte nach **Koreatown (5)** fahren, die sich an der westlichen Peripherie der Downtown befindet. Dort haben koreanische Emigranten ein quirliges Zentrum mit Kultureinrichtungen, Geschäften und Restaurants aufgebaut.

## Civic Center (6)

Auf halbem Weg zwischen Little Tokyo und El Pueblo breiten sich die Gebäude des mit Grünanlagen durchsetzten Civic Center aus. Am augenfälligsten erhebt sich in seinem Zentrum die **City Hall**, die 1928 fertiggestellt wurde. Damals überragte das weiße Rathaus mit 27 Stockwerken alle anderen Gebäude der Stadt, für die eine Obergrenze von 13 Etagen galt. Die obere Aussichtsterrasse bietet einen imposanten Panoramablick auf das Geschäftszentrum der Downtown und das ausufernde Häusermeer von Greater Los Angeles, dessen Ende mit bloßem Auge nicht auszumachen ist (*nur Mo–Fr 8–17 Uhr geöffnet*).

Etwas entfernt, aber durch einen Park mit der City Hall verbunden, liegt das **Music Center (7)**, das vor allem für abendlichen Musikgenuss eine wichtige Adresse darstellt. In dem Komplex sind drei Häuser zusammengefasst, die allesamt Weltgeltung haben. Bestimmt wird das Gelände durch die eindrucksvolle Architektur der Hollywood Bowl und des Dorothy Chandler Pavilion. In letzterem gibt allabendlich der 120-Stimmen-Chor des **Los Angeles Master Choral** Vorstellungen. Berühmter noch ist das Symphonie-Orchester der Los Angeles Philharmonic, das außer im Juni ständig präsent ist, und schließlich befindet sich hier auch die Los Angeles Music Center Opera. Als viertes Gebäude kam 2003 die Walt Disney Concert Hall (s. S. 217) hinzu.
**Music Center of Los Angeles**, *135 N. Grand Ave., ① (213) 972-7211, www.musiccenter.org. Geführte Touren (90 Min.) Di–Sa 10.15 und 12.30 Uhr.*

*Musikgenuss*

Wer die 1st Street hochgeht, sieht an der Ecke zur S. Main Street das beeindruckende **New Parker Center**, seit Oktober 2009 die Heimat des Los Angeles Police Department (LAPD). Von hier aus werden rund 10.000 Polizeibeamte und 3.000 zivile Angestellten verwaltet. Damit ist das LAPD das drittgrößte in den USA, nach New York und Chicago – und Thema unzähliger Krimis und Fernsehserien.

Ein vorzügliches Museum liegt zwei Blocks südwestlich der City Hall, nämlich das **Museum zeitgenössischer Kunst (MOCA) (8)**. Das elegante postmoderne Gebäude aus Rosengranit ist ein Werk des japanischen Architekten Arata Isozaki und wurde 1986 fertiggestellt. Es beherbergt eine der wichtigsten amerikanischen Sammlungen an Kunst der Nachkriegszeit, und zwar Gemälde, Skulpturen, Objekte und Fotografien. Zweigstellen des Museums befinden sich im Pacific Design Center (s. S. 234) sowie in Little Tokyo (*The Geffen Contemporary, 152 N. Central Ave.*), für beide siehe Website.
**MOCA Grand Avenue**, *250 S. Grand Ave., ① (213) 626-6222, www.moca.org; Mo, Mi, Fr 11–18, Do bis 20, Sa–So bis 17 Uhr, Erwachsene US$ 15, ab 65 Jahre US$ 10, Studenten US$ 8, bis 12 Jahre frei. Do 17–20 Uhr frei.*

## Bunker Hill

Die Blocks weiter westlich werden von den Wolkenkratzern des Bunker Hill überragt, die seit den 1960ern bis Mitte der 1990er-Jahre aus dem Boden gestampft wurden. Damals stellte man in jedem Jahr mindestens ein neues Hochhaus fertig, das höchste davon im Jahre 1990: Der **U. S. Bank Tower** (*633 W. 5th St.*) hat 73 Etagen und ist mit einer Höhe von 310 m eines der höchsten Gebäude an der Westküste. Nicht nur tagsüber macht der Tower (früher auch unter den Namen Library Tower und First Interstate World Center bekannt) mit seinen abgerundeten Ecken einen gewaltigen Eindruck, sondern auch nachts, wenn die verglaste Krone erleuchtet wird. Darüber befindet sich übrigens der höchstgelegene Heliport der USA. Im 70. Stock, gut 300 m über der Erde, gewährt die Aussichtsterrasse **OUE Skyspace** einen tollen Rundumblick über die Stadt (*https://oue-skyspace.com, tgl. 10–22 Uhr, Erwachsene US$ 25, ab 65 Jahre US$ 22, 3–12 Jahre US$ 19*).

*Imposante Wolkenkratzer*

Ein weiteres eindrucksvolles und hoch aufragendes Projekt ist die California Plaza, die ursprünglich drei Wolkenkratzer säumen sollten. Davon wurden nach zehnjähriger Bauzeit zwei verwirklicht, der bekanntere ist der 1992 eingeweihte Turm **Two California Plaza** (*350 S. Grand Ave.*). Er ist 229 m hoch und hat 54 Stockwerke, in denen u. a. ein 4-Sterne-Hotel untergebracht ist. Seine Höhe wird optisch noch gesteigert, weil der Turm zusammen mit den Hochhäusern Wells Fargo Center und One California Plaza den höchsten Punkt des Bunker Hill besetzt hält.

Zwei Blocks entfernt steht der 224 m hohe Turm **Bank of America Plaza** (*333 S. Hope St.*), ein einfallsloser Wolkenkratzer von 1975, der sich über einem sehenswerten Citypark mit mehreren Bäumen, drei künstlichen Wasserfällen und der 13 m hohen Skulptur „Four Arches" von Alexander Calder erhebt. Eine ebenfalls schon etwas ältere Landmarke des Bunker Hill findet man an der Figueroa St. (*Ecke 5th St.*), nämlich das auffällige, aber nicht unbedingt schöne **Westin Bonaventure Hotel**. An dessen verspiegelter Rundfassade sausen gläserne Aufzüge hoch und bringen (hoffentlich schwindelfreie!) Besucher von einem Wasserbassin zur langsam rotierenden BonaVista Lounge im

*Markante Fassaden*

35. Stock, die außer gesalzenen Preisen eine faszinierende Aussicht bietet. Auch sonst lohnt das Hotel eine Innenbesichtigung, und sei es nur, um den Begriff Erlebnisarchitektur mit Inhalt zu füllen.

Bei diesem futuristischen Ambiente fällt es schwer zu glauben, dass die Bebauung des Hügels ursprünglich aus zweistöckigen viktorianischen Holzvillen bestand, bewohnt von der Upper Class, die von hier aus das ansonsten flache Los Angeles Bassin überblicken konnte. Aus jener Epoche stammt die alte Standseilbahn **Angels Flight** an der Ecke 3rd St. und West St., wo sie auf knapp 100 m und mit 33 % Steigung eine Flanke des Hügels bezwingt. Die Bahn wurde 1901 als *Los Angeles Incline Railway* und „kürzeste Eisenbahn der Welt" eingeweiht, 1969 wurde sie bei der Umwandlung des Viertels stillgelegt, 1996 aber wieder in Betrieb genommen und unter Denkmalschutz gestellt. Allerdings fuhren die historischen Waggons nach einem schlimmen Unfall im Jahre 2001 nicht mehr, erst 2010 wurde die Bahn wiedereröffnet, 2013 jedoch wieder geschlossen und 2017 unter der Federführung der Angels Flight® Railway Foundation wiedereröffnet. Der Autor Michael Connelly hat der Bahn mit seinem Krimi „Angels Flight" (2009) ein Denkmal gesetzt.

*„Kürzeste Eisenbahn der Welt"*

**Angels Flight**, California Plaza, 350 South Grand Avenue, ☏ (213) 626-1901, https://angelsflight.org; tgl. 6.45–22 Uhr, einfache Fahrt US$ 1.

Unter all diesen Gebäuden ist der markanteste Blickfang am Bunker Hill zweifellos die **Walt Disney Concert Hall (9)**, die mit ihren geschwungenen Formen und der Metall-Verkleidung an das Guggenheim-Museum in Bilbao erinnert. Kein Wunder, ist doch der Architekt in beiden Fällen Frank O. Gehry. Die Konzerthalle mit ihrer weltweit gerühmten Akustik ist im Besitz der Stadt Los Angeles und wird als viertes Veranstaltungsgebäude vom Music Center (s. S. 215) betrieben.

**Walt Disney Concert Hall**, 111 S. Grand Ave., ☏ (323) 850-2000, www.laphil.com; an ausgewählten Tagen werden Gratis-Führungen angeboten. Infos zu den Terminen: www.laphil.com/visit/tours.

Direkt daneben eröffnete im September 2015 das opulente Museum **The Broad**. Das Privatmuseum für zeitgenössische Kunst nach einem Entwurf des Architekturbüros Diller Scofidio + Renfro muss sich gegen den im Licht schimmernden Nachbarn von Frank O. Gehry in Szene

*Architektonisches Schmuckstück: die Walt Disney Concert Hall*

setzen. Der Bau erinnert mit seiner Fassadenstruktur an eine weiße Papiergirlande, manche sagen, er sehe aus wie ein Eiswürfel mit Löchern. Das Museumsprogramm zeigt die Kunstsammlung von Eli Broad und seiner Frau Edythe, die im Immobilien- und Versicherungsgeschäft reich wurden. 250 Arbeiten aus einer Sammlung mit mehr als 2.000 Werken von mehr als 200 Künstlerinnen und Künstlern mit klingenden Namen wie Jeff

*Zeitgenössische Kunst*

Koons, Roy Lichtenstein, Cindy Sherman und Jean-Michel Basquiat sind hier zu sehen. Der Besuch lohnt sich: Seit der Eröffnung kamen mehr als 2,5 Millionen Menschen ins Broad.
**The Broad**, 221 S. Grand Ave., ☏ 232-6200, www.thebroad.org, Di–Mi 11–17, Do–Fr 11–20, Sa 10–20, So 10–18 Uhr. Eintritt frei, allerdings sollte man Karten online vorbestellen.

## Zum Pershing Square, Broadway und Grand Central Market

Wenige Hundert Meter vom Bunker Hill entfernt und in unmittelbarer Nachbarschaft zum himmelstürmenden U. S. Bank Tower (s. S. 216) gelegen, nimmt die **Los Angeles Central Public Library (10)** den Block zwischen den Straßen Hope und Grand Ave. bzw. 6th und 5th St. ein. Dieses architektonische Meisterwerk aus dem Jahre 1926 mit seinem riesigen Atrium, das nicht weniger als 2,1 Mio. Bücher beherbergt, strahlt eine angenehme Atmosphäre aus, zu der im Außenbereich auch die schattigen Gärten mit Springbrunnen beitragen. Einen Block weiter führt einen das alte Portal an der Olive St. zum futuristischen **Pershing Square (11)**, um den weitere Wolkenkratzer der Stadt gruppiert sind. Der Platz selbst wurde als erster Stadtpark von L.A. bereits 1866 eingerichtet; mit kreisrundem Pool, violetter Riesen-Stele, Palmen und Mini-Wasserfall hätte er auch heute das Zeug zu einem wahren Mittelpunkt der Downtown, wirkt an normalen Tagen allerdings wie ausgestorben.

*Erster Stadtpark*

Etwas lebhafter geht es da im **Jewelry District (12)** zu, der sich unmittelbar südlich an den Pershing Square anschließt. Wer auf der Suche nach Edelsteinen, Schmuck und anderen Produkten der Gold- und Silberhandwerker ist, wird hier fündig, denn es haben sich knapp 5.000 Händler in diesem Distrikt niedergelassen. Am benachbarten Broadway schließlich brodelt das Leben, hier wurde auch das **Bradbury Building (13)** unter Denkmalschutz gestellt, ein bauliches Prachtstück aus dem Jahre 1893, dessen bizarrer Innenraum als Kulisse für den Film „Blade Runner" gedient hat *(304 Broadway)*. Direkt gegenüber ist der **Grand Central Market (14)**, Los Angeles' größter und ältester Markt, quasi der Bauch der Innenstadt: Das multikulturelle Leben ist hier in Verkaufsständen und Restaurants konzentriert, deren Produkte für Augen und Nasen der Besucher einen Hochgenuss darstellen und heute Gourmets aus aller Welt anziehen.
**Grand Central Market**, 317 S. Broadway, ☏ (213) 624-2378 www.grandcentralmarket.com; tgl. 8–22 Uhr.

*Viertel der Gold- und Silberhändler*

## Die nördliche und südliche Peripherie der Downtown

Ebenfalls noch zur Downtown gehörig, aber schon in weiterer Entfernung (Auto, Bus oder Metro erforderlich), gibt es weitere interessante Parks und Stadtviertel, deren Besuch bei genügend Zeit lohnend ist.

**Im Norden** erstrecken sich z. B. die **Angelino Heights (15)**, die erste Vorstadt von L.A., die noch durchweg von restaurierten viktorianischen Villen und Miethäusern geprägt ist. Einen guten Kilometer weiter östlich befindet sich die großzügige Grünanlage des Elysian Park, der außer viel Natur vor allem das imponierende, nach dem Baseballclub benannte **Dodger Stadium (16)** zu bieten hat.

**Im Süden** der Downtown Los Angeles wurde 2009 die erste Phase des 2,5 Mrd. US$ teuren Entertainment-Komplexes **L.A. LIVE (17)** eingeweiht, zu dem unzählige Restaurants (darunter auch ein Gourmet-Lokal) gehören, außerdem das 7.500-Sitze-Theater von Nokia, mehrere Hotels (u. a. Marriott und Ritz Carlton), ein Riesenkino mit 14 Leinwänden und einem 800-Sitze-Saal für Filmpremieren, die Hightech-Bowlinghalle Lucky Strike mit 18 Bahnen, den Nokia Club für Music-Acts angesagter Künstler und der lateinamerikanische Musik- und Nachtclub Conga, der u. a. Jennifer Lopez gehört.

In dem Komplex ist auch das **Grammy Museum** untergebracht, ein vierstöckiges und einmaliges Museum für Musik der letzten 60 Jahre. Am besten fährt man von der Lobby in die vierte Etage und beginnt dort mit der Besichtigung. Aus Filmen, Fotos, Videoclips und interaktiven Medien erfährt man hier nicht nur viel über die berühmten Bands und Stars, sondern auch über die verschiedenen Aufnahmetechniken sowie die Geschichte der Grammy Awards.   *Viel Musik auf einem Raum*
**Grammy Museum**, *800 W. Olympic Blvd./Ecke Figueroa St., ① (213) 765-6800, www.grammymuseum.org; So–Do 10.30–18.30, Fr–Sa 10–20 Uhr, Erwachsene US$ 15, ab 65 Jahre US$ 13, 6–17 Jahre US$ 13.*

Nicht weit entfernt stellt die riesige, hypermoderne Glas- und Stahlkonstruktion des **Convention Center (18)** einen unübersehbaren städtebaulichen Akzent dar. Mit 67.000 m² Fläche ist es eines der größten Ausstellungszentren der USA. Daran schließt sich die 1999 eingeweihte Sportarena **Staples Center** an. Noch etwas weiter lockt die urbane Oase des **Exposition Park (19)** am State Dr. mit einem herrlichen Rosengarten (etwa 17.000 Exemplare). Außerdem sind auf der weitläufigen Anlage, in der 1932 die ersten Olympischen Sommerspiele von Los Angeles stattfanden, mehrere Sportstätten und Museen vereint. Zu den markantesten Gebäuden gehört das **Los Angeles Memorial Coliseum**, ein 94.000-Sitzplatz-Stadion, das Schauplatz der Olympischen Sommerspiele von 1984 war. Nahebei befindet sich mit der **Los Angeles Memorial Sports Arena** eine überdachte Sporthalle mit 16.000 Sitzplätzen. Ebenfalls ist dort die **University of Southern California (USC)** beheimatet, deren Gebäude um einen schön gestalteten parkähnlichen Campus gruppiert sind. Für das Jahr 2020 ist auf den bisherigen Parkplätzen 2 und 3 Großes geplant: Hier soll das **Lucas Museum of Narrative Art** eröffnet werden – ein interaktives Museum, das multimedial die Facetten visueller Erzählformen von Pop- bis Hochkultur, von klassischen Gemälden über Comics bis zu neuen Medien präsentieren wird; ein Schwerpunkt wird natürlich auf der Filmkunst liegen, ist der Namensgeber und Spender des Projekts doch kein Geringerer als Regisseur George Lucas, Schöpfer von „Krieg der Sterne". Bis zur Eröffnung kann man sich auf der Website über den Baufortschritt informieren: *http://lucasmuseum.org*.

Daneben vereint der Exposition Park mehrere kulturelle Institutionen und Museen wie z. B. das **California African-American Museum**. Von besonderem Reiz sind dabei aber folgende zwei Adressen:

Das **Naturhistorische Museum** ist ein wichtiger Anlaufpunkt für alle, die sich für Fossilien, versteinerte Dinosaurier-Knochen, Mineralien etc. interessieren. Kinder werden vom Dinosaurier-Encounter und den vielen Tierdarstellungen in Dioramen begeistert sein. Daneben kommen hier auch Liebhaber der (Kunst-)Geschichte des vorkolumbianischen Amerika, besonders des Südwestens, voll auf ihre Kosten! Um auch nur ei-   *Museen im Exposition Park*

nen Bruchteil der Ausstellungsstücke zu sehen, sollte man mindestens zwei Stunden an Zeit mitbringen.
**Natural History Museum**, *900 Exposition Blvd., ☏ (213) 763-3466, www.nhm.org; tgl. 9.30–17 Uhr, Erwachsene US$ 15, Senioren und Studenten US$ 12, 3–12 Jahre US$ 7.*

Noch populärer ist das **California Science Center**, eine riesige und ebenfalls besonders für Kinder interessante Institution. Im „größten interaktiven Museum des Westens" wird umfassend über die Naturwissenschaften informiert, daneben gibt es Ausstellungen zu Themen der Mathematik, Gesundheit, Ökonomie und Landwirtschaft. Stark besucht sind die *Air & Space Exhibits* mit Filmen, Modellen, Fotos und originalen Ausstellungsstücken zu Luft- und Raumfahrt. Von besonderem Interesse sind in dieser Gegend auch die Dokumentation und Erforschung der Erdbeben. Außerdem werden im IMAX-Theater auf einer Großleinwand spektakuläre Filme z. B. über die Tiefsee (Eintritt) gezeigt.
**California Science Center**, *Exposition Park, 39th Street & Figueroa Street, ☏ (323) 724-3623, http://californiasciencecenter.org; tgl. 10–17 Uhr, Eintritt frei.*

*Eine außergewöhnliche Sehenswürdigkeit: die Watts Towers*

Ganz weit im Süden schließlich sind die 30 m hohen **Watts Towers (20)** ein bizarres Folk-Art-Monument, in das der italienischstämmige Künstler Sabato Simon Rodia 33 Jahre Arbeit (ohne jegliche technische Hilfsmittel) gesteckt hatte.

*Bizarre Kunst* Die Watts Towers erscheinen als ein Sammelsurium aus Stahldrähten, Flaschen, Geschirr, Keramikfliesen, Bettenfedern und 70.000 Muscheln. Wer diese merkwürdig-eindrucksvolle Landmarke sehen möchte, muss von Downtown aus auf der Alameda Ave. rund 6 Meilen nach Süden fahren, dann auf dem Santa Ana Blvd. rund eine Meile nach Westen.
**Watts Towers**, *1727–1765 E. 107th St., ☏ (213) 847-4646, www.wattstowers.us; geführte Touren Do und Fr 11–15, Sa 10.30–15, So 12–15 Uhr, Erwachsene US$ 7, Senioren und 13–17 Jahre US$ 3.*

# Hollywood und Griffith Park

Der Stadtteil Hollywood liegt westlich der Downtown und nördlich vom Flughafen LAX. Man erreicht ihn am bequemsten von Downtown aus über den Hollywood Fwy. (Hwy. 101) und von West-L.A. über den Santa Monica Blvd.

Hollywood, das 2017 seinen **130. Geburtstag** feierte, machte eine der erstaunlichsten Karrieren der Vereinigten Staaten durch. Aus einem kleinen, verschlafenen Farm-Be-

## Hollywood und Griffith Park

zirk, der erst 1903 in Los Angeles eingemeindet wurde, entwickelte sich der Ort fast *Ehemaliger* explosionsartig – um 1910 hatten Filmregisseure und Produzenten die Vorteile des im- *Farm-Bezirk* mer sonnigen Klimas für ihr expandierendes Gewerbe entdeckt. Bald wurde Hollywood zum Synonym für das amerikanische Filmwesen in seiner Gesamtheit. Zwar sind längst viele Studios in die Vorstädte abgewandert und trifft man Stars und Sternchen nicht mehr so häufig an wie früher, doch sind immer noch knapp 150.000 Menschen in diesem Wirtschaftszweig beschäftigt.

### ★ Sehenswürdigkeiten
1. Walk of Fame
2. TCL Chinese Theatre
3. Hollywood Wax Museum
4. Guinness World Record Museum
5. Hollywood & Highland Center
6. Hollywood Forever Cemetery
7. Paramount Studios
8. Church of the Blessed Sacrament
9. Melrose Strip
10. Hollywood Bowl
11. Universal Studios
12. Griffith Park
13. Hollywood Sign
14. Los Angeles Zoo
15. Autry Museum of the American West

### Unterkünfte
1. Hollywood Hotel
2. Alta Cienega Motel
3. Best Western Hollywood Plaza Inn
4. Hollywood Roosevelt Hotel
5. Holiday Inn Express & Suites Hollywood Walk of Fame
6. Chateau Marmont Hotel

### Restaurants
1. Grill Musso & Frank
2. Yamashiro

*Rundgänge und Fahrten durch Los Angeles und Umgebung*

*Hollywood zu Fuß*

Falls man nicht auf einer der vielfach angebotenen geführten Touren nach Hollywood kommt (z. B. mit den offenen Doppeldeckerbussen von Starline Tours, Infos unter www.starlinetours.com), empfiehlt es sich, mit dem Wagen bis ins Zentrum des Stadtteils zu fahren und einen Parkplatz auf Höhe des Straßenrasters Hollywood/La Brea/Sunset Blvd. zu suchen. Ab dort kann man die Sehenswürdigkeiten bequem zu Fuß erreichen.

## Rundgang durch Hollywood

*Die Sterne sind Wallfahrtsorte für Filmfans*

Man beginnt einen Spaziergang am besten auf dem Hollywood Blvd. in Höhe des Roosevelt-Hotels. Hier ist man schon auf dem **Walk of Fame (1)**: Der vielleicht berühmteste Bürgersteig der Welt zieht sich zwischen den Straßen Gower und Sycamore auf beiden Seiten des Hollywood Blvd. hin. Mehr als 2.650 Persönlichkeiten aus dem Film-, Fernseh- und Showgewerbe sind hier bis Ende 2018 mit einem Stern verewigt worden, und jedes Jahr kommen neue Namen hinzu. Es lohnt sich also, die Blicke auf den Boden zu heften und sich an Szenen der Filmgeschichte zu erinnern – dies um so mehr, als die Läden, die man passiert, außer T-Shirts, Hamburgern und Ramsch nichts Nennenswertes anzubieten haben.

Nachdem man rechter Hand das Roosevelt-Hotel passiert hat, taucht links des Boulevards das **Hollywood Entertainment Museum** auf, das sich der jungen Geschichte der Vergnügungsindustrie widmet – ein Besuch ist allerdings für Europäer nicht ganz so interessant. Lohnender ist da schon das Unikum des **TCL Chinese Theatre (2)**, früher **Grauman's Chinese Theatre**, das sich in seinem skurrilen Architekturkleid daneben erhebt. Seitdem sein Besitzer Sid Grauman es 1927 eröffnete, ist dieses Kino das wohl bekannteste der Filmstadt geblieben und trägt seinen Beinamen „King of Theatres" zu Recht. Außer der fernöstlichen Formensprache und den Film-Premieren, die hier gezeigt werden, locken vor allem die Fuß- und Handabdrücke von mehr als 180 Stars die Menschen an. Der Komiker Bob Hope ließ es sich nicht nehmen, auch seine Nasenspitze in den frischen Beton zu senken. Wer über genügend Zeit verfügt, sollte sich ruhig in dem ehrwürdigen Lichtspieltheater einen Film anschauen – immer noch gibt's hier viele Erstpräsentationen.

*Prominente Fuß- und Handabdrücke*

**TCL Chinese Theatre**, 6925 Hollywood Blvd., ✆ (323) 465-4847, www.tclchinesetheatres.com; Filmvorführungen mehrmals tgl., Tickets ab US$ 25.

Nachdem die Gegend ein wenig heruntergekommen war, wurde ab den späten 1980ern Geld in neue Projekte zur Revitalisierung Hollywoods investiert, so z. B. in die **Hollywood Promenade** mit Hotel, Büros, Kinos, Entertainment, Läden, Cafés und Kabarett. Auch das Hollywood Exposition Museum ist dort zu finden. Wer noch keinen Star aus der Nähe gesehen hat, kann das in zwei nah beieinander liegenden Wachsfiguren-

## Hollywood und Griffith Park

*Das TCL Chinese Theatre, ehemals „Grauman's"*

kabinetten nachholen, nämlich direkt neben dem TLC Chinese Theatre in **Madame Tussauds Hollywood** mit ca. 125 Figuren und im **Hollywood Wax Museum (3)**, das sich kurz hinter dem TCL Chinese Theatre auf der gleichen Seite befindet und rund 220 nachgebildete Persönlichkeiten präsentiert. *Berühmtheiten aus Wachs*

**Madame Tussauds Hollywood**, *6933 Hollywood Blvd., www.madametussauds.com/hollywood, meist 10–22 Uhr, Erwachsene US$ 30,95 (online US$ 19,95), 3–12 Jahre US$ 23,95 (US$ 19,95).*

**Hollywood Wax Museum**, *6767 Hollywood Blvd., ℡ (323) 462-5991, www.hollywoodwax.com; tgl. 9–24, Fr & Sa bis 1 Uhr, Erwachsene US$ 22,99, 4–11 Jahre US$ 12,99.*

Schräg gegenüber sind im **Guinness World Record Museum (4)** alle möglichen und unmöglichen Rekorde präsentiert, die oft unfreiwillig komisch wirken und bisweilen die Grenze des guten Geschmacks überschreiten.

**Guinness World Record Museum**, *6764 Hollywood Blvd., ℡ (323) 463-6433, www.guinnessmuseumhollywood.com; tgl. 9–24, Fr & Sa bis 1 Uhr, Erwachsene US$ 20,99, 4–11 Jahre US$ 10,99.*

Im Block hinter den genannten Attraktionen stößt man auf das moderne **Hollywood & Highland Center (5)**, einen fünfstöckigen Open-Air-Komplex mit jeder Menge Shopping-Möglichkeiten und Restaurants. Auch eine Touristeninformation ist hier im Erdgeschoss untergebracht, und von einem Gang im oberen Stockwerk ergibt sich eine prächtige Aussicht bis hinüber zum Hollywood Sign (s. S. 228). Von besonderer Bedeutung ist der Komplex aber für die Filmindustrie, denn im ebenfalls hier beheimateten **Dolby Theatre** (www.dolbytheatre.com) heißt es bei der Academy-Award-Verleihung alljährlich: *And the Oscar goes to ...* Wer sich den plüschigen Saal anschauen möchte, in dem dieses Spektakel stattfindet, kann an halbstündigen Führungen teilnehmen (*alle 30 Minuten am Box Office im ersten Stock, Erwachsene US$ 25, ab 65 und bis 17 Jahre US$ 19*). *Heimat des Oscars*

Bei genügend Zeit kann man den Spaziergang von hier aus noch etwas ausdehnen, wiewohl die ganze Gegend nicht unbedingt als Schmuckstück zu bezeichnen ist. Wenn man bis zur Kreuzung mit der Vine St. geht, kann man dort auf dem Bürgersteig die roten oder schwarzen Platten sehen, mit denen weitere Stars (u. a. Henry Fonda, Clark Gable, John Wayne, Shirley MacLaine) verewigt worden sind. Folgt man der Vine St. in südlicher Richtung über den Sunset Blvd. hinaus bis zum Santa Monica Blvd. und geht dort ein kleines Stück nach links, dann stößt man zwischen Gower St. und Van Ness Ave. auf den **Hollywood Forever Cemetery (6)**. Auf diesem Friedhof sieht man die Grabsteine Rudolph Valentinos, Judy Garlands, George Harrisons, des Gangsters Bugsy Siegel, des Soundgarden-Sängers Chris Cornell und zahlreicher anderer Berühmtheiten. Von Mai bis Sept. finden hier auf dem Fairbanks Lawn Freilicht-Filmvorführungen statt (https://hollywoodforever.com), außerdem gibt es Musik-Events.

*Friedhof der Stars*

Zurück an der Gower St., liegen linker Hand die **Paramount Studios (7)**, das letzte der klassischen Hollywood-Studios, das sich nach wie vor mitten in Hollywood befindet. Von der Straßenseite her wirken die pompösen Portale wie ein Relikt aus längst vergangenen Filmtagen.
**Paramount Pictures Corporation**, *5555 Melrose Ave., ① (323) 956-1777 (Kartenreservierung für Touren), www.paramountstudiotour.com; zweistündige Studiotouren tgl. ab 9 bis 16 Uhr jede halbe Stunde, US$ 58, ab 10 Jahre.*

Für den Rückweg zum Ausgangspunkt kann man zwischen einer näheren und einer weiteren Alternative wählen: Im ersten Fall geht man bis zum **Sunset Boulevard** zurück und auf diesem in westlicher Richtung. Der Boulevard weiß hier als schnurgerade, palmenbestandene Allee alle Klischees von Hollywood zu erfüllen. Man passiert einige schöne Gebäude, u. a. die römisch-katholische **Church of the Blessed Sacrament (8)** aus dem Jahre 1928. Der neo-barocke, spanische Stil der Kirche setzt im ansonsten nüchternen Stadtbild einen deutlichen Akzent. Im Innern besticht der offene und schön geschnitzte Dachstuhl. Auch der kleine Platz daneben (*Crossroads of the World*) verdient mit seinem Springbrunnen und dem Globus Beachtung. Die Kirche war bei der Hollywood-Prominenz beliebt, sowohl für Hochzeiten (u. a. von Bing Crosby) als auch für Beerdigungen (u. a. von Regisseur John Ford), ebenso als Filmkulisse (u. a. in „L.A. Confidential"). 1941 empfing der Autor Alfred Döblin hier die Taufe.

Die längere Alternative (evtl. besser mit dem Wagen zu erreichen) berührt die weiter südlich gelegene Melrose Ave. mit dem **Melrose Strip (9)**. Dieser Straßenabschnitt liegt jenseits der La Brea Ave. (7000er Hausnummern) und kann all das bieten, was dem Hollywood Blvd. mangelt: viele Cafeterien oder Restaurants, Boutiquen, Läden mit Second-Hand-Waren, Lederwaren und Schmuck sowie ein etwas ausgefallenes Ambiente.

Kaum jemand möchte in Los Angeles den Besuch eines Filmstudios verpassen. Außer den Paramount Studios liegen die großen Studios allerdings etwas weiter entfernt, jenseits des Hollywood Fwy. Die beste Adresse ist hier die Universal City (s. S. 225), die man von Hollywood aus über die Highland Ave. (Hwy. 170) und den Hwy. 101 erreicht. Auf dem Weg passiert man zunächst, noch an der Ecke zum Hollywood Blvd., das **Hollywood History Museum**. Allein schon das 1935 errichtete Gebäude – das ehemalige Max Factor Building im reinsten Art déco – beeindruckt, und im Inneren kommen alle Cineasten auf ihre Kosten. Denn hier wird die wohl weltgrößte Sammlung von Kostü-

*Für Cineasten*

men, Postern, Fotografien und anderen Memorabilien von Hollywoodstars aufbewahrt – und so manche Rarität. Wer also z. B. Hannibal Lecters Gefängniszelle, Original-Outfits berühmter Stars von Marilyn Monroe bis Leonardo DiCaprio, die Boxhandschuhe von Rocky oder den Pharaonenthron von Kleopatra alias Elizabeth Taylor betrachten möchte, ist hier genau richtig.
**Hollywood History Museum**, *1660 N. Highland Ave., ① (323) 464-7776, http://thehollywoodmuseum.com; Mi–So 10–17 Uhr, Erwachsene US$ 15, Schüler/Senioren US$ 12, bis 5 Jahre US$ 5.*

Weiter nördlich, wo Highland Ave. und Hwy. 101 zusammenlaufen, passiert man die Anlage des **Hollywood Bowl (10)**, ein natürliches Amphitheater und eine Freiluft-Arena für bis zu 18.000 Zuschauer. Von Juli bis September gibt es hier ein breites Programm an kulturellen Events (www.hollywoodbowl.com).

*Nachtmusik*

## Universal City

Das nächste Ziel sind die **Universal Studios (11)**, die mit Abstand bekanntesten Filmstudios, die ihren Besuchern ein breites Spektrum an Aktivitäten, Besichtigungen, Shows usw. bieten. Die Zufahrt erfolgt über den Hollywood Fwy. (Hwy. 101), von dem eine eigene Ausfahrt „Universal Studios" abgeht.

Vom obligatorischen und nicht günstigen Parkplatz wird man zum **Universal CityWalk** geleitet, einer futuristischen Gehmeile mit Geschäften, Restaurants, Souvenir Shops und Kinos. Einen Besuch wert ist dabei das **Hard Rock Café**, eine der größten Filialen dieser bekannten Restaurant-Kette. Die Fülle der Erinnerungsstücke an Rockmusiker ist dort so groß, dass sogar ein eigener Hard Rock Guide herausgegeben wurde. Hinter den Eintrittsschaltern gelangt man dann in die eigentliche Filmstadt, deren Besuch mindestens einen halben Tag in Anspruch nimmt, zumal wegen des starken Andrangs längere Wartezeiten vor den einzelnen Attraktionen einkalkuliert werden müssen.

*Filmgeschichte zum Anfassen in den Universal Studios und auf den Straßen der Stadt*

Man sollte nicht zu viel Zeit mit den verschiedenen Stuntshows, mit einem Kaffee in der originalen Atmosphäre der Pariser Pigalle oder dem Essen in der Bahnhofsbar der Londoner Victoria Station verbringen. Am besten beginnt man das Besichtigungsprogramm mit der **Studio Tour**, auf der die Besucher mit einer Bahn durch Kulissen von Städten, Häusern und Landschaften fahren, die einem alle irgendwie vertraut vorkommen. Man sieht das Bates Hotel aus Hitchcocks „Psycho", wird auf einer altersschwachen Brücke fast in die Tiefe gerissen und erlebt einen tropischen Regenschauer unter völlig blauem Himmel. Die spektakulärsten Erlebnisse hat man jedoch, wenn man eine Attacke des Weißen Hais beobachtet und dem brüllenden King Kong ins riesige Gesicht starrt. Den Höhepunkt der Illusion stellt ein Erdbeben dar (8,3 auf der Richterskala), von dem man in einem U-Bahn-Tunnel erschreckt wird. Das alles ist so perfekt, dass man es für wahr halten könnte, und besonders kleine Kinder sind bei der Bewältigung des Erlebten manchmal schlichtweg überfordert.

*Perfekt nachgemachtes Erdbeben*

Am besten für Kinder geeignet sind die 3-D-Vorführungen der Animationsfigur *Shrek*, eine Fahrt durch das Reich der *Flintstones* oder ein Besuch des riesigen Wasserspielplatzes des beliebten Affen *Curious George*. Ältere Besucher zieht es zur Actionsause *Fast & Furious – Supercharged*, zum Seekriegsabenteuer *Waterworld* und zu einer rasanten Achterbahnfahrt, bei der man die *Revenge of the Mummy* fürchten und erleben muss. Weitere Attraktionen sind die Transformers-3-D-Roboterschlacht sowie das 360-Grad-3-D-Erlebnis *King Kong*. *The Wizarding World of Harry Potter* entführt die Besucher in die abenteuerliche Welt des berühmten Zauberlehrlings, ein eigenes Highlight ist hierbei *Harry Potter and the Forbidden Journey*.
**Universal Studios**, *100 Universal City Plaza, Universal City, ① 800-864-8377, www.universalstudioshollywood.com; die Website informiert über die wechselnden Öffnungszeiten, Erwachsene US$ 109, 3–9 Jahre US$ 103, bis 2 Jahre frei.*

Hinter dem Bergrücken in der Ortschaft **Burbank** haben sich andere Filmstudios etabliert, wie die Disney Studios, die Warner Bros. Studios und die von NBC. Die letzteren beiden Gesellschaften bieten ebenfalls Führungen an, die aber weniger auf Show angelegt sind, sondern vielmehr lehrreich und informativ sein wollen. Die Tour der **Warner Bros. Studios** (*4301 W. Olive Ave., Burbank, ① (818) 972-8687, www.wbstudiotour.com; tgl. 8-15.30 Uhr, Erw. ab US$ 69 , 8–12 Jahre ab US$ 59*) ist niemals identisch, da sie die Filmproduktion des jeweiligen Tages mit einbezieht. Und bei der NBC lernt man auf einem Rundgang Technik und Verfahrensweisen in einem Fernsehstudio kennen oder erlebt die Tonbühne der Tonight Show.

Von Burbank aus ist es nur ein Katzensprung zum Griffith Park mit dem L.A. Zoo, dem Planetarium und der schönen Aussicht auf die Metropole.

## Griffith Park (12)

Östlich der Universal City und nördlich von Hollywood platziert, enthält der hochgelegene Griffith Park ein interessantes Ensemble an Sehenswürdigkeiten. Man erreicht ihn über die Fwys. 2/101, Abfahrt Western Ave., von Ost-Hollywood direkt über die Vermont Ave. oder über die I-5, von der man auf den Los Feliz Blvd. abbiegt. Der Park selbst, 1896 vom Waliser Zeitungsmann Griffith J. Griffith der Stadt zum Geschenk gemacht, ist mit 16 km² der größte öffentliche Stadtpark in den USA. Außerdem fungiert

*Beliebtes Ausflugsziel*

er als beliebtes Naherholungsgebiet der Einwohner von L.A., mit jeder Menge Fußball-, Golf- und Tennisplätzen, Picknick-Areas, Wanderwegen und einer großen Sammlung historischer Dampfloks. Zu neuem Ruhm kam der Griffith Park 2016 durch das Oscar-gekrönte Film-Musical „La La Land": Hoch über dem Lichtermeer von L.A. tanzten Ryan Gosling und Emma Stone am romantischen „Cathy's Corner" hier zu „A Lovely Night". Auch am Griffith Observatory (s. u.) wurde für „La La Land" gedreht.

Der Hauptgrund, warum ausländische Besucher den Park besuchen, war denn auch seit jeher der hier gebotene Panoramablick über die Stadt, insbesondere bei nächtlicher Beleuchtung. Dazu benutzt man am besten den südlichen Parkeingang (Los Feliz Blvd./Vermont Ave.) und richtet sich immer nach dem Hinweisschild *Observatory*. Auf mehreren Serpentinen gelangt man dabei zum großen Parkplatz vor dem mächtigen, weißen **Griffith Observatory** aus dem Jahre 1930. Das eindrucksvolle Observatorium beherbergt ein großes Planetarium mit der **Samuel Oschin Planetarium Show**, die wissenschaftshistorische Hall of Science und ein riesiges Zeiss-Doppelteleskop. Der Zugang zum Observatorium und seinen Aussichtsterrassen ist frei, in klaren Nächten wird auch das Teleskop ohne Eintrittsgebühr gezeigt. Zu den Neubauten, die den Eindruck der alten Architektur nicht antasten, zählen der gläserne **Gottlieb Transit Corridor**, bei dessen Begehung man über die interkulturelle Bedeutung von Sonne und Mond aufgeklärt wird, sowie das 190-Sitze-Multifunktions-Theater *Leonard Nimoy Event Horizon*. Auch ein Souvenirladen und das *Café at the End of the Universe* gehören zur Anlage.
**Griffith Observatory**, *2800 E. Observatory Rd., ① (213) 473-0800, http://griffithobservatory.org; Di–Fr 12–22, Sa–So 10–22 Uhr, freier Eintritt.*

*Blick in die Sterne*

Auf der anderen Seite des Parkplatzes führt ein Wanderweg auf den Mt. Hollywood. Es lohnt sich aber auch, diesem Weg nur ein kurzes Stückchen zu folgen, wobei man an einem Wegweiser nach Berlin (5.795 Meilen) und dem kleinen Wäldchen *Berlin Forest* vorbeikommt: Seit 1967 ist Berlin die Partnerstadt von L.A. Dahinter hat man einen herr-

*Buchstaben mit Geschichte*

lichen Blick auf die Stadt, das Observatorium und den Sonnenuntergang. Ein anderes Denkmal nahe dem Eingang erinnert an den Schauspieler James Dean, der an dieser Stelle in einer langen Szene des Films „Denn sie wissen nicht, was sie tun" zu sehen war.

*Berühmter Schriftzug*

Ebenfalls von hier aus gut zu sehen sind die Hollywood Hills mit dem Mount Lee, an dessen Hängen man das **Hollywood Sign (13)** erkennt – jene weltberühmten Buchstaben, die 1923 aufgerichtet wurden und eigentlich als HOLLYWOODLAND auf Bauland aufmerksam machen wollten. Sie sind so mit der Filmmetropole verschmolzen, dass man sich 1978 entschloss, sie mit einer aufwendigen Restaurierung vor dem Verfall zu retten und abends anzustrahlen. Zuletzt wurden 2012 größere Renovierungsarbeiten vorgenommen; zudem erwarb eine Gruppe Prominenter Umland, um das Hollywood Sign vor den Aktivitäten von Bauspekulanten zu schützen. Ein enttäuschtes Starlet stürzte sich 1932 vom 16½ m hohen Buchstaben H in den Tod …

>  **Anfahrt und Fototipp**
>
> Um ganz nah an das **Hollywood Sign** zu gelangen, geht es mit dem eigenen Fahrzeug ein Stückchen den Hwy. 101 Richtung Norden, dann Ausfahrt Barham Blvd. Nach rund 0,5 Meilen rechts auf den Lake Hollywood Dr. einbiegen und weiter bis zum Gipfel des Hügels. Dann wieder hinunter, bis links der Montlake Drive kommt. Hier einbiegen und weiter bis Tahoe Dr., hier nach links einbiegen, kurz darauf rechts in die Canyon Lake Rd. Jetzt wieder den Hügel hoch – rechts befindet sich der Lake Hollywood Park – und am Straßenrand parken.
> Eine weitere hervorragende Fotogelegenheit befindet sich am Ende des Beachwood Dr. Um dort hinzukommen, folgt man von Hollywood oder dem Hwy. 101 aus dem Franklin Blvd. ein kurzes Stück Richtung Osten, bis es links in den Beachwood Drive geht. Dann immer geradeaus bis zum Ende desselbigen. Hier befindet sich ein Parkplatz. Noch ein kurzer Aufstieg zum Aussichtspunkt, und das Postkartenfoto ist im Kasten.

### Los Angeles Zoo (14)

Ein Besuch des Zoos von L.A., der eigentlich noch im Griffith Park liegt, ist gerade für Familien ein lohnendes Ausflugsziel. Aufgrund seiner Dimensionen und der hier gezeigten **Artenvielfalt** wird er als zweitwichtigster Tiergarten des amerikanischen Westens (nach San Diego und vor San Francisco) bezeichnet. Besonders sehenswert sind das große Vogelhaus, das Koala-Haus, das Reptilienhaus und die Abteilung amerikanischer Tiere. Insgesamt zeigt der Zoo mehr als 1.200 seltene Exemplare in weitestgehend natürlicher Umgebung. Und die Kinder werden von den Ritten auf Kamelen und Elefanten sowie dem Adventure Island und einem speziellen Kinderzoo begeistert sein. Natürlich gibt es auch Shows, Souvenirläden und Restaurants.

*Wichtigster Tiergarten nach San Diego*

**Los Angeles Zoo**, 5333 Zoo Dr., ☏ (323) 644-4200, www.lazoo.org; tgl. 10–17 Uhr, Erwachsene US$ 21, ab 62 Jahre US$ 18, 2–12 Jahre US$ 16.

In unmittelbarer Nachbarschaft zum Zoo stellt das 1988 eingeweihte **Autry Museum of the American West (15)** für den amerikanischen Westen einen wichtigen kulturellen Akzent innerhalb des Griffith Park dar. Das Museum erläutert in acht Abteilungen die Geschichte und Kultur des westlichen Amerika, zeigt Exponate von der Prähistorie

bis in die Gegenwart, verfügt über ein eigenes Theater und organisiert Ausstellungen. Zur Anlage gehören auch ein Restaurant und ein gut ausgestatteter Souvenirshop. Seit 2003 zählen zudem das **Southwest Museum of the American Indian** und das **Women of the West Museum** zum Museumskomplex, sodass das Autry Museum mit über 500.000 Ausstellungstücken als eine der bedeutendsten Sammlungen des amerikanischen Westens und indianischer Kunst und Kultur gilt.
**Autry Museum of the American West**, *Griffith Park, 4700 Western Heritage Way, ① (323) 667-2000, www.theautry.org; Di–Fr 10–16, Sa/So 10–17 Uhr, Erwachsene US$ 14, Studenten und ab 60 Jahre US$ 10, 3–12 Jahre US$ 6.*

# Beverly Hills und Midtown

Im Anschluss an den Besuch von Hollywood werden die wenigsten den Stadtteil verlassen wollen, ohne den berühmten **Sunset Strip** entlanggefahren zu sein. Obwohl von der heißesten Zeit, als hier Nachtclubs wie das Trocadero oder das Mocambo für Furore sorgten, nicht viel übrig ist, macht man doch immer noch gern den Autocorso über den Strip. Da, wo der Sunset Blvd. eine leichte Linkskurve vollzieht und nach rechts der Laurel Canyon Blvd. in die Santa Monica Mountains führt, erhebt sich das **Chateau Marmont Hotel** wie ein normannisches Schloss. Auch dieses Hotel hat Filmgeschichte zumindest mitgeschrieben: kaum ein Weltstar, der sich hier nicht von den Dreharbeiten ausruhte. In einem Bungalow des Hotels starb der bekannte Komiker John Belushi am 5. März 1982 im Alter von 33 Jahren, an einem sogenannten „Speedball" – einer Mischung aus Kokain und Heroin. Der Krimiautor Michael Connelly nutzt in seinem Buch „The Drop" (2011) das Hotel als Hintergrund für eine Mordgeschichte. Dabei erfährt der Leser auch, warum die Höhe der Balkonbrüstungen im Chateau Marmont nicht den US-amerikanischen Normen entspricht …

*Hotel mit Filmgeschichte*

*Das Chateau Marmont Hotel thront über dem Sunset Boulevard*

*Rundgänge und Fahrten durch Los Angeles und Umgebung*

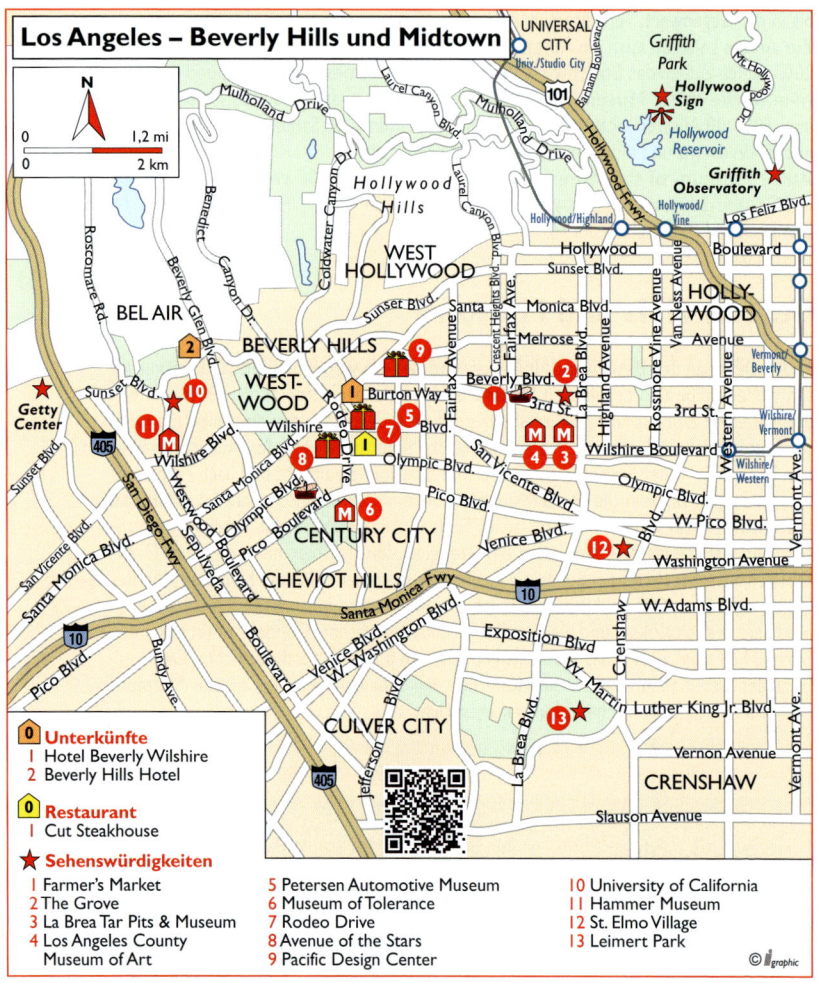

*Villen, Gärten, Pools*

Erst nach dieser Kurve beginnt der eigentliche Sunset Strip, von dem bald schmale und kurvenreiche Straßen zu beiden Seiten abgehen. Folgt man einer solchen Straße, kommt man unweigerlich an hochherrschaftlichen Villen vorbei, sieht von blühenden Gärten umringte Swimmingpools und kann die abgestellten europäischen Nobelkarossen bewundern. Dann weiß man: Nun befindet man sich in **Beverly Hills**.

Ein Besuch in Beverly Hills sollte nicht aus dem Grund unternommen werden, irgendwelche Berühmtheiten sehen zu wollen. Selbst wenn man sich in Hollywood eine der Spezialkarten besorgt, wird man kaum einen Blick auf seinen Lieblingsstar erhaschen können. Die herrliche Hügellandschaft, die gute Luft und das ideale Klima und inmitten

## Beverly Hills und Midtown

dieses irdischen Paradieses der fast schon körperlich spürbare Luxus – das macht den Erlebniswert von Beverly Hills aus.

Bei ausreichend Zeit sollte man auf jeden Fall eine Tour über den berühmten **Mulholland Drive** machen – eine Straße der Reichen und Schönen mit sensationellen Ausblicken auf Los Angeles und das Valley. 2001 drehte der Regisseur David Lynch den nach der Straße benannten Kultfilm, in dem es um Mord, Eifersucht, Liebe und Wahnsinn geht – verkörpert durch den Mulholland Drive oder vielmehr das Leben an und auf demselbigen. Denn, so heißt es, hier könne man „den Geist von Hollywood" spüren. Weniger kultig geht es zu, wenn man den Drive fährt. Dieser erstreckt sich von Santa Monica bis nach Hollywood, um oberhalb des Hwy. 101 zu enden. Hier bietet sich auch die beste Möglichkeit des Einstiegs, da schnell Aussichtspunkte folgen – Hollywood, Los Angeles und die Universal Studios liegen einem zu Füßen. Um hinzukommen, folgt man dem Hwy. 101 oder dem Cahuenga Blvd. von Hollywood aus ein kurzes Stückchen in nördlicher Richtung, bis es links abgeht in den Hillpark Dr. Hier bleiben, den Berg hoch und über den Park Glenn Dr. bis zum Mulholland Dr.! Von jetzt an geht es immer Richtung Osten, Richtung Santa Monica. Wer nach rund 30 Minuten genug hat, der nimmt die Abfahrt Coldwater Canyon Ave. nach links/Süden und gelangt auf diesem Weg nach Beverly Hills.

*Der alte Geist von Hollywood*

Wer ein wenig tiefer in das unterhalb liegende Stadtgebilde, das sich aus West Hollywood, Beverly Hills und Westwood Village zusammensetzt und heute oft **Midtown** genannt wird, eindringen möchte, dem sei zunächst ein Besuch des **Farmer's Market (1)** empfohlen. In dem sympathischen Einkaufszentrum tummeln sich fast 130 Läden und Restaurants. Seit 1934 verkaufen hier Einzelhändler Früchte, Gemüse, Obst, Blumen und Fleisch. Die besondere Atmosphäre des Marktes ist inzwischen zu einer echten Touristenattraktion geworden, wozu auch die vielen Straßencafés und Restaurants – darunter einige kulinarische Geheimtipps – beitragen.
**Farmer's Market**, *6333 W. 3rd St./Ecke Fairfax Ave., ① (323) 933-9211, www.farmers marketla.com; Mo–Fr 9–21, Sa 9–20 und So 10–19 Uhr.*

*Bummeln und Shoppen ist angesagt in The Grove und auf dem Farmer's Market*

Sofort hinter dem Farmer's Market dehnt sich der 2002 eröffnete Komplex **The Grove (2)** aus, ein richtiges kleines Dorf mit einem enormen Angebot an Shops der höheren Preisklasse, etlichen Restaurants, einem hervorragenden Barnes & Noble-Buchladen, Straßencafés, Livemusik, vielen Veranstaltungen, Theater und Kino. Über die Hauptstraße (First St.) des Viertels verkehrt eine nostalgische und kostenlose Straßenbahn bis zum Markt. Die heimelige Architektur mit Arkaden, gewundenen Gassen und kleinen Plätzen, die grüne Lunge des Pan Pacific Park und der nahe Farmer's Market machen The Grove zu einem sehr populären Ausflugs- und Shoppingziel.
**The Grove**, 189 The Grove Dr., ① (323) 900-8080, www.thegrovela.com; Mo–Do 10–21, Fr–Sa 10–22, So 10–20 Uhr.

## Museen

Einen Block weiter verläuft parallel zur 3rd St. der lange Wilshire Blvd., dessen zwei Meilen langer Abschnitt hier wegen der wichtigen und vielbesuchten Museen *Museum Row* genannt wird. Vor allem zwei Institutionen lohnen einen intensiveren Besuch:

*Ausflug in die Eiszeit*

Das **La Brea Tar Pits & Museum (3)**, das am Rande der Rancho-La-Brea-Teergruben steht, gilt als einer der reichsten Fundorte von Fossilien und Eiszeit-Tieren überhaupt. Wer gerne eine Zeitreise in das Los Angeles vor 25.000 Jahren unternehmen möchte, ist hier genau richtig; auch Kinder wird das Haus interessieren, vor dem dramatisch ein Mammut aus einem Tümpel schaut. Neben den Funden selbst sind Geologie und Zustandekommen der Teergruben Gegenstand des Museums, wobei letztere, aus denen seit 1906 Paläontologen wahre Schätze ans Tageslicht förderten, neben dem Museum zu sehen sind.
**La Brea Tar Pits & Museum**, 5801 Wilshire Blvd., ① (213) 763-3499, www.tarpits.org; tgl. 9.30–17 Uhr, Erwachsene US$ 15, Senioren und 13–17 J. US$ 12, 3–12 Jahre US$ 7 (am ersten Di im Monat frei, außer Juli und Aug.).

*Kunst aus aller Welt*

Deutlich größer und derart umfangreich, dass man hier gut und gerne einen Tag verbringen kann, ist das nahe **Los Angeles County Museum of Art (4)**, das meist kurz LACMA genannt wird. Es besteht aus mehreren interessanten Gebäuden unterschiedlicher Stile, die um einen Campus gruppiert sind, zu dem auch Grünanlagen, Ruhezonen und ein Amphitheater gehören. Durch einen spektakulären *Grand Entrance*, der die North Piazza von der South Piazza trennt, werden die einzelnen Flügel verbunden. Das LACMA ist bekannt für seine Sonderausstellungen moderner Kunst, aber auch der eigene Bestand ist sehr reich. Daneben aber wird der Kunst und Kultur nahezu der gesamten Welt ausreichend Raum gegeben. Im **Art of the Americas Building** werden z. B. vorzügliche Artefakte nord- und mittelamerikanischer Kulturen präsentiert, vor allem der Mayas, aber auch jüngere und jüngste Kunst amerikanischer Länder. Weitere Schwerpunkte sind die Kunst Afrikas, des Nahen Ostens, der Pazifik-Völker, des alten China, des alten Ägypten sowie ausgesuchte europäische Malerei (von El Greco bis Picasso), ein Querschnitt der europäischen Skulptur, griechische, römische und etruskische Kunst, der deutsche Expressionismus und islamische Kunst. Zudem gibt es eine große Ausstellung im wunderschönen **Pavilion for Japanese Art** sowie Kunst aus Süd- und Südostasien. Daneben ist die Film- und Fotosammlung beachtlich. Jüngster und aufsehenerregender Bestandteil des Ensembles ist das **Broad Contemporary Art Museum** (BCAM) mit einer futuristisch gestalteten Fassade. Architekt dieses ersten

*Beverly Hills und Midtown*

neuen Museums in Los Angeles nach dem Getty Center ist Renzo Piano, der durch das Centre Pompidou in Paris weltberühmt wurde. Dieses Haus ist 2008 eingeweiht worden, im gleichen Jahr wie ein anderes bedeutendes von Renzo Piano entworfenes Museum, nämlich die California Academy of Sciences in San Francisco (s. S. 157). Die Sammlung komplettiert die moderne Abteilung des LACMA und ist von solcher Vielfalt, dass man dem Spruch der Stadtregierung zustimmen kann, dass moderne Kunst derzeit in Los Angeles zu Hause ist wie sonst nirgendwo in der Welt. Sowohl das BCAM als auch das LACMA verfügen über Museumsshops, Cafeteria und Restaurant. Im Jahr 2019 wird noch quasi nebenan das der Filmgeschichte gewidmete **Academy Museum of Motion Pictures** seine Pforten öffnen (*Ecke Wilshire Blvd./Fairfax Ave., www.academymuseum.org*).
**Los Angeles County Museum of Art**, *5905 Wilshire Blvd., ① (323) 857-6010, www.lacma.org; Mo/Di/Do 11–17, Fr bis 20, Sa/So 10–19 Uhr, Erwachsene US$ 25, Studenten und ab 65 Jahre US$ 21, bis 17 Jahr frei.*

Ein weiteres lohnendes Museum an der Museums Row ist das **Petersen Automotive Museum (5)**, das viele automobile Raritäten aus Amerika und Europa ausstellt (*6060 Wilshire Blvd., ① (323) 930-2277, www.petersen.org; tgl. 10–18 Uhr, Erwachsene US$ 16, ab 62 Jahre US$ 14, 4–17 Jahre US$ 11*).

Weiter westlich und auf dem südlichen Pico Blvd. gelegen, sorgte das vierstöckige **Museum of Tolerance (6)** seit seiner Einweihung im Jahr 1993 für weltweites Aufsehen. Der interessante Hightech-Bau auf der Simon Wiesenthal Plaza, der auch **Holocaust-Museum** genannt und u. a. von Regisseur Steven Spielberg („Schindlers Liste") gesponsert wird, dient der Dokumentation und Erforschung von Rassenhass, insbesondere während der Nazi-Zeit. Mittels Videoinstallationen werden daneben aber auch aktuelle Konflikte aufgearbeitet. Wegen seines multimedialen Einsatzes war das Museum gerade bei europäischen Kritikern nicht umstritten. Vom Publikum jedoch ist das Museum angenommen worden und weist sehr hohe Besucherzahlen auf. Gerade Jugendliche zeigen sich äußerst beeindruckt, nachdem sie per Magnetkarte ein jüdisches Kinderschicksal aus dem Holocaust, das im Computernetz des Museums gespeichert ist, ganz individuell verfolgt haben. An verschiedenen Stationen können sie das kurze Leben dieses „Patenkindes" nachvollziehen.

*Steven Spielberg als Sponsor*

**Museum of Tolerance**, *9786 W. Pico Blvd., ① (310) 772-2505, www.museumoftolerance.com; So–Fr 10–17, Nov.–März Fr bis 15.30 Uhr, Erwachsene US$ 15,50, ab 62 Jahre US$ 12,50, 5–18 Jahre US$ 11,50.*

# Einkaufsgegenden

Wenn man vom Museum of Tolerance zwei Blocks nach Norden fährt oder von der sporadischen Exkursion in das Villenviertel Beverly Hills wieder auf den Sunset Blvd. zurückkehrt, stößt man bald auf den **Rodeo Drive (7)**, der den Boulevard kreuzt. Unübersehbar stellt sich das Geschäftszentrum dieser berühmten Straße, die in Amerika oft mit der Fifth Avenue in New York City verglichen wird, als quirliges Zentrum mit exklusiven Boutiquen und Juweliergeschäften dar. Dabei waren die Anfänge der Straße gar nicht auf Luxus angelegt: Der alte spanische Name *Rancho Rodeo de Las Aguas* geht noch darauf ein, dass man hier bei Ölbohrungen zwar nicht auf das „schwarze Gold", dafür aber auf den lebenswichtigen Rohstoff Wasser stieß. Mit dem sprudelnden Nass

*Edle Shoppingmeile*

konnte man Schafzucht betreiben und Bohnenfelder anlegen. An diese Zeit freilich erinnert nun gar nichts mehr am Rodeo Drive. Stattdessen geht die Schickeria hier einkaufen und speisen, und im alten Beverly Hills Hotel am Ende der Straße treffen sich nach wie vor die etablierten Filmproduzenten, Regisseure und Schauspieler. Und solche, die es werden wollen …

Auch im südlichen Stadtteil **Century City** finden sich Shopping-Möglichkeiten in eleganter Umgebung. Das etwa eine Quadratmeile große Areal ist aber im Wesentlichen von Hochhäusern geprägt. Dass das nicht langweilig sein muss, beweist der in einen Landschaftspark eingebettete Komplex **Avenue of the Stars (8)** mit seiner spannenden, von Zwillingstürmen und einer Häuserbrücke dominierten Architektur.

*Architektonisch interessant*

Ein anderes Schmuckstück moderner Baukunst ist etwas weiter nordöstlich das **Pacific Design Center (9)** *(8687 Melrose Ave., www.pacificdesigncenter.com)*, das sich in West-Hollywood nahe dem Santa Monica Blvd. befindet. Hier werden die neuesten Trends in Mode, Innenarchitektur, Möbel und Wohnungseinrichtung erforscht bzw. gestaltet. Die Gärten und Wasserspiele sowie außergewöhnlich konzipierte Gebäude wie der gigantische Glaspalast, der im Volksmund „Blauwal" genannt wird, machen den Komplex zu einem lohnenden Ziel für Architekturfreunde. Zwei gute Restaurants, ein Café, ein Kino sowie ein Fitnesscenter gibt es ebenfalls auf dem Gelände. Zudem ist hier eine Nebenstelle des MOCA (s. S. 216) untergebracht.

Überhaupt stellt das Viertel **West Hollywood**, in dem sich das Pacific Design Center befindet, einen eigenen, von Hollywood unabhängigen Stadtteil dar, den man vor Ort oft als „WeHo" abkürzt. Hier sind Lebensgefühl und soziale Lage erkennbar anders, es herrscht eine einerseits elegante Atmosphäre mit teuren Boutiquen, modernen Galerien und Gourmet-Restaurants vor, andererseits ein liberales Gemeinwesen mit einer großen Gemeinde homosexueller Paare.

## Westwood Village

*Gemütliche Atmosphäre*

Ein Stückchen weiter südwestlich, jenseits des Santa Monica Blvd. auf Santa Monica und den Pazifik zu, liegt ein weiterer Stadtteil, **Westwood Village**. Er ist zwar nicht so vornehm wie Beverly Hills, dafür aber gemütlicher und ein ausgemachtes Kino-Zentrum. Und in Westwood kann man noch zu Fuß gehen. Gerade an Wochenenden verwandeln sich manche Straßen in Promeniermeilen für das Kinopublikum, das von Musikern und Straßenkünstlern zusätzlich unterhalten wird.

Im Westen des Viertels liegt die Los-Angeles-Abteilung der **University of California (10)**, auf deren Campus-Gelände man auf gepflegte Parks, botanische Gärten und eine entspannte studentische Atmosphäre trifft. Auch Architektur-Freunden haben die einzelnen Universitäts-Gebäude etwas zu bieten, und wer hinter die Kulissen des Unibetriebes schauen möchte, kann an einer geführten Campus-Tour teilnehmen.

An der Ecke Wilshire/Westwood Blvd. liegt außerdem das der University of California angeschlossene **Hammer Museum (11)**, eines der wichtigsten Museen der Stadt. Es verfügt über eine ausgezeichnete Sammlung europäischer Kunst, u. a. über Meisterwerke von Daumier, Monet, Picasso und van Gogh. Seit 2005 wird eine ebenfalls beachtliche Sammlung zeitgenössischer Kunst aufgebaut. Eine eigene Abteilung ist dem französischen Satiriker und Karikaturisten Honoré Daumier (19. Jh.) gewidmet, eine der umfangreichsten Kollektionen weltweit. Daneben werden in gewissen Abständen interessante Wechselausstellungen gezeigt. Im oberen Stockwerk ist das UCLA *Grunwald Center for the Graphic Arts* untergebracht, in dessen Bestand mehr als 45.000 Drucke, Fotografien und Zeichnungen sind. Ein herrlicher Skulpturengarten mit etwa 70 Kunstwerken u. a. von Rodin und Calder, ein gutes Café und ein vorzüglicher Buchladen komplettieren das Angebot. **Hammer Museum**, *10899 Wilshire Blvd., ☏ (310) 443-7000, www.hammer.ucla.edu; tgl. außer Mo 11–20 Uhr, Sa/So bis 17 Uhr, Eintritt frei.*

*Sammlung europäischer Kunst*

## Südliche Peripherie

Wer sich lange genug in L.A. aufhält, sollte sich auch in die südlichen Randgebiete der Mid-Town aufmachen. Empfehlenswerte Ziele sind hier u. a. das **St. Elmo Village (12)**, ein Viertel der Hispanics und Afroamerikaner, heute Wirkungsstätte vieler Kreativer. Ein Markenzeichen des Viertels sind die großflächigen Wandmalereien, die man vor allem entlang dem St. Elmo Dr. bewundern kann (Infos unter www.stelmovillage.org).

*Street Art*

Gut 2 km weiter südlich, mehrere Blocks jenseits des Hwy. 10, hat sich der **Leimert Park (13)** zu einem Zentrum mit etlichen Kunst- und Fotogalerien, Boutiquen, Kneipen mit Live-Jazz und Straßencafés gemausert. Mit über 90 % haben die Afroamerikaner hier den höchsten Bevölkerungsanteil überhaupt in Kalifornien.

## Reisepraktische Informationen Los Angeles

**Vorwahl**: *s. unter Telefon*

### Informationen
**Los Angeles Tourism** im **Hollywood & Highland Center**, *6801 Hollywood Blvd., Hollywood, ☏ (323) 467-6412, www.discoverlosangeles.com; Mo–Sa 9–22, So 10–19 Uhr.* Weitere Büros:
**InterContinental Los Angeles Downtown**, *900 Wilshire Blvd.; tgl 9–20 Uhr.*
**San Pedro/Los Angeles Waterfront**, *390 West 7th St., San Pedro; Mo–Fr 9–17 Uhr.*
**Union Station**, *800 N. Alameda St., Downtown; tgl. 9–17 Uhr.*
**Beverly Hills Visitor Center**, *9400 S. Santa Monica Blvd., Beverly Hills, ☏ (310) 248-1015, www.lovebeverlyhills.com; Mo-Fr 9–17 Uhr, Sa/So 10–17 Uhr.*
**West Hollywood Visitors Bureau**, *8687 Melrose Ave. (im Pacific Design Center), Suite M-38, ☏ (310) 289-2525, 800-368-6020, www.visitwesthollywood.com.*

### Telefon
*Aufgrund der räumlichen Dimension und der hohen Bevölkerungszahl gibt es im Großraum Los Angeles sechs verschiedene Vorwahlnummern, die wie folgt verteilt sind: **(213)** für Downtown Los Angeles; **(323)** für Hollywood; **(310)** für Beverly Hills, Santa Monica, Long Beach, South Bay und Flughafennähe; **(714)** für Orange County und Teile des östlichen Los Angeles; **(818)** für San Fernando, San Gabriel und benachbarte Regionen; **(909)** für die Counties Riverside, San Bernardino und Teile des östlichen Los Angeles, **(562)** für Long Beach. Für Ausländer sind die Grenzen der einzelnen Bezirke nicht immer klar, man sollte es daher gegebe-*

nenfalls mit und ohne Vorwahl versuchen. Bei jedem Anruf in einen anderen Bezirk muss man zunächst die 1, dann die richtige Vorwahl (oder 800), dann die Teilnehmernummer wählen.

**WICHTIGE TELEFONNUMMERN**
**Ambulanz, Feuerwehr, Polizei** *911*
**Wetternachrichten** *(213) 554-1212*
**Highway-Verkehrsnachrichten** *800-427-7623*

### Ausflüge und Besichtigungstouren

Wer keinen Mietwagen hat, kann sich einer geführten Busreise anschließen. Stadtrundfahrten werden in jedem größeren Hotel und von einigen Reiseveranstaltern auch mit deutschsprachiger Führung angeboten.
**Los Angeles Sightseeing** z. B. ① *(323) 463-3333* oder *(800) 959-3131*, www.lasightseeing.net) unternimmt u. a. Touren durch die City (auch für Eilige in 2,5 Std.), zu den Universal Studios und Freizeitparks, den Häusern der Promis, Abendtouren etc.
Wer mit einem Doppeldecker-Bus zu Hollywoods legendären Plätzen der Filmwelt, zu Studios und zu den Villen der Stars von gestern und heute fahren möchte, kann dies u. a. mit **Starline Tours** tun: 6925 Hollywood Blvd., ① *(800) 959-3131*, www.starlinetours.com.
**Dearly Departed Tours and Museum**, 5901 Santa Monica Blvd., ① *855-600-3323*, http://dearlydepartedtours.com; bietet besondere Touren zu „den lieben Verstorbenen", z. B. einen Ausflug auf den Friedhof „Westwood Village Memorial Park". Hier gibt es angeblich die größte Prominentendichte von Los Angeles. Größen wie Burt Lancaster, Frank Zappa und Marilyn Monroe freuen sich hier auf Besuch.

### Hotels/Motels

Die Hotel- und Motelszene ist so **unüberschaubar** wie die Stadt selbst, aber bei rund 100.000 Hotelzimmern sollte man eigentlich immer eine Unterkunft finden. Die Frage ist nur, in welcher Gegend man wohnen möchte. Am praktischsten ist die Flughafennähe, weil man i. d. R. abends ankommt und dann keine Lust auf lange Transferstrecken hat. Andererseits kann diese Gegend keine Attraktionen bieten. L.A. Downtown ist tagsüber zwar pulsierend lebhaft, hat aber, mit Ausnahme der mexikanischen Plaza und des Art District, wenig Nachtleben. Wer Trubel möchte, sollte ein Hotel in Hollywood oder in Anaheim/Disneyland nehmen. Im Folgenden eine kleine Auswahl aus dem riesigen Angebot an Hotels in Flughafen-Nähe, in Downtown und Hollywood. Unterkünfte in **Marina del Rey, Malibu, Venice** und **Long Beach** finden sich am Ende der entsprechenden Kapitel.

### IN FLUGHAFENNÄHE

Alle genannten Hotels mit kostenlosem Shuttle-Service ab/bis LAX. Generell ist der Century Boulevard eine gute Adresse für günstige Unterkünfte, meist in Motels. Wer noch keine Buchung hat, kann den Boulevard hinauf- oder hinunterfahren und schauen, wo etwas frei ist. Hier sind alle großen Motelketten zu finden, von Motel 6 bis Econolodge, von Super 8 bis Budget Inn.
**Motel 6 Los Angeles Lax $$–$$$**, 5101 W Century Blvd., ① *(310) 419-1234*, www.motel6.com; das Haus in guter Lage bietet den Motel-6-Standard, wie er in ganz Kalifornien anzutreffen ist: ordentliche Zimmer, professioneller Service.
**Crowne Plaza Los Angeles Airport $$$**, 5985 W. Century Blvd., ① *(310) 642-7500*, www.crowneplaza.com; internationales Haus der oberen Mittelklasse, 610 komfortable Zimmer, Restaurant, Bar, Swimmingpool, Spa, Fitnesscenter.

**Renaissance Los Angeles Airport Hotel $$$–$$$$**, 9620 Airport Blvd., ☏ (310) 337-2800, www.marriott.com; First-Class-Hotel mit 505 elegant eingerichteten Zimmern und Suiten, Business Center, Sauna, Außenpool, Fitnesscenter, Whirlpool, Restaurant.
**Sheraton Gateway Los Angeles Airport $$$–$$$$**, 6101 W. Century Blvd., ☏ (310) 642-1111, www.sheratonlax.com; großes, erstklassiges Flughafen-Hotel mit 807 luxuriösen Zimmern und Suiten auf 15 Etagen. Außenpool, Spa, Fitness-Center, mehrere Restaurants.
**Hyatt Regency Los Angeles International Airport $$$$**, 6225 W. Century Blvd., ☏ (424) 702-1234, https://losangelesairport.regency.hyatt.com; das frühere The Concourse gehört jetzt zum Hyatt-Konzern, und es wurde kräftig investiert. Zwölfstöckiges First-Class-Hotel mit 594 komfortablen Zimmern.

## DOWNTOWN (→ Karte S. 213)
**The L.A. Hotel Downtown $$$–$$$$ (3)**, 333 S. Figueroa St., ☏ (213) 322-0111, www.thelahotel.com; komfortables First-Class-Hotel im Stadtzentrum, unpersönliche Architektur, aber persönlicher Service, 400 Zimmer und 69 Suiten mit allen Annehmlichkeiten, Restaurants, Bars, Swimmingpool.
**Millennium Biltmore Hotel $$$–$$$$$ (4)**, 506 S. Grand Ave., ☏ (213) 624-1011, www.millenniumhotels.com; elegantes Luxushotel im italienischen Renaissance-Stil, in dem schon Oscar-Verleihungen stattfanden, 629 komfortable Zimmer und 61 Suiten, Gourmet-Restaurants, Hallenbad, Spa, Fitness-Center; ein besonderes Haus mit viel Atmosphäre und üppigem Prunk.
**Figueroa Hotel $$$$–$$$$$ (1)**, 939 S. Figueroa St., ☏ (213) 627-8971, Buchungen (877) 724 1973, www.hotelfigueroa.com; schönes, älteres Hotel im marokkanischen Stil, zwischen Convention Center und Bonaventure Hotel gelegen, 280 zweckmäßig eingerichtete Zimmer, Restaurant, Swimmingpool.
**Westin Bonaventure Hotel & Suites $$$$–$$$$$ (2)**, 404 S. Figueroa St., ☏ (213) 624-1000, www.thebonaventure.com; First-Class-Hotel als markanter, verspiegelter „Vierzylinder" im Stadtzentrum, gläserne Außenaufzüge, 1.354 Zimmer und Suiten, Außenpool, luxuriöse Innenlandschaft mit viel Wasser und Grün, mehr als 40 Restaurants, Lounges, Gift Shops und Boutiquen, sich drehende Bar auf der 35. (de facto 33.) Etage.

## HOLLYWOOD (→ Karte S. 221)
**Alta Cienega Motel $$ (2)**, 1005 North La Cienega Blvd., West Hollywood, ☏ (310) 652-5797; von außen wie von innen macht das Motel nicht viel her, aber für Fans der Band The Doors ist es ein Muss – und wenn man nur mal hereinschaut. Frontmann Jim Morrison lebte von 1968–1970 in Zimmer 32, auch Oliver Stone drehte hier für sein Biopic „The Doors". Das Zimmer kann gemietet werden, und unzählige Fans haben sich auf ebenfalls unzähligen Quadratmetern Tapete verewigt.
**Best Western Hollywood Plaza Inn $$$–$$$$ (3)**, 2011 N. Highland Ave., Hollywood, ☏ (323) 851-1800, www.bestwestern.com; solides und praktisches Motel der Best-Western-Kette, 82 gute Zimmer, Restaurant, Außenpool, freies Parken, nahe zu allen Hollywood-Attraktionen gelegen.
**Holiday Inn Express & Suites Hollywood Walk of Fame $$$–$$$$ (5)**, 1921 N. Highland Ave., Hollywood, ☏ (323) 850-8151, www.hollywoodholidayinnexpress.com; 2008 eröffnetes, sehr zentral in Hollywood gelegenes Haus von überschaubarer Größe, komfortable und große Zimmer, Außenpool, freies Frühstück.

**Hollywood Roosevelt Hotel $$$$–$$$$$ (4)**, 7000 Hollywood Blvd., Hollywood, ① (323) 856-1970, www.thehollywoodroosevelt.com; renoviertes Hotel direkt am Walk of Fame, 225 Zimmern, 38 Suiten und 65 Appartements, schöne Art-déco-Lobby, langer (von David Hockney entworfener) Swimmingpool, Fitness-Center, Spa, Restaurants und Bars.

**Hollywood Hotel $$$$$ (1)**, 1160 N. Vermont Ave., Hollywood, ① (323) 746-0444, www.hollywoodhotel.net; praktisches Hotel mit Pool, sauber und zweckmäßig eingerichtet, 121 renovierte Zimmer, zentral.

**Chateau Marmont Hotel $$$$$ (6)**, 8221 Sunset Blvd., Hollywood, ① (323) 656-1010, www.chateaumarmont.com; 1927 erbautes, elegantes Hotel im europäischen Stil, zentral in Hollywood gelegen, viele berühmte Gäste von Greta Garbo bis Robert de Niro, 63 sehr unterschiedliche Zimmer und Suiten zu sehr unterschiedlichen Preisen, schöner Speisesaal, Außenpool, Fitness-Studio, freies Parken.

### BEVERLY HILLS (→ Karte S. 230)

**Hotel Beverly Wilshire $$$$$ (1)**, 9500 Wilshire Blvd., Beverly Hills, ① (310) 275-5200, www.fourseasons.com/beverlywilshire; stets von vielen Berühmtheiten frequentierte, ehrwürdige Hotellegende im europäischen Stil, absolute Luxusklasse – Drehort von „Pretty Woman"! 300 Zimmer und Suiten, mehrere exzellente Restaurants und Bars, Swimmingpool, Spa, Fitness-Center.

**Beverly Hills Hotel $$$$$ (2)**, 9641 Sunset Blvd., Beverly Hills, ① (310) 276-2251, www.dorchestercollection.com; pinkfarbener Hotelpalast inmitten einer schattigen Parkanlage, aufwendig renoviert, 208 Zimmer und Bungalows mit allen denkbaren Annehmlichkeiten, absolute Luxusklasse mit entsprechendem Preis.

## ⚠ Camping

Beste Camping-Möglichkeiten, in der Hauptsaison allerdings mit sehr viel Trubel, bestehen in Anaheim, unmittelbar bei Disneyland. Dort gibt es mehrere RV-Parks und Campingplätze. Ansonsten sind noch folgende Plätze in der Umgebung empfehlenswert:

**Los Angeles/Pomona/Fairplex KOA**, 2200 North White Ave., Pomona, ① (888) 562-4230, https://koa.com/campgrounds/los-angeles. 35 Meilen östlich von L.A., mit Pool. WIFI. Es werden auch Touren in die Stadt angeboten.

**Leo Carrillo Beach State Park**, 35000 W. Pacific Coast Highway, ① (310) 457-8143, www.reserveamerica.com, www.parks.ca.gov; am Nordausgang von Malibu, ganzjährig geöffnet. Der Campingplatz liegt ganz in der Nähe des State Park mit einem schönen Strand.

## 🍴 Restaurants

Los Angeles ist ein Schmelztiegel verschiedener Nationen. Kein Wunder, dass das Food-Angebot mindestens genauso variantenreich ist und immer neue reizvolle Kombinationen hervorbringt. Gesunde Smoothies gehören genauso zum täglichen Angebot wie Thai Chicken Pizza, Veggieburger oder Sushi. In L.A. begegnet die Tex-Mex-Küche asiatischen Einflüssen, Cajun vermählt sich mit Italo, auch deutsche Einflüsse gibt es. Trotz all der Fülle sind konkrete kulinarische Tipps etwas heikel, denn Restaurants in L.A. schließen im Durchschnitt nach nicht einmal einem Jahr. Wer aber auf die Suche geht, wird etliche Orte finden, an denen sich das Restaurant-Angebot konzentriert hat und an denen man immer fündig wird – wie beispielsweise den Art District in Downtown. 500 m weiter nördlich erstreckt sich die Chinatown, eine verkleinerte Ausgabe des berühmten Stadtviertels von San Francisco. Die hier versammelten Restaurants gehören zu den besten des Landes. 500 m südlich der Olvera St. hat sich in Little Tokyo die japanische Küche mit vielen Sushi-Bars ausgebreitet. Einige Blocks westlich davon gibt es gute Italiener.

Zu den „Klassikern" der Stadt gehört der traditionsreiche **Grill Musso & Frank** (1) (→ Karte S. 221, 6667 Hollywood Blvd., ☏ (323) 467-7788, www.mussoandfrank.com; Di–Sa 11–23, So 16–21 Uhr) genauso wie Wolfgang Pucks **Cut Steakhouse** (1) (→ Karte S. 230, im Hotel Beverly Wilshire (s. o.), 9500 Wilshire Blvd., ☏ (310) 276-8500, https://wolfgangpuck.com/dining/cut-beverly-hills; Mo–Do 18–22, Fr 18–23, Sa 17.30–23 Uhr).

Restaurants mit schöner Aussicht sind das **Yamashiro** (2) (→ Karte S. 221, 1999 N. Sycamore Ave., ☏ (323) 466-5125, www.yamashirorestaurant.com; So–Do 17–22, Fr/Sa 17–23 Uhr), oberhalb Hollywoods gelegen, und das **71Above** (1) (→ Karte S. 213, 633 W 5th St., ☏ (213) 712-2683, www.71above.com; Mo–Do 11.30–23, Fr 11.30–24, Sa 17–24, So 17–22 Uhr).

Einen Ausflug in die deutsche Küche bietet **Berlin Currywurst** (2) (→ Karte S. 213, Grand Central Market, ☏ (213) 628-3455, www.berlincurrywurst.com; Mo–Do 10–21, Fr–So 9–21 Uhr). Hier, im **Grand Central Market** (→ Karte S. 213, 317 S. Broadway, www.grandcentralmarket.com) mit seinen hundert Jahren Tradition und 40 Ständen, gibt es Gaumenfreuden aus aller Welt zu entdecken – von Taco- bis Sandwichbuden, von Filipino-Küche im **Sari Sari Store** (☏ (323) 320-4020, http://sarisaristorela.com; Mo–Do 11–20, Fr 11–21, Sa 10–21, So 10–20 Uhr) bis zum Fairfax-Brötchen bei **Eggslut** (☏ (213) 625-0292, www.eggslut.com; tgl. 8–16 Uhr).

Besonders reizvoll sind die mal exklusiven, mal einfachen Gaststätten direkt am Meer, von denen man den Sonnenuntergang beobachten oder unter freiem Himmel einen üppigen Brunch einnehmen kann. Eine Fahrt entlang der Uferstraße führt automatisch an Hunderten solcher Restaurants vorbei. In Venice wimmelt es von Szene-Lokalen, die oft genauso verrückt sind wie das Strandpublikum, oft aber eine Saison nicht überstehen. Eine feste Institution ist hier das **Sidewalk Café** (1401 Ocean Front Walk, ☏ (310) 399-5547, www.thesidewalkcafe.com; tgl. 8–23 Uhr), in dem es vorzugsweise leichte Kost gibt (Sandwiches, Salate, Omelettes). Wer kurz vor dem Flughafen in Marina del Rey nochmals Seafood-Gerichte auf hohem Niveau kosten möchte, sollte das **Chart House** (13950 Panay Way, ☏ (310) 822-4144, www.chart-house.com; Mo–Do 17–21.30, Fr 17–22, Sa 11.30–22, So 11.30–21.30 Uhr, Happy Hour Mo–Fr 16.30–19, Sa/So 11.30–16 Uhr) versuchen, das direkt am Yachthafen liegt. Viel weiter im Süden genießt man in Laguna Beach von der Terrasse des **Las Brisas** (361 Cliff Dr., ☏ (949) 497-5434, www.lasbrisaslagunabeach.com; So–Mi 8–22, Do–Sa 20–23 Uhr) einen schönen Blick über die weitgeschwungene Bucht, außerdem Köstlichkeiten bei Brunch, Lunch oder Dinner.

Nicht zu vergessen natürlich die **Food Trucks**, eine kulinarische Konstante in L.A. Einer davon ist der **Kogi BBQ Truck**, der für seine Short-Rib-Tacos bekannt ist und neben den Trucks auch einen festen Standort hat (**Taqueria**, 3500 Overland Ave., ☏ (323) 315-0253, www.kogibbq.com; Di–Sa 11–23, So 11–21 Uhr). Wer sich täglich auf dem Laufenden halten und einen der Food Trucks ansteuern will, findet aktuelle Infos unter: www.findlafoodtrucks.com.

### Einkaufen

Bekannt für schicke Kleidung, Schmuck und „crazy things" ist in Hollywood die **Melrose Avenue**. Noch teurer und versnobter geben sich die Schmuck- und Modegeschäfte am **Rodeo Drive** in Beverly Hills. In Downtown ist es auf der Olvera St. mit ihren Buden und Restaurants am lebhaftesten, während in den Ladenpassagen von Hochhäusern wie dem **Atlantic Richfield Plaza** eine etwas unterkühlte Atmosphäre herrscht. Im **Farmer's Market** (in West Hollywood, 6333 W. 3rd St./Ecke Fairfax Ave.) sind über 100 kleine und große Einzelgeschäfte zusammengefasst, außerdem etliche Restaurants und Cafeterien. Zwanglos geht es auf dem Jahrmarkt zu, der manchmal unterhalb der City Hall abgehalten wird. Ein reichhaltiges und differenziertes Angebot findet man in **Westwood Village**, und in der Einkaufszone von **Newport Beach** hat man sich ganz auf die Bedürfnisse der Touristen eingestellt (Bade- und Strandausrüstung, Gemälde, Souvenirs). Sofort daneben lockt in Costa Mesa die elegante **South Coast Plaza** mit einigen der anspruchsvollsten nordamerikanischen Geschäfte und mehreren Dutzend Restaurants.

### Veranstaltungen

Das vielleicht schönste Neujahrsfest im Bundesstaat ist wohl die **Tournament of Roses Parade** (https://tournamentofroses.com) in Pasadena mit Umzügen von Fußgruppen und Blumenwagen. Ende Januar/Anfang Februar feiert die Chinatown das chinesische Neujahrsfest mit Knallereien, Papierdrachen und Umzügen. **Mardi Gras** (Karneval) wird hauptsächlich am Veilchendienstag begangen, besonders farbenfroh in San Luis Obispo und West Hollywood. Der **LA Marathon** (www.lamarathon.com) im März, begleitet von über 100 Musikgruppen an der Strecke, ist der erste große Marathon des Jahres. Im April findet seit 1980 das **LA Times Festival of Books** (www.latimes.com/fob) auf dem Uni-Campus der University of Southern California statt, das jährlich über 600 Autoren und etwa 150.000 Besucher anzieht. Rund um den **Cinco de Mayo** (5. Mai) gedenken die „Californios" genannten mexikanischen Einwanderer der Schlacht von Puebla (5. Mai 1862), als ein mexikanisches Heer die Truppen Napoleons III. zurückwarf. Dieses bedeutendste Fest der spanischsprachigen Immigranten wird eine Woche lang mit Paraden, Mariachi-Musik, Straßenkarneval und Feuerwerk gefeiert (www.fiestabroadway.la). Im Juni gibt es in der Altstadt das besonders farbenprächtige **Mariachi USA Festival** (http://mariachiusa.com/hollywood-bowl) zu sehen, sportlich geht es im Juli/August während des **International Surf Festival** in Manhattan Beach, Redondo Beach, Hermosa Beach und Torrance zu (www.surffestival.org), wenn sich die besten Surfer der Welt messen. In einer ganz und gar unschottischen Umgebung, nämlich in Ventura, finden im Oktober während 2–3 Tagen die **Seaside Highland Games** (www.seaside-games.com) nach gälischem Vorbild statt. Die Weihnachtsfeierlichkeiten beginnen hier übrigens bereits Anfang November mit der Hollywood Christmas Parade, bei der sich auch viel Hollywood-Prominenz sehen lässt.

### Sport

**Windsurfing**: An allen Stränden herrschen gute Surf-Bedingungen, besonders aber südlich des Flughafens (LAX): am Manhattan, Hermosa und Redondo Beach. Noch besser wird's allerdings am bekannten Surf-Strand von **Huntington Beach** und an der weiteren Küstenlinie in Richtung San Diego oder gar bis zur Baja California.
**Golf**: Im Großraum Los Angeles gibt es über 100 Golfplätze, die der Öffentlichkeit zugänglich sind. Die City unterhält neben drei 9-Loch-Courses allein sieben 18-Loch-Plätze, wovon der Rancho Park Golf Course (10460 West Pico Blvd.) und der Balboa Golf Course (Encino, Burbank Blvd.) am schönsten sind. Infos unter: http://golf.lacity.org.

### Wandern

Ist wirkliches Wandern in einer Autostadt möglich? In Los Angeles sehr wohl, das außer Betonwüsten auch Berge, Strände und jede Menge unberührte Natur aufzuweisen hat. Allein im Griffith Park kann man auf 80 km markierter Wege an vielen Stellen kleinere oder längere Wanderungen unternehmen. Bei genügend Zeit ist die Teilnahme an einer geführten Exkursion empfehlenswert, auf der man in einer Kleingruppe „das andere Los Angeles" kennenlernen kann, u. a. mit **Bikes and Hikes LA**, ✆ (323) 796-8555, https://bikesandhikesla.com, zum Sonnenuntergang durch die Hollywood Hills.

## Strände

Die gesamte Westseite von Greater Los Angeles besitzt zum Pazifik hin kilometerlange feinsandige Badestrände, von denen viele zum Mythos L.A. gehören. Besonders schön sind die Strände von **Santa Monica** und **Venice** im Norden und **Laguna Beach** im Süden.

## Öffentliche Verkehrsmittel

Kaum einer weiß, dass die Freeways von Los Angeles nichts anderes sind als die Nachfolger des einstmals gut funktionierenden Systems öffentlicher Nahverkehrsmittel. Die großen Ausfallstraßen sind identisch mit den Hauptlinien der damaligen „red car trolley line". Nachdem inzwischen aber immer häufiger das Autobahnsystem kollabierte, wurde und wird der öffentliche Nahverkehr wiederentdeckt bzw. ausgebaut. Kernstück des Systems ist die Metro (www.metro.net), an die 200 Stadt- und Expressbuslinien sowie sechs Stadtbahnen (Metro Rail Lines) angeschlossen sind. Mit diesem System können alle Ziele in Downtown, aber auch die Attraktionen des Countys und der näheren Umgebung gut erreicht werden, u. a. Disneyland, Knott's Berry Farm und die Universal Studios.

Die **Linien der Metro Rail** sind folgende:
- **Red Line** = U-Bahn, die von Union Station über Westlake, Hollywood, Universal City nach North Hollywood führt.
- **Purple Line** = U-Bahn, die von Union Station unter dem Wilshire Blvd. nach Mid-Wilshire führt. Eine Verlängerung bis UCLA ist im Bau.
- **Blue Line** = Straßenbahn, die von L.A. Downtown (Metro Center) bis nach Long Beach führt.
- **Green Line** = Straßenbahn, die auf einer 20-Meilen-Strecke vom östlichen Stadtteil Norwalk zum westlichen Redondo Beach führt, die Trasse ist mit dem Glenn Anderson Fwy. (105) identisch. An der Station „Aviation/LAX" Anschluss zum Airport LAX.
- **Gold Line** = Straßenbahn, die von East L.A. über Downtown (Union Station) und Pasadena bis nach APU/Citrus College führt.
- **Expo Line** = Straßenbahn zwischen L.A. Downtown (Metro Center) und Santa Monica.

Touristen, die das Nahverkehrssystem nutzen möchten, kommen zwar in den Genuss günstiger Tickets (Grundpreis US$ 1,75), sollten aber bedenken, dass eine Durchquerung der Stadt angesichts der Entfernungen zu einem zeit- und nervenaufreibenden Abenteuer geraten kann. Bei häufigerer Benutzung des Systems lohnt sich der Kauf eines Day Pass (US$ 7) oder 7-Day-Pass (US$ 25).

Der zentrale **Bus-Terminal** der Stadtbusse und von Greyhound liegt in Downtown, 1716 E. 7th St., Routen- und Tarif-Auskünfte unter ① (213) 629-8401, www.greyhound.com. Die Busse für Sightseeingfahrten nehmen ihre Gäste an den größeren Hotels auf. Vom Flughafen LAX zu den größeren Hotels oder Mietwagenfirmen gibt es einen kostenlosen Shuttle-Verkehr. Auch nach Disneyland verkehren vom Flughafen regelmäßig Zubringerbusse.

## Taxis

Anders als in New York kann man in Los Angeles Taxen nicht heranwinken (Ausnahme: Flughafen, AMTRAK-/Greyhound-Station). Stattdessen begibt man sich zu einem der Taxistände, die es u. a. an größeren Hotels und in der Nähe von touristischen Attraktionen gibt, oder bestellt sich telefonisch einen Wagen. Für eine Fahrt von Downtown L.A. zum Flughafen zahlt man ca. US$ 45–50. Verschiedene Anbieter unter www.taxicabsla.org.

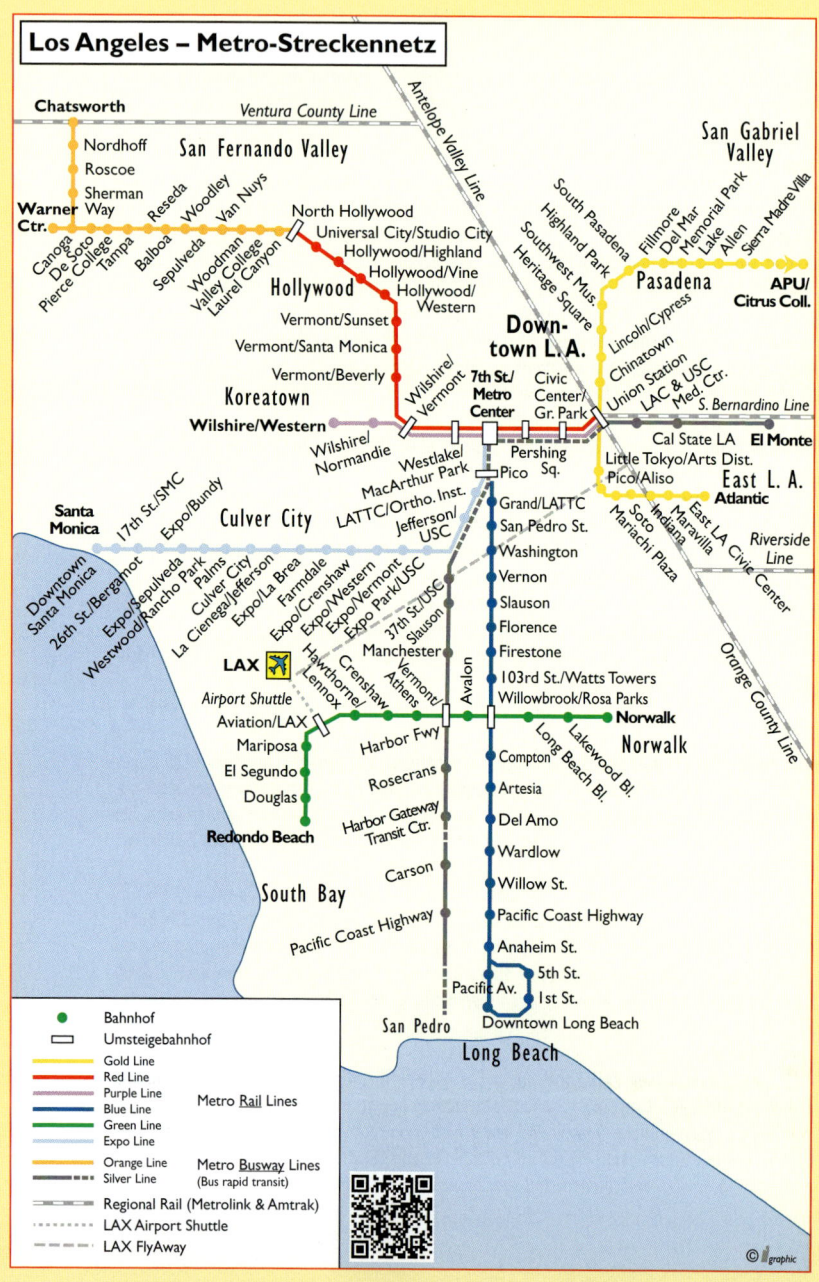

## Züge

Die (sehenswerte) AMTRAK-Station, von der aus man Verbindung zu allen größeren Städten der USA hat, befindet sich in Downtown L.A. (Union Station, 800 North Alameda St.). Außer in L.A. Downtown gibt es weitere Stationen mit Fahrkartenschaltern in Glendale, Oxnard, Pasadena, Pomona, Van Nuys, Torrance, Ventura, Long Beach und Westwood (UCLA). Routen- und Tarif-Auskünfte unter ① 1-800-872-7245, www.amtrak.com.

## Mietwagen

Alle großen Autovermieter sind in der Nähe des Flughafens vertreten und bieten einen Shuttlebus-Service an. Ein wenig günstiger kann's zwar in den anderen Stadtteilen sein, der Transfer dorthin ist aber kaum der Mühe wert. Die bekanntesten Anbieter:
**Alamo**, ① (800) 992-9823 und (888) 826-6893 (Flughafen), www.alamo.com
**Avis**, ① (213) 533-8400, www.avis.com
**Budget**, ① (213) 617-2977 und (310) 642-4500 (Flughafen), www.budget.com
**Dollar**, ① (866) 434-2226, www.dollar.com
**Hertz**, ① (310) 568-5100, www.hertz.com
**Thrifty**, ① (877) 283-0898, www.thrifty.com

## WOHNMOBILE

Die Stationen der Wohnmobil-Vermieter sind z. T. weiter vom Flughafen entfernt. Auch hier gibt es i. d. R. aber Shuttlebusse. Die zwei wichtigsten Adressen:
**Cruise America Motorhome Rental & Sales**, 2233 E. 223rd St., Carson/Long Beach, ① (800) 671-8042, (562) 304-5241, www.cruiseamerica.com.
**Apollo Motorhomes**, 8559 Artesia Boulevard, Bellflower, ① 1-800-370-1262, www.apollorv.com.

## Flughafen

Die Adresse für fast alle internationalen Fluggäste ist der **Los Angeles International Airport (LAX)**, One World Way, L.A., www.flylax.com. Er befindet sich an der Küste im Westen der Stadt, nahe an Venice/Santa Monica und zwischen den Freeways 10, 90, 105 und 405. Mit mehr als 85 Fluggesellschaften und jährlich etwa 85 Mio. Passagieren ist er zzt. der zweitgrößte Flughafen der USA. Ankommende Passagiere finden eine Touristenauskunft im Tom Bradley Intl. Terminal. In jedem der neun Terminals befinden sich an der Gepäckausgabe sogenannte „Quick Aid"-Boxen, die auf wichtige Fragen Auskunft geben – auch in deutscher Sprache. Die einzelnen Terminals sind durch kostenlose Busse (A-Shuttle) miteinander verbunden. Zu den Parkhäusern wird man mit den B- und C-Shuttles gebracht. Die Parkgebühren betragen je nach Standort des Parkhauses US$ 12–40 pro Tag. Neben Taxis und dem z. T. kostenlosen Shuttlebusverkehr zu den größeren Hotels sind für den Personentransport die Flyaway-Busse am wichtigsten, die in schnellem Takt nach Downtown (Union Station) oder zu den Nachbarflughäfen fahren, ein Ticket kostet US$ 8–10. Kostenlose Shuttlebusse fahren von LAX auch zur Haltestelle Century/Aviation, an der man Anschluss an das System der Stadtbahnen hat (Light Rail, Green Line).

Mit dem **benachbarten Flughafen** Van Nuys Airport (VNY) bildet LAX den Zusammenschluss Los Angeles World Airports (www.lawa.org), zu dem früher auch der Ontario Intl. Airport (ONT) und der Palmdale Regional Airport gehörten. Die recht großen Flughäfen Burbank-Glendale-Pasadena Airport (BUR) und Long Beach Airport (LGB) sind für den inneramerikanischen Flugverkehr ebenfalls von Bedeutung, vor allem aber der John Wayne Airport (SNA) in Orange County, mit rund 10 Mio. Fluggästen der wichtigste Airport in der Nachbarschaft.

# Sehenswerte Städte nördlich der Downtown

## San Marino

Nördlich der Downtown von Los Angeles liegen mehrere formell unabhängige Städte, die längst schon mit den anderen Ortschaften des Countys zusammengewachsen sind. Einige davon können nicht nur auf eine eigene Geschichte verweisen, sondern besitzen auch ihren jeweils eigenen Charakter und Charme. Da ist z. B. **San Marino**, eine Gemeinde mit gut 13.000 Einwohnern, die südlich des Fwy. 210, östlich des Pasadena Fwy. (110), nördlich des Fwy. 10 und westlich des Fwy. 605 liegt. Am besten erreicht man San Marino über den Huntington Drive. Dass die Bewohner mehrheitlich wohlhabend und gut ausgebildet sind, sieht man dem Städtchen an, und angesichts der gepflegten Vorgärten und Eigenheime glaubt man nicht, dass die Millionenmetropole quasi vor San Marinos Haustür liegt.

*Wohlhabende Vorstadt*

Die größte Attraktion dieser Gemeinde sind **Bibliothek, Kunstsammlung** und **Botanischer Garten** von **Huntington**, eine äußerst gelungene Mischung unterschiedlichster kultureller und natürlicher Sehenswürdigkeiten. Von der über 6 Mio. Bände und Manuskripte umfassenden Bibliothek werden nicht nur Anglisten (u. a. viele Original-Handschriften der englischen und amerikanischen Literatur) begeistert sein, immerhin gehört auch eine Gutenberg-Bibel zum Bestand. Der Botanische Garten, einer der schönsten an der Westküste, verfügt über eine außerordentlich große Sukkulenten-Sammlung sowie japanische, subtropische und australische Abteilungen, außerdem Rosen-, Kräuter-, Palmen-, Kamelien- und Orangengärten. Die Kunstgalerie ist auf englische und französische Werke des 17.–18. Jh. spezialisiert, hier sieht man u. a. wertvolle Gobelins, Miniaturen, Gemälde von Gainsborough und Turner, aber auch Porzellan, Möbel und Skulpturen. Das Angebot wird komplettiert durch einen gut sortierten Museumsshop.

*Gutenberg-Bibel*

**The Huntington Library, Art Collections & Botanical Gardens**, 1151 Oxford Rd., San Marino, CA 91108, ☏ (626) 405-2100, www.huntington.org; tgl. außer Di 10–17 Uhr, Erw. US$ 25, 12–18 und ab 65 Jahre US$ 21 (am Wochenende teurer), 4–11 Jahre US$ 13, freies Parken. Freier Eintritt jeden ersten Do im Monat, Tickets müssen im Voraus gelöst werden.

## Pasadena

Deutlich größer als San Marino erstreckt sich nördlich davon, zu beiden Seiten des Fwy. 210 und am Fuß der San Gabriel Mountains, die rund 143.000 Einwohner zählende Stadt **Pasadena.** Sie wurde 1873 von Farmern aus Indiana gegründet, während der Ortsname aus der Sprache der Chippewa-Indianer abgeleitet wird („Krone des Tals"). Lange Zeit auf seine Rolle als Zentrum der Landwirtschaft (Zitrusfrüchte) festgelegt, konnte sich Pasadena später zudem als Standort von Forschung und Lehre sowie als Winter-Urlaubsort für begüterte Gäste einen guten Ruf erwerben. Auch für Sportfans ist Pasadena kein unbeschriebenes Blatt – u. a. wegen des 95.000 Zuschauer fassenden **Rose Bowl Stadium**, in dem fünfmal der Super Bowl, aber auch das Finale der Fußball-WM von 1994 (Brasilien-Italien 3:2 i. E.) ausgetragen wurde.

*The Big Bang Theory*

In Pasadena angesiedelt ist auch seit 2007 die bei Zuschauern der Altersgruppe von 18 bis 49 Jahren erfolgreichste Comedy-Serie der USA „The Big Bang Theory". Dabei geht es um eine Nerd-WG, in der die Physiker Leonard Hofstadter und Sheldon Cooper leben und sich gegenseitig das Leben schwer machen. Insbesondere Sheldon, gesegnet mit einem IQ von 187, sieht die Welt ganz anders als normale Menschen und versucht, sie sich dementsprechend einzurichten. Dies trifft auf heftigen Widerstand der Clique mit dem Ingenieur Howard, dem Astrophysiker Rajesh und vor allem der Nachbarin Penny, die im Laufe der Serie eine wechselvolle Beziehung mit Leonard eingeht.

Was Pasadena aber für Besucher so wertvoll macht, ist seine anheimelnde, niedrige Architektur, die in starkem Kontrast zu der von Los Angeles steht. Über viele Straßenzüge hinweg findet man hier einen interessanten Stilmix aus Mission Style und Art déco – dabei haben sich als Architekten vor allem die Brüder Henry und Charles Greene hervorgetan. Zu den bedeutendsten Bauwerken gehören die weit ausladende und kuppelbekrönte **City Hall** (*100 N. Garfield Ave.*) von 1925–27, das alte **YWCA Building** (*78 N. Marengo Ave.*) von 1921, die **All Saints Episcopal Church** (*132 N. Euclid Ave.*) von 1925, das **Chamber of Commerce Building** (*117 E. Colorado Blvd.*) von 1906 und die **Santa Fe Railway Station** (*222 S. Raymond Ave.*) von 1935. Ein großer Teil der Altstadt **(Old Town)** ist autofrei und bietet sich für Spaziergänge auf den Spuren der Architekten Greene an – entsprechende Stadtpläne mit zehn eingezeichneten „Tours of Pasadena" für Fußgänger und Radfahrer sind beim Touristenbüro erhältlich. Der Bummel durch die Altstadt ist aber auch wegen der vielfältigen Möglichkeiten, sich hier zu amüsieren, ein Erlebnis. Das Viertel um Colorado Blvd. und Fairoaks Ave. (Abfahrten vom Fwy. 210) hat wegen seines Abend- und Nachtlebens, insbesondere freitags und samstags, einen guten Ruf im gesamten County. Besucher finden hier nahe beieinander eine Vielzahl von edlen Boutiquen und Kinos, Cafés, Restaurants und Pubs mit Livemusik – ein quirliger Stadtteil also, in dem sich Einheimische und Besucher wohlfühlen und der nach dem Motto „Sehen und gesehen werden" zum Bummeln einlädt. Wer am Neujahrstag in der Gegend ist, sollte sich die berühmte Rosenparade **Tournament of Roses** (*https://tournamentofroses.com*)  nicht entgehen lassen, einen seit 1890 veranstalteten Blumencorso mit riesigen Festwagen, der landesweit im Fernsehen übertragen wird.

*Interessanter Stilmix*

*Lebhaftes Viertel*

Außer der schönen Altstadt kann Pasadena auch Kunst- und Museumsfreunden einiges bieten. Vor allem das **Norton Simon Museum of Art** ist eine weltweit bekannte Ad-

*Pasadenas Kunsttempel: das Norton Simon Museum of Art*

resse, wenn es um europäische Malerei geht. Die Liste der hier mit hervorragenden Werken vertretenen italienischen (u. a. Raffael, Tiepolo), spanischen (u. a. Goya, Picasso, Gris), flämischen (u. a. Rembrandt, Hals, Memling, Rubens, van Gogh) und französischen Maler (u. a. Manet, Cézanne, Renoir, Gauguin, Matisse) liest sich wie ein Who's Who der Kunstgeschichte. Auch mit Skulpturen, von denen viele im Garten aufgestellt sind, ist das Museum reich gesegnet.

*Who's Who der Kunstgeschichte*

**Norton Simon Museum of Art**, *411 W. Colorado Blvd., ① (626) 449-6840, www.nortonsimon.org; tgl. außer Di 12–17, Fr & Sa 11–20, So 11–17 Uhr, Erwachsene US$ 15, Senioren US$ 12, bis 18 Jahre frei. Freier Eintritt an jedem ersten Freitag im Monat von 17–20 Uhr.*

**Informationen**
**Pasadena Convention & Visitors Bureau**, *300 East Green St., ① (800) 307-7977, (626) 793-2122, www.visitpasadena.com; Mo–Fr 8–17 Uhr.*

# Strände und Sehenswürdigkeiten entlang der Küste

**Hinweis**
*Die folgenden Sehenswürdigkeiten und Orte sind auf der Karte S. 208 verzeichnet.*

## Zwischen Flughafen und Malibu

Ein etwa 40 Meilen langer, nahezu durchgehender Sandstrand markiert die weit geschwungene Santa Monica Bay. An ihm hat sich ein vielfältiges, mal pulsierendes, mal beschauliches Badeleben entwickelt, das gleichzeitig einen der größten Anziehungspunkte dieses Gebietes darstellt. Die nördlichen Strände erreicht man vom Flughafen LAX aus am besten über den Lincoln Blvd. (Hwy. 1), von dem aus man sich immer wieder dem Ufer nähern kann. Im Folgenden sind die wichtigsten Stationen auf dem Weg in den Norden genannt.

*Hauptattraktion Strand*

### Marina Del Rey

Der erste interessante Stadtteil, ca. 6 km hinter dem Flughafen, ist das rund 9.000 Einwohner zählende Marina Del Rey. Bekannt ist es u. a. wegen des künstlichen Yachthafens, der Platz für 5.300 Boote bietet und damit angeblich der größte der Welt sein soll. An dessen südlichem Ende hat man mit dem **Fisherman's Village (1)** die Kopie eines Fischerdörfchens der amerikanischen Ostküste einschließlich eines Leuchtturms verwirklicht, dessen pittoreske Holzhäuschen Restaurants, Boutiquen und Jazz-Kneipen beherbergen. Zum Fisherman's Village zweigt man vom Lincoln Blvd. links auf den Fiji Way ab, am Zielort ist jedoch erstmal eine saftige Parkgebühr zu entrichten. Wer einfach nur die Atmosphäre des weitverzweigten Yachthafens genießen möchte, sollte vom Fiji Way in den Admiralty Way einbiegen und diesem folgen. Er führt auch zum Washington Blvd. bzw. zur Uferstraße Pacific Ave., auf der man zu allen weiteren Zielen gelangt.

*Zwischen Flughafen und Malibu*

## Reisepraktische Informationen Marina del Rey

### Information
**Marina del Rey Visitor Center**, 4701 Admiralty Way, ① (424) 526-7900, www.visitmarinadelrey.com; Mo–Fr 9–17, Sa/So 10–16 Uhr.

### Hotels
**Jamaica Bay Inn $$$$**, 4175 Admiralty Way, ① (310) 823-5333, www.jamaicabayinn.com; am Yachthafen von Marina del Rey gelegenes Hotel, das komplett umgebaut und Ende 2010 neu eröffnet wurde. Schöner Blick auf den Hafen.
**The Ritz-Carlton $$$$$**, 4375 Admiralty Way, ① (310) 823-1700, www.ritzcarlton.com; 10 Fahrminuten vom Flughafen entferntes, 14-stöckiges Luxushotel (Mitglied der Leading Hotels of the World), 306 Zimmer und Suiten, davon die meisten mit Blick auf den Yachthafen oder den Ozean, Restaurant, Swimmingpool, Whirlpool, Fitness-Center, Sauna, 2 beleuchtete Tennisplätze, Verleih von Fahrrädern, Segelbooten und Yachten, Uferpromenade bis nach Venice Beach.

# Venice

Nur wenige Fahrminuten nördlich von Marina del Rey erreicht man das turbulente und weithin bekannte Seebad Venice. Es trägt seinen Namen seit 1905, als der Tabakmagnat Abbot Kinney die Kunst, Kultur und das Leben seiner italienischen Lieblingsstadt nach Kalifornien bringen wollte. U. a. veranlasste er auch den Bau von Kanälen auf einer Länge von insgesamt 26 km, die z. T. von Gondolieren befahren wurden. 1940 hat man alle Kanäle wieder zugeschüttet, jedoch sind 1995 einige davon wieder ausgehoben und in ihren alten Zustand versetzt worden. Am besten fragt man die Einheimischen, wo man diese versteckten Wasserstraßen finden kann. Oder man geht selber entlang der Kanä-

*Einst von Kanälen durchzogen*

*Am Strand von Venice geht es bunt zu*

le und schaut sich das pittoresk wirkende Leben an. Ein möglicher Einstieg liegt am Washington Blvd., ausgeschildert direkt an der Brücke. Es gibt auch **geführte Touren** (*www.venicebeachwalkingtours.com*).

Venice und Venice Beach haben besonders für die Pop- und Jugendkultur eine ähnliche Bedeutung wie z. B. das Viertel Haight-Ashbury in San Francisco. Diesen Ruf hat der Ort, seitdem hier in den 1960ern prominente Vertreter der europäischen und amerikanischen Beat Generation und Gegenkultur lebten, provozierten und Konzerte gaben, u. a. die Band *The Doors*. Während man in Haight-Ashbury aber nostalgisch-verklärt auf die Vergangenheit blickt, erfand sich Venice immer wieder neu und entwickelte sich zu einem boomenden Mekka der Jugendkultur, in dem man alles sein darf, nur nicht langweilig. Vieles von dem, was hier an Mode ausprobiert wird, erlebt man später in New York City und in London. Autofahrer sollten auf einer der verschiedenen Stichstraßen von der Pacific Ave. zur Ocean Front abbiegen und dort auf einem der Parkplätze am Strand (*US$ 5–15*) den Wagen abstellen, um sich dann ins Getümmel zu stürzen.

*Mekka der Jugendkultur*

Besonders turbulent geht es auf dem Abbot Kinney Blvd. zu, während der **Venice Beach (2)** mit seinem Betonpier und feinsandigen Strand die Sonnenanbeter anzieht. Zur Stadtseite hin wird er vom 3 km langen und palmengesäumten **Ocean Front Walk** (auch: Venice Boardwalk) begrenzt, einer Radfahrer- und Fußgängerpromenade, auf der sich Bodybuilder und Strandnixen, Inline-Skater und Alt-Hippies, fliegende Händler und Straßenmusikanten ein Stelldichein geben. Will man es den vielen Bikern gleichtun, kann man sich an jeder Ecke ein Fahrrad mieten (*ab ca. US$ 6/Std.*) und auf dem 35 km langen **South Bay Bicycle Trail** an der Pazifik-Küste entlang radeln. Vielleicht sieht man ja dabei einen der vielen prominenten Einwohner der Stadt.

*Besondere Atmosphäre*

Im Ort selbst gibt es für Besucher außer diversen Clubs, witzigen und großformatigen Wandmalereien, Galerien, Restaurants und Hotels nicht viel Interessantes. Architekturfreunde sollten auf der Main St. auf ein merkwürdig geformtes Gebäudeensemble achten: Das 1985–91 errichtete **Binoculars Building** (ehem. **Chiat/Day Building**) ist einer der früheren Entwürfe von Frank O. Gehry, für die Fassadengestaltung des Anbaus in Form eines riesigen Fernglases war der Künstler Claes Oldenburg verantwortlich. Heute residiert hier Google.

## Reisepraktische Informationen Venice

**Information**
*www.venicebeach.com*

**Hotels**

**Samesun Venice Beach $$–$$$**, 25 Windward Ave., ① (310) 399-7649, https://samesun.com/backpackers-hostels/venice-beach-hostel. Schlicht, aber gut: Backpacker-Hotel direkt am Beach, ein Bett im Schlafsaal gibt es im Sommer schon ab 45 US$. Untergebracht ist es im ältesten Hotelgebäude von Venice Beach, dem ehemaligen St. Charles Hotel.

**Cadillac Hotel $$$–$$$$**, 8 Dudley Ave., ① (310) 399-8876, www.thecadillachotel.com; am lebhaften Venice Beach gelegene, ziemlich einfache Unterkunft in einem schön renovierten Art-déco-Bau, 40 saubere Zimmer, Sauna, Fitness-Studio.

*Zwischen Flughafen und Malibu*

### Essen und Trinken
**Sidewalk Café & Bar**, *1401 Ocean Front Walk, ☏ (310) 399-5547, www.thesidewalkcafe.com. Etabliert und sehr beliebt. Wer die Schlange am Eintritt hinter sich gebracht hat, sitzt mit ein wenig Glück fast mitten im Getümmel auf dem Ocean Front Walk – bei Burger und Bier. Tgl. 8–23, Fr/Sa bis 24 Uhr.*
**On the Waterfront Café**, *205 Ocean Front Walk, ☏ (424) 309-5331, https://thewaterfrontvenice.com. Neben dem Café mit Pub gibt es einen „Biergarten". Und wer das nicht glaubt, lässt sich vor Ort sicher mit einem Weißbier aus dem Hause Erdinger überzeugen. So–Do 8–22, Fr/Sa 8–23 Uhr.*
**Gjelina**, *1429 Abbot Kinney Blvd., ☏ (310) 450-1429, www.gjelina.com. Mit eigenem Takeaway (www.gjelinatakeaway.com) ist das Gjelina eine einschlägige Adresse für Sandwiches und Pizzen. Nicht ganz günstig, aber immer gut ausgebucht – Reservieren lohnt sich. Mo–Sa 8–24, So 8–23 Uhr.*

# Santa Monica

Nördlich von Venice erstreckt sich als nächste Ortschaft das unbestrittene Zentrum des Fremdenverkehrs an der Küste von Greater Los Angeles, die 92.000-Einwohner-Stadt Santa Monica. Mit ihren vier strahlend weißen und feinsandigen Stränden (Santa Monica, Will Rogers, Topanga, Las Tunas) zieht sie gestresste Großstädter und Urlauber automatisch an. Mit einem Flughafen und der Kreuzung mehrerer Freeways ist Santa Monica ein bedeutender Verkehrsknotenpunkt – und auch das Ende der legendären **Route 66**, was auf dem Pier publikumsträchtig besichtigt werden kann. Innerhalb der Stadtgrenzen gibt es ein gut funktionierendes öffentliches Nahverkehrssystem (Big Blue Bus), Parken ist so gut wie überall kostenpflichtig. Der 1886 gegründete Ort ist von Los Angeles unabhängig und hat deshalb eigenständige Institutionen und auch eigenständige lokale Gesetze. Während der NS-Herrschaft emigrierten viele deutsche Intellektuelle und Künstler nach Santa Monica, u. a. Thomas und Heinrich Mann. Letzterer starb hier im Jahre 1950. Ende 2016 kaufte Deutschland für ca. 13 Mio. US$ das Haus im benachbarten Pa-

*Auf dem Pier endet die Route 66*

cific Palisades, in dem Thomas Mann und seine Familie von 1942–1952 wohnten. Seit Mitte 2018 werden hier deutsche Stipendiaten untergebracht. Infos: www.vatmh.org.

Die zweifellos aufregendste Shopping-Meile der Stadt ist die **Third Street Promenade**, ein autofreier Straßenabschnitt mit Straßenkünstlern und jeder Menge Mode-, Schmuck- und Schuhgeschäfte. Wegen ihrer vielen Kinos ist die Promenade auch abends belebt. Das Südende der Promenade bildet das Einkaufszentrum **Santa Monica Place**, das von keinem geringeren als Frank O. Gehry entworfen wurde. Der Architekt ist ohnehin eng mit Santa Monica verbunden und hatte lange Zeit hier seinen Wohnsitz und sein Büro. Wer die Third Street Promenade bis zur Colorado Ave. durchgeht und sich dann rechts hält, findet automatisch durch das weiß-blaue Tor zum **Santa Monica Pier (3)** an der Ocean Ave. 1908 gebaut, ist er die älteste ins Meer gebaute Flanierpromenade an der Westküste und immer noch der Mittelpunkt des lebhaften Trubels von Santa Monica. Neben Restaurants, Pubs und Läden sowie einem Fischmarkt strahlt das Hippodrome, ein Karussell mit 56 Holzpferden, den Charme der 1920er-Jahre aus. Auch der kleine Pacific Park gehört zum Pier, dessen weithin sichtbare Wahrzeichen eine Achterbahn und ein Riesenrad sind. Kein Wunder, dass der Pier der nahen Filmindustrie in vielen Filmen als Kulisse diente und im Laufe der Zeit immer wieder umfassend renoviert wurde.

*Berühmter Pier*

Neben einem Blick in die zahlreichen Galerien lohnt ein Besuch im Heimatkunde-Museum (**California Heritage Museum**, 2612 Main St., ☏ (310) 392-8537, www.california heritagemuseum.org; Mi–So 11–16 Uhr, Erwachsene US$ 10, Senioren und Studenten US$ 5, bis 12 Jahre frei).

*Viele Galerien und Museen*

Etwas weiter von der Küste entfernt findet man am gut ausgeschilderten Santa Monica Airport das dreistöckige **Museum of Flying (4)**, ein Hightech-Zentrum, in dem es nicht nur Filme und Dokumente zu sehen gibt, sondern das innen und außen einige der legendärsten Flugapparate der Geschichte ausstellt.
**The Museum of Flying**, 3100 Airport Ave. (am Flughafen), ☏ (310) 398-2500, www.museumofflying.com; Fr–So 10–16 Uhr, Erwachsene US$ 10, Senioren und Studenten US$ 8, unter 12 Jahre frei.

Hinter Santa Monica neigt sich die Bucht nach Westen. Die Seebäder hier, wie **Palisades Park** und **Topanga Beach**, werden in Kalifornien mit der französischen Riviera verglichen. Dazu passt das gebirgige Hinterland, wo sich die Santa Monica Mountains nah an den Küstenstreifen heranschieben. Hier wurde ein 60.704 ha großes Erholungsgebiet als **Santa Monica Mountains National Recreation Area** unter Naturschutz gestellt. Das Areal mit seinen steilen Klippen, Wasserfällen, bewaldeten Hügeln und Schluchten ermöglicht Aktivitäten wie Wandern, Bergsteigen, Fischen und Reiten. Und an der Küste flaniert man durch die Palmenallee und genießt den weiten Blick auf den Pazifik und die Berge …

*Ideal zum Wandern*

## Getty Villa

Eine der größten Attraktionen für Touristen in dieser Region, die **J. Paul Getty Villa (5)**, wird oft mit dem nahen Malibu in Verbindung gebracht und bisweilen auch „The Getty Villa Malibu" genannt, obwohl ihr Standort eindeutig Pacific Palisades ist. Dieses

## Zwischen Flughafen und Malibu

*Was für eine Anlage: die Getty Villa*

seit den 1970er-Jahren öffentlich zugängliche Anwesen ist eine grandiose Nachbildung der römischen Villa dei Papiri, die 1750 in Herculaneum ausgegraben wurde und dem Schwiegervater Julius Caesars gehört hat. Bei der Rekonstruktion der Innen- und Außenarchitektur, des Amphitheaters sowie der herrlichen Gärten, Teiche und freistehenden Skulpturen standen aber auch andere antike Bauten in Pompeij, Herculaneum und Stabiae Pate. Die Villa und die benachbarte Ranch dienten lange Zeit als Ausstellungsräumlichkeit für J. Paul Gettys enorme Kunstsammlung, bis diese in das 1997 eröffnete Getty Center (s. S. 253) umzog und die Villa einer aufwendigen Restaurierung und Erweiterung unterzogen wurde. Seit 2006 ist nicht nur der spektakuläre Bau, sondern auch die hierhin zurückgebrachte Antikensammlung zu bewundern, die mit 44.000 Exponaten (von denen allerdings immer nur etwa 1.200 gezeigt werden) zu den umfangreichsten in Amerika gehört. Einen wichtigen Teil machen dabei die griechischen und römischen Terrakotta- und Marmorskulpturen aus, mit einer Herakles-Figur aus dem 2. Jh. n. Chr. als Prachtstück. Auch Vasen, Amphoren, Sarkophage, Mumienporträts sowie antike Gold- und Silberarbeiten gehören zur Sammlung. Besucher werden vom spektakulären Eingangspavillon zunächst zum Freilufttheater geleitet, von hier aus geht es zum Café, zum Museumsladen und zum Eingang der eigentlichen Villa. Dieser hat die 275-Mio.-Dollar-Renovierung u. a. neue Oberlichter und 60 neue Fenster gebracht, außerdem Terrazzo-Böden, deren Muster von der Antike inspiriert sind, und Travertin-Wandverkleidungen. Damit wird der Rundgang auch zu einem architektonischen Erlebnis, das die Kunstschätze in ihrer Wirkung noch steigert.

*Römisches Vorbild*

*Außergewöhnliche Architektur*

**The Getty Villa**, *17985 Pacific Coast Hwy., Pacific Palisades,* ① *(310) 440-7300, www.getty. edu/visit/villa; Mi–Mo 10–17 Uhr, freier Eintritt (Reservierung erforderlich, am besten online – siehe Tipps).*

### ☞ Tipps zum Besuch der Getty Villa

*Wer eine* **Online-Reservierung** *vornimmt, sollte das Ticket ausdrucken und dann bei der Einfahrt vorzeigen. Wer es nicht drucken kann, der schickt sich das PDF-Dokument per*

E-Mail auf sein Smartphone und kann dieses dann mitsamt dem Ticket vorzeigen. Wer weder ausgedrucktes Ticket noch Smartphone hat, schreibt sich die Bestätigungsnummer des Tickets ab und gibt diese dann bei der Einfahrt an.

Wer **mit dem Bus** anreist (die Metro-Buslinie 534 hält direkt am Eingang der Villa), muss sich sein ausgedrucktes Ticket für die Villa beim Busfahrer abstempeln lassen.

Die **Parkgebühr** für Getty Villa und Getty Center (s. S. 253, 254) beträgt US$ 15 (ab 15 Uhr US$ 10) am selben Besuchstag („pay once – park twice", nicht Mo/Di). Einfach mit dem Ticket zur Information gehen, diese stellt dann ein neues für den anderen Museumsort aus.

Die **Fahrzeit** von der **Villa zum Center** beträgt rund 30 Minuten, beispielsweise über den Sunset Blvd.

## Reisepraktische Informationen Santa Monica

### ℹ️ Informationen

**Santa Monica Main Visitor Information Center**, 2427 Main St., ☏ (800) 544-5319, (310) 393-7593, www.santamonica.com. Mo-Fr 9–17.30, Sa & So 9–17 Uhr. Direkt am Strand, im Palisades Park, befindet sich außerdem der **Santa Monica Visitor Information Kiosk**, 1400 Ocean Ave., ☏ (310) 393-0410. Im Sommer tgl. 9–17 Uhr. Auf dem Pier begrüßt das Team im **Pier Shop & Visitor Center**, Mo–Fr 11–17, Fr–So 11–19 Uhr, Besucher.

### 🛏️ Hotels

**Ocean View Hotel** $$$$–$$$$$, 1447 Ocean Ave., ☏ (310) 458-4888, (800) 452-4888, www.oceanviewsantamonica.com; nettes, helles Haus in zentraler Lage, 66 gute Zimmer (die Deluxe-Zimmer mit Balkon und Seeblick sind am schönsten), Frühstück.

**Wyndham Santa Monica – At the Pier** $$$$$, 120 Colorado Ave., ☏ (310) 451-0676, www.wyndhamsantamonicapier.com; das renovierte ehemalige Holiday Inn liegt – wie der Name schon sagt – direkt am Santa Monica Pier und damit mitten im bunten Treiben des Santa Monica Beach.

**Le Méridien Delfina Santa Monica** $$$$$, 530 Pico Blvd., ☏ (310) 399-9344, www.marriott.com; sehr angenehmes Haus, gutes Restaurant, Bar, Fitnesscenter, Pool, nahe zum Strand gelegen, schöner Blick auf den Ozean, ideal für erste Badefreuden nach dem Flug, freies Parken.

**Shutters on the Beach** $$$$$, 1 Pico Blvd., ☏ (310) 458-0030, (866) 527-6612, www.shuttersonthebeach.com; luxuriöses Hotel mit 198 Zimmern und Suiten, in einem wunderbaren, historischen Gebäude mit Holzveranda untergebracht, weiter Blick entlang der Küste, alle Annehmlichkeiten.

**Loews Santa Monica Beach Hotel** $$$$$, 1700 Ocean Ave., ☏ (310) 458-6700, (844) 719-3916, www.loewshotels.com/santa-monica; Herberge der Deluxe-Kategorie in Gehweite zum Santa Monica Pier, 347 Zimmer und Suiten mit allem Komfort, Restaurants, Bars, Innen- und Außenpool, Spas, Fitness-Studio – ideal für Geschäftsleute mit Zeit zum Relaxen.

## Malibu

Hollywood-Stars und andere Berühmtheiten bleiben in der 13.000-Einwohner-Ortschaft Malibu am liebsten unter sich und riegeln sich in der Malibu Beach Colony hermetisch ab. Schwere Schläge stellten aber nicht nur für sie die Brände dar, die immer wie-

*Zwischen Flughafen und Malibu*

*Nüchterner als die Getty Villa wirkt das gleichnamige Center von außen*

der bis in die Villenviertel vordrangen und Sachschäden in Milliardenhöhe verursachten. Während des katastrophalen „Woolsley Fire" 2018 musste die Stadt evakuiert werden, zahlreiche Gebäude – u. a. die Villa von Thomas Gottschalk – wurden ein Raub der Flammen. Die Wiederaufbauarbeiten haben begonnen, gleichwohl wird es noch dauern, bis alle Spuren der Feuersbrunst getilgt sind.

Bekannt ist das Seebad Malibu seit den 1920er-Jahren, und bis heute hat es seine gediegene Atmosphäre weitgehend bewahrt. Kein Wunder, dass in der erfolgreichen TV-Serie „Two and a Half Men" der Lebemann Charlie Harper (Charlie Sheen) und nach dessen Serientod der Milliardär Walden Schmidt (Ashton Kutcher) in einem Strandhaus in Malibu residierten. *Seebad*

Am **Malibu Pier**, zu dem man auf dem Pacific Coast Hwy. geleitet wird, kann man wunderbar den Tag ausklingen lassen, mit dem Blick auf einen dramatischen Sonnenuntergang und auf Delfine oder mit einem Essen in einem der vorzüglichen Seafood-Restaurants.

Das größte Highlight für Kunst- und Architekturfreunde stellt in Malibu das fantastische **Getty Center (6)** dar, das 1997 als Nachfolgerin für die ebenfalls spektakuläre J. Paul Getty Villa (s. S. 250) eingeweiht wurde. In 275 m Höhe hat hier Stararchitekt Richard Meier auf den terrassierten Santa Monica Mountains eine weiß glänzende Kunst-Burg geschaffen, die ihresgleichen sucht. Mit über einer Milliarde Dollar war das Center der weltweit teuerste Museumsbau und verfügt gleichzeitig über die reichste Privatsammlung überhaupt. Für den hellen, luftigen Gebäudekomplex, zu dem vom Eingangsbereich am Fuß des Hügels eine computergesteuerte Kabelbahn hinaufgleitet, war das Beste gerade gut genug: Allein zur Verkleidung der Fundamente wurden 16.000 t römischer Travertin per Schiff aus Italien herangeschafft. Auch sonst hat man mit Teichen und Gärten, Terrassen, Galerien, Restaurant und zwei Cafés alles getan, dass sich Besucher – rund *Teurer Museumsbau*

*Strände und Sehenswürdigkeiten entlang der Küste*

1,3 Mio. sind es alljährlich – hier wohlfühlen und außer den Kunstwerken auch den herrlichen Blick auf Stadt, Berge und Meer genießen können.

Getty selbst hatte sich als Kunstsammler vornehmlich auf drei Gebiete konzentriert: die antike Kunst (vor allem griechische und römische Skulpturen), die europäische Malerei aus Barock und Renaissance sowie die dekorative Kunst (insbesondere die französische Art Nouveau). Immer noch machen Exponate dieser Sammlungen den Hauptbestand des Museums aus, aber das Direktorenteam hat längst neue Akzente gesetzt. Besucher, die die Kabelbahn an der Bergstation verlassen, werden durch mehrere Ge-

## J. Paul Getty und das Getty Center

Ob J. Paul Getty angesichts der enormen Baukosten mit dem Kunstcenter, das seinen Namen trägt, zufrieden gewesen wäre? Schließlich galt er Zeit seines Lebens als ausgesprochener **Geizkragen**, der private Gäste auf seinem englischen Schloss nur an Münzapparaten telefonieren ließ, kein Lösegeld für entführte Familienmitglieder aufbringen wollte und auf Geschäftsreisen immer in günstigen Hotels wohnte. Auch bei seinen Kunstkäufen orientierte er sich nicht nur am eigenen Geschmack, sondern auch am Preis und schlug immer dann zu, wenn Bilder, Möbel oder Skulpturen gerade günstig zu haben waren – so in der europäischen Rezession Anfang der 1930er. Dabei galt Getty als reichster US-Bürger, dessen Privatvermögen allein 700 Mio. Dollar ausmachte – abgesehen von einem Firmenimperium, das vor allem Ölquellen in Amerika und in Arabien besaß. Außer seinem Hang zur Knauserigkeit hatte der 1976 gestorbene J. Paul Getty weitere Charaktereigenschaften, die ihn häufig zum Gespött der Medien machten, etwa sein Hypochondertum, seine panische Angst vor Feuer und vor Flugzeugen oder sein ausschweifendes Liebesleben (er hatte fünf Ehefrauen und unzählige Geliebte).

Die Eingangsfrage ist also berechtigt, was Getty von dem kostenintensiven Museumsbau gehalten hätte – und von der Tatsache, dass Besucher des Kunsttempels noch nicht einmal Eintritt zahlen müssen. Vermutlich wäre er trotzdem zufrieden gewesen, denn der freie Eintritt ist Garant dafür, dass der testamentarisch eingesetzte **Getty Trust** keine Erbschaftssteuer an das Finanzamt abführen muss.

Dieser Trust nahm seine Arbeit 1982 auf (nach sechsjährigem Rechtsstreit mit der Familie um das Erbe) und hatte ein enormes Startkapital. Das erhöhte sich nochmals, als zwei Jahre später Texaco die **Getty Oil Company** für 10 Mrd. US$ aufkaufte. Da aber der Trust keine Gewinne erwirtschaften darf, ist das Museum in der angenehmen Zwangslage, alljährlich rund 180 Mio. Dollar zur „Förderung von Kunst und Wissen" ausgeben zu dürfen, damit die Steuerfreiheit nicht verloren geht.

Auf diese Weise ist das Getty Center das **weltweit finanziell bestausgestattete Museum**, und die Vergangenheit hat gezeigt, dass die Geldmittel rücksichtslos eingesetzt werden. Gegen diese kalifornische Konkurrenz hatten bei Versteigerungen oder Verkäufen etwa europäische Museen, Gemeinden, Provinzen oder Staaten keine Chance, und so wanderte eine Kostbarkeit nach der anderen nach Los Angeles – beispielsweise die einzigartigen mittelalterlichen Schriften der Sammlung Ludwig aus Köln, das Gemälde „Abenddämmerung" von C. D. Friedrich für US$ 5,7 Mio. oder van Goghs „Schwertlilien" für unglaubliche US$ 53,9 Mio. Insofern ist das Getty-Museum typisch auch für die amerikanische Kulturbetrachtung, die durch Geld erworbenen Besitz über Tradition stellt. Damit die kapitalkräftigen Kalifornier nicht über kurz oder lang die Kunstwelt leerkaufen, haben Länder wie Italien inzwischen die Veräußerung ihrer Kulturschätze ins Ausland untersagt.

bäude und insgesamt 54 nach Epochen gegliederte Galerien geleitet. Die wichtigsten sind rund um die zylindrische Lobby angeordnet.

Im Nord-Pavillon kann man Handschriften aus dem 6.–16. Jh. von unschätzbarem Wert bewundern, im Ost-Pavillon Skulpturen, Zeichnungen und Gemälde von 1600 bis 1800 (darunter Werke von Rembrandt, Dürer und Rubens), im West-Pavillon herausragende Werke von Künstlern des 19. und 20. Jh. (u. a. van Gogh, Cézanne, Monet, Degas und Gauguin). Auch die französischen Möbel, die Sammlung amerikanischer und europäischer Fotografien des 19. Jh. sowie die Kunstbibliothek (eine der größten überhaupt) genießen Weltruf.

*Beeindruckende Kunstsammlung*

**The Getty Center**, *1200 Getty Center Drive, ① (310) 440-7300, www.getty.edu/visit/center; Di–So 10–17.30, Sa bis 21 Uhr, freier Eintritt.*

### 👉 Tipps zum Besuch des Getty Center

*Die* **Parkgebühr** *US$ 15 gilt (mit Ausnahme Mo/Di) am selben Besuchstag auch für die Getty Villa (s. S. 250). Man sollte sich vom meist hektischen Parkplatz-Prozedere nicht abschrecken lassen: Hinein ins Parkhaus, Ticket an der Schranke ziehen, parken, auf dem Rückweg das Ticket an einem der zahlreichen Automaten mit Bargeld oder per Kreditkarte zahlen, wieder rausfahren.*
**Mit dem Bus** *der Metro Rapid Line 761 kommt man direkt zum Haupteingang am N. Sepulveda Blvd. Eine weitere Möglichkeit ist der Santa Monica Big Blue Bus 14.*
**Mit dem Wagen** *gelangt man am schnellsten über den San Diego Fwy. (I-405) zum Getty Center, das nördlich vom Sunset Blvd. eine eigene Autobahnausfahrt (Getty Center Drive Exit; der Haupteingang liegt am N. Sepulveda Blvd.) hat. Da in der Nachbarschaft des Museums Parken verboten ist (und dies rigoros kontrolliert und bestraft wird), sollte man tunlichst den Parkplatz nahe der Autobahnausfahrt benutzen, von wo Shuttle-Busse zum Museum fahren.*

## Reisepraktische Informationen Malibu

### ℹ️ Informationen
**Malibu Chamber of Commerce**, *3939 Cross Creek Rd., Suite D-210, ① (310) 456-9025, www.malibu.org.*

### 🛏️ Hotel
**Malibu Beach Inn $$$$$**, *22878 Pacific Coast Hwy., ① (310) 651-7777, www.malibubeachinn.com; das direkt am Wasser gelegene Hotel bietet 47 Zimmer und Suiten, einige mit Kamin, alle mit Balkon und Meerblick; der Standard entspricht zwar nicht den hohen Preisen (ab US$ 400), dafür aber befindet man sich in unmittelbarer Nachbarschaft zu den Villen der Hollywood-Stars.*

# Zwischen Flughafen und Newport Beach

Wer vom Internationalen Flughafen LAX aus am schnellsten die südlichen Strandgebiete erreichen will, benutzt den Sepulveda Blvd. und biegt dann nach rechts auf den Imperial Hwy. ab. Nach wenigen Fahrminuten entlang dem Flughafengelände sieht man den Pazifik vor sich liegen, an dessen Küste man nun über den Vista del Mar Blvd. entlang fährt. Trotz der Ausdehnung des Airports gibt es hier das Naturschauspiel

*Sanddünen* der **El Segundo Dunes (7)** zu bewundern, die letzten großen Sanddünen der kalifornischen Westküste, die freilich von Landschaftsschützern erst in jüngerer Zeit wieder „restauriert" worden sind.

Ein wenig weiter wird die Strandstimmung durch ein großes Kraftwerk gestört, doch je weiter man in den Süden fährt, umso schöner wird es. Wie Perlen auf einer Kette sind hier die kleinen Ortschaften und Sandstrände von **Manhattan Beach**, **Hermosa Beach** und **Redondo Beach** aneinandergereiht. Am lebhaftesten ist der südliche Redondo Beach, wo am Harbor Dr. im Yachthafen eine ganze Freizeitflotte vertäut liegt. Hier kann man an Kurzkreuzfahrten, Fischertörns oder der Tragflügel-Fährpassage zur Insel Santa Catalina (am Catalina Express Port) teilnehmen.

Aber auch in den anderen Strandorten der Umgebung gibt es Amüsement mit Tanzsälen und Bars, genug Möglichkeiten zum Shopping, und überall laden Restaurants mit Meerblick zum Verweilen ein. Angesichts der breiten Sandstrände zieht mancher bereits hier ein erfrischendes Bad oder einen Strandlauf der Weiterfahrt vor. Das wäre insofern schade, als die größten Sehenswürdigkeiten der Strecke noch auf den Besucher warten.

## Palos Verdes Peninsula

Hinter Redondo Beach, wo der Hwy. 1 (Pacific Coast Hwy.) der Küste sehr nahe kommt, verläuft eine landschaftlich reizvolle Strecke entlang der **Halbinsel Palos Verdes**, die wie ein massiger Klotz zwischen der Santa Monica Bay und der San Pedro Bay in den Ozean ragt. Dazu zweigt man auf den Palos Verdes Dr. West ab, der einen in eine wunderschöne und reiche Gegend mit mondänen Villen, Golfplätzen, Geschäften und Restaurants bringt. Von den höher gelegenen Abschnitten hat man eine prächtige Aussicht auf die Sandstrände und an klaren Tagen bis zu den Hochhäusern von L.A. Downtown.

Einen ersten Stopp sollte man am **Point Vicente** einlegen, durch den der Palos Verdes Dr. in einen westlichen und einen südlichen Abschnitt getrennt wird. Hoch über der Steilküste gelegen, hat man von hier aus spektakuläre Blicke auf den Ozean und das nahe Point Vicente Lighthouse. Im Interpretive Center gibt es interessante geologische und kulturhistorische Ausstellungen, ein Videoprogramm über die Wanderung der Grauwale und zwischen Dezember und April von einer Art Amphitheater aus hervorragende Beobachtungsmöglichkeiten der Wale selbst.
**Point Vicente Interpretive Center**, *31501 Palos Verdes Dr., ① (310) 377-5375, www.rpvca.gov; tgl. 10–17 Uhr.*

*Blick auf den Pazifik* Folgt man nun weiterhin dem Palos Verdes Drive S., lohnt als nächstes ein Besuch der gläsernen Kapelle **The Wayfarers Chapel (8)**, die von Redwoods umstanden ist und ebenfalls einen herrlichen Blick auf den Pazifik bietet. Der Architekt des 1951 gebauten Gotteshauses war übrigens der Sohn von Frank Lloyd Wright.
**The Wayfarers Chapel**, *5755 Palos Verdes Dr. S., Rancho Palos Verdes, ① (310) 377-1650, www.wayfarerschapel.org; tgl. 9–17 Uhr, Visitor Center 10–17 Uhr.*

An der nächsten Kreuzung hält man sich links auf die Western Ave., fährt den Hang hoch und gleich wieder rechts Richtung Point Fermin. Für Freunde kalifornischer Literatur und besonders Verehrer des 1994 verstorbenen Autors Charles Bukowski aber empfiehlt sich ein kleiner Ausflug zu dessen Grab im Green Hills Memorial Park. Einfach auf der Western Ave. bleiben, bis auf der linken Seite die gigantische, an den Hang gebaute Friedhofsanlage erscheint (*27501 S. Western Ave., ☏ (310) 521-4333, www.greenhillsmemorial.com*). Den Friedhof kann man zu Fuß oder mit dem Fahrzeug erkunden. **Bukowskis Grab** ist nicht ganz einfach zu finden: am Parkplatz vorbei, erste rechts (Bay View Dr.), dann zweite Straße links in den Avalon Drive. Geradeaus, bis auf der linken Seite ein „Gazebo", ein kleiner Andachtspavillon, erscheint. Hier parken. Schräg gegenüber, auf der anderen Straßenseite, steht ein großer Baum. Zu diesem Baum gehen, dann sechs Reihen Gräber den Hang hoch. Und hier befindet sich das Grab, zu erkennen an Kronkorken und Bierflaschen, die Verehrer zum Andenken an den im deutschen Andernach geborenen Literaten hier deponiert haben.

*Ein Prosit auf Bukowski*

Zurück auf der Western Ave. Richtung Süden folgt man der Beschilderung zum **Point Fermin**. Der von Palmen umstandene Leuchtturm (*☏ (310) 241-0684, www.pointfermin lighthouse.org, Di–So 13–16 Uhr (geführte Touren um 13, 14 und 15 Uhr), Eintritt frei, Spende erbeten*) wies von 1874 bis 1913 Schiffen den Weg durch die schwierigen Gewässer und ist mit einem Picknickplatz, einem grandiosen Ausblick und einer lässigen, kalifornischen „Laid-Back-Atmosphäre" ein idyllisches Fleckchen Erde für einen Ausflug. Wer noch rechtzeitig zu Frühstückszeiten hier ist, sollte einen Blick auf die Speisekarte in **Walker's Café** werfen.

„*Laid-Back-Atmosphäre*"

*Das Point Fermin Lighthouse*

Oberhalb des Kaps liegt der **Angels Gate Park**, in dem außer einem Militärmuseum und dem 1916 errichteten **Fort MacArthur** vor allem ein koreanischer Tempel von 1976 die Aufmerksamkeit auf sich zieht. Darin befindet sich die **Korean Bell of Friendship (9)**, ein Geschenk Südkoreas an die USA.

Von hier aus bleibt man auf der Straße entlang der Küste und durchfährt die prosperierende Stadt **San Pedro**. Wer genug Zeit hat, kann einigen der zahlreichen Sehenswürdigkeiten einen Besuch abstatten, z. B. dem Pier mit seinen vielen Sportfischern, dem weit ins Meer hinausgebauten Angels Gate Lighthouse, dem feinsandigen Cabrillo Beach oder dem **Cabrillo Marine Aquarium (10)**. Diese Institution beherbergt 38 Wassertanks mit allen möglichen Formen maritimen Lebens, daneben Ausstellungen über einen Walfriedhof, Multimedia-Shows, Touchpools und saisonale Whale-Watching-Touren. Wer allerdings vorhat, das relativ nahe und ungleich größere Aquarium in Long Beach zu besuchen, sollte hier keine zusätzliche Zeit investieren.
**Cabrillo Marine Aquarium**, *3720 Stephen White Dr., San Pedro, ☏ (310) 548-7562, www.cabrillomarineaquarium.org; Di–Fr 12–17, Sa–So 10–17 Uhr, freier Eintritt (Spende von US$ 5 wird erwartet).*

Bei der Weiterfahrt gelangt man über die Pacific Ave. und unmittelbar hinter dem **Harbor View Memorial Cemetery** zum Abzweig der W. 22nd St., die kurz darauf zum Harbor Blvd. wird. Ein interessanter Abstecher ist jeweils an der Kreuzung mit der 6th St. möglich, der nach rechts zur Haupteinfahrt des Hafens (L.A. Main Channel) führt. Im Gegensatz zur anheimelnden Downtown Old San Pedro ist der riesige Hafen von industrieller Geschäftigkeit. Genau hier lockte bis Ende 2016 das beliebte Shopping-Areal Ports O'Call Village, an dessen Stelle im Jahr 2020 der neue San Pedro Public Market mit Shops, Restaurants, einer Hafenpromenade und sogar einem Amphitheater treten soll. Hafenrundfahrten und Whale-Watching-Touren werden aber auch während der Bauarbeiten täglich angeboten (*www.lawaterfrontcruises.com*).

*Bootsfahrten und Whale Watching*

Etwas weiter südlich stößt man auf das ehemalige Ferry Building am Main Channel, das heutzutage das **Los Angeles Maritime Museum (11)** beherbergt. Es enthält ein breites Sammelsurium an Ausstellungsstücken und Dokumenten zum Hafen und zur Geschichte der Seefahrt.
**Los Angeles Maritime Museum**, *600 Sampson Way, San Pedro, ☏ (310) 548-7618, www.lamaritimemuseum.org; Di–So 10–17 Uhr, Spende US$ 5.*

Unmittelbar vor der Brücke, einige Fahrminuten weiter nördlich, kann man ein weiteres Seefahrts-Monument bestaunen, die **USS Iowa**. Das Kriegsschiff liegt – nach 70 Dienstjahren und etlichen Einsätzen – seit Sommer 2012 dort, wo vor dem Zweiten Weltkrieg die US-amerikanische Flotte untergebracht war. Zu sehen gibt es neben der Bewaffnung und dem alltäglichen Leben der Besatzung auch die einzige Badewanne auf einem US-amerikanischen Kriegsschiff. Diese war für den Präsidenten gedacht.
**USS Iowa**, *Pacific Battleship Center, 250 S. Harbor Blvd., Berth 87, ☏ (877) 446-9261, www.pacificbattleship.com; tgl. 10–17 Uhr. Erwachsene US$ 19,95, ab 62 Jahre US$ 16,95, 6–11 Jahre US$ 11,95.*

Überragt wird das Hafengebiet von der 1.850 m langen Hängebrücke **Vincent Thomas Bridge (12)**, die man zum Besuch der weiteren Attraktionen überqueren sollte.

# Zwischen Flughafen und Newport Beach

Die Brücke, deren Hauptspannweite knapp 460 m beträgt, wurde 1963 eingeweiht. In vielen Hollywoodfilmen wurde sie als Schauplatz genutzt. Möchte man sich einige der wichtigsten Sehenswürdigkeiten von Long Beach anschauen, sollte man auf der anderen Seite der Brücke auf dem Ocean Blvd. bis zum Abzweig des Harbor Scenic Dr. fahren und sich nach der Beschilderung Queen Mary richten.

## Long Beach

Die touristisch und in der öffentlichen Wahrnehmung oft im Schatten von Los Angeles stehende Stadt ist nicht nur völlig selbstständig, sondern hat mit knapp 470.000 Einwohnern auch eine beträchtliche Größe – immerhin ist sie damit die **siebtgrößte Stadt Kaliforniens**. Der 1880 gegründete Ort sah in seiner Geschichte ein stetes Auf und Ab, profitierte 1921 von Erdölfunden und hatte 1933 unter einem verheerenden Erdbeben zu leiden, das 120 Todesopfer forderte. Trotz des im Namen verewigten „langen Strandes" waren es lange Zeit nicht die touristisch interessanten Aspekte, Kultur oder Naturschönheiten, die das Bild von Long Beach bestimmten, sondern Industrie (u. a. Flugzeugbau), Wirtschaft (Hafen) und Verkehr. Erst später bemerkte man, dass es sich

*Strände und Sehenswürdigkeiten entlang der Küste*

*Stadt-verschöne-rung*

lohnt, Long Beach zu besuchen – auch verstärkt durch die Anstrengungen der Stadt, Parks und Naherholungsgebiete zu kreieren, die Kultur zu fördern und das Stadtbild zu verschönern. Heute ist die Waterfront von Long Beach ein wahres Schmuckstück, zudem hat man für Verschönerung und Ausbau des Rainbow Harbor über 650 Mio. US$ ausgegeben und mit über 5.000 Hotelzimmern das Seebad auch für Gäste interessant gemacht, die Los Angeles von hier aus erkunden möchten. Das Ergebnis kann sich sehen lassen: ein Hafen mit Yachten, Dinnercruise- und Angelbooten, Wassertaxis, die Besucher zur Downtown oder zur Queen Mary bringen, ein 10.000-Sitze-Amphitheater, als Paradestück das Aquarium of the Pacific und in der Downtown renovierte Art-déco-Gebäude mit zahlreichen Boutiquen und Terrassen-Restaurants.

*Wichtiger Hafen*

Trotz rasanter Steigerungsraten im Fremdenverkehr und kultureller Einrichtungen wie mehreren Museen, der Philharmonie und der Universität, bleibt das wirtschaftliche Standbein von Long Beach der **Port of Los Angeles (1)**, auch America's Port genannt – der mit Abstand größte Containerhafen von Kalifornien (www.portoflosangeles.org), der größte der USA und einer der 10 größten der Welt. Für die wirtschaftliche Rolle des gesamten Großraums als Im- und Export-Zentrum ist er von entscheidender Bedeutung. Die Zahlen von rund 69 km Kailänge und 270 Anlegestellen, 16.000 Arbeitern, jährlich über 2.000 Anläufen von Containerschiffen und einem Umschlagsvolumen von 182 Mio. t sowie einem Gesamtwert von über US$ 272 Mrd. sprechen für sich.

Von Westen kommend, kann man von der Hängebrücke **Vincent Thomas Bridge** (s. S. 258) die Dimensionen des Hafens erahnen. Auch auf dem weiteren Weg auf dem Ocean Blvd. (Fwy. 710), der die Insel **Terminal Island** zur Gänze durchquert, sieht man immer wieder Containerkräne und Kaianlagen. Nach der zweiten Brücke geht es dann rechter Hand auf dem Harbor Scenic Dr. zu den ersten Attraktionen der Stadt.

*Auf der Queen Mary kann man heute übernachten*

## Queen Mary (2)

Die Straße bringt einen automatisch zur Queen Mary, die im Jahre 1934 für US$ 48 Mio. gebaut wurde. Damals war sie der **größte und schnellste Passagierdampfer der Welt**. Mit 300 m Länge und 81.000 Tonnen konnte der Ozeanriese diesen Rekord sogar bis zum Jahr 1952 halten. Vor allem im Transatlantik-Verkehr spielte die „Queen" eine überragende Rolle, und im Zweiten Weltkrieg wurde sie aufgrund ihrer Größe für Truppentransporte genutzt. Für ihre Versenkung hatte Hitler eine enorm hohe Belohnung ausgesetzt, aber alle U-Boote mussten vor der Schnelligkeit dieses Großschiffes kapitulieren. Nach dem Krieg, als der transatlantische Schiffsverkehr wegen der ausgebauten Flugverbindungen immer mehr zurückging, schlug scheinbar auch für die Queen Mary die letzte Stunde: In Long Beach ging sie zum letzten Mal vor Anker und wartete auf die Verschrottung. Schließlich aber entschied sich der Konzern Wrather Corporation, den Ozeanriesen mit einem Kostenaufwand von US$ 12 Mio. zu restaurieren und als feststationiertes **First-Class-Hotel** (s. S. 263) weiter zu nutzen.

Eine Besichtigung im Rahmen einer Führung zeigt die elegante Welt, wie sie um 1939 auf der Queen Mary geherrscht haben mag. Dabei sieht man u. a. den Salon, den Swimmingpool, den Maschinenraum und die Kommandobrücke, während die Kabinen nunmehr als Luxussuiten für zahlungskräftige Touristen vorgesehen sind. Für Feinschmecker hält die Queen Mary nicht weniger als fünf Restaurants und Cafés bereit, besonders schön renoviert ist die Observation Bar im Art-déco-Stil. Außer dem Schiff und seiner originalen Einrichtung lassen zahlreiche Boutiquen, Souvenirläden und Zeitungsstände (mit Original-Zeitungen aus den Kriegsjahren) den Aufenthalt kurzweilig werden.

*Elegante Welt der 1930er*

Das riesige, weiße Kuppelzelt in der Nähe – fast schon ein Wahrzeichen des Hafens – beherbergte bis Anfang der 1990er-Jahre die Spruce Goose (Fichtengans), das legendäre hölzerne Wasserflugzeug des exzentrischen Milliardärs Howard Hughes. Inzwischen wurde die Attraktion nach McMinnville, Oregon, ins Evergreen Aviation & Space Museum verlegt und kann dort besichtigt werden.
**Queen Mary**, Pier J, 1126 Queen's Hwy., ① (562) 499-1739, (877) 342-0742, www.queen mary.com; tgl. 9–22 Uhr, verschiedene Tourmöglichkeiten mit unterschiedlichen Preisen, abends Sonderführungen.

Zur eigentlichen Stadt fährt man mit Bus, Wassertaxi oder dem eigenen Wagen in nur wenigen Minuten. Überquert man ca. 800 m nordwestlich der Queen Mary die Queensway Bay über die Queensway Bridge, entdeckt man am anderen Ufer den herrlich gestalteten **Shoreline Aquatic Park**, der mehrere Lagunen, Marinas, Grünflächen und den Rainbow Harbor umfasst. Sofort neben der Brücke hat sich das 1998 eröffnete **Aquarium of the Pacific (3)** zu einem Touristenmagneten entwickelt. Mit insgesamt über 12.500 pazifischen Meerestieren, die 650 verschiedene Arten repräsentieren, ist es eines der größten der USA. Dass es bei dem riesigen Komplex um den Ozean geht, macht schon die äußere Form deutlich, deren Dachkonstruktion an Wellen denken lässt. Im Innern gibt es beeindruckende Wasserbecken und Acryltunnel, Ausstellungen und Außenbecken, geordnet nach den großen geografischen Themen Südkalifornien, Südpazifik und Nordpazifik. Das Konzept mit vielen Veranstaltungen und einer künstlichen Lagune, in der man Haie und Rochen berühren darf, regt alljährlich knapp 1,5 Mio. Menschen zu einem Besuch an.

*Tolles Aquarium*

**Aquarium of the Pacific**, 100 Aquarium Way, ① (562) 590-3100, www.aquariumof pacific.org; tgl. 9–18 Uhr, Erwachsene ab US$ 29,95, ab 62 Jahre US$ 26,95, 3–11 Jahre ab US$ 17,95.

## Sehenswertes an der Küste

Gegenüber dem Aquarium erhebt sich jenseits des Ocean Blvd. das auffällige und moderne **Long Beach Convention & Entertainment Center**. Hier ist auch das **Long Beach Performing Arts Center** untergebracht.

Etwas weiter südöstlich bringt einen der Shoreline Dr. und davon abzweigend der Shoreline Village Dr. zur **Marina** mit ihrer Vielzahl an Yachten und zum **Shoreline Vil-**

*Strände und Sehenswürdigkeiten entlang der Küste*

**Neuengland-Charme** lage **(5)**. Dieses sehr schön gestaltete Areal direkt am Wasser verströmt den Charme eines Neuengland-Dorfes im Stil des 19. Jh. mit schmucken Holzhäusern, Leuchtturm, Cafés, Restaurants und mehr als 40 Shops – ein perfekter Platz für ein Mittagessen.
**Shoreline Village**, *429 Shoreline Village Dr., ☏ (562) 435-2668, https://shorelinevillage. com; tgl. 10–21, Juni/Aug. bis 22 Uhr.*

Falls der Shoreline Drive in Gitter gepackt und von Tribünen gesäumt ist, dann ist Rennzeit in Long Beach: Im April wird hier der **Acura Grand Prix** (*https://gplb.com*) ausgetragen.

Folgt man vom Shoreline Village der Straße ostwärts, passiert man den ersten, sehr breiten Sandstrand, der an den Stadtnamen erinnert. Er wird durch den **Ocean Boulevard (6)** von der **Downtown** getrennt, in der man auf renovierte, wunderschöne Beispiele des Art déco ebenso stößt wie auf spiegelverglaste Wolkenkratzer. Bald liegt auf der rechten Seite das **Long Beach Museum of Art (4)**, das mehrere um einen Campus gruppierte Gebäude umfasst. Dazu gehören auch zwei „historische" Ziegelsteinhäuser von 1912. In einem großzügig verglasten, zweistöckigen Pavillon wird hauptsächlich moderne Kunst präsentiert. Ein Besuch lohnt sich auch wegen des herrlichen Blicks auf die Marina und die Queen Mary, außerdem locken ein gut bestückter Museumsshop und das Restaurant Claire's.
**Long Beach Museum of Art**, *2300 E. Ocean Blvd., ☏ (562) 439-2119, www.lbma.org; Do 11–20, Fr–So 11–17 Uhr, Erwachsene US$ 10, Senioren und Studenten US$ 8 (Fr frei, Do ab 15 Uhr halber Preis), Kinder unter 12 Jahren frei.*

**Abwechslungsreiche Architektur** Nach rund 2 km, auf denen der Ocean Blvd. den grünen **Bluff Park** passiert und zum **City Beach** gelangt, lohnt ein Abstecher nach Nordosten (über E. Livingstone Dr. und E. 2nd St.), wo einer der schönsten Stadtteile von Long Beach wartet: **Naples (7)**, auf drei Inseln in der Alamitos Bay gelegen. Dass Neapel die Patin der Ortschaft ist, sieht man an vielen Läden italienischer Auswanderer, einer z. T. mediterranen Architektur mit dem großen Springbrunnen im Zentrum und an den vielen italienischen Straßennamen. Eher an Venedig erinnern die Kanäle, die die Inseln trennen und die man auf einer romantischen Reise mit einer Gondel erkunden kann.
**Gondola Getaway**, *5437 E. Ocean Blvd., ☏ (562) 433-9595, http://gondolagetawayinc. com; tgl. Abfahrten von 11–23 Uhr.*

## Bixby Hill

Möchte man noch andere interessante Gegenden der Halb-Millionen-Stadt kennenlernen, sollte man von Naples nach Norden fahren, durch eine von vielen Kanälen durchzogene Stadtlandschaft, vorbei am Marine Stadium und mehreren Golfplätzen. Hier erreicht man die sanfte Erhebung des Bixby Hill, wo sich eines der ältesten Häuser von Kalifornien befindet, das 1806 in Adobe-Technik errichtet wurde: **Rancho Los Alamitos (8)**. Zu den Besitzern gehörten u. a. der Gouverneur José Figueroa und John Bixby. Auf dessen Schwiegertochter Florence gehen die herrlichen Gärten zurück, die das Anwesen umgeben und 1920–36 angelegt wurden.
**Rancho Los Alamitos Museum**, *6400 E. Bixby Hill Rd., ☏ (562) 431-3541, www.rancho losalamitos.com; Mi–So 13–17 Uhr, geführte Touren durch das Ranch House alle 30 Min. von 13.30–16 Uhr, Eintritt frei.*

*Zwischen Flughafen und Newport Beach*

*Das Pyramid Stadium in Long Beach*

Zum Westen hin wird der Bixby Hill vom Campus der Universität **(California State University)** begrenzt. Das wohl auffälligste Gebäude hier ist das 1994 eingeweihte **Pyramid Stadium (9)**, auch „Walter Pyramid" genannt. Der Architekt Don Gibbs entwarf sie als wahre Pyramide mit einer Seitenlänge von jeweils 105 m; der fast surreale Eindruck wird durch das blaue Aluminium der äußeren Hülle noch verstärkt. In der 5.000-Zuschauer-Arena finden die Basketball- und Volleyball-Spiele der College Teams statt.

## Reisepraktische Informationen Long Beach

### Informationen
**Transit & Visitor Information Center**, *130 E. 1st St., ① (562) 436-7700, www.visitlongbeach.com, tgl. 11.30–16.30 Uhr.*

### Hotels (→ *Karte S. 259*)
**Queen Mary $$$–$$$$$ (1)**, *1126 Queens Hwy., Pier J, ① (877) 342-0742, www.queenmary.com; kein Hotel, sondern ein Luxusdampfer aus der glorreichen Zeit der Transatlantikfahrten (Beschreibung s. S. 260), 347 elegant eingerichtete und nicht zu kleine Kabinen, drei sehr gute Restaurants, Swimmingpool, Art-déco-Bar, schöne Sicht auf die Skyline von Long Beach: zweifellos eine der ungewöhnlichsten Unterkünfte von Los Angeles.*
**Hyatt Centric The Pike Long Beach $$$$–$$$$$ (2)**, *285 Bay St., ① (562) 432-1234, https://hyatt.com; sehr angenehmes Haus der Hyatt-Kette, in Downtown nahe zu allen Sehenswürdigkeiten und zum Strand gelegen, gutes Restaurant, schöner Pool auf dem Dach mit Blick hinüber zur Queen Mary.*

### Öffentliche Verkehrsmittel
*Mit Los Angeles ist Long Beach am einfachsten durch die Metro Rail (Blue Line, s. S. 241ff) verbunden. Innerhalb der Stadt stehen die roten Busse von „The Passport" zur Verfügung, die*

einen kostenlos zu den wichtigsten Attraktionen bringen, nur außerhalb der Downtown fällt eine geringe Gebühr an. Entlang der Küstenlinie verkehrt nach einem festen Fahrplan mindestens einmal pro Stunde das rot-weiße Wassertaxi AquaBus (https://ridelbt.com), das an fünf Stationen hält, u. a. Aquarium, Queen Mary und Shoreline Village, das Ticket kostet US$ 1,25.

## Südlich von Long Beach

Verlässt man Long Beach südwärts, etwa über die 2nd St., geht es an den glitzernden Fassaden der aufstrebenden Stadt vorbei, bis man wieder auf den Pacific Coast Hwy. (Hwy. 1) stößt. Dieser bringt einen zunächst nach **Seal Beach**, einem 25.000 Einwohner-Seebad, das von den Großstädten Long Beach und Huntington Beach in die Zange genommen wird, sich ihnen gegenüber aber durch seinen ganz eigenen Charme behaupten kann. Auch hier gibt es den breiten, feinsandigen von Palmen gesäumten Strand, auch hier gibt es eine nett zurechtgemachte Main Street mit Shopping-Möglichkeiten und vielfältiger Gastronomie, auch hier findet man Hotels und Motels sowie einen Pier mit einer Figur des Stadt-Maskottchens, einer Robbe. Die größere Überschaubarkeit des Ortes aber und seine fußläufigen Entfernungen prädestinieren Seal Beach jedoch als Standort für Besucher, die auf den Trubel der Nachbarorte verzichten können und einen familiäreren Rahmen bevorzugen.

### Huntington Beach

*Surfer-Hauptstadt* Deutlich größer und bekannter ist die benachbarte 200.000-Einwohner-Stadt Huntington Beach, die auch die „Hauptstadt der Surfer" (*www.surfcityusa.com*) genannt wird. Das Wellenreiten war eigentlich in Hawaii beheimatet, kam aber bereits 1907 nach

*Surfer am Pier von Huntington Beach*

*Zwischen Flughafen und Newport Beach*

Huntington Beach. Deshalb finden alljährlich große nationale und internationale Surf-Wettbewerbe in Huntington Beach statt. Und natürlich gibt es hier auch ein entsprechendes **Surfing Museum**, das schon von außen mit einem riesigen Wandgemälde an diesen Sport erinnert; für Freunde des Surfens, seiner Geschichte und seiner legendären Gestalten ein Muss, sofern man nicht das kalifornische Surfmuseum in Oceanside (s. S. 265) vorzieht.
**International Surfing Museum**, *411 Olive Ave., ① (714) 465-4350, www.surfingmuseum.org; Di–So 12–17 Uhr, Eintritt US$ 3.*

Daneben finden selbstverständlich auch Anhänger anderer Wassersportarten und Sonnenanbeter hier ihr Eldorado. Der populäre Strand ist mit Duschen, Fahrradwegen, Sportstätten und asphaltierten Wegen für Rollstuhlfahrer ausgestattet. Und auf dem herrlichen Pier kann man sensationelle Sonnenuntergänge beobachten.

Ganz andere Attraktionen hält das **Old World Huntington Beach** (*7561 Center Ave., Huntington Beach, ① (714) 895-8020, www.oldworld.ws*) bereit, das auch German Village genannt wird. Hier gibt es Schwarzwald-Häuser, bayrische Bierkeller, deutsche Straßennamen und ein Oktoberfest.

*Deutsches Dorf*

## Oceanside

Südlich von Huntington Beach, in **Oceanside**, fängt wieder die ununterbrochene Reihe der Strandbäder an, die sich wie Perlen einer schönen Kette bis zur mexikanischen Grenze hinabziehen. Der Ort, der heute immerhin 175.000 Einwohner zählt, geht auf die Gründung des Geschäftsmanns Andrew Jackson Myer zurück, der sich hier 1882 niederließ. Damals waren Landwirtschaft und Viehzucht die einzigen Standbeine der lokalen Wirtschaft. Später profitierte Oceanside an der Stationierung eines Marine Corps ab 1942 und natürlich vor allem von dem herrlichen, fast 10 km langen Sandstrand, der sich zur touristischen Vermarktung geradezu anbot. Zu den inzwischen etwas verstaubten Hotels der ersten Phase sind neue und sehr moderne Herbergen getreten, die keine Wünsche offen lassen.

Wer in Oceanside etwas Zeit verbringen möchte, sollte sich also hauptsächlich zum Pazifik wenden und dort das typisch kalifornische Strandleben genießen. Auffällig ist der hölzerne **Pier**, dessen Vorgänger bereits 1888 errichtet wurde und der mit knapp 600 m der längste an der amerikanischen Westküste ist. Sollte man am 4. Juli hier sein, darf man einen Besuch nicht verpassen, denn dann treffen sich Zehntausende am Pier, um den Nationalfeiertag mit einem riesigen Feuerwerk zu begehen. Am Strand selbst, der an Szenen der TV-Serie „Baywatch" erinnert und tatsächlich mehreren Filmproduktionen als Schauplatz diente, wird man bei entsprechendem Wetter viele Surfer sehen – davon angeregt und wissbegierig geworden, kann man ja das kalifornische **Surf Museum** besuchen, das schon mit seinem geschwungenen Dach an eine Welle erinnert.
**California Surf Museum**, *312 Pier View Way, ① (760) 721-6876, https://surfmuseum.org; tgl. 10–16, Do bis 20 Uhr, Erwachsene US$ 5, Senioren und Studenten US$ 3, unter 12 Jahre frei.*

*Herrlicher Sandstrand*

Einige Meilen weiter hat man in **Newport Beach** Anschluss an die ab S. 274 beschriebene Strecke.

# Durch das Orange County

Der sich südöstlich an Greater Los Angeles anschließende Verwaltungsbezirk heißt Orange County und ist ein vom Klima bevorzugter Ort. Zu 80 % des Jahres scheint hier die Sonne vom strahlend blauen Himmel, und die Temperatur ist gleichbleibend warm. Seit der spanischen Inbesitznahme war die Region zwischen den Sandstränden des Pazifiks und den Santa-Ana-Bergen immer auch ein äußerst fruchtbares Gebiet, worauf schon der Name hinweist. Die Leute sind wohlhabend, die Wirtschaft floriert, und Forschung und Lehre sind durch zwei anerkannte Universitäten vertreten. Nicht zuletzt ist Orange County auch ein Bezirk voller Museen und Kultur.

*Fruchtbares Gebiet*

## Strände, Städte und Sehenswürdigkeiten

### Costa Mesa

Zwischen Huntington Beach und Newport Beach, aber ein Stück landeinwärts, liegt das mondäne Costa Mesa (ca. 112.000 Einwohner). Mit der eleganten **South Coast Plaza** (*www.southcoastplaza.com*), die einige der anspruchsvollsten nordamerikanischen Geschäfte und mehrere Dutzend Restaurants aufzuweisen hat, und mehreren First-Class-Hotels möchte die Stadt zumindest für inneramerikanische Touristen eine größere Rolle spielen, zumal sie mit dem John Wayne Airport Orange County über einen leistungsfähigen Flughafen verfügt. Bekannt ist Costa Mesa für seine kulturelle Vielfalt, für die an dieser Stelle stellvertretend nur das 1986 eröffnete **Segerstrom Center for the Arts (1)** (*600 Town Center Drive, ① (714) 556-2787, www.scfta.org*) genannt sei, dessen markantes Gebäude aus rosa Granit vier Theater beherbergt.

### Santa Ana

Nördlich von Costa Mesa und jenseits des Fwy. 405 liegt die Großstadt Santa Ana, deren 335.000 Einwohner zu 75 % spanischsprachiger Herkunft sind. Seit 1889 ist Santa Ana Hauptstadt des Orange County. Die für Touristen größte Sehenswürdigkeit der Stadt stellt der 1932 im sogenannten *Mission Style* errichtete Komplex des **Bowers Museum (2)** dar. Es enthält eine völkerkundliche und historische Sammlung von über 130.000 Artefakten, die absoluten Weltruf genießt. Besonders reichhaltig ist die Kunst und Kultur der Indianer Nord- und Südamerikas, der Polynesier und Westafrikas vertreten. Einen Block weiter südlich wurde 1999 als Ableger des Museums das **Kidseum** eingeweiht, ein interaktives Wissenschaftsmuseum für Kinder und Erwachsene, das naturhistorische Phänomene zum Inhalt hat.

*Hauptstadt des Orange County*

**Bowers Museum**, *2002 N. Main St., Santa Ana, CA 92706, ① (714) 567-3600, www.bowers.org; Di–So 10–16 Uhr (Kidseum Sa–So 10–16 Uhr), Erwachsene US$ 13, Studenten und ab 62 Jare US$ 10, 3–11 Jahre US$ 5 (am Wochenende US$ 2 teurer).*

### Yorba Linda

Noch etwas weiter nördlich, am Fuße der Chino Hills, liegt die 65.000-Einwohner-Stadt Yorba Linda. Dort hat sich die **Richard Nixon Library and Birthplace (3)** als Adresse für Geschichtsinteressierte etabliert. Leben und Werk des 1994 verstorbenen Präsiden-

*Strände, Städte und Sehenswürdigkeiten*

**Sehenswürdigkeiten**
1 Segerstrom Center for the Arts
2 Bowers Museum
3 Richard Nixon Library and Birthplace
4 Disneyland Resort
5 Knott's Berry Farm
6 Medieval Times
7 Christ Cathedral
8 Laguna Art Museum
9 Mission San Juan Capistrano

ten Richard Nixon werden, allerdings in einer etwas beschönigenden Art und Weise, in dessen Geburtshaus dargestellt; außerdem sieht man die Grabstätte des Präsidenten und seiner Frau Pat.

**Richard Nixon Library and Birthplace**, *18001 Yorba Linda Blvd., ① (714) 993-5075, www.nixonfoundation.org; Mo–Sa 10–17, So 11–17 Uhr, Erwachsene US$ 16, ab 62 Jahre US$ 12, Studenten US$ 10, 5–11 Jahre US$ 6.*

# Anaheim

Der Hauptort des Bezirks, inzwischen mit 352.000 Einwohnern zu beträchtlicher Größe angewachsen, heißt Anaheim und ist eine 1857 **von Deutschen gegründete Siedlung**. Diese Pioniere, die aus dem Rheinland stammten, etablierten hier das erste Weinbaugebiet, das noch lange der Stammsitz des kalifornischen Weins bleiben sollte. Erst nach einem verheerenden Unwetter verlagerte sich der Weinanbau mehr in Richtung San Francisco (Napa Valley), und in Anaheim wurden von da an Orangen angepflanzt. Noch 1955, als Walt Disney seinen ersten Vergnügungspark schuf, war das Ge-

*Pioniere aus dem Rheinland*

*Durch das Orange County*

lände des damaligen Magic Kingdom von Orangenhainen und Farmen umgeben. Wegen dieser ländlichen Umgebung und weil außerdem der Weg von L.A. Downtown aus zu weit sei, bescheinigten dem Projekt damals nur wenige Fachleute gute Erfolgsaussichten. Heute wird Anaheim wirtschaftlich von Disneyland dominiert.

## Reisepraktische Informationen Anaheim

### Information
**Visit Anaheim**, 2099 S. State College Blvd., Suite 600, ☏ (714) 765-2800, https://visitanaheim.org.

### Hotels
**Best Western Plus Stovall's Inn $$$**, 1110 W. Katella Ave., ☏ (714) 778-1880, https://stovallsinn.com; solides Haus der Best-Western-Kette gegenüber von Disneyland, 290 Zimmer und Suiten, Restaurant, 2 Außenpools und Kinderbecken, Spa.
**Wyndham Garden Anaheim $$$–$$$$**, 515 W. Katella Ave., ☏ (714) 991-6868, www.wyndhamgardenanaheim.com; dieses schöne Mittelklasse-Hotel ist 15 Fußminuten von Disneyland entfernt, 105 geräumige Zimmer, Fitness-Studio, Restaurant, Coffee Shop, freies Parken.
**Hotel Indigo Anaheim $$$–$$$$**, 435 W. Katella Ave., ☏ (714) 772-7755, www.hotelindigo.com; recht modernes Mittelklassehotel mit bekannt gutem Service, freiem Parken, nahen Einkaufsmöglichkeiten, und bis Disneyland sind es nur rund 15 Gehminuten.
**Disney's Grand Californian Hotel & Spa $$$$$**, 1600 S. Disneyland Dr., ☏ (714) 635-2300, https://disneyland.disney.go.com/hotels/grand-californian-hotel/; angenehmes First-Class-Hotel mit direktem Zugang zum Park, 745 großzügigen Zimmern, riesigem Swimmingpool, mehreren Shops, Restaurants und Bars.

## Disneyland Resort (4)

*65 Jahre Disneyland*

Keine Frage: Das Disneyland Resort ist ein touristisches Muss, das zu Los Angeles gehört wie der Eiffelturm zu Paris und das Weiße Haus zu Washington. Jährlich wird der Vergnügungspark, der 2020 sein 65-jähriges Jubiläum feiert, von über 15 Mio. Menschen besucht, damit ist er eine der Hauptattraktionen in ganz Amerika. Und jedes Jahr wird in neue Attraktionen investiert. Die größte Erweiterung fand 2001 statt, als südlich des damaligen Disneyland der Themenpark Disney's California Adventure seine Pforten öffnete. Beide Parks bilden nun das Disneyland Resort. Man erreicht das Disneyland Resort am günstigsten über die I-5, wo er bei der Ausfahrt Anaheim ausgeschildert ist.
**Disneyland**, 1313 S. Disneyland Dr., Anaheim, ☏ (714) 781-4636, https://disneyland.disney.go.com; nach Jahreszeit und Auslastung wechselnde Öffnungszeiten, hoher Eintritt (ab 10 Jahre US$ 104, Kinder 3–9 Jahre US$ 98), in dem alle Attraktionen eingeschlossen sind.

### ☞ Praktische Hinweise

In direkter Parknähe sind **Parkplätze** ausreichend vorhanden. Das Park-System funktioniert sehr gut. Nachdem man am Eingang die Gebühr bezahlt hat, wird man zu einem freien Platz geleitet. Von hier aus geht es mit kleinen Transport-

bahnen zum Eingangsbereich. Nicht vergessen, sich die Nummer Ihres Stellplatzes genau einzuprägen!
Den **Eintritt** bezahlt man an einer der vielen Ticket Booths, die hinter der Main Entrance Mall aufgereiht sind. Es gibt Disneyland Passports für ein, zwei oder drei Tage, außerdem besondere Saison- oder Jahreskarten.
Für **Essen** stehen im Disneyland Resort Dutzende von Restaurants und Cafeterien zur Verfügung. Der Verzehr von mitgebrachten Speisen ist auf dem Parkgelände untersagt.
**Zeitplanung**: Will man die bekanntesten Attraktionen von Disneyland kennenlernen, ist es mit einem halben Tag nicht getan. Am besten nimmt man sich für den Park von morgens bis zum späten Abend Zeit.
Manchmal öffnen die Pforten **vor der offiziellen Zeit**. Wer rechtzeitig da ist, hat hier also gewisse Vorteile gegenüber der „Masse". Wartezeiten kann man außerdem vermeiden, wenn man z. B. die empfohlene Rundfahrt mit der Disneyland Railroad später durchführt und zunächst das sonst stark frequentierte Tomorrowland aufsucht. Zeit spart man auch, indem man seine Essenszeit nicht in die übliche Mittagspause oder in die Zeit zwischen 18 und 20 Uhr legt. Während der großen Paraden braucht man ebenfalls keine langen Warteschlangen in den Self-Service-Gaststätten zu befürchten. Ansonsten ist das Disneyland Resort **das ganze Jahr über** eigentlich gleichmäßig stark besucht. Wer in den Weihnachtsferien in Los Angeles ist, sollte jedoch lieber vor als nach Weihnachten hierhin kommen.

*Im Reich von Donald Duck*

## Disneyland Park

Hinter dem Haupteingang breitet sich die 2001 geschaffene **Downtown Disney** aus, ein großes Areal mit jeder Menge Läden, Showbühnen, Kinos und Restaurants. Am Ende der Downtown geht links die **Main Street** ab, an der entlang sich links und rechts Ladenpassagen und Restaurants im Stil von 1890 befinden. Zwei Attraktionen sind hier ebenfalls untergebracht: das Kino mit alten Zeichentrickfilmen und der Spielsalon. Die

*Attraktionen*

###  Aufbau und Attraktionen

Als **Transportmittel** stehen zur Verfügung:
- die Monorail, die geräuscharm und schnell das Disneyland Hotel, den Eingangsbereich (außen) und Tomorrowland (innen) verbindet. Wer mit der Monorail den Park verlässt, muss einen Stempel für den Wiedereintritt haben.
- die Disneyland Railroad, die eine große Runde um Disneyland (innen) dreht und außer am Haupteingang an den Stationen New Orleans Square, Fantasyland und Tomorrowland hält. Die Fahrt lohnt sich nicht nur wegen des Transports, sondern auch wegen der Ausstellungen (z. B. Dinosaurier), die nur von hier aus zu sehen sind.
- die Pferdewagen (von Pferden gezogene Straßenbahnen), Repliken aus der Zeit um 1900, die auf der Main St. zwischen Haupteingang und zentraler Plaza verkehren.
- die Doppeldecker-Busse, die ebenfalls die Main St. entlangfahren.

Main St. endet an der runden Plaza, die sozusagen als Verteilerkreis für die anderen Bereiche fungiert. Im Uhrzeigersinn sind dies:
- **Adventureland**: Hier wird der tropische Urwald nach Disneyland geholt. Die Restaurants bieten polynesisches oder indisches Ambiente, und an Attraktionen gibt es u. a. die Bootsfahrt Jungle Cruise über das ausgedehnte Flusssystem, vorbei an computergesteuerten Tieren und Ungeheuern, das Swiss Family Treehouse, ein besteigbarer künstlicher Baum mit Baumhaus in der Krone, oder eine Jeepfahrt auf den Spuren von Indiana Jones.
- **Frontierland**: Die Zeit der Cowboys und Indianerkämpfe wird in diesem Bezirk wiederbelebt. In den Restaurants herrscht Wild-West-Atmosphäre, und in den Shops kann man u. a. Lederkleidung und indianische Souvenirs erstehen. Während im Saloon Miss Lily tanzt, kann man mit dem alten Heckraddampfer Mark Twain Steamboat durch eine bis ins letzte Detail gestaltete Flusslandschaft schippern, sich auf die Big Thunder Mountain Railroad (eine Achterbahn aus der Zeit der Pioniere, nur schneller) wagen sowie eine Replik des ersten amerikanischen Segelschiffs besichtigen, das die Welt umrundete (Columbia). Im Sommer 2019 eröffnet hier zudem die Attraktion Star Wars: Galaxy's Edge.
- **Main Street, USA**: Hier, auf der Hauptstraße, finden die Paraden statt und es gibt reichlich Feuerwerk. Man kann shoppen und genießen.
- **Critter Country**: Die Shops und Restaurants in der Heimat Winnie Puuhs sind ganz auf Trapper eingestellt. Mut erfordert der Splash Mountain, bei dem man mit dem Einbaum einen Wasserfall hinabstürzt. Lange Warteschlangen beweisen, wie populär dieser Nervenkitzel ist. Aktiver geht's zu, wenn man mit dem Kanu die Flüsse Nordamerikas erkundet.
- **Mickey's Toontown**: Dieses Dorf, das in den 1990ern Disneyland hinzugefügt wurde, wird von den bekannten Zeichentrickfiguren wie Mickey Mouse oder Donald Duck bevölkert und stellt eine eigene kleine Welt dar.
- **Fantasyland**: In diesem Land herrscht ohne Zweifel Dornröschen, denn das Sleeping Beauty Castle ist das Herz und das markanteste Wahrzeichen von Disneyland. Während das Schloss offenbar Neuschwanstein nachempfunden wurde, reflektiert die umgebende Architektur das deutsche Mittelalter. In dieser Sektion gibt es weniger Restaurants, dafür aber eine Vielzahl von Attraktionen. Die wichtigsten sind King Arthur Carrousel (ein kunterbuntes Karussell), Dumbo (ein Fahrgeschäft aus fliegenden Elefanten), Matterhorn Bobsleds (Achterbahn im und um das Matterhorn), Mad Tea Party (rotierende Tassen) und Casey Jr. Circus Train (gemütliche Rundfahrt mit der Minibahn).
- **Tomorrowland**: Die zukünftige Welt und ferne Planeten sind das Thema dieser Sektion, deren Astro Orbitor am Eingang eine auffällige Landmarke darstellt. Erreichen kann man Tomorrowland auch mit der Monorail und mit der Disneyland Railroad.

*Mickey Mouse kann man persönlich in Toontown treffen*

## Disney California Adventure Park

Direkt südlich schließt sich ein zweiter, 2001 eröffneter Themenpark an, der sich vor allem an Landschaften und Geschichten Kaliforniens orientiert. Zugleich sollen hier Kinoabenteuer wahr werden, die in den Studios von Disney und Pixar produziert wurden und die ganze Welt begeisterten. Besucher lernen die beliebten Figuren aus Filmen wie „Cars" und die Superhelden des „Marvel Cinematic Universe" kennen und können Spider-Man oder Captain America über die Schulter schauen. Die Wunderwelten, die es hier für die ganze Familie zu entdecken gilt, reichen von der **World of Color** bis hin zu **Hollywood Land**, wo man u. a. mit den **Guardians of the Galaxy** ein kosmisches Abenteuer erleben kann. 2020 soll ein eigenes Marvel-Land eröffnen.

*Wie im Film*

### Walt Disney

Wer war jener Mann, der nicht nur als Vater von Mickey Mouse und Schöpfer von Disneyland, sondern auch als eine beherrschende Figur der amerikanischen Kulturlandschaft des 20. Jh. in Erscheinung trat?

Walter Elias Disney wurde am 5. Dezember 1901 als viertes von fünf Kindern in Chicago geboren. Er kam **aus einfachen Verhältnissen**: Sein Vater, ein Bauer und Zimmermann mit strenger und religiöser Persönlichkeitsstruktur, hatte ständig mit wirtschaftlichen Schwierigkeiten zu kämpfen. Außerdem führte er ein sehr unstetes Leben: Mit seiner vielköpfigen Familie zog er aus Illinois nach Missouri, wo er eine kleine Farm bewirtschaftete, später nach Kansas City, wo er einen Zeitungsvertrieb übernahm, und schließlich wieder nach Chicago, wo er sich als Unternehmer versuchte. In dieser turbulenten Zeit konnte Walt, der schon als kleiner Junge gern zeichnete, seine Talente nur schwer entwickeln. Aber er besuchte Zeichenkurse und illustrierte z. B. eine Schülerzeitung.

Während des Ersten Weltkriegs musste er als Angehöriger des Roten Kreuzes nach Frankreich. Zurück in Amerika beschloss er, als Illustrator zu leben, und machte mehrere glücklose Versuche, so seine Existenz zu sichern. Einmal gründete er mit seinem Freund Ub Iwerks eine eigene Firma, ein andermal verdingte er sich bei der „Kansas City Film Ad Company" und stieg dabei in die **Zeichentrick-Filmerei** ein.

Nachdem er im Mittleren Westen wirtschaftlich Schiffbruch erlitten hatte, zog Walt an die Pazifikküste, wo er erste Erfolge als Zeichentrickproduzent feiern konnte. Der große Durchbruch gelang ihm 1928 mit der Erfindung von **Mickey Mouse**. Die Figur, die heute wie McDonalds und Coca-Cola das amerikanische Symbol schlechthin darstellt, sollte ursprünglich übrigens *Mortimer* heißen. Als *Mickey Mouse* aber kam sie von Anfang an beim Publikum an und gehörte bald zum Vorprogramm einer jeden guten Kinovorstellung. Disney und sein Kreativteam entwickelten in schneller Folge eine ganze Gesellschaft von vermenschlichten Tieren, führten *Donald Duck*, *Pluto*, *Goofy* und viele weitere Figuren ein.

Außer den Cartoon-Reihen mit diesen wiederkehrenden Protagonisten sowie der von der Kritik gefeierten Reihe „Silly Symphonies" schuf Disney auch **abendfüllende Zeichentrickfilme**, deren erster, „Schneewittchen und die sieben Zwerge", 1937 erschien und zu einem der bis heute erfolgreichsten Streifen aller Zeiten wurde. Weitere Klassiker wie „Pinocchio", „Fantasia", „Dumbo" und „Bambi" folgten Schlag auf Schlag, ehe der Zweite Weltkrieg das Studio für einige Jahre in finanzielle Engpässe trieb. Mit „Cinderella" gelang Disney 1950 das große qualitative wie kommerzielle Comeback.

Neben dem Animationsbereich interessierte sich Disney für Fragen der Natur und besonders der Tierwelt und verlegte einen Teil seiner Schaffenskraft auf das Genre der Dokumentation. Besonders „Die Wüste lebt" (1953), „Wunder der Prärie" (1954) und sein erster Spielfilm, „20.000 Meilen unter dem Meer" (1955), gerieten zu eindrucksvollen und auch kommerziell erfolgreichen Produktionen. Ein Höhepunkt war das Musical „Mary Poppins" (1964).

*Walt Disney auf einem Zeitschriften-Cover*

Gleichzeitig reizte ihn die Idee, die Menschen nicht nur durch seine Filme zu begeistern, sondern auch mit Vergnügungsparks, in denen sie sich in einer Welt voller Harmonie und Freundlichkeit wohlfühlen konnten. Seine inzwischen zur Aktiengesellschaft umgewandelte Firma spielte bei diesen Plänen jedoch nicht mit. Und da er seinen Bruder Roy und den Aufsichtsrat der Disney Productions nicht umstimmen konnte, gründete er eine zweite Firma, die das Projekt in Anaheim in die Tat umsetzte: **Disneyland** war geboren. Der enorme Erfolg ermunterte Disney schließlich, sein Fun-Park- Konzept auch in Florida durchzusetzen. Hier sollten zudem seine Visionen, die er vom zukünftigen optimalen Leben der Menschheit hatte, in einer Zukunftsgemeinde realisiert werden. Das spätere EPCOT (Experimental Prototype Community of Tomorrow, 1982 eröffnet) neben der **Walt Disney World** in Orlando ist das – stark verwässerte – Resultat dieser Ideen. Die Vollendung seines Florida-Projekts sollte Walt Disney nicht mehr erleben, ebenso wenig spätere Disneyland-Gründungen in Paris, Tokio und Hongkong: Am 15. Dezember 1966 starb der Kettenraucher an Lungenkrebs.

Persönlich war der Vater von Mickey Mouse ein **eher schwieriger Mensch**. Obwohl seit 1925 mit Lillian (Lilly) Bounds verheiratet, die als Tuscherin in seiner Firma gearbeitet hatte, blieb sein Verhältnis zu Frauen zeitlebens gespannt. Symptomatisch ist dafür, dass er als 65-Jähriger rückblickend sagte: „Ich liebe Mickey Mouse mehr als jede Frau, die ich jemals gekannt habe." Politisch zählte er zu den strammen Konservativen.

Walt Disney hat in seinem Leben nicht nur eine typisch amerikanische **Bilderbuchkarriere** erlebt, die den Jungen aus ärmlichen Verhältnissen zu einem bekannten und reichen Mann machte. Gleichzeitig war er für die amerikanische Nation eine sehr wichtige Gestalt. Disney befreite das Genre des Trickfilms vom Stigma der „niederen Unterhaltung" und erhob es zu Kunst. Außerdem schuf er mit seinen Figuren Ikonen der amerikanischen Kultur.

Während sich die herkömmliche Architektur und Kunst an Europa orientierten, schuf er eine **populäre Gegenkultur**, die wie keine andere geeignet war, die amerikanische Begeisterungsfähigkeit und Kindlichkeit auszudrücken. Dies sehen heute immer mehr auch seriöse Designer und Architekten: Mithilfe der Disney'schen Gestalten, gemixt mit Elementen der europäischen Renaissance, des Barock sowie der Avantgarde, komponieren sie eine eigene postmoderne Formensprache, eine nun völlig „amerikanische Architektur". In Disneyland ist das Erbe des Mickey-Mouse-Schöpfers in all seinen Facetten lebendig, wobei die hinzugekauften Franchises von Star Wars bis Marvel immer breiteren Raum einnehmen. Wer inmitten des Trubels den Zauber des Anfangs erleben will, ist in der Main Street an der richtigen Adresse: Das kleine Stehkino Main St. Cinema zeigt auf sechs Bildschirmen ein Potpourri alter Disney-Trickfilme.

## Buena Park

Von Disneyland aus erreicht man über den Freeway in nordwestlicher Richtung (Los Angeles) in wenigen Minuten den **Buena Park**, der im Dreieck zwischen den Hwys. 5 und 91 und dem Beach Blvd. liegt. Wo sich früher ruhiges Farmland erstreckte, sind heute einige der wichtigsten Attraktionen des Orange County konzentriert. Am bekanntesten ist dabei sicher **Knott's Berry Farm (5)**. Es ist erstaunlich, wie so nahe zu Disneyland ein weiterer Vergnügungspark existieren kann – und das mit einer ähnlichen Angebotspalette. Der Name „Knott's Berry Farm" leitet sich von einem kleinen Fruchtstand ab, an dem Walter und Cordelia Knott in den 1920er-Jahren Beeren verkauften. Aus diesen bescheidenen Anfängen entwickelte sich später ein Erholungs- und Vergnügungsgelände, das heute immerhin das drittgrößte der Vereinigten Staaten (nach Disneyland und Disneyworld) ist. Und noch immer steht der hölzerne Obststand im Zentrum der Anlage.

*Vom Beerenstand zum Vergnügungspark*

Die Farm ist in folgende **Themenbereiche** aufgeteilt: Ghost Town (inkl. Water Wilderness), Boardwalk, Fiesta Village und Camp Snoopy. Die Ghost Town, tatsächlich eine höchst lebendige Wild-West-Stadt, lockt mit den entsprechenden Kulissen, Saloons, Stunt-Vorführungen usw. Man kann aber auch mit einem authentischen Zug aus den 1880ern fahren oder sein Glück beim Goldwaschen versuchen. Im Camp Snoopy stößt man auf die Verkörperungen der bekannten Peanuts-Figuren, die für die Farm denselben Stellenwert haben wie Mickey Mouse für Disneyland und Bugs Bunny für Magic Mountain. Knott's Berry Farm ist stolz darauf, *America's official home for Snoopy and the Peanuts Gang* zu sein.

Aber natürlich gibt es noch unzählige weitere Attraktionen: Rodeos, Shows, Achterbahnen, Karussells und sonstige Abenteuer versprechen die Werbeprospekte, nervenzerreißende Fahrten, Rafting durch schäumendes Wildwasser und andere Teufelsgeräte. Zu den neuesten Highlights gehören das interaktive 4-D-Abenteuer *Voyage to the Iron Reef* und die Achterbahn HangTime. Angesichts dieser geballten Ladung an Ablenkung oder *fun spots* stellt sich die Frage, welchem Vergnügungspark man den Vorzug geben sollte. Wie so oft spricht hier der höhere Bekanntheitsgrad für Walt Disneys Konkurrenzunternehmen, obwohl dies etwas teurer, voller und nicht unbedingt sensationeller ist.
**Knott's Berry Farm**, 8039 Beach Blvd., Buena Park, ✆ (714) 220-5200, www.knotts.com; im Winter tgl. 10–18, NS und HS bis 20, 22 oder 23 Uhr; ab 4 Jahre US$ 82 (online günstiger), Parkgebühr US$ 20 für PKW; für Bus und RV US$ 25.

Eine weitere Attraktion des Buena Park liegt nur wenige Blocks entfernt: die **Medieval Times (6)**, ein Showzentrum, dessen Architektur einem spanischen Palast aus dem 11. Jh. nachempfunden ist. Das erfolgreiche Konzept (inzwischen gibt es acht weitere

*Durch das Orange County*

*Reise ins Mittelalter* Medieval-Times-Burgen in den USA und Kanada) lässt auch Amerikaner in den Genuss einer Ritterburg, von Turnierkämpfen und mittelalterlichen Bankette kommen. Zwischen 19 und 20.45 Uhr kann man sich das manchmal unfreiwillig komische Schauspiel ansehen, am Wochenende auch tagsüber.
**Medieval Times**, *7662 Beach Blvd., Buena Park, ① (714) 523-1100, www.medievaltimes. com; Erwachsene US$ 63,95, Kinder bis 12 Jahre US$ 36,95.*

## Garden Grove

Garden Grove heißt die Gemeinde südlich von Anaheim und wenige Meilen nordwestlich von Santa Ana. Man erreicht diesen Bezirk am einfachsten über den Grove Fwy., der den San Diego Fwy. (405) mit dem Santa Ana Fwy. verbindet. Von Disneyland oder dem Buena Park aus fährt man dazu die I-5 in südlicher Richtung. Die größte Sehenswürdigkeit ist hier die gläserne Kathedrale **Crystal Cathedral (7)**. Das Gotteshaus gehört zweifellos zu den interessantesten Sakralbauten der jüngeren Zeit in Amerika. Es besteht aus einer enormen zwölfstöckigen Glas- und Stahlkonstruktion, die eine riesige lichtdurchflutete Halle umgibt.

*Sakralbau aus Glas und Stahl*

Trotz des Amerika-üblichen Kitsches bei der Innengestaltung ist auch der europäische Besucher von den Dimensionen überwältigt. Bis zu 4.000 Gläubige finden sich zu den Messen ein, und dazu passt, dass hier auch eine der größten Orgeln der Welt installiert wurde. Diese Kirche der Superlative, die in Garden Grove *the most spectacular religious edifice in the world* genannt wird, ist ein Werk des renommierten Architekten Philip Johnson. Eine besondere Eigenheit ist, dass sich während des Gottesdienstes die gesamte gläserne Rückwand hinter dem Altar öffnet. So haben auch Autofahrer auf dem dahinterliegenden Parkplatz die Möglichkeit, am Geschehen teilzunehmen. Das hat zwar dem Gotteshaus die respektlose Bezeichnung „Drive-in-Kirche" eingebracht, kann aber bei Überfüllung oder für Behinderte eine sinnvolle Einrichtung sein.

Der Hausherr der Crystal Cathedral war lange der eigenwillige Theologe Robert Schuller. Seit 1955 sammelte er eine feste Gemeinde um sich, die ihm zu Ansehen und Reichtum verhalf. Der im April 2015 Verstorbene war nicht nur eine weithin bekannte Gestalt in den Medien mit eigenen Fernsehauftritten, sondern auch ein schwerreicher Mann, für dessen Heim, ebenfalls in Garden Grove, der Terminus Luxusvilla eigentlich noch untertrieben ist. Am Anfang traf er sich mit seiner Gemeinde übrigens in einem Autokino. Vielleicht stammt daher die Idee zur Türenkonstruktion in der Glaskirche … Die Kathedrale wurde inzwischen an das hiesige katholische Bistum veräußert, umfangreichen Renovierungsarbeiten folgt voraussichtlich im Juli 2019 die Wiedereröffnung, der Campus kann bereits in Augenschein genommen werden
**Crystal Cathedral (Christ Cathedral)**, *13280 Chapman Ave., Garden Grove, ① (714) 971-2141, www.christcathedralcalifornia.org; Mo–Fr 10–15, Sa bis 16 Uhr.*

# Zwischen Newport Beach und San Clemente

Die Küstenstraße zwischen Newport und San Clemente (Hwy. 1, Pacific Coast Hwy.) führt an einigen der schönsten Strände Südkaliforniens, an lebhaften Ortschaften, Villen von Hollywood-Stars, Yachtclubs, Inseln und Lagunen vorbei. Das örtliche Fremdenver-

kehrsamt hat es auf den Punkt gebracht: *Welcome water lovers!* Dieser Weg ist für alle *Für Wasser-*
von Interesse, die sich mehr als nur zwei Tage für Los Angeles Zeit nehmen, oder auch *liebhaber*
für diejenigen, die die Küstenstrecke nach San Diego (s. S. 450) den Hwys. 5 und 15
vorziehen. Im Grunde ist sie die Verlängerung der weiter oben beschriebenen Route
vom Flughafen LAX nach Newport Beach.

## Newport Beach

In Newport Beach, der ersten Ortschaft auf dieser Route, kann man südlich des Pacific
Coast Highway einen Abstecher zur Balboa Peninsula mit ihren Sandstränden unternehmen. Genauso ist es möglich, mit einer Fähre zur wunderschönen **Balboa Island** über-
zusetzen. Die Wasserlandschaft um Newport Beach wird ohnehin von einer Vielzahl
von Wasserfahrzeugen bevölkert, darunter Fischerboote und die kleinen Schiffe der
Hafenkreuzfahrten. An Land laufen diese Aktivitäten im **Balboa Pavillon** zusammen
*(400 Main St., www.balboapavilion.com)*, einem eleganten viktorianischen Bau aus dem
Jahr 1905. Er dient heute als Terminal für Fährpassagiere nach Santa Catalina und für Ha- *Ausflüge*
fenkreuzfahrten, aber auch wer vom Wasser aus die Wanderung der Grauwale beob- *aller Art*
achten oder an einem Fischertörn teilnehmen möchte, ist hier an der richtigen Adresse.

Auf dem Weg in den Süden erreicht man als nächstes das hübsche – und nach der fun-
kelnden Mercedes-, BMW- und Maserati-Dichte zu urteilen teure – **Corona del Mar**
mit seinem feinen Sandstrand, der Einkaufszone und den guten Fischrestaurants. Nachdem man Crystal Cove passiert hat, gelangt man zum **Crystal Cove State Park**, einem Naturschutzgebiet, das sich zwischen dem Pazifik und den San Joaquin Hills ausbreitet. Am Ufer erstrecken sich drei Meilen Sandstrand, die Unterwasserwelt kann
man auf Tauchexpeditionen kennenlernen *(www.crystalcovestatepark.org, geöffnet von
6 Uhr bis Sonnenuntergang)*.

## Laguna Beach

Mit einem Aussichtspunkt auf den pazifischen Ozean kündigt sich das Kleinstädtchen an,
das zu den beliebtesten Fremdenverkehrsorten Kaliforniens gehört – mit herrlichem
Strand, anheimelnden Häusern und engen Gassen, Boutiquen und Galerien. In den USA
hat es sich überdies einen Namen als Künstlerkolonie gemacht. Deswegen ist es kein
Zufall, wenn hier im Sommer und im Februar zwei renommierte Kunstfestivals abgehal- *Künstler-*
ten werden. Besonders bekannt ist das von Orchestermusikern und Artisten begleitete *kolonie*
**Pageant of the Masters** *(www.foapom.com)* im Juli/August, bei dem Laienschauspieler
berühmte Kunstwerke nachstellen. Wer diese verpasst oder sich an den Galerien satt-
gesehen hat, kann auch das anerkannte **Laguna Art Museum (8)** besuchen, dessen
Höhepunkte Exponate älterer und zeitgenössischer Kunst sind. Besonders die künstle-
rische Szene Südkaliforniens ist hier gut dokumentiert.
**Laguna Art Museum**, *307 Cliff Dr., ① (949) 494-8971, https://lagunaartmuseum.org;
Mo Di, Fr So 11–17, Do bis 21 Uhr geöffnet, Mi geschlossen, Erwachsene US$ 7, Studenten
und ab 60 Jahre US$ 5, unter 12 Jahre frei. Jeden ersten Donnerstag im Monat freier Eintritt
von 17–21 Uhr.*

Einen weiteren Sandstrand gibt es in South Laguna, einige Meilen dahinter dann am
**Dana Point**. Der malerische Ort bezieht seine Reize hauptsächlich aus dem Ozean und

allem, was damit zu tun hat. Zwei lebhafte Yachthäfen mit etwa 2.500 Booten gehören dazu, außerdem der Leuchtturm Dana Point Lighthouse und das Ocean Institute. An der Wharf lässt das Mariner's Village mit seinen altertümlichen Shops und Restaurants die Zeit des 19. Jh. wieder aufleben. 1835 kam der Schriftsteller Richard Henry Dana an Bord des Segelschiffes Pilgrim hier an die Küste. Seine Erlebnisse auf See verarbeitete er 1840 in dem Weltbestseller „Two Years before the Mast". Wohl wegen seiner überschwänglichen Beschreibung des Küstenabschnitts wurde der Ort später nach ihm benannt. Eine Kopie der Pilgrim kann man im Hafen bewundern.

*Sandstrand von Laguna Beach*

Direkt südlich von Dana Point vereinigen sich am Capistrano Beach die I-5 und der Pacific Coast Hwy. Hier kann man auf der Autobahn schnell nach Los Angeles zurück oder weiter nach San Diego fahren. Der Freeway bringt einen wenige Meilen in nordöstlicher Richtung aber auch zu einer wichtigen historischen und kulturellen Sehenswürdigkeit: Nimmt man die Ausfahrt am Ortega Hwy. und dann die Abzweigung Camina Capistrano, erreicht man die **Mission San Juan Capistrano (9)** im gleichnamigen Ort – übrigens der Schauplatz des ersten Abenteuers von Johnston McCulleys maskiertem Helden Zorro. Sie wurde zunächst 1775 und nach ihrer Aufgabe 1776 durch den Franziskanerpater Junípero Serra (s. S. 480) neu gegründet. Die ursprüngliche große Steinkirche wurde 1812 durch ein Erdbeben zerstört, seither ist die „Great Stone Church" eine Ruine. Demgegenüber gilt die unbeschadete Serra-Kapelle als eines der ältesten Steingebäude Kaliforniens. Ihren Beinamen „Mission der Schwalben" erhielt die historische Stätte, weil die eleganten Vögel angeblich in jedem Jahr exakt am Namenstag des heiligen Joseph (19. März) ankommen und am Tag des heiligen Johannes Capistranus (23. Oktober) wieder fortfliegen. Die Zehntausenden von Touristen und Gläubigen, die jedes Jahr hierhin kommen, werden aber nicht nur von den Schwalben angezogen: Erstens nämlich ist die Station eine der wichtigsten archäologischen Stätten des Landes, zweitens stellt das angeschlossene Museum interessante Exponate indianischer und spanischer Kunst aus, und schließlich reizt neben den Sakralgebäuden auch der wunderschöne blühende Klostergarten zu einem Besuch.

*Eine der zahlreichen Missionen*

**Mission San Juan Capistrano**, 26801 Ortega Hwy., ① (949) 234-1300, www.missionsjc.com; tgl. 9–17 Uhr, Erwachsene US$ 10, ab 60 Jahre US$ 9, 4–11 Jahre US$ 7.

Ebenfalls sehenswert in San Juan Capistrano ist die restaurierte **AMTRAK-Bahnstation** von 1895, die an die frühesten Zeiten der Santa Fe Railroad erinnert.

## Zwischen Newport Beach und San Clemente

Wer noch ein Stück auf der Küstenstraße weiter in Richtung San Diego fährt, kann dem südlichsten Ort des Orange County einen Besuch abstatten: **San Clemente**. Bekannter als für seine Strände und die schöne landschaftliche Umgebung wurde San Clemente durch die Politik. In der Präsidentschaftszeit von Richard Nixon war der Ort nach Washington D.C. die „zweite Hauptstadt" Amerikas, und das Anwesen des gebürtigen Kaliforniers, „La Casa Pacifica" (*an der Avenida del Presidente, von der I-5 aus zu sehen*), erhielt den Beinamen „The Western White House". Nach dem Watergate-Skandal und seinem Rücktritt verkaufte Nixon die Villa und lebte ab 1980 bis zu seinem Tod im Osten. San Clementes Bahnstation am Pier wird mehrmals täglich von AMTRAK bedient.

### Hotel
**Beachcomber Motel $$$$**, *533 Avenida Victoria,* ① *(949) 492-5457, http://the beachcomberinn.com. Putziges Hotel/Motel im spanischen Stil mit hervorragender Lage direkt oberhalb Bahnhof und Pier. Die Gäste sind in kleinen Bungalows untergebracht, hinter dem Motel gibt es einen überschaubaren Park mit Grillmöglichkeiten. Meist mehrere Nächte Mindestaufenthalt.*

## Santa Catalina Island

### Hinweis
*Zur Lage der Insel siehe beigelegte Reisekarte bzw. Karte S. 434.*

Die große Insel Catalina liegt in 22 Meilen Entfernung vor dem Hafen von L.A. und zählt zu den beliebtesten ganzjährigen Urlaubsdestinationen in Südkalifornien. Trotz der beträchtlichen Distanz zum Festland war die Insel bereits seit 7.000 Jahren von verschiedenen Indianerstämmen besiedelt. In den europäischen Horizont geriet Santa Catalina erstmalig 1542 durch den Entdecker Juan Rodríguez Cabrillo. In den 1790er-Jahren hielt sich hier ein buntes Völkergemisch von Amerikanern, Russen und Aleuten auf, die dem mexikanisch-spanischen Zugriff trotzten und hauptsächlich Jagd auf Seeotter betrieben. Während die Insel in den Kriegen mit Mexiko den Amerikanern als Schmugglernest diente, kamen nach der US-Übernahme die ersten Farmer hierhin, deren mitgebrachte Schafe und Rinder die Natur nachhaltig in Mitleidenschaft zogen.

*Beliebtes Urlaubsziel*

In den 1880er-Jahren begann eine neue, bis heute andauernde Periode, in der Catalina Island sich zu einem beliebten Urlaubsziel entwickelte. Zu diesem Zweck gründete George Shatto die Ortschaft **Avalon**, deren Resorts, Angelclubs und Golfplätze schon zu Beginn des 20. Jh. sowohl die Hollywood-Prominenz als auch Vertreter der großen Politik anzogen. U. a. gehörten Winston Churchill, John Wayne, Stan Laurel und Oliver Hardy zu den illustren Gästen. Bald darauf entstanden immer mehr Apartments und Ferienhäuser, bis schließlich 1975 die gemeinnützige Gesellschaft Santa Catalina Island Conservancy 86 % der Inselfläche erwarb und vor weiterer Zersiedlung schützte.

*Illustre Gäste*

Besucher werden auf Catalina Island vor allem von zwei Aspekten begeistert sein. Auf der einen Seite erwartet einen eine **fantastische Natur** mit Hügelland, Felsenküste, Grotten und Sandstränden. Zu dem artenreichen Tierleben gehören u. a. eine hiesige Erdhörnchen-Art und der Catalina Island Fox, während Schweine, Ziegen und Rotwild zu unterschiedlichen Zeiten und unterschiedlichen Zwecken importiert worden sind. Selbst Büffel findet man hier, die 1924 für einen Kinofilm auf die Insel gebracht wurden und sich prächtig vermehrt haben. Im gleichmäßig warmen Wasser des Pazifiks kommen Sportler und Hochseeangler (Thunfisch) auf ihre Kosten, während die Unterwasserwelt in Touristen-U-Booten, beim Schnorcheln oder mit der Taucherausrüstung bewundert werden kann.

*Gute Wassersportmöglichkeiten*

Auf der anderen Seite lässt eine **ausgezeichnete Infrastruktur** keine Wünsche offen und lockt der Hauptort **Avalon** mit einem sonst in den Vereinigten Staaten selten anzutreffenden pittoresken Stadtbild. Rund um den Hafen mit seinem auffälligen Casino-Gebäude findet man Bootsverleiher und Anbieter von Ausflügen aller Art, in den Gässchen geht es einerseits ruhig zu – die Einwohner benutzen elektrische Golf Carts anstelle von Autos –, andererseits aber auch quirlig, wenn sich die Kneipen, Restaurants und Boutiquen am Nachmittag und Abend mit Leben füllen. Der Besucher kann alleine hier unter 30 Hotels auswählen.

Viele Touristen versuchen, Catalina Island an einem Tag kennenzulernen, was eigentlich unmöglich ist. Bei Zeitmangel sollte man sich auf einen Spaziergang durch Avalon und eine geführte Sightseeing-Tour über die Insel beschränken. Bei einem längeren Aufenthalt hätte man Zeit für Wanderungen, Wassersport und Naturbeobachtungen, die den eigentlichen Reiz der Insel ausmachen. Allemal sinnvoll ist es, sich vorab den Catalina Island Visitor's Guide zu besorgen und sich darin über das umfangreiche Angebot an Unterkünften und möglichen Aktivitäten zu informieren.

*Längerer Aufenthalt lohnt*

*Die Bucht von Avalon*

## Reisepraktische Informationen Santa Catalina Island

### Information
**Catalina Island Chamber of Commerce & Visitors Bureau**, 1 Green Pleasure Pier, ☎ (310) 510-1520, www.visitcatalinaisland.com und www.catalinachamber.com. Mo–Fr 8–17, So 9–15 Uhr. Dort gibt es zudem den „Catalina Visitor's Guide" (auch als Download erhältlich).

### Hotels
**Hermosa Hotel & Catalina Cottages $$$–$$$$**, 131 Metropole St., Avalon, ☎ (310) 510-1010, (877) 241-1313, https://hermosahotel.com; sehr schöne, zentral gelegene Unterkunft in einem historischen Haus von 1896 mit Zimmern unterschiedlicher Kategorien sowie einfachen Cottages.
**Pavilion Hotel $$$–$$$$**, 513 Crescent Ave., Avalon, ☎ (877) 778-8322, buchbar über www.visitcatalinaisland.com/hotels-packages/avalon/pavilion-hotel; direkt am Strand gelegenes, modernes Haus mit Palmen-Innenhof.
**Snug Harbor Inn $$$$–$$$$$**, 108 Sumner Ave., Avalon, ☎ (310) 510-8400, (888) 394-7684, www.snugharbor-inn.com. 1997 eröffnete Herberge in einem wunderschönen Holzhaus aus dem 19. Jh., intime Atmosphäre, gemütliche Zimmer mit Kamin.

### Camping
Auf der Insel gibt es fünf komfortable Campingplätze und mehrere sehr einfache Zeltgelände (Conservancy Cove Camps), die nur per Boot erreichbar sind. In jedem Fall braucht man für das Campen ein Permit, das u. a. bei **Two Harbors Visitor Services** (☎ (310) 510-4205, www.visitcatalinaisland.com/island-info/two-harbors/visitor-services) oder beim Einchecken am Hermit Gulch Campground in Avalon erhältlich ist.

### Fähren
**Catalina Express**, 385 E. Swinford St., San Pedro, ☎ (800) 613-1212, www.catalinaexpress.com. Mit bis zu 30 Abfahrten tgl. ist der Catalina Express die wichtigste Adresse für den Personenverkehr nach Catalina Island. Die Tragflügelboote legen in San Pedro, Long Beach und Dana Point ab und erreichen in etwa einer Stunde den Hauptort Avalon und Two Harbors. Unterwegs hat man schöne Ausblicke auf die Skyline von Los Angeles. Round Trip Erwachsene US$ 73,50, ab 55 Jahre US$ 66,50, 2–11 Jahre US$ 58, von Dana Point je US$ 2 teurer.
**Catalina Flyer**, 400 Main St., Newport Beach, ☎ (949) 673-5245, www.catalinainfo.com. Der große Katamaran fährt einmal tgl. von Newport Beach nach Catalina. Round Trip Erwachsene US$ 70, ab 60 Jahre US$ 65, 3–12 Jahre US$ 53, unter 3 Jahre US$ 6.

### Flüge
Auf dem Luftweg wird Avalon ab L.A., San Pedro, Long Beach, Dana Point oder San Diego mit Helikoptern und Kleinflugzeugen angeflogen. Von L.A. aus ist der Island Express Helicopter Service am schnellsten, der die Distanz von San Pedro (am Ferry Terminal) oder von Long Beach (am Queen Mary Pier) nach Avalon in 15 Minuten zurücklegt – Infos unter ☎ (800) 228-2566, https://iexhelicopters.com.

# 5. Rundreisevorschläge zu den Höhepunkten Kaliforniens

# Route 1: Rundfahrt zu den nordkalifornischen Highlights

## Überblick und Streckenvarianten

Nordkalifornien ist zwar regenreicher und kühler als der Süden des Bundesstaates, aber insbesondere wegen seiner menschenleeren Wald- und Gebirgsregionen nicht minder beeindruckend. Auf der hier vorgestellten Tour geht es von der berühmten Stadt am goldenen Tor zum geschichtsträchtigen **Sonoma** und durch die Weinfelder des **Napa Valley**. Nach diesem Auftakt lernt man die herbe Landschaft des **Lassen Volcanic National Park** kennen und fährt entlang kristallklarer Seen und durch pittoreske Goldgräberstädtchen wieder Richtung Westen.

Über die zerklüfteten Klamath Mountains, Heimat des sagenhaften Wesens *Bigfoot*, erreicht man die Küste und schaut sich die Baumriesen der **Redwoods** im gleichnamigen Nationalpark und entlang der Avenue of the Giants an. Durch Nordkaliforniens atemberaubende Pazifikszenerie geht es dann wieder nach Süden, mit Höhepunkten wie einem russischen Fort und viktorianischen Holzhausstädtchen, frischem Fisch und dem Drehort von Hitchcocks „Die Vögel".

Die Route ist so gelegt, dass möglichst wenige Etappen auf den breiten Freeways zurückzulegen sind und man diese Bilderbuchlandschaft vor allem auf den **reizvollen Nebenstrecken** kennenlernt. Das bedeutet auch, dass man je nach Zeit und Laune die Tour erheblich verlängern kann: Nördlich der Bundesgrenze warten in Oregon z. B. weitere spektakuläre Nationalparks, und selbst die Naturschönheiten Washingtons sind in erreichbarer Nähe.

In diesem Kapitel sind einige **Alternativen** vor allem für den Weg ins Napa Valley und für die Fahrt vom Lassen Volcanic NP zur Küste angegeben. Im Gegensatz dazu hat man dort eigentlich keine andere Wahl als den Hwy. 101 oder später den Hwy. 1 – sicher eine der Traumstraßen der Welt. Wegen vielfältiger Möglichkeiten zu Wanderungen, Angeltrips oder weiteren Outdoor-Aktivitäten, aber auch wegen beträchtlicher Steigungen auf der Inland-Route und Kurverei entlang der Küste sollte man sich **keine zu großen Tagesetappen** vornehmen. Während sich die Küstenstrecke wegen des gemäßigt-milden Klimas ganzjährig zu Erkundungsfahrten eignet, ist es im Inland in den Wintermonaten, also **von November bis Ende Mai**, empfindlich kühler. Dann sind auch einige der schönsten Strecken, z. B. der Hwy. 89, der den Lassen Volcanic National Park in Nord-Süd-Richtung durchquert, wegen Schneeverwehungen geschlossen.

*Küste mild, Inland kühler*

## Route 1: Rundfahrt zu den nordkalifornischen Highlights

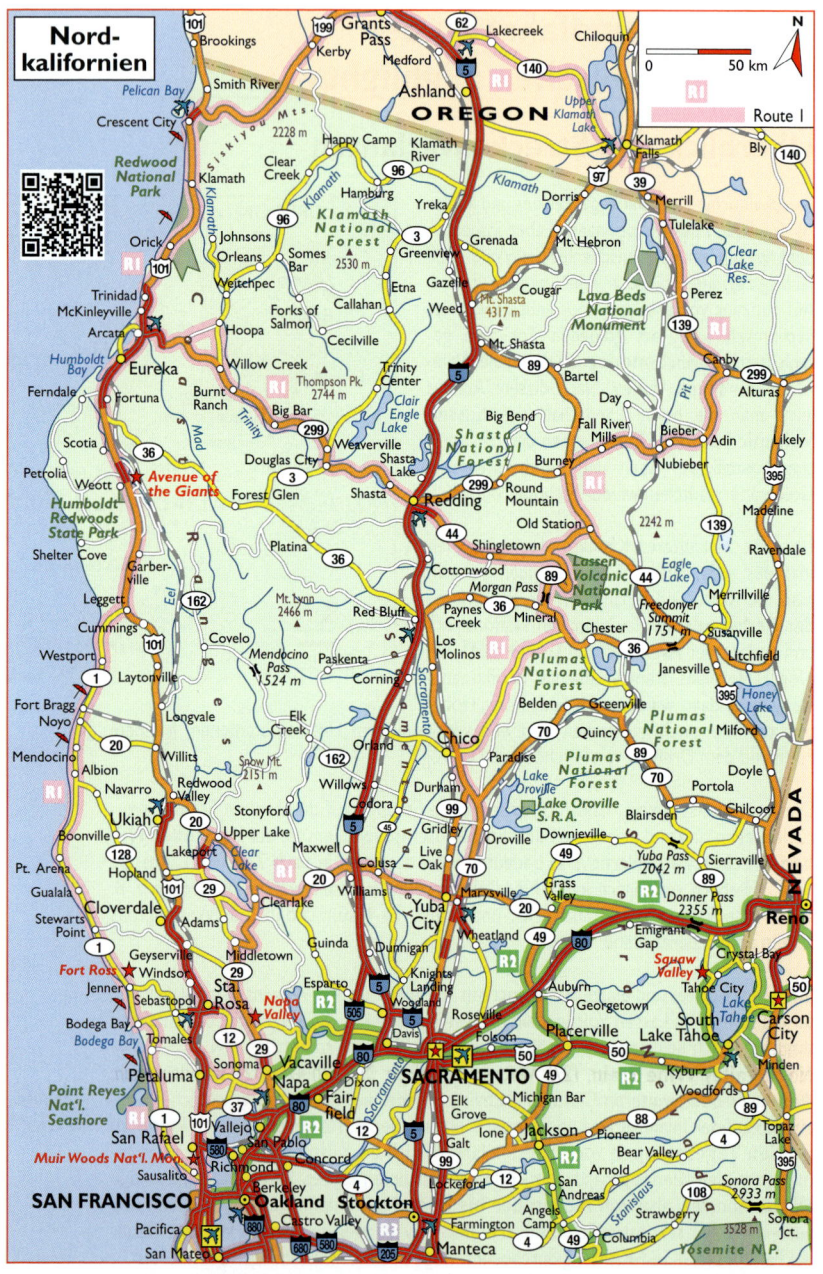

*Das Wine Country (Napa Valley, Sonoma Valley)*

Das **Programm** für eine Rundfahrt zu den nordkalifornischen Highlights könnte bei wenig Zeit so aussehen:

- **1. Tag:** San Francisco – über Santa Rosa und das Valley of the Moon (Besichtigung) nach Sonoma (Stadtrundgang) und weiter nach Napa (Übernachtung in Napa oder St. Helena)
- **2. Tag:** Ganztägige Rundfahrt mit Weinprobe durch das Napa Valley
- **3. Tag:** Napa – Calistoga – Clear Lake (evtl. Badepause) – Oroville – Chico (Besichtigung und Übernachtung)
- **4. Tag:** Chico – Fahrt zum und durch den Lassen Volcanic NP – Redding – Shasta (Besichtigung) – Weaverville (Stadtbummel) – Eureka (Übernachtung)
- **5. Tag:** Ganztägige Erkundung des Redwood National Park mit Wanderungen
- **6. Tag:** Eureka – Besichtigungen an der Avenue of the Giants – über Hwy. 1 nach Fort Bragg – Besuch des Fort Ross – Bodega Bay
- **7. Tag:** Bodega Bay – San Francisco

### Redaktionstipps

▸ Das mediterran wirkende **Napa Valley** mit seinen gemäßigten Höhenzügen (S. 301).
▸ Die wunderbaren **Seen Nordkaliforniens**, auf dieser Route u. a. der Clear Lake (S. 306), Lake Oroville (S. 307), Shasta Lake und Whiskeytown Lake (S. 315).
▸ Die herbe Landschaft des **Lassen Volcanic National Park** (S. 309).
▸ Das Naturschutzgebiet der **Point-Reyes-Halbinsel** mit ihren breiten Sandstränden und vielfältigem Tierleben (S. 338).
▸ Whale Watching und wilde Natur im **Redwood National Park** (S. 324).
▸ **Literaten im Wine Country:** auf den Spuren der Schriftsteller Jack London und Robert Louis Stevenson (S. 292, 306).

# Das Wine Country (Napa Valley, Sonoma Valley)

## Möglichkeiten, das Wine Country zu entdecken

### mit dem Zug

Wer das Herz des Wine Country stilvoll erleben möchte, hat dazu die Möglichkeit mit dem nostalgischen Wine Train, der in Napa startet. Mit den eleganten, schön restaurierten Pullman-Waggons von 1915, gezogen von einer Diesel-Lok aus den 1950ern, wird die 58 km lange Strecke von Napa nach St. Helena und zurück in drei Stunden bewältigt. Die Gäste können zwar auf dem Weg nicht aussteigen, dafür aber Mittagessen, Brunch oder Dinner **in luxuriösem Ambiente** einnehmen. In bequemen, zur Fensterseite gedrehten Polstersesseln werden einem anschließend genau jene Spitzenweine kredenzt, an deren Herkunftsorten man soeben vorbeifährt.

*Nostalgisches Zugerlebnis*

**Napa Valley Wine Train**, *1275 McKinstry St., Napa,* ① *(800) 427-4124, www.winetrain. com; die Preise bewegen sich je nach Tageszeit zwischen ca. US$ 159 und 332, inklusive Feinschmeckeressen.*

### mit dem Fahrrad

Das fast ebene Napa Valley ist für Radler ideal, zumal ausreichend Fahrradwege zur Verfügung stehen. Fahrräder können an vielen Hotels gemietet werden. Wer sich lieber einer geführten Tour anschließen möchte, hat auch dazu Gelegenheit: Die Route ist

## Route 1: Rundfahrt zu den nordkalifornischen Highlights

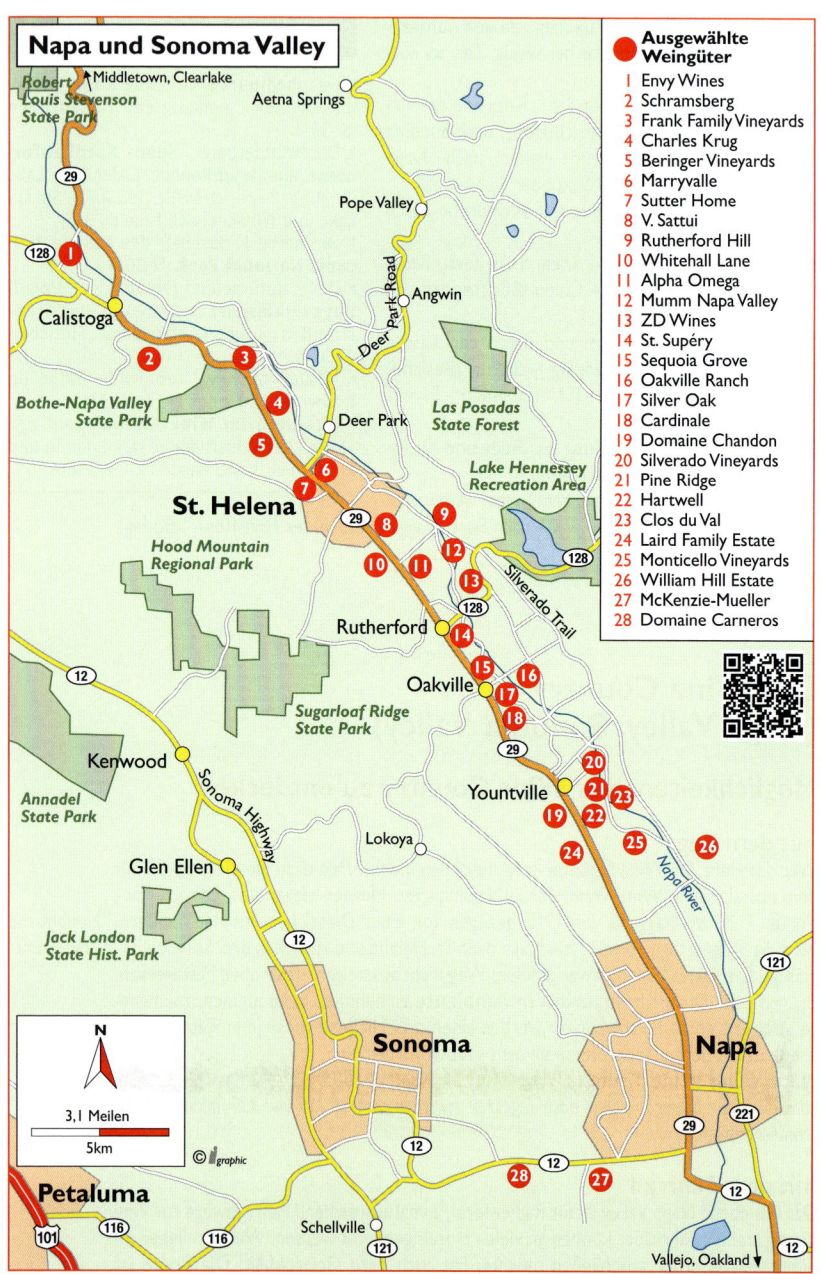

42 km lang und beinhaltet drei Weinproben; am Ende bringt einen ein Kleinbus nach Napa zurück. Anbieter der Tour und Fahrradvermietung:
**Napa Valley Bike Tours**, *6500 Washington St., Bldg. B, Yountville, und 950 Pearl St., Napa, ☏ (707) 251-8687, www.napavalleybiketours.com, tgl. 8.30–17 bzw. 18 Uhr.*
*Ein weiterer guter Radvermieter ist:* **St. Helena Cyclery**, *1156 Main St., St. Helena, ☏ (707) 963-7736, www.sthelenacyclery.com; Di–Sa 9.30–17.30, So 10–17 Uhr.*

## mit dem Pferd

Das Wine Country auf gemütliche Weise hoch zu Ross erkunden, auch das haben verschiedene Anbieter im Programm. Sehr schön sind die geführten Touren, die **Triple Creek Horse Outfit** (*2400 London Ranch Road, Glen Ellen, ☏ (707) 887-8700, www.triplecreekhorseoutfit.com*) im Bothe Napa Valley State Park in der Nähe von Calistoga anbietet.

# Überblick

Ganz in der Nähe von San Francisco liegt im Napa und Sonoma Valley das bekannteste und größte Weinanbaugebiet der USA, und allein das mag für viele Grund genug sein, die Region auf einem Ausflug kennenzulernen. Die Gegend ist jedoch nicht nur wegen ihres Weinanbaus bekannt, sondern von landschaftlichem und historischem Interesse.

*Wichtigstes Weingebiet der USA*

Einerseits scheint sie dem Mitteleuropäer merkwürdig vertraut. Anstelle der grandiosen Berg-, Wüsten- oder Waldlandschaft Kaliforniens breiten sich hier sehr breite und **flache grüne Täler** aus. Andererseits bietet sie, vor allem im nördlichen Abschnitt, durchaus spektakuläre Szenerien: Da gibt es Schluchten, bewaldete Abhänge schieben sich immer enger aneinander, Seen laden zu Wassersport und Angeln ein, und der erlo-

*Willkommen im Napa Valley!*

*Route 1: Rundfahrt zu den nordkalifornischen Highlights*

## Weinverkostungen und Winzereitouren

Es gibt im Napa und im Sonoma Valley so viele Weingüter, dass es nicht einfach ist, den **Überblick** zu behalten. Besonders, wenn es darum geht, die eine oder andere Weinprobe oder Führung mitzumachen. Am besten erkundigt man sich zunächst bei der jeweiligen **Touristeninformation**. Denn etliche Weingüter verlangen für die Führungen Eintritt, andere für eine Verkostung, einige für beides. Und manche verlangen überhaupt keinen Eintritt.

Zu besichtigen sind **grandiose Weingüter** mit eigenem Park und Fullservice oder kleine Holzhütten am Straßenrand, die einen familiären Ausschank organisieren. Dazu Restaurants, Cafés, Delikatessen usw. Man tut schließlich alles, um die Besucher bei Laune zu halten. Es lohnt sich also, im Vorfeld zu überlegen, was man sehen und erleben möchte: vielleicht die Produktion von *California Champagne*? Dann könnte *Korbel* (www.korbel.com) in Guerneville/Sonoma ein guter Tipp sein, immerhin wurde der „Champagner" dieser Sektkellerei bereits bei der Amtseinführung mehrerer US-Präsidenten kredenzt. Oder ein „klassisches" Weingut im spanischen „Mission"-Stil mit erstklassigem Restaurant und Blick über das Sonoma Valley? Dann auf zum Weingut *St. Francis* (www.stfranciswinery.com).

Bei der Fülle der Möglichkeiten muss aber klar sein, dass es sich bei Führungen und Verkostungen um Verkaufsveranstaltungen handelt – die allerdings sehr professionell und unterhaltsam sind. Auch kann man bei einer Tour durch ein Weingut, die meist 45 Minuten bis eine Stunde dauert, einiges lernen.

**Tipp:** Das „Wine Institute of California" in San Francisco hat eine eigene Website: www.discovercaliforniawines.com. Dank vieler Tipps, Karten und Portraits von Weingütern kann man sich hier gut einen Überblick über das Weingeschehen in Kalifornien verschaffen.

---

schene Vulkan Mount St. Helena reckt sich mächtig empor. Ein Geysir schließlich erinnert an die labile geologische Struktur.

Als im Oktober 2017 mehr als 20 Großbrände in Nord-Kalifornien wüteten und 44 Menschenleben forderten, war das Wine Country besonders stark betroffen. Fast 9.000 Gebäude wurden zerstört, über 20 Weingüter fielen ganz oder teilweise den Flammen zum Opfer, Feuer und Rauch beschädigten wertvolle Rebstöcke, in der Folge verloren Zehntausende vorwiegend mexikanische Saisonarbeiter ihre Jobs. Es wird sicher eine Weile dauern, bis alle Schäden behoben sind – aber wiederaufgebaut wird mit Hochdruck. Der Gesamtschaden wird auf 14,5 Milliarden Dollar geschätzt, hinzu kommen die wirtschaftlichen Einbußen, denn der Weinanbau und der damit verbundene Tourismus stellen hier die wichtigsten Wirtschaftszweige dar.

Allein 2016 kamen rund 3,5 Millionen Besucher ins Napa Valley. Dabei ist die Region nicht nur wegen des Weins und der Landschaft berühmt. An die historische Bedeutung der Gegend wird u. a. durch Sonoma, den „Geburtsort" Kaliforniens, durch alte spanische Missionen und charmante Kleinstädte mit viktorianischen Häusern erinnert. Außerdem war das Wine Country auch die Heimat vieler berühmter Künstler und Schriftsteller. Der Schotte Robert Louis Stevenson („Die Schatzinsel") hatte sich hier zeitweilig niedergelassen, und Jack London („Der Seewolf") lebte hier bis zu seinem Tod.

*Das Wine Country (Napa Valley, Sonoma Valley)*

Viele Gründe also für einen Abstecher in das Wine Country. Ein solcher Ausflug kann ab/bis San Francisco an einem Tag durchgeführt werden, wenn auch angesichts der Entfernungen (nach Calistoga z. B. 122 km) dann nicht mehr viel Zeit für Weinproben übrig bleibt. Als Alternative bietet sich die Übernachtung in einem der zahlreichen guten Hotels oder Pensionen der Weintäler an. Der Besuch der Region kann allerdings auch verknüpft werden mit anderen Routen, beispielsweise mit einem Besuch von Sausalito und den Muir Woods (s. S. 189), mit der Fahrt nach Sacramento und zum Yosemite National Park (s. S. 371) oder zur Küste bei Fort Ross und Bodega Bay. Bei der vorliegenden Routenbeschreibung ist das Wine Country die erste Station auf der Inland-Tour nach Nordkalifornien.

*Verschiedene Routen*

## Über Vallejo direkt nach Napa

Von San Francisco aus gibt es mehrere Möglichkeiten, ins Napa Valley zu gelangen. Eine Alternative ist der Weg über die I-80, auf der man die Metropole östlich über die Bay Bridge verlässt, dann das berühmte Berkeley passiert und an Richmond vorbei, nahe am Ufer der San Pedro Bay, auf Vallejo zufährt. Vorher überquert man die Bay auf der Alfred Zampa Memorial Bridge (Mautgebühr). **Vallejo**, benannt nach einem kalifornisch-mexikanischen General, der half, Kalifornien zu einem US-Bundesstaat zu machen, ist eine 122.000-Einwohner-Großstadt, die besonders hart von der Finanzkrise betroffen und Ende 2008 praktisch bankrott war. Die größte Attraktion vor Ort ist das **Six Flags Discovery Kingdom**, das ein Ozeanarium mit einem Freizeitpark à la Disneyland kombiniert (www.sixflags.com, Eintritt ca. US$ 70).

*Ozeanarium mit Tierpark*

*Weingut im Napa Valley*

Hinter der Stadt biegt man von der I-80 auf den Hwy. 29 ein, der einen geradewegs nach **Napa** bringt. Dieses Städtchen am Anfang des gleichnamigen, etwa 60 km langen und 8 km breiten Tals ist ein guter Ausgangspunkt für die Erkundung des Wine Country.

## Von San Francisco nach San Quentin

Die im Folgenden vorgeschlagene Variante verläuft weiter westlich und berührt auf der Strecke nach Napa einige äußerst sehenswerte Stationen. Dabei verlässt man **San Francisco** nordwärts auf dem autobahnähnlich ausgebauten Hwy. 101 (Golden Gate Bridge), passiert die Ausfahrten nach Sausalito und zu den Muir Woods (s. S. 189) und fährt auf San Rafael zu. Kurz vor der Stadt sieht man zur Rechten bei **San Quentin** die 1957 fertiggestellte, zweistöckige **Richmond-San Rafael Bridge**. Auf der östlichen Seite führt sie nach Richmond und zu anderen Städten wie Berkeley oder Oakland. Die knapp 9 km lange Brücke war bei ihrer Einweihung eine der längsten der Welt, konnte aber ästhetisch nicht überzeugen. Denn um der Gefahr eines Einsturzes durch ein Erdbeben entgegen zu wirken, wurde der Mittelteil tiefer gelegt, sodass die Stahlkonstruktion mit ihrem Auf und Ab ein wenig an eine Achterbahn erinnert. Dieses merkwürdige Aussehen behielt sie auch nach den 2004 abgeschlossenen Arbeiten, durch die die Brücke ein Erdbeben von der Stärke 8,3 überstehen können soll. Manchmal wird man auf der Brücke von heftigen Winden überrascht, dabei stürzten 2008 fünf Lkw um.

*Erdbebensichere Brücke*

Der markante Block direkt neben der westlichen Brückenauffahrt ist das berüchtigte **San Quentin State Prison**. Das auf 3.300 Insassen ausgelegte Gefängnis wurde 1852 eingeweiht und ist damit das älteste in Kalifornien. Es geriet häufig wegen seiner Überfüllung, der Brutalität und der Hinrichtungen (bis 1996 durch Gas, danach mit Gift) in die Schlagzeilen. Bekannt ist es aber auch durch zahlreiche Filme und sogar Konzerte. Unter anderem nahm Johnny Cash hier 1969 sein Livealbum „At San Quentin" auf.

## San Rafael

Die mit rund 59.000 Einwohnern größte Stadt und gleichzeitig Verwaltungssitz des Marin County hat einige historische Gebäude aufzuweisen. Das wichtigste befindet sich im Ortszentrum, zu dem man den Hwy. 101 Richtung Westen auf der Mission Ave. verlässt. Auf dieser wird man zur zweitnördlichsten aller kalifornischen Missionsstationen geleitet, der **Mission San Rafael Arcángel** (Eingang an der Fifth Ave.). Gegründet wurde sie 1817 von den Franziskanerpadres Sarria, Durran und Abella, doch verfiel der L-förmige Adobe-Bau im Laufe der Zeit, sodass er 1949 originalgetreu, allerdings mit anderen Materialien (Holz und Zement) wiederaufgebaut werden musste. Original hingegen sind die vier Glocken im Kirchenhof, die damals die Gläubigen zur Messe riefen. Neben dem schlichten Gotteshaus entdeckt man ein sehr ähnliches Gebäude, das früher das Krankenhaus der Mission war und heute als Souvenirladen genutzt wird. Und sofort anschließend wird die Anlage von der Archangel New Church überragt, die später im spanisch-mexikanischen Stil ausgeführt wurde.
**Mission San Rafael Arcángel**, *1104 5th Ave., ☏ (415) 454-8141, www.saintraphael.com; tgl. 6.30–18.30 Uhr.*

Wer eher an moderner Architektur interessiert ist, sollte bis zum nördlichen Ortsausgang weiterfahren, wo sich sofort neben dem Highway (Abfahrt Civic Center Dr.) der

Verwaltungskomplex des **Marin County Civic Center** erhebt. Man erkennt es leicht an dem 52½ m hohen und schlanken Turm, der ein wenig an ein Minarett erinnert. Und wie bei einer Moschee spannt sich daneben eine gut 24 m hohe Kuppel, unter der sich jedoch kein Gebetssaal, sondern die öffentliche Bücherei befindet. Kein geringerer als Frank Lloyd Wright hat 1958 die Pläne gezeichnet, verwirklicht wurde das Projekt aber erst 1962, drei Jahre nach seinem Tod. Der ockerfarbene und blaue Komplex beherbergt u. a. das County-Gericht, ein Theater sowie Verwaltungsbüros. Ihm angeschlossen ist das Marin Veteran's Memorial Auditorium, eine 2.000-Sitze-Halle mit überdachtem Garten, die ebenfalls von Wright entworfen wurde.

Vom Civic Center aus kann man in ca. 10 km über die North San Pedro Rd. auf die östliche Halbinsel an der San Pablo Bay fahren, auf der sich der 663 ha große **China Camp State Park** befindet, das letzte der rund 30 chinesischen Fischerdörfer, die sich um 1880 entlang der Bucht ansiedelten. Von dem alten Camp ist allerdings bis auf wenige Häuser und einem Pier nicht viel übrig geblieben, dafür entschädigt der schöne Blick auf die Bay.

*Die Missionskirche San Rafael*

**China Camp SP**, *101 Peacock Gap Trail/China Village Rd., San Rafael,* ① *(415) 456-0766, www.parks.ca.gov/chinacamp, https://friendsofchinacamp.org; tgl. von 8 Uhr bis Sonnenuntergang, Erwachsene US$ 3 bzw. US$ 5/Auto (bis zu 4 Pers.).*

> **Information**
> **Marin Convention & Visitors Bureau**, *1 Mitchell Blvd., Suite B, San Rafael,* ① *(415) 925-2060, (866) 925-2060, www.visitmarin.org; Mo–Do 9–17, Fr 9–15 Uhr, Karten und viel Infomaterial über die Attraktionen des gesamten Countys.*

## Novato

Etwa 15 km hinter San Rafael bringt einen der Hwy. 101 in die kleine Stadt Novato (56.000 Ew.), die nach einem Miwok-Häuptling benannt ist. Hier zeigt das **Novato History Museum** (*815 DeLong Ave.*) im alten Postamt von 1856 Fotodokumente und Relikte aus den Pioniertagen, während sich das **Hamilton Field History Museum** (*555 Hangar Ave.*) im alten Feuerwehrgebäude der Geschichte des Militär-Flugfeldes widmet (*beide Museen: www.novatohistory.org; Mi, Do, Sa 12–16 Uhr, Eintritt frei*). Ein Tipp für alle, die sich für die Geschichte der hiesigen Indianer interessieren, ist das **Marin Museum of the American Indian** (*2200 Novato Blvd., www.museumoftheamericanindian.org; Fr–So 12.30–16.30 Uhr*). Ein Garten präsentiert zahlreiche der einst von den Miwok kultivierten Nutzpflanzen. Die historische Old Town von Novato breitet sich rund um die Grant Ave. aus und besitzt eine **City Hall** von 1896.

*Interessante Museen*

## Petaluma

Rund 15 km hinter Novato kommt man auf dem Hwy. 101 nach Petaluma (ca. 60.000 Ew.), einer attraktiven Kleinstadt mit vielen viktorianischen Häusern und anderen Baudenkmälern. Das einstige Goldgräbernest geht auf eine der größten kalifornischen Ranches (26.953 ha) zurück, die 1836 erbaute Adobe-Hazienda, die sich im Besitz des Generals Vallejo befand (s. S. 295). Das zweistöckige Anwesen stellt als **Petaluma Adobe State Historic Park** (www.petalumaadobe.com) die größte Sehenswürdigkeit der Ortschaft dar, sie befindet sich inmitten von Feldern auf einem Hügel im Südosten. Zwar ist nur die Hälfte des ursprünglichen Komplexes erhalten geblieben, trotzdem bekommt man bei einem Rundgang einen guten Eindruck vom ländlichen Wohlstand, in dem die Feudalherren in der mexikanischen Epoche Kaliforniens lebten.

*Mexikanische Wurzeln*

Im historischen Ortszentrum kann man einen gemütlichen Bummel rund um die Straßen Petaluma Blvd., Kentucky St., Washington St. und B St. unternehmen, wo es alte Hotels, Mühlen, eine Schmiede und viele charmante Holz- und Ziegelhäuser aus den 1870/80ern gibt. Sehenswert ist u. a. die alte Stadtbücherei (Petaluma Historical Library) an der Ecke 4th St./B St. oder die Odd Fellows Hall. Die meisten Gebäude werden heute anders genutzt, so z. B. die Great Petaluma Mill (N. Petaluma Blvd.), in der ein Einkaufszentrum untergebracht ist.

Besonders schön wird es in Petaluma immer dort, wo man einen Blick auf den Petaluma River und seinen Hafen hat. Der Fluss war früher der nach dem Sacramento River und dem San Joaquin River meistbefahrene Kaliforniens und ermöglichte eine Schiffsverbindung zwischen San Francisco und dem Farmland des Sonoma County.

### Reisepraktische Informationen Petaluma

**Information**
**Petaluma Visitor Center**, 210 Lakeville St., ① (707) 769-0429, www.visitpetaluma.com; Mo-Fr 9-17, Sa/So 10-16 Uhr. In der Touristeninformation erhält man auch Broschüren für Spaziergänge durch die Altstadt.

**Hotel**
**Quality Inn Petaluma $$$**, 5100 Montero Way (Old Redwood Hwy./Hwy. 101), ① (707) 664-1155, www.winecountryqi.com; schöne Unterkunft der gehobenen Kategorie mit 109 gut ausgestatteten Zimmern, inkl. Frühstück, Kühlschrank, Kaffeemaschine.

## Weiterfahrt nach Sonoma und Napa

Um am schnellsten nach Sonoma und Napa zu gelangen, biegt man in Petaluma auf den Hwy. 116 in östlicher Richtung ab. Hat man jedoch mehr Zeit, ist es natürlich genauso gut möglich, noch eine Weile dem Hwy. 101 zu folgen, um dann später (etwa in Santa Rosa oder in Geyserville) nach Osten zu fahren oder um auf einer ganz anderen Routenführung über Sebastopol (s. S. 338) bei Bodega Bay die Pazifikküste zu erreichen. Auf der Teilstrecke bis Santa Rosa lohnt sich ein erster Halt in **Rohnert Park**, einer 43.000-Einwohner-Stadt. Der Ort ist der Sitz der Sonoma State University.

*Das Wine Country (Napa Valley, Sonoma Valley)*

Als Nächstes erreicht man die mit 175.000 Einwohnern größte Stadt des Sonoma County, **Santa Rosa**, gleichzeitig dessen Verwaltungszentrum und Hauptumschlagplatz landwirtschaftlicher Erzeugnisse. Bei den Bränden im Oktober 2017 hat die Stadt große Schäden erlitten. Weil viele der Eigentümer der zerstörten Häuser nicht versichert waren, liegen noch immer einige Grundstücke brach. In Santa Rosa befindet sich das **Sonoma County Tourism** *(400 Aviation Blvd., Suite 500, ① 800-576-6662 oder (707) 522-5800, www.sonomacounty.comcom)*, wo man sich sozusagen vorbereitend über die Weine des Sonoma Valley informieren kann. Außerdem veranstaltet das Zentrum Weintouren, Weinproben und anderes mehr. Santa Rosa wurde 1830 gegründet und durch Luther Burbank (1849–1926) bekannt, einen Agronomen, der auf seiner Versuchsfarm *(Ecke Santa Rosa Ave./Sonoma Ave.)* über 800 neue Gemüse-, Obst- und Blumenarten züchtete und veredelte, u. a. die berühmten kernlosen Pflaumen. An ihn erinnert das Museum **Luther Burbank Home & Gardens**. Auf dem Gelände ist Burbank zusammen mit seinem Hund unter einer großen Zeder beigesetzt.

*Alles über Wein*

**Luther Burbank Home & Gardens**, *204 Santa Rosa Ave., ① (707) 524-5445, www.lutherburbank.org; die Gärten sind tgl. von 8 Uhr bis Sonnenuntergang geöffnet. Geführte Touren durch Garten und Museum finden April–Okt. Di-Sa 10–16 und So 11–15 Uhr statt. Erwachsene US$ 10, 12–18 Jahre US$ 8,50.*

Einen halben Block westwärts auf der Sonoma Ave. kann man im Julliard Park eine kuriose Kirche besichtigen, die komplett aus dem Holz eines einzigen Baustammes gefertigt wurde (ein 85 m hoher Redwood mit 5½ m Durchmesser). In der Kirche wird mit einem kleinen Memorial an den berühmtesten Sohn des Ortes erinnert, jenen Robert L. Ripley, der in seiner „Believe It or Not!"-Sammlung Absonderlichkeiten aus aller Welt zusammengetragen hat. Eine weitere berühmte Persönlichkeit, die lange Zeit in Santa Rosa nicht weit entfernt auf der W. Steele Ln. (Nr. 1665) gelebt hat und hier im Jahre 2000 starb, ist Charles M. Schulz. Er wurde 1922 als Sohn deutsch-norwegischer Eltern in Minneapolis geborenen und wurde weltbekannt als Schöpfer der Peanuts-Comics, deren Figuren wie Charlie Brown, Snoopy etc. man im **Charles M. Schulz Museum** in allen möglichen Studien, Formen und Originalzeichnungen begegnet.

**Charles M. Schulz Museum & Research Center**, *2301 Hardies Ln., ① (707) 579-4452, www.schulzmuseum.org; tgl. 11–17, Sa/So ab 10 Uhr, Sept.–Mai Di geschlossen, Erwachsene US$ 12, 4–18 Jahre US$ 5, ab 62 Jahre US$ 8.*

Ein schön restauriertes, altes Postamt findet sich an der 7th St., in dem Gebäude ist heute das kleine Sonoma County Museum untergebracht. Von dort kann man auf einem hübschen Weg zum **Railroad Square Historic District** spazieren. Der Distrikt,

*Im Charles M. Schulz Museum sind Charlie Brown, Snoopy und ihre Freunde zu Hause*

*Route 1: Rundfahrt zu den nordkalifornischen Highlights*

der sich zwischen den Straßen Davis St./Wilson St. bzw. 3rd St./5th St. erstreckt, weist einige altertümliche Läden und Restaurants auf, die um ein Eisenbahn-Depot aus dem Jahr 1905 gebaut sind. Hier, in der historischen Bahnhalle, befindet sich die Touristeninformation.

Wer in Santa Rosa dem Hwy. 101 weiter nach Norden folgt, erreicht in 38 km den kleinen, idyllischen Ort **Geyserville**, der sich mit seinen Wineries zur Erkundung zu Fuß oder mit Pferd und Wagen anbietet. Ansonsten biegt man in der Stadt rechts auf den als Scenic Hwy. ausgeschilderten Hwy. 12 ab und gelangt nach 29 km, vorbei am Annadel State Park und vielen Weinkellereien, nach Glen Ellen.

## Reisepraktische Informationen Santa Rosa

**Vorwahl**: 707

### Information
**Santa Rosa Convention & Visitors Bureau**, *9 Fourth St.*, ① *577-8674, (1-800) 404-7673, www.visitsantarosa.com; tgl. 9–17 Uhr.*

### Hotel
**The Gables Wine Country Inn $$$$**, *4257 Petaluma Hill Rd.,* ① *585-7777, www.thegablesinn.com; ruhig gelegene, traumhafte Bed-&-Breakfast-Unterkunft mit geräumigen Zimmern in einer liebevoll restaurierten viktorianischen Villa.*

## Glen Ellen

Das im Valley of the Moon gelegene 1.000-Einwohner-Dörfchen hat eine ganz besondere Sehenswürdigkeit, nämlich den **Jack London State Historic Park**: Nicht nur die 1½ km vom Eingang entfernte Grabstätte des berühmten Schriftstellers lockt Bewunderer hierhin, sondern auch mehrere Gebäude der Familie, ein kleines Museum und ein schöner See. Nach Passieren des Eingangs stellt man seinen Wagen auf dem linken Parkplatz ab und folgt dem Fußweg, der einen zunächst zum House of Happy Walls bringt, das Jack Londons Witwe nach dessen Tod in den Jahren 1919–1922 bauen ließ. In ihm ist heute das Visitor Center mit dem Jack London Museum untergebracht, in dem Bücher, Fotos und persönliche Gegenstände des Schriftstellers ausstellt werden. Folgt man dem steil ansteigenden Pfad bis zum Ende weiter (ca. 1½ km), gelangt man zum Wolf House, Londons 1910–13 erbautem Herrensitz, der jedoch kurz vor seiner Fertigstellung unter mysteriösen Umständen niederbrannte und heute nur noch als Ruine zu besichtigen ist. Das Urnengrab (Jack London Grave) des Schriftstellers befindet sich unweit davon unter einem Felsblock. Wieder am Eingang zurück, liegt dort die von Nebengebäuden (u. a. Schnapsbrennerei) flankierte Ranch, in der der Autor bis zu seinem Tod lebte.

*Haus und Grab des Schriftstellers*

**Jack London State Historic Park**, *2400 London Ranch Rd., Glen Ellen,* ① *(707) 938-5216, www.jacklondonpark.com; im Sommer tgl. (im Winter Do–Mo) 9–17 Uhr, Museum 10–17 Uhr, Eintritt pro Fahrzeug US$ 10.*

## Reisepraktische Informationen Glen Ellen

**Vorwahl**: 707

### Hotel
**Gaige House Inn** $$$–$$$$$, 13540 Arnold Dr., ① 935-0237, www.thegaige house.com; ein wunderschöner „small luxury Inn" mit Dachterrasse, Pool und Gästeküche (inkl. Obst, Süßigkeiten, Softdrinks), Wein am Abend in der gemütlichen Bibliothek und Gourmetfrühstück, neun Zimmer und Suiten.

### Restaurant
**The Fig Café & Winebar**, 13690 Arnold Dr., ① 938-2130, www.thefigcafe.com; gemütliches Lokal, in dem italienisch angehauchte Küche serviert wird, aber auch Burger stehen auf der Karte. Mittelpreisig.

## Jack London

Ohne Zweifel gehört Jack London zu den meistgelesenen Schriftstellern der Neuen Welt, wenn man auch lange geteilter Meinung über seine literarischen Qualitäten war. Allein die schillernde Gestalt des Kaliforniers ist aber so abenteuerlich, dass es sich lohnt, einen kurzen Blick auf seine Biographie zu werfen. Am 12. Januar 1876 in San Francisco geboren, verbrachte Jack London eine ärmliche und **unruhige Jugend**. So war sein Vater nicht bekannt, er hatte ständig den Wohnort zu wechseln und wurde vorwiegend von seiner Schwester Eliza erzogen und versorgt. Der kleine Jack las viel, musste aber aus wirtschaftlichen Gründen mit 13 Jahren die Schule verlassen. Zu diesem Zeitpunkt verdiente er sich durch Hilfsarbeiten sein Geld und lebte ansonsten das Leben eines Erwachsenen. Früh schon kam er mit Alkohol in Kontakt und machte die Kneipe *Heinold's First and Last Chance* in Oakland zu seiner eigentlichen Heimat. Schließlich kaufte er sich das Austernboot Razzle Dazzle, auf dem er mit der 16-jährigen Mamie zusammenlebte, ging auf Fischfang und durchlebte mit seinen Freunden wüste Orgien und Trinkgelage. Von seinem Hang zu Depressionen kündet ein Selbstmordversuch im Alter von gerade zwanzig Jahren. Zu Fuß, mit Fischerbooten oder als blinder Passagier auf Zügen durchstreifte er den gesamten Westen. Daneben versuchte er sich als Student, verließ aber bereits nach einem Trimester die Universität. Im **Goldrausch** zog Jack hinauf nach Alaska und verbrachte am Klondike einen entbehrungsreichen Winter.

Gesundheitlich zerrüttet, bewarb sich der 24-Jährige anschließend in Kalifornien als Postbeamter, hatte aber gleichzeitig erste literarische Erfolge, als ihm die Zeitschrift „The Black Cat" eine Kurzgeschichte abkaufte. Er beschloss, von nun an als Schriftsteller zu leben. Im gleichen Jahr (1900) heiratete er Hals über Kopf Bess Maddern. Zwei Dinge sind es, die sein Leben in dieser Zeit bestimmten: die Genusssucht, die ihn zu verschiedenen Frauen und vor allem immer wieder zu alkoholischen Exzessen trieb (nicht umsonst heißt eines seiner Werke „König Alkohol" [1913]), zum anderen sein stets waches Auge für soziale Ungerechtigkeiten und die Sorge um die Unterschicht, aus der er selbst kam. Mit Reportagen wie „In den Slums" (1903) und Romanen wie „Die eiserne Ferse" (1908) empfahl er sich als **Galionsfigur des Sozialismus**, trat auch der Sozialistischen Partei bei und formulierte kompromisslose Hasstiraden auf alles, was nach Kapitalismus aussah. Er selbst legte keinen Wert auf sein Äußeres und erschien Zeitgenossen als Genie, Landstreicher und Sozialist in einer Person.

Nach der Scheidung von Bess heiratete London in zweiter Ehe Charmian Kittredge, die später mehrere Bücher über beider Zusammenleben verfasste. Obwohl als Schriftsteller nun überaus erfolgreich (zur Freude seines Verlegers William Randolph Hearst, den Londons Sozialismus nicht weiter störte) und bodenständiger, verzichtete London nicht auf ausgedehnte Reisen (z. B. nach Indien, Korea, Europa), die er z. T. mit seinem eigenen Schiff Snark durchführte.

Gleichzeitig blieb er ein glühender Verehrer der Natur und pries die Schönheit des Valley of the Moon bei Glen Ellen, wo er nun lebte, in dem Buch „Das Mondtal" (1913). Das hinderte ihn nicht, weiterhin übermäßig zu trinken und sich um politische Belange zu kümmern – mit dem Satz „Es lebe die Revolution!" beschloss er zu dieser Zeit seine Briefe. Merkwürdig mutet deswegen sein unverhohlener **Rassismus** an, mit dem er den chinesischen, aber auch ost- und südeuropäischen Einwanderern begegnete. Seine diffusen Gedanken zur „Überlegenheit der weißen Rasse" führten denn auch zum Bruch mit der Sozialistischen Partei. Dies war kurz vor 1916, als sein körperlicher Verfall – Resultat seines ausschweifenden Lebens – bereits voll eingesetzt hatte. Ständige Zahn- und Nierenschmerzen bekämpfte er mit Medikamenten und Alkohol, während er vergeblich versuchte, seiner Fettleibigkeit entgegenzuwirken. Der nicht sehr großgewachsene Mann wog am Schluss über zwei Zentner. Außerdem hatte er unter Hautkrankheiten zu leiden.

*Jack Londons Grab*

Die Ursache seines Todes ist bis heute ungeklärt. Offiziell starb er infolge einer Nierenkolik, aber auch ein Selbstmord mit Drogen ist nicht auszuschließen. 1916 starb Jack London in Glen Ellen im Alter von nur 40 Jahren. Schwer verständlich ist, wie der Schriftsteller bei diesem Lebenswandel und all der Energie, die er auf seine politische Arbeit und persönlichen Auseinandersetzungen verwandte, es noch schaffen konnte, so viel (und so gut) zu schreiben. Seinem ersten erfolgreichen Werk, der 1900 erschienenen Kurzgeschichtensammlung „The Son of the Wolf", folgten bis zu seinem Tod etwa **50 Bücher**. Das bedeutet bei einer Schaffenszeit von 16 Jahren durchschnittlich drei Bücher pro Jahr. Neben kürzeren Werken waren darunter Bestseller wie „Der Seewolf", „Wolfsblut", „Lockruf des Goldes" und „Die Rote Pest".

## Sonoma

Ob man nun über den Hwy. 116 von Petaluma aus oder über den Hwy. 12 über Santa Rosa und Glen Ellen nach Sonoma (11.000 Ew.) gelangt – ein Halt hier ist bei einer Fahrt ins Wine Country unverzichtbar. Immerhin gilt das Sonoma Valley, das die Suisun-Indianer so getauft hatten, als **Geburtsstätte des kalifornischen Weinbaus**, weil hier Graf Agoston Haraszthy aus Ungarn mit seinen aus Europa importierten Reben den kommerziellen Weinbau begann (s. S. 299). Seine **1857** gegründete Buena Vista Winery existiert noch immer, und zwar an der Old Winery Rd. nordöstlich der Stadt Sonoma. Zwar können Sonoma und das gleichnamige Tal nicht mit so vielen und berühm-

*Das Wine Country (Napa Valley, Sonoma Valley)*

ten Weinkellereien wie das Napa Valley aufwarten, gehören jedoch allein schon aufgrund ihrer historischen Bedeutung zu den Highlights der Region. Zusätzlich werden Besucher von einigen interessanten **Events** angezogen, darunter das Sonoma Valley Film Festival im März/April (*www.sonomafilmfest.org*) und die berühmte Heißluftballon-Parade Hot Air Balloon Classic im Juni/Juli (*www.schabc.org*).

Auf dem Hwy. 12 (Broadway) wird man an jener unübersehbaren **Sonoma Plaza** vorbeigeführt, die das Zentrum der geschichtsträchtigen Stadt ausmacht. Dieses 3 ha große Rechteck ist von alten Adobe-Häusern gesäumt. Nirgendwo nördlich von Monterey gibt es übrigens eine größere Ansammlung von Gebäuden, die mit den typischen *adobes* (luftgetrocknete Ziegel) errichtet wurden. Der Platz wurde bereits 1835 von Mariano Guadalupe Vallejo angelegt, einem General der mexikanischen Armee. Dieser hatte nach der Beseitigung der spanischen Herrschaft als Oberbefehlshaber der mexikanischen Streitkräfte die Macht an sich gerissen und sich praktisch als Alleinherrscher der Provinz Alta California installiert. Nachdem aber immer mehr Amerikaner das mexikanische Territorium unterwandert hatten, wurde der General in der sogenannten **Bear-Flag-Revolte** im Juni 1846 von William B. Ide und seinen amerikanischen Mitstreitern auf der Plaza festgenommen – entgegen einer Absprache, die sie zuvor mit Vallejo, der der Loslösung Kaliforniens von Mexiko positiv gegenüberstand, in seinem Haus getroffen hatten. Auf der Plaza riefen die Aufständischen die unabhängige Republik Kalifornien aus und hissten die Bärenflagge, die den Vorläufer der heutigen Flagge Kaliforniens darstellt.

*Kurze Unabhängigkeit*

Die provisorische Hauptstadt der Republik California hieß also vorübergehend Sonoma, bis US-Truppen einen knappen Monat später die ganze Provinz in ihre Gewalt brachten und sie den Vereinigten Staaten einverleibten. Nutznießer dieser Entwicklung war General Vallejo, dessen Besitz zwar geplündert worden war, der aber nun freigelassen

*Die Mission von Sonoma*

*Route I: Rundfahrt zu den nordkalifornischen Highlights*

wurde und bald wieder als einer der ersten Senatoren des jungen Bundesstaates politischen Einfluss gewann.

Eine Besichtigung des historischen Sonoma sollte an der Sonoma Plaza beginnen, wo an der Nordostecke das Bear Flag Monument an die kurze Zeit des unabhängigen Kalifornien erinnert. Unweit davon erhebt sich die markante, 1906 entworfene **City Hall**, die zusammen mit den benachbarten Häusern bereits Teil des **Sonoma State Historic Park** (www.sonomaparks.org) ist. Zum State Park gehört auch die **Mission San Francisco Solano de Sonoma** jenseits der Spain St., die letzte der 21 kalifornischen Missionen entlang des El Camino Real. Gegründet wurde sie 1823 von Padre José Altamira, war aber nur für zehn Jahre in Funktion und wurde 1909–19 wiederaufgebaut bzw. grundlegend renoviert. Nicht nur das Gotteshaus ist sehenswert, sondern auch die schlichte Kapelle, die um den Innenhof gruppierten Wirtschaftsgebäude mit dem herrlichen Kakteengarten, dem Brunnen und den archäologischen Ausgrabungen. Der geringe Eintrittspreis ist also gut angelegt, zumal er auch zur Besichtigung des Alterssitzes von General Vallejo berechtigt.

*Sehenswerte Missionsstation*

Auf der anderen Seite der Spain St. geht das 1840 gebaute Hotel **The Blue Wing Inn**, das u. a. Persönlichkeiten wie Kit Carson, Präsident Ulysses S. Grant und William Tecumseh Sherman (den späteren Nordstaaten-General) beherbergte, auf General Vallejo zurück. Unterkunft für dessen Truppen waren die zweistöckigen, 1836–40 erbauten **Sonoma Barracks**, die an der Nordseite der Plaza zu sehen sind, später dienten sie als Hauptquartier der kalifornischen Rebellen. Weitere Sehenswürdigkeiten entlang der Plaza sind das aus dem Jahre 1858 stammende Toscano Hotel, daneben die Relikte von Vallejos Wohnhaus **Casa Grande**, dessen Nachfolgebau aus den 1830ern später zum Swiss Hotel umfunktioniert wurde, und vor allem das Salvador Vallejo Adobe, das an der Nordwestecke der Plaza 1836–46 von indianischen Bauarbeitern für General Vallejos Bruder errichtet wurde. In dem historischen Gebäude befindet sich heute das sympathische Sunflower Caffé mit einem wunderschönen Innenhof.

Auch **Lachryma Montis**, der nahe gelegene, 1853 im viktorianischen Baustil errichtete Alterssitz des Generals, gehört zum Sonoma State Historic Park und ist samt seiner original erhaltenen Einrichtung zu besichtigen. Weiterhin lohnen der kurze Gang zur renommierten Käsefabrik **Sonoma Cheese Factory** (*2 W. Spain St.*), das 1880 fertiggestellte **Sonoma Hotel** (*110 W. Spain St.*) mit seinem originalen Western-Saloon und – drei Blocks östlich – die unter Denkmalschutz stehenden **Sebastiani Vineyards** (*389 4th St. East*).

*Alterssitz des Generals*

Wer in unmittelbarer Nähe des Ortes **weitere Weinverköstigungen** genießen möchte, sollte die Buena Vista Winery (die erste der Weinkellereien überhaupt), die Hanzell Vineyards, die Haywood Winery oder die Bronco Wine Company aufsuchen.

*Erste Weinkellerei*

Zur Weiterfahrt nach **Napa** bleibt man am besten auf dem Hwy. 12 und biegt dann links auf den Hwy. 121 ab, der auf landschaftlich reizvoller Strecke zuerst nach **Schellville** führt. Von dessen nahe gelegenem kleinen Airstrip (Sonoma Valley Airport) kann man übrigens als Sozius an spektakulären Doppeldecker-Flügen teilnehmen (mit oder ohne Loopings).

*Das Wine Country (Napa Valley, Sonoma Valley)*

## Reisepraktische Informationen Sonoma

**Vorwahl**: 707

**Information**
**Sonoma Valley Visitors Bureau**, 453 E. First St. East (an der Sonoma Plaza), ② 996-1090, www.sonomavalley.com; Mo–Sa 9–17, So 10–17 Uhr.

**Hotel**
**Fairmont Sonoma Mission Inn & Spa $$$$–$$$$$**, 100 Boyes Blvd., Boyes Hot Springs, ② 938-9000, www.fairmont.com/sonoma; nördlich von Sonoma am Hwy. 12 gelegenes Luxushotel mit 170 komfortablen Zimmern, eigenen heißen Quellen, Pool, Restaurant, Bar, Tennisplatz und 18-Loch-Golfplatz.

**Restaurants**
Sehr nette Lokale findet man rund um die Sonoma Plaza, z. B. **La Casa** (gegenüber der Mission, mexikanisch), **Basque Boulangerie Café** oder **The Girl & The Fig** (W. Spain/W. First St., neben dem Sonoma Hotel).

## Napa

In der 1848 gegründeten Stadt (80.000 Ew.) hat sich das historisches Zentrum erhalten, das zwar nicht so gemütlich und geschichtsträchtig ist wie das von Sonoma, jedoch mit etlichen unter Denkmalschutz stehenden Gebäuden, hübschen Straßenzügen und einer

*Kunst im öffentlichen Raum in Napa*

Vielzahl an Shops und Restaurants aufwarten kann – gerade der richtige Einstieg zur bevorstehenden Tour. Wer sich vorher noch ein wenig umschauen möchte, kann unweit des Visitor Center dem Goodman Library Bldg. einen Besuch abstatten, das eine umfangreiche Bibliothek und ein kleines Museum beherbergt.

Ganz in der Nähe verdient das zweistöckige **Napa Valley Opera House** *(1018 Main St.)* Beachtung, das 1879 im italienischen Stil errichtet wurde. Ein anderes Highlight ist die **Historic Napa Mill** *(500 Main St., ① (707) 251-8500, www.historicnapamill.com)*, die heute aufwendig restauriert mit schicken Restaurants und Shops glänzt, Blick auf den Fluss inklusive. Auf der anderen Seite des Flusses befindet sich der Bahnhof des Wine Train (s. S. 283).

*Zahllose Weinproben* Die eigentliche Hauptattraktion des Countys sind die **Weingüter**, die sich nördlich von Napa im Tal bis hinter Calistoga ausbreiten. Auf zwei Hauptstraßen kann man sich diesen nähern und dabei immer wieder einkehren, an Weinproben teilnehmen oder sich in den Gourmet-Shops ein Picknick mit Käse oder anderen Leckereien zusammenstellen. Die eine Straße ist der Hwy. 29, der in Napa noch mit getrennten Fahrspuren autobahnähnlich daherkommt (Alternative: Solano Ave.), bald aber als normale Landstraße weiterführt. Parallel dazu verläuft auf der Ostseite des Tals der landschaftlich reizvollere und weniger befahrene Silverado Trail, eine ehemalige Bergwerksstraße, die besonders während der Weinlese ein optischer Genuss ist.

Beide Routen können ab/bis Napa als große Rundfahrt gestaltet werden, deren nördlichste Station Calistoga ist und deren wichtigste Stationen in der folgenden Routenbeschreibung aufgelistet werden. Die auf der Karte eingezeichneten Weingüter stellen nur eine kleine Auswahl dar, alle rund **300 Wineries** aufzuzählen würde den Rahmen dieses Buches sprengen.

## Reisepraktische Informationen Napa

**Vorwahl**: *707*

### Information
**Napa Valley Welcome Center**, *600 Main St., ① 251-5895 u. (855) 847-6272, www.visitnapavalley.com; tgl. 9–17 Uhr.*

### Hotels
**Motel 6 Napa $$–$$$**, *3380 Solano Ave., ① 257-6111, www.motel6.com; zweistöckige, einfache Unterkunft, ruhig gelegen, mit preiswerten, aber sauberen und geräumigen Zimmern.*
**Napa Valley Marriott Hotel & Spa $$$$–$$$$$**, *3425 Solano Ave., ① 253-8600, www.marriott.com/hotels/travel/sfonp-napa-valley-marriott-hotel-and-spa; luxuriöse Herberge nahe dem Hwy. 29 mit 195 Zimmern und Suiten auf einer Ebene. Swimmingpool, Spa, Fitnesscenter und Restaurant.*
**Silverado Resort & Spa $$$$–$$$$$**, *1600 Atlas Peak Rd., ① 257-0200, (800) 532-0500, www.silveradoresort.com; großzügiges First-Class-Hotel mit sportlicher Note, 280 komfortable Zimmer, Restaurant, Bar, Pool, Golf, Tennis etc.*

*Das Wine Country (Napa Valley, Sonoma Valley)* 299

## Kalifornischer Wein

Der Weinanbau – die Lese dauert hier von September bis Anfang November – ist nicht nur für diese Region (→ Karte S. 284), sondern für ganz Kalifornien ein **bedeutender wirtschaftlicher Faktor**. Den Grundstein legte 1861 der ungarische Graf Agoston Haraszthy – der „Vater" des kalifornischen Weins –, als er 100.000 Setzlinge verschiedener Sorten aus Europa importierte und im Sonoma Valley die Buena Vista Winery einrichtete. Seither entstanden in den Tälern von Sonoma und Napa nahezu 300 weitere Produktionsstätten, deren Gründer meist europäischer Herkunft waren, wie man an den Namen (Sebastini, Krug, Heitz, Beringer, Mont La Salle usw.) unschwer erkennen kann. Vor Haraszthy und seinen Nachfolgern aus Deutschland, Frankreich, Italien und Ungarn hatten sich bereits spanische Mönche an dem Weinanbau versucht.

Mit steigender Zahl der Kellereien und der Einführung modernster Methoden stieg die Produktion stetig an. Inzwischen haben sich die USA immerhin als **viertgrößte Wein-Nation** etabliert, wobei in guten Jahren allein Kalifornien zu 90 % beteiligt ist. Weitere Weinanbaugebiete liegen in den westlichen Bundesstaaten Oregon und Washington, aber sogar im Oststaat New York gibt es Weinproduzenten; insgesamt wird in 30 Bundesstaaten Wein kultiviert.

Bis Mitte der 1980er-Jahre ging es hauptsächlich um Quantität und war die Gegend vor allem durch die preiswerten Tafelweine der Großhersteller Mondavi, Christian Brothers und Sebastini bekannt. Heute jedoch sind die Zeiten, als europäische Feinschmecker, wenn überhaupt, nur mit einem Anflug von Mitleid über amerikanische Weine sprachen, vorbei. Inzwischen hat sich selbst bis Frankreich herumgesprochen, dass man auch in Kalifornien **hervorragende Weine** herstellen kann, und begreift die Region als ernstzunehmende Konkurrenz. Dies betrifft sowohl die Spitzenweine als auch die bekömmlichen und schmackhaften Tischweine. Bestes Beispiel dafür ist der Prestigewein Opus One, der durch eine 1975 vereinbarte amerikanisch-französische Zusammenarbeit zustande kam. Das Prinzip, das der Kalifornier Mondavi und Baron Rothschild ausgehandelt hatten (französische Reben in kalifornischer Erde), zeigte fantastische Resultate. Opus One wurde zu einer ausgesuchten Rarität, für die auf dem internationalen Markt Spitzenpreise bezahlt werden (das deutsche Kontingent umfasst gerade einmal 1.300 Flaschen). Dieser Klassiker ist eine bordeauxähnliche Mischung aus den drei Rebsorten Cabernet Sauvignon, Cabernet Franc und Merlot.

Und immer noch reisen, vom Klima und der Umgebung angetan, Neuankömmlinge ins Tal, um ihre persönliche Vorstellung vom Weinanbau in die Tat umzusetzen. So Mitte der 1990er-Jahre der Schweizer Mineralwasserkönigs Donald Hess, der nicht nur eine Passion für exzellenten Wein hat, sondern sich auch als Sammler moderner Kunst engagiert. Seine Kellerei **Hess Collection** (www.hesscollection.com) verfügt über ein eigenes Museum, in dem u. a. Werke von Gerhard Richter, Robert Motherwell, Anselm Kiefer und Francis Bacon hängen.

Der internationale Erfolg basiert auf dem gleichmäßig warmen Klima und den Produkten kleiner Winzereien, die ausgezeichnete Boutique-Weine in geringen Mengen herstellen. Zunehmend wird in der Gegend auch Sekt produziert. Ein **Güte-Klassifikationssystem** wie in Europa gibt es dabei in den Vereinigten Staaten nicht. Allein die guten Namen der Winzereien können als Garantie für Qualität genommen werden. Allgemein gilt, dass die kalifornischen Weine in kleinen Holzfässchen aus amerikanischer Eiche ausgebaut werden. Diese besitzen häufig ein an Minze und Eukalyptus erinnerndes Aroma, das sie an den Wein abgeben. Das Gros der kalifornischen Produktion ist an diesem speziellen Duft zu erkennen. Die oft opulenten Weine eignen sich besonders zu kräftigen Gerichten, beispielsweise Wild oder Fleischragouts, auch in würzigen Saucen und zu aromatischem Käse sind sie gut am Platze.

Bei einer Weinprobe in Sonoma oder Napa Valley wird man mit folgenden Weinen bekannt gemacht:

**ROTWEINE**
- Zinfandel: auch als kalifornischer Beaujolais bezeichnet, schmeckt himbeerartig
- Grenache: wird oft als Verschnittwein verwendet, hell und körperreich
- Cabernet Sauvignon: der wohl beste Rotwein, aromatisch und trocken, sollte mindestens vier Jahre alt sein
- Petite Sirah (auch: Shiraz): dunkelroter, gerbstoffreicher und alterungsfähiger Wein
- Pinot Noir: leichter, fruchtiger Rotwein
- Barbera: sehr dunkler Rotwein mit ausgewogenem Säuregehalt
- Ruby Cabernet: guter, trockener Tischwein
- Gamay Beaujolais: ähnlich dem Pinot Noir, aber nicht mit dem französischen Beaujolais vergleichbar

**ROSÉWEIN**
- Gamay: leichter Rosé

**WEISSWEINE**
- Chenin Blanc: harmonischer, herber Wein
- Chardonnay: der beste kalifornische Weißwein, trocken und duftend mit herrlichem Traubengeschmack
- White Riesling: fruchtiger, herber Weißwein
- Semillon: ziemlich süßer, goldfarbener Wein
- Sauvignon Blanc: trockener, erdig-fruchtiger Weißwein
- Gewürztraminer: leicht süßer, aromatischer Weißwein
- Pinot Blanc: fruchtig-trockener Weißwein

*Besichtigung der Korbel Winery in Sonoma*

*Das Wine Country (Napa Valley, Sonoma Valley)*

## Durch das Napa Valley bis Calistoga

Das Napa Valley ist bis Calistoga durch den Hwy. 29 und die östliche Parallelstraße Silverado Trail erschlossen. Der erstgenannte Weg ist stärker befahren, bringt einen aber an den meisten und wichtigsten Kellereien vorbei. Der Silverado Trail ist idyllischer und passiert ebenfalls einige bekannte Weingüter (u. a. Mumm Napa Valley, Chimney Rock, Clos du Val), kann aber nicht mit interessanten Ortschaften aufwarten. Wer für seinen Besuch des Napa Valley etwas mehr Zeit mitbringt, kann beide Wege zu einer schönen Rundfahrt kombinieren.

*Silverado Trail*

### Yountville

Verlässt man Napa in nördlicher Richtung über den Hwy. 29, kann man die ersten gut 15 km zügig zurücklegen, bis man das Weinstädtchen Yountville (3.000 Einwohner) erreicht. Vor dem Ortseingang geht linker Hand eine Stichstraße zum edlen Weingut **Domaine Chandon** ab *(www.chandon.com)*. Das Städtchen mit seinen vielen gemütlichen Holzhäuschen trägt seinen Namen nach George Calvert Yount (1794–1865), dem ersten US-Bürger, dem Mexiko ein Grundstück im Tal zuteilte. Sehenswert sind u. a. ein alter Friedhof, das Napa Valley Museum *(https://napavalleymuseum.org)* und mehrere Weinkellereien aus den 1870ern.

Die größte Attraktion stellt aber der am südlichen Ortseingang gelegene **V Marketplace 1870** *(6525 Washington St., www.vmarketplace.com; tgl. 10–17.30 Uhr)* dar, ein massiges Ziegelsteingebäude, in dem sich heute Restaurants, Shops und Kunstgalerien befinden. Das Gebäude geht auf ein etwa 130 Jahre altes ehemaliges Weingut zurück, das der 1848 aus Baden-Württemberg nach Amerika gekommene Gottlieb Groezinger aufgebaut hat. Im Gegensatz dazu ist das **Dominus Estate** eine moderne Winzerei, die 1999 nach Plänen der Schweizer Stararchitekten Herzog & de Meuron fertiggestellt wurde *(www.dominusestate.com, es gibt keine Touren oder Verkostungen)*.

## Reisepraktische Informationen Yountville

**Vorwahl**: 707

### Information
**Yountville Chamber Of Commerce**, *6484 Washington St., Suite F,* ① *944-0904, www.yountville.com; das angeschlossene* **Visitor Center** *ist tgl. 10–17 Uhr geöffnet.*

### Heißluftballonfahrten
*Sehr populär sind die Trips mit dem Heißluftballon; in Yountville u. a. angeboten von:* **Napa Valley Aloft**, *V Marketplace 1870, 6525 Washington St.,* ① *944-4408, www.nvaloft.com.*

### Restaurants
**Brix**, *7377 St. Helena Hwy.,* ① *944-2749, www.brix.com; sehr populäres Restaurant mit fantasievoller Pacific-Rim-Küche, vor allem traumhafte Fischgerichte und riesige Weinauswahl. Mo–Fr 11.30–21, So 10–21 Uhr.*

*Route 1: Rundfahrt zu den nordkalifornischen Highlights*

**Mustards Grill**, 7399 St. Helena Hwy., ① 944-2424, www.mustardsgrill.com; recht preiswertes amerikanisches Essen in großen Portionen, Steaks und anderes vom Grill, aber auch Vegetarisches. Mo–Do 11.30–21, Fr 11.30–22, Sa 11–22, So 11–21 Uhr.

Bei der Weiterfahrt gelangt man auf dem Hwy. 29 nach **Oakville**, dessen **Robert Mondavi Winery** nördlich der Ortschaft zu den bekanntesten Weingütern der Region zählt. In der folgenden Ortschaft **Rutherford** bietet die **Saint Supéry Winery** die Möglichkeit, sich in einem eigenen Wine Discovery Center eingehend über Wein im Allgemeinen und den des Weingutes im Speziellen zu informieren (*8440 St. Helena Hwy., ① (707) 963-4507, www.stsupery.com; tgl. 10–17 Uhr, Eintritt ab US$ 35*).

## St. Helena

Nachdem man rechter Hand die bei Ausflüglern populäre **Sattui Winery** (*www.vsattui.com*) mit ihrem großen Garten und Gourmet-Shop passiert hat, erreicht man 6 km hinter Rutherford das idyllische Städtchen St. Helena (6.100 Ew.), das sich besonders auf der Main Street viele historisch interessante Gebäude erhalten hat. Die Hausnr. 1515 war z. B. das Domizil des Schriftstellers Ambrose Bierce, eines der wichtigsten Vertreter der amerikanischen Literatur des 19. Jh. Schön ist auch das 1885 erbaute **I.O.O.F. Bldg.** (Nr. 1352) mit seiner mit Löwenköpfen und Rosetten verzierten Fassade. Ihm schräg gegenüber fällt die 1892 errichtete Saint **Helena Masonic Lodge** (Nr. 1327–37) auf, das vielleicht bemerkenswerteste Haus der Stadt.

*Historisches Städtchen*

Ein weiterer Besichtigungspunkt ist östlich der Hauptstraße auf der Library Lane zu finden, wo das **Robert Louis Stevenson Museum** an seinen Namensgeber erinnert. Der schottische Autor (u. a. „Die Schatzinsel", „Der seltsame Fall des Dr. Jekyll und Mr. Hyde") hielt sich während seiner Hochzeitsreise 1880 im Napa Valley auf und verarbeitete seine Eindrücke in der Erzählung „Silverado Squatters". Das Museum umfasst rund 8.000 Erinnerungsstücke an den Literaten, darunter Gegenstände und Kleidung aus seinem persönlichen Besitz, Erstausgaben seiner Bücher, Originalmanuskripte und Fotografien. **Robert Louis Stevenson Museum**, *1490 Library Ln., ① (707) 963-3757, http://stevensonmuseum.org; Di–Sa 12–16 Uhr, Eintritt frei, Spende erbeten*.

Gleich neben dem Museum beherbergt die Public Library die **Napa Valley Wine Library Collection** (*www.napawinelibrary.com*). In dieser mit mehr als 6.000 Bänden landesweit größten Sammlung ihrer Art kann man alles nachlesen, was es über Wein zu wissen gibt. Um Wein geht es natürlich auch bei der **Auction Napa Valley**, die jedes Jahr im Mai/Juni in St. Helena abgehalten wird und bei der die besten Weine der Westküste meistbietend versteigert werden.

*Wein-Versteigerung*

## Reisepraktische Informationen St. Helena

**Vorwahl**: 707

### Information
**St. Helena Welcome Center**, 1320 Main St., ① 963-4456, www.sthelena.com; Mo–Fr 9–17, Sa/So 10–17 Uhr.

*Das Wine Country (Napa Valley, Sonoma Valley)* 303

### Hotel
**Meadowood Napa Valley** $$$$$, *900 Meadowood Ln., ✆ (877) 963-3646, www.meadowood.com; Luxusunterkunft mit 84 Zimmern und jedem erdenklichen Komfort, Restaurant, Pool, Spa, Golf, Tennis.*

Unmittelbar nördlich von St. Helena passiert man links der Straße die bekannten **Beringer Vineyards** *(www.beringer.com)* mit ihrem mächtigen, von deutschen Vorbildern inspirierten Fachwerkhaus von 1876 und in der Nähe ein grandioses französisches Château. Es gehörte früher den **Christian Brothers Wine & Champagne Cellars** und ist seit 1993 Sitz des **Culinary Institute of America**. Da hier Köche, Sommeliers etc. ausgebildet werden, darf man vom hiesigen Restaurant einiges erwarten. Aber auch auf der gegenüberliegenden Straßenseite lohnt die Einkehr, nämlich bei der **Charles Krug Winery**. Der 1861 von einem deutschen Emigranten gegründete Weinbaubetrieb ist der älteste erhaltene des Napa Valley *(www.charleskrug.com)*.

Auf der Weiterfahrt nach Calistoga kommt man anschließend am **Bale Grist Mill State Historic Park** vorbei, wo 1846 die erste wasserbetriebene Mühle des Tales installiert wurde. In der Bale Grist Mill mit ihrem 11 m hohen Mühlrad wurde vor der Wein-Epoche das Getreide der im Tal ansässigen Farmer verarbeitet. An das Gelände schließt sich nördlich der 728 ha große **Bothe-Napa Valley State Park** *(https://napaoutdoors.org)* an, in dem Geschichtsinteressierte auf einem Lehrpfad zu einem Pionierfriedhof und der Stelle der ersten Kirche des Tales gelangen.

Kurz hinter dem Park lohnen wieder zwei interessante Weingüter den Besuch: zum einen die traditionsreichen **Schramsberg Vineyards** *(www.schramsberg.com)* links des Highways, die schon von Stevenson beschrieben wurden und die der Deutsche Jacob Schram 1862 angelegt hatte. Neueren Datums sind die **Sterling Vineyards**, die klosterartig auf dem Berghang thronen und nur per Seilbahn besucht werden können. Man erreicht das Weingut, das aufgrund seiner Lage naturgemäß einen herrlichen Blick bietet, über die Dunaweal Ln., die ca. 4 km nördlich von St. Helena vom Hwy. 29 abzweigt. Das Seilbahn-Ticket gilt gleichzeitig als Eintrittskarte und berechtigt zur Weinprobe *(www.sterlingvineyards.com)*.

*Mit der Seilbahn zur Weinprobe*

# Calistoga

Am Nordende des Tals, ca. 43 km von Napa und 14 km von St. Helena entfernt, liegen die Stadt (5.300 Ew.) und das interessante geothermale Gebiet von Calistoga. Die heißen Quellen, die schon seit Urzeiten von den hier ansässigen Wappo-Indianern genutzt wurden, veranlassten 1859 Samuel Brannan , den ein lokales Quasi-Monopol auf Schaufeln und andere Nutzgegenstände während des kalifornischen Goldrausches zum Millionär gemacht hatte, zur Gründung der Siedlung. Er wollte hier ein kalifornisches Gegenstück zum Badeort Saratoga Springs im Staat New York einrichten, was auch den Namen des Ortes erklärt: Cali(fornia) S(ara)toga.

Die Thermalquellen finden allerdings erst heute, lange nach dem Tode des Stadtgründers, den von ihm erhofften Zulauf. Die Badeeinrichtungen, die sich wie die meisten Geschäfte und Restaurants rund um die Lincoln Ave. konzentrieren, bieten eine breite Pa-

*Wellness-Angebot*

lette an Gesundheitskuren, von Schlammbädern über Heißwasserbäder bis zur Behandlung mit Eukalyptusdampf.

*Altes Eisenbahndepot*

Sehenswert im Zentrum ist das **Sharpsteen Museum** (1311 Washington St., www.sharpsteenmuseum.org; tgl. 11–16 Uhr, Eintritt frei, Spende US$ 3 erwartet), das an den Stadtgründer Brannan und die Pionierzeit erinnert. Historisches findet man ebenfalls am Touristenbüro, wo in der Calistoga Depot Railroad Station aus dem Jahre 1868 – vermutlich das älteste noch existierende Eisenbahndepot des Staates – heute mehrere Shops und Andenkenläden untergebracht sind.

Aber in Calistogas nächster Umgebung wird auch dem Weinanbau Rechnung getragen. Eine der jüngeren Kellereien ist das 1987 von dem libanesisch-kolumbianisch-stämmigen Verleger Jan Shrem gegründete und von dem bekannten Architekten Michael Graves erbaute Weingut **Clos Pegase** (www.clospegase.com), das sich neben gutem Wein der Kunst verschrieben hat. Den mit Pinien bestandenen Innenhof schmücken Skulpturen und den Schankraum Gemälde moderner und alter Meister.

*Fossile Redwoods*

Man sollte jedoch in Calistoga seine Fahrt nicht enden lassen, sondern wenigstens einige Kilometer weiter nach Norden vorstoßen. Dort biegt westlich die Petrified Forest Rd. vom Hwy. 29 ab und bringt einen direkt zum etwa 8 km entfernten **Petrified Forest**. In diesem Wald wurde seit 1870 eine große Anzahl fossiler Redwoods und anderer Bäume freigelegt, die der Vulkan Mt. St. Helena vor rund 3 Mio. Jahren mit einem Ascheregen bedeckte. Bei den Bränden 2017 wurde das Areal leider stark in Mitleidenschaft gezogen.

**Petrified Forest**, Forest Rd., ☏ (707) 942-6667, www.petrifiedforest.org; im Sommer tgl. 10–19, im Herbst und Frühjahr bis 18, im Winter bis 17 Uhr. Erwachsene US$ 12, 12–17 Jahre US$ 8, 6–11 Jahre US$ 6, ab 62 Jahre US$ 11.

Ein Highlight wartet, wenn man nach dem Abzweig auf dem Hwy. 29 zunächst wenige Minuten nach Norden und dann östlich über die Tubbs Ln. fährt. Hier erreicht man 3 km hinter Calistoga den **Geysir Old Faithful**, einen der drei gleichnamigen Geysire, die es in den USA gibt. Da die Öffnung des Geysirs von der Parkverwaltung offen gehalten wird (ansonsten hätten Mineralablagerungen sie längst verschlossen), kann der „Alte Zuverlässige" durchschnittlich alle 30 Minuten eine bis zu 20 m hohe Fontäne von 176 °C heißem, schwefelhaltigem Wasser emporschleudern. Außerdem stehen auf dem Gelände Picknickplätze zur Verfügung, weitere Attraktionen für Kinder hält der kleine Streichelzoo bereit.

**Old Faithful Geyser**, 1299 Tubbs Ln., ☏ (707) 942-6463, www.oldfaithfulgeyser.com; März–Sept. tgl. 8.30–19, Okt. tgl. 8.30–18, Nov.–Feb. 8.30–17 Uhr, Erwachsene US$ 15, 4–12 Jahre US$ 9, ab 62 Jahre US$ 13.

*Rund alle 30 Min. gibt der Geysir eine Fontäne ab*

*Das Wine Country (Napa Valley, Sonoma Valley)*

## Reisepraktische Informationen Calistoga

**Vorwahl**: 707

### Information
**Calistoga Welcome Center**, 1133 Washington St., ☏ 942-6333, (866) 306-5588, https://visitcalistoga.com; tgl. 9–17 Uhr.

### Hotels
**Calistoga Motor Lodge and Spa $$$–$$$$**, 1880 Lincoln Ave., ☏ 942-0991, www.calistogamotorlodgeandspa.com; die Unterkunft kommt mit drei „Hot spring mineral water pools", modernen Zimmern mit eigener Kaffeemaschine und netter Atmosphäre daher.
**Indian Springs Calistoga $$$$**, 1712 Lincoln Ave., ☏ 709-8139, (844) 378-3635, www.indianspringscalistoga.com; bekannt gutes Hotel, 2014 kräftig erweitert mit großen Zimmern, Pools, Spa und Restaurant.
**Roman Spa Hot Springs Resort $$$$–$$$$$**, 1300 Washington St., ☏ 942-4441, (800) 914-8957, www.romanspahotsprings.com; gemütliches, etwas altmodisches Resort mit 60 Zimmern, unterschiedlich heißen Pools, Sauna, therapeutischen Massagen etc.
**Cottage Crove Inn $$$$$**, 1711 Lincoln Ave., ☏ 942-8400, (800) 799-2284, www.cottagegrove.com; luxuriöse Anlage mit fünf einzeln stehenden Cottages, jedes ausgestattet mit Veranda, Jacuzzi, offenem Kamin, HiFi-Anlage sowie stets mit Getränken aufgefülltem Kühlschrank, dazu Käse und Wein am Abend und Frühstück.

### Restaurants
**All Seasons**, 1400 Lincoln Ave., ☏ 942-9111, http://allseasonsnapavalley.com; kalifornische Bistroküche mit frischen Ingredienzien und saisonal wechselnder Karte zu anständigen Preisen. Dem Bistro ist ein kleiner Weinshop angeschlossen. Mi–Mo 11.30–14.45 u. 17.30–20.30, Fr/Sa bis 21 Uhr.
**Calistoga Inn Restaurant & Brewery**, 1250 Lincoln Ave., ☏ 942-4101, www.calistogainn.com; sehr angenehmes und malerisch am Fluss gelegenes Lokal mit Biergarten, geboten wird Tex-Mex-Küche, Deftiges vom Grill und dazu kühle Biere aus der hauseigenen Kleinbrauerei. Lunch ab 11.30, Dinner ab 16 Uhr; Sa/So Brunch ab 11 Uhr.

### Heißluftballons
Calistoga ist ein Zentrum für Ballonfahrer. Ein- und mehrstündige Rundflüge mit dem Heißluftballon veranstaltet u. a. Calistoga Balloons (1458 Lincoln Ave., Calistoga, ☏ 942-5758, www.calistogaballoons.com; z. B. Classic Balloon Ride US$ 209 p. P.).

*Im Heißluftballon über das Napa Valley*

# Vom Wine Country durchs Landesinnere zum Lassen Volcanic Park

Obstgärten und dichte Wälder, gemäßigte Höhen und schneebedeckte Berge, kristallklare Seen und Vulkankrater, Holzfällersiedlungen und schmucke Universitätsstädtchen – das sind die Highlights einer Tour, die einen weiten Bogen von der Bay oder vom Napa Valley ins Landesinnere schlägt, um dann am Redwood National Park wieder die Küste zu erreichen. Wenn der Startpunkt für diese Route San Francisco ist und man möglichst schnell die interessantesten Regionen erreichen möchte, empfiehlt es sich, auf der I-80 bis zur Hauptstadt **Sacramento** zu fahren, dann auf gerader Strecke über den Hwy. 70 nach **Yuba City** und weiter nach **Oroville**.

*Flitterwochen in der Wildnis*

Von der vorliegenden Route aus ist es am besten, ab **Calistoga** am nördlichen Ende des Napa Valley dem Hwy. 29 zu folgen. Relativ nahe zum Geysir, etwa 11 km nördlich der Stadt, kommt man dabei am weitgehend unberührten **Robert Louis Stevenson Memorial State Park** vorbei (auf die kleine Hinweistafel an der Parkbucht achten). Hier verbrachten der Autor und seine Frau Fanny 1880 einen Teil ihrer Flitterwochen. In dem Park findet man neben einer Statue Stevensons die verlassene Silbermine Old Silverado Mine und hat eine prächtige Aussicht auf den 1.324 m hohen Vulkan St. Helena.

*Angler- Paradies*

Kurze Zeit später hat man bereits das sogenannte „Lake Country" erreicht, eine wunderschöne, von vereinzelten Weingütern, Obstplantagen (lokale Spezialität: Bartlett-Birnen), Bergen und natürlich Seen geprägte Landschaft. Der beeindruckendste von allen ist der **Clear Lake**, immerhin der größte natürliche Süßwassersee Kaliforniens. An seinem südlichen Ende befindet sich die gleichnamige Ortschaft mit einigen Übernachtungsmöglichkeiten, doch haben auch rund um den See mehrere Pensionen, B&B-Unterkünfte und Campingplätze (viele mit Ruderboot- oder Kanuverleih) angesiedelt. Vor allem Angler zieht es in diese Gegend, die aus dem sprichwörtlich klaren Wasser jede Menge Forellen und Welse herausziehen, und in den warmen Sommermonaten ist der Clear Lake auch für Badegäste und Wasserskifahrer ein lohnendes Ziel. Man kann den See auf den Hwys. 29 und 20 einmal umrunden; dabei gelangt man am Südwestufer, etwa 5 km nördlich der Kleinstadt **Kelseyville**, auch zum Clear Lake State Park (Abfahrt Soda Bay Rd.).

Im weiteren Verlauf der Route verlässt man das südöstliche Ufer des Clear Lake auf dem Hwy. 29 und wechselt auf den Hwy. 20, überquert den Höhenzug der Coast Range und kreuzt in **Williams** die I-5. Um Chico, das nächste Ziel, zu erreichen, kann man der Autobahn nach Norden bis **Orland** folgen und dort rechts nach Chico abzweigen – die schnellste, aber landschaftlich am wenigsten überzeugende Alternative. Schöner ist es, weiter auf dem Hwy. 20 nach Osten zu fahren und ab **Colusa** entweder den Hwy. 45 zu nutzen, der stets am Sacramento River entlang nach Norden führt. Oder man setzt die Fahrt weiter nach Osten fort und biegt bei **Yuba City** auf den Hwy. 70 ein.

## Oroville

Auf letztgenannter Strecke passiert man weiter nördlich die 19.000-Einwohner-Bezirkshauptstadt Oroville, deren Ursprung in einem primitiven Zeltlager liegt, das Goldsucher an den Ufern des Feather River und Lake Oroville bezogen. Als sich der Ort eta-

*Vom Wine Country durchs Landesinnere zum Lassen Volcanic Park*

bliert hatte, kamen rund 10.000 chinesische Emigranten nach Oroville, deren Nachfahren immer noch einen Teil der Einwohnerschaft stellen. Sichtbarstes Zeichen für diese Minderheit ist der exotische chinesische Tempel, der aus dem Jahre 1856 stammt und noch authentisch erhalten ist.

**Oroville Chinese Temple**, *1500 Broderick St., ① (530) 538-2496, zu finden unter www.cityoforoville.org; tgl. 12–16 Uhr (außer zweite Dezemberhälfte), Erwachsene US$ 3, unter 12 Jahre frei.*

Sieben Meilen nordöstlich der Ortschaft liegt der **Lake Oroville**, zu dem man den nördlichen, mittleren und südlichen Arm des Feather River eine Meile nach ihrem Zusammenfluss 1961–68 aufgestaut hat. Der See mit einer Küstenlinie von 167 Meilen hat eine Ausdehnung von 6.400 ha und ein Fassungsvermögen von maximal 4,36 km³. Der erdgefüllte, schräg ansteigende **Oroville Dam**, mit einer Länge von 2.317 m und einer Höhe von 235 m der **höchste der USA** (und einer der höchsten weltweit), bietet einen eindrucksvollen Anblick. Unterhalb des Damms sind in einer Halle, in der das Washingtoner Kapitol Platz hätte, sechs Generatoren untergebracht, die insgesamt 2,2 Mrd. KWh pro Jahr produzieren. Im Februar 2017 mussten zeitweilig 180.000 Bewohner der Region evakuiert werden, da der Damm die Wassermassen der winterlichen Unwetter nicht mehr halten konnte.

*Hoher Staudamm*

Neben dem Damm gehört auch die **Bidwell Bar Suspension Bridge**, die am südlichen Ende des Sees im Bidwell Canyon gelegen ist (*Zufahrt über die Kelly Ridge Rd., Eintritt zur Marina US$ 8 pro Fahrzeug*), zu den sehenswerten Ingenieursleistungen in dieser Gegend. Die Brücke wurde 1856 als erste Hängebrücke in Amerika errichtet, und zwar dort, wo sich heute der Oroville Dam befindet. Vor dessen Bau montierte man die Brücke ab und versetzte sie an ihren jetzigen Standort, nachdem sie schon seit 1954 nicht mehr für den Straßenverkehr taugte. Heute kann man die Hängebrücke zu Fuß überqueren.

*Die Bidwell Bar Suspension Bridge*

*Wandern zu den Wasserfällen*

Nördlich des Sees sollten Wanderwillige unbedingt den markierten Pfad zu den majestätischen **Feather Falls** einschlagen, die mit 195 m Fallhöhe als sechstgrößter Wasserfall der USA gelten. Die Wanderung ist etwa 9 Meilen lang und nur mäßig schwierig. Zum Startpunkt fährt man von Oroville über den Hwy. 162 (Olive Hwy.) ostwärts, biegt nach knapp 7 Meilen rechts auf die Forbestown Rd. ab und von dieser nach 6,3 Meilen nach links auf die Lumpkin Rd., auf der man 11,4 Meilen bleibt. Dort sieht man dann das Hinweisschild „Feather Falls", an dem es nach links und nach 1,5 Meilen zum Wanderweg geht.

## Über Chico zum Lassen Volcanic National Park

Wer anstelle der unten beschriebenen, schöneren, aber auch längeren Strecke entlang des Feather River zunächst weiter nach Norden zum Lassen Volcanic National Park fahren möchte, erlebt knapp 20 Meilen hinter Oroville zunächst den aufgeräumten, angenehmen Ort **Chico**. Er ist als „City of Roses and Trees" bekannt und hat als Universitätssitz einen guten Namen. Das 91.000-Einwohner-Städtchen bietet sich mit einigen guten Restaurants, Campingplätzen und Hotels auch als Nachtquartier an. Ansonsten bezaubert der pittoreske Ort durch großzügige Grünanlagen (Bidwell Park) und sehenswerte historische Häuser. Dazu gehören u. a. die Gaststätte **Madison Bear Garden** (Ecke 2nd St./Salem St., www.madisonbeargarden.com) von 1883, das ebenfalls 1883 errichtete, schöne Holzgebäude **Stansbury Home** (307 W., 5th St.) sowie das hochherrschaftliche **Bidwell Mansion** (525 Esplanade), eine 1865–68 gebaute viktorianische 26-Zimmer-Villa. Auch das **Senator Theater** auf der Main St., 1928 im Art-déco-Stil errichtet, verdient Beachtung.

*„City of Roses and Trees"*

Museumsgänger haben die Wahl zwischen dem **Chico Museum** (141 Salem St., www.chicomuseum.org) mit seiner lokalgeschichtlichen Sammlung, dem **Chico Air Museum** (165 Ryan Ave., www.chicoairmuseum.org) mit einigen Oldtimer-Flugzeugen und dem **National Yo-Yo Museum**. Es enthält die größte Sammlung der runden Spielgeräte in den USA, darunter auch das weltweit schwerste und größte funktionierende Yo-Yo. Ein solches Museum in dieser Stadt ist kein Zufall, schließlich finden hier jedes Jahr Anfang Oktober die nationalen Yo-Yo-Wettkämpfe statt.
**National Yo-Yo Museum**, 320 Broadway St., ☏ (530) 893-0545, www.nationalyoyo.org; Mo-Sa 10–18, So 12–17 Uhr, freier Eintritt.

*Größte Yo-Yo-Sammlung*

Zur Weiterfahrt nimmt man in Chico die kleine Straße 32 nordostwärts, die einen an Forest Ranch mit seinen Campingplätzen vorbei und durch schöne Laubwälder in die Sierra Nevada hinaufführt. Schließlich stößt man auf den Hwy. 89, dem man auf gewundener Strecke bis zum Südeingang des Lassen Volcanic National Park folgt.

### Reisepraktische Informationen Chico

**Vorwahl**: 530

**Information**
**Chico Visitor Center**, 180 E. 4th Street, Suite 120, ☏ 891-5556, www.chicochamber.com; Mo–Fr 10–16 Uhr.

## Hotels
**University Inn $$**, 630 Main St., ① 895-1323, www.universityinnchicocalifornia.com; zentral in Downtown gelegenes, einfaches, preiswertes Motel mit Swimmingpool und 42 Einheiten.
**Ramada Plaza Chico $$$**, 685 Manzanita Ct., ① 433-1636, www.wyndhamhotels.com; etwas außerhalb gelegenes Hotel mit internationalem Standard, 172 Zimmer, Swimmingpool, Restaurant.

## Über den Feather River Scenic Byway (Hwy. 70) zum Lassen Volcanic National Park

Die schönste Strecke zum Lassen Volcanic National Park biegt etwa zehn Meilen nördlich von Oroville auf dem Hwy. 70 nach Nordosten ab und folgt später dem Verlauf des Feather River, einem durchweg eindrucksvollen und wilden Fluss. Insgesamt ist die Strecke knapp 80 Meilen lang und bequem in drei Stunden zu schaffen, jedoch sollte man sich deutlich mehr Zeit für kürzere Wanderungen, Foto- und Picknickpausen und evtl. auch eine Rafting-Tour nehmen. Wer mit dem Motorhome oder Zelt unterwegs ist, findet entlang der Strecke mehrere landschaftlich sehr reizvolle Campingplätze.

Das erste Naturschutzgebiet, das von der Route durchquert wird, ist der **Plumas National Forest**, in dem sich der Highway auch dem Flussufer nähert. Immer wieder lohnt es sich hier, anzuhalten und die Szenerie mit engen Schluchten und verschiedenen Wasserfällen zu genießen. Etliche Wasserkraftwerke begleiten den Weg. Nach rund 55 Meilen verlässt man den Scenic Byway über den Hwy. 89 nordwärts, der einen schnell zum **Lake Almanor** bringt. Dieser künstliche See wurde 1926 zu einem Gewässer mit einem Fassungsvermögen von 1,6 km³ aufgestaut. An seinem Südufer stößt man wiederum auf viele Campingplätze, während sich das touristische Zentrum der Region, die Kleinstadt **Chester**, am nördlichen Ufer befindet. Dort gibt es auch die meisten Unterkünfte, Restaurants und Shopping-Adressen (Infos unter www.lakealmanorarea.com). *Touristisches Zentrum*

Auf dem letzten, nach wie vor sehr pittoresken Wegstück bezwingt man den 1.758 m hohen Pass **Morgan Summit**, der im Winter manchmal wegen Schneefalls problematisch sein kann. Auf der nördlichen Seite windet sich der Hwy. 89 wieder hinab und führt nach wenigen Fahrminuten zur Nationalparkgrenze.

## Lassen Volcanic National Park

Im Vergleich zum weiter nördlich gelegenen Crater Lake NP (Oregon) hat dieser Nationalpark mit 429 km² deutlich kleinere Ausmaße, doch ist die hauptsächlich vulkanisch geprägte Landschaft nicht minder sehenswert. Beherrscht wird die Wildnis des kalifornischen Nordostens von einem der **größten Vulkankegel der Welt**. Es ist der Lassen Peak mit einer Höhe von 3.187 m, der der ganzen Region seinen Stempel aufdrückt. Dabei ist er kein Vulkan im eigentlichen Sinn, sondern war einst nichts weiter als eine zähe, breiige Lavamasse, die aus einem viel größeren Vulkan (Tehama) nach oben drang. Dieser mächtige „Urvulkan" war 3.500 m hoch, an seiner Basis betrug sein Umfang *„Urvulkan"*

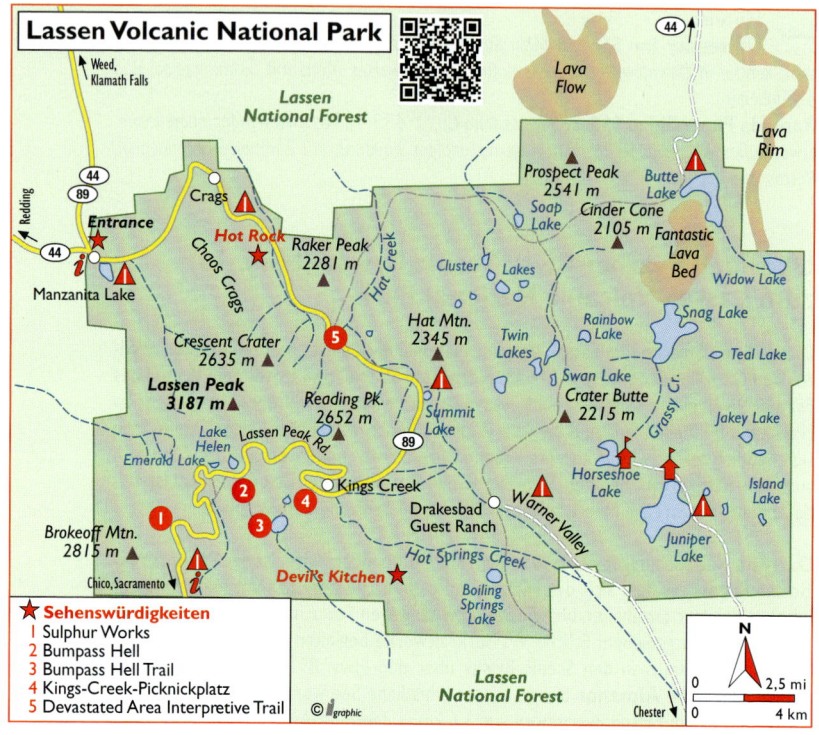

12 km. Ähnlich wie der Mount Mazama im Crater Lake NP in Oregon brach der Berg in seine eigene entleerte Magmakammer ein.

In der dabei entstandenen Caldera blieb die unterirdische Kraft erhalten, und neue Vulkane entstanden. Einer von diesen drückte den erstarrten Lavapfropfen nach oben, den man heute im Lassen Peak sehen kann und der selbst mit Eruptionen für Unruhe sorgte.

Allein zwischen 1914 und 1917 gab es nicht weniger als 300 größere und kleinere Ausbrüche. Die schlimmste Eruption ereignete sich im Jahre 1915, die mit ihrem Bimsteinauswurf und Ascheregen verheerende Auswirkungen hatte und das Landschaftsbild im weiten Umkreis prägte. Bis zum Ausbruch des Mount St. Helens 1980 blieb dies die letzte vulkanische Aktivität in den USA. Doch dass es auch am Lassen Peak im Untergrund immer noch brodelt und rumort, machen die Gasdämpfe, heißen Quellen und blubbernden Schlammvulkane deutlich.

*Es brodelt ...*

Die jahrhundertelangen Vulkanausbrüche haben eine Landschaft von seltsamem Reiz geschaffen, die außer dem Lassen Peak weitere Berggipfel, Schlackenkegel, Lavamulden, Fumarolen, heiße Quellen, Wildseen und ein vielfältiges Tier- und Pflanzenleben aufzuweisen hat. Trotz seiner Gefährlichkeit war dieses Gelände von vier indianischen Stäm-

*Vom Wine Country durchs Landesinnere zum Lassen Volcanic Park*

men besiedelt. Diese wurden durch die von Weißen eingeschleppte Malaria und Tuberkulose, aber auch durch militärischen Einsatz vollständig vernichtet. Seinen Namen erhielt der 1916 zum Nationalpark erklärte Lassen Peak von dem dänischen Einwanderer Peter Lassen, der hier eine Farm aufbaute und nach Gold suchte. Lassen, ein Freund des bekannteren Schweizers Johann August Sutter (s. S. 20), wurde 1859 in Nevada erschossen.

Eine Besichtigung des Nationalparks findet am sinnvollsten im Sommer und auf der etwa 50 km langen und hochgelegenen **Lassen Peak Rd.** statt, die mit der hier beschriebenen Strecke identisch ist. D. h., man kommt über den Hwy. 89 von Süden in das Parkgelände hinein und wird dabei automatisch zu den wichtigsten Sehenswürdigkeiten geleitet. Ab und zu sollte man aussteigen und die Naturschönheiten auf kleineren Spazierwegen näher in Augenschein nehmen.

### Die eindrucksvollsten Stationen im Einzelnen:

Zunächst sollte man am südlichen Parkeingang am Visitor Center anhalten und sich mit Informationsmaterial eindecken. Dann geht die Fahrt auf der Lassen Peak Rd. nach Norden, wobei sich nahe der Straße eine kurze Wanderung zum hydrothermalen Gelände der **Sulphur Works** lohnt. Bei der Weiterfahrt kann man am Parkplatz bei den wunderschönen Seen Helen Lake und Emerald Lake anhalten und deren türkisfarbenes Gewässer am besten auf einem Spaziergang genießen. Hier gibt es auch einen Pfad zum dampfenden Areal der **Bumpass Hell**. Die dunklen, brodelnden Schlammlöcher, der Schwefelgeruch und der Dampf der heißen Quellen mögen tatsächlich wie ein Ebenbild der Hölle wirken.

*Schwefelquellen*

*Bumpass Hell macht ihrem Namen alle Ehre*

*Blick über den Manzanita Lake*

Kurz dahinter geht von der Straße ein 4-km-Trail zum **Lassen Peak** ab, der bisher schon gut zu sehen war. Für die Besteigung wird man mit der spektakulärsten Aussicht über die ganze Region und bis hin zum 120 km entfernten, schneebedeckten Mt. Shasta (4.300 m) belohnt. Wieder auf dem Hwy. 89 geht es nun vorbei an schönen Wiesen auf über 2.000 m hinauf, wobei man den idyllischen **Summit Lake** am Fuße des **Hat Mountain** (2.345 m) passiert. Das folgende Gebiet, die **Devastated Area**, ist das direkte Resultat der Katastrophe von 1915. Interessant ist hier, die Rückeroberung der Geröllwüste durch die Vegetation zu beobachten. Weiter führt die Straße am mächtigen Lavabrocken des **Hot Rock** vorbei, den die damalige Eruption hierhin verpflanzt hat.

Danach umrundet man im großen Bogen das instabile Gebiet der **Chaos Crags**, das ständig erdrutschgefährdet ist und nicht betreten werden darf (auch für Autofahrer ist es verboten anzuhalten). Vor dem nordwestlichen Parkausgang sollte man auch am dortigen Visitor Center anhalten, das nahe dem hübschen **Manzanita Lake** liegt. Der klare Gebirgssee lädt wie sein benachbarter Bruder **Reflection Lake** zu erholsamen Spaziergängen mit prächtiger Aussicht ein.

### Pflanzen- und Tierwelt

Im Nationalpark gibt es Wapiti- und Maultierhirsche, Kojoten, Luchse und Marder, allerdings bekommt man diese Tiere nicht häufig zu Gesicht. Verbreiteter sind Hasen, Füchse, Murmeltiere, Stachelschweine und Streifenhörnchen. Das Vogelleben ist mit 200 Arten sehr reich. Die Pflanzenwelt umfasst unterhalb des vegetationslosen Vulkangipfels hauptsächlich Nadelbäume wie Douglastannen und verschiedene Kiefernarten, an den Flüssen und Seen auch schattige Laubwälder mit Weiden und Espen. Besonders schön sind die Wiesen mit ihrer Vielzahl an Wildblumen, u. a. um den Reflection Lake und entlang des Wanderweges zur Bumpass-Hell-Zone.

*Reiches Vogelleben*

## Reisepraktische Informationen Lassen Volcanic National Park

**Vorwahl**: *530*

### Information

**Lassen Volcanic National Park**, *38050 Hwy. 36 East, Mineral,* ① *595-4480, www.nps.gov/lavo. Durchgehend geöffnet, Eintritt pro Fahrzeug US$ 30, im Winter US$ 10 (7 Tage gültig).*
**Kohm Yah-mah-nee Visitor Center**, ① *595-4480; Mai–Okt. tgl., sonst Mi–So 9–17 Uhr.*

*Vom Wine Country durchs Landesinnere zum Lassen Volcanic Park*

### Hotels

Das einzige Hotel im Nationalpark ist die **Drakesbad Guest Ranch $$$**, End of Warner Valley Rd., ① (866) 999-0914, www.drakesbad.com u. http://lassenlodging.com. Die im südlichen Parkgelände und traumhaft gelegene Ranch ist nur Juni–Anfang Okt. geöffnet und bietet Cabins oder Bungalows sowie umfangreiche Aktivitäten wie Ausritte und Wanderungen, langfristige Reservierung notwendig.

Außerhalb der Parkgrenzen gibt es mehrere Übernachtungsmöglichkeiten in den angrenzenden Ortschaften wie Shingletown, Mineral, Chester oder um Old Station und Hat Creek. Hier findet man zahlreiche Chalets, Lodges oder B&Bs, empfehlenswert sind u. a.

**St. Bernard Lodge $$**, 44801 Volcanic Scenic Legacy Bwy., Mill Creek, ① 258-3382, www.stbernardlodge.com.

**Lassen Mineral Lodge $$–$$$**, 38348 Hwy. 36, Mineral, ① 595-4422, www.mineral lodge.com; mit Campingplatz, Restaurant und Souvenirladen.

**The Bidwell House B&B $$$–$$$$**, 1 Main St., Chester, ① 258-3338, www.bidwell house.com.

### Camping

Drei größere **Campingplätze** und mehrere sehr einfache **Zeltplätze** sind über den Park verteilt, der größte ist der Manzanita Lake Campground an der Nordzufahrt. Die meisten Plätze sind nur Ende Mai/Mitte Juni bis Ende Sept./Anfang Okt. geöffnet; Backcountry Camping ist mit permit erlaubt. Außerhalb der Parkgrenzen empfehlen sich die Plätze im herrlichen Gelände der Forest Ranch, 60 km weiter südwestlich am Hwy. 32.

### Beste Besuchszeit

Der Nationalpark ist zwar **ganzjährig offen**, die meisten Straßen können aber im Winter wegen der Schneeverwehungen nicht passiert werden – dafür herrschen jedoch allerbeste **Wintersportbedingungen**. Bis auf die südliche Zufahrt sind die Straßen von Ende Oktober bis Ende Mai gesperrt. Auch in der Zeit unmittelbar vor Anfang Juli und nach September können wirkliche Winterverhältnisse herrschen. Die Monate Juli und August sind warm und trocken, nachts kann es allerdings empfindlich kühl werden.

### Wandern

Auf dem 241 km langen **Netz von Wanderwegen** sind kurze und mehrtägige Exkursionen möglich, deren Ziel die Seenwelt des Hinterlandes und die Berggipfel einschließlich des Lassen Peak sind. Über den Lassen Peak Trail ist auf einer anstrengenden, aber nur 4 km langen Wanderung die Besteigung dieses höchsten Berges für alle durchschnittlich Trainierten möglich. Der Bumpass Hell Trail (3½ km, einfach) erschließt das beeindruckendste Areal heißer Quellen und Fumarolen.

### Andere Aktivitäten

Das Parkgelände eignet sich außer zum **(Berg-)Wandern** und zu Besichtigungsfahrten auch für **Wassersportler** (Kanus, Ruder- und Segelboote), allerdings bestehen kaum Mietmöglichkeiten. Die fischreichen Gewässer laden zum **Angeln** ein, eine Lizenz ist u. a. am Visitor Center erhältlich. Im Winter kommen die Freunde des Skisports (Lifte, Loipen, Ski-Chalet mit Verleih entsprechender Ausrüstung) auf ihre Kosten.

# Vom Lassen Volcanic National Park zur Pazifikküste

## Über Redding und Weaverville

Die kürzere Route vom nördlichen Ausgang des Lassen Volcanic NP zur Pazifikküste benutzt den Hwy. 44 in westlicher Richtung. Die erste größere Stadt dort ist Redding.

### Redding und Shasta Lake

Lange Zeit spielte **Redding** am Sacramento River allenfalls eine provinzielle Rolle, doch stieg die Bevölkerung in jüngerer Zeit sprunghaft an, da viele Großstädter aus San Francisco und Sacramento auf der Flucht vor den dortigen hohen Immobilienpreisen sich hier niederließen. Inzwischen hat Redding über 92.000 Einwohner und ist damit die größte kalifornische Stadt nördlich von Sacramento. Entsprechend umfangreich waren die Notfallmaßnahmen, als während der Waldbrände 2018 ein tornadoartiger „Fire Whirl" an der Stadt vorbeizog: 38.000 Personen mussten evakuiert werden, 8 Menschen starben. Der Ort geht zurück auf den Siedler Pierson Reading, einen Gefolgsmann von Johann Sutter, der sich 1844 hier niederließ. Zeitweilig trug die Stadt auch dessen Namen, ihre heutige Schreibweise aber bekam sie nach Benjamin Redding, der sich um die Southern Pacific Railroad verdient gemacht hatte. Für Besucher ist Redding mit seinen Hotels und Motels als Standort für die Erkundung der Umgebung interessant sowie als Verkehrsknotenpunkt (I-5, AMTRAK-Station, Flughafen). In der Stadt selbst sollte man sich den hübschen Library Park und das historische Cascade Theatre im Art-déco-Stil anschauen. Die meiste Aufmerksamkeit aber verlangt das Wahrzeichen der Stadt, das man sich angesichts des enormen Wachstums selbstbewusst geleistet hat: die 2004 eingeweihte Fußgängerbrücke **Sundial Bridge**, die der spanische Architekt Santiago Calatrava über den Sacramento River spannen ließ. Das Erlebnis, über diese mit Glas und Granit ge-

*Benannt nach Eisenbahner*

*Architektonisches Ausrufezeichen: Calatravas Sundial Bridge*

*Vom Lassen Volcanic National Park zur Pazifikküste*

deckte Brücke zu gehen, sollte sich keiner entgehen lassen. Die auffällige Schrägseilbrücke mit dem knapp 70 m hohen, schneeweißen Pylonen (der gleichzeitig als Zeiger einer Sonnenuhr fungiert) markiert den Beginn des Sacramento River Trail, gleichzeitig verbindet sie die Stadt mit dem Gelände an der Turtle Bay. Dazu gehören u. a. der **Turtle Bay Exploration Park** mit einem besonders für junge Besucher interessanten Naturwissenschaftsmuseum, ein **Arboretum** und ein **Botanischer Garten**. Auch ein Souvenirladen und ein sehr schönes Café gehören zur Anlage.
**Turtle Bay Exploration Park**, *844 Sundial Bridge Dr., ① (530) 243-8850, www.turtle bay.org; Museum: Mo–Fr 9–17, Sa/So 10–17, im Winter Mi–Fr, 9–16, Sa/So 10–16 Uhr, Garten: tgl. 7–19 Uhr, Erwachsene US$ 16, 4–15 und ab 65 Jahre US$ 12.*

Redding eignet sich auch bestens zur Erkundung des 119 km² großen **Shasta Lake**, der sich wenige Meilen weiter nördlich befindet und auf der I-5 schnell erreicht werden kann. Shasta Lake ist allerdings auch der Name einer 10.000-Einwohner-Stadt, die am Seeufer liegt und ebenfalls touristisch von Bedeutung ist. Am gemütlichsten lässt sich die mit vielen Buchten gegliederte Küstenlinie des Sees mit einem gecharterten Hausboot erkunden. Eiligere Touristen sollten sich einen Bootstrip zu den **Shasta Caverns** nicht entgehen lassen sowie den Besuch der riesigen **Shasta-Staumauer**. Das 183 m hohe und 1.055 m lange, gekrümmte Bauwerk wurde 1938–45 errichtet, um einerseits die Wasserversorgung des Central Valley zu gewährleisten und das Tal andererseits vor Hochwasser zu schützen. Gleichzeitig wird hier natürlich auch in fünf Turbinen Strom erzeugt, mit einer Kapazität von 610 MW ist es das viertgrößte Wasserkraftwerk Kaliforniens. Von der Mauerkrone ergibt sich bei gutem Wetter ein herrlicher Blick bis zur Schneekappe des **Mt. Shasta** (4.317 m) in der Ferne.

*Hausboottouren*

Die folgende Strecke ab Redding entlang dem Hwy. 299 gen Westen ist ebenfalls traumhaft. Denn einerseits trifft man hier auf viele Relikte der wilden Goldgräberzeit, andererseits auf eine herrliche Landschaft, die von hohen Berggipfeln, ausgedehnten Flussläufen, Stauseen und dichten Wäldern geprägt ist. Für Ersteres steht der **Shasta State Historic Park** (sechs Meilen hinter Redding), in dem die Zeit der Digger in vielen original erhaltenen Holzgebäuden wieder lebendig wird. U. a. gibt es dort ein Courthouse (Museum) sowie eine historische Bäckerei zu sehen, in der immer noch Brot gebacken und verkauft wird. Die historische Schule wurde bei den Waldbränden 2018 leider zerstört, einige andere Gebäude wurden beschädigt.

Anschließend bringt einen der Hwy. 299 in nur wenigen Fahrminuten zum Ufer des **Whiskeytown Lake**, eines durch einen 80 m hohen Damm 1963 aufgestauten Sees, in dessen Fluten der Ort mit dem vielversprechenden Namen versank. Der See wird heute hauptsächlich als Naherholungsgebiet genutzt, mit Campingplätzen, Badestränden und Anlegestellen für Boote. Wer hier schwimmt, wird von dem kristallklaren Wasser begeistert sein. Der See ist eine **National Recreation Area**. Es gibt ein gut ausgestattetes Besucherzentrum, die Möglichkeit der Goldsuche und alle anderen Annehmlichkeiten eines hervorragend organisierten Nationalparks. Hinter dem See windet sich der Hwy. 299 durch eine von mächtigen Bergrücken eingezwängte Schlucht und stößt nach rund 25 Meilen auf den Hwy. 3. Diesem folgt man nordwärts, wo man kurz darauf Weaverville erreicht.
**Whiskeytown National Recreation Area**, *Visitor Center: 14412 Kennedy Memorial Dr., ① (530) 246-1225, www.nps.gov/whis; Eintritt US$ 20 pro Fahrzeug.*

*Überflutete Stadt*

## Reisepraktische Informationen Redding und Shasta Lake

**Vorwahl**: 530

### Information
**Redding Visitor Center**, 844 Sundial Bridge Dr./Turtle Bay Exploration Park, ✆ (530) 225-4100, (530) 242-3102, (800) 874-7562, www.visitredding.org.
**California Welcome Center**, 1699 Hwy. 273, Anderson, ✆ 365-1180.

### Hotels
**Redding Stardust Motel** $$, 1200 Pine St., Redding, ✆ 241-6121, www.stardustmotel.com; einfache Motelunterkunft im Ortszentrum mit 40 Einheiten, Pool.
**Bridgehouse B&B** $$$, 1455 Riverside Dr., Redding, ✆ 247-7177, www.bridgehousebb.com; in der Altstadt und mit Blick auf den Sacramento River gelegenes B&B mit sechs geräumigen Gästezimmern in zwei Häusern, gutem Frühstücksbuffet und Fitnessraum.
**Hampton Inn & Suites** $$$, 2160 Larkspur Ln., Redding, ✆ 224-1001, www.hamptoninn.com; dreistöckiges Hotel im spanisch-mediterranen Stil mit guter Ausstattung – 36 der 80 Zimmer sind Studio-Suiten.
**Mount Shasta Resort** $$$–$$$$, 1000 Siskiyou Lake Blvd. (nahe I-5 Exit Central Mt. Shasta), ✆ 926-3030, www.mountshastaresort.com; reizvoll am Fuße des Mt. Shasta gelegenes Resorthotel mit Golfplatz. Kleine Chalets am Lake Siskiyou mit 1–2 Zimmern, Küche und offenem Kamin; Restaurant und weitere 15 Gästezimmer im Haupthaus.
**Hilton Garden Inn** $$$–$$$$, 5050 Bechelli Ln., South Redding, ✆ 226-5111, https://hiltongardeninn3.hilton.com; schön auf einem Plateau oberhalb des Sacramento River gelegenes Hotel mit großzügigen Zimmern und Suiten, Restaurant, Pool und Jacuzzi.

### Camping
**Shasta-Trinity Camping**, 14538 Wonderland Blvd., Shasta Lake, ✆ 275-8113, (877) 444-6777, www.shastatrinitycamping.com; am Seeufer gelegener Platz, u. a. mit Jurten für maximal fünf Personen (Betten), auch für RVs geeignet.

### Hausboote
**Holiday Harbor Resort**, 20061 Shasta Caverns Rd., O'Brien, ✆ 238-2383, (800) 776-2628, www.lakeshasta.com: nicht nur ein Resort mit angeschlossenem Campingplatz – hier werden auch Hausboote vermietet. Eine Woche kostet im Sommer ab ca. US$ 1.850, im Winter ab US$ 1.300.

### Restaurants
**Jack's Grill**, 1743 California St., ✆ 241-9705, www.jacksgrillredding.com; seit Generation eine Institution für Steak-Liebhaber, geschickt versteckt hinter einer schlichten Fassade; da keine Reservierungen angenommen werden, gibt es häufig lange Wartezeiten. Mo–Sa 16–22 Uhr.
**Moonstone Bistro**, 3425 Placer St., ✆ 241-3663, www.moonstonebistro.com; sympathisches Bistro. Frische kalifornische Küche mit französisch-mediterranem Einschlag, beliebt sind die Fish Tacos. Di–Do 11–21, Fr–Sa 11–22, So (Brunch) 10–14 Uhr.

*Vom Lassen Volcanic National Park zur Pazifikküste*

## Weaverville

Wie Whiskeytown hatte Weaverville, der nächste Ort entlang der Route, seine beste Zeit zur Mitte des 19. Jh., als sich hier ein wildes Völkchen von Glücksrittern, Holzfällern und Trappern versammelte. Zwar hat die Holzindustrie immer noch wirtschaftliche Bedeutung, doch steht der kleine Ort (ca. 3.800 Ew.) heute ganz im Zeichen des Fremdenverkehrs. Besucher schätzen den **urigen Wild-West-Charme** von Weaverville genauso wie die vorzüglichen Outdoor-Möglichkeiten der Umgebung. Immerhin liegt die gebirgige Trinity Alps Wilderness Area, das zweitgrößte Wildnis-Gebiet des Bundesstaates, direkt vor der Haustür. Hier locken mehrere Naturschutzgebiete oder die Trinity Alps zu ausgedehnten Wanderungen, stehen vier große Seen für Kanu- und Angelexkursionen oder andere Wassersportarten zur Verfügung.

*Naturschutzgebiete*

Wer sich in Weaverville und Umgebung etwas länger aufhalten möchte, findet einige meist kleine und rustikale Bed-and-Breakfast-Unterkünfte oder eine Vielzahl von schöngelegenen Campingplätzen. Kurzbesucher sollten im Städtchen nicht den Besuch des chinesischen **Joss House** *(630 Main St., ☎ (530) 623-5284, www.parks.ca.gov/?page_id=457, Do–So 10–17 Uhr)* versäumen, eines Tempelchens aus Holzschindeln und blauen Ziegelsteinen, das 1874 fertiggestellt wurde und als ältestes chinesisches Sakralgebäude Kaliforniens gilt.

## Reisepraktische Informationen Weaverville

**Vorwahl**: 530

### Information
**Trinity County Chamber of Commerce Visitor Center**, *509 Main St., ☎ 623-6101, https://visittrinity.com u. http://weavervilleca.org; Mi–Sa 10–16 Uhr.*

### Hotel
**Lakeview Terrace Resort $$–$$$**, *9001 Trinity Dam Rd. (ausgeschildert), in Lewiston, ☎ 778-3803, www.thelakeviewterraceresort.com; tolle Lage über dem Lewiston Lake, luxuriös ausgestattete Cabins, außerdem Stellplätze für RVs und Zelte, Bootsverleih; seit Jahrzehnten in Familienbesitz.*

### Restaurants
**Main Street Grill**, *5 S. Main St., ☎ (828) 645-5500, http://main-street-grill.business.site; kleines, aber feines Restaurant, das kulinarisch weit mehr bietet als ein klassischer „Grill". Mo–Do 11–15 u. 16.30–20.30, Fr/Sa bis 21 Uhr.*

Auf der Weiterfahrt folgt der Hwy. 299 dem Lauf des Trinity River nach Westen, an verschlafenen ehemaligen Goldgräber-Nestern vorbei und durch eine sich immer dramatischer darstellende Natur. Eine auffällige Landmarke ist unterwegs der 1.602 m hohe und völlig kahle Granitberg Ironside Mountain, an dessen Fuß sich die Straße entlangwindet.

*Route I: Rundfahrt zu den nordkalifornischen Highlights*

*Willow Creek Bigfoot Museum*

Das folgende Stück auf dem Hwy. 299 weist besonders viele steile Abschnitte und Serpentinen auf, da die zerklüfteten **Trinity Mountains** überquert werden müssen, ein raues, regenreiches Gebiet, in dessen Tälern Farne, Tannen und viele Pilze gedeihen. Seit Beginn der Siedlungsgeschichte gab es immer sagenhafte Erzählungen eines zotteligen, menschenähnlichen Wesens, das in dieser abgelegenen Region zu Hause sei. Freilich gibt es keine Beweise für die Existenz von Sasquatch bzw. Bigfoot, was jedoch Hollywood nicht abgehalten hat, den Fellburschen zum Protagonisten diverser Film- und TV-Produktionen zu machen. In **Willow Creek** gibt es nicht nur das **China Flat Museum** mit seiner **Bigfoot Collection** (www.bigfootcountry.net; Mai–Sept. Mi–So 10–16, Okt. Fr–So 12–16 Uhr, Nov.–April geschlossen, freier Eintritt), sondern jedes Jahr im September auch zweitägige Feierlichkeiten, die **Bigfoot Days**, zu Ehren des haarigen Monsters. Wer möchte, kann in Willow Creek hinter der Brücke über den Trinity River einen kurzen Abstecher über die Straße 96 nach **Hoopa** einlegen, dem Hauptort des Indianerreservats Hoopa Valley. Das kleine Hoopa Tribal Museum (www.hoopa-nsn.gov, www.facebook.com/HoopaTribalMuseum) informiert über Geschichte und Kunsthandwerk des Stammes. Ansonsten geht es auf dem Hwy. 299 zunächst bergauf und dann in vielen Kehren abwärts über die Coast Ranges dem Pazifik entgegen, den man nach gut 35 Meilen nördlich von Eureka (s. S. 322) erreicht.

*Haariges Monster*

## Alternativstrecke über Klamath Falls und Crescent City

Um vom Lassen Volcanic NP zur Pazifikküste zu gelangen, nimmt man am besten die eben beschriebene Strecke über Redding und Weaverville. Hat man jedoch ausreichend Zeit zur Verfügung, ließe sich alternativ ein äußerst interessanter längerer Bogen schlagen, der mit dem Lava Beds National Monument ein weiteres Naturdenkmal berührt und der sich hinter Klamath Falls beliebig nach Norden ausdehnen ließe, z. B. zum Crater Lake NP und anderen Zielen im Bundesstaat Oregon. Diese Route hat den Vorteil, dass man den Redwood National Park von Norden nach Süden durchfährt und keinen Abstecher mit doppelter Streckenführung machen muss.

Die Alternativstrecke(n) in Kurzfassung: Man bleibt am nördlichen Parkausgang auf dem Hwy. 89, bis es nach 34 Meilen rechts auf den Hwy. 299 abgeht. Die als Scenic Route ausgeschilderte Strecke ist 68 Meilen lang und führt an einigen Aussichtspunkten vorbei. In **Canby** geht es dann nördlich (links) auf den Hwy. 139, der automatisch zum südlichen Ausgang des **Lava Beds National Monument** führt. Der kleine Tule Lake, aber mehr noch die rund 300 Lavatunnel, Aschekegel, Geröllwüsten, erstarrte Lavaflüsse und Minivulkane sind die natürlichen Höhepunkte dieses Areals. In einem Besucherzentrum gibt es das entsprechende Informationsmaterial, ansonsten hat man freien Zugang zu einer monumentalen, erstarrten Landschaft, die vor einem Jahrtausend noch das Zentrum vulkanischer Tätigkeit war. Nördlich des National Monument stößt man in Tulelake auf den Hwy. 39, auf den man links einbiegt und nach wenigen Fahrminuten die Grenze zum Bundesstaat Oregon erreicht. Die erste Ortschaft entlang der Strecke in Oregon heißt **Merrill**, doch hat die nur etwa 20 Meilen weiter nördlich liegende sympathische Kleinstadt Klamath Falls ein größeres touristisches Angebot.

*Lava-Betten*

## Klamath Falls

Zwischen dem großen **Klamath Lake** und dem winzigen **Lake Ewauna** gelegen, bietet der 21.000-Einwohner-Ort mit seinen Parks, Gärten und Freizeitbooten eine Atmosphäre der Ruhe und Erholung. Das war nicht immer so, denn nach seiner Gründung im Jahre 1868 wurde er Schauplatz von Plünderungen und blutigen Gemetzeln im Zuge des Modoc-Indianerkrieges (1872–73). Klamath Falls liegt auf einem geothermalen Gebiet und nutzt den heißen Untergrund in seinen Stadtgrenzen vorbildlich. Etliche Büros, Amtsgebäude und private Wohnungen werden mit dem heißen Wasser aus der Tiefe versorgt. Sehenswert sind in Klamath Falls nicht nur die großzügigen Parks (u. a. Veterans Memorial Park, mit einer alten Dampflok), von denen man schöne Ausblicke auf den See und die Hügellandschaft hat.

Auch einige kulturelle Institutionen sind durchaus einen Besuch wert. An erster Stelle ist hier das **Favell Museum of Western Art & Indian Artifacts** zu nennen, das über 60.000 Einzelstücke indianischer Kunst und Geschichte sein eigen nennt und die weltgrößte Kollektion indianischer Pfeilspitzen besitzt, darüber hinaus aber auch Skulpturen und Gemälde zeitgenössischer Kunst und einen Souvenirshop.
**Favell Museum of Western Art & Indian Artifacts**, *125 W. Main St., ① (541) 882-9996, www.favellmuseum.org; Di–Sa 10–16 Uhr, Erwachsene US$ 10, 6–16 Jahre US$ 5.*

*Indianische Kunst*

Beachtung verdient auch das **Baldwin Hotel Museum**, ein vierstöckiges Ziegelsteingebäude aus dem Jahre 1906, das mit seiner originalen Möblierung viel von den Lebens- und Reisebedingungen zu Anfang des 20. Jh. erzählt. In diesem Hotel übernachteten schon die Präsidenten Th. Roosevelt, Taft und Wilson *(31 Main St., ① (541) 883-4207, Mi–Sa 10–16 Uhr, Besichtigung nur auf geführten Rundgängen möglich, die eine oder zwei Stunden dauern, für US$ 10 bzw. 5, bis 12 Jahre frei)*. Das **Klamath County Museum** wiederum zeigt völkerkundliche, historische und naturgeschichtliche Sammlungen aus der Klamath-Region *(1451 Main St., ① (541) 883-4208, Di–Sa 9–17 Uhr, Erwachsene US$ 5, bis 12 Jahre frei)*.

## Reisepraktische Informationen Klamath Falls

**Vorwahl**: 541

### Information
**Klamath Falls Visitor Center**, 205 Riverside Dr., ① 882-1501, www.discoverklamath.com; im Winter Mo–Fr 9–17, im Sommer bis 18 Uhr und zusätzlich Sa 10–14 Uhr.

### Hotels
**Maverick Motel $–$$**, 1220 Main St., ① 882-6688, (800) 404-6690, www.maverickmotel.com; solides Motel mit guten Preisen in zentraler Lage.
**Quality Inn Klamath Falls $$**, 4061 S. 6th St., ① 882-1200, www.qualityinnklamathfalls.com; praktisches Hotel mit 51 Zimmern und Swimmingpool.
**Days Inn Klamath Falls $$$**, 3612 S. 6th St., ① 882-8864, www.daysinnklamath.com; nahe dem Zentrum östlich des Hwy. 140. 108 gut ausgestattete Zimmer, Swimmingpool, Jacuzzi, Frühstück inbegriffen.

### Restaurant
**Steelhead Lodge**, 330 Terwer Riffle Rd., ① (707) 482-8145, http://thesteelheadlodge.com; urige Kneipe mit ausladender Bar und reichlich bezahlbaren Fleischgerichten. Fr–So 17–21 Uhr.

---

Auf direktem Weg geht es von Klamath Falls auf dem Hwy. 140 zunächst am westlichen Seeufer entlang und dann über **Lakecreek** bis **Medford**. Hier fährt man ein Stückchen auf der I-5 nach Westen, biegt aber bereits in Grants Pass auf den Hwy. 199 gen Süden ab. Dieser bringt einen auf schöner, gewundener Strecke durch den Siskiyou National Forest zurück nach Kalifornien. Bei **Crescent City** stößt man nicht nur auf die Pazifikküste, die Stadt ist auch das **Tor zum Redwood National Park** (s. S. 324). Dessen Parkeingang liegt nämlich sofort südlich der Ortschaft und ist mit dem Hwy. 101 (kein Eintritt) identisch.

## Alternativstrecke

Eine **etwas größere Runde** führt von Klamath Falls auf dem Hwy. 97 östlich des Sees entlang nach Norden, dann auf dem Hwy. 62 nach Nordwesten, wo der **Crater Lake National Park** eines der interessantesten Ausflugsziele darstellt. Nach der Umrundung der riesigen Caldera kann man wieder auf dem Hwy. 62 bis nach **Medford** fahren und gelangt dann auf oben genannter Strecke zum Redwood National Park.

## Crescent City

Als Goldsucher den Ort am Pazifischen Ozean 1851 gründeten, tauften sie ihn nach der Bucht, die wie eine Mondsichel geformt ist. Sie schützt die Stadt vor den Wellen des Ozeans, trotzdem war es immer das Meer, das für Crescent City die größten **Katastrophen** heraufbeschwor: so z. B. im Jahr **1865**, als kurz vor der Küste der Schaufel-

*Zerstörerisches Meer*

*Vom Lassen Volcanic National Park zur Pazifikküste*

*Der Leuchtturm von Crescent City*

raddampfer *Brother Jonathan* bei schwerer See unterging und 225 Menschen in den Tod riss – am Jonathan Vista Point erinnert ein Denkmal an die Opfer. Die nächste Katastrophe wurde **1964** von einem schweren Erdbeben in Alaska ausgelöst, das Anchorage verwüstete und eine enorme Flutwelle produzierte. Dieser Tsunami bewegte sich auf die nordkalifornische Küste zu und traf mit voller Wucht die Kleinstadt. Außer elf Toten waren damals Zerstörungen an fast allen Häusern und den Hafenanlagen zu beklagen. Ein weiterer, kleinerer Tsunami, ausgelöst durch ein Seebeben im Pazifik, traf Ende **2006** die Stadt und verursachte größere Schäden im Hafen.

Die Stadt hat gut 4.000 Einwohner, nicht mitgerechnet die rund 3.000 Insassen eines der größten Gefängnisse des Bundesstaates. Aufgrund der erwähnten Flutwellen gibt es keine historischen Bauwerke zu bewundern, für Touristen interessant wird die Stadt aber wegen ihres Redwood-Besucherzentrums sowie einigen Hotels, Motels, Campingplätzen und Restaurants. Wer hier Station macht, sollte den schönen Fußweg zum **Leuchtturm** begehen (nur bei Ebbe möglich).

## Reisepraktische Informationen Crescent City

**Vorwahl**: 707

### Information
**Crescent City/Del Norte County Visitors Bureau**, 1001 Front St., ① 464-3174, (800) 343-8300, http://exploredelnorte.com; Di–Sa 9–16, So ab 10 Uhr.

### Hotel
**Crescent City Beach Motel $$–$$$**, 1455 Hwy. 101 S, ① 464-5436, www.crescentbeachmotel.com; das preisgünstige Motel mit 27 renovierten Einheiten liegt herrlich direkt am Meer.

*Route I: Rundfahrt zu den nordkalifornischen Highlights*

> ⚠️ **Camping**
> **Del Norte Coast Redwoods SP**, ① 465-7335; gut 11 km südl. von Crescent City am Hwy 101.
> **Jedediah Smith Redwoods SP**, ① 465-7335; 14½ km östl. von Crescent City am Hwy. 199 gelegen.
> Beide Plätze können über www.reserveamerica.com reserviert werden.

## Eureka

Nachdem man die niedrigeren Höhenzüge der Coast Range überquert hat, ist schließlich die Pazifikküste erreicht. Auf Höhe der Kleinstadt Arcata stößt man auf den Hwy. 101, der einen nordwärts zum Redwood National Park und südwärts zur etwas größeren Stadt Eureka bringt. Beide Orte verfügen über einen großen Bestand an viktorianischer Bausubstanz, die teils verfallen, meistens aber restauriert und herausgeputzt alle Architekturinteressierten erfreut. Über entsprechende Spaziergänge und Hintergründe informieren das Welcome Center (*1635 Heindon Rd., https://visitarcata.com*) und die Historical Sites Society of Arcata (*www.arcatahistory.org*).

*Viktorianische Holzarchitektur*

**Eureka**, am Zusammenfluss der beiden großen Buchten Humboldt Bay und Arcata Bay gelegen, besitzt mit dem grün-grauen **Carson Mansion** das bizarrste, nicht aber edelste Beispiel des viktorianischen Baustils. Außerdem kann man durch die **Historic Old Town** (die beiden Parallelstraßen rechts des Highways: 3rd/2nd St.) schlendern und sich das reichhaltige Angebot an Holzwaren aller Art anschauen.

Auf der anderen Seite des Highways befindet sich die Historic Downtown. Zwischen Läden, von denen viele mit großformatigen *murals* geschmückt sind, finden sich zahlreiche Bauten aus dem frühen 20. Jh. Zu den schönsten gehören das **Clarke Historical Museum** (*240 E St., www.clarkemuseum.org*), untergebracht in einer alten Bank von 1912, und das **Eureka Theater** (*612 F St., http://eureka-theater.org*) von 1939 im Art-déco-Stil. Noch etwas älter ist die historische **Fähre Madaket** von 1910, auf der das Maritime Museum Rundfahrten anbietet (*www.humboldtbaymaritimemuseum.com*).

*Straßenkünstler in Eureka*

*Vom Lassen Volcanic National Park zur Pazifikküste*

Trotz seiner nur 27.000 Einwohner versprüht Eureka eine urbane Atmosphäre. Die Stadt hat sich über die Jahre zu einem **Mittelpunkt alternativen Lebens** in der Region entwickelt: Hier gibt es einen Öko-Supermarkt, die Dreadlock-Dichte ist hoch – genauso wie das Preisniveau –, und die Atmosphäre könnte dementsprechend locker sein. Allerdings zieht Eureka neben den Althippies auch Obdachlose aus dem ganzen Westen an. Etliche kirchliche Missionen nehmen sich ihrer an, was selbstverständlich zu begrüßen ist. Doch da sich die Situation im Zuge der Opioid-Krise weiter verschärft hat, sollte man sich nicht wundern, wenn die Dame an der Motel-Rezeption zu einem Besuch von Teilen der „Altstadt" in der Dunkelheit nur bedingt raten kann.

Auf dem Weg nordwärts passiert man auf dem Hwy. 101 einen Ort mit dem schönen Namen **Trinidad**. Der Portugiese Sebastião Rodrigues Soromenho segelte hier schon um 1600 an der Küste entlang, ohne allerdings an Land zu gehen. Trinidad hat etwa 1.000 Einwohner, die z. T. von der Lachsfischerei bzw. Aquakulturen, z. T. vom Fremdenverkehr leben.

## Reisepraktische Informationen Eureka

**Vorwahl**: 707

### Information
**Eureka Visitor Center**, 240 E. Str., ① 798-6411, www.visiteureka.com; Di–Sa 10–18, So 11–16 Uhr.
**Eureka-Humboldt Visitors Bureau**, 322 1st Str., ① 443-5097, (800) 346-3482, www.visitredwoods.com; Mo–Fr 9–17 Uhr.

### Hotels
**Comfort Inn Humboldt Bay $$–$$$**, 4260 Broadway, ① 444-2019, www.choicehotels.com; moderne Unterkunft am südlichen Stadtrand mit 48 gut ausgestatteten Zimmern, kleiner Innenpool, Restaurants in der Nähe.
**Red Lion Hotel $$$–$$$$**, 1929 4th St., ① 445-0844, www.redlion.com/eureka; am nördlichen Stadtrand am Hwy. 101 gelegen, 175 großzügige Zimmer, Swimmingpool, Restaurant.

### Camping
Vier Meilen nördlich von Eureka ist der **Redwood Coast Cabins & RV Resort** am 4050 N. Hwy. 101, ① 822-4243, www.redwoodcoastrv.com, ein komfortabler Platz für Motorhomes und Zelttouristen, schöne Cabins, Pool, Fahrradverleih, Laden.

### Restaurants
Die meisten Lokale befinden sich in Historic Old Town Eureka, z. B.:
**Lost Coast Brewery**, 617 4th St., ① 445-4480, www.lostcoast.com; die Brauerei ist mittlerweile umgezogen nach 1600 Sunset Dr., aber in Old Town gibt es noch den stimmungsvollen Pub, ausgestattet im Stil des späten 19. Jh. Suppen, Salate, Sandwiches, Burger und Pasta zu fairen Preisen, gute und mehrfach ausgezeichnete Biere. Tgl. 11–22, Fr/Sa bis 23 Uhr.
**Stars Hamburgers**, 1535 G St., Arcata, ① 826-1379. Hamburgerbraterei mit guten Burgern. Der Laden soll Stephen Hillenburg, der in Arcata an der Humboldt State University studiert hat, als Vorlage der Krusty Krab in seiner Zeichentrickserie „SpongeBob" gedient haben.

# Redwood National Park

Bei einer Besichtigung mit dem eigenen Wagen durchquert man auf dem Hwy. 101 zwischen dem nördlichen und südlichen Visitor Center den Park in fast seiner gesamten Länge. Zwischen Klamath und Orick ist der Hwy. 101 jedoch z. T. als wenig sehenswerte Umgehungsstraße ausgebaut, zu der man im Elk Prairie Parkway eine bessere Alternative hat. Verschiedene Sehenswürdigkeiten kann man aber auch hier nur zu Fuß oder mit einem Kleinbus (Shuttle Bus) erreichen. Wer **von Norden kommend** auf dem Hwy. 101 in den Park einfährt und nur wenig Zeit mitbringt, braucht weder dem Jedediah Smith Redwoods State Park noch der Kleinstadt Crescent City einen Besuch abzustatten. Wer trotzdem nach links abbiegt, sollte am Besucherzentrum Hiouchi anhalten und anschließend zur Stout Grove wandern, in der es eine beeindruckende Ansammlung der Redwoods zu sehen gibt. Auf dem schmalen und unasphaltierten Weg kann man auch mit dem Wagen durch den Urwald fahren und später wieder auf den Highway stoßen. Dieser berührt am südlichen Ende der Stadt den Crescent Beach, den man am besten vom Crescent Overlook überschaut.

*Durch den Urwald*

Hier ist man bereits im **Del Norte Coast Redwoods State Park**, in dem es ebenfalls Hunderte von Riesensequoien gibt. Man sieht sie entlang der gut ausgeschilderten Wanderwege vom Campingplatz „Mill Creek" aus. Auf der Weiterfahrt in den Süden, vorbei an der Felsformation **Footsteps Rock**, sollte man auf einer kurzen Stichstraße nach Requa abbiegen, wo man eine fantastische Sicht auf die Küste und die Bucht des Klamath River hat. Hier, am Klamath River Overlook, sind die Chancen recht groß, im Frühjahr oder Herbst Grauwale zu sehen. Die sind auf der Durchreise von Mexiko nach

*Lichtspiel in der Lady Bird Johnson Grove*

Alaska oder andersherum und finden hier gute Nahrung.

An der folgenden Abzweigung sind die **Trees of Mystery** (www.treesofmystery.net) ein beliebtes Ausflugsziel. Man kann mit einer Seilbahn den Berg hochschweben, Pfaden folgen und bisher Unbekanntes über das Leben der Ureinwohner entdecken. Auch der Drive-Thru-Baum, in den man einen Tunnel geschlagen hat, gehört nicht zu den natürlichen Sehenswürdigkeiten des Parks, genauso wenig wie die „goldenen" Bären auf der Brücke über den Klamath River. Hinter der Golden Bear Bridge ist ein weiterer Abstecher auf der schmalen Küstenstraße des Coastal Dr. empfehlenswert. Dieser ist neun Meilen lang und führt vorbei am High Bluff Outlook mit seiner berühmten Aussicht.

Der Coastal Dr. führt einen wieder auf den Highway zurück. Hier lohnt es sich, statt des Hwy. 101 den sehenswerten **Newton B. Drury Drive** zu nehmen, er verläuft mitten durch den Redwood-Wald. Bald folgt der **Prairie Creek Redwoods State Park**. Auch hier gibt es ein Besucherzentrum (Prairie Creek). Zur wohl eindrucksvollsten Küstenszenerie geht ca. 8 km weiter südlich nach rechts die Davison Rd. ab, auf der man den Gold Bluffs Beach erreicht. Vorher aber sollte man, direkt hinter der Abzweigung, einen Blick auf die Felder links und rechts der Straße werfen: Nicht ohne Grund heißen sie **Elk Meadows**, hier sind mit ein bisschen Glück Elche anzutreffen. Und wer noch ein wenig Zeit vor dem Trip an den Beach hat, der wandert ein kurzes Stück vom Elk-Meadows-Parkplatz zum Trillium-Wasserfall.

An seinem 12 km langen Sandstrand des **Gold Bluffs Beach** sind herrliche Wanderungen möglich, bei denen man mit etwas Glück Wale, Delfine oder Robben beobachten kann. Am nördlichen Ende des Strandes gibt es einen Zugang zum **Fern Canyon**, dessen Wände von Farnen förmlich überwuchert sind.

Auf dem Hwy. 101 geht kurz nach dieser Abzweigung die Bald Hills Rd. nach links ab, die zu den größten Sequoien des Parks führt. Eine erste An-

sammlung sieht man, nach steilem Aufstieg, an der **Lady Bird Johnson Grove** (benannt nach der Ehefrau des 36. US-Präsidenten Lyndon B. Johnson). Wer die Chance hat, sollte den rund einstündigen Rundgang in den frühen Morgenstunden machen. Erfahrungsgemäß hängt der Morgennebel noch über der Küste, während hoch auf den Hügeln schon die Sonne durchkommt. Durch die hereinscheinenden Sonnenstrahlen wird der Ort mehr als magisch.

Folgt man weiter der Bald Hills Rd., zweigt ca. 4 Meilen später die Tall Trees Access Rd. ab, die zum **Tall Tress Grove** führt. Für die Fahrt über die schmale Straße ist ein **Permit** erforderlich, das man sich im Kuchel oder Hiouchi Visitor Center besorgen kann, die Anzahl pro Tag ist aber beschränkt. Im Tall Trees Grove kann man zwischen einigen der größten Bäume der Welt wandern. Der Rekordhalter, der 2006 entdeckte Redwood Hyperion (115 m), befindet sich zwar ebenfalls im NP, aber nicht im Tall Trees Grove.

*115-Meter-Baum*

Zurück auf dem Highway, verlässt man den Nationalpark am **Thomas H. Kuchel Visitor Center**, das sich etwa 3 km hinter Orick befindet. Bei der Ausfahrt passiert man drei herrliche Lagunen, in denen häufig Pelikane zu Gast sind.

## Pflanzen- und Tierwelt

Während die dichten Redwood-Wälder kein reiches Tierleben aufweisen, sind im gelichteten Hinterland einige **Großsäugetiere** anzutreffen. So leben z. B. zwei Herden der seltenen Roosevelt-Hirsche (Roosevelt elk, *Cervus canadensis roosevelti*) hier. Auch Schwarzwedelhirsche (Blacktailed Deer), die eine Unterart der Maultierhirsche darstellen, sind anzutreffen, weiter Otter, die nur in Amerika vorkommenden Bergbiber, Luchse, wenige Exemplare des Schwarzbären und stets die neugierigen Streifen- und Eichhörnchen (Chipmunks, Squirrels). Wegen der Insektenarmut gibt es im eigentlichen Wald auch nur wenige Vögel, während im Hinterland u. a. Kolibris, Schwalben und Schleiereulen heimisch sind. An der Küste halten sich Schwärme von Seevögeln auf, wobei die Pelikane in der Freshwater Lagoon (unmittelbar südlich von Orick) besonders interessant sind. Im Meer tummeln sich Seelöwen und Robben. Auch die Grauwale sind auf ihrer jährlichen Wanderung zu beobachten. Weiter kommen Delfine und Schwertwale vor.

*Seltene Hirsche*

Reichhaltig ist das Leben in den fließenden und stehenden Gewässern. Der King Salmon, der

*Ein Roosevelt-Hirsch im Redwood NP*

Silver Salmon und die Steelheadforelle ziehen im frühen Herbst die Flüsse aufwärts zu ihren Laichplätzen. Die bis zu zehn Pfund schweren Forellen und doppelt so schweren Lachse können sowohl im Salz- als auch im Süßwasser existieren. Im Gegensatz zum atlantischen Lachs stirbt der pazifische kurz nach dem Ablaichen.

*Fischreiche Gewässer*

Der Redwood NP ist einer der wenigen Nationalparks, die explizit nach einer bestimmten Vegetationsform benannt sind und diese als Hauptattraktion haben. Sie repräsentiert aber natürlich nicht die gesamte Flora des Areals. Insbesondere fällt die **Vielzahl von Farnen** auf, die in der dunklen Atmosphäre zwischen den Stämmen der Baumriesen für hellgrüne Akzente sorgen. Frauenfarn (Lady Fern), Schwertfarn (Sword Fern) und Adlerfarn (Bracken Fern) erreichen hier eine erstaunliche Größe und bedecken zusammen mit dem dunkelgrünen Moos den Waldboden wie ein dicker Teppich. Für die Indianer waren die Farne wichtige Vitaminspender. Daneben sind im Frühjahr Azaleen und Rhododendren leuchtende Farbtupfer.

*Flora*

In dem fast 560 km² großen Areal sind drei kalifornische **Redwood-Staatswälder** enthalten: der Prairie Creek State Park im Süden, der Del Norte Coast State Park und sofort anschließend der Jedediah Smith State Park im Norden. Diese Wälder wiederum kann man in zwei Bereiche unterteilen:
- einmal das 48 km lange Küsten- und Seengebiet mit seinen schroffen Klippen, Steilküsten, Lagunen, Stränden, Gezeitenbecken und Landzungen,
- zweitens der Rotholzwald mit seiner üppigen Vegetation, Flüssen und Bächen. In diesem Wald unterscheidet man zusätzlich zwischen einer feuchteren westlichen Zone und einem höhergelegenen, trockeneren und gelichteten Gebiet landeinwärts.

## Reisepraktische Informationen Redwood National Park

### Information
**Redwood National & State Parks**, *1111 Second St., Crescent City, ☎ (707) 465-7335, www.nps.gov/redw. Der Park ist das ganze Jahr geöffnet, Eintritt frei.*

### Unterkunft
*Im Park selbst sind* **keine Hotel- oder Motelzimmer** *vorhanden, dafür aber genügend in den Ortschaften an den nördlichen (Crescent City) und südlichen Parkeingängen (Orick, Arcata und besonders Eureka). Im Park gibt es vier reguläre Campgrounds (US$ 35), v. a. im Sommer ist eine Reservierung empfohlen, ☎ (800) 444-7275, www.reservecalifornia.com. Ein Permit für die naturnahen „backcountry camps" erhält man kostenlos (Ausnahme: Gold Bluffs, US$ 5) in den Visitor Centers.*

### Beste Besuchszeit
*Das pazifische Klima sorgt für* **ganzjährig** *milde Temperaturen einerseits und erheblichen Niederschlag andererseits. Bei jedem Wetter aber sind die Redwoods ein Erlebnis. Der winterliche Nieselregen und der sommerliche Nebel rufen im Walddickicht eine mystische Stimmung hervor, die zu den Baumgiganten besser passen will als strahlend blauer Himmel. Am niederschlagsärmsten sind Frühjahr und Herbst, wenn auch die Nächte recht kühl werden können. Landeinwärts ist es i. d. R. trockener, im Sommer wärmer und im Winter kälter als an der Küste.*

*Route 1: Rundfahrt zu den nordkalifornischen Highlights*

### Wandern

*Schöne* **Wanderwege** *in einer Gesamtlänge von rund 200 km bringen den intensiven (und einzig richtigen) Kontakt mit der Natur des Nationalparks. Von fast allen Parkplätzen sind längere oder kürzere Trails mit Meilenangaben ausgeschildert, auf denen man die drei charakteristischen Landschaftsformen (Strand, Wald, Wasserläufe) erkunden kann. In den drei Besucherzentren sind ausführliche Wanderführer erhältlich.*

### Andere Aktivitäten

*Flüsse, Flussmündungen und Meeresbuchten sind als ausgezeichnetes Fischrevier weithin bekannt und ziehen* **Angler** *von weither an. Mit der Sport Fishing License darf u. a. Jagd auf Aale und Forellen gemacht werden. Die besten Zeiten sind das Frühjahr und besonders der frühe Herbst. Informationen erhält man in den Visitor Centers oder beim Büro des California Department of Fish and Wildlife in Eureka (619 Second St., Eureka, ① (707) 445-6493, www.wildlife.ca.gov). Redwood Creek, Klamath River und Smith River eignen sich auch für Kajak- und Floßfahrten unterschiedlichen Schwierigkeitsgrades. Die Park Ranger informieren über die günstigsten Stellen und Verleihstationen.*

# Vom Redwood National Park nach San Francisco entlang der Küste

Wenn man nicht noch weiter nördlich liegende Reiseziele hat, etwa Crescent City (s. S. 320) oder den Nachbarstaat Oregon, fährt man nach dem Aufenthalt im Redwood National Park am besten auf der bereits bekannten Strecke nach Arcata und Eureka zurück. Wer die dort erhaltenen Architektureindrücke vertiefen möchte, kann dies im 27 Meilen südwestlich liegenden Ferndale tun.

## Ferndale

Das 1.400-Einwohner-Dorf Ferndale, das sich selbst „**Victorian Village**" nennt, wurde von dänischen Einwanderern gegründet und lebte früher ausschließlich von der Landwirtschaft – vor allem die Butter aus Ferndale hat bis heute einen ausgezeichneten Ruf. Für Besucher lohnt sich ein Aufenthalt aber vor allem wegen der Vielzahl gut erhaltener viktorianischer Holzvillen. Ein Bummel über die Main Street ist wie eine kleine Zeitreise. Und dank mehrerer Restaurants, Kunstgalerien, Lokalmuseum und hübscher B&B-Unterkünfte könnte auch ein längerer Aufenthalt interessant werden.

Die Hauptroute jedoch folgt dem Hwy. 101, jedenfalls bis nach **Scotia** mit seiner riesigen Holzmühle. Acht Meilen dahinter nämlich gibt es eine Alternativstrecke

*Auf der Avenue of the Giants*

*Vom Redwood National Park nach San Francisco entlang der Küste*

(Ausfahrt 674) zur vierspurigen 101, die 32 Meilen lange **Avenue of the Giants** (*www.avenueofthegiants.net*). Zwischen Pepperwood im Norden und Philippsville schlängelt sich da eine wunderschöne Route (die alte 101) am Eel River entlang und gibt einem wirklich das Gefühl, ein Zwerg unter Riesen zu sein. Immer wieder lohnt es sich anzuhalten und die Baumriesen zu betrachten. Oder man begeht bei der Founders Grove den angelegten Naturlehrpfad. Und natürlich darf eine Straße nicht fehlen, die durch einen Baum geschlagen wurde (Shrine Drive Thru Tree). Nördlich von **Garberville** mündet die Avenue of the Giants wieder in den Highway ein, das Thema „Redwoods" ist damit aber noch lange nicht abgeschlossen. Dementsprechend heißt der autobahnähnlich ausgebaute Highway auch Redwood Hwy.

*Streckenalternative*

Auf der Weiterfahrt kommt man an lohnenden Sehenswürdigkeiten vorbei, wie dem **One Log House** (*www.onelogshouse.com*) – ein ganzes Apartment in einem ausgehöhlten Baumstamm –, dem Grandfather Tree und der Richardson Grove, und an eher fragwürdigen wie dem Confusion Hill (Mini-Eisenbahn, optische Illusionen, *www.confusionhill.com*) und dem World Famous Tree House. Nach Leggett hat man nochmals Gelegenheit, seinen Wagen durch einen lebenden Baum zu chauffieren: Im Drive Thru Tree Park (*US$ 10 pro Fahrzeug*) erhebt sich ein 95 m hoher Redwood mit einem Durchmesser von 3½ m, der vielleicht über 200 Jahre alt ist und auf seine alten Tage noch erleben musste, dass ihn Menschen durchlöcherten. An dieser Stelle ist man jedoch schon eine Meile zu weit gefahren.

## Informationen zu den Redwoods

*info*

Der Wald mit seinen Redwoods oder „Lebensbäumen" (Sequoia sempervirens) ist eines der letzten Rückzugsgebiete jener Küstenmammutbäume, die einmal von Oregon bis Südkalifornien verbreitet waren. Sie sind archaische, merkwürdige Pflanzen und gleichzeitig die größten Bäume der Welt. Ihre nächsten Verwandten sind die **Riesenmammutbäume** (*Sequoiadendron giganteum*) auf der Westseite der Sierra Nevada (s. S. 445). Außerdem gehören diese Sequoien zu den ältesten Vegetationsformen der Erde (zusammen mit den Sumpfzypressen Floridas, den japanischen Kryptomerien und den neuseeländischen Kauris). Sie führen ihren direkten Stammbaum bis auf das Miozän vor 20 Mio. Jahren zurück und können in Vorformen noch weitere 280 Mio. Jahre zurückverfolgt werden.

Typisch für die Sequoien sind ein altertümlicher biologischer Aufbau, eine borkige Rinde und ein faseriges Holz mit einer eigentümlichen chemischen Struktur. Das **rötliche Holz** (daher der Name „Redwood") stößt Insekten ab und kann kaum verrotten. Das enorm hohe Alter der Bäume wird u. a. auf die Resistenz gegenüber Schädlingen und Pilzen zurückgeführt. Wegen der Insektenarmut gibt es übrigens auch nicht viele Vögel in den Redwoods, und es herrscht eine eigentümliche, feierliche Stille. Wachsen die Bäume in den ersten hundert Jahren alljährlich um 30 cm, so verlangsamt sich ihr Wachstum in der Folgezeit kontinuierlich.

Verankert sind die Giganten mit flachen Wurzeln, die sie in alle Richtungen aussenden und aus denen Schösslinge sprießen. Das Wurzelwerk erstreckt sich nicht selten seitlich bis nahezu 50 m weit, reicht jedoch nur gut 2 m in die Tiefe. Diese langen Wurzelarme umzingeln Felsen, dringen in die Spalten und vereinigen sich mit den Wurzeln anderer Redwoods. Auch aus knorpelartigen Verdickungen am Baumstamm kommen neue Triebe. Diese sind selbst lebensfähig, wenn der Baum entwurzelt oder verletzt ist. Selbst an Redwoods, in denen ein Brand wütet – tatsächlich gibt es Wald-

*Route 1: Rundfahrt zu den nordkalifornischen Highlights*

brände in den Bäumen, die sich über Tage und Wochen hinziehen und richtiggehende Kaminschlote hinterlassen und die scheinbar nur noch als äußere Hülle stehen geblieben sind –, sieht man manchmal neue Triebe. Daneben haben die Redwoods aber auch 3 cm große Samenzapfen. Unzählige der Giganten sind um 100 m hoch, darunter auch der möglicherweise **höchste Baum der Welt** (115 m).

Während über Jahrtausende die Indianer sich für die Redwoods wirtschaftlich nicht interessierten, begann mit der Ankunft der Weißen ein ungeheurer Kahlschlag, der fast die gesamten Bestände vernichtet hätte. Die Baumgiganten hatten mehrere **entscheidende Vorteile**, die ihnen zum Verhängnis wurden:
- Das Holz wächst gerade, ist hart, aber trotzdem leicht zu bearbeiten. Es schrumpft beim Trocknen nur unwesentlich und muss nicht lange abgelagert werden.
- Redwoods wachsen in dichten Beständen und sind außergewöhnlich voluminös. Außerdem liegen sie strategisch günstig: Sie konnten in den neu entstehenden Ortschaften und Sägen an Ort und Stelle verarbeitet und über die Häfen sofort weitertransportiert werden.
- Die Konsistenz der Redwoods ist verwitterungsbeständig, nur schwer brennbar und resistent gegen Schädlinge wie Termiten, Holzbock und Pilze.

Für die weißen Pioniere kamen diese Vorteile gerade recht, denn Holz wurde damals in rauen Mengen gebraucht: Man musste Stützbalken für die Stollen der Goldsucher haben, Planken für die Schiffe und Balken für die entstehenden Städte und den Eisenbahnbau. Außerdem brauchten die Neuankömmlinge Arbeit – und fanden sie in der Holzindustrie. Ganze Städte und Flotten wurden aus Redwood errichtet, so auch die schönen **viktorianischen Häuser** von San Francisco und Eureka, und trotz des außergewöhnlich schnellen Wachstums (bis zu 60 cm jährlich) schwanden Jahr für Jahr große Teile des ehemals 8.000 km² bedeckenden Waldes. Erst im Jahre 1968 – bis dahin war etwa 85 % des Bestandes unrettbar vernichtet – entschloss man sich, den Nationalpark einzurichten.

In **Leggett** verlässt man nämlich die 101 und biegt rechts auf den **Hwy. 1** ab. Nur auf ihm kann die küstennahe Strecke mit ähnlich schöner Landschaft fortgesetzt werden. Die schmale Serpentinenstraße schraubt sich zunächst wieder einige Hundert Meter höher, und durch ein dicht bewaldetes Gebiet nähert man sich Fort Bragg. Vorher sind rechts riesige Dünen zu sehen, die zu einem Spaziergang in der frischen Brise des Stillen Ozeans einladen.

##  Streckenalternative durchs Hinterland

### Auf dem Hwy. 101 nach Santa Rosa
Es mag mehrere Gründe geben, auf dem Weg nach San Francisco ab **Leggett** nicht die küstennahe Variante, sondern die durchs Hinterland über den Hwy. 101 zu wählen. Z. B. ist dieser zügiger befahrbar, und in der Vergangenheit kam es auch oft vor, dass im Winter nach heftigen Stürmen Teile des Hwy. 1 durch Erdrutsche nicht befahrbar waren. Auf alle Fälle hat auch diese Variante durchaus ihre Höhepunkte – so schon auf den ersten Meilen, wo man auf der Straße vor **Cummings** einen herrlichen Panoramablick genießen kann. Durch ein reizvolles Tal fährt man anschließend weiter nach Süden, bis man in **Willits** eine weitere Querverbindung zur Küste passiert. Dieser Hwy. 20 führt durch das herrliche, naturgeschützte Waldgebiet Jackson Forest (viele Campingplätze) auf Fort Bragg zu (s. u.). Willits selbst ist landesweit für seine „Frontier Days" (*www.willitsfrontierdays.com*) bekannt, bei denen der Unabhängigkeitstag am 4. Juli aufwendig mit einer ganzen

*Vom Redwood National Park nach San Francisco entlang der Küste*

Festwoche gefeiert wird – dabei kann man u. a. an Western Dancing, Pferdeshows, einem Umzug und dem ältesten Rodeo Kaliforniens teilnehmen. 16 Meilen südlich von Willits bringt einen der Hwy. 101 nach Redwood Valley, wo der Hwy. 20 ostwärts auf sehr reizvoller Strecke zum Clear Lake abzweigt (s. S. 306). Folgt man der bisherigen Richtung, gelangt man zum Fremdenverkehrsort **Ukiah**, danach zu kleinen Ortschaften mit so hübschen Namen wie Pieta, Echo und Asti. Kurz darauf künden ausgedehnte Weingüter den idyllischen Ort **Geyserville** (s. S. 292) an. Hier kann man ins Napa Valley abzweigen oder, auf nun breiter und zügig befahrbarer Straße, weiter nach **Santa Rosa**, **Novato** und **San Francisco** fahren.

## Reisepraktische Informationen Ferndale

**Vorwahl**: 707

### Information
**Ferndale Chamber of Commerce**, P. O. Box 325, Ferndale, ☏ 786-4477, www.visitferndale.com.

### Hotels
**Shaw House Inn Bed & Breakfast** $$$–$$$$, 703 Main St., ☏ 786-9958, www.shawhouse.com; wunderschöne viktorianische Villa von 1854 mit behutsam restaurierten Zimmern.
**Victorian Inn** $$$–$$$$$, 400 Ocean Ave., ☏ 786-4949, www.victorianvillageinn.com; zauberhaftes B&B im historischen Ferndale (das Haus ist von 1890) mit 13 gemütlichen Zimmern.

# Fort Bragg

Fort Bragg – nicht zu verwechseln mit dem gleichnamigen Militärkomplex in North Carolina, einem der größten Stützpunkte der US Army – ist mit 7.500 Einwohnern zwar nur ein kleiner Ort, trotzdem aber immerhin die größte zwischen San Francisco und Eureka. Er lebte lange von der Verarbeitung der Redwoods. Hier befand sich eine der größten Redwood-Sägemühlen der Welt, die sich schon von Weitem durch eine starke Rauchentwicklung bemerkbar machte. 2002 wurde die Sägemühle geschlossen – seitdem entdeckt Fort Bragg den Tourismus für sich und will sich als echte und unverfälschte Alternative zum nahen Mendocino etablieren. Wer von der Hauptstraße nach links abbiegt, wird feststellen, dass der Ort auch einige nostalgische Ecken hat, die die Atmosphäre eines Wildweststädtchens ausstrahlen. Weithin bekannt ist der **Glass Beach** 5 km nördlich der Stadt im heutigen **MacKerricher State Park**. Bis 1969 war hier eine Müllkippe, insbesondere Glas wurde hier abgeladen. Über die Jahre schliff der Ozean die bunten Splitter rund und schuf so einen vielfarbig glitzernden Scherbenteppich. Da sich aber leider kaum ein Besucher an das Verbot, die Scherben als Souvenir mitzunehmen, hielt, ist der – landschaftlich durchaus reizvolle – Strand heute weitgehend abgegrast. Zwei weitere „Glasstrände" befinden sich etwas weiter südlich, außerhalb des SP. Seit 2018 sind die Zugänge aber teilweise gesperrt. Liebhaber bunten Glases können alternativ auf dem Weg nach Mendocino dem **International Sea Glass Museum** einen Besuch abstatten (17801 N. Hwy. 1, www.internationalseaglassmuseum.com).

*Holzverarbeitung*

*Route 1: Rundfahrt zu den nordkalifornischen Highlights*

Nostalgischen Reiz besitzt der berühmte **Skunk Train**, die alte Holzfäller-Eisenbahn, die immer noch in einer dreieinhalbstündigen Fahrt über 39 Brücken, durch tiefe Schluchten und dichte Redwood-Wälder bis nach Northspur führt.
**Skunk Train**, *100 W. Laurel St., Fort Bragg, ① (707) 964-6371, www.skunktrain.com; der Dampfzug wird Mai bis Dezember einmal tgl. eingesetzt, in den Sommermonaten auch zweimal, Erwachsene US$ 25, 2–12 Jahre US$ 15, bis 12 Jahre US$ 10.*

Blumenfreunden sei der herrliche, etwa 19 ha große **Mendocino Coast Botanical Garden** (www.gardenbythesea.org) empfohlen, der sich wenige Fahrminuten südlich des Zentrums ausbreitet. Mit seinem hoch über dem Pazifik gelegenen Küstennadelwald, riesigen Farnen und blumenbedeckten Klippen lohnt er immer einen Besuch, vor allem aber zur Zeit der Rhododendronblüte. Auf Höhe des Botanischen Gartens biegt in östlicher Richtung der reizvolle Hwy. 20 ab, auf dem man in Willits wieder zum Hwy. 101 zurückgelangt (s. S. 330).

*Zur Rhododendronblüte*

## Reisepraktische Informationen Fort Bragg

**Vorwahl**: 707

### Infos
**Visitor Center**, *217 S. Main St., ① 961-6300, www.fortbragg.com.*
**Visit Mendocino County**, *345 N. Franklin St., ① 964-9010, (866) 466-3636, www.visitmendocino.com; Mo–Fr 8.30–17 Uhr.*

### Hotels
**The Redwood Coast Inn $$$**, *615 N. Main St., ① 964-0640, www.greywhaleinn.com; extravagantes B&B in einem ehemaligen Hospital, das 1915 eine Holzfirma erbauen ließ, 13 gemütliche Gästezimmer und leckeres Frühstücksbuffet.*
**Beachcomber Motel $$$–$$$$**, *1111 N. Main St., ① 964-2402, www.thebeachcombermotel.com; lang gestreckte und unspektakuläre Anlage mit 72 Einheiten, aber fantastisch gelegen: direkt oberhalb des weißen Sandstrands (direkter Zugang), außerdem Spazier- und Joggingwege in nächster Nähe.*

### Restaurant
**North Coast Brewing Company**, *444/455 N. Main St., ① 964-3400, www.northcoastbrewing.com; für seine Biere wie Red Seal Ale oder Old Rasputin Russian Imperial Stout vielfach ausgezeichneter Pionier unter den Kleinbrauereien, im angeschlossenen familienfreundlichen Lokal gibt es gute kalifornische Küche und Seafood-Spezialitäten zu moderaten Preisen. Tgl. 11.30–21.30 Uhr.*

## Mendocino

*Künstlerkolonie*

Seitdem sich der 900-Seelen-Ort in den 1960er-Jahren einen Namen als Künstlerkolonie gemacht hat, herrscht an Wochenenden auf der idyllischen **Main Street** eine manchmal hektische (Touristen-)Betriebsamkeit, da selbst aus dem fernen San Francisco Tagesausflügler anreisen. Wer aber nicht gerade an solchen besuchsstarken Tagen

*Vom Redwood National Park nach San Francisco entlang der Küste*

*Küstenszenerie von Mendocino*

anreist, findet in Mendocino eine dramatisch schöne Küstenszenerie, nette Geschäfte und Galerien, Restaurants, das altehrwürdige Mendocino Hotel von 1878 und ein kleines Heimatmuseum vor.

Südlich von Mendocino geht die Fahrt immer an der Pazifikküste entlang, über kleine Dörfer wie **Albion** und **Elk**, bis zu einer Halbinsel. Dort kann man auf einer schmalen Stichstraße das **Point Arena Lighthouse** erreichen und sich selbst bei Nebel in dem Gefühl sonnen, dass man hier auf dem amerikanischen Festland Hawaii am nächsten ist. Es ist möglich, den 35 m hohen Leuchtturm zu besteigen und vom Laternenraum aus die meilenweite Aussicht zu genießen. Eine ungewöhnliche Unterkunft bietet sofort daneben das ehemalige Leuchtturmwärterhaus.

*Hawaii am nächsten*

## Reisepraktische Informationen Mendocino

**Vorwahl**: *707*

### Information
**Visit Mendocino County**, *s. S. 332 (Fort Bragg), www.visitmendocino.com. Weitere informative Website: www.mendocino.com.*

### Hotel
**Blair House $$$–$$$$**, *45110 Little Lake Rd., ① 937-1800, (800) 699-9296, www.blairhouse.com; viktorianisches B&B aus dem Jahr 1888 mit nur vier Zimmern. In der TV-Serie „Murder, she wrote" (dt.: „Mord ist ihr Hobby") war das Blair House als Wohnhaus der von Angela Lansbury gespielten Hobbydetektivin Jessica Fletcher zu sehen. Wenngleich die Serie eigentlich in Maine spielte, wurden weite Teile in Mendocino gedreht.*

> **⚠ Camping**
> Mehrere Plätze stehen im Humboldt State Park zur Verfügung, beispielsweise der private **Giant Redwoods RV & Camp** (400 Myers Ave., ☎ 943-9999, http://giantredwoods rv.com), der schön in einem Redwood-Wäldchen am Eel River platziert, gut ausgestattet und auch für RVs geeignet ist.
> **Casper Beach RV Park**, 14441 Pt. Cabrillo Dr., ☎ 964-3306, www.casparbeachrvpark. com; komfortable Anlage 5 km nördl. von Mendocino und schön am Strand gelegen.

*Ungewöhnliche Kapelle*

Nach diesem Abstecher geht es auf dem Hwy. 1 weiter nach Süden. Man passiert **Gualala** mit seinen paar Häusern und einem schönen Hotel der Jahrhundertwende, dann fährt man durch eine aufgelockerte Heidelandschaft. Auf dem Weg liegt linker Hand, von der Straße aus zu sehen, die **Sea Ranch Chapel** (www.thesearanchchapel.org), eine zwar kleine, aber äußerst interessante Kapelle. Das Gebäude wurde im Dezember 1985 eingeweiht und wird überkonfessionell genutzt. Sein geschwungenes Dach besteht aus Zedernholz und Kupfer; die markante bronzene Spitze wurde von einem windzerzausten nahen Baum inspiriert. Die Türen sind aus Teakholz, ansonsten dienten Redwoodholz und lokale Feldsteine als Baumaterial. Die Inneneinrichtung entwarf der Künstler James Hubbell.

Nach zehn Meilen kann man sich im **Kruse Rhododendron State Reserve** die Beine vertreten (nahe dem Meilenmarker 43). Schöne Pfade und Fußgängerbrücken führen einen über murmelnde Bäche, durch kleine Canyons mit dichtem Farnbewuchs und durch eine herrliche Vegetation, die neben den Rhododendren (Blütezeit April bis Juni) auch Douglastannen, Eichen und Redwoods umfasst.

*Architektonisch besondere Wegmarken auf diesen Kilometern des Hwy. 1: die Sea Ranch Chapel ...*

## Fort Ross

Wenige Fahrminuten später sieht man rechts der Straße das Fort Ross, eine außerordentlich interessante und historisch bedeutsame Anlage. Im modernen Besucherzentrum kann man sich über die Zeit der russischen Besiedlung Kaliforniens, aber auch über naturgeschichtliche Phänomene informieren. Über einen kleinen Fußweg gelangt man dann in das herrlich gelegene und von einem hohen Palisadenzaun umfriedete Gelände. Dieser am weitesten vorgeschobene **Außenposten des russischen Zarenreiches** wurde 1812 unter Leitung des Offiziers Kuskov eingerichtet. Damals zogen 25 Russen und 80 Aleuten in die von Indianern besiedelte Region und schlugen sich hier mehr schlecht als recht mit Seeotterfang und Landwirtschaft durch. Wegen wirtschaftlicher Erfolglosigkeit ließ Zar Nikolaus I. seinen kalifornischen Stützpunkt fallen, er wurde 1841 an den Schweizer Johann August Sutter (s. S. 20) für 30.000 Dollar verkauft, der allerdings den vollen Preis nie bezahlte. Obwohl das Fort im feindlichen Gebiet lag – immerhin gehörte Kalifornien damals den Spaniern –, kam es nie zu kriegerischen Handlungen, weder mit der anderen Kolonialmacht noch mit den benachbarten Indianerstämmen.

*Stützpunkt des Zaren*

*… und die Russische Kapelle im Fort Ross*

Die **Gebäude** sind sämtlich aus Redwood und in Blockhaus-Bauweise hergestellt. Im Einzelnen sind dies:

- Kapelle: Die kleine russisch-orthodoxe Kirche wurde Mitte der 1820er-Jahre gebaut und erst durch das Erdbeben von 1906 in Mitleidenschaft gezogen. Sie ist heute komplett rekonstruiert.
- Arbeiterhäuser: acht Baracken für einfache Arbeiter ohne Anhang. Die meisten russischen Männer und Frauen lebten außerhalb des Forts, zusammen mit den Aleuten und Indianern.
- Küche: eine nach 1833 gebaute neue Küche für den allgemeinen Gebrauch.
- Vorratshaus: zweistöckiges Haus für die Essensvorräte, das aber auch als Gefängnis genutzt wurde.
- Offizierskaserne: eine 10-Zimmer-Baracke für die unverheirateten Offiziere, vor 1817 gebaut.

*Gebäude des Forts*

*Route 1: Rundfahrt zu den nordkalifornischen Highlights*

- Kommandantur (Rotschewhaus): die Wohnung des letzten Kommandanten und seiner Familie, 1836 über einem Vorgängerbau errichtet.
- Altes Warenlager: das vermutlich erste Gebäude des Areals, vor 1814 nach Vorbildern aus Alaska ausgeführt.

**Fort Ross State Historic Park**, *19005 Coast Hwy. One, Jenner, ① (707) 847-3286, www.fortross.org und www.parks.ca.gov; das Fort ist Fr–Mo 10–16.30 Uhr zu besichtigen, Eintritt US$ 8 pro Fahrzeug.*

Von Fort Ross geht es auf dem Hwy. 1 südwärts entlang des **Sonoma Coast State Beach**, eines 17 km langen, unter Naturschutz stehenden Strandabschnitts. An die Russen erinnern im weiteren Verlauf des Highways auch Namen wie „Russian River" und „Moscow Road". Als erstem größeren Ort hinter **Jenner** gelangt man schließlich nach Bodega Bay.

## Bodega Bay

*Filmklassiker*

Aus ganz anderen Zusammenhängen bekannt ist das nächstgelegene Fischerdorf Bodega Bay. Viele unternehmen einen Ausflug hierhin, um den Drehort von **Alfred Hitchcocks „Die Vögel"** („The Birds") zu besuchen. Im Sommer 2013 wurde hier das 50-jährige Jubiläum dieses Filmklassikers gefeiert. Dass man sich dann aber gar nicht zurechtfinden mag, liegt nicht an der mangelhaften Erinnerung, sondern daran, dass der englische Regisseur in seinem Schocker zwei Drehorte zusammenlegte, nämlich Bodega Bay am Hafen und das einige Meilen entfernte Bodega (Hwy. 1 in südlicher Richtung, dann eine Meile nach links). Ein Besuch von Bodega Bay, das einst aus einer russischen Handelsniederlassung hervorging, lohnt sich aber auch aus anderen Gründen: Die Einwohner leben traditionell vom Fischfang, und immer noch bricht allmorgendlich eine Flotte kleiner Fischtrawler zu den Fanggründen vor der Küste auf. Am späten Vormittag werden die Thunfisch-, Lachs- und Tintenfisch-Fänge dann angelandet und in den zahlreichen Fischbratereien weiterverarbeitet. Es überrascht also nicht, dass der Höhepunkt des lokalen Festtagskalenders das Fishermen's Festival im April ist, ein zünftiges Volksfest mit Imbissbuden, Livemusik und der Segnung der Fischerflotte.

Wer in Bodega Bay aktiv das Fischereigeschehen erleben möchte, kann an den **Angeltouren** teilnehmen, die in der Bay und auf dem Ozean organisiert werden.

*Fischerboote im Hafen von Bodega Bay*

Außer dem Ambiente einer Fischersiedlung locken feinsandige Strände mit Dünen, durch die man herrlich wandern kann, und zweimal im Jahr sieht man vom Bodega Head State Park aus Wale vorüberziehen. Zu diesem Naturschutzgebiet gelangt man ab der Ortsmitte über die Bay Flat Rd.

Zum längeren Genuss der hiesigen Stimmung bieten sich im Ort und am Hwy. 1 einige angenehme Übernachtungsmöglichkeiten an. Am besten zweigt man zunächst an der Tides Wharf rechts vom Highway ab (großer Parkplatz). In und an diesem großen Holzhaus drehte Hitchcock die Hafenszenen. Heute bekommt man dort gute Fischgerichte oder **frischen Fisch** direkt vom Boot, kann über den Holzsteg flanieren und Robben beobachten oder im Inn auch übernachten. In der Nähe befindet sich am Highway das kleine **Sonoma Coast Visitors Center** (s. u.), das mit weiteren Informationen behilflich ist.

*Hitchcock und Seafood*

Wer das berühmte Schulhaus (1879) aus dem Film sehen will, muss sich von der Küste fort und in das idyllische Hinterland nach Bodega bemühen. Es steht neben der hübschen, weißgestrichenen Holzkirche St. Teresa, die 1859 von skandinavischen Zimmerleuten erbaut wurde und ebenso wie das Schulhaus ein wichtiger Handlungsort des Films war.

## Reisepraktische Informationen Bodega Bay

**Vorwahl**: 707

### Information
**Sonoma Coast Visitors Center**, 913 Hwy. 1, ✆ 377-4459, www.sonomacounty.com; weitere Infos: www.visitbodegabayca.com.

### Hotels
**Bodega Harbor Inn $$–$$$**, 1345 Bodega Ave., ✆ 875-3594, www.bodegaharborinn.com; gemütliches Hotel mit 16 Zimmern und Suiten sowie 5 Ferienhäuschen.
**Bodega Coast Inn & Suites $$$–$$$$**, 521 Coast Hwy., ✆ 875-2217, www.bodegacoastinn.com; komfortable Unterkunft mit 44 Zimmern, Spa, Restaurant, Bar.
**Bodega Bay Lodge & Spa $$$–$$$$$**, 103 Coast Hwy. 1, ✆ 875-3525, www.bodegabaylodge.com; sehr schön gelegene Unterkunft mit komfortablen Zimmern und Suiten, Pool, Fitnessanlage, Golfplatz und empfehlenswertem Restaurant.
**Inn at the Tides $$$$–$$$$$$**, 800 Hwy. 1, ✆ 875-2751, www.innatthetides.com; traumhaft über der Bucht gelegenes kleines „Dorf" mit 86 Gästequartieren. Modern ausgestattete Zimmer mit Kamin, Innen- und Außenpool, Sauna, Whirlpool, gutes Bayview-Restaurant, Bar.

### Restaurants
**Drakes Sonoma Coast**, im Bodega Bay Lodge & Spa (s. o.), https://drakesbodegabay.com; Das Hotelrestaurant bietet einen traumhaftem Ausblick auf die Bucht, dazu gehobene Küche aus saisonalen und regionalen Zutaten. Tgl. 7.30–11 u. 18–21 Uhr.
**Lucas Wharf Restaurant & Bar**, 595 Hwy. 1, ✆ 875-3522, www.lucaswharfrestaurant.com; unkompliziertes, leider oft von Reisegruppen überlaufenes Ladengeschäft an der Pier mit Restaurant, Seafood-Takeout und Fischverkauf, tgl. geöffnet.

*Route I: Rundfahrt zu den nordkalifornischen Highlights*

Nach einer großen Schleife landeinwärts verläuft der Hwy. 1 13 Meilen hinter Bodega Bay wieder küstennah, und zwar entlang einer langgestreckten schmalen Bucht. Unterwegs passiert man dabei das nette **Tomales** mit dem Café „Tomales Deli" und einer kleinen Kirche. Auf kurven- und hügelreicher Strecke geht es dann an der Tomales Bay entlang, bei der es sich um nichts anderes als um die Verwerfungslinie des St.-Andreas-Grabens handelt. Die Halbinsel auf der anderen Seite, Point Reyes, bewegt sich in einer anderen Geschwindigkeit und in eine andere Richtung als die Amerikanische Platte. Die dadurch hervorgerufenen Erdbeben (das berühmteste war 1906) und Erdrisse kann man auf der Halbinsel auf einem **Earthquake Trail** in Augenschein nehmen.

*Platten-
tektonik*

### Abstecher: über Sebastopol zurück durch das Wine Country

Hat man am Anfang der Rundfahrt dem Wine Country keinen Besuch abgestattet, kann man dies von Bodega Bay aus nachholen. Dazu folgt man in Bodega dem schmalen und idyllischen Bodega Hwy., der zunächst zum 8.000-Einwohner-Städtchen **Sebastopol** führt.

#### Hotel
**Fairfield Inn & Suites $$$$–$$$$$**, *1101 Gravenstein Hwy. S, Sebastopol, ① (707) 829-6677, www.winecountryhi.com; günstig gelegenes Haus der gehobenen Kategorie mit Pool, Fitnesszentrum und Frühstücksbuffet, 82 Zimmer mit gediegenem Komfort.*

#### Restaurant
**French Garden**, *8050 Bodega Avenue, ① (707) 824-2030, www.frenchgardenrestaurant.com, Mo/Di geschlossen; frische kalifornische Küche mit französischem Einschlag, deren Zutaten von der Restaurant-eigenen Bio-Farm kommen. Gute Weinliste. Hauptgericht um ca. US$ 30. Lunch Mi–Sa 11.30–14.30, Dinner Mi–So 17–21.30, So Brunch 10–14 Uhr. Happy Hour Mi–Fr 16.30–18.30 Uhr.*

In Sebastopol geht die Route in den Hwy. 12 über; auf diesem gelangt man nach **Santa Rosa**, **Sonoma** und **Napa** (s. ab S. 283).

## Point Reyes National Seashore

Die zehn Meilen in den Pazifik hinausragende **Halbinsel Point Reyes**, deren Küste als National Seashore den Rang eines Nationalparks innehat, vermittelt das großartige Erlebnis einer sturmzerzausten, von breiten Sandstränden eingerahmten Landschaft mit einem vielfältigen Tierleben. Allein 490 Vogelarten sind hier gezählt worden, was rund der Hälfte aller in Nordamerika beheimateten Spezies entspricht. An Säugetieren kommen an der Küste u. a. Grauwale und Seelöwen vor, während das Hinterland u. a. von Skunks, Füchsen, Wieseln, Hasen und Waschbären bevölkert wird. Sogar eine kleine Herde der seltenen Thule-Wapitis lebt auf der Halbinsel.

*Vielfältiges
Tierleben*

Trotz der überschaubaren Dimensionen sollte man nicht glauben, das Naturschutzgebiet sozusagen auf dem Weg nach San Francisco „mitnehmen" zu können; wer das Terrain auch nur übersichtsartig kennenlernen möchte, sollte sich dafür einen Tag reservieren und deshalb vorab in Inverness, Bolinas oder Pt. Reyes Station um eine

*Vom Redwood National Park nach San Francisco entlang der Küste*

Unterkunft bemühen. Die erste Anlaufstation ist das **Bear Valley Visitor Center** nahe dem Hwy. I, in dem man nähere Informationen zum gesamten Naturschutzgebiet erhält. Dort können auf markierten Wegen erste kleinere Wanderungen unternommen werden, u. a. auf dem erwähnten Earthquake Trail. Autotouristen stehen ab hier drei Straßen zur Verfügung, auf denen man jeweils bis an die Küste gelangt. Die nördliche Pierce Point Rd. folgt zunächst der Tomales Bay, passiert die Ortschaft Inverness und bringt einen dann zur 1858 gegründeten Pierce Point Ranch weit im Norden. Dort befindet sich das Reservat der Thule-Wapitis. Außerdem kann man auf einem 5-Meilen-Trail bis zum Tomales Point, dem Nordkap der Halbinsel, vordringen.

Hinter Inverness zweigt von dieser Straße der breite Sir Francis Drake Hwy. nach Südwesten ab. Nach etwa 23 Meilen erreicht man auf ihm das **Point Reyes Lighthouse**, wobei man unterwegs einige Male anhalten sollte, z. B. an den windigen Strandabschnitten Point Reyes Beach North und South. Dazwischen geht eine Stichstraße zum **Drakes Beach** ab, wo Sir Francis Drake 1579 gelandet sein soll. Auch dort gibt es ein Visitor Center.

Am Ende der Straße in den Süden begrüßt einen das **Lighthouse Visitor Center**, von wo man ca. 800 m weit und 300 Stufen hinab zum Leuchtturm geht. Das historische Gebäude von 1870 ist weithin als eine der besten Beobachtungsstationen der jährlichen Grauwal-Wanderung bekannt. Ganz in der Nähe können Seelöwen und Robben vom Sea Lion Overlook aus gesichtet werden.

*Grauwal-Wanderung*

Die dritte Straße schließlich, die asphaltierte Limantour Rd., ist der kürzeste Weg zum Meer und endet nach acht Meilen am sehr feinen, weißen Sandstrand Limantour Beach.

*Endlose Strände sind Teil der Point Reyes National Seashore*

## Reisepraktische Informationen Point Reyes National Seashore

**Vorwahl**: 415

### Information

**Point Reyes National Seashore**, 1 Bear Valley Rd., Point Reyes Station, ☏ 464-5100, www.nps.gov/pore; Eintritt frei. **Bear Valley Visitor Center**: Mo–Fr 10–17, Sa/So 9–17 Uhr, im Winter bis 16.30 Uhr. **Lighthouse Visitor Center:** Fr–Mo 10–16.30 Uhr. **Kenneth C. Patrick Visitor Center:** Sa/So 10-16.30 Uhr.

### Unterkunft

Die einzige Unterkunft – außer primitiven Zeltplätzen – innerhalb des Parks ist die Jugendherberge:
**Hostelling International Point Reyes National Seashore $–$$$**, 1390 Limantour Spit Rd., ☏ 663-8811, http://norcalhostels.org/reyes. In einmaliger Lage – einfache Mehrbettzimmer sowie Apartments im Nebengebäude bis hin zum Familienzimmer, ganzjährig geöffnet.

In der Umgebung gibt es in Inverness, Bolinas und Pt. Reyes Station mehrere Motels, Campingplätze und vor allem einige sehr gemütliche Bed-&-Breakfast-Unterkünfte. Viele davon sind zusammengeschlossen in **Point Reyes Lodging Association**, P. O. Box 878, Point Reyes, ☏ 663-1872, https://ptreyes.com. Die Organisation vertritt eine Reihe unterschiedlicher Unterkünfte, Hotels, Inns und B&Bs im Kostenrahmen **$$–$$$$$** – besonders empfehlenswert dabei:
**Ferrando's Hideaway $$$$$**, 31 Cypress Rd., Point Reyes Station, ☏ 663-1966, www.ferrando.com; stimmungsvolle und gemütliche B&B-Unterkunft mit u. a. zwei hervorragend ausgestatteten und romantischen Häuschen mit eigenen Terrassen und Jacuzzi.

### Restaurants

**Due West/Olema House**, 10021 Hwy. 1, Olema, ☏ 663-1264, https://olemahouse.com; preiswertes Familienlokal u. a. mit leckerem Seafood, Hamburgern, Pasta und Steaks in großen Portionen. Tgl. 12–21 Uhr geöffnet. Auch empfehlenswerte **Unterkunft**.
**The Station House Café**, 11180 State Route One/Main St., Pt. Reyes Station, ☏ 663-1515, www.stationhousecafe.com; im alten Bahnhof untergebrachtes, nettes Lokal mit Garten und Bar, kreative und günstige Gerichte aus saisonal wechselnden Bioprodukten (Slow Food). Do–Di 8–20/21 Uhr.

---

Hinter Pt. Reyes Station scheint das große Etappenziel, San Francisco, nun greifbar nahe gerückt. Doch der nach wie vor sehr kurvenreiche Shoreline Highway (Hwy. 1) erlaubt keine hohen Geschwindigkeiten, sodass sich gerade die letzte Strecke ziemlich hinzieht. Nach einigen Fahrminuten passiert man dabei zunächst den Abzweig einer kleinen Stichstraße, die einen nach **Bolinas** bringt – vorausgesetzt, man findet den Weg. Denn die Einwohner entfernen regelmäßig sämtliche Straßenschilder, die auf ihr Dorf hinweisen – aus Angst, allzu viele Touristen könnten ihre einzige Straße – eine Sackgasse, die am Strand endet – hoffnungslos verstopfen. Wer trotzdem nach Bolinas gefunden hat, entdeckt ein pittoreskes Dörfchen, in dem die Zeit stehen geblieben zu sein scheint und das zu einem gemütlichen Spaziergang einlädt. Es lohnt sich, in der Bolinas Gallery vorbeizuschauen, in der zahlreiche lokale Maler ihre Arbeiten ausstellen.

*Pittoreskes Dörfchen*

## Vom Redwood National Park nach San Francisco entlang der Küste

Auf dem Hwy. 1 passiert man als nächstes den **Stinson Beach** (s. S. 190), einen 5 km langen Sandstrand, der zu den beliebtesten der Bay Area zählt. Kurz vor Erreichen des Strandes sollte man einen Blick auf die Sandbänke auf der rechten Seite werfen. Hier aalen sich bis zu 400 **Seehunde** in der Sonne.

Der Strand ragt in Form einer langen Sandbank in die **Bolinas Lagoon** hinaus, die von Tausenden von Seevögeln bevölkert ist. Wegen der Popularität des Stinson Beach geht es gerade an Wochenenden sehr turbulent zu, sowohl am Strand als auch in den Restaurants und Kneipen des gleichnamigen Ortes.

*Turbulentes Strandleben*

Ein weiterer Abstecher zur Pazifik-Brandung ist am **Muir Beach** möglich, dessen uriger Pelican Inn, die Kopie eines englischen Pubs aus dem 16. Jh., der richtige Ort für eine Erfrischung ist. Wer einen wirklich unberührten Strandabschnitt genießen möchte, sollte sich von hier aus zum ein wenig weiter südlich gelegenen **Tennessee Beach** vorkämpfen. Eine Straße dorthin gibt es freilich nicht.

Auf gebirgiger Strecke windet sich der Highway nun ins Inland, wo sich ausgedehnte Wälder mit Kiefern und Tannen, später durchsetzt mit Eukalyptus-Bäumen, für Wanderungen anbieten. Recht nahe am Mt. Tamalpais und den Muir Woods vorbei gelangt man schließlich vor Sausalito wieder auf den Hwy. 101, der einen in wenigen Fahrminuten zur Golden Gate Bridge bringt (s. S. 152).

*Seehunde am Stinson Beach*

# Route 2: Rundfahrt zum Yosemite National Park
## Überblick und Streckenvarianten

### Redaktionstipps

▸ Den **Mono Lake** mit seinen bizarren Kalkformationen kennenlernen (S. 369).
▸ Die hochalpine Natur mit Gebirgsseen und Berggipfeln auf dem 3.000 m hohen **Tioga Pass** erfahren (S. 372).
▸ In der Hauptstadt **Sacramento** der kalifornischen Historie nachspüren (S. 343).
▸ In **Bodie** eine „echte" Geisterstadt erleben (S. 368).
▸ Im **Gold Country** selbst Gold waschen z. B. in Hangtown's Gold Bug Park & Mine (S. 382).

Der Yosemite National Park ist eine der schönsten und bekanntesten (leider auch meistfrequentierten) natürlichen Sehenswürdigkeiten der USA. Auf dem Weg dorthin sollte man sich Sacramento nicht entgehen lassen, die geschichtsträchtige Hauptstadt des Bundesstaates, aber auch weiter nördlich gelegene Gebiete locken mit alpiner Umgebung, herrlichen Seen und hübschen Ortschaften. Der Lake Tahoe gilt als ein „Juwel", das alle begeistert und sommers wie winters ein lohnendes Ausflugsziel darstellt. Ob man die Spielerstadt Reno in Nevada noch mitnehmen möchte, ist eine Frage der persönlichen Vorliebe.

Wirklich interessant wird **der östliche Bogen** aber durch pittoreske Städte wie Carson City und vor allem Virginia City sowie, wieder in Kalifornien, Bodie, die schönste aller Ghost Towns. Vom bizarren, salzhaltigen Mono Lake geht es über die spektakuläre Tioga Pass Road in den Yosemite National Park. Hier heißt es, sich auf Wanderungen oder Fahrradtouren möglichst weit vom Touristenrummel zu entfernen, um die majestätische Natur in aller Stille zu genießen. Mindestens einen Tag sollte man dafür reservieren.

Die **weitere Route** hängt von vielen Faktoren ab, u. a. vom Standort des Quartiers im Nationalpark – auf die möglichen Alternativen wird im Text kurz eingegangen. Außerdem besteht die Möglichkeit zu einer weitergespannten Rundfahrt, indem man von Yosemite aus die Nationalparks Sequoia und Kings Canyon ansteuert. Auf diese Weise kann man auch die meisten Ausflugsziele der Route 3 und der Route 4 mit diesem kombinieren. Eine praktikable Tourenplanung würde dabei folgende Stationen umfassen: Yosemite NP – Sequoia NP – Bakersfield – Death Valley NP – Las Vegas – Joshua Tree NP – Palm Springs – San Diego – Los Angeles – Santa Barbara – Big Sur – Monterey – San Francisco.

Folgt man jedoch der hier vorgeschlagenen „kleinen Route", fährt man von Yosemite durch das Gold Country zurück. Diese Tour beinhaltet keine besonders spektakulären

Landschaftserlebnisse, ist aber angenehm, erholsam und sehr interessant.

Die meisten der vorgestellten Ziele sind sowohl im Sommer als auch im Winter zu erreichen. Dies trifft jedoch nicht auf die spektakuläre Tioga Pass Road zu, die normalerweise von November bis Mai nicht passierbar ist. Mit anderen Worten: Hält man sich an die Vorschläge zu dieser Rundfahrt, sollte der Urlaubstermin nach den Osterferien liegen. Ein **Programm** könnte bei wenig Zeit so aussehen:

1. **Tag:** San Francisco – Sacramento; ausgiebige Besichtigung und Übernachtung
2. **Tag:** von Sacramento entweder über Folsom, Auburn, Nevada City und Truckee zum Lake Tahoe oder als Erweiterung über Reno, Virginia City und Carson City. Diese Variante ist aber nur mit mindestens einer weiteren Übernachtung möglich.
3. **Tag:** Lake Tahoe – Bodie (Besichtigung) – Mono Lake (evtl. Badestopp) – Tioga Pass Road – Yosemite Valley (Übernachtung)
4. **Tag:** ganztägige Erkundung des Yosemite National Park mit Wanderungen
5. **Tag:** Yosemite – Columbia (Stadtrundgang) – Placerville (Besichtigung) – Coloma (Besichtigung) – Sacramento (– San Francisco)

*Die Yosemite Falls im gleichnamigen National Park*

# Sacramento

Es gibt viele unterschiedliche Wegstrecken, um von San Francisco zur **Hauptstadt des Bundesstaates** zu gelangen – u. a. könnte man über die Golden Gate Bridge nach Sausalito und San Rafael fahren oder einen größeren Bogen durch das Napa Valley einlegen. Am schnellsten und einfachsten legt man die Strecke über die I-80 zurück. Sie bringt einen von San Francisco über die San Francisco-Oakland Bay Bridge zur Ostseite der Bucht, dann an Berkeley und Richmond vorbei zur San Pablo Bay. Deren Ostufer wird von **Vallejo** eingenommen, einer Stadt mit rund 122.000 Einwohnern. In- und ausländische Besucher, die hier von der Autobahn abfahren, tun dies hauptsächlich wegen des Vergnügungs- und Tierparks Six Flags Discovery Kingdom (s. S. 287). Weiter geht es in nordöstlicher Richtung, wo sich hinter den letzten Hügelketten das weite Sacramento Valley ausbreitet. Die z. T. schnurgerade Interstate passiert eine weitere Großstadt, **Fairfield** (115.000 Ew.), und bringt Reisende zügig nach Sacramento. Insgesamt ist diese Strecke etwa 140 km lang und bei normalen Verkehrsverhältnissen bequem in zwei Stunden zu schaffen.

*Routen ab San Francisco*

## Route 2: Rundfahrt zum Yosemite National Park

## Route 2: Rundfahrt zum Yosemite National Park

★ **Sehenswürdigkeiten**
1 State Capitol
2 Vietnam Veterans Memorial
3 Convention Center
4 Esquire Theatre (IMAX)
5 Old Governor's Mansion
6 California Museum
7 Leland Stanford Mansion
8 Wells Fargo History Museum
9 Downtown Commons

10 Old Sacramento
  a Delta King
  b Wells Fargo Museum
  c Sacramento History Museum
  d California State Railroad Museum
11 California Automobile Museum
12 Crocker Art Museum
13 Sutter's Fort State Historic Park

**0 Unterkünfte**
1 Sacramento Hostel
2 BW Plus Sutter House
3 La Quinta Inn
4 Delta King
5 Amber House
6 Inn & Spa at Parkside
7 Hyatt Regency Sacramento

**0 Restaurants**
1 The Pilothouse
2 Firehouse Restaurant
3 Rio City Café
4 Ristorante Piatti
5 Hoppy's Railyard Kitchen & Hopgarden

Sacramento ist eine großzügig angelegte Stadt mit breiten Alleen, eleganten viktorianischen Häusern, vielen kulturellen Sehenswürdigkeiten, historischen Baudenkmälern und einer schönen Flusslandschaft. Die Gründerzeit begann hier im Jahre 1839, als der *Schweizer* „Captain" genannte Schweizer Johann August Sutter (s. S. 20) ein Fort baute und die *Gründung* Basis seines Imperiums schuf. Bekanntlich zerstörte der Goldrausch sein „Neu-Helvetien" und damit all seine Träume von einem unabhängigen eigenen Reich.

Nicht zerstört wurde Sacramento, das man 1854, vier Jahre nach der Staatswerdung Kaliforniens, zu dessen **Hauptstadt** ernannte. Als solche konnte sich der Ort, damals schon eine bedeutende Station des legendären Pony Express, gegenüber den Konkurrentinnen Monterey, San José, Vallejo und Benicia durchsetzen, in denen sich jeweils für ganz kurze Zeit die kalifornischen Delegierten trafen. Als dann die endgültige Entscheidung zugunsten von Sacramento gefallen war, wurden sehr schnell großzügige Geldmittel bereitgestellt, um den Ausbau zu einer repräsentativen Hauptstadt zügig zu bewerkstelligen. Dadurch, dass sie in der Folge bald schon an das transamerikanische Eisen-

*Kaliforniens State Capitol*

bahnnetz angeschlossen worden war, blühte die Wirtschaft auf und stieg die Einwohnerschaft rasant an. Sacramento ist heute wirtschaftlicher, administrativer und kultureller Mittelpunkt eines Ballungsraumes (Sacramento County) mit 1,7 Mio. Menschen, während die Stadt selbst etwa 495.000 Einwohner hat.

„The Big Tomato", wie die Stadt wegen ihrer Konservenbetriebe auch genannt wird, gibt sich recht „hauptstädtisch" und aufgeräumt: Die arbeitende Bevölkerung ist in Anzug und Kostüm „nine to five", also zur üblichen Arbeitszeit, entweder auf dem Weg ins Büro oder zu einem Meeting, einen Kaffee in der Hand, das Handy am Ohr. **Old Sacramento** wird von Schulklassen und Touristen besichtigt, aber nicht übervölkert. Um die Mittagszeit herum entsteht ein wenig Leben in den Alleen: Zeit für ein Sandwich. Wer Sacramento also an einem Wochentag besucht, verbringt hier einen ruhigen Tag. Am Abend wird die Oldtown lebendiger, genauso am Wochenende. Wer als Besucher also ein wenig Trubel mag, der sollte nicht unter der Woche vorbeischauen.

## Besichtigung

Bei einer Besichtigung kann man sich auf den **historischen Kern** beschränken, der sich unterhalb der Mündung des American River in den Sacramento River ausbreitet und der gut zu Fuß erkundet werden kann. Eine nicht zu übersehende Landmarke stellt hier das **State Capitol (1)** dar, ein blendend weißer Kuppelbau im neoklassizistischen Stil. Er wurde ab 1860 innerhalb von 14 Jahren und für die damals ungeheure Summe von 2,5 Mio. Dollar errichtet. Die von korinthischen Säulen umstandene Rotunde mit ihrer hohen Kupferkuppel (insgesamt 64 m hoch) überblickt mit repräsentativer Geste die Stadt und gehört sicherlich zu den auffälligsten Bauwerken der Region. Dem Äußeren, das in einer Linie mit der Architektur der Capitols von Salt Lake City und Boise steht, entspricht das verschwenderisch ausgestattete Interieur mit seiner Rotunde, den Mar-

*Verschwenderisch ausgestattet*

mormosaiken und Kristallleuchtern. Einige der Zimmer dienen als Ausstellungsräume, einen Teil des sehenswerten Inneren kann man auf eigene Faust oder im Rahmen einer geführten Tour erkunden. Auf alle Fälle sollte man einmal bis unter die zentrale Kuppel spaziert sein.
**California State Capitol Museum**, *10th St./Capitol Mall, ① (916) 324-0333, www.capitolmuseum.ca.gov; tgl. 7.30–18, Sa/So 9–17 Uhr, freier Eintritt, Führungen 9–16 Uhr zu jeder vollen Stunde.*

Hinter dem Capitol erstreckt sich zwischen der L St. und der N St. der 16 ha große **Capitol Park** mit seinen prächtigen Bäumen. An seinem östlichen Ende stellt das **Vietnam Veterans Memorial (2)** von 1988 einen markanten Blickfang dar, das sich ein wenig an das bekanntere Denkmal in Washington D. C. anlehnt. Auch hier sind die Namen von 5.822 getöteten bzw. vermissten Soldaten aus Kalifornien in schwarzen Granit-Tafeln eingraviert, während die Bronzeplastiken das Alltagsleben der GIs darstellen. Nördlich des Capitol-Platzes erhebt sich das **Convention Center (3)**, und ein paar Schritte die K Street hinunter wurde 1999 im ehemaligen **Esquire Theatre (4)** ein **IMAX-Kino** eröffnet, dessen Fassade allein schon sehenswert ist.

Wer an Architektur – vor allem der viktorianischen Zeit und des Art déco – interessiert ist, stößt besonders im Viertel hinter dem Convention Center auf viele gut erhaltene historische Bauwerke, so z. B. auf die **City Hall** *(10th/I St.)*, die **Cathedral of the Blessed Sacrament** *(1017 11th St.)* oder das **Crest Theatre** *(1013 K St.)*. Informationen zu entsprechenden Spaziergängen erhält man im Visitor Center. An der Ecke H und 16th St. trifft man auf das **Historic Governor's Mansion (5)** aus dem Jahr 1877, das als eines der edelsten Beispiele viktorianischer Holzbaukunst von besonderem Interesse ist. Mit seiner vornehmen Inneneinrichtung war es bis 1967 ein würdiges Heim für 13 kalifornische Gouverneure (bis einschließlich Ronald Reagan). Danach wurde hier ein Museum eingerichtet. Inzwischen trägt das Haus nach umfassender Renovierung seinen Namen wieder völlig zu Recht: Seit Ende 2015 residiert hier Kaliforniens Gouverneur. Deshalb ist das Anwesen derzeit für die Öffentlichkeit nicht zugänglich.

*Haus der Gouverneure*

Jenseits des Capitol findet man nur einen Block südwestlich das **California Museum (6)**. In mehreren Galerien mit Themenschwerpunkten wie „Place", „People", „Promise" und „Politics" wird die Geschichte Kaliforniens seit der Staatengründung präsentiert, wobei u. a. authentische Dokumente, Gemälde, Fotos, Hologramme, Filme und interaktive Medien eingesetzt werden. Über dem Museumshof erhebt sich sechs Stockwerke hoch die **Constitution Wall**, in die wichtige Sätze der kalifornischen Verfassung von 1879 eingemeißelt sind. Die dem Museum angeschlossene **California Hall of Fame** ehrt seit 2006 Persönlichkeiten, die auf besondere Weise für den California Dream stehen. Initiiert wurde sie von Maria Shriver, der damaligen Ehefrau von Arnold Schwarzenegger und damit First Lady Kaliforniens. Zur 13-köpfigen „Ursprungsbesetzung" gehörten u. a. Walt Disney und Ronald Reagan, aber auch Gewerkschaftsgründer César Chávez. Jedes Jahr wird eine Handvoll Menschen in die Ruhmeshalle aufgenommen, dazu zählen so illustre Persönlichkeiten wie George Lucas, Joan Baez, Steve Jobs, Magic Johnson und – seit 2016 – Maria Shriver.
**California Museum**, *1020 O St., Ecke 10th St., ① (916) 653-7524, www.californiamuseum.org; Di–Sa 10–17, So 12–17 Uhr, Erwachsene US$ 9, ab 65 Jahre US$ 7,50, 6–17 Jahre US$ 6,50.*

*Kalifornische Persönlichkeiten*

Von hier aus geht es in westlicher Richtung weiter. An der Ecke 8th St./N St. sieht man das gut 160 Jahre alte **Leland Stanford Mansion (7)**. Hier lebte von 1861 bis 1900 die Familie des Eisenbahn-Barons Leland Stanford, der von 1862 bis 1863 Gouverneur Kaliforniens und später US-Senator war und 1891 die Stanford-Universität gegründet hat (s. S. 390). 1890 vermachte seine Witwe das Haus dem Bundesstaat, der es heute als Unterkunft für Staatsgäste nutzt (*www.parks.ca.gov; Mi–So 10–17 Uhr, Führungen jede volle Stunde bis 16 Uhr, Eintritt frei*). Zwei Blocks entfernt befindet sich das **Wells Fargo History Museum (8)**, das an die Geschichte der Postkutschen-Fahrt seit 1852 erinnert und u. a. mit einer restaurierten Kutsche aufwartet. Der Eingang zum Museum, das in Old Sacramento eine Zweigstelle unterhält, befindet sich auf der Capitol Mall (*400 Capitol Mall, ☏ (916) 440-4161, www.wellsfargohistory.com; Di–Sa 10–16 Uhr, Eintritt frei*).

*Geschichte der Postkutschen*

Noch ein Stück weiter gelangt man vom Capitol zum Ufer des Sacramento River mit den bedeutendsten Sehenswürdigkeiten der Stadt. Am besten schlendert man dabei die Fußgängerzone K Street Mall hinab, die einen automatisch nach **Downtown Commons (9)** bringt. Hier sind in einem futuristischen Komplex auf mehreren Etagen Läden, Boutiquen, Restaurants und Kneipen untergebracht, und mit seinem quirligen Treiben zur Tages- und Abendzeit hat sich die Plaza zu einer richtigen Flaniermeile entwickelt.

## Old Sacramento (10)

Hinter Downtown Commons führt eine Fußgängerunterführung zur Altstadt, die durch die I-5 von der Innenstadt getrennt ist. Mit seinem ansehnlichen Ensemble von teils original erhaltenen, teils rekonstruierten Gebäuden der Pionier- und Goldgräberzeit gehört das Viertel zu den schönsten des amerikanischen Westens. Das **Eagle Theatre** etwa stammt aus dem Jahr 1849 und streitet sich mit einem Holzgebäude in Monterey um den Titel des ältesten Theaters in Kalifornien. Während man tagsüber mit Kutschen durch das Westernstädtchen fahren kann, füllen sich abends die vielen Kneipen und Restaurants mit Nachtschwärmern.

*Gebäude aus der Goldgräberzeit*

Früher wurde der Personenverkehr hier außer mit Kutschen und der Eisenbahn auch mit Hunderten von Schaufelraddampfern besorgt, die den gut schiffbaren Sacramento River befuhren. Mehrere der historischen Boote sind heute sorgfältig restauriert und an der Waterfront der Old Town angedockt. Auf ihnen kann man Minikreuzfahrten unternehmen, vorzüglich essen und sogar wohnen. So z. B. im Schaufelraddampfer **Delta King (a)**, der über eine Landungsbrücke zu erreichen ist und heute ein Hotel nebst Restaurant und Bar beherbergt.

Auch tagsüber sollte man zunächst seine Schritte zur Waterfront lenken, von der man einen schönen Blick auf den Fluss und die beiden Brücken Tower Bridge (links) und First Bridge (rechts) genießt. In einem eigenen **Visitor Center** sollte man sich über Sonderveranstaltungen und Öffnungszeiten informieren und mit Karten für die Old Town eindecken. Wer sich über die Geschichte der Postkutschen informieren möchte, kann das in der 2015 renovierten Old-Town-Filiale des **Wells Fargo Museum (b)** (*1000 2nd St. Ecke J St., ☏ (916) 440-4263, tgl. 10–17 Uhr*) tun. Und natürlich muss es innerhalb des größten Bestandes an „Goldrausch-Häusern" an der gesamten Pazifikküste auch ein Museum geben, das die „goldene Geschichte des Gold-Staates" illustriert. Diesem

*Goldgräber-Museum*

*Route 2: Rundfahrt zum Yosemite National Park*

*Das Eagle Theatre in Old Sacramento*

Zweck dient das im Frühjahr 2019 umfassend renovierte **Sacramento History Museum (c)**, das in einer Replik des Rathauses von 1849 untergebracht ist.
**Sacramento History Museum**, *101 I St., ☏ (916) 808-7059, http://sachistorymuseum.org; tgl. 10–17 Uhr, Erwachsene US$ 8, 6–17 Jahre US$ 5.*

Nicht verpassen sollte man das **California State Railroad Museum (d)**, das als wirkliches Highlight eines jeden Kalifornien-Besuches gelten kann, ob man nun ein Eisenbahn-Fan ist oder nicht. 1856 wurde in Sacramento die erste kalifornische Eisenbahnlinie eingeweiht (nach Folsom), diese wiederum bekam 1869 ihren Anschluss an die transkontinentale Zugstrecke zwischen der Ost- und der Westküste. In diesem modernen Museum, einem der weltweit größten seiner Art, sind in mehreren Etagen 19 komplette Lokomotiven des 19. und 20. Jh. zu sehen, zusammen mit Waggons, Einrichtungsstücken etc. Zusammen mit Fotodokumenten und der historischen Aufmachung der Ausstellungsräume und des Personals wird auch ein gutes Stück amerikanischer Geschichte von der Pionierzeit bis zur Gegenwart dokumentiert. Mit der gleichen Eintrittskarte hat man außerdem Zutritt in das benachbarte Eisenbahn-Depot, die Rekonstruktion eines 1876 errichteten Gebäudes. Ab dort kann man im Sommer am Wochenende mit einem historischen Luxuszug mit Aussichtswaggon auf einer sechs Meilen langen Strecke am Flussufer entlangfahren.

*Für Eisenbahnfans*

**California State Railroad Museum**, *125 I St., Old Sacramento, ☏ (916) 323-9280, www.californiarailroad.museum; tgl. 10–17 Uhr, Erwachsene US$ 12, 6–17 Jahre US$ 6; großer Souvenir-Shop. Zugfahrten April–Sept. Sa/So stdl. 11–16 Uhr, Erwachsene US$ 9, Erste Klasse US$ 24, 6–17 Jahre US$ 6/16.*

Über die automobile Konkurrenz kann man sich im **California Automobile Museum (11)** informieren. Mehr als 130 Automobile, nach Jahrzehnten geordnet und sämtlich liebevoll restauriert, warten hier auf staunende Besucher. Das Museum kann man

von Old Sacramento aus über die Front St. in einem 20-Minuten-Marsch erreichen, es stehen aber auch ausreichend freie Parkplätze zur Verfügung.
**California Automobile Museum**, 2200 Front St., ① (916) 442-6802, www.calautomuseum.org; Mi–Mo 10–17 Uhr, Erwachsene US$ 10, 5–17 Jahre US$ 5.

Auf dem Weg von der Altstadt zurück in Richtung Capitol können Kunstbeflissene und Architekturfreunde noch an weiteren Sehenswürdigkeiten Halt machen. Da ist zunächst das **Crocker Art Museum (12)**, in dem der Richter E. B. Crocker 700 Meisterwerke der europäischen und amerikanischen Malerei zusammengetragen hat. Das herrliche Neorenaissance-Gebäude von 1872 wurde 2010 um einen postmodernen Anbau erweitert und ist allein schon wegen Pieter Brueghels d. J. „Hochzeitstanz" einen Besuch wert. Andenken erhält man in gut sortierten Buch- und Souvenirladen.
**Crocker Art Museum**, 216 O St., ① (916) 808-7000, www.crockerart.org; Di–So 10–17, Do bis 21 Uhr, Erwachsene US$ 12, Senioren US$ 8, 6–17 Jahre US$ 6.

Eine weitere große Sehenswürdigkeit der Stadt liegt etwas entfernt im Osten und sollte mit dem Bus oder Pkw angefahren werden. Gemeint ist der **Sutter's Fort State Historic Park (13)**. Das namensgebende Fort war das Herzstück von „Neu-Helvetien", der Privatkolonie von „Captain" Johann August Sutter (s. S. 20), die von 1839 bis 1849 bestand und die Keimzelle der Stadt Sacramento bildete. Der Bau der Anlage mit ihrer weißen Wehrmauer – immerhin eines der größten Bauwerke im mexikanischen Kalifornien – nahm vier Jahre in Anspruch. Heute ist das Gelände von vier Straßen eingerahmt, an denen sich mit der katholischen St. Francis Church und der Pioneer Congregational Church auch zwei schöne Kirchen befinden. Für die Erkundung des Inneren des rekonstruierten Forts stehen Audioguides zur Verfügung, insgesamt dauert der interessante Rundgang etwa eine Stunde. 2015 wurde die Anlange großflächig renoviert.

*Keimzelle Sacramentos*

**Sutter's Fort State Historic Park**, 2701 L St. Ecke 27th St., ① (916) 445-4422, www.suttersfort.org, www.parks.ca.gov; tgl. 10–17 Uhr, Erwachsene US$ 5, 6–17 Jahre US$ 3. Der Haupteingang liegt an der 28th St.

In der nordöstlichen Ecke des parkähnlichen Geländes, in dem das Fort steht, erinnert das **California State Indian Museum** an das Leben und Kunsthandwerk der kalifornischen Indianerstämme.
**California State Indian Museum**, 2618 K St. Ecke 26th St., ① (916) 324-0971, www.parks.ca.gov; tgl. 10–17 Uhr, Erwachsene US$ 5, 6–17 Jahre US$ 3.

## Reisepraktische Informationen Sacramento

**Vorwahl**: 916

### Information
**Old Sacramento Visitors Center**, 1002 2nd St., Old Sacramento, ① 808-7644, www.visitsacramento.com, http://oldsacramento.com; tgl. 10–18 Uhr. Gut ausgestattet, jede Menge Broschüren und ein kleines Museum.
**Sacramento Convention & Visitors Bureau**, 1608 I St., ① 808-7777; Mo–Fr 8–17 Uhr.

## Route 2: Rundfahrt zum Yosemite National Park

### Unterkünfte (→ Karte S. 346)

**Sacramento Hostel $-$$ (1)**, 925 H St., ☏ 668-6631, www.sacramentohostel.org. Gilt als eine der besten Jugendherbergen der USA, mitten im Stadtzentrum in einem 1885 erbauten, renovierten viktorianischen Anwesen untergebracht. Frühstück inkl.

**La Quinta Inn $$-$$$ (3)**, 200 Jibboom St., ☏ 448-8100, www.laquintasacramentodowntown.com; einfacheres, aber sauberes Hotel nahe der Old Town, 170 Zimmer, gutes Preis-Leistungsverhältnis.

**BW Plus Sutter House $$$-$$$$ (2)**, 1100 H St., ☏ 441-1314, www.thesutterhouse.com; zentral gelegenes Hotel der Best-Western-Kette, solide und mit geräumigen, gut ausgestatteten Zimmern, inkl. Frühstück.

**Delta King $$$-$$$$ (4)**, 1000 Front St., Old Sacramento, ☏ 444-5464, www.deltaking.com; historisches Riverboat mit stimmungsvollem Ambiente, 44 relativ kleine, aber modern ausgestattete Kabinen, einige Suiten, Bar, Restaurant, gut zur Erkundung der Altstadt geeignet.

**Amber House $$$-$$$$ (5)**, 1315 22nd St., ☏ 444-8085, www.amberhouse.com; sehr elegante B&B-Unterkunft mit 10 luxuriös ausgestatteten Gästezimmern, nahe dem Capitol gelegen.

**Inn & Spa at Parkside $$$-$$$$ (6)**, 2116 6th St., ☏ 658-1818, www.innatparkside.com; elegantes B&B im ehemaligen Haus des chinesischen Botschafters mit liebevoll ausgestatteten, individuell gestalteten Zimmern, zudem eigenes Wellness-/Spa-Angebot.

**Hyatt Regency Sacramento $$$-$$$$$ (7)**, 1209 L St., ☏ 443-1234, https://sacramento.regency.hyatt.com; luxuriöses, modernes Haus direkt gegenüber dem Capitol, 503 Zimmer (man sollte versuchen, eines in den oberen Etagen und mit Blick aufs Capitol zu bekommen), Pool, mehrere Restaurants und Bars, u. a. im obersten Stockwerk mit herrlichem Blick.

### Restaurants (→ Karte S. 346)

Sacramento besitzt, auch aufgrund seiner Stellung als kalifornische Hauptstadt mit vielen Politikern und Geschäftsleuten, eine Vielzahl vorzüglicher Restaurants mit kalifornischer, junger amerikanischer, fernöstlicher und internationaler Küche. Sehr stimmungsvoll speist man in Old Sacramento u. a. im **The Pilothouse (1)** auf dem Schaufelraddampfer „Delta King" (s. o., Unterkünfte, tgl. Mo–Fr 7–10 und 11.30–21 (Fr bis 22), Sa 7–22, So 7–21 Uhr). Uriger ist die Umgebung des **Firehouse Restaurant (2)** – 1112 2nd St., ☏ 442-4772, www.firehouseoldsac.com –, das in der alten Feuerwache untergebracht ist und neue kalifornische Küche serviert (Lunch Mo–Fr 11.30-14.30, Dinner So–Do 17–21.30, Fr/Sa 17–22 Uhr). Gleiches gilt für das **Rio City Café (3)** (1110 Front St., ☏ 442-8226, www.riocitycafe.com; Mo–Do 11–20, Fr 11–21, Sa 10–22, So 10–20 Uhr).

*Kontrast von Alt und Neu in Kaliforniens Hauptstadt*

**Ristorante Piatti (4)**, 571 Pavilions Ln., ☎ 649-8885, http://sacramento.piatti.com; gute italienische Küche zu einem angemessenen Preis, das gemütliche Restaurant erinnert an eine Trattoria. So–Do 11.30–21, Fr/Sa 11.30–22 Uhr.

Pub-Atmosphäre findet man u. a. in **Hoppy's Railyard Kitchen & Hopgarden (5)**, 1022 2nd St, ☎ 451-4677, www.hoppy.com, einem gemütlichen Brew Pub mit mehreren Ales im Ausschank, dazu herzhafte und preiswerte Pub-Gerichte wie Huhn, Salate oder Burger. Mo–Fr ab 11, Sa/So ab 10 Uhr.

### Veranstaltungen

Kulturell wird in Sacramento einiges geboten, immerhin befindet man sich in der Hauptstadt. Auch wenn das renommierte Sacramento Music Festival 2017 nach 44 Jahren eingestellt wurde, lohnt sich immer ein Blick in den Veranstaltungskalender oder eine Nachfrage im Visitor Center. Im Juli ist beispielsweise die **California State Fair** (www.castatefair.org), die mit Stars, vielen Wein- und Brauereiständen, internationaler Gastronomie, nächtlichen Feuerwerken, Kirmes und Pferderennen viele Zuschauer anzieht.

### Flughafen

Der **Sacramento International Airport (SMF)** befindet sich ca. 20 km nordwestlich der Downtown an der I-5. Verbindungen zur Innenstadt sind per Linienbus (Yolobus, ☎ (530) 666-2877, (916) 371-2877, www.yolobus.com, ca. US$ 2,25), per Shuttlebus (z. B. Supershuttle, ☎ (800) 258-3826, www.supershuttle.com; ca. US$ 15) oder per Taxi möglich (ca. US$ 40). Am Flughafen befindet sich der Rental Car Terminal (Shuttlebusverbindung) mit den wichtigsten Mietwagen-Anbietern. Flughafen-Infos unter www.sacairports.org.

### Zug

Durch **AMTRAK** ist Sacramento jeweils einmal tgl. mit Denver bzw. Chicago, Los Angeles/San Diego sowie Seattle verbunden, mehrmals tgl. fahren Züge nach Oakland/San Francisco Bay und ins San Joaquin Valley. Der Bahnhof befindet sich Ecke 5th/I St.

### Bus

Der **Greyhound**-Busbahnhof befindet sich am 420 Richards Blvd., Auskünfte unter ☎ 444-6858, www.greyhound.com.

### Öffentlicher Nahverkehr

Das Unternehmen **Sacramento Regional Transit (SRT)** betreibt Busse und die **Light Rail**, eine Straßenbahn mit zwei Linien nach Nordosten und Osten. Außerdem gibt es DASH Trolleys, die von Old Sacramento über J St. und K St. Mall zum Convention Center und über K und L St. zurückfahren; zwischen 11 und 15 Uhr im Downtown-Bereich sogar gratis, Infos unter ☎ 321-2877, www.sacrt.com. Die Light Rail ist eine hervorragende Möglichkeit, die Stadt stressfrei zu erkunden. So ist es problemlos möglich, auch in einem günstigen Motel außerhalb der teuren Innenstadt abzusteigen, beispielsweise entlang des Hwy. 50, dort das Fahrzeug stehen zu lassen und für einen Tagesausflug mit der Light Rail in die Stadt oder bis nach Folsom zu fahren. Einzelfahrt US$ 2,50, Tagesticket US$ 7.

# Von Sacramento zum Lake Tahoe

## Zum Südufer: über Folsom

Der kürzeste Weg von der kalifornischen Hauptstadt zum Lake Tahoe beträgt knapp 100 Meilen und folgt dem Hwy. 50, der auf das südliche Ende des Sees zuführt. Auf den ersten Meilen geht es dabei am **Lake Natoma** entlang und durch die ebene, landwirtschaftlich intensiv genutzte Region des Sacramento Valley, wo Ortsnamen wie *Citrus Heights* oder *Orangevale* Rückschlüsse auf die hier angebauten Produkte zulassen. Unweit der Straße passiert man auch die 77.000-Einwohner-Stadt **Folsom**, die u. a. wegen des sehr großen Staatsgefängnisses bekannt ist, dem Johnny Cash mit dem „Folsom Prison Blues" ein musikalisches Denkmal gesetzt hat. Touristen interessieren sich aber mehr für den gleichnamigen See, ein beliebtes Naherholungsgebiet.

*Touristischer Stausee*

Der **Folsom Lake** entstand, als man den American River oberhalb der Stadt durch den Folsom Dam aufstaute, ein Projekt, das der Gewinnung von Strom und Trinkwasser dienen sollte, heute aber vor allem dem Fremdenverkehr zugutekommt: Baden, Angeln, Segeln, Wasserski etc. sind möglich, was Gäste anzieht, die auch die Campingplätze und Hotels von Folsom nutzen. Der Ort ist außerdem ein Zentrum für Outdooraktivitäten am **American River**. Dieser besteht aus drei Quellarmen, die westlich des Lake Tahoe entspringen. Unterwegs vereinigt sich der mittlere (Middle Fork) mit dem nördlichen (North Fork), und bei Folsom mündet auch der südliche (South Fork) in den Fluss. Der wiederum strömt nach Westen, um bei Sacramento in den Sacramento River zu münden. Alle Quellarme werden von Kanuten und Rafting-Unternehmen als vorzügliche Wildwasserreviere geschätzt.

## Reisepraktische Informationen Folsom

**Vorwahl**: 916

### Information
**Folsom Tourism Bureau**, 200 Wool St., ① 985-2698, www.visitfolsom.com; Mo–Fr 10–16 Uhr.

### Hotel
**Lake Natoma Inn $$$**, 702 Gold Lake Dr., ① 351-1500, (800) 808-5253, www.lakenatomainn.com; Resorthotel mit 138 Zimmern bzw. Suiten und gutem Freizeitangebot, in schöner Lage nahe dem Folsom Lake.

##  Mit dem Kanu oder als Wanderer den American River entlang nach Sacramento

Zwischen Folsom und Sacramento verläuft der American River ruhiger und breiter, und seine Uferzonen mit ihren landschaftlich und historisch interessanten Stationen dienen der Freizeitgestaltung. Der große amerikanische Entdecker, Trapper und Pelzhändler Jedediah Smith (1798–1831) war der erste Weiße, der diese Region erkundete und beschrieb. Nach ihm ist der 50 km lange **Jedediah**

> **Smith Memorial Trail** benannt, auf dem Wanderer, Mountainbiker und auch Reiter die Strecke flussabwärts bis zur kalifornischen Hauptstadt zurücklegen können. Sehr beliebt ist dieser Flussabschnitt auch bei Kanuten, einen entsprechenden Geräteverleih gibt es in Folsom.

Im weiteren Verlauf geht es auf dem nach wie vor gut ausgebauten Hwy. 50 zügig nach Osten, dann aber folgt die Straße dem Tal des **American River**, wird schmaler und weist viele kurvige Abschnitte auf. Genauer gesagt ist dieser Fluss der nördliche, wildeste und 137 km lange Quellarm (North Fork) des American River, seine „Kollegen" Middle Fork und South Fork fließen weiter südlich, und alle vereinigen sich bei Folsom. Am North Fork also windet sich der Hwy. 50 entlang, führt durch das waldreiche und gebirgige Gebiet des **Eldorado National Forest** zur Linken und am Grat der bis zu 2.000 m hohen **Iron Mountains** zur Rechten vorbei. Auf den letzten Kilometern vor Erreichen des Seeufers geht es dann noch einmal richtig hoch hinauf, denn der Pass **Echo Summit**, immerhin 2.249 m ü. d. M. gelegen, muss bezwungen werden. Hier kann es passieren, dass bis in den April hinein Schneekettenpflicht herrscht. Dies wird aber rechtzeitig auf Warnschildern angekündigt. Ab dem Pass kommt man nach einem rund acht Meilen langen, atemberaubenden Abstieg und vorbei am Flughafen hinab nach **South Lake Tahoe** (S. 365).

*Zwischen Wäldern und Bergen*

*Der Hwy. 50 führt über den Echo Summit*

## Zum Nordufer: über Auburn

Eine etwas weitere, der besseren Straße wegen aber nicht langsamere Verbindung zum Lake Tahoe bietet die I-80, die an langgestreckten Seen und voll erschlossenen Naherholungsgebieten vorbei auf die Sierra Nevada zuführt. Die erste Station auf diesem Weg ist **Auburn**, ein wunderschönes 14.000-Einwohner-Städtchen, das sich für einen Zwischenaufenthalt anbietet. Der im Zusammenhang mit den Goldfunden von 1849 gegründete Ort besitzt eine ansehnliche, restaurierte Old Town mit schönen Ziegelstein-

Häusern aus den 1850er- und 1860er-Jahren sowie ein eindrucksvolles Regierungsgebäude. Ebenfalls aus der Goldrauschzeit stammen das Postamt und das alte Feuerwehrhaus.

## Reisepraktische Informationen Auburn

**Vorwahl**: 530

### Information
**Placer County Visitor's Bureau – California Welcome Center**, 1103 High St., ☏ 887-2111, www.visitplacer.com; Mo–Sa 9.30–16.30, So 11–16.30 Uhr.

### Hotel
**Power's Mansion Inn $$$**, 195 Harrison Ave., ☏ (916) 425-9360, www.powersmansioninn.com; B&B in einem viktorianischen und z. T. mit Antiquitäten geschmückten Haus, opulentes Frühstück.

---

Bleibt man in Auburn auf der I-80, geht es durch die dichten Nadelwälder der Sierra Nevada immer höher hinauf, bis die Straße kurz vor Truckee am Pass **Donner Summit** mit knapp 2.200 m den höchsten Punkt erreicht.

*Wie im Wilden Westen*

Diese Strecke ist landschaftlich durchaus reizvoll, kann in dieser Hinsicht aber nicht mit dem Hwy. 49 konkurrieren, der ab Auburn einen etwas weiteren westlichen Bogen beschreibt. Nutzt man diese Variante, gelangt man durch ein altes Goldgräbergebiet nach **Nevada City**, einem 3.100 Einwohner zählenden Ort, der wie ein riesiges Wildwest-Freilichtmuseum wirkt. Viele der malerischen Holzgebäude wurden nach alten Plänen wieder aufgebaut. Mit diesem urigen Ambiente, aber auch wegen der Schmalspur-Eisenbahn **Alder Gulch Shortline Railroad**, ist Nevada City ein sehr populäres Reiseziel mit zahlreichen Läden, Restaurants, Unterkünften und leider auch viel Nepp.

*Für Mountainbiker*

Ab Nevada City bringt einen der Hwy. 20 durch eine herrliche Szenerie zurück zur I-80. Diese Landschaftseindrücke könnte man bei ausreichend Zeit und Lust noch vertiefen, indem man weiter dem Hwy. 49 hoch in den Norden folgt. Dabei passiert man **Downieville**, einen Fremdenverkehrsort inmitten der Sierra Nevada, der vor allem bei der internationalen Mountainbiker-Gemeinde einen sehr guten Ruf hat. Für diese Strecke, die gut 50 Meilen länger ist, sollte man wegen der vielen Kurven, zahlreicher Aussichtspunkte und Möglichkeiten zu kürzeren und längeren Wanderungen gut einen zusätzlichen halben Tag einplanen.

Welche Variante man auch wählt, irgendwann nähert man sich der Ortschaft Truckee. Hier muss man sich entscheiden, ob man der zweitgrößten Spielerstadt Nevadas, Reno (s. S. 357), einen Besuch abstatten oder direkt zum berühmten Lake Tahoe fahren möchte. In diesem Fall nimmt man den nach rechts abgehenden Hwy. 89, der einen nach 15 Meilen nach Tahoe City am Ufer des tiefblauen „Juwels der Sierra Nevada" bringt. Alternativ führt einen der Hwy. 267 in etwa der gleichen Strecke nach Kings Beach am Nordufer des Sees.

## Truckee

Truckee, das heute 16.400 Einwohner hat, wurde 1863 als Eisenbahnstation am Truckee River gegründet. Ein Aufenthalt lohnt sich, denn aus dieser Zeit haben sich noch mehrere pittoreske Holzhäuser erhalten, die man auf einer „Truckee Historic Walking Tour" erkunden kann.

### Reisepraktische Informationen Truckee

**Vorwahl**: 530

**Information**
**Truckee California Welcome Center**, 10075 Donner Pass Rd., ① 587-2757, www.truckee.com; tgl. 9–18 Uhr.

**Hotel**
**The Truckee Hotel $$–$$$$**, 10007 Bridge St., ① 587-4444, www.truckeehotel.com; kleines, historisches und wunderschönes Hotel von 1868 mit unterschiedlich großen Zimmern.

**Restaurant**
**Coffeebar**, 10120 Jibboom St., ① 587-2000, www.coffeebartruckee.com. Bezahlbare Mahlzeiten – vom Burrito bis zu den Panini, dazu ein Bio-Kaffee oder ein gesunder Saft, gute Atmosphäre und nette Leute. Tgl. 6–19, Küche 7–15 Uhr.

## Seitensprung nach Nevada: über Reno, Virginia City und Carson City zum Lake Tahoe

Soll es statt zum Lake Tahoe zunächst noch in den Nachbarstaat Nevada gehen, bietet sich eine nördliche, insgesamt etwa 80 Meilen lange Runde an, auf der man Casinos, ein Capitol, eine Goldgräberstadt und viel Natur erlebt. Ab Truckee bleibt man dabei auf der I-80, die zwar als Autobahn ausgebaut, aber landschaftlich sehr reizvoll ist. Nach einer knappen Stunde ist auf dieser Route bereits Reno erreicht.

### Reno

Reno wird sommers wie winters als **Ferienort** aufgesucht, doch hat sich die Stadt ihren Namen natürlich in erster Linie durch ihre Casinos, Nachtclubs, Hotels und Shows erworben, die den Einwohnern der Bay Area den längeren Weg nach Las Vegas ersparen. Es ist ein Leichtes, hier eine passende Unterkunft zu finden, wobei man besonders von Sonntag bis Donnerstag in den **Casino-Hotels** vergünstigte Tarife erhält. Hat man noch kein großes amerikanisches Casino von innen gesehen, ist es mit Sicherheit ein (je nach Temperament erschreckendes oder faszinierendes) Erlebnis, das in Reno nachzu-

*Spielerstadt*

holen. Spiegel und ausschließlich künstliches Licht sollen die Spieler das Gefühl für Raum und Zeit vergessen lassen.

*Kein Vergleich zu Las Vegas*

Die Spielerwelt ist allerdings fast auch schon die einzige Attraktion der 245.000 Einwohner zählenden **Doppelstadt Reno/Sparks**. Und wer glaubt, Reno mit Las Vegas vergleichen zu können, wird enttäuscht sein, denn das absolute Gambling-Ambiente fehlt genauso wie die dortigen architektonischen Highlights und Shows – nichts von der Glitzerwelt der extravaganten und thematisch durchgestalteten Hotelpaläste von Las Vegas findet sein Gegenstück hier. Bleibt höchstens die Überlegung, die relativ günstigen Übernachtungspreise auszunutzen, um von hier aus Virginia City und den Lake Tahoe zu erkunden. Bis in die 1960er-Jahre hatte der Tourismus in Reno übrigens noch ein zweites Standbein. Denn 1931 liberalisierte Nevada seine Gesetze nicht nur hinsichtlich des Glücksspiels, sondern auch in puncto Scheidungen. Außer einer formellen Begründung war die einzige Bedingung für eine sofortige Scheidung, dass einer der Partner seit sechs Wochen in Nevada wohnhaft war. So kamen Scheidungswillige aus dem ganzen Land in den „Silver State", und vor allem in Reno entwickelte sich um sie herum eine ganze eigene Form des Tourismus, was der Stadt den Spitznamen **Divorce Capital of the World** einbrachte.

*Lohnender Abstecher*

Von Reno aus ist für die **Weiterfahrt zum Yosemite National Park** der Hwy. 395 der beste bzw. schnellste Weg. Falls man auf der ersten Teilstrecke bis **Carson City** (s. S. 361) noch Zeit für einen überaus interessanten Abstecher hat, sei eine größere Schleife über den Hwy. 341 empfohlen, auf dem man den historischen Ort **Virginia City** besucht, einst eine der reichsten Städte des amerikanischen Westens. Wegen einiger sehr steiler Abschnitte hinter Virginia City sollten Fahrer von RVs oder Wohnmobilen jedoch auf diesen Abstecher verzichten.

## Reisepraktische Informationen Reno/Sparks

**Vorwahl**: 775

### Information
**Reno-Sparks Convention & Visitors Authority** (RSCVA), 135 N. Sierra St., ① (800) 367-7366, www.visitrenotahoe.com; tgl. 10–18 Uhr.

### Hotels
**Circus Circus $–$$$**, 500 N. Sierra St., ① 329-0711, (800) 648-5010, www.circusreno.com; das Casino-Hotel ist mit 1.600 Zimmern eines der größten der Stadt und lockt vor allem unter der Woche mit günstigen Preisen – die natürlich auf Spieler abzielen.
**Nugget Casino Resort $$–$$$**, 1100 Nugget Ave., ① (888) 868-4438, www.nuggetcasinoresort.com; großes Casino-Hotel mit gutem Preis-Leistungsverhältnis und 1.400 schön eingerichteten und vor allem geräumigen Zimmern.
**Vagabond Inn $$–$$$**, 3131 S. Virginia St., ① 825-7134, www.vagabondinn.com; sauberes 130-Zimmer-Motel der in Kalifornien weit verbreiteten Kette.
**Grand Sierra Resort Casino $$–$$$$**, 2500 E. 2nd St., ① 789-2000, (800) 501-2651, www.grandsierraresort.com; sowohl das luxuriöseste als auch das größte Casino-Hotel in Reno (2.000 sehr geräumige Zimmer), hier gibt es alles, von der Shopping Mall bis hin zum aufwendigen Fitnessbereich mit Sauna, Whirlpool und Tennisplätzen.

# Virginia City

Bereits 1850 wurde in der Gegend des heutigen Virginia City Gold gefunden. Doch damals ahnte noch niemand etwas von dem Reichtum, der der Stadt bevorstehen sollte. Stattdessen fluchten die ersten Schürfer über die magere Ausbeute und die widrigen Bedingungen, mussten sie ihre Ausrüstung doch immer wieder von einem zähen bläulichen Lehm befreien, in dem die Nuggets lagen. Erst 1859 wurde klar, dass dieser „blasted blue stuff" ein Hinweis auf den eigentlichen Schatz der hiesigen Erde war: Silber. Unter Aufbringung seiner gesamten vorwitzigen Bauernschläue reklamierte Henry Comstock die Entdeckung für sich – und wurde zum Namensgeber der Comstock Lode, des größten bekannten Silbervorkommens in der Geschichte der USA.

Binnen kürzester Zeit entwickelte sich Virginia City zu einem Zentrum für Prospektoren, Gold- und Silberschürfer, Minengesellschaften, aber auch für Glücksspieler, Zechpreller und andere Ganoven. Schon wenige Monate nach seiner Gründung zählte die Stadt 25.000 Einwohner und galt nach wenigen Jahren als eine der reichsten Städte Nordamerikas. Vier Banken, ein Opernhaus und 110 (!) Saloons gab es damals in der Stadt, deren Vitalität auch durch ein großes Feuer im Jahre 1875 nicht gebrochen wurde. Dies war die Zeit, als hier für die lokale Zeitung der noch unbekannte Samuel Langhorne Clemens schrieb, der später als **Mark Twain** weltberühmt werden sollte. *Silberboom*

Heute leben nur noch knapp 900 Menschen in Virginia City, doch die Pracht der Blütezeit ist in vielen Gebäuden erhalten geblieben, z. T. wohl auch nur, weil nahezu jeder zweite Laden in der Hauptstraße im Inneren ein kleines Casino verbirgt. Das sollte aber nicht stören, denn die Fassaden und die hinteren Straßen besitzen noch komplett ihren Pioniercharakter. Virginia City ist recht überschaubar, sodass ein einstündiger Spaziergang reicht, um zu den wichtigsten Sehenswürdigkeiten zu gelangen. Man sollte sich einfach treiben lassen und versuchen, sich trotz des modernen Touristenrummels in die Zeit der Gold- und Silberprospektoren zurückversetzen zu lassen. *Gut erhaltene Fassaden*

*Virginia City ist eine typische Minenstadt im Gold Country*

*Route 2: Rundfahrt zum Yosemite National Park*

Von den zahlreich angepriesenen Museen kann man sich die meisten sparen, denn sie dienen nur als Lockmittel für einen dahinter versteckten Souvenirladen. Bei einem Aufenthalt würden sich aber einige der folgenden Dinge lohnen:
- eine **Kutsch- oder Trolleyfahrt** durch die Stadt, auf der so einige Schauergeschichten aus der bleihaltigen Zeit erzählt werden (*Erwachsene US$ 6, Kinder US$ 3*),
- der Besuch des **Fourth Ward School Museum** (*537 South C Street, ① 847-0975, http://fourthwardschool.org; Mai–Okt. tgl. 10–17 Uhr, Erwachsene US$ 6, Kinder US$ 3*), in dem die Geschichte der Comstock Lode und der Stadt selbst erläutert wird,
- eine Fahrt mit der historischen **Virginia & Truckee Railroad**, die im Sommer täglich zwischen 10.30 und 16 Uhr mit ordentlich Gepfeife und Gebimmel durch das ehemalige Minengebiet fährt (*Erwachsene US$ 12/14, 5–12 Jahre US$ 6/7 (Diesel/Steam)*),
- der Besuch des **Mackay Mansion Museum** (*129 S. D Street, www.uniquitiesmackaymansion.com; tgl. 10–18 Uhr, Erwachsene US$ 5, Kinder frei*), in dem einst John Mackay sein Hauptquartier eingerichtet hatte, der mächtigste Mann von Virginia City und als „King of the Comstock" bekannt, oder der des **Castle** (*B Street*), einer mit europäischen Möbeln eingerichteten Villa, die ehemals einem weiteren Minenboss gehörte,
- einer der zahlreichen **Saloons**, die zwar alle mit Spielautomaten vollgestopft sind, doch manchmal auch eine Reihe von interessanten Fotos und Relikten ihrer Pionierzeit bewahren konnten. Z. B. den Suicide Table im Delta Saloon: Gleich drei Besitzer dieses Spieltisches sollen sich ob der Verluste, die sie an diesem beim Kartenspiel eingefahren haben, erschossen haben. Eine Kugel in den Kopf war wohl der gängige Ausweg aus der finanziellen Misere.
- eine Besichtigung des 1885 eröffneten **Piper's Opera House** (*1 North B Street, https://pipersoperahouse.com; Erwachsene US$ 5, bis 12 Jahre US $ 3*), dessen Bühne Showstars aus aller Welt gesehen hat,
- eine **Underground-Tour** in eine der alten Minen, beispielsweise die **Ponderosa Mine** (*106 South C Street*), würde das Bild der Stadt letztendlich abrunden.

## Reisepraktische Informationen Virginia City

**Vorwahl**: 775

### Information
**Virginia City Visitor's Center**, *86 South C St., ① 847-7500, (800) 718-7587, www.visitvirginiacitynv.com; Mo–Sa 9–17, So 10–16 Uhr. Hier gibt es neben Broschüren auch eine Liste mit den täglichen Attraktionen, die das Visitor's Center gleich zu vergünstigten Preisen anbietet.*

### Hotels
**Gold Hill Hotel & Saloon $$–$$$$**, *1540 Main St., Gold Hill (ca. 2 Meilen südlich), ① 847-0111, www.goldhillhotel.net; 1861 errichtet, ist dieses Hotel das älteste in ganz Nevada. Zum Hotel gehören ein rustikaler Saloon und das empfehlenswerte* **Crown Point Restaurant** *mit moderner Küche in historischem Ambiente.*
**Cobb Mansion Bed & Breakfast $$$–$$$$**, *18 S. A Street, ① 847-9006, www.cobbmansion.com; schönes viktorianisches Gebäude von 1876 mit Möbeln aus dieser Zeit, sechs Zimmer und sehr hilfsbereite Gastgeber. Gutes Frühstück.*

Bei der Weiterfahrt nach Süden gelangt man auf steiler Strecke, vorbei an alten Minen und an goldschimmernden Abraumhalden entlang, zu zwei halbverlassenen Minenorten, die die bezeichnenden Namen **Gold Hill** und **Silver City** tragen. Hier wurde das Edelmetall gefördert, welches dem nahen Virginia City zu Reichtum und Wohlstand verhalf. Insbesondere Gold Hill besitzt noch alte Gebäude voller Charme sowie urige Kneipen und das Gold Hill Saloon & Hotel.

Ob über den autobahnähnlichen Hwy. 305 direkt ab Reno oder über den landschaftlich hübscheren Umweg via Virginia City auf den Hwys. 341/50, die nächste Station im Süden ist Carson City, die Hauptstadt des Bundesstaates Nevada.

## Carson City

Die **Hauptstadt Nevadas** besticht durch ihre Beschaulichkeit und den Charme, den ihre kleinen viktorianischen Häuser im alten Stadtkern ausstrahlen. Kaum mag man glauben, dass gerade in dieser Stadt mit 55.000 Einwohnern die Geschicke solcher Fantasiegebilde wie Las Vegas und Reno gelenkt werden. Carson City und seine Verwaltung haben im Grunde ein leichtes Spiel. Geld fließt zur Genüge durch die Casinos und die Touristen, sodass die etwa 3 Mio. Einwohner des Staates nur in begrenztem Maß Steuern zu zahlen haben. Touristen bietet die Stadt mehrere gute Restaurants, Hotels und Casinos sowie einige besondere Bauten und Museen. Diese sind in der blitzblanken Old Town konzentriert, in der noch viel an die Zeit des Silberrauschens und des Eisenbahnbaus erinnert – kein Wunder, dass Hollywood hier gerne Western drehte. Zu den sehenswerten Bauten gehört in erster Linie das **Nevada State Capitol** (*Ecke Carson St./Musser*

*Beschauliche Kapitale*

*Nevadas State Capitol in Carson City*

*Route 2: Rundfahrt zum Yosemite National Park*

St., tgl. 8–17 Uhr, freier Eintritt) aus dem Jahre 1870, das anders als so viele amerikanische Capitols mit seiner Backsteinfassade und der eher bescheidenen Kuppel mehr pittoresk als beherrschend wirkt. Das Capitol ist umgeben von weiteren, ebenfalls schönen Bauten wie dem **Legislative Building**, dem **Supreme Court** und der **State Library**.

*Historie Nevadas* Mehr über die Geschichte von Stadt und Staat erfährt man im **Nevada State Museum**. Es ist untergebracht in der ehemaligen Münzprägeanstalt, die 1870–93 in Betrieb war, und bietet einen umfassenden Überblick über Geografie, Kultur und Historie von Nevada – u. a. ist hier ein großes Mammut-Skelett zu bestaunen. Eine ebenfalls interessante Adresse ist das **Nevada State Railroad Museum**, wo mehrere alte Waggons und Loks der Virginia & Truckee Railroad zu besichtigen sind. Im Sommer finden Fahrten mit historischen Zügen statt.
**Nevada State Museum**, 600 N. Carson St., ① (775) 687-4810, http://nvculture.org/nevadastatemuseumcarsoncity; Di–So 8.30–16.30 Uhr, Erwachsene US$ 8, bis 17 Jahre frei.
**Nevada State Railroad Museum**, 2180 S. Carson St., ① (775) 687-6953, http://nvculture.org/nevadastaterailroadmuseumcarsoncity; Fr–Mo 9–16.30 Uhr, Erwachsene US$ 6, unter 18 Jahren frei.

## Reisepraktische Informationen Carson City

**Vorwahl**: 775

### Information
Carson City Visitors Bureau, 716 N. Carson St., ① 687-7410, www.visitcarsoncity.com; Mo–Fr 9–18 Uhr.

### Hotels
**Wyndham Garden Carson City Max Casino $$–$$$**, 900 S. Carson St., ① 883-0900, www.wyndhamhotels.com; unaufgeregtes Hotel mit 91 geräumigen und gut ausgestatteten Zimmern, Restaurant, Sports Bar und Casino-Betrieb mit Shows, nahe dem Capitol und der Altstadt.
**Bliss Bungalow $$$**, 408 W. Robinson St., ① 230-0641, www.blissbungalow.com; sehr angenehme, historische B&B-Unterkunft mit fünf individuell eingerichteten Zimmern.

# Lake Tahoe

Der 497 km² große und 1.900 m hoch gelegene See, den Mark Twain als „the fairest Picture the whole World affords" bezeichnete, ist mit einer Breite von 19 km, einer Länge von 35 km und einer maximalen Tiefe von 501 m das **größte alpine Gewässer** Nordamerikas und ein Touristenmagnet ersten Ranges. Seine reinen Wassermassen könnten den gesamten Staat Kalifornien fast 40 cm hoch überfluten. Der See entstand dadurch, dass sich zwei Gebirgsketten aus dem großen Becken heraushoben und das Gebiet dazwischen drastisch absinken ließen – ähnlich dem Jackson Hole in Wyoming. Das lange Zeit in alle Richtungen abflusslose Becken wurde durch Flüsse gefüllt, da im Norden eine Lavazunge den Abfluss blockierte und im Süden Gletschermoränen einen Sperriegel bildeten. Erst später entwickelte sich der Ausfluss im Westen, der Truckee River, der den zweittiefsten See der USA vor dem Überlaufen bewahrte.

# Seitensprung nach Nevada

Vor allem im Winter zieht es die Großstädter aus San Francisco und L.A. in Scharen hierhin, sodass das Seengebiet mit den umgebenden Bergen als eine der populärsten Skiregionen in den USA gilt. Durch die warmen und sonnenreichen Sommer und regelmäßig schönen Übergangszeiten blüht der Fremdenverkehr ganzjährig, auch angeregt durch die Tatsache, dass ein Drittel des Sees zum Bundesstaat Nevada gehört, und das bedeutet: Glücksspiel, Heiratsparadies, Entertainment, günstige Hotels.

*Wintersport-Paradies*

Die **sommerliche Hauptsaison** beginnt Ende Mai und geht bis Ende September. Dann sind alle Picknickplätze, Freizeitgelände und alle Hotelpools geöffnet.

# Route 2: Rundfahrt zum Yosemite National Park

*Freizeit- und Naturparadies*

### Wandertipp

*Der in ehrenamtlicher Arbeit angelegte Wanderweg* **Tahoe Rim Trail** *(TRT) ist etwa 240 km lang und bringt Wanderern, aber auch Reitern und Mountainbikern die schönsten Szenerien des Sees nahe. Z. T. hoch über dem Ufer, z. T. durch schattige Wälder und Flusstäler verläuft dieser einmalig schöne Pfad, den man natürlich auch in kleineren Etappen begehen kann (www.tahoerimtrail.org).*

*Olympia 1960* Wer von Norden (Hwys. 80/89) anreist, gelangt zunächst zum berühmten **Wintersportort Squaw Valley** (http://squawalpine.com), der 1960 Austragungsort der Olympischen Winterspiele war. Die alpine Szenerie des Städtchens und des Tales ist die wohl schönste der gesamten Umgebung. Das Tal, eigentlich ein weiter Kessel (The Bowl), wird von sechs Gipfeln begrenzt, von denen die höchsten Squaw Peak (2.708 m), Emigrant (2.674 m) und Granite Chief (2.746 m) sind. Wer sich in Squaw Valley von der Gondel in luftige Höhen tragen lässt, sollte dort im High Camp einkehren, einem futuristischen Bergrestaurant mit Freiluft-Eisbahn, Hallentennisplätzen und Outdoor-Pool.

### Rundfahrt

Startet man zu einer Rundfahrt um den See im Norden, stößt man auf den Hwy. 28, der später in den Hwy. 50 und den Hwy. 89 übergeht. Auf ihm ist im Uhrzeigersinn eine Umrundung des Sees möglich. Die gesamte Rundfahrt ist 72 Meilen lang, für die man an reiner Fahrzeit etwa 2½ Stunden einkalkulieren sollte.

Das nordöstliche Ende des Sees markiert die weitgeschwungene **Crystal Bay** mit dem bekannten Skiort **Incline Village**. Wenige Meilen südlich von Incline Village lädt der **Lake Tahoe Nevada State Park** (Sand Harbor) zum Baden und Wassersport ein, hier werden während der Sommermonate aber auch viele Veranstaltungen durchgeführt, u. a. Schauspielaufführungen im Amphitheater.

*Seitensprung nach Nevada*

Auf der Weiterfahrt gen Süden passiert man anschließend das Felsenkap **Cave Rock**, das von Tunneln durchbohrt ist und unter dem ein Seeungeheuer leben soll – nicht Nessie, sondern Tessie heißt die Tahoe-Version des geheimnisvollen Wesens. Noch weiter südlich fährt man durch den recht beschaulichen Fremdenverkehrsort **Zephyr Cove**, anschließend gelangt man an sandigen Stränden, Yachthäfen, Golfplätzen und großen Hotelanlagen vorbei zur Staatsgrenze mit dem gleichnamigen Ort **Stateline**, dessen Hochhauskulisse und grelle Neonreklamen zum kalifornischen Nachbarn hinüber scheinen.

*Sehenswürdigkeiten am Lake Tahoe*

Nur ein sehr kleines Schild weist darauf hin, dass man die Grenze zwischen den Bundesstaaten passiert. Und so bemerkt man zunächst kaum, dass man sich im kalifornischen Nachbarort **South Lake Tahoe** befindet, dem Zentrum des Fremdenverkehrs in der Region. Zwar ist die Bebauung etwas niedriger gehalten, architektonische Schmuckstücke darf man indes auch hier nicht erwarten: An der endlos scheinenden Hauptstraße reihen sich in Richtung Zentrum Motels, Restaurants und Outlet Stores aneinander.

Südöstlich der Stadt gehört das **Heavenly Mountain Resort** (www.skiheavenly.com), dessen Pisten und Loipen sich sowohl auf kalifornischer Seite als auch in Nevada den Berg hinunterziehen, zu den bekanntesten Skigebieten der Region. Doch auch wenn man sich nicht auf die Bretter schwingen möchte oder im Sommer hier ist, ist es einen Abstecher wert. Hier kann man auf zahlreichen Trails wandern oder sich auf Kletterparcours und im Hochseilgarten austoben. Eine besondere Attraktion ist die **Heavenly Mountain Gondola**, die einen zur Aussichtsplattform auf 2.605 m Höhe bringt.

*Bekanntes Skigebiet*

Ohnehin ist South Lake Tahoe auch im Sommer ein beliebtes Ziel für Urlauber, die hier wandern, mountainbiken oder einfach nur den See und die entspannte Atmosphäre genießen. Am Strand mag da gerne ein wenig **Hippie-Feeling** aufkommen: Wenn Marihuana-Schwaden den zugegebenermaßen wunderschönen Sonnenuntergang über dem See begleiten, könnte man sich ein wenig in die guten alten Flower-Power-Zeiten zurückversetzt fühlen. Und auch wenn der Konsum in Kalifornien mittlerweile legal ist, sollten Besucher sich nicht wundern, wenn im Motel explizit darauf hingewiesen wird, dass Marihuanarauchen auf dem Gelände und auch in ausgewiesenen Raucherzimmern verboten ist.

Eine gute erste Anlaufstelle für Besucher ist das **Lake Tahoe Visitor Center** (auch: **Taylor Creek Visitor Center**) des US Forest Service im Westen außerhalb von South Lake Tahoe. Hier gibt es eine sehenswerte Ausstellung über die Siedlungs- und Naturgeschichte der See-Region, in der Nähe sind Wanderwege angelegt, und von der Stream Profile Chamber hat man einen Blick unter die Wasseroberfläche des Flüsschens Taylor Creek. Dies ist insbesondere im Herbst interessant, wenn die Kokanee-Lachse sich im Fluss tummeln und über die kleinen Katarakte zu ihren Laichplätzen schnellen. Südlich des Besucherzentrums ist der kleine Fallen Leaf Lake Ziel geruhsamer Spaziergänge. Ganz in der Nähe befinden sich am Ufer des Lake Tahoe schöne Sandstrände (Baldwin Beach, Kiva Beach, Pope Beach) und zum Stadtzentrum hin die weitverzweigte Wasserlandschaft der Tahoe Keys.

*Ideal zum Wandern und Spazierengehen*

Bei der Weiterfahrt am Westufer entlang erlebt man die wohl eindrucksvollsten Szenerien und immer wieder wunderschöne Ausblicke auf das Wasser und die majestätische

*Später Nachmittag am Lake Tahoe*

Gebirgswelt – besonders am **Emerald Bay Vista Point**. Im Emerald Bay State Park lockt schließlich die einzige Insel des Sees, **Fannette Island**. Vor ihr erhebt sich am Ufer **Vikingsholm**, der 1929 vollendete Nachbau einer „Wikingerburg" – wie die Amerikaner sich eine vorstellen – mit 38 Räumen. Es sei allerdings kritisch angemerkt, dass die Menschenmassen an und in dieser „Attraktion" die Besichtigung leicht zu einer mehrstündigen Angelegenheit lassen werden, die den Zeitaufwand wahrlich nicht lohnt. **Vikingsholm**, Hwy. 89, Tahoma, http://vikingsholm.com. Ende Mai–Ende Sept. tgl. 10–16 Uhr, Erwachsene US$ 10, 7–17 Jahre US$ 8. Touren stündlich von 10–15.30, Mitte Juni–Anfang Sept. halbstündlich. Vom Parkplatz führt ein sehr steiler Weg in etwa 1 Meile zum Anwesen, der Anstieg vom Eagle Point Campground ist etwas weniger steil, dafür ca. eine halbe Meile länger.

*Nachbau einer Wikingerburg*

Folgt man der Emerald Bay Rd. (Hwy. 89) weiter am Westufer des Sees entlang, führt sie einen über die Ortschaften **Meeks Bay** und **Tahoma** zum Städtchen **Tahoe City**, einem Fremdenverkehrsort am Truckee River mit vielen Unterkünften, einer guten Gastronomie, einem Lokalmuseum und einem großen Sportangebot.

## Reisepraktische Informationen Lake Tahoe

**Vorwahl**: 530 (soweit nicht anders angegeben)

### Information
**Tahoe City Visitor Information Center**, 100 North Lake Blvd., Tahoe City, ① 581-6900, www.gotahoenorth.com; tgl. 9–17 Uhr.
**Incline Village Visitor Information Center**, 969 Tahoe Blvd., Incline Village, ① (775) 832-1606, www.gotahoenorth.com; Mo–Sa 8.30–17, So 10–16 Uhr.

*Seitensprung nach Nevada*

**Kings Beach Visitor Information Center**, Hwy. 28, North Tahoe Blvd., Kings Beach; nur im Sommer.
**Explore Tahoe Visitor Center**, 4114 Lake Tahoe Blvd., South Lake Tahoe, ① 542-4637, www.tahoesouth.com; tgl. 9–17 Uhr.
**Taylor Creek Visitor Center**, 35 Visitor Center Rd., South Lake Tahoe, fs.usda.gov; Ende Mai–Ende Okt. tgl. 8–16.30 Uhr.

### Hotels

**Cedar Glen Lodge** $$$–$$$$$, 6589 N. Lake Blvd., Tahoe Vista, ① 546-4281, www.tahoecedarglen.com; nur durch die Straße vom Seeufer getrennte Anlage mit Motelzimmern, Suiten und komfortablen Cottages, Pool, Jacuzzi, eigenem Strand. Mindestaufenthalt 2 Nächte.
**Hotel Azure** $$$–$$$$, 3300 Lake Tahoe Blvd., South Lake Tahoe, ① 542-0330, (800) 877-1466, www.hotelazuretahoe.com; nette und nicht zu große Unterkunft mit 100 Zimmern – alle mit Balkon und Miniküche –, schönem Garten, Pool, Fitnessraum und Café-Restaurant. In der Hochsaison teils 2 Nächte Mindestaufenhalt.
**Harrah's Lake Tahoe** $$$–$$$$, 15 Hwy. 50, Stateline, ① (800) 427-7247, www.caesars.com/harrahs-tahoe; das erste Casinohotel am Lake Tahoe (gegr. 1944), mehrfach erweitert und modernisiert, hat heute 512 Zimmer mit allen Annehmlichkeiten, mehrere gastronomische Betriebe, große Casino-Abteilung, Pool – besonders empfehlenswert sind die Zimmer mit Seeblick.
**Tahoe Seasons Resort** $$$–$$$$, 3901 Saddle Rd., South Lake Tahoe, ① 541-6700, www.tahoeseasons.com; komfortable und sportliche Anlage, 160 schöne Zimmer und Suiten mit Kamin, Tennis, Swimmingpool, Restaurant.
**Sunnyside Lodge** $$$$–$$$$$, 1850 W. Lake Blvd., Tahoe City, ① 583-7200, (800) 822-2754, www.sunnysideresort.com; 23-Zimmer-Lodge in schöner Hanglage mit Treppenzugang zum See; gediegene Eleganz, empfehlenswertes Restaurant. In der Hochsaison zwei Nächte Mindestaufenthalt, wenn ein Freitag gebucht wird.

### Camping

Die meisten Plätze sind nur von Mitte Juni bis Anfang Sept. geöffnet, z. B.:
**D. L. Bliss SP**, 27 km südl. Tahoe City, Hwy. 89, am Seeufer, ① 525-7277, www.parks.ca.gov.
**Emerald Bay SP**, 35 km südl. Tahoe City, Hwy. 89, ① 541-3030, www.parks.ca.gov.
Beide Parks sind über www.reserveamerica.com buchbar.

### Restaurants

**Jake's on the Lake**, 780 N. Lake Blvd., Tahoe City, ① 583-0188, www.jakestahoe.com; direkt am See gelegene kulinarische Institution seit 1978, ausgezeichnete Grillgerichte. Mo–Fr ab 16.30, Sa/So ab 11.30 Uhr.
**The Beacon Bar & Grill**, 1900 Jameson Beach Rd., South Lake Tahoe, ① 541-0630, www.camprichardson.com/the-beacon, ebenfalls direkt am See und mit schöner Terrasse ausgestattet, serviert werden saftige Steaks und andere amerikanische Gerichte. Mo–Fr ab 11.30, Sa/So ab 11 Uhr.
**Fire Sign Café**, 1785 W. Lake Blvd., Tahoe City, ① 583-0871, www.firesigncafe.com; einfallsreiche, erschwingliche Kost in netter Atmosphäre. Tgl. 7–15, im Winter bis 14.30 Uhr.
**Graham's Restaurant & Bar**, 1650 Squaw Valley Rd., Olympic Valley, ① 581-0454, www.dinewine.com; gemütliches Lokal mit offenem Kamin und mediterran beeinflusster Küche, dazu eine exzellente Weinkarte. Mi–So 17–22 Uhr.

*Route 2: Rundfahrt zum Yosemite National Park*

### Bootsausflüge/Rundfahrten
**Zephyr Cove/M. S. Dixie II**, Zephyr Cove Marina, 760 Hwy. 50, Zephyr Cove, Nevada, ① (775) 589-4907, www.zephyrcove.com. Rundfahrten mit dem Schaufelraddampfer „M.S. Dixie II". Verschiedene Touren, ab US$ 65, 3–11 Jahre US$ 33.
**Tahoe Cruises**, Ski Run Marina, 900 Ski Run Blvd., South Lake Tahoe, ① (775) 588-1881, www.tahoecruises.com. Lunch Cruise auf der Yacht „The Safari Rose" zur Emerald Bay (tgl. 11–14 Uhr, Erwachsene US$ 95, bis 12 Jahre US$ 49), v. a. im Sommer weitere Touren im Angebot.

### Veranstaltungen
In den Ortschaften um den Lake Tahoe ist sommers wie winters viel los. Im März geht es beim **Snowfest** (http://tahoesnowfest.org) in Tahoe City turbulent zu, dem größten Winterkarnevalsfest von Kalifornien. Anfang August findet in North Lake Tahoe das renommierte **Lake Tahoe Music Festival** (www.tahoemusic.org) mit Open-Air-Musik von Klassik bis zu Jazz, Blues und Rock statt. Ebenfalls im August wird in der Carnelian Bay die Parade historischer Holzboote abgehalten (Concours d'Elégance).

# Zum Mono Lake und Yosemite National Park

Von South Lake Tahoe führt der kurven- und bergreiche Hwy. 89 zum Hwy. 395; alternativ wählt man für die Anfahrt zum Hwy. 395 den Hwy. 207, der kurz hinter der Staatsgrenze in Nevada von der Uferstraße abgeht. Über weite Strecken sind beide Straßen als Scenic Routes ausgewiesen, die durch die dichten Wälder der Sierra Nevada und an den Sweetwater Mountains vorbeiführen. Der Highway erreicht seine höchste Stelle auf dem Devil's Gate Pass mit über 2.290 m ü. d. M. Schließlich ist das Städtchen **Bridgeport** erreicht, dessen gleichnamiger Stausee sich wenige Fahrminuten nördlich befindet und das über das kleine Mono County Historical Museum verfügt. Geschichtsinteressierte sollten hier jedoch nicht zu viel Zeit verbringen, denn sieben Meilen weiter südlich lockt ein Abstecher zur ungleich interessanteren Geisterstadt Bodie.

*Durch das Devil's Gate*

## Geisterstadt Bodie

Wenige Fahrminuten hinter Bridgeport geht links vom Hwy. 395 die anfangs asphaltierte, dann geschotterte Straße 270 ab, die am unbedingt sehenswerten **Bodie State Historic Park** endet. Benannt wurde die Stadt nach Waterman S. Bodie, der hier 1859 Gold entdeckte und damit zu deren rapidem Wachstum maßgeblich beitrug. Von Bodie, das zur Blütezeit über 65 Saloons aufwies, sind neben etlichen Ruinen noch viele Häuser, z. T. auch mit Interieur, erhalten. Das einsam **in karger Berglandschaft** gelegene Städtchen ist die vielleicht schönste Geisterstadt überhaupt. Im

*Ghost Town Bodie*

Park Office gibt es eine Karte, in der die wichtigsten Gebäude eingetragen sind, auch das Museum ist sehenswert. Auf dem weitläufigen Gelände gibt es sanitäre Einrichtungen, Trinkwasser und Picknickplätze, aber weder Restaurants noch Unterkünfte.
**Bodie State Historic Park**, 3 Meilen östlich des Hwy. 395 an der Bodie Rd. (Hwy. 27), 7 Meilen südlich von Bridgeport, ① (760) 616-5040, www.parks.ca.gov, www.bodie.com; im Sommer tgl. 9–18, sonst 9–16 Uhr (nach Schneefall nur mit Geländewagen zu erreichen), Erwachsene US$ 8, 4–17 Jahre US$ 5.

> ### ☞ Streckenhinweis
>
> Die **Zufahrt nach Bodie** ist im Winter nicht möglich; in den letzten Jahren war die Schneedecke z. T. bis in den Mai hinein so hoch, dass eine Durchfahrt auch für Geländewagen nicht erlaubt wurde. Wer die Reise von Bodie aus fortsetzen möchte, kann auf einer längeren Schotterpiste **direkt nach Lee Vining** und damit auf den Hwy. 395 fahren.

## Mono Lake

Wieder auf dem Hwy. 395, sieht man bald schon das Blau des Mono Lake, eines merkwürdigen und 700.000 Jahre alten Gewässers, auf dessen Inseln Unmengen von Seemöwen brüten. Der eindrucksvolle Mono Lake ist der letzte **Rest eines riesigen Sees**, der langsam versalzte und zusammenschrumpfte. Dazu trug auch bei, dass die Trinkwasserversorgung der Megalopolis L.A. zum Teil per Pipeline über die Zuflüsse des Sees erfolgt. Seit Mitte der 1990er wird dies strenger reguliert, und man glaubte, das Problem einigermaßen im Griff zu haben; in jüngeren Jahren gab es aber Meldungen über erneute Wassertiefststände.

*Kalksteinsäulen am Mono Lake*

Das Ungewöhnlichste am Mono Lake sind die skurrilen Kalksteingebilde, die sich in Ufernähe weiß aus dem Wasser erheben. Diese sind am schönsten in der South Tufa Reservation am Südufer des Sees zu bewundern, zu der eine ausgeschilderte, etwa zehn Meilen lange Schotterstraße vom Hwy. 395 aus in westliche Richtung führt.

## Abstecher nach Mammoth Lakes und zur Devils Postpile

Ab dem Mono Lake ist ein interessanter und nur knapp 30 Meilen langer Abstecher nach Mammoth Lakes möglich. Dazu fährt man auf dem Hwy. 395 nach Süden, von der wiederum die Stichstraße 203 abzweigt. An ihrem Ende liegt der kleine Fremdenverkehrsort **Mammoth Lakes** inmitten einer alpinen Szenerie, die Jahr für Jahr mehr Wintersportler anzieht. Doch auch im Sommer bietet das 8.000-Einwohner-Städtchen eine gute touristische Infrastruktur sowie allerbeste **Outdoor-Möglichkeiten**. Und um den Sommertourismus anzukurbeln, wurde schon vor geraumer Zeit das Mammoth JazzFest (www.mammothjazzfest.org) etabliert, bei dem Mitte Juli zahlreiche Bands aufspielen.

*Alpine Szenerie*

Das beliebteste Wanderziel, zu dem aber auch Shuttle-Busse unterwegs sind, ist die markante, 20 m hohe Basaltklippe **Devils Postpile**, die als National Monument unter Naturschutz steht. Wer weitere Ziele der Sierra Nevada erwandern möchte, kann den Fernwanderweg **John Muir Trail** nutzen, der durch eine z. T. völlig unberührte Landschaft führt. Wie abgeschieden diese Region liegt, wurde u. a. im September 2008 deutlich, als in den Bergen oberhalb des Ortes das Wrack des Flugzeugs gefunden wurde, mit dem der Abenteurer Steve Fossett ein Jahr zuvor verschwunden war.

Wer den Abstecher nach Mammoth Lakes nicht unternehmen möchte, biegt westlich des Mono Lake bei **Lee Vining** (Unterkünfte) auf die Gebirgsstraße 120 ab und nähert sich dem Yosemite National Park über den berühmten Tioga Pass (s. S. 372).

### Die Lee Vining Canyon Panoramastraße

Eine herrliche, nur zwölf Meilen lange Panoramatour bietet der Scenic Byway, der identisch ist mit dem Hwy. 120 und von der I-395 abzweigt. Er verläuft innerhalb der Grenzen des Inyo National Forest, mit der Hoover Wilderness Area im Norden und dem Yosemite National Park im Süden. Wer die Panoramastraße nur als Transferweg nutzt, hat sie in einer halben Stunde bewältigt, weitaus eindrucksvoller ist natürlich das Landschaftserlebnis, wenn man einen der zahlreichen Wanderwege zum Canyon nutzt.

Am besten deckt man sich zu Beginn des Scenic Byway in **Lee Vining** (Mono Lake Committee Information Center & Bookstore, Ecke Hwy. 395/Third Street, ① (760) 647-6595, www.monolake.org) mit Infomaterial und Landkarten ein. Zu den schönsten Eindrücken entlang der Strecke gehören die Ausblicke auf die massiven Granitklippen in den Wäldern und hinauf zum 3.510 m hohen **Tioga Peak**, die Überquerung des Lee Vining Creek und der Aufenthalt am Tioga Lake, der sich bestens für ein Picknick eignet. Der Canyon und seine Panoramastraße enden am Fuß des Tioga-Passes, der die bisherigen Erlebnisse in spektakulärer Weise fortführt (s. S. 372). Für die Strecke bis zum Yosemite Valley, eine der schönsten Kaliforniens, braucht man vom See aus etwa zwei Fahrstunden.

## Yosemite National Park

Die Gründung des Yosemite National Park diente dem Ziel, „den Baumbestand, mineralische Ablagerungen, natürliche Raritäten oder Wunder vor Schaden zu bewahren und in ihrem Zustand zu erhalten". So steht es in dem Gesetz, das Präsident Benjamin Harrison 1890 unterzeichnete und mit dem das Gebiet um den Merced und den Tuloumne River zum **drittältesten Nationalpark** (nach dem Yellowstone NP und dem Sequoia NP) der Vereinigten Staaten wurde. Schon 1864 hatten Präsident Lincoln und der große amerikanische Naturfreund John Muir auf die Schätze des Parks hingewiesen, woraufhin das Yosemite Valley unter staatliche Aufsicht gestellt wurde. Deswegen sagt

*Ursprung der Nationalparkidee* man hier, dass die Nationalparkidee in Yosemite (und nicht in Yellowstone) geboren wurde. Das in der Sierra Nevada gelegene „Kronjuwel der Nationalparks", wie Yosemite (sprich: *johsémihtie*) in Amerika gerne genannt wird, besteht aus einer **Bilderbuchlandschaft** mit gewaltigen Felsen, idyllischen Bergseen, blumenreichen Tälern, mächtigen Wasserfällen und riesenhaften, uralten Bäumen. Das Grundmaterial besteht aus hartem Granit, den die Eiszeiten abgeschliffen und ausgehoben haben. Das Resultat dieser Urgewalt der Gletscher ist eine modellierte Landschaft mit folgenden Charakteristika:

- Die **Bergkuppen** sind abgerundet und erscheinen als mächtige, klotzhafte „Dome".
- Zu den Tälern fallen die Berge mit bis zu 1.000 m hohen senkrechten **Felswänden** ab.
- An den Steilkanten stürzen sich **Wasserfälle** bis zu 740 m in die Tiefe.
- Zwischen den Bergen breiten sich **Trogtäler** aus, die mit Mammutbäumen, Tannenwäldern und blumenreichen Alpenwiesen begrünt sind.

Insgesamt sind also die 308.041 ha Parkfläche von einer majestätischen Gebirgslandschaft geprägt, die einerseits an die Alpen, andererseits an das norwegische Hochgebirge erinnert. Zweifellos kann ein Besuch also zu einem **großartigen Naturerlebnis** werden, allerdings geht es manchmal in dem überaus populären Nationalpark sehr gedrängt zu. Denn für die Amerikaner, zumal die Großstädter aus der Bay Area und dem Großraum L.A., ist Yosemite ein nah gelegenes Ziel. Dies hat zur Folge, dass mehr noch *Besucheransturm* als in anderen Naturschutzgebieten die Hochsaison Blechlawinen und Menschenmassen *in der* mit sich bringt. Im Yosemite Valley wurde eine richtige kleine Stadt aufgebaut, mit Ho- *Hochsaison* tels, Selbstversorger-Hütten, Campingplätzen, Banken, Supermärkten, Fastfood-Restaurants, einer Kirche und einem Krankenhaus.

Dies soll aber keinen davon abhalten, sich mit eigenen Augen von der Schönheit der Region überzeugen zu lassen. Das etwa 35 km lange Stück des Yosemite-Tales, in dem die genannte „Urbanisierung" des Nationalparks stattfand, bildet nur einen verschwindend geringen Teil des gesamten Areals. Und den negativen Begleiterscheinungen des Massenandrangs kann man entgehen, indem man seine Besuchszeit nicht in die Sommerferien legt oder aber mit der Sonne aufsteht.

Im August 2015 machte der Park schlechte Schlagzeilen: Zwei Pestfälle wurden bei amerikanischen Urlaubern festgestellt. Angesteckt hatten sie sich wohl auf Campingplätzen. Generell empfiehlt die kalifornische Gesundheitsbehörde für einen Aufenthalt im Park:
- niemals Nagetiere wie Eichhörnchen füttern
- nicht neben Nagetierbauen campen und picknicken
- Wanderer sollten lange Hosen tragen und sie in die Socken stopfen
- Insektenschutz einsetzen gegen Flöhe

## Tioga Pass
Über den wunderbaren Scenic Byway 120 (s. S. 370) schraubt man sich vom Lee Vining Canyon im Osten auf der berühmten Tioga Road in das Parkgelände hinauf, das mit dem Tioga Pass (3.031 m ü. d. M.) beginnt. Die **hochalpine Landschaft** mit ihren Gebirgs- *Aussichts-* seen und Berggipfeln kann von mehreren Aussichtspunkten in aller Ruhe betrachtet *punkte* werden. Unbedingt anhalten sollte man an den weiten Grasflächen der Tuolumne Meadows, die im Sommer mit Blumen übersät sind. Einen weiten Überblick gewinnt man et-

##  Buschbrände im Yosemite National Park

Feuer spielte in der Geschichte der Natur des heutigen Yosemite National Park stets eine wichtige Rolle. Schon lange vor der Ankunft der ersten Europäer in Amerika legten die hiesigen Indianer aus Gründen der Waldpflege kontrollierte Brände, und spontan, etwa durch Blitzschlag, ausbrechende Feuer klärten das Unterholz. Doch dieses Vorgehen fand sein Ende, als sich in den 1850er-Jahren weiße Siedler im Yosemite Valley niederließen. Von da an bis in die 1970er war die Unterdrückung und Vermeidung von Feuern das oberste Gebot. Diese Praxis brachte allerdings ihre eigenen ökologischen Probleme mit sich. Zum einen störte sie die Lebenszyklen der Riesensequoien. Denn interessanterweise verfügen die Baumgiganten nicht nur über eine nahezu feuerfeste Rinde, sie sind auch auf Feuer angewiesen, um sich zu vermehren: Die Brände beseitigen konkurrierende Pflanzen, schaffen eine lichtdurchlässige Baumdecke und bereiten einen nährstoffreichen Boden – Voraussetzungen dafür, dass aus den Samen gesunde Jungpflanzen heranwachsen können.

Dass dem Feuer eine natürliche Funktion zukommt und das Parkmanagement sich kontrollierte Brände zunutze macht, um das ökologische Gleichgewicht zu fördern und Großbränden entgegenzuwirken, bedeutet nicht, dass Brände im Nationalpark kein Problem wären. Wie verheerend Waldbrände in Zeiten des Klimawandels und der damit einhergehenden Trockenphasen sein können, hat sich besonders deutlich 2013 gezeigt, als das Rim Fire insgesamt ca. 1.000 km² Wald- und Buschgebiet verwüstete, fast ein Drittel davon im Yosemite NP. Mit einer Gesamtfläche von rund 400 km² fiel das Ferguson Fire im Sommer 2018 zwar kleiner aus, aufgrund von Notfallmaßnahmen und der enormen Rauchentwicklung waren im NP dennoch zahlreiche Straßen und das gesamte Yosemite Valley fast zwei Monate lang gesperrt. Die Spuren dieser Feuer sind noch immer zu sehen, glücklicherweise griffen sie aber nicht auf die Mammutbäume über. Denn der Hitzeentwicklung bei solchen Großbränden haben auch Riesensequoien nichts entgegenzusetzen.

was später am Olmsted Point, von dem aus man bis zum 10 km entfernten Half Dome schauen kann. Am Ende der Tioga Rd. kann man rechts auf einem Parkplatz halten und zu Fuß zur Tuolumne Grove mit ihren Beständen an Mammutbäumen spazieren.

##  Achtung!

Die Tioga Pass Rd. und die Glacier Point Rd. (s. S. 374) werden **im Winter geschlossen** und bleiben zu, bis der letzte Schnee geschmolzen ist. Was durchaus erst Ende Mai passieren kann. Wer also im Frühjahr/Osterzeit unterwegs ist, sollte sich vorher erkundigen, ob die Straßen offen sind. Aus östlicher Richtung verlängert sich die Anreise ins Yosemite Valley dann gewaltig – so muss der Weg nördlich durchs Gold Country (s. u.) gewählt werden oder südlich die weit größere Schleife über Bakersfield. Tagesaktuelle Informationen über den Straßenzustand gibt es unter www.nps.gov/yose.

## Yosemite Valley

Nächste Station ist das südliche Yosemite Valley, das den Mittelpunkt des erschlossenen Nationalparkgebietes darstellt. Hier ist das größte Visitor Center, nebenan das sehenswerte **Yosemite Museum**, das die Kulturgeschichte der Miwok- und Paiute-Stämme

*Blick ins Yosemite Valley mit Bridalveil Fall*

von 1850 bis heute dokumentiert. Nicht zu vergessen die **Ansel Adams Gallery** (*www.anseladams.com*), die Werke des 1984 verstorbenen kalifornischen Fotografen ausstellt, der vor allem wegen seiner beeindruckenden Naturaufnahmen berühmt wurde. Bei der Einfahrt ins Tal wird man über parallel führende Einbahnstraßen geleitet und sieht dabei schon links und rechts der Straße die herausragenden und weithin bekannten Besichtigungspunkte.

*Steilwände und Wasserfälle*

Zunächst stürzt sich rechter Hand der **Wasserfall Bridalveil** (Brautschleier) 189 m tief ins Tal, dahinter erheben sich die Cathedral Spires (rechts) und gegenüber der 2.307 m hohe **El Capitan** mit seiner 1.000 m hohen senkrechten Steilwand. Am Endpunkt der Straße (1.211 m hoch) erkennt man den North Dome mit der bogenförmig hinausgebrochenen Royal Arch und, alles überragend, den berühmten Half Dome (2.695 m) mit seiner „halben", abgeschnitten aussehenden Granitformation. Auch in seiner Nähe sind die weißen Bänder der Wasserfälle zu sehen, so der Vernal Fall (97 m) und der Nevada Fall (181 m). Ein 1½ km langer Spazierweg bringt einen zum Mirror Lake, während die größte Attraktion entlang der aus dem Tal herausführenden Straße die **Yosemite Falls** sind, die in drei Kaskaden 739 m hinabstürzen. Besucher sollten das Fahrzeug auf einem der zahlreichen Parkplätze stehen lassen und sich den kostenlosen Hybrid-Shuttlebussen anvertrauen, die 21 Stationen im Yosemite Valley anfahren (*tgl. 7–22 Uhr*).

### Glacier Point Road

Wer nach dem Besuch des Yosemite Valley weiter in den Süden fahren möchte, sei es, um auch diesen herrlichen Teil des Nationalparks kennenzulernen, oder sei es, um die Fahrt anschließend in Richtung Fresno/Sequoia NP fortzusetzen, benutzt zunächst den Hwy. 41, biegt kurze Zeit später aber auf die Glacier Point Road ab, die sich von 1.841 m Höhe auf 2.199 m hinaufschraubt. Dort oben hat man am **Glacier Point** einen atemberaubenden Blick in das 1.000 m tiefer liegende Tal mit allen oben genannten Sehenswürdigkeiten. Auf dem Weg in den Süden bringt einen der Highway dann kurz vor dem

## Zum Mono Lake und Yosemite National Park

Parkausgang nach Wawona mit Überresten der ersten Siedlerzeit. 5 km entfernt sind bei **Mariposa Grove** die mächtigsten der berühmten Riesensequoien und Mammutbäume zu bewundern. Zu diesen gehören der Grizzly Giant (63 m hoch, Durchmesser 8 m) und ein 87 m hoher Redwood namens California Tree, durch dessen Stamm 1895 ein Tunnel geschlagen wurde. Das Gebiet wurde von 2015 bis 2018 umfassend restauriert und die Infrastruktur verbessert.

*Mammutbäume und Sequoien*

Für Eisenbahnnostalgiker lohnt sich der Blick auf oder die Fahrt mit der Yosemite Mountain Sugar Pine Railroad – vier Meilen Fahrt mit der Dampflokomotive oder in einem „Jenny Railcar", einer kleinen Lokversion mit dem Motor eines Ford Model A. **Yosemite Mountain Sugar Pine Railroad**, *56001 Yosemite Hwy., ① (559) 683-7273, http://ymsprr.com. Zugfahrt (Logger Steam Train, ca. 1 Std.) US$ 27, 3–12 Jahre US$ 15, Fahrt mit dem Jenny Railcar (ca. ½ Std.) US$ 19, 3–12 Jahre US$ 9,50.*

### Pflanzen- und Tierwelt

Zwar hat der Park nach den Grizzly-Bären seinen Namen (**„uzumati"** in der Sprache der Miwok-Indianer), doch sind diese Raubtiere hier bereits seit Längerem ausgestorben. Stattdessen bevölkern Maultier- bzw. Schwarzwedelhirsche die Täler, und in der Wildnis hausen Füchse und Kojoten. Die Schwarzbären wagen sich auf der Suche nach Lebensmitteln immer häufiger in die Zivilisation, wo sie dann an Zelten oder Autos Schäden anrichten. Häufig anzutreffen sind kleinere Tiere wie Waschbären, Stinktiere, Vielfraße, Murmeltiere, Marder, Hasen, Baum- und Erdhörnchen. Auch Echsen und Schlangen (u. a. Klapperschlangen) kommen vor.

Besonders reichhaltig wird die Fauna von den **Vogelarten** geprägt, von denen es etwa 260 gibt. Greifvögel, Enten, Hühnervögel und Kleinvögel jeder Größe zwischen den winzigen Kolibris und den mächtigen Steinadlern erfreuen das Auge von Ornithologen und Naturfreunden. Von besonderem Interesse ist die Pflanzenwelt. Unterhalb der Baumgrenze, die bei 2.100 m ü. d. M. liegt, breiten sich dichte Nadelwälder, an den Flussläufen im Tal auch Laub- und Mischwälder mit Pappeln, Eichen, Birken und Ahornen aus. Die Giganten der Wälder sind vor allem im südlichen Parkteil (Mariposa Grove) zu sehen. Hier ragen Riesensequoien und Redwoods auf, vor denen der Betrachter nur staunend verharren kann.

## Reisepraktische Informationen Yosemite National Park

### ℹ Information
**Yosemite National Park**, *Information Office, Box 577, Yosemite National Park, ① (209) 372-0200 (erreichbar tgl. 9–17 Uhr, außer in der Mittagspause), www.nps.gov/yose, www.yosemite.com und www.travelyosemite.com. Der Park selbst ist das ganze Jahr über täglich durchgehend geöffnet, von Nov. bis Mai oder Juni sind die Zufahrtsstraßen teils gesperrt (s. Kasten S. 373 und S. 377 Stichwort „Beste Besuchszeit"). Eintritt: US$ 30 pro Fahrzeug (7 Tage gültig). Im und am Nationalpark gibt es an jeder Zufahrtsstraße und in den umliegenden Gemeinden Informationsbüros mit Rat und Tat sowie reichhaltigem Kartenmaterial u. ä.*

### 🛏 Unterkunft
*Der alleinige Konzessionär des Parks,* **Aramark***, unterhält etliche Hotels, Motels und Campingplätze im Yosemite National Park. Für die Hochsaison sind Reservierungen dringend*

## Route 2: Rundfahrt zum Yosemite National Park

anzuraten, bei den beliebten Hotels mindestens einige Monate im Voraus. Entsprechende Anfragen oder Buchungen sind zu richten an:
**Aramark**, ✆ (888) 413-8869, (602) 278-8888, www.travelyosemite.com, www.national parkreservations.com, www.recreation.gov oder www.nps.gov/yose/planyourvisit/camping.htm.

<u>**Im Park**</u> stehen u. a. folgende Unterkünfte zur Verfügung:
**Half Dome Village $$–$$$$**, das 1899 eröffnete Camp (früher: Curry Village) am östlichen Ende des Yosemite Valley bietet mit 18 Hotelzimmern, 319 stabilen Hauszelten und 70 festen Cabins die größte Bettenkapazität des Nationalparks, die Unterkünfte sind z. T. sehr einfach eingerichtet und haben überwiegend kein eigenes Bad.
**Big Trees Lodge $$$–$$$$**, vormals Wawona Hotel. Am Südrand des Parks nahe Mariposa Grove gelegen, ein wunderschönes, zweistöckiges viktorianisches Holzhaus aus den 1870er-Jahren mit Seitenflügeln, originalgetreu eingerichtet und restauriert, 104 Zimmer mit und ohne Bad, romantischer Speisesaal, Swimmingpool, Golfplatz, Tennis, Pferdeställe.
**Yosemite Valley Lodge $$$$–$$$$$**, große Anlage mit 246 Zimmern in verschiedenen Kategorien, von den komfortablen Deluxe Rooms bis zu den einfachen Cabins mit Bad; nahe zum Mirror Lake und Merced River mit Blick auf die Yosemite Falls gelegen.
**The Majestic Yosemite Hotel $$$$$**, das ehemalige The Ahwahnee ist ein unter Denkmalschutz stehendes Holz- und Feldsteingebäude aus dem Jahr 1927 im Herzen des Yosemite Valley. 123 Zimmer mit modernstem Komfort, gutes Restaurant, Bar, eindrucksvolle Lobby, Swimmingpool, Tennis. Reservierungswünsche für die Hochsaison sind möglichst ein Jahr im Voraus anzumelden.
Des Weiteren offerieren verschiedene Camps günstige Unterkünfte in Schlafsälen, Blockhütten oder stabilen Hauszelten, so die **White Wolf Lodge** und die **High Sierra Camps**.

<u>**Außerhalb des Parks**</u> stehen vor allem in El Portal, Mariposa, Midpines und Oakhurst weitere Hotels, Motels und Campingplätze zur Verfügung. Infos zu Unterkünften beim **Mariposa County Chamber of Commerce & Visitor Center**, 5158 Hwy. 140, Mariposa, ✆ (209) 966-2456, https://mariposachamber.org und www.yosemite.com, tgl. 8–17 Uhr. An dieser Stelle nur drei Empfehlungen:
**Yosemite Bug Rustic Mountain Resort $–$$$**, 6979 Midpines Hwy., Midpines, ✆ (209) 966-6666, (866) 826-7108, www.yosemitebug.com; nicht nur eine Budget- und Grup-

*Im Restaurant/Café des Yosemite Bug Mountain Resort kann man gemütlich essen und trinken*

penunterkunft im Stil einer Jugendherberge, sondern eine ausgedehnte Lodge-Anlage mit kleinen Bungalows und einem Spa. Mittendrin das ausgezeichnete und günstige Restaurant June Bug Café.
**Best Western Plus Yosemite Way Station $$$–$$$$**, 4999 Hwy. 140, Mariposa, ☏ (209) 966-7545, www.yosemitebestwestern.com; modernes Haus mit 78 Zimmern, Innen- und Außenpool, Fitness-Center, Restaurant.
**Tenaya Lodge at Yosemite $$$$$**, 1122 Hwy. 41, Fish Camp, ☏ (559) 683-6555, (888) 514-2167, www.tenayalodge.com; sehr schöne Lodge am Bass Lake und nahe zum Nationalpark gelegen, rustikal-komfortables Quartier mit Zimmern, Cabins und Suiten, mehreren Restaurants, Innen- und Außenpool, Sauna, Jacuzzi.

### Beste Besuchszeit

Der **ganzjährig** geöffnete Nationalpark ist eigentlich immer besuchenswert. Allerdings wird der Naturgenuss durch die Betriebsamkeit in der sommerlichen Hauptsaison verleidet. Im Juli und August macht der Park über weite Strecken den Eindruck eines Rummelplatzes. Deswegen sollte man das **Frühjahr wählen**, wenn die Blumen zu blühen beginnen, oder besser noch den **Herbst**, wenn der große Ansturm vorüber ist und die Herbstfärbung der Laubbäume einsetzt. Sehr schön ist der Nationalpark auch im Winter, wenn die schneebedeckten Berge von der schräg stehenden Sonne beleuchtet werden. Zwar gibt es einen nicht unerheblichen Wintersportbetrieb, und Straßen (nicht aber der Tioga-Pass!), Hotels und Restaurants sind geöffnet, der Andrang ist jedoch weit geringer als in den anderen Jahreszeiten. Außerdem sind im Winter die Möglichkeiten zur Tierbeobachtung am besten.

### Wandern

Auf dem 1.200 km langen Netz von Pfaden wird sich für jeden Wanderwilligen ein geeigneter Weg finden lassen. Die Visitor Centers halten entsprechende Broschüren und Informationen bereit. Kürzere Trips sind von den Parkplätzen und Stationen des Shuttle-Busses möglich, auf denen man den Naturschönheiten näher kommt. Aus dem großen Angebot hier einige Empfehlungen für den eiligen Besucher:
**Lower Yosemite Fall**, ein 30-minütiger, einfacher Rundweg von der Busstation Nr. 6 zu den Yosemite-Wasserfällen.
**Bridalveil Fall**, ein einfacher Fußweg von 20 Minuten vom gleichnamigen Parkplatz zum „Brautschleier".
**Mirror Lake**, eine halbstündige, einfache Wanderung von der Busstation Nr. 17 zum Mirror Lake, zwei bis drei Stunden braucht man für eine Wanderung um den See.
**Panorama**, eine sechs- bis achtstündige, anstrengende Wanderung vom Glacier Point hinab ins Yosemite Valley.

### Andere Aktivitäten

Wer höher hinaus will, kann **Bergsteigen** betreiben. Die Steilwände und Bergdome bieten dafür die besten Voraussetzungen in allen Schwierigkeitsgraden. Die Bergsteigerschule Yosemite Mountaineering School and Guide Service bietet ein- und mehrtägige Kurse samt entsprechender Ausrüstung an. Weiter ist **Angeln** populär (Lizenzen sind im Mountain Shop des Half Dome Village oder bei Pioneer Gift & Grocery in Wawona zu erwerben), genauso **Reiten** (Pferde und Maultiere für begleitete Reittouren gibt es u. a. bei den Yosemite Valley Stables) und **Fahrradfahren**: Fahrräder werden an vielen Stellen vermietet, das Netz der Radwege umfasst 15 km. Ein besonderes Vergnügen ist das ungefährliche **River Rafting** mit kleinen Schlauchbooten über den Merced River (Ausrüstung erhältlich im Half Dome Village, Rückkehr zum Startpunkt mit Shuttle-Bussen möglich). Daneben gibt es das übliche und in Yosemite besonders reichhaltige Programm mit Lagerfeuer-Abenden, Powerpoint-Präsentationen und Natur-Seminaren, und Busunternehmen verschaffen selbst den Fußfaulsten einen Überblick. Schließlich ist der Yosemite National Park ein weithin bekanntes Wintersportzentrum, in dem das Angebot Skilanglauf und -abfahrt, Ice Skating, von Rangern geführte Schneeschuhwanderungen und Fahrten in wintertauglichen Spezialbussen umfasst. Es gibt Skilifte, Skischulen und 350 Meilen an Pisten und Loipen im Park.

# Vom Yosemite National Park durch das Gold Country nach Sacramento (San Francisco)

Der Name „Gold Country" – die Region wird auch **Mother Lode Country** („lode" = Erzader) genannt – verweist auf die besondere Rolle, die das Gebiet während des kalifornischen Goldrauschs gespielt hat (s. S. 19), der genau hier seinen Anfang nahm: Es war wenige Meilen nördlich des heutigen Städtchens Coloma, wo ein gewisser James Marshall bei der Mühle des Schweizers Johann Sutter 1848 das erste Gold entdeckte und damit jenes beispiellose Fieber auslöste, das binnen kürzester Zeit rund 300.000 Glücksritter in diese Ecke Kaliforniens brachte. Die Hektik und das Leiden der damaligen Zeit sind vergessen, stattdessen erinnern im Gold Country verschlafene, liebevoll restaurierte Westernstädte, mehrere Museen und historische Parks an die Geschehnisse. Verbunden mit einer äußerst entspannenden Natur voller Wälder, Hügel, Seen, Rinderweiden und Weinfelder sowie mit einer perfekten Infrastruktur, die gemütliche Hotels und einige unerwartet gute Restaurants aufweist, wünscht sich hier mancher mehr Zeit, um das Gold Country richtig genießen zu können.

*Das erste Gold*

Welche Route man am besten aus dem Nationalpark zurück nach Sacramento nimmt, hängt u. a. davon ab, wo man sein Nachtquartier aufgeschlagen hatte. Wer z. B. in der Big Trees Lodge nächtigt, wird den Park am sinnvollsten über den Hwy. 41 in südlicher Richtung verlassen. Kurz hinter dem Parkausgang kann bei Yosemite Forks eine kleine Schleife nach links (Bass Valley Rd.) noch einmal, quasi als Zusammenfassung, am **Bass Lake** die Schönheiten der Sierra Nevada präsentieren. Dann aber beginnt der Abstieg in das Central Valley (das hier San Joaquin Valley heißt). Zuerst gelangt man nach **Oakhurst**, das einmal Fresno Flats hieß und noch einige Häuser aus der Pionier- und Goldrausch-Zeit bewahrt hat. Man findet sie im **Fresno Flats Historic Village and Park**, wobei dem Laramore-Lyman House aus dem Jahre 1878 besondere Aufmerksamkeit gebührt. Anschließend geht es auf nach wie vor schöner Strecke (Hwy. 49) über **Mariposa** und **Coulterville** nach Norden.
**Fresno Flats Historic Village and Park**, *49777 School Road, Oakhurst, ① (559) 683-6570, https://fresnoflatsmuseum.org; März–Dez. tgl. von Sonnenauf- bis -untergang, Museum und Führungen 10–14 Uhr nach Voranmeldung.*

Startet man hingegen im Yosemite Valley, bieten sich der Hwy. 140 (ebenfalls nach Mariposa) oder am besten der Hwy. 120 an. Auf letzterem geht es durch eine wunderbare Landschaft bis zum Parkausgang Big Oak Flat Entrance. Anschließend passiert man die

*Aufgelassene Mine in den Wäldern des Gold Country*

Ortschaft **Groveland**, kurze Zeit später folgt **Big Oak Flat**, beides Westernstädt- Western-
chen mit alten Holzhäusern und vielen Einkehrmöglichkeiten. Auf der folgenden, stetig städtchen
absteigenden Panoramastrecke hat man an etlichen View Points beste Aussichts- und
Fotogelegenheiten, bis die Straße schließlich in den Hwy. 49 einmündet und sich mit den
oben genannten Alternativstrecken vereinigt.

Durch eine hübsche Seen- und Hügellandschaft um den Lake Don Pedro geht es dann
über die Ortschaft **Chinese Camp** auf Jamestown zu, wobei man über die schmale,
aber reizvollere Stent Jacksonville Rd. ein Stückchen abkürzen kann.

## Von Jamestown nach Sonora und Angels Camp

Etwa 5 km vor Sonora passiert man das überschaubare und idyllische Jamestown, das
mit seiner Main Street, der alten Eisenbahnstation und einer urgemütlichen Atmosphäre idealtypisch den Reiz des Mother-Lode-Gebietes repräsentiert. Man kann über die
Hauptstraße bummeln und einen Blick in die Antiquitätenläden oder die rustikalen Saloons der historischen Holzhaus-Hotels werfen. Einige Blocks weiter südlich befindet
sich das alte Eisenbahn-Depot, das als **Railtown 1897** in einem State Historic Park
denkmalgeschützt ist. Der Park mit Museum und Picknick-Platz kooperiert mit dem be- Historische
rühmten Railroad Museum in Sacramento (s. S. 350), wie dort verkehrt auch hier ein Dampflok
historischer Zug mit Dampflok auf einer sechs Meilen langen Strecke.
**Railtown 1897 SHP**, ① *(209) 984-3953, www.railtown1897.org; im Sommer tgl. 9.30–
16.30, im Winter 10–15 Uhr, Erwachsene US$ 5, 6–17 Jahre US$ 3. Nostalgie-Zugfahrten
April–Okt. Sa–So 10.30, 12, 13.30 und 15 Uhr für US$ 15, 6–17 Jahre US$ 10.*

*Route 2: Rundfahrt zum Yosemite National Park*

## Reisepraktische Informationen Jamestown

**Vorwahl**: 209

**Information**
https://jamestownca.org

**Hotels**
**1859 Historic National Hotel $$$**, *18183 Main St., ① 984-3446, (800) 894-3446, www.national-hotel.com; einfaches, aber sehr charmantes Bed-&-Breakfast-Hotel mit altertümlichen Gästezimmern, rustikalem Saloon und Restaurant.*

Hinter Jamestown gelangt man auf dem Hwy. 49 zu einem Abzweig, der einen zum wenige Fahrminuten entfernten, 1850 gegründeten 2.000-Einwohner-Städtchen **Columbia** bringt. Dessen Bausubstanz rührt fast komplett aus der Goldgräberzeit her und wurde deshalb zu Recht zum **State Historic Park** (www.parks.ca.gov, www.visitcolumbiacalifornia.com) erklärt. Hier gibt es die meisten Ziegelhäuser Kaliforniens, die aus den Jahren des Goldrausches stammen, vieles ist renoviert, Goldgräber-Romantik inklusive. Besucher sollten sich nicht wundern, wenn ihnen ganze Familien in historischer Kleidung entgegenkommen. Auf der Main Street gelangt man zu den Park Headquarters, wo Stadtpläne bereitliegen. Die St. Anne's Church, das Museum, eine Zeltstadt und mehrere idyllische Cafés und Hotels reizen zu einem längeren Aufenthalt. Dabei kann man auch sein Glück im Goldwaschen versuchen oder in den vielen Antiquitätenläden auf Schnäppchenjagd gehen.

*Städtchen aus der Goldgräberzeit*

*Historische Wäsche vor historischer Kulisse in Angels Camp*

*Durch das Gold Country*

Zurück auf dem Hwy. 49 heißt nach 5 km die nächste Station **Sonora**: ein lebhafter und mit knapp 5.000 Einwohnern für hiesige Begriffe wirklich großer Ort, der in Downtown Sonora und East Sonora unterteilt ist. Der Highway durchquert als Washington St. das historische Zentrum, biegt kurz vor dem Visitor Center (*193 S. Washington, www.visit tuolumne.com*) rechts ab und folgt als Golden Chain Hwy. der Stockton St. Sehenswert ist die 1860 erbaute St. James Episcopal Church, die mit Recht als die schönste Kirche der Region bezeichnet wird.

Weiter geht es durch eine hügelige Landschaft nach **Angels Camp**. Dank der Geschichte von Mark Twain ist dieser Ort eher wegen seines Froschsprung-Wettbewerbs statt des Goldrauschs bekannt, doch erinnern an diese Zeit mehrere erhaltene Bauwerke, so z. B. das Angels Hotel, das Gefängnis, ein Museum und die Überreste der Angels Mine. Im nahen Carson Hill gruben die Goldsucher Stollen von insgesamt fast 25 km Länge in den Berg.

*Geschichte von Mark Twain*

Wer etwas Zeit übrig hat, wird in Angels Camp den Abstecher zum nahen, 1848 gegründeten **Murphys** (Hwy. 4) nicht bereuen. Vom irischen Erbe des Städtchens mit seinen hübschen viktorianischen Holzhäuschen zeugen die katholische St. Patrick's Church und die große Parade zum Irish Day im März. Daneben ist Murphys für seine Weingüter bekannt, und so gibt es entlang der Main Street gut zwei Dutzend Weinlokale und Probierstuben. Empfehlenswert ist ein Abstecher zu den **Ironstone Vineyards** südlich der Stadt. Hier gibt es nicht nur Wein, sondern auch ein **Heritage Museum**, das in die Zeit des Goldrauschs entführt und in dem das „Ironstone's Crown Jewel" zu sehen ist. Dieses kindsgroße Goldnugget wurde allerdings erst 1992 gefunden. Nördlich der Stadt geht es bei einer Tour durch die Höhlen **Mercer Caverns** über viele Stufen 50 m in die Tiefe.
**Ironstone Winery and Heritage Museum**, *1894 Six Mile Rd., ✆ (209) 728-1251, www.ironstonevineyards.com; tgl. 11–17 Uhr.*
**Mercer Caverns**, *1665 Sheep Ranch Rd., ✆ (209) 728-2101 und 728-2378, http://mercer caverns.com; Touren (ca. 45 Min.): Sommer (Memorial Day bis Labor Day) 9.30–17, Winter 10–16.30 Uhr, Erwachsene US$ 17, 3–12 Jahre US$ 9,50.*

Auch die folgenden Ortschaften entlang der Route weisen noch viele Relikte aus der Goldgräberzeit auf, etwa **San Andreas** (das den Calaveras County Museum Complex beherbergt), das pittoreske **Mokelumne Hill** und **Jackson**, die alle mit ihrer charmanten Holzhaus-Bebauung, interessanten Pubs und vielen Antiquitäten-Läden einen Stopp lohnen. Die schönsten Häuser finden sich in Jackson, so z. B. das Brown House (Museum) von 1860, das restaurierte National Hotel an der engen Hauptstraße und die 1894 erbaute serbisch-orthodoxe St. Sava's Church.

*Serbisch-orthodoxe Kirche*

Der Name des putzigen **Sutter Creek** erinnert an Johann August Sutter, jene tragische Gestalt, auf die der Goldrausch und damit die Geschichte der gesamten Region zurückgeht. Hinter dem Western-Städtchen **Amador City** gelangt man dann nach **Plymouth**, wo sich die Wege der Eiligen von den Wegen derjenigen trennen, die es etwas geruhsamer angehen lassen können. Im ersten Fall nimmt man den Hwy. 16, der freilich nicht besonders interessant ist, dafür aber auf schnurgerader Strecke zügig zurück zur kalifornischen Hauptstadt verläuft (die streng genommen ja auch noch zum Gold Country zu zählen ist).

## Placerville

Will man hingegen die bisherigen Eindrücke vertiefen, sollte man auf dem Hwy. 49 bleiben, auf dem es hinter Plymouth nach Diamond Springs und kurz darauf nach Placerville geht. Die 11.000-Einwohner-Kleinstadt, in der die Route den Hwy. 50 kreuzt, liegt heute inmitten ausgedehnter Obstplantagen, vor allem Äpfel und Kirschen werden hier geerntet. Zu den bedeutendsten Söhnen der Stadt gehören der Chicagoer Autofabrikant John Studebaker und der Eisenbahntycoon Mark Hopkins. Früher, in den Zeiten des Goldrausches, hatte Placerville den Beinamen Hangtown, weil dort das Gesetz sehr rigoros angewandt wurde und viele Delinquenten am Galgen endeten. Sehenswert sind außer dem „Galgenbaum" Hangman's Tree einige Gebäude aus den Jahren nach der Stadtgründung 1848, u. a. die alte City Hall. Im Bedfork Park, 1 Meile nördlich von Placerville, kann man die historische **Gold Bug Mine** besichtigen und selbst sein Glück im Goldwaschen versuchen.

*Rigide Justiz*

**Hangtown's Gold Bug Park & Mine**, 2635 Gold Bug Ln., ☎ (530) 642-5207, www.goldbugpark.org; Apr.–Okt. tgl. 10–16, sonst Sa/So 12–16 Uhr; freier Eintritt zum Park, Erwachsene US$ 7 für die Mine, 3–17 Jahre US$ 4.

### Reisepraktische Informationen Placerville

**Information**
**El Dorado County Visitors Authority**, 542 Main St., ☎ (530) 621-5885, www.visit-eldorado.com.

**Hotel**
**Historic Cary House Hotel $$$$**, 300 Main St., ☎ (530) 622-4271, www.caryhouse.com; mit alten Möbeln schön eingerichtetes B&B-Haus, auch Mark Twain und Buffalo Bill sollen schon ihr müdes Haupt hier gebettet haben.

Wenige Meilen weiter nördlich passiert man die Ortschaft **Coloma** am American River, die als Geburtsort des Goldrausches gilt und dessen Auslöser, James Marshall, mit einer Statue ehrt. Auch die Hütte, in der Marshall nach seiner Entdeckung lebte, ist erhalten, während die Mühle des unglücklichen Johann August Sutter komplett rekonstruiert werden musste. Gut 70 % von Colomas Bausubstanz sind heute als Marshall Gold Discovery State Historic Park denkmalgeschützt und mit erklärenden Plaketten versehen, sodass sich Besucher leicht zurechtfinden können.

*Zurück nach San Francisco*

Letzte Station vor der I-80 ist schließlich **Auburn** (s. S. 355) mit seiner historischen Altstadt. Die Rückfahrt nach Sacramento ist dann mit jener Strecke identisch, mit der die Rundfahrt begann. Auch hinter der kalifornischen Hauptstadt kann man das letzte Wegstück bis San Francisco (ca. 140 km) zügig auf der I-80 zurücklegen.

Eine Alternativstrecke wäre ab West Sacramento der kleine Hwy. 128, der am Monticello-Staudamm und am **Lake Berryessa** vorbei ins Napa Valley (ca. 80 km, s. S. 283). Von hier aus fährt man beispielsweise über Napa, Sonoma, Petaluma, Novato, San Rafael und die Golden Gate Bridge in die Stadt am Goldenen Tor.

# Route 3: zwischen San Francisco und Los Angeles

## Überblick und Streckenvarianten

Auf der **Küstenstrecke** zwischen San Francisco und Los Angeles ist einmal mehr der Weg das Ziel – die Szenerie entlang des **Highway Number One** zu beschreiben ist fast unmöglich, man muss sie erlebt haben. Daher hat man auf der ersten Etappe auch keine Qual der Wahl: Automatisch bringt einen diese Traumstraße zu geschichtsträchtigen und lebhaften Städten, langen Sandstränden und Steilküsten, Klippen und Aquarien, Golfplätzen und zur Heimat vieler Hollywood-Stars, zu palmengesäumten Alleen und weltberühmten Museen. Eine Entscheidung steht jedoch bei den Channel Islands an: Möchte man diesen Nationalpark in seiner ganzen Schönheit erleben, sollte man mindestens zwei Zusatztage einplanen.

Demgegenüber ist die **Inlandstrecke** weniger spektakulär. Dafür, dass sie nicht zum reinen Autobahntransfer wird, sorgen aber allein schon die Nationalparks Sequoia und Kings Canyon mit den größten Bäumen der Welt und grandioser Gebirgslandschaft. Für den Weg dorthin oder von den Nationalparks zurück nach San Francisco sind mehrere alternative Routen vorstellbar. Eine Möglichkeit ist, die Tour mit derjenigen zum Yosemite NP zu verbinden und anschließend zum Lake Tahoe oder ins Gold Country aufzubrechen. Am Ende der Rundfahrt kann man an der Bay in Oakland oder Berkeley wieder Großstadtluft schnuppern. Bei einem engen zeitlichen Korsett sollte man stattdessen jedoch besser einen zusätzlichen Tag für San Francisco einsparen.

*Alternative Routen*

Ein **Programm** dieser Rundfahrt könnte so aussehen:
- **1. Tag:** San Francisco – Santa Cruz – Stadtbesichtigung Monterey
- **2. Tag:** Monterey – 17-Mile-Drive – Stadtbesichtigung Carmel – Big Sur – Museumsbesuch in San Simeon
- **3. Tag:** San Simeon – Abstecher nach Solvang – Stadtbesichtigung Santa Barbara
- **4. Tag:** Santa Barbara – Landschaftsfahrt mit Strandwanderungen – Malibu – Los Angeles
- **5. Tag:** Los Angeles – Bakersfield – Sequoia National Park (erste Besichtigungen und Übernachtung)
- **6. Tag:** Panoramafahrt durch die Nationalparks – Fresno – Modesto – Oakland (evtl. Stadtbesichtigung oder Abstecher nach Berkeley) – San Francisco

## Redaktionstipps

▸ Traumhaft ist die Fahrt auf dem **Highway Number One**, insbesondere bei Big Sur (S. 412).
▸ Der **Channel Islands National Park** mit seiner unberührten Natur und vielfältigem Tierleben (S. 433).
▸ Historisches Ambiente, idyllische Straßen und interessante Museen findet man in **Monterey** (S. 398) und **Carmel** (S. 408).
▸ Wer Surfer und ihre Welt live erleben will, ist in **Santa Cruz** richtig (S. 395).
▸ **Whale Watching in Santa Barbara**: Beobachtung der Wanderung der Grauwale vom Ufer aus oder bei einer Bootstour (S. 425).
▸ Einen Nationalpark ohne Menschenmassen erleben: beim Bergsteigen auf die Gipfel und in die Schluchten des **Kings Canyon** (S. 442).

# Von San Francisco nach Monterey und Carmel

Mit Straßennummern braucht man sich auf der Küstenstraße nicht herumzuplagen, denn vom Golden Gate Park in San Francisco bis Santa Monica oder vom Flughafen LAX in L.A. aus heißt es: **Highway Number One**! Die Straße entlang der Central Coast und South Coast ist sicher eine der Traumstraßen der Welt. Sie setzt die Dramatik der Nordküste fort, gesäumt von hohen Klippen, Aussichtspunkten und einladenden Stränden. Das Wetter ist dabei meist schön; im Mai 2017 jedoch verursachten schwere Regenfälle in der Nähe von Mud Creek einen Erdrutsch, der fast einen halben Kilometer des Highways verschüttete; auch andere Streckenabschnitte wurden in Mitleidenschaft gezogen. Nach aufwendigen Aufräum- und Instandsetzungsarbeiten ist der Highway inzwischen wieder komplett befahrbar. Auf dem ersten Teilabschnitt bis Santa Cruz ist der Hwy. I jedoch häufig überlastet, da er gleichermaßen von Pendlern, dem Lieferverkehr und von Touristen genutzt wird. Deswegen ist im Folgenden nicht nur die **Küstenstraße (a)**, sondern auch eine **Alternativstrecke (b)** beschrieben, die zudem viele kulturelle Sehenswürdigkeiten bereithält.

*Überlastete Straße*

*Die Bixby Creek Bridge am Highway Number One*

### Von San Francisco nach Monterey und Carmel

Von San Francisco nach Los Angeles

## a) Nach Santa Cruz auf dem Highway 1

Für die Ausfahrt aus San Francisco nimmt man auf dieser Route am günstigsten den Hwy. 35 oder den Hwy. 1, die südlich der Metropole zusammenkommen und als vierspurige Straße bis **Pacifica**, ca. 19 km südlich der Golden Gate Bridge, geführt werden. Freunde der mexikanisch-kalifornischen Architektur können sich hier die **Sanchez Adobe Historic Site** (Ausfahrt Linda Mar Blvd.) anschauen, ein zweistöckiges Lehmziegelhaus aus den 1840er-Jahren. Hinter dem Seebad und dem breiten Rockaway Beach geht es bei **Linda Mar** in einem recht steilen Schlenker ins Landesinnere, wo die Hügelkette der Sweeney Ridge bezwungen werden muss. Anschließend gelangt man auf dem Hwy. 1 wieder nahe an die Küstenlinie und passiert mehrere Buchten, die vor allem von Surfern aufgesucht werden. Einer der schönsten Strände ist der **Montara State Beach** mit dem 1875 erbauten Montara Lighthouse, das inzwischen als Jugendherberge genutzt wird.

*Mavericks-Riesenwellen*

Auf dem nun als Scenic Route ausgeschilderten Highway, an dem immer wieder Hinweise zum „Coastal Access" zu sehen sind, erreicht man als nächstes die **Half Moon Bay**, deren sichelförmiger Sandstrand bei Wochenendausflüglern populär ist. Half Moon Bay ist auch die Heimat der nicht nur in Surferkreisen berühmten Mavericks-Riesenwellen (s. a. S. 396). Auch viele jugendliche Partygänger zieht es hierhin, da Teile des Strandes von Felsen eingerahmt und nur über eine Strickleiter zu erreichen, Polizeikontrollen also nicht zu befürchten sind. Wer die paradiesische Landschaft länger genießen möchte, kann in einer der schmucken B&B-Unterkünfte Quartier beziehen oder in einer Vier-Sterne-Herberge mit zwei Championship-Golfplätzen (Ritz-Carlton). Am nördlichen Ende der Bucht lockt der kleine Hafenort **Princeton-by-the-Sea** mit einigen authentischen Fischerbooten und netten Restaurants (Abfahrt Capistrano Rd.). Im Süden der Bucht befindet sich die gleichnamige Ortschaft **Half Moon Bay** (13.000 Ew.),

*Montara Beach nahe der Half Moon Bay*

*Von San Francisco nach Monterey und Carmel*

ein hübsches Städtchen mit Flair. Wegen ihrer reichen Kürbisernte nennt sich die Gemeinde stolz „Pumpkin Capitol" und hält natürlich zu Halloween (Ende Oktober) ein entsprechendes Festival ab – das **Half Moon Bay Art & Pumpkin Festival**. Auf den weiten Feldern entlang dem Highway sieht man außer Kürbissen aber auch jede Menge anderer Feldfrüchte, insbesondere Artischocken und Rosenkohl.

*Kürbisfestival*

Der anschließende Streckenabschnitt hat ein weitaus kargeres Gepräge, dessen Kennzeichen vom Wind zerzauste und oft auch menschenleere Buchten sind. Wer einen Abstecher von wenigen Kilometern nicht scheut, kann dem Dörfchen **Pescadero** einen Besuch abstatten (zu erreichen über die Pescadero Rd.), das wegen seiner Artischockenernte bekannt ist und von den Nachfahren portugiesischer Bauern bewohnt wird. Zurück auf dem Hwy. 1 passiert man 6 km hinter diesem Abzweig das 1872 erbaute Pigeon Point Lighthouse. Mit 35 m ist der Leuchtturm, in dessen Nebengebäuden sich eine Jugendherberge befindet, einer der höchsten des Landes. Leider ist der Turm an sich stillgelegt und kann nicht besichtigt werden. Trotzdem lohnt ein kurzer Stopp und ein Blick auf die kleine Fotoausstellung in einem der Nebengebäude oder auf die schöne Gartenanlage, die wunderbar in die herrliche Küstenlinien-Landschaft eingebettet ist.

Etwa 10 km danach sollte man unbedingt am **Año Nuevo State Park** (① *(650) 879-2025, www.parks.ca.gov*) einen Halt einlegen. Dabei handelt es sich um ein Schutzgebiet für See-Elefanten, deren Population nach Jahrhunderten intensiver Jagd inzwischen wieder auf annähernd 3.000 Stück angewachsen ist. Im Visitor Center erhält man Informationen über die massigen Tiere. Wer diese selbst beobachten möchte, muss eine etwa 2½ km lange Wanderung über sandigen Untergrund in Kauf nehmen. Während der Brutzeit von Dezember bis März ist die Teilnahme an einer Führung Pflicht. Die Weibchen halten sich nur von Dezember bis Mai in der Region auf, außerhalb dieser Zeit muss man mit den männlichen Exemplaren vorliebnehmen, die dann allerdings oft Gesellschaft von Seehunden und -löwen bekommen.

*See-Elefanten*

Unweit des State Park befindet sich auf der anderen, östlichen Seite des Highways der mehr als 7.300 ha große **Big Basin Redwoods State Park** (① *(831) 338-8860, www.parks.ca.gov*), das größte und auch älteste Redwood-Schutzgebiet Kaliforniens. Nun folgt nur noch das Dörfchen **Davenport**, bevor man mit Santa Cruz (s. S. 395) wieder eine etwas größere Stadt erreicht.

## b) Nach Santa Cruz durchs Landesinnere

Wer auf dem ersten Abschnitt San Francisco möglichst zügig verlassen und nicht jede Bucht und jeden Strand abfahren möchte, kann alternativ zum Hwy. 1 den Fwy. 280 bis San José nehmen – parallel zur **Verwerfungszone** des San-Andreas-Grabens – und dann über den Hwy. 880/17 nach Santa Cruz an der Monterey Bay fahren. Der wunderschöne Fwy. 280 (Junípero Serra Fwy.) führt kurz hinter der Metropole am Kamm der Hügelkette entlang und bietet immer wieder herrliche Panoramablicke auf Stadt und Bay. In der langen, in Nord-Süd-Richtung verlaufenden Talsenke, die man bei der Weiterfahrt passiert, wird am besten jene Bruchzone der San-Andreas-Verwerfung sichtbar, die bei den schweren Erdbeben Nordkaliforniens immer wieder in den Schlagzeilen auftaucht. Auf dem Talgrund befinden sich die beiden fischreichen Stauseen des Upper und Lower Crystal Springs Reservoir.

*Entlang der San-Andreas-Senke*

Wenige Meilen hinter den Stauseen kreuzt der Freeway den Hwy. 84, auf dem man in südlicher Richtung zur 5.500-Einwohner-Gemeinde **Woodside** kommt. Auf dem Weg, kurz nach dem Abzweig, biegt rechts die Canada Rd. zur nahen Filoli Estate ab. Dieses inmitten eines Wildreservates gelegene Landgut kennen manche noch als Domizil der Carringtons aus der Fernsehserie „Dynasty" („Der Denver-Clan"). Auch ohne diesen Hintergrund ist das herrschaftliche Gebäude (1915–17) einen Besuch wert, vor allem wegen der fantastischen Gärten, in denen gut 3.000 verschiedene Pflanzenarten – u. a. knapp 400 Rosenarten – gedeihen und die mit Alleen, französischen und englischen Parks sowie einem hübschen Teehaus aufwarten *(86 Cañada Rd., ① (650) 364-8300, www.filoli.org; Di–So 10–17 Uhr, Eintritt US$ 22, ab 65 J. US$ 18, Studenten US$ 15, 5–17 J. US$ 11, 1-stündige Touren durch Haus bzw. Garten jeweils um 11.30 und 13 Uhr, je US$ 10).*

*Landgut des „Denver-Clans"*

Man kann nun dem aussichtsreichen Hwy. 84/35 bis zur Einmündung in den Hwy. 17 folgen oder, etwas zügiger, wieder den schnellen Fwy. 280 benutzen, von dem es hinter Santa Clara auf den Hwy. 17 abgeht (s. S. 392).

Genauso gut ist es möglich, die Teiletappe bis Santa Cruz auch als Besichtigungsfahrt mit mehreren kulturellen Highlights zu planen – in diesem Fall ist ein sehr früher Start in San Francisco zu empfehlen. Als Reiseweg ist dabei der Hwy. 82 (Camino Real) denkbar, der die alte, schon in spanischer Zeit angelegte Überlandstraße nutzt, an der die verschiedenen Missionen wie Perlen einer Kette aufgereiht sind. Auf dieser Straße jedoch muss man sich mühsam durch die Zentren mehrerer Orte quälen und etliche Ampelstopps einkalkulieren.

*Friedhofsstadt*

Zunächst kommt man dabei mitten durch die „Friedhofsstadt" **Colma**, deren Begräbnisstätten links und rechts der Straße liegen und z. T. bestimmten ethnischen oder religiösen Gruppen vorbehalten sind. Die Gräber vieler Berühmtheiten findet man im westlichen Woodlawn Memorial Park und auf dem gegenüberliegenden Eternal Home Cemetery, wo Wyatt Earp zusammen mit seiner Lebensgefährtin beigesetzt ist. Der eindrucksvollste Friedhof ist jedoch der östlich der Straße gelegene Cypress Lawn Memorial mit seinen Hunderten von Familiengrüften im römischen, griechischen oder ägyptischen Stil.

Unmittelbar südlich des San-Francisco-Flughafens passiert man die Kleinstadt **Millbrae** (23.000 Ew.), die seit 2003 über die BART mit San Francisco verbunden ist (s. Karte S. 180). Dass sie das Zentrum eines landwirtschaftlich fruchtbaren Umfeldes ist, wird bei einem Bummel über den Millbrae Farmers' Market deutlich, der jeden Samstag von 8–13 Uhr abgehalten wird. Um landwirtschaftliche Produkte geht es auch beim Millbrae Art & Wine Festival, einem der ältesten, größten und schönsten Events der Bay Area. Es findet alljährlich am Labor-Day-Wochenende im August statt und zieht regelmäßig über 100.000 Besucher an, die neben dem großen kulinarischen Angebot auch die Volksfeststimmung, Kunstausstellungen und Livemusik genießen.

Hinter Millbrae kommt man auf dem Hwy. 82 in die Ortschaften **San Carlos** und **Redwood City** und gelangt schließlich in das Städtchen **Menlo Park** (34.000 Ew.). Ein mögliches Besichtigungsziel ist dort die Gartenanlage Allied Arts Guild mit einer Häusergruppe im spanischen Stil, wo man außerdem Kunsthandwerk kaufen oder eines der vielen Restaurants besuchen kann *(75 Arbor Rd., ① (650) 325-2450, www.alliedartsguild.org; Mo–Sa 10–17 Uhr, Eintritt frei).*

## Silicon Valley

Bei der Weiterfahrt gelangt man südöstlich von Redwood City in das **Herz der Hightech-Industrie** Kaliforniens, das berühmte Silicon Valley. Benannt wurde das ca. 30 km lange und 15 km breite Tal nach dem für die Herstellung von Halbleitern verwendeten Werkstoff Silizium. Wo noch in den 1950er-Jahren Felder und Weiden das Bild beherrschten, etablierten sich in einer Art modernen Goldrauschs unzählige Produktionsfirmen von Mikroelektronik, Halbleitern und Computerchips. Zu den Gründungsvätern dieses Gewerbes gehören William Hewlett und David Packard, die in einer unscheinbaren Garage in den 1930er-Jahren ihre ersten Patente austüftelten und damit den Grundstein für den heutigen Elektronik-Konzern HP legten. Diese Garage in Palo Alto *(367 Addison Ave.)* wurde sogar unter Denkmalschutz gestellt. *Denkmalgeschützte Garage*

Für Touristen ist das Silicon Valley, eigentlich ein **unklar definiertes Gebilde** verschiedener Städte wie Palo Alto, Mountain View, Santa Clara und San José, auf den ersten Blick relativ uninteressant: Flache Bürogebäude, endlose Boulevards, riesige Einkaufszentren und grün bewachsene Seitenstraßen prägen das Bild. Auf den zweiten Blick gibt es jedoch einiges zu entdecken, nicht nur für Computerfreaks. Nach dem Börsencrash des Jahres 2000 und einer kurzzeitigen Flaute boomte das Silicon Valley wieder – sowohl wirtschaftlich als auch kulturell, wobei die schwere Wirtschaftskrise 2009 auch hier zu spüren war. Das Tal, nach wie vor die Kaderschmiede der amerikanischen IT-Branche, bietet Touristen inzwischen eine ganze Menge an Spezialmuseen, interessanter Architektur und Erinnerungen an die Geburtsstunde der Computer-Technologie. Grandiose Bauten jüngeren Datums kann man beispielsweise an der Stanford-Universität entdecken, ebenso am besonders beeindruckenden Oracle-Komplex mit seinen verspiegelten Hochhaustürmen in Redwood City. *Zentrum der IT-Branche*

*Das Apple Visitor Center*

*Apple-Stammsitz*

Sicher eines der interessantesten Bauwerke ist der von Norman Foster entworfene kreisrunde „Apple Park" in Cupertino. Apple hat hier gut US$ 5 Mrd. in 260.000 m² Fläche investiert und dabei auf ökologische Aspekte gesetzt. Wer mehr wissen will, sollte das im September 2017 eröffnete **Visitor Center** besuchen (*10600 North Tantau Ave., Cupertino, www.apple.com/retail/appleparkvisitorcenter; Mo–Fr 9–20, Sa 10–20, So 11–19 Uhr, Schließung im Winter je 1 Std. früher, Eintritt frei*).

*Überhitzter Wohnungsmarkt*

Nicht weit davon entfernt in Mountain View steht der **Googleplex**, der voluminöse Hauptsitz des Internetriesen. Das Gegenstück von **Facebook** in Menlo Park wurde von Stararchitekt Frank O. Gehry gestaltet. Derzeit befindet sich mit dem Willow Campus eine Erweiterung im Bau, das Projekt soll 2021 abgeschlossen sein. Teil des ambitionierten Konzepts sind 1.500 Wohnungen „zu günstigen Mieten" – sicher auch eine Reaktion auf den völlig überhitzten Wohnungsmarkt im Valley, der Medienberichten zufolge selbst hochqualifizierte Angestellte der Hightech-Firmen in die faktische Obdachlosigkeit drängt.

Das Silicon Valley ist ein Ort fortwährenden Wandels: Ging es während der Pionierzeiten vor allem darum, günstigen Raum zur Produktentwicklung zur Verfügung zu stellen, so sind aus diesen Studenten-Startups heute weltweit agierende Konzerne geworden. Und damit sich diese ihre wichtigste Ressource, die Mitarbeiter, bei Laune halten können, soll die Lebensqualität am Arbeitsplatz immer freundlicher und kommunikativer werden, angesiedelt in heller, lichter Architektur mit Spazierwegen, Basketballfeldern, sonnigen Terrassen und Schatten spendenden Bäumen. Die riesigen Parkplätze verschwinden unter die Erde, dafür soll es Wellness- und Fitness-Center geben – nicht zu vergessen Luxusrestaurants, die den Mitarbeitern gratis zur Verfügung stehen. Zu bestaunen ist hier also gewissermaßen ein Versuch der Quadratur des Kreises: einer extremen Gentrifizierung mit menschenfreundlichem Antlitz.

>  **Streckenhinweis**
>
> Möchte man nicht durch das Silicon Valley und seine einzelnen Städte fahren, sondern über eine **Panoramastraße**, die auf hochgelegener Warte immer wieder schöne Ausblicke auf das Tal freigibt, sollte man weiter westlich den Skyline Boulevard nutzen, der an den Hängen der Santa Cruz Mountains entlang führt.

## Palo Alto

*Elite-Universität*

Die erste größere Ortschaft des Silicon Valley, rund 50 km südlich von San Francisco gelegen, heißt Palo Alto (67.000 Ew.) und ist eine der schönsten und reichsten Gemeinden der Bay Area. Berühmt wurde sie ab 1891 als Sitz der **Stanford University**, die als ewige Konkurrentin der Universität von Berkeley gilt. Etwa 16.500 Elite-Studenten sind hier immatrikuliert, die horrenden Studiengebühren von ca. US$ 30.000 treffen seit 2008 allerdings nur noch die Kommilitonen aus betuchten Elternhäusern (ab einem Jahreseinkommen von US$ 100.000); das sind immerhin zwei Drittel der Studentenschaft. Seit ihrer Gründung hat die Hochschule viele Spitzenforscher hervorgebracht, u. a. 21 Nobelpreisträger.

Falls man genügend Zeit hat, lohnt es sich durchaus, für den Besuch des Campus einige Stunden zu reservieren. Bei einem Spaziergang sieht man das weiße Mausoleum des

1884 verstorbenen Leland Stanford Jr., dem zu Ehren die Universität gegründet und benannt wurde. In der Nähe kann man sich an der Visitor Information Booth (Main Quadrangle) Karten des großen Geländes besorgen. Die an ein Kloster erinnernde Architektur wird von der 1903 vollendeten und mit prächtigen Mosaiken und Wandgemälden ausgestatteten Stanford Memorial Church überragt. Noch markanter ist der 87 m hohe, 1941 fertiggestellte Hoover Tower, benannt nach dem 31. US-Präsidenten Herbert Hoover, einem der prominentesten Absolventen der Universität. Von der Spitze des Turms hat man einen weiten Rundblick.

Unmittelbar daneben findet man die **Stanford University Art Gallery** (*Di–So 12–18 Uhr*) mit Ausstellungen zeitgenössischer Werke sowie weitere Museen. Von besonderem Interesse ist dabei das 1894 eröffnete Leland Stanford Jr. Museum, das dem Nationalmuseum in Athen nachgebildet wurde und neben

*Der Hoover Tower überragt das Gelände der Stanford University*

einigen Kuriositäten eine beachtliche Sammlung europäischer Meister des 19./20. Jh. sowie Kunstwerke aus Afrika, Asien, dem Pazifik und beiden Teilen Amerikas enthält. Neben dem Museum weist der Iris & B. Gerald Cantor Rodin Sculpture Garden eine ganze Reihe von Plastiken des französischen Bildhauers Auguste Rodin auf. Wer sich noch etwas in dem hübschen Städtchen umsehen möchte, sollte an den Boutiquen und Restaurants der University Ave. entlangbummeln *(weitere Infos unter www.stanford.edu)*.

Fährt man ab Palo Alto z. B. auf dem Hwy. 101 in Richtung Santa Clara, passiert man linker Hand bei der Ausfahrt Great America Parkway den Freizeitpark **California's Great America**, eine 40 ha große nordkalifornische Abwandlung von Disneyland. Dort gibt es ein ähnliches Angebot an Entertainment, Kulissenstädten und technischem Spielgerät wie bei der Konkurrenz in Anaheim, auch der Eintrittspreis ist ähnlich hoch. Für die kleineren Gäste empfiehlt sich ein Aufenthalt in dem Park-Dorf Kidzville, das knapp 20 Attraktionen für Kinder und Eltern bereit hält, Jugendliche und Erwachsene werden vielleicht eher von atemberaubenden „Thrill Rides"-Achterbahnen, Loopings etc. angezogen, und für alle bietet das Australien-inspirierte Themendorf „Boomerang Bay" alle möglichen Wasservergnügen bis hin zu einer riesigen künstlichen Lagune in tropischem Ambiente. In unmittelbarer Nachbarschaft zum Freizeitpark gibt es mehrere Hotels und Motels, meist solche der großen Ketten, von denen einige Paketangebote mit inkludiertem Eintrittspreis offerieren.

*Nordkalifornisches Disneyland*

**California's Great America**, *4701 Great America Pkwy., Santa Clara, ① (408) 988-1776, www.cagreatamerica.com; die Öffnungszeiten wechseln häufig, Besucher sollten sich vor einem Besuch auf der Website informieren. Online gekaufte Tickets ab US$ 39,99.*

## Mountain View und Santa Clara

Südlich von Palo Alto, wo der Hwy. 85 auf den Hwy. 101 trifft, breitet sich die 77.000-Einwohner-Stadt Mountain View aus, die immer wieder schöne Ausblicke auf die Santa Cruz Mountains freigibt – daher der Name. Auch sie liegt am historischen Camino Real, besitzt aber keine Bauwerke aus der spanischen Zeit mehr. Dafür ist die Jetztzeit des Silicon Valley durch viele Hightech-Unternehmen vertreten, ebenso durch das **Computer History Museum**. Der auch architektonisch eindrucksvolle Bau besitzt die weltweit größte Sammlung an Computern, auch Roboter, Spielkonsolen und Erinnerungsstücke an die Frühzeit der Computerära sind zu sehen. Im Januar 2011 eröffnete hier die neue Ausstellung „Revolution: The First 2000 Years of Computing".

*Geschichte des Computers*

**Computer History Museum**, *1401 N. Shoreline Blvd., Mountain View, ① (650) 810-1010, www.computerhistory.org; Mi–So 10–17, Eintritt US$ 17,50, ab 65 J. bzw. Schüler ab 11 J. US$ 13,50, 8–10 J. US$ 6.*

Auch die folgende Stadt **Santa Clara** (125.000 Ew.) gehört noch zum Silicon Valley, und dementsprechend haben viele High-Tech-Betriebe hier ihren Sitz. U. a. auch das Unternehmen Intel, auf dessen Firmengelände sich das **Intel-Museum** befindet, eines jener Spezialmuseen, die sich kein Computer-Freak entgehen lassen darf. Die Entwicklung und Bedeutung von Halbleitern und Prozessoren wird hier auf anschauliche und nicht nur für Eingeweihte spannende Weise vermittelt.
**Intel-Museum**, *2200 Mission College Blvd., ① (408) 765-5050, www.intel.com/museum; Mo–Fr 9–18, Sa 10–17 Uhr (vorher anrufen, ab und an wegen Events geschlossen), Eintritt frei.*

In eine andere Zeit entführt die zweite Sehenswürdigkeit der Stadt, die Mission **Santa Clara de Asis**, die 1777 als achte der 21 Missionsstationen gegründet wurde. Die heutige Kirche ist allerdings ein Nachbau der dritten Missionsstation aus dem Jahre 1825. Trotzdem hat die Anlage mit ihren Blumengärten, Bäumen und der alten Adobe-Mauer viel Atmosphäre. Sie befindet sich auf dem Gelände der University of Santa Clara, die aus dem Jahr 1851 stammt und die älteste des Bundesstaates ist.

*Eine der 21 Missionen Kaliforniens*

**Mission Santa Clara de Asis**, *Santa Clara University, 500 El Camino Real, Santa Clara, ① (408) 554-4023, www.scu.edu/missionchurch; tgl. 8–20 Uhr, Eintritt frei.*

Unweit östlich der Universität verläuft der Fwy. 880, dem man nun zurück zur Küste, also in südlicher Richtung, folgen sollte. Mit genügend Zeitreserve kann man auch der jenseits der Autobahn gelegenen Großstadt San José noch einen Besuch abstatten.

> ℹ **Information**
> **Santa Clara Visitors Bureau**, *1850 Warburton Ave., Santa Clara, ① (408) 244-8244, www.santaclara.org; Mo–Fr 8–17 Uhr.*

## San José

Das am südlichen Ende des Silicon Valley platzierte San José ist mit rund 1 Mio. Einwohnern nicht nur größer als das ungleich berühmtere San Francisco, sondern auch die größte Stadt von ganz Nordkalifornien und nach L.A. und San Diego die drittgrößte des Bundesstaates. Dass San José trotzdem im Bekanntheitsgrad weit hinter San Francisco zurücksteht, liegt u. a. daran, dass es mit seinen immer gleichen Einkaufszentren, Hochhäusern und Elektronikfirmen nicht unbedingt eine Augenweide darstellt, ein richtiges Zentrum fehlt und außerdem im öffentlichen Bewusstsein nicht mit Tradition oder Attraktionen verbunden wird. Dabei geht die Geschichte der Stadt immerhin auf eine spanische Gründung im Jahre 1777 zurück. Und im **Pueblo** von San José fanden 1849–51

*Touristisch unbekannte Großstadt*

*Im Computer History Museum*

nicht nur Verhandlungen statt mit dem Ziel, die Ortschaft als Hauptstadt von ganz Kalifornien zu etablieren. Tatsächlich wurden die Geschicke der Provinz in dieser Zeit faktisch von hier aus gelenkt, und es war sogar schon ein Platz für das zukünftige Capitol ausgesucht. Die Delegierten, die sich damals noch in Monterey befanden, entschieden sich dann aber gegen San José und für Sacramento.

Der Bereich von San José, der noch am ehesten als Downtown zu bezeichnen ist, breitet sich nördlich der I-280, östlich des Hwy. 87 und westlich des Campus der **San José State University** aus. Hier befindet sich an der Market St. auch das **Tech Museum of Innovation**, in dem Technologien und Entwicklungen etwa bei Mikroelektronik, Raumfahrt, Biotechnologie, Robotern usw. multimedial und umfassend dargestellt werden. Das mehrfach ausgezeichnete und wohl interessanteste Museum der Stadt ist Erlebnisarchitektur pur und für Jung und Alt eine überaus spannende Sache. Hier kann man an interaktiven Experimenten teilnehmen oder in die Rolle eines Forschers, Astronauten oder Arztes schlüpfen. Zu den Höhepunkten gehört auch das IMAX-Kino. *Interaktives Museum*
**The Tech Museum of Innovation**, *201 S. Market St., ① (408) 294-8324, www.the tech.org; tgl. 10–17 Uhr, Erwachsene US$ 25, ab 65 Jahre, Studenten und 3–17 Jahre US$ 20 (IMAX zusätzlich US$ 12 bzw. 10, auch Kombi-Tickets für US$ 31 bzw. 24).*

Nicht weit entfernt stößt man ebenfalls auf der Market St. auf das 1969 eröffnete **San José Museum of Art**, das für seine umfangreiche Sammlung von Gegenwartskunst des amerikanischen Westens bekannt ist. Auch die Wechselausstellungen sind stets von hoher Qualität. Den „Historic Wing" bildet das alte Post Office Building, ein sehr schönes Steingebäude von 1892 mit einem markanten Turm, das direkt mit dem Museum verbunden ist.
**San José Museum of Art**, *110 S. Market St., ① (408) 271-6840, https://sjmusart.org; Di–So 11–17, am 3. Do des Monats bis 20 Uhr, Eintritt US$ 10, ab 65 Jahre US$ 8, 7–17 Jahre US$ 5.*

Auch die sehenswerte römisch-katholische **Cathedral of Saint Joseph** liegt in dieser Gegend (*80 S. Market St.*). Die wohl schönste Kirche der Stadt öffnet sich mit einem Säulenportikus zur Market St., flankiert von zwei Westtürmen, während sich über der

*Route 3: zwischen San Francisco und Los Angeles*

Vierung eine schöne Kuppel spannt. Die Kathedrale stammt in dieser Form aus dem Jahr 1877, hatte aber zwei Vorgängerinnen (1803, 1846), die jeweils von Erdbeben zerstört wurden. Museumsfreunden bietet das wenige Blocks entfernte **Museum of Quilts & Textiles** neben rund 550 historischen Beispielen amerikanischer Textilkunst immer wieder interessante Wechselausstellungen.

**San Jose Museum of Quilts & Textiles**, *520 S. 1st St., ① (408) 971-0323, www.sjquilt museum.org; Mi–Fr 11–16, Sa/So 11–15, erster Freitag im Monat außer Juli und Januar 11–16 Uhr Spende, freier Eintritt 19–22 Uhr, sonst ab 13 Jahre US$ 8, Senioren und Studenten US$ 6,50.*

*Ägyptische Kunst*
Andere Sehenswürdigkeiten liegen etwas weiter von der Downtown entfernt. Dazu gehört das rund 3 km weiter westlich, an der Kreuzung der Nagles Ave. mit der Park Ave. gelegene **Rosicrucian Egyptian Museum**, dessen Eingangspartie als verkleinerte Nachbildung der Sphinx-Allee im ägyptischen Karnak gebildet ist. Das von den Rosenkreuzern unterhaltene Museum besitzt die größte Sammlung ägyptischer Ausgrabungsfunde im amerikanischen Westen, daneben aber auch faszinierende Exponate der persischen, babylonischen, sumerischen und assyrischen Kultur. In unmittelbarer Nähe befinden sich ein naturwissenschaftliches Museum, zu dem auch ein Planetarium gehört, und zwei Blocks weiter die sehenswerten Municipal Rose Gardens mit mehr als 5.000 Pflanzen (186 Rosenarten). All dies gehört ebenfalls den Rosenkreuzern, einer Bruderschaft, die international aktiv ist und sich u. a. auf die Mysterienschulen des alten Ägypten beruft.

**Rosicrucian Egyptian Museum**, *1660 Park Ave., ① (408) 947-3635, https://egyptian museum.org; Mi–Fr 9–17, Sa–So 10–18 Uhr, US$ 9, ab 55 Jahre und Studenten US$ 7, 5–10 Jahre US$ 5 (jeweils in der letzten Stunde: frei).*

*Skurriles Herrenhaus*
Noch weiter westlich und am besten über Naglee St., Bascom Ave., Stevens Creek und Winchester Blvd. zu erreichen, gelangt man zum **Winchester Mystery House**, einem abstrus-verrückten Anwesen, das von der abergläubischen Millionenerbin Sarah L. Winchester in 38 Jahren aufgebaut wurde. In dem Haus (über 160 Zimmer, 2.000 Türen, 10.000 Fenster, 13 Badezimmer, 47 Kamine und etliche Geheimgänge) soll es angeblich spuken. Angeschlossen ist u. a. das **Firearms Museum**, in dem u. a. jene Winchester-Gewehre ausgestellt sind, die im amerikanischen Westen eine so bedeutsame Rolle spielten und für den Reichtum der Lady verantwortlich waren. Der Museumsbereich kann individuell besichtigt werden, während man das Anwesen und seinen Garten auf einer geführten Tour kennenlernt.

**Winchester Mystery House**, *525 S. Winchester Blvd., ① (408) 247-2000, www.win chestermysteryhouse.com; je nach Jahreszeit 9–15 bzw. 17 Uhr, im Sommer bis 19 Uhr, Eintritt je Tour US$ 39, Kombitour US$ 49, ab 65 Jahre US$ 32–42, 10–12 Jahre US$ 20, 6–9 Jahre (nur Main Tour) US$ 20.*

> **ℹ Information**
> **San José Convention & Visitors Bureau**, *408 Almaden Blvd., San José, ① (408) 792-4511, www.sanjose.org; Mo–Fr 9–17 Uhr.*

## Zurück an die Küste

Nach dem Abstecher ins Silicon Valley nähert man sich der Küste auf dem Hwy. 880/17, der an einigen Weinkellereien vorbei- und auf Santa Cruz zuführt. Wer vor Santa Clara oder San José bereits nach Süden abzweigen möchte, sollte dazu den Hwy. 85 wählen, der einen zunächst nach **Saratoga** (30.000 Ew.) bringt, einem hübschen und wohlhabenden Ort in den Santa Cruz Mountains, auf dessen Hauptstraße Big Basin Way man gut einen Einkaufsbummel einlegen oder eines der Restaurants aufsuchen kann. Über **Los Gatos** (30.000 Ew.) erreicht man anschließend den Hwy. 17, dem man in südlicher Richtung folgt.

Wenige Meilen nördlich des Etappenzieles (auf Höhe von Felton Abzweig über den Hwy. 9) lohnt dann der **Henry Cowell Redwoods State Park** einen Besuch, der über eindrucksvolle Redwood-Bestände verfügt und bei Weitem nicht so überlaufen ist wie die Naturschutzgebiete bei San Francisco. Hier kann man die Baumgiganten in paradiesischer Ruhe bewundern, so z. B. den Clothespin Tree, durch den ein Tunnel geschlagen wurde, den Grizzly Giant, oder – am spektakulärsten – den Fremont Tree. **Henry Cowell Redwoods State Park**, *101 North Big Trees Park Rd., Santa Cruz, ① (831) 335-7077 (Visitor Center), (831) 438-2396 (Campground), www.parks.ca.gov; tgl. von Sonnenauf- bis -untergang, Eintritt frei.*

*Eindrucksvolle Baumriesen*

Ein zusätzliches Highlight des Parks ist die **Roaring Camp & Big Trees Narrow-Gauge Railroad**, eine Güterbahnlinie, die 1875 entlang des San Lorenzo River zwischen Felton und Santa Cruz angelegt wurde und die heute touristisch genutzt wird. Auf der spektakulären Trasse, der steilsten Nordamerikas, geht es vom Strand in Santa Cruz durch den Canyon des San Lorenzo River hinauf auf den Gipfel des Bear Mountain. Man besteigt den Zug im historischen Bahnhof an der Graham Hill Rd., etwas östlich von Felton und dem Hwy. 9 gelegen.
**Roaring Camp & Big Trees Narrow-Gauge Railroad**, *5401 Graham Hill Rd., Felton, ① (831) 335-4484, www.roaringcamp.com; der Zug zum Bear Mountain fährt ganzjährig, der nach Santa Cruz von April bis Sept. Die genauen Abfahrtszeiten (je nach Saison nur einmal täglich) sollten unbedingt telefonisch erfragt werden. Die Fahrt nach Santa Cruz kostet US$ 34 (unter 12 Jahren US$ 26), die zum Bear Mountain US$ 32 (unter 12 Jahren US$ 23).*

# Santa Cruz

In der 65.000-Einwohner-Stadt Santa Cruz kommen die beiden oben beschriebenen Routen von Hwy. 1 und Hwy. 17 zusammen, allerdings im Nordosten des eigentlichen Zentrums, sodass Benutzer der Inlandstrecke (B) erst einige Minuten auf dem Hwy. 1 in südwestliche Richtung fahren und dann auf die Bay St. zum Strand einbiegen müssen. Der Abstecher lohnt sich aus vielerlei Gründen – immerhin war Santa Cruz einst der bedeutendste Ferienort von ganz Nordkalifornien. Dabei fällt heute der hohe Anteil an Jugendlichen auf, die mehrheitlich die guten Surfbedingungen und die lebenslustige Atmosphäre der Stadt genießen wollen.

*Gute Surfbedingungen*

Die Aktivitäten aller Urlauber bündeln sich am 1½ km langen Strand, an dem sich der **Santa Cruz Municipal Pier** fast 800 m weit in die Bucht hinausschiebt. Er ist Standort für zahlreiche Geschäfte, Bars und Seafood-Restaurants sowie beliebter Treffpunkt der Angler. Östlich des Piers erstreckt sich der berühmte, 1903/04 angelegte **Beach Boardwalk** (*www.beachboardwalk.com*), dessen Vergnügungspark noch ein Stück altes Amerika darstellt. Die Anlage, die vom ehemaligen Casino (1907) dominiert wird, ist die einzig verbliebene ihrer Art in Kalifornien und ähnelt einigen traditionellen englischen Seebädern. Die alte Zeit wird wieder lebendig u. a. in dem hübschen Kinderkarussell

*Rummel wie vor 100 Jahren*

von 1910 und in der bereits 1924 installierten hölzernen Achterbahn Giant Dipper, die sogar unter Denkmalschutz steht.

Ansonsten lohnt in Santa Cruz der Spaziergang über den Cliff Dr. in südlicher Richtung bis zum Santa Cruz Lighthouse, in dem 1986 das erste **Surfing Museum** der Welt eingeweiht wurde. Außer der interessanten Sammlung von Gegenständen und Fotos aus der über hundertjährigen Surf-Geschichte Kaliforniens lohnt der Besuch wegen des Souvenirladens mit einer großen Auswahl an T-Shirts, vor allem aber wegen des weiten Blicks über die Küste. Die Surfer selbst haben davor an der Steamer Lane und am Cowell Beach ihren beliebtesten Spot.

**Santa Cruz Surfing Museum**, *701 W. Cliff Dr. (Mark Abbott Memorial Lighthouse), ① (831) 420-6289; Juli bis Mitte Sept. Do–Di 10–17, sonst Do–Mo 12–16 Uhr, Eintritt frei, Spenden erwünscht.*

## *info* Santa Cruz – wo der Surfsport den amerikanischen Kontinent erreichte

1885 war's, als drei hawaiianische Prinzen an der Mündung des San Lorenzo-Flusses auf Redwood-Planken über die Wellen ritten. So etwas hatte es hier noch nicht gegeben. Die Planken hatten sie sich vom örtlichen Sägewerk nach dem Vorbild von königlichen hawaiianischen Surfbrettern schneiden lassen. Die drei Blaublüter – Prinz Jonah Kühiö Kalaniana'Ole, Prinz David La'Amea Kahalepouli Käwananakoa und Prinz Edward Abnel Keliianhonui – studierten an der Matthew's-Hall-Militärakademie in San Mateo und verbrachten in Santa Cruz bei der befreundeten Familie Swan ihre Ferien. Ihr Ritt über die Wellen blieb nicht unbemerkt und vor allem nicht ohne Folgen.

2012 kam Santa Cruz wieder als US-Surfmekka ins Bewusstsein, als in der Stadt und entlang Half Moon Bay das Surferepos „Chasing Mavericks" (dt.: „Mavericks – Lebe deinen Traum") gedreht wurde, ein Biopic über die Bigwave-Surflegende Jay Moriarty, der einen Tag vor seinem 23. Geburtstag beim Freediving (Freitauchen) auf den Malediven starb.

*Lokalmuseum*  Auf der entgegengesetzten Seite des Piers, jenseits der Brücke über den San Lorenzo River, gelangt man zum **Santa Cruz Museum of Natural History**, das Exponate aus dem Leben der Indianer, eine umfangreiche Muschelsammlung und Vertreter der lokalen Flora und Fauna zeigt (*1305 East Cliff Dr., ① (831) 420-6115, http://santacruzmuseum.org; Di–Fr 11–16, Sa/So 10–17 Uhr, Erwachsene US$ 4, ab 60 J. und Studenten US$ 2, unter 18 J. frei*). Eine weitere Sehenswürdigkeit ist die **Mission Santa Cruz** nahe dem Highway-Dreieck, die allerdings nicht original erhalten ist. Die moderne Kirche daneben ist die Holy Cross Church.

Etwa 5 km nördlich von Santa Cruz (im Highway-Dreieck 17/1 auf die Market St. abbiegen, dann über den Branciforte Dr. zur Mystery Spot Rd.) ist der **Mystery Spot** ein beliebtes Ausflugsziel, bei dem infolge einer optischen Täuschung die Naturgesetze außer Kraft gesetzt zu sein scheinen. Autos oder Bälle scheinen bergauf zu rollen, Wasser aufwärts zu fließen und Bäume schief zu wachsen.

**Mystery Spot**, *465 Mystery Spot Rd., Santa Cruz, ① (831) 423-8897, www.mysteryspot.com; im Sommer Mo–Fr 10–18, Sa/So 9–20 Uhr, Eintritt ab 4 Jahre US$ 8. Parkplatz US$ 5. Am Wochenende oder Feiertagen Zugang z. T. nur mit bereits vorliegenden Tickets, diese also am besten online erwerben.*

## Reisepraktische Informationen Santa Cruz

**Vorwahl**: 831

### ℹ️ Information
**Visitor Information Center**, 303 Water St., Suite 100, ☏ 425-1234, (800) 833-3494, www.santacruz.org; Mo–Fr 9–16, Sa/So 11–15 Uhr (12–13 Uhr geschlossen).
**Downtown Information Kiosk**, 1130 Pacific Ave. K2, ☏ 332-7422, www.downtownsantacruz.com; tgl. 11–18, Fr/Sa bis 20 Uhr, im Winter Mo geschlossen. Hier gibt es zahlreiche Karten und Prospekte zu Nachtleben, Walking- oder Food-Tours. Auch eine „Santa Cruz Eco-Tour" wird angeboten, bei der ökologisch ausgerichtete Projekte in der Stadt vorgestellt werden.

### 🛏️ Hotel
**Quality Inn $$–$$$**, 1101 Ocean St., ☏ 427-1616, www.qualityinnsantacruz.com; fußläufig zur Downtown, gutes Preis-Leistungs-Verhältnis. Nettes Management, große Zimmer, Parkplatz inklusive.

### 🍴 Restaurants
**Surfrider Café**, 429 Front St., ☏ 428-8995, www.surfridercafe.net; in lockerem Ambiente gibt es alles, was des Surfers Herz begehrt: von opulenten Burgern bis zum heimischen Craft Beer, auch in ungewohnten Geschmacksrichtungen. Tgl. 11.30–21, Fr/Sa bis 22 Uhr. Happy Hour 15–18 Uhr.
**Taqueria Los Pericos**, 139 Water St., ☏ 469-7685, http://taquerialospericossantacruz.com; erstklassige mexikanische Küche in typisch amerikanischer Imbiss-Umgebung: hektisch, lecker und günstig. Mo–Sa 9–24, So bis 23 Uhr.

### 🍸 Nachtleben
Dank der vornehmlich „jungen" Einwohner hat das Nachtleben in Santa Cruz so einiges zu bieten, vornehmlich entlang der Hauptstraße, der Pacific Ave. Empfehlenswert ist der Happy-Hour-Cocktail im **Motiv**, 1209 Pacific Ave., ☏ 429-8070, http://motivsc.com.

# Von Santa Cruz nach Carmel-by-the-Sea

Für die letzte Etappe von Santa Cruz nach Monterey empfiehlt sich der Hwy. 1, der z. T. küstennah, z. T. in weiterer Entfernung zum Pazifik verläuft. Oftmals hat man Gelegenheit zu Abstechern an einen der schönen Strände (u. a. Sunset State Beach, Zmudowski Beach, Salinas River State Beach, Marina State Beach), passiert **Castroville**, das ganz im Zeichen der Artischocken-Kulturen steht, und fährt staunend an den Riesendünen bei **Marina** vorbei, bis man schließlich den Abzweig zum Zentrum von Monterey erreicht.

*Alternativstrecke*

Aber auch hier gibt es für Reisende mit viel Zeit eine Alternative, die ab **Watsonville** über den Hwy. 129 einen großen Schlenker ins Inland beschreibt und einen zu zwei schönen Ausflugszielen bringt. Die erste Station, wenige Kilometer jenseits des Hwy. 101 gelegen, weiter auf dem Hwy. 156 (immer der Beschilderung nach), ist das Städtchen **San Juan Bautista** (ca. 2.000 Ew.), wo 1797 die nach Johannes dem Täufer benannte **Mission** gegründet wurde. Der heutige schneeweiße Sakralbau, der größte seiner Art in Kalifornien, stammt aus dem Jahre 1803. Zusammen mit anderen historischen Gebäuden (u. a. das Plaza Hotel von 1856, das Castro House von 1840 und das Zanetta House von 1868) ist die Mission Bestandteil des **San Juan Bautista State Historic Park**, der an die Zeit der Missionare und die mexikanisch-kalifornische Epoche erinnert. Sehenswert sind auch die schönen Gartenanlagen, Überreste des originalen El Camino Real, die mit ihrer meditativen Atmosphäre beeindruckende Kirche und der Friedhof, auf dem 4.300 Indianer, Pioniere und Siedler beigesetzt sind. Die Mission wurde seit ihrer Gründung am 24. Juni 1797 nie aufgegeben und ist bis heute Pfarrkirche von San Juan Bautista.

**San Juan Bautista State Historic Park & Museum Shop**, *① (831) 623-4881, www.parks.ca.gov; tgl. 10–16.30 Uhr, Erwachsene US$ 4, bis 12 Jahre US$ 2. Über das Jahr verteilt gibt es am 1. Samstag des Monats „Living History Days". Hier stellen Mitglieder des Fördervereins in historischen Gewändern Szenen aus dem Leben der damaligen Zeit nach, es gibt alte Handwerkskunst zu bestaunen u. v. m.*

Von San Juan Bautista geht es zurück auf den Hwy. 101, dem man bis **Salinas** (ca. 157.000 Ew.), dem Zentrum des gleichnamigen Valley, folgt. Wegen der großen Ernteerträge von Gemüse wird das Salinas-Tal auch „die Salatschüssel des Landes" genannt – vier Fünftel des gesamten in den USA angebauten Salats wächst hier. Weiter ist die Region als Steinbeck County berühmt, denn in Salinas wuchs der Literaturnobelpreisträger John Steinbeck (s. S. 403) auf, das er zudem in „Jenseits von Eden" zum Schauplatz machte. Sein Geburtshaus – heute ein Restaurant mit Souvenirladen – findet man an der 132 Central Ave., es kann leider nicht außerhalb der Restaurant-Zeiten besichtigt werden (*Di–Sa 11.30–14 Uhr, http://steinbeckhouse.com*). Aber nur 300 m weiter, am Anfang der städtischen Flaniermeile Main Street, befindet sich das sehenswerte **National Steinbeck Center**. Hier können Besucher die Zeit kennenlernen, in der Steinbeck lebte, und sich in seine Welt hineinversetzen lassen. Die Reise geht bis in die Gegenwart – mit Fotostrecken, Exponaten zum Anfassen und vielem mehr. Das Center ist sehr didaktisch aufgebaut und wird regelmäßig von Schulklassen besucht. Wer sich mit Steinbeck noch nicht intensiver beschäftigt hat, der sollte hier die Möglichkeit nutzen. Daneben gibt es einmal im Jahr ein Steinbeck-Festival.

*Steinbecks Geburtshaus*

**National Steinbeck Center**, *One Main St., ① (831) 775-4721, www.steinbeck.org; tgl. 10–17 Uhr, Erwachsene US$ 12,95, Senioren und Studenten US$ 9,95, 6–17 Jahre US$ 6,95.*

Monterey erreicht man von Salinas aus über den Hwy. 68.

# Monterey Peninsula

## Das historische Monterey

Monterey, mit rund 28.000 Einwohnern die größte Ortschaft der Monterey Peninsula, ist zugleich eines der meistbesuchten und reizvollsten Gebiete von ganz Kalifornien. Die Gegend der geschichtsträchtigen Stadt wurde bereits 1542 von dem portugiesischen Seefahrer Juan Rodríguez Cabrillo gesichtet, der aber wegen ungünstiger Wetterverhältnisse in der Bucht von Monterey nicht an Land gehen konnte. Im Jahre 1602 war es dann der Spanier Sebastián Vizcaíno, der die Bucht nach dem Grafen von Monte Rey, dem Vizekönig von Spanien, taufte und gleichzeitig Kalifornien als spanisches Eigentum

*Geschichtsträchtiger Ort*

proklamierte. Und 1770 schließlich kamen der Franziskanermönch Serra und der militärische Expeditionsleiter Gaspar de Portolà hierher und errichteten die ersten Zeugnisse des weltlichen (Presidio) und geistlichen (Mission) Führungsanspruches der Spanier. Obwohl die Mission ein Jahr später nach Carmel verlegt wurde, blieb Monterey der wichtigste Ort an der kalifornischen Küste, und es war deshalb nur folgerichtig, dass die Europäer hier ihre **Provinzhauptstadt** installierten, die später dann auch die Mexikaner übernahmen. Für knapp 80 Jahre wurde also Alta California, die nördlichste mexikanische Provinz, von Monterey aus regiert, bis 250 amerikanische Matrosen und Soldaten am 7. Juli 1846 das alte Custom House am Hafen in einer Blitzaktion einnahmen, die Stars & Stripes hissten, den Ausbruch des Mexikanisch-Amerikanischen Krieges verkündeten und erklärten, von diesem Moment an sei Kalifornien ein Teil der Vereinigten Staaten von Amerika. Die Bedeutung der Ortschaft wird auch dadurch unterstrichen, dass hier nach dem Krieg die kalifornische Verfassung eingesetzt wurde. Man kann sagen, dass Monterey für Kalifornien und den gesamten Westen eine vergleichbare Rolle spielte wie Plymouth, Jamestown und St. Augustine zusammengenommen für den Osten.

Nachdem Sacramento die Funktion der Bundeshauptstadt übernommen hatte, blieb Monterey Geschäftszentrum und Verkehrsknotenpunkt der Halbinsel. Wirtschaftlich durchlief die Stadt in den letzten Jahren einen drastischen Wandel: Nachdem die Fischkonservenindustrie durch das Verschwinden der Sardinen aus den Gewässern vor Monterey schon vor Jahrzehnten zum Erliegen kam, stellte man sich ganz auf den Fremdenverkehr um, der heute die Haupteinnahmequelle darstellt.

## Rundgang

Es versteht sich von selbst, dass die einstige Provinzhauptstadt mit vielfältigen historischen Sehenswürdigkeiten gesegnet ist. Die meisten davon lernt man auf einem „Path of History" kennen, der an insgesamt 46 bedeutsamen Gebäuden und Plätzen vorbeiführt (in der Karte S. 400 grün eingezeichnet). Um das historische Zentrum zu erreichen,

*Blick auf die Fisherman's Wharf*

richtet man sich nach dem **Monterey State Historic Park** (20 Custom House Plaza, ① (831) 649-2907, www.parks.ca.gov; Eintritt zum Park frei, Touren Di–So 10.30, 12.30 und 14 Uhr, US$ 10, bis 12 J. frei). Hier sind das **Monterey Museum of the American Indians** und das **Pacific House Museum** auf der **Custom House Plaza (1)** beheimatet, dem Mittelpunkt des Monterey State Historic Park. Gleich daneben liegt das **Museum of Monterey**. Das Museum enthält eine Sammlung mit Bilder des Expressionisten Salvador Dali, der in den frühen 1940er-Jahren am 17 Miles Drive lebte. Daher nennt sich das Museum auch „Dali Expo".

*Historisches Zentrum*

**Museum of Monterey – Dali Expo**, Stanton Center, 5 Custom House Plaza, ① (831) 372-2608, www.thedaliexpo.com; So–Do 10–17, Fr/Sa 10–18 Uhr. Eintritt US$ 20, Senioren US$ 18, Studenten US$ 15, Schüler 13–17 Jahre US$ 12, 6–12 Jahre US$ 10, unter 5 Jahre frei.

Vom Visitor Center an der Custom House Plaza aus starten mehrmals tgl. geführte Rundgänge durch das historische Monterey, doch ist der gut markierte Path of History auch für Individualtouristen gut zu finden, zumal mit den im Besucherzentrum erhältlichen Gratis-Stadtplänen. Einige gut erhaltene und wichtige Gebäude findet man bereits in unmittelbarer Nachbarschaft rund um die Custom House Plaza gruppiert. Schräg gegenüber dem Museum fällt dabei zunächst das **Custom House (2)** auf. Das Gebäude wurde 1827 im Adobe-Stil erbaut und ist damit das älteste amerikanische Verwaltungsgebäude an der Westküste. Für die Spanier und Mexikaner war es fast genauso wichtig wie der Regierungssitz auf dem Presidio. Denn der gesamte Handel entlang der kalifornischen Küste wurde von hier aus kontrolliert und besteuert. Und dies wiederum bedeutete die wichtigste Einnahmequelle der Provinz. Heute zeigt in dem weißen Haus eine Ausstellung die typische Fracht eines Schiffes in den Jahren 1830–1850. Die Handelswaren sind sämtlich aus Europa auf dem Seeweg hierhin gebracht worden, und das hieß damals noch um Kap Hoorn herum.

Schräg gegenüber liegt das langgestreckte, zweistöckige **Pacific House (3)**, das 1847 ursprünglich als Militärunterkunft und Hotel errichtet wurde. 1850 funktionierte man es zu einem Lokal um, in den Folgejahren wurden darin ein Rechtsanwaltsbüro, eine Zeitung, kleine Geschäfte und ein Tanzsaal untergebracht. Heute widmet sich das im Obergeschoss befindliche **Museum of the American Indians** der Geschichte Montereys, insbesondere den vormals hier lebenden Indianern, aber auch der spanischen, mexikanischen und amerikanischen Ära. An der Touristen-Information im Erdgeschoss vorbei gelangt man in den hinter dem Gebäude gelegenen Garten im spanischen Stil – ursprünglich die Pferdekoppel der Soldaten –, der mit seinem kleinen Springbrunnen, den duftenden Blüten und der angenehmen Architektur ein wunderschönes Ambiente erzeugt.

Wer nicht dem ganzen Weg durch die Geschichte folgen möchte, sollte sich vielleicht nur noch hinter dem Garten des Pacific House (Pacific St.) das winzige Feldstein-Theater anschauen, das 1846 als Seemannsheim erbaut und später zu einem Theater mit Kneipe umgestaltet wurde – damit gilt es als **California's First Theatre (4)**. Ebenfalls auf der Pacific St. stößt man auf die 1855 eingerichtete **Old Whaling Station (5)** sowie an der Ecke Scott St. auf die strahlend weiße, zweigeschossige **Casa del Oro (6)**. Ebenso liegt hier das **First Brick House (7)**, angeblich das erste vollständig aus Ziegelsteinen gebaute Haus der Stadt.

*Kaliforniens erstes Theater*

*Route 3: zwischen San Francisco und Los Angeles*

An weiteren baulichen Highlights seien an dieser Stelle nur genannt:

- das **Robert Louis Stevenson House (8)**, 1840 als French Hotel erbaut und 1879 Wohnsitz Robert Louis Stevensons. Hier lebte der berühmte schottische Autor für ein paar Monate in einer Art Künstlerabsteige, denn er hatte sich in eine Amerikanerin verliebt und wollte ihr nahe sein. Fanny Van de Grift Osbourne wurde später seine Ehefrau. Monterey selbst war teuer, dieser Stadtteil aber verhältnismäßig günstig – besonders das French Hotel. Also ließen sich hier Maler, Dichter und andere Menschen mit wenig Geld und viel Kreativität für einige Zeit nieder, Stevenson eben von Oktober bis Dezember 1879 – nicht weiter spektakulär, wenn es dem Museum und dem Verein nicht gelungen wäre, ein paar Möbelstücke und andere Kleinigkeiten aus seinem schottischen Nachlass hierher zu holen, die jetzt mitsamt einiger Fotografien besichtigt werden können (*nur im Sommer, Sa 13–16 Uhr, Eintritt frei, Spende erwünscht*).

*Künstlerabsteige*

- die **Royal Presidio Chapel (9)**, die 1770 von Pater Serra als Mission gegründet und später königliche Kapelle wurde. 1850 erklärte man das Gotteshaus zur ersten Kathedrale Kaliforniens. Die einzige noch erhaltene Presidio-Kapelle Kaliforniens wird seit 1795 ununterbrochen genutzt und überzeugt durch ihre reich verzierte Fassade mit der Jungfrau von Guadalupe und im Inneren u. a. durch das große Kruzifix hinter dem Altar.

Monterey besteht aber nicht nur aus den geschichtlichen Zeugnissen des 18. und 19. Jh. Bestes Beispiel dafür ist das turbulente Treiben im Yachthafen, das man von den gepflegten Uferwegen aus beobachten kann. Und natürlich muss auch die **Fisherman's Wharf (10)** Erwähnung finden, jenes Gegenstück zu San Francisco, auf dem man z. B. unter einem guten Dutzend an Fischrestaurants auswählen kann. Dabei sollte man auch die hiesige Spezialität **Clam Chowder** kosten: eine intensive Muschelsuppe, die aus großen Venusmuscheln, genannt „Clam", zubereitet wird. Das laute Gebrüll der Seelöwen zieht die Besucher automatisch zu den Plätzen, an denen man die bettelnden Tiere am besten sehen kann.

Zwei Meilen nördlich des Zentrums befindet sich an der Küste ein weiterer gut besuchter Anziehungspunkt: Über die Lighthouse Ave. gelangt man in ein ehemaliges Industriegelände, das auf den Anfang des 20. Jh. verweist und damals als **Cannery Row (11)** berüchtigt war. Zu dieser Zeit war Monterey Mittelpunkt der Sardinenfischerei, ein Erwerbszweig, der später durch das Ausbleiben der Sardinenschwärme wegbrach. Hier entstand die entsprechende Konservenindustrie. Wo sich heute in frisch gestrichenen Holzhäusern Restaurants, Boutiquen und Souvenirshops ausbreiten, lebten damals mittellose Arbeiter unter unsäglichen Bedingungen. Niemand hat die Atmosphäre der Cannery Row besser beschrieben als John Steinbeck in seinem gleichnamigen Roman (dt. „Die Straße der Ölsardinen").

*Einst Zentrum der Sardinenfischerei*

Nach Schließung aller Konservenfabriken hat die heutige Cannery Row natürlich nichts mehr mit dem alten Gewerbegebiet gemeinsam, wenn auch die meisten Fassaden stehen geblieben sind. Durch die Restaurierung ab Mitte der 1970er-Jahre wurde das Viertel zum touristischen Zentrum Montereys umfunktioniert, sodass mittlerweile in fast allen Gebäuden Boutiquen, Galerien, Restaurants oder Hotels zu Hause sind. Bummelt man die Cannery Row von Süden nach Norden entlang, kommt man zunächst am **Monterey Bay Inn** vorbei, wo früher die Enterprise-Konservenfabrik Sardinen eindoste. An der Stelle des Monterey Plaza Hotel befand sich bis 1924 eine herrschaftliche Villa, an deren Stelle – nachdem sie durch ein Feuer fast vollständig zerstört worden war – ebenfalls eine Fischkonservenfabrik trat. Wo heute das Spindrift Inn steht, befanden sich einst das zweite Chinatown von Monterey und die Hotels von Herrn Wu und Herrn Sam. An der Ecke Cannery Row & Prescott Ave. taucht links das ehemalige Lagerhaus der **Monterey Canning Company** auf, in dem jetzt Geschäfte und ein Fischrestaurant auf Kunden warten. Das Haus mit der Nr. 799 beherbergte damals das Bordell „Lone Star Café", das mit der Nr. 800 das Pacific Biological Laboratory, in dem Steinbeck 1930–35 viel Zeit verbrachte. Hausnr. 835 schließlich ist jener Ort, an dem Steinbecks Roman beginnt: der 1918 eröffnete chinesische Kolonialwarenladen Wing-Chong, in dem heute zahlreiche Erinnerungsstücke an den Schriftsteller aufbewahrt werden. Und schließlich wäre da das Haus mit der Nr. 851 zu nennen, das als Bordell ebenfalls von Steinbeck verewigt wurde.

### Hinweis
Ein **Shuttle-Bus** verkehrt gratis von der Fisherman's Wharf zum Aquarium mit Stopps an der Cannery Row. **Infos zur Cannery Row** (Shopping-, Entertainment-, Restaurant- und Hoteladressen) unter https://canneryrow.com.

## John Steinbeck

Der amerikanische Schriftsteller **deutsch-irischer Abstammung** wurde am 27. Februar 1902 in Pacific Grove, Kalifornien, geboren. Nachdem er 1918–24 zunächst Naturwissenschaften studiert und sich anschließend als Gelegenheitsarbeiter durchgeschlagen hatte, beschloss Steinbeck, sich als freier Schriftsteller in Monterey niederzulassen, wo er mit wachem Auge die Unzulänglichkeiten, aber auch Freud und Leid der Unterprivilegierten beobachtete und zum Gegenstand seiner meist kurzen Romane machte.

Erste Aufmerksamkeit war ihm 1935 mit dem Buch „Tortilla Flat" beschieden, das das Leben der armen mexikanischen Paisanos reflektiert. Die Asozialen, Besitzlosen und Umhergetriebenen, denen das eigene Stück Land verwehrt blieb oder die einfach Pech im Leben hatten, zählten zu seinen bevorzugten Romangestalten. Dabei bleibt seine Schilderung nicht neutral, sondern nimmt direkt oder ironisch-distanziert Stellung: Er wird zum **Anwalt der Armen**. Liebevoll zeichnete er deren Schrullen, Kämpfe und Überlebensstrategien nach, wobei klar wird, dass er unerschütterlich an das Gute seiner Geschöpfe glaubte.

Neben der sozialen Lage interessierten Steinbeck immer auch die menschlichen Triebe und die durch sie hervorgerufenen Handlungsweisen. Sein 1937 erschienenes Buch „Of Mice and Men" („Von Mäusen und Menschen") setzte den Erfolg fort und etablierte Steinbeck als feste literarische Größe Amerikas. 1939 schließlich veröffentlichte er seinen wohl bekanntesten Roman **„The Grapes of Wrath"** („Früchte des Zorns"): Die Geschichte der Familie Joad, die ihre Farm in Oklahoma verlassen muss und auf der Suche nach Arbeit nach Kalifornien aufbricht, nur um dort in neues Elend zu geraten, spiegelte die damaligen Verhältnisse schonungslos wider, und bis heute ist der Hauptcharakter

*Monterey ehrt John Steinbeck mit einem Denkmal*

Tom Joad eine geradezu sprichwörtliche Figur. Das Buch war sofort eine Sensation und zugleich ein Politikum, wurde weithin gefeiert, aber auch angefeindet. Der Roman bescherte Steinbeck den Pulitzer-Preis und wurde im Folgejahr von John Ford mit Henry Fonda oscarprämiert für die Leinwand adaptiert.

Nach einem Intermezzo als Kriegsberichterstatter im Zweiten Weltkrieg schrieb er jenes Buch, das am meisten mit seiner Wahlheimat und deren sozialer Lage zu tun hat: **„Cannery Row"** („Die Straße der Ölsardinen"). Dieser 1945 erschienene kurze Roman über das Leben der Gelegenheitsarbeiter, Taugenichtse und Dirnen im kalifornischen Monterey kann als Klassiker der Weltliteratur bezeichnet werden und wurde auch zu einem Kinofilm (mit Nick Nolte) verarbeitet. Weitere Werke waren u. a. das 1953 erschienene „Cup of Gold: A Life of Henry Morgan" („Eine Handvoll Gold") und besonders „East of Eden" („Jenseits von Eden"), das in einer weltweit aufsehenerregenden Produktion (mit James Dean in der Hauptrolle) verfilmt worden ist. Eine ganze Generation junger Amerikaner ist mit Steinbecks Werken aufgewachsen und hat sie – wie etwa Bob Dylan – auch als Ausdruck ihres eigenen Jugendprotestes verstanden.

John Steinbeck, dem 1962 der **Nobelpreis für Literatur** verliehen wurde, starb am 20. Dezember 1968 in New York City.

*Berühmtes Aquarium*

Am nördlichen Ende der Cannery Row liegt am und im Meer eine der größten Sehenswürdigkeiten der Stadt, das weithin berühmte **Monterey Bay Aquarium (12)**. Hier kann man durch riesige Glasfenster in die Bassins schauen, die mit dem offenen Ozean verbunden sind. Und am Ufer kann man in der Sonne sitzen und den Angestellten beim Füttern der Robben und Seelöwen zusehen. Ein Gründer und Finanzier dieses modernen meeresbiologischen Zentrums ist der 1996 gestorbene Computerpionier David Packard, Chef des Rechnerriesen Hewlett-Packard. Das Aquarium kommt übrigens ohne staatliche Zuschüsse aus und finanziert sich ausschließlich aus Spenden- und Eintrittsgeldern.

*Zuchtstation für Seeotter*

Der Schwerpunkt des Aquariums liegt auf der Darstellung der Lebewesen und ihres Lebensraums in der Bucht von Monterey, einem außergewöhnlich reichhaltigen Meeresbiotop. Durch gläserne Beckenwände, Tele-, Makro- und Mikroskope sowie mittels ferngelenkter Unterwasser-Videokameras vermag der Besucher Küstenformationen, Wasserpflanzen, Küsten- und Seevögel sowie Fische und andere Meerestiere zu beobachten. Insgesamt gibt es **350.000 Lebewesen** im Aquarium, die über 570 in der Region beheimatete Pflanzen- und Tierarten repräsentieren. In der „Marine Mammals Gallery" sind zahlreiche in der Bucht lebende Wassersäugetiere nachgebildet, so z. B. Wale, Delfine, Seehunde und Seelöwen. Vom Aussterben bedrohte Seeotter, die hier nachgezüchtet werden, kann man in einem zweigeschossigen Spezialbecken beobachten. Der Touch Pool, in dem man Meerestiere anfassen kann, dürfte bei den Kleinen auf ganz besonderes Interesse stoßen, ebenso wie die im Auditorium zu sehenden Liveübertragungen aus einem Unterseeboot, das in dem ca. 1.000 m tiefen Unterwassercanyon der Bucht von Monterey taucht.

Eine 1996 eröffnete Attraktion ist ein **4 Mio. l Meerwasser fassender Tiefseetank** mit Haien und riesigen Fischschwärmen, für den eigens ein neuer Gebäudeflügel errichtet wurde. Durch eines der größten Fenster der Welt (17 x 5 m) schaut man in diese Wunderwelt hinein und bekommt durch die Beleuchtung den Eindruck, mitten im Ozean zu stehen.

**Monterey Bay Aquarium**, 886 Cannery Row, ① (831) 648-4800, www.montereybay aquarium.org; tgl. 9.30–18, im Winter bis 10–17, im Sommer bis 20 Uhr, Erwachsene US$ 49,95, ab 65 J. und Schüler (13–17 J.) US$ 39,95, 3–12 J. US$ 29,95.

## Reisepraktische Informationen Monterey

**Vorwahl**: 831

### Information
**Monterey County Convention & Visitors Bureau**, 787 Munras Ave., ① (888) 221-1010, www.seemonterey.com; Mo–Fr 8.30–17 Uhr.
**Monterey Visitors Center**, 401 Camino El Estero, ① (800) 555-6290; tgl. 10–17, Mai–Aug. bis 18 Uhr.
Beide Büros haben die Walking Tour Map, die zu allen wichtigen innerstädtischen Sehenswürdigkeiten führt, und das Faltblatt „Path of History".
Weitere Karten online: www.visitmontereybay.info.

### Hotels (→ Karte S. 400)
**Days Inn Monterey Downtown $$–$$$ (5)**, 850 Abrego St., ① 204-1173, www.montereydaysinn.com; nettes und kostengünstiges Motel in Fußentfernung zur Downtown, Frühstücksbuffet inklusive.
**Hotel 1110 $$$–$$$$ (1)**, 1110 Del Monte Ave., ① 655-0515, www.hotel1110.com; kleines Boutique-Hotel mit viel Charme, 17 individuell eingerichtete Zimmer. Personen unter 18 Jahren werden nicht aufgenommen.
**Hotel Pacific $$$–$$$$ (2)**, 300 Pacific St., ① 373-5700, www.hotelpacific.com; sehr gutes, zentrales First-Class-Hotel mit 105 Zimmern.
**Portola Hotel & Spa $$$$–$$$$$ (4)**, 2 Portola Plaza, ① 649-4511, (888) 222-5851 (Reservierungen), www.portolahotel.com; modernes Haus direkt an der Monterey Bay neben dem Museum. 379 geräumige Zimmer, gutes Restaurant, Bar, Pool, Fahrrad- und Kajak-Verleih, alle Annehmlichkeiten.
**Monterey Plaza Hotel & Spa $$$$–$$$$$ (3)**, 400 Cannery Row, ① 920-6710, (877) 862-7552, https://montereyplazahotel.com; internationales Haus mit 290 Zimmern und Suiten, etwas abseits gelegen, Restaurant, Bar.

### Restaurants/Nachtleben
**Zab Zab Thai House**, 401 Lighthouse Ave., ① 747-2225, www.zabzabmonterey.com; guter und günstiger Thai mit nettem Garten. Di–Fr 11–14.30 und 17–21, Sa/So 12–21 Uhr.
**Cibo Ristorante Italiano**, 301 Alvarado St., ① 649-8151, www.cibo.com; liegt zentral in Downtown. Hier treffen sich vor allem die Locals während der Happy Hour ab 16 Uhr für das erste Feierabend-Bier oder einen Martini. Tgl. ab 17 Uhr gibt es solide, italienisch angehauchte Küche zu ordentlichen Preisen.

### Veranstaltungen
Jedes Jahr am dritten September-Wochenende lockt in der Stadt eines der bekanntesten **Jazzfestivals** der Welt, das seit 1958 ununterbrochen existiert und damit auch das älteste bestehende auf dem Globus ist. Infos über Tickets und das aktuelle Programm unter https://montereyjazzfestival.org.

## Pacific Grove & 17-Mile-Drive

*Malerisches Städtchen*

Die Cannery Row und das Aquarium sind ein guter Startpunkt für die weitere Fahrt in den Süden. Wer die landschaftlichen Schönheiten der Halbinsel noch weiter genießen möchte, sollte immer am Ufer entlang zum benachbarten **Pacific Grove** (16.000 Ew.) weiterfahren. Das malerische Städtchen besticht durch zahlreiche Holzhäuser im viktorianischen Stil und die schöne, 6 km langen Uferpromenade **Ocean View Boulevard**, von der aus man die felsige Küste überblicken kann. Berühmt geworden ist die Stadt als Überwinterungsort der Monarchfalter, deren eingesponnene Kokons von Oktober bis März in den Eukalyptusbäumen zu sehen sind. Ein Zwischenstopp lohnt am **Lover's Point**. Er ist am Wochenende ein beliebter Picknick-Spot für die Menschen der Region und ermöglicht einen schönen Ausblick auf die Küstenlinie. Wer keinen eigenen Picknickkorb dabei hat, kann sich am Lover's Point Grill mit Burgern und einem Kaltgetränk eindecken.

Über die Asilomar Ave., die links vom Ocean View Blvd. abzweigt, findet man zum **Point Piños Lighthouse**, das seit 1855 ununterbrochen im Dienst ist.

*Spektakuläre Straße*

Über die Küstenstraße oder die Asilomar Ave. gelangt man automatisch zum Pacific Grove Gate. Dieses markiert den Eingang zum **17-Mile-Drive**, eine Privatstraße (*Gebühr für Nicht-Anlieger US$ 10,25, nur Bargeld*), die sich aber großer Beliebtheit erfreut. Einerseits sind da die dramatische Landschaft mit ihren Monterey-Zypressen, kargen Klippen und dem heranstürmenden Ozean, andererseits die weiten Golfplätze von Pebble Beach, die zu den berühmtesten der Vereinigten Staaten gehören. Nicht selten geben sich hier außer den Stars des Golfsports auch in der Nähe wohnende Berühmtheiten ein Stelldichein. Infos: www.pebblebeach.com, es gibt auch eine kostenlose Pebble-Beach-App im jeweiligen Store.

*Zwischenstopp am Lover's Point*

# Monterey Peninsula

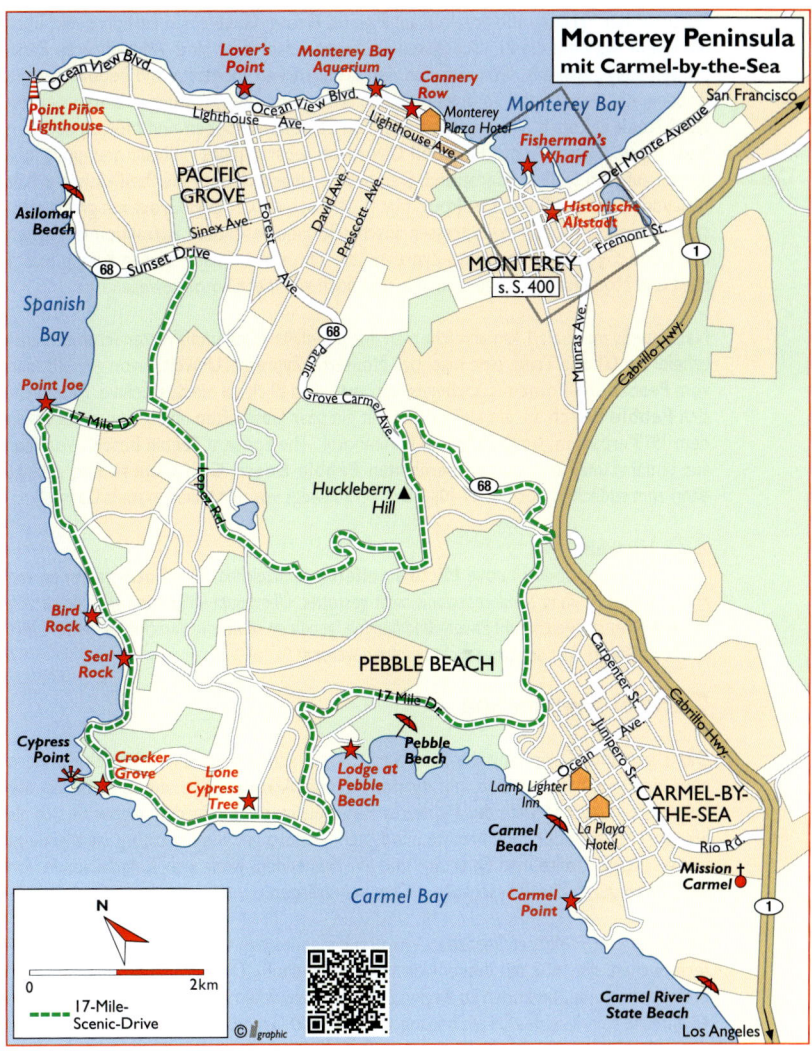

Ursprünglich gehörte der Landstrich zur Ranch eines schottischen Einwanderers, die 1858 von dem Eisenbahnmagnaten Charles Crocker gekauft und ab 1880 mit dem Del Monte Hotel bestückt wurde. Das 1924 abgebrannte Resort wurde zu einer Lieblingsadresse der guten Gesellschaft San Franciscos, sodass es nur eine Frage der Zeit war, bis sich die ersten Begüterten selbst Parzellen kauften und ihre hochherrschaftlichen Villen in den Zypressen-Wald setzen ließen.

Benutzer der Privatstraße erhalten am **Pacific Grove Gate** einen Farbprospekt über die Route, auf dem die 21 wichtigsten Stationen eingetragen sind. An mehreren Parkplätzen steigt man aus, lässt sich von den Erdhörnchen anbetteln und beobachtet die Robben, die sich auf den Schären tummeln. Erste Naturbeobachtungen bieten sich am **Bird Rock** an, noch näher kommt man den Seelöwen, Robben und Möwen aber am *Seehund-* **Seal Rock**. Unterhalb des **Fanshell Overlook** gebären jedes Frühjahr Seehunde ihre *Geburten* Jungen auf dem weißen Sandstrand. Den besten Überblick über die Pazifikküste erhält man vom **Cypress Point Lookout**, hinter dem sich die Crocker Grove mit großen Beständen uralter Monterey-Zypressen anschließt. Eine besondere Attraktion ist danach der **Lone Cypress Tree**, eine Zypresse, die verloren auf einer steilen Klippe balanciert und Motiv für unzählige Gemälde und noch viel mehr Fotos gewesen ist.

Nach etwas mehr als 1 km erreicht man den ebenfalls Wind und Wetter schutzlos ausgelieferten **Ghost Tree**, eine mächtige Monterey-Zypresse. Unweit davon genießt man vom **Pescadero Point** aus nochmals den herrlichen Blick auf die Küstenlinie. Es schließt sich **Pebble Beach** an, ein kleiner Ort mit ein paar Geschäften und Restaurants sowie dem 1919 erbauten, weltberühmten Ferienhotel „The Lodge at Pebble Beach". Von hier aus umfährt man den ebenso berühmten **Pebble Beach Golf Course** und gelangt dann zum südlichen Tor des 17-Mile-Dr., geradewegs vor der Nachbarstadt Carmel.

> **Hinweis**
> *Die Route ist durch* **rote Mittelstreifen** *gekennzeichnet. Das* **Fotografieren** *von Privathäusern ist ohne Sondererlaubnis nicht gestattet. Überhaupt sollte man sich, da es sich um eine Privatstraße und um Privatgrund handelt, genau an sämtliche Vorschriften halten.* **Mit Motorrädern** *darf der Drive nicht befahren werden.*

## Carmel-by-the-Sea

Das charmante Carmel-by-the-Sea, kurz Carmel genannt, ist mit 3.800 Einwohnern eher ein Dorf, hat aber eine sehr **sympathische Atmosphäre**, die es zu einem der *Beliebter* beliebtesten Ausflugsziele der Monterey Peninsula macht. Außerdem eignet es sich als *Ferienort* Standort für ein oder zwei Nächte mindestens ebenso gut wie Monterey, ist allerdings teurer. Meiden sollte man Feiertage und Wochenenden, wenn sich Zehntausende von Besuchern durch das überschaubare Örtchen drängen.

Der spanische Seefahrer Sebastián Vizcaíno benannte den Ort nach den drei Karmelitermönchen, die 1602 mit ihm unweit von hier landeten. Die Besiedlung ging indes nur schleppend voran, und noch zu Beginn des 20. Jh. weideten hier vornehmlich Kühe. Die eigentliche Karriere des Ortes begann 1888, als 200 Grundstücke verkauft wurden und das erste Hotel entstand. Zu Beginn des 20. Jh. begann man großflächig mit der Anpflanzung von Bäumen, die Carmel heute seinen ganz besonderen, von **viel Grün** geprägten Reiz verleihen. Lediglich das Militär, zunächst das spanische, dann das mexikanische und amerikanische, hatte aufgrund der strategisch überaus günstigen Lage schon zuvor ein Auge auf die Halbinsel geworfen. Nach dessen Abzug ließen sich sodann zunächst zahl-
*Künstler und* reiche Künstler nieder, die der reizvollen Landschaft wegen hierher kamen. Zu ihnen
*High Society* zählten die Fotografen Ansel Adams und Edward Weston sowie die Schriftsteller Jack London, Ambrose Bierce, Mary Hunter Austin und Upton Sinclair. Nach dem Zweiten Weltkrieg wurde Carmel allerdings immer mehr zum Treffpunkt der High Society, die

die Grundstückspreise in die Höhe trieben, sodass die Künstler sich südlich in die Berge von Big Sur zurückziehen mussten. Durch viele hier ansässige Filmstars festigte Carmel seinen Ruf als Nobelviertel, und die Wahl des Schauspielers und Regisseurs Clint Eastwood zum Bürgermeister (1986–1988) hat sicher dazu beigetragen.

Bekannt ist Carmel auch wegen einiger **kurioser Lokalgesetze und Eigenheiten**. So gibt es weder Straßenlampen noch Neonreklamen, Parkuhren oder Fußgängerwege. Die meisten Einwohner holen ihre Post beim Postamt selbst ab, Geschäfte direkt an der Küste sind nicht zugelassen und Hochhäuser verboten. Deshalb besitzt die in einem Wald gelegene Kleinstadt nur niedrige, meist aus Feldsteinen und Holz errichtete Häuser, viele davon im rustikalen neuenglischen Stil. Bei einem Besuch des Städtchens sollte man einfach über die von Pinien gesäumten Hauptstraßen San Carlos St. und Mission St. schlendern, sich einige der rund 70 edlen Galerien anschauen oder durch die Boutiquen und Andenkenläden bummeln.

*Hochhäuser verboten*

Mit Sicherheit ist es eine gute Idee, auch dem Sandstrand einen Besuch abzustatten. Es lohnt sich, die paar Hundert Meter des Scenic Drive abzulaufen oder abzufahren, am besten am frühen Morgen. Schon um zu sehen, wie die Reichen leben, wie sie ihre Hunde ausführen oder joggen – während stetig die Flotte der hispanischen Gärtner, Poolreiniger und Straßenfeger eintrifft, um die Stadt in Ordnung zu halten. Der Scenic Drive beginnt als Einbahnstraße am Ende der Ocean Ave., dort Richtung Süden abbiegen.

*In der Mission Carmel*

Nicht vergessen darf man die Besichtigung der **Mission Carmel**, die abseits des Zentrums am südlichen Stadtrand liegt. Vom Scenic Drive kommt man dorthin über die Santa Lucia Ave., bis zur Rio Road, Richtung Hwy. 101 folgt gleich die Mission. Diese zweitälteste der kalifornischen Missionsstationen (eigentlich: San Carlos Borroméo de Carmelo Mission) ist mit dem „Vater der Missionen", Pater Junípero Serra (s. S. 480), auf besondere Weise verbunden gewesen, und es ist kein Zufall, dass sich hier in Carmel sein Grab befindet. Die ursprünglich in Monterey gegründete Mission wurde 1771 nach Carmel verlegt und diente dem Pater bis zu seinem Tod als Hauptsitz. Sein Nachfolger Pater Lausen gab 1793 den heutigen Steinbau in Auftrag. Unter ihm erlangte die Mission auch ihren Höhepunkt und zählte 1794 u. a. 927 Indianer. Mit Lausens Tod verfiel der Komplex jedoch zusehends, bis erst im Jahre 1884 ein Pater aus Monterey an die Instandsetzung ging, die bis 1937 andauerte. Dabei wurde Pater Serras Leichnam exhumiert und vor dem Altar der Kirche an der Seite seines Mitstreiters Juan Crespi ein zweites Mal beigesetzt.

*Junípero Serras Grab*

Während das Innere sonst recht schmucklos ist, wird die Fassade von zwei Glockentürmen eingerahmt, zwischen denen sich das Hauptportal und darüber ein sternförmiges Fenster befinden. Den Ostturm bekrönt eine reich verzierte und weithin sichtbare Kuppel. Vollständig erhalten blieben auch der quadratische Innenhof und der gepflegte Missionsgarten, der von farbenprächtigen Blumen nur so überzuquellen scheint. Das **Munras Memorial**, den ehemaligen Wohntrakt der Mönche, findet man hinter dem Kirchengebäude. Auf dem zur Gesamtanlage gehörenden Friedhof seitlich der Kirche liegen über 3.000 Indianer und 14 Spanier begraben. Erwähnenswert ist zudem das vor der Kirche beim Eingang gelegene kleine Museum, vor dem eine Bronzestatue des Gründers steht. In dem Museumstrakt gegenüber findet man beim Verlassen der Mission den Nachbau der kleinen, bescheidenen Zelle, in der Pater Serra auf einem harten Holzbett schlief und am 28. August 1784 auch starb.

**Carmel Mission**, 3080 Rio Rd., ① (831) 624-1271, https://carmelmission.org; tgl. 9.30–19 Uhr, im Winter bis 17 Uhr, Erwachsene US$ 9,50, Senioren US$ 7, ab 7 Jahre US$ 5.

## Reisepraktische Informationen Carmel-by-the-Sea

**Vorwahl**: 831

### Information

**Carmel Visitor Center**, Ocean Ave., ① 624-2522, (800) 550-4333, www.carmelchamber.org; Mo–Sa 10–18, So 11–17 Uhr (Nov.–Jan. eine Stunde kürzer). Weitere Infos: www.carmelcalifornia.com.

### Hotels (→ Karte S. 407)

**Lamp Lighter Inn $$$$$**, Ecke Ocean Ave. & Camino Real, ① 624-7372, (888) 375-0770, www.carmellamplighter.com; nur ein paar Meter vom Strand entfernt, gemütliches B&B mit 2 Cottages und 4 Zimmern, einige mit eigenem Kamin.

**La Playa Hotel $$$$$**, Camino Real at 8th Ave., ① 293 6100, (800) 582-8900, www.laplayahotel.com; herrliche Villa im mediterranen Stil, 75 Deluxe-Zimmer, Pool, Gourmet-Restaurant.

Im Zentrum selbst gibt es mehrere charmante und relativ kleine Hotels, die einen angenehmen Aufenthalt garantieren. Die unter dem Logo **Inns by the Sea** zusammengeschlossenen Häuser (in mehreren Orten vertreten, allein fünfmal in Carmel; alle $$–$$$) zeichnen sich durch gemütliche, oft mit Kaminen ausgestattete Zimmer, Pool und Restaurant aus. Besonders schön sind die Häuser Carriage House Inn, Svendsgaard's Inn und Candle Light Inn. Eine Broschüre der Häuser ist erhältlich bei Inns by the Sea, P. O. Box 101, Carmel, ① 624-0101, (800) 433-4732, www.innsbythesea.com.

### Restaurants

Mit über 50 Restaurants ist der kleine Ort gut für die Besuchermassen gerüstet. Hier nur ein Tipp: **Hog's Breath Inn**, Ecke San Carlos St./5th St., ① 625-1044, www.hogsbreathinn.net; obwohl Clint Eastwood sein 1971 eröffnetes Lokal 1999 verkaufte (danach widmete er sich dem ebenfalls empfehlenswerten **Mission Ranch Hotel and Restaurant $$$–$$$$$**, www.missionranchcarmel.com), erinnert noch vieles an den ehemaligen Besitzer, u. a. Fotos, Autogramme oder der „Dirty Harry" auf der Speisekarte. Man sitzt angenehm in Nähe des Meeres, drinnen oder im gemütlichen Innenhof, und genießt rustikale amerikanische Küche zu nicht überhöhten Preisen. Tgl. Lunch 11–16, Dinner ab 16 Uhr.

# Von Carmel nach Santa Barbara

Die Etappe beginnt auf dem Hwy. 1 am südlichen Ortsausgang von Carmel, wo man an der Mündung des Carmel River einen schönen Sandstrand sehen kann. Von hier aus sind es nur rund 5 km bis zum 224 ha großen Naturschutzgebiet **Point Lobos State Natural Reserve**, in dem rund 250 Vogel- und andere Tierarten sowie mehr als 300 Pflanzenarten zu finden sind. Seinen Namen erhielt das Naturreservat von den kalifornischen Seelöwen, deren Bellen die spanischen Seefahrer an das Heulen von Wölfen erinnerte, woraufhin sie die Felsen, auf denen sich die Seelöwen räkelten, Punta de los Lobos Marinos (Ort der Seewölfe) nannten. Die steil abfallenden Felsen und die zerklüfteten Buchten machen denn auch den Reiz dieses Küstenabschnittes aus, den Robert Louis Stevenson mit den Worten charakterisierte: „... *das schönste Zusammentreffen von Land und Meer auf der ganzen Welt*". 

*Seelöwen-Kolonie*

Wer im State Reserve etwas Zeit verbringen möchte, hält sich am Eingang am besten rechts in Richtung **Whaler's Cove**, wo sich zwischen 1862 und 1879 eine Walfängerstation befand und von wo aus man in den Wintermonaten noch Grauwale vorbeiziehen sehen kann. Ein kleiner Spaziergang führt zur Whalers Cabin, die von chinesischen Fischern in den 1850er-Jahren errichtet wurde und heute ein kleines Museum beherbergt. Anschließend sollte man versuchen, so nahe wie möglich an die Headland Cove heranzukommen, um auf dem 1,3 km langen Cypress Grove Trail die Allan Memorial Grove zu durchstreifen. Er führt durch zauberhafte Monterey-Zypressen-Haine, und man kann sogar das heisere Bellen der auf den Felsen vor der Küste lebenden Seelöwen hören. Zudem hat man einen fantastischen Blick auf Bird Island, Heimat einer riesigen Vogelkolonie. Besonders nahe kommt man den Seelöwen auf dem 1 km langen Sea Lion Point Trail, und mit etwas Glück entdeckt man auch einige der verspielten Seeotter. **Point Lobos State Natural Reserve**, *Route 1, ① (831) 624-4909, www.pointlobos.org; tgl. 8–19 Uhr, ab Mitte Okt. bis eine halbe Std. nach Sonnenuntergang geöffnet, Eintritt US$ 10 pro Auto. An der Ranger Station und auf der Website gibt es eine Orientierungskarte und ein deutschsprachiges Infoblatt.*

Die folgenden rund 100 Meilen auf dem Hwy. 1 bis zur Morro Bay gehören zu den dramatischsten der kalifornischen Westküste. Einen ersten Einblick von der Großartigkeit der Landschaft erhält man am Vista Point von Willow Creek am Los Padres Forest.

Kurz darauf überquert man die kühn geschwungene **Bixby Creek Bridge**. Sie wurde 1932 fertiggestellt, ist 218 m lang und 85 m hoch. Wer alte Fotos von dem Baugerüst gesehen hat, kann erahnen, wie schwierig es war, diesen Landweg zu ermöglichen – dessen feierliche Eröffnung wurde übrigens erst 1938 durch Präsident Roosevelt vorgenommen.

Vier Meilen später überquert man die Mündung des Little Sur River, der sich in einem Mäander durch Sandbänke und an Felsklötzen vorbei dem Pazifik entgegenwindet. Als die Spanier kurz nach 1700 in diese Gegend kamen, nannten sie sie „El Pais Grande del Sur" (Das große Land des Südens), wobei „Sur" in den englischen Landschaftsnamen hängen blieb. So auch beim **Point Sur**, einer von Sandstränden gesäumten vulkanischen Halbinsel, über der malerisch der gleichnamige Leuchtturm thront. Kurz danach ver-

*„Das große Land des Südens"*

*Ausblick zum Durchatmen am Point Sur*

lässt der Highway die Küste und macht eine Schleife durch das grandiose Big Sur River Valley, bevor er bei Nepenthe erneut an den Pazifik stößt.

Wer Zeit und Gelegenheit hat, sollte sich eine geführte Tour zum Point-Sur-Leuchtturm nicht entgehen lassen. Von dort sieht man die Big-Sur-Küste von der Seeseite – mal eine neue Sicht der Dinge. **Point Sur Light Station**, gebaut 1887, ist der einzige Leuchtturm an der kalifornischen Küste, der Besuchern offensteht. Zu erleben und zu hören gibt es die Geschichten etlicher Generationen von Leuchtturmwärtern und die des U. S. Lighthouse Service, der von 1889–1939 den Leuchtturm betrieb. Und den Ausblick, nicht zu vergessen.
**Point Sur Light Station**, ① *(831) 625-4419, www.pointsur.org; kann nur während dreistündiger Führungen (auch bei Mondlicht) besucht werden, der aktuelle Plan ist auf der Website zu finden. Erwachsene US$ 15, 6–17 Jahre US$ 5, Moonlight-Touren US$ 10 teurer.*

# Big Sur

*Inspiration für Schriftsteller*

Diese Gegend wird allgemein Big Sur genannt und ist in zwei State Parks unter Naturschutz gestellt: zunächst im **Andrew Molera State Park**, dann im **Pfeiffer Big Sur State Park**. Besonders schön wurde Big Sur von Henry Miller beschrieben („Big Sur oder die Orangen des Hieronymus Bosch"), der hier von 1944–62 lebte und an den bei Nepenthe die Henry Miller Memorial Library erinnert. Miller war nicht der einzige Literat von Weltrang, der die Region durch seine Werke populär machte: Auch Jack Kerouac, Autor der Beat Generation, gab einem seiner Romane den Titel „Big Sur". Zeitgleich, nämlich gegen Ende der 1950er-Jahre, gründete in Big Sur Michael Murphy sein berühmtes Esalen-Institute, das man als Geburtsstätte der New-Age-Bewegung bezeichnen kann. Kein Wunder also, dass man in den Ortschaften entlang dem Hwy. 1 immer wieder auf esoterische Clubs, Restaurants mit Gesundheitskost, exotische Massage-Angebote und viele Buchläden mit entsprechender Literatur stößt.

*Von Carmel nach Santa Barbara*

Die Klientel hat sich freilich gewandelt – waren es früher eher Hippies und andere Zivilisationsmüde, die auf der Suche nach Bewusstseinserweiterung zum Esalen-Institute pilgerten, hat die New-Age-Gemeinde heutzutage Zulauf aus den durchaus begüterten Kreisen der Computer-Branche, des Industrie-Managements und der Elite-Universitäten von Stanford und Berkeley. Die Mehrzahl der in- und ausländischen Touristen wird jedoch von der herben Natur und den Wandergebieten angezogen, sodass entlang der Straße mehrere Campingplätze, Motels und Hotels zu finden sind.

Hinter **Nepenthe** geht es dann auf hochgelegener Trasse mit vielen Aussichtspunkten wieder direkt an der Küste entlang. Der Highway passiert den **Julia Pfeiffer Burns State Park**, in dem man sich die Beine vertreten und eine Wanderung durch den Wald mit u. a. Redwoods unternehmen oder bis zum Sandstrand unterhalb der Steilküste gehen kann.

Nach fast 70 Meilen, auf denen die Fahrt trotzdem niemals langweilig wird, nähert man sich schließlich San Simeon. Hinter dem **Point Piedras Blancas** passiert man einige Buchten, die regelmäßig von sogenannten Nördlichen See-Elefanten bevölkert werden. Hunderte bis Tausende dieser Großrobben tummeln sich am Strand, die männlichen Tiere tragen Revierkämpfe aus. Immerhin wiegt ein Tier bis zu 5.000 Pfund und wird bis zu vier Meter lang. Von März bis November gibt es hier einiges live zu sehen (*Eintritt frei*). Empfindliche Nasen sollten auf der windabgewandten Seite des Strands bleiben. Wer mal zuschauen will: Unter *www.elephantseal.org* gibt es eine Live-Cam.

*See-Elefanten*

## Reisepraktische Informationen Big Sur

**Vorwahl**: *831*

### Information
**Big Sur Chamber of Commerce**, ☏ *667-2100 (Mo, Mi, Fr 9–13 Uhr), www.bigsurcalifornia.org*.
**Big Sur Station („Ranger Station")**, ☏ *667-2315, www.parks.ca.go; tgl. geöffnet 9–16 Uhr.*

### Hotels
**Deetjens Big Sur Inn** $$$–$$$$, *48865 Hwy. 1, Castro Canyon,* ☏ *667-2377, www.deetjens.com; rustikale Unterkunft mit persönlicher Atmosphäre, angenehmes Restaurant.*
**Big Sur Lodge** $$$–$$$$, *47225 Hwy. 1,* ☏ *(855) 238-6950, www.bigsurlodge.com; 62 komfortabel ausgestattete, unlängst renovierte Blockhäuser am Pfeiffer Big Sur State Park, Restaurant.*
**Post Ranch Inn** $$$$$, *47900 Hwy. 1,* ☏ *667-2200, (800) 527-2200, www.postranchinn.com; Designer- und Öko-Hotel auf höchstem Niveau, 30 Zimmer in 400 m über der Steilküste gelegenen „Ozeanhütten" oder „Baumhäusern", mit edelsten Materialien harmonisch in die Natur eingefügt, vorzügliches Restaurant, Pool, Spa.*
**Ragged Point Inn and Resort**, *s. Restaurants.*

### Restaurants
**Big Sur River Inn & Restaurant**, *46800 Hwy. 1 am Pheneger Creek,* ☏ *667-2700, www.bigsurriverinn.com; sehr schön gelegenes Restaurant mit guter amerikanischer Kü-*

*Hunderte großer Steine? Nein, See-Elefanten*

che, faire Preise, manchmal Live-Musik. Bei schönem Wetter nimmt man gerne das Essen mit nach draußen auf die Terrasse, in den Garten oder zum Flussufer. Der Inn ist mit 20 einfacheren Doppelzimmern, großem Garten und Swimmingpool auch zum Übernachten gut geeignet.
**Nepenthe Restaurant**, 48510 Hwy. 1, ① 667-2345, www.nepenthe.com; Institution mit fantastischem Blick auf die Küste, das Lokal gibt es seit 1949. Amerikanische Küche, auch für einen Drink einen Zwischenstopp wert.
**Ragged Point Inn and Resort**, 19019 Hwy. 1, ① (888) 584-6374, (805) 927-5708, www.raggedpointinn.net; gut ausgestattete Zimmer verschiedener Kategorien, teilweise mit Pazifikblick – allein wegen der grandiosen Aussicht lohnt ein Zwischenstopp hier. Für Feinschmecker gibt's ein Gourmet-Restaurant, für den kurzen Aufenthalt und den Pausensnack eine Wine Bar, eine Espresso Bar und einen Sandwich-Stand.

## San Simeon und Hearst Castle

*Pressezar Hearst*

Schließlich erreicht man bei San Simeon wieder eine Sehenswürdigkeit, die nicht von der Natur bestimmt wird: das **Hearst Castle**. Dort oben auf dem Berg hatte der Industrielle George Hearst eine Ranch aufbauen lassen, die ihre heutige Gestalt aber erst durch den berühmten Sohn William Randolph Hearst und seine Architektin Julia Morgan erhielt. Der Pressezar ließ sich dazu für Unsummen aus allen möglichen Stilen ein amerikanisches Neuschwanstein komponieren, in dem ein römischer Tempel, ein romanischer Rittersaal, ein gotisches Wohnhaus und eine barocke Kirchenfassade sehr eigenartig zusammengewürfelt wurden. Auch für das Interieur war Hearst nichts zu teuer. Der 1951 gestorbene W. R. H. war ein exzentrischer, dabei aber vereinsamter Mann. Seine Geschichte war Vorbild für den berühmten Film „Citizen Kane" von Orson Welles.

*Touren über den „Zauberberg"*

Was der Multimillionär „La Cuesta Encantada" („Der Zauberberg") nannte und europäische Besucher zwischen ungläubigem Staunen und Entsetzen schwanken lässt, ist für die Amerikaner eine der größten Sehenswürdigkeiten ihres Landes. Dementsprechend stark ist der Andrang und sind die Besichtigungsmöglichkeiten durchorganisiert. Teilnehmen kann man an einer von insgesamt elf Touren (z. T. nur saisonal, nur tw. barrierefrei), die jeweils 1–2 Stunden dauern. Für einen ersten Besuch ist dabei die „Grand Rooms Tour" zu empfehlen (besser reservieren!), auf der man den Main Floor des Schlosses mit verschiedenen Räumen (Assembly Room, Billiard Room, Morning Room, Refectory), das Theater, Teile des Gartens und die beiden Pools zu sehen bekommt. Eine Tour findet abends statt (sinniger Name: „Evening Tour").

Wer sich für die 40-jährige Baugeschichte des Schlosses interessiert, sollte sich direkt neben dem Visitor Center im Hearst Castle Theater den Film „Building the Dream" anschauen (ca. 40 Minuten).

Pool-Anlage des Hearst Castle

**Hearst Castle**, 750 Hearst Castle Rd., San Simeon, ① (800) 444-4445 (Ticketreservierung), www.hearstcastle.org; je nach Tour tgl. ca. 9–18 Uhr, im Winter Mo–Fr bis 17 Uhr. Mit dem Wagen kann man das Castle, das heute von einem Konsortium verwaltet wird, nicht erreichen. Vom Hwy. 1 geht es stattdessen auf einer Stichstraße zu einem Parkplatz mit dem großen Visitor Center. Dort starten die Shuttle-Busse zu den verschiedenen Touren. Das Besucherzentrum öffnet seine Pforten um 8 Uhr, auf den Parkplatz kann man schon um 6.30 Uhr fahren. Die Touren kosten ab US$ 25, 5–12 Jahre ab US$ 12.

Das Castle ist beileibe nicht das einzige, was Besucher nach San Simeon führen sollte. Es gibt z. B. einen schönen Sandstrand mit Picknick-Tischen und sanitären Einrichtungen (William R. Hearst Memorial Beach) und eine spektakuläre Steilküste, man kann wandern, Seeotter beobachten oder sich einfach an der herrlichen Szenerie erfreuen.

Auf der nächsten Etappe begleitet einen die immer wieder atemberaubende Landschaft, die man vor **Vista del Mar** auf etlichen View Points betrachten kann. In der Ortschaft gibt es erneut ein gutes Übernachtungsangebot, u. a. viele preisgünstige Motels.

## Reisepraktische Informationen San Simeon

**Vorwahl**: 805

### Hotels

Der kleine Ort weist mehrere Hotels, Motels und B&B-Pensionen auf, u. a. sind zu empfehlen:
**Oceanpoint Ranch $$$–$$$$**, 7200 Moonstone Beach Dr., ① 927-4648, www.oceanpointranch.com; schönes Haus am Strand mit 60 Zimmern, Swimmingpool, Golfplatz.
**Cavalier Oceanfront Resort $$$–$$$$**, 9415 Hearst Dr., ① 927-4688, www.cavalierresort.com; ansprechende Hotelanlage direkt am Strand, ca. 3 Meilen südlich des Hearst Castle, Pool, 2 Restaurants.

## Morro Bay, San Luis Obispo und Pismo Beach

*Inlandstrecke*

Danach verabschiedet man sich für eine Weile vom Pazifik und passiert auf der Inlandstrecke als Nächstes das charmante **Cambria**, ein als Künstlerkolonie bekanntes Dörfchen. Das von Monterey-Pinien begrünte Cambria hat mit seinen vielen hübschen Häusern und Pubs im Tudor-Stil eindeutig englisches Flair. Wer sich in dem Ort ein wenig umschauen möchte, sollte die parallel zum Highway geführte Main St. benutzen (kein Umweg!). Kurz danach gelangt man zu einer Siedlung mit dem schönen Namen **Harmony**, in deren Weinkellerei man Kostproben des hiesigen Rebensaftes erhält. Weiter geht die Fahrt, jetzt durch ein karges, mit Hügeln modelliertes Weideland, auf dem große Rinderherden zu sehen sind, bis die Straße bei **Cayucos**, einem ehemaligen portugiesischen Fischerort, wieder an die Küste gelangt.

Auf dem nun autobahnähnlich ausgebauten Hwy. 1 ist ein zügigerer Fahrstil möglich, allerdings wird dadurch der Zugang zu den Stränden etwas schwieriger. So z. B. an der Bucht und dem gleichnamigen, auseinandergezogenen Städtchen von **Morro Bay** (viele Motels), das vom Highway regelrecht zerschnitten wird. Sehenswert sind hier der kilometerlange, von Dünen gesäumte Sandstrand und natürlich die unübersehbare Landmarke des pyramidenartigen **Morro Rock**, dessen vulkanischer Klotz eine kleine, von Sandflächen eingerahmte Halbinsel bildet. Wer dies näher in Augenschein nehmen will, muss eine der Ausfahrten (coastal access) des Highways nehmen, ebenso, wer dem Hafen von Morro Bay einen Besuch abstatten möchte, in dessen Nähe sich ein Aquarium und ein naturhistorisches Museum befinden.

Hinter Morro Bay biegt der Hwy. 1 (Cabrillo Hwy.) weit ins Landesinnere ab und bringt einen nach **San Luis Obispo**, wo er sich mit dem Hwy. 101 vereinigt. In dieser aufstrebenden Gemeinde mit einer bekannten Universität besteht nochmals Gelegenheit, eine der Franziskaner-Missionen am berühmten spanischen „Königsweg" aufzusuchen. Die **Mission San Luis Obispo de Tolosa**, Pater Serras fünfte Gründung, wurde 1772 erbaut, man findet sie auf der Palm St. 751. Sehenswert sind aber auch die viktorianischen Häuser und die netten Geschäfte, die sich auf beiden Seiten des gewundenen San Luis Obispo Creek angesiedelt haben. Ist man während

*Der Morro Rock*

des Karnevals (Mardi Gras) in der Gegend, sollte man den besonders farbenfrohen Umzug am Veilchendienstag nicht verpassen.

Von San Luis Obispo geht der Hwy. 1/101 geradewegs nach Süden und erreicht die San Luis Obispo Bay auf Höhe der Seebäder (von Norden nach Süden) **Avila Beach**, **Pismo Beach**, **Grover Beach** und **Oceano**. Die meilenweiten Sandstrände mit ihrer beeindruckenden Dünenlandschaft ziehen Jahr für Jahr mehr Touristen an, die hier neben dem sonnigen Wetter die Tatsache schätzen, dass bei der Weitläufigkeit der Badestrände eine Überfüllung ausgeschlossen ist und genügend Platz für alle bleibt. Außerdem locken im Hinterland ein gutes Dutzend Weinkellereien.

Besonders schön ist der gut 10 km lange Strand von **Pismo Beach**, der sich zwei Meilen südlich der gleichnamigen Stadt erstreckt und von einem weit ins Meer gebauten Pier dominiert wird. Weitere drei Meilen weiter südlich, am besten vom Hwy. 1 bei Oceano zu erreichen, breitet sich der Pismo Dunes State Park mit seinen Riesendünen aus, die jedes Wochenende von Tausenden von dune buggies und anderen Off-Road-Vehikeln durchpflügt werden. An allen genannten Stränden gibt es Campingplätze und ein reichhaltiges Hotel-/Motelangebot.

### Hotel
**SeaCrest OceanFront Hotel $$$–$$$$**, *2241 Price St., Pismo Beach, ① (805) 773-4608, (800) 782-8400, www.seacrestpismo.com; großzügiges, auf der Steilküste oberhalb des Sandstrandes gelegenes Hotel mit 158 Zimmern im Retro-Stil, Restaurant, Pool mit Meerblick, Jacuzzi, Sonnenterrasse.*

In Pismo Beach trennen sich die beiden Highways, wobei man nun für die nächsten Meilen dem mehrspurigen 101 den Vorzug geben sollte. Der Hwy. 1 nämlich ist – da er ebenfalls durchs Inland geht – bis **Lompoc** nicht besonders interessant, dafür aber sehr zeitraubend zu fahren. Allein die **Mission La Purísima Consepción** mit ihrem schönen Innenraum, 1787 errichtet und 1812 nach einem Erdbeben rekonstruiert, würde den Weg lohnen. Man findet sie 3 Meilen südlich von Lompoc am Hwy. 246 (Purisima Rd.). Andererseits warten in Solvang und Santa Barbara ebenso schöne Gotteshäuser. *Die Highways trennen sich*

Wenn man dem Hwy. 101 den Vorzug gibt, passiert man zunächst den Ort **Santa Maria** und hat 35 Meilen danach – vorbei an vielen Weinkellereien – bei **Buellton** die Qual der Wahl, ob man bis zum reizvollen Gaviota und an der Pazifikküste weiter nach Santa Barbara fahren soll oder dem Städtchen Solvang einen Besuch abstattet und Santa Barbara über eine nicht minder reizvolle Inlandstrecke erreicht.

## Über Gaviota

Im ersten Fall geht es weiter in südlicher Richtung, bis nach neun Meilen bei **Las Cruces** der Hwy. 1 wieder auf den Hwy. 101 stößt. Auf kurvenreicher Strecke mit Blick auf die Channel Islands erreicht man wenige Fahrminuten später erneut den Pazifik und könnte in **Gaviota** eine Badepause einlegen. Der Gaviota State Park besitzt ebenfalls einen hölzernen Pier, auf dem stets viele Angler ihr Glück versuchen. Merkwürdig ist die Stelzen-Konstruktion der Eisenbahnlinie, unter der hindurch man an den Parkplätzen vorbei zum Strand kommt.

*Badepausen* — Rund 30 Meilen sind es von hier bis Santa Barbara, wobei Highway und Eisenbahnlinie immer direkt an der Küste entlangführen und mehrfach Gelegenheit zu Badepausen oder Strandwanderungen bieten (u. a. am Refugio State Beach, El Capitan State Beach und Isla Vista Beach Park). Die Universität und den Flughafen von Santa Barbara passierend, gelangt man anschließend ins Stadtzentrum, wobei man auf den letzten Kilometern den landschaftlich schöneren Hwy. 225 (Las Palmas Dr.) benutzen sollte.

## Über Solvang

Nur drei Meilen sind es vom Abzweig des Hwy. 246 bei Buellton bis zum 5.800-Einwohner-Städtchen Solvang. Dort erwarten einen Fachwerkhäuser, eine Windmühle, eine Dorfkirche und auffallend viele blonde Menschen. Die Fahnen zeigen ein weißes Kreuz auf rotem Grund und machen jedem klar: Solvang ist ein **dänischer Ort**! Tatsächlich sind zwei Drittel der Einwohner dänischer Abstammung und halten ihre Traditionen in Ehren – auch zum Nutzen des Fremdenverkehrs, der sich hauptsächlich aus Hochzeitsreisenden aus Asien und US-amerikanischen Familienurlaubern zusammensetzt. Immerhin eine gute Gelegenheit, den Speiseplan durch ein originales Smørrebrød zu bereichern, einen nordischen Apfelkuchen (Æbleskiver) zu probieren oder sich ein gutes Øl (Bier) zu gönnen.

*Rundgang* — Bei einem kleinen Rundgang kann man sich zwei Windmühlen, zwei Dorfkirchen, das Elverhøj Museum, das Hans Christian Andersen Museum sowie den Nachbau des Kopenhagener „Runden Turms" und der „Kleinen Meerjungfrau" anschauen. Am östlichen Ortsausgang von Solvang liegt rechts vom Hwy. 246 die **Old Mission Santa Inés** *(http://missionsantaines.org, tgl. 9–16.30 Uhr, Eintritt US$ 5, Kinder unter 12 J. frei)*, die freilich nicht auf die verhältnismäßig junge dänische, sondern auf die spanische Geschichte zurückgeht. 1804 gegründet, war sie die 19. der 21 kalifornischen Missionen und gilt als

*Muss man mögen: dänisches Flair in Solvang*

eine der besterhaltenen. Dänische Wurzeln hat wiederum die größte Veranstaltung des Ortes: die Mitte September abgehaltenen *Danish Days* – mit nordeuropäischen Speisen, dänischem Bier, Kunsthandwerk und Livemusik (www.solvangdanishdays.org).

*Dänische Traditionen*

### Information
**Visitor Center**, 1639 Copenhagen Dr., ② (805) 688-6144, (800) 468-6765, www.solvangusa.com; tgl. 9–17 Uhr, hier erhält man fachkundige Informationen und Broschüren über Solvang und Santa Ynez Valley. Es gibt auch eine eigene App.

Wenn man von Solvang aus nicht wieder zurück zum Hwy. 101 und der oben skizzierten Küstenroute folgen will, ist der Verbleib auf dem Hwy. 246 eine ausgezeichnete Alternative. Auf diesem geht es geradewegs nach **Santa Ynez** und dann auf dem landschaftlich schönen Hwy. 154 (San Marcos Pass Rd.) in die **Santa Ynez Mountains**, vorbei an vielen mächtigen Eichen. Mehrfach hat man unterwegs Gelegenheit, in einer der vorzüglichen Weinkellereien einzukehren, die es in der Santa-Ynez-Region gibt. Anfang der 1970er-Jahre errichtete hier ein Erbe der Reifen-Dynastie Firestone das erste Weingut, inzwischen sind rund 50 weitere Winzereien hinzugekommen (*Infos unter www.santaynezwinecountry.com oder www.visitsyv.com*).

Vor allem der zwischen Los Olivos, Buellton und Santa Ynez kultivierte Chardonnay kann es mit jedem Tropfen aus dem Napa- oder Sonoma Valley aufnehmen. Zu den besten Kellereien zählen u. a. Foxen Vineyards und Firestone in Los Olivos sowie Mosby in Buellton. Auf dem Weg kommt man auch am Süßwasser-Reservoir des **Lake Cachuma** vorbei, der sich wunderschön inmitten der Hügellandschaft ausbreitet und von den Einwohnern Santa Barbaras als Bade- und Wassersport-Refugium genutzt wird.

*Guter Chardonnay*

Zum westlichen und östlichen Ufer gelangt man auf jeweils kurzen Stichstraßen. Wenn man anschließend kurz vor Santa Barbara auf den Hwy. 192 abbiegt, ist man bereits auf dem Scenic Dr., der durch die Villenvororte der Stadt und zur historischen Mission führt.

# Santa Barbara

Zweifellos ist Santa Barbara (92.000 Ew., im Großraum Santa Barbara County 445.000) eine der attraktivsten Städte Kaliforniens, ja sogar der USA. Die **Perle der kalifornischen Riviera** ist ein Magnet nicht nur für Touristen, sondern auch für außerordentlich viele VIPs, die das angenehme Klima, die schöne Landschaft und das reizvolle Städtchen (und natürlich auch die Anwesenheit anderer Berühmtheiten) anzieht. Zur Jahreswende 2017/18 geriet das gesamte Santa Barbara County allerdings aus ganze anderen Gründen in die Schlagzeilen, als hier das Thomas Fire wütete; besonders schwer traf es den für seine zahlreichen berühmten Einwohner bekannten Ort Montecito (s. u.).

Während der Präsidentschaft Ronald Reagans wurde Santa Barbara auch als „Western White House" bezeichnet, da er von seiner Ranch aus ähnlich oft agierte wie von seinem eigentlichen Amtssitz in Washington D.C. Ihm zu Ehren hat man ein Center errichtet, das **Reagan Ranch Center** (217 State St., ② (805) 957-1980, (888) USA-1776, https://reaganranch.yaf.org). Allerdings handelt es sich bei dem „Schoolhouse for Reaga-

*Route 3: zwischen San Francisco und Los Angeles*

nism" weniger um ein Museum als vielmehr um eine Art Ruhmeshalle des Ex-Präsidenten, seines konservativen Gedankenguts, der Familie und seiner Ranch. Die Galerie im Haus ist für Besucher zugänglich.

Die **Geschichte** sieht bereits im Jahr 1602 den Spanier Sebastián Vizcaíno hier, der am 4. Dezember den Küstenstreifen nach der Heiligen des Tages benannte. Dauerhaft ließen sich die Spanier dann im 18. Jh. nieder und bauten ein Presidio (Fort), das eines ihrer größten Bollwerke der nördlichen Provinz war. Die Franziskaner folgten und errichteten die Mission, und beide Anlagen zählen heute zu den größten Sehenswürdigkeiten.

Das Besondere an Santa Barbara aber ist ein **geschlossenes Stadtbild**, wie man es sonst selten in Amerika findet. Ein Erdbeben hatte hier im Jahre 1925 sozusagen Tabula rasa gemacht, das ganze, wenig ansehnliche Geschäftsviertel vernichtet und den Weg freigegeben für eine komplette Neubebauung. Die Stadtplaner entschlossen sich, den Aufbau im pseudo-spanischen Stil oder Mission Style in Angriff zu nehmen, und es ist ihnen voll geglückt. So spaziert man heute zwischen weißen Mauern, an denen sich Blu-

*Kompletter Neubau*

men hochranken, kann durch Arkaden mit Restaurants und netten Läden gehen, sieht Häuser in warmen Ockerfarben mit roten Ziegeldächern, Balkonen und hölzernen Fensterläden. Nirgendwo stört ein Hochhaus, und neo-barocke Kirchen, Plätze, Straßencafés, Kneipen, Springbrunnen und Gassen lassen eine mediterrane Stimmung aufkommen. Wie in einer europäischen Kleinstadt braucht man noch nicht einmal einen Wagen, um die Schönheit Santa Barbaras zu genießen. Das Ganze ist dabei keine museal in Szene gesetzte Puppenstube, sondern durchaus mit Leben erfüllt.

Für eine **Stadtbesichtigung** fährt man am besten auf dem Hwy. 1/101 in die Stadt und parkt am palmenbestandenen Strand-Boulevard, wenn man die **Touristeninformation** bzw. auf der anderen Seite die ins Meer hinausgebaute Wharf sieht. Von hier hat man die Möglichkeit, auf der ausgeschilderten Pedestrian Road bis zur und durch die Altstadt zu spazieren. **Parken** ist in Santa Barbara, im Gegensatz zu anderen kalifornischen Städten, fast schon sozial geregelt: Innerstädtisch sind meist die ersten 75 Minuten frei. Die Zeit überschreiten sollte man nicht, es wird heftig kontrolliert.

Entlang des Stadtspaziergangs im historischen Teil, der **Red Tile Walking Tour**, wird mit Tafeln auf besondere historische Gebäude hingewiesen. Eine Alternative ist der **Santa Barbara Trolley**, eine touristische Buslinie, die eine 90-minütige Rundfahrt beschreibt und ab 10 Uhr jede Stunde an der Wharf abgeht. Das Tagesticket (*US$ 25, für 1 Kind bis 12 J. freier Eintritt, jedes weitere Kind bis 12 J. US$ 8, www.sbtrolley.com*) berechtigt zum unbegrenzten Ein- und Aussteigen. Dies ist insofern interessant, als dass die alte Mission und das naturhistorische Museum außerhalb des Zentrums liegen. Wer nicht die ganze Stadt und vor allem die Außenbezirke befahren will, für den ist das wesentlich günstigere **Downtown Waterfront Shuttle** (*50 Cent/Einzelfahrt, www.sbmtd. gov*) eine gute Alternative: Die kleinen, umweltfreundlichen Elektrobusse fahren die State Street auf und ab und biegen dann in die Promenade ein.

*Touristenbus*

Für Autofahrer gibt es in Santa Barbara natürlich auch einen **Scenic Drive**, auf dem man an der Küste entlanggeführt wird, später in weitem Bogen bis zur Mission kommt und dann über die Berge von Montecito (fantastischer Blick) wieder zum Ausgangspunkt (Wharf) zurückkehrt. Sportlich Aktive können schließlich die Stadt auch per Fahrrad erkunden. Es gibt ausgezeichnete Fahrradwege, und viele Hotels oder andere Anbieter verleihen entsprechendes Gerät.

Einige der Stationen entlang des Scenic Drive sind im Folgenden aufgeführt:

Der erste Halt bei einer Stadtbesichtigung sollte in der **Downtown** eingelegt werden, die man zu Fuß vom Delfinbrunnen vor der Wharf über die State St. (Unterquerung des Hwy. 101) erreicht. Die schönsten Häuser der Altstadt liegen an der Achse der Anacapa St. und State St., ihren Seitenstraßen und an der Plaza de la Guerra. Unübersehbarer Mittelpunkt ist das **Santa Barbara County Courthouse (1)**, dessen Architektur und Inneneinrichtung als Meisterwerk des Spanish Mission Style bezeichnet werden. Besonders die orientalisch anmutenden Kacheln und die großflächigen Wandgemälde verdienen Beachtung. Das Gerichtsgebäude mit Informationsbüro und der Garten sind öffentlich zugänglich, und immer wieder stößt man auf überraschende Perspektiven. Einen Überblick über die Stadt erhält man von der Aussichtsterrasse auf dem Glockenturm El Mirador, auf die man mit einem kostenlosen Aufzug (bis 16.45 Uhr) gelangt.

*Route 3: zwischen San Francisco und Los Angeles*

**Sehenswürdigkeiten**
1 Santa Barbara Courthouse
2 Presidio State Historic Park
3 Historical Museum
4 El Paseo
5 Museum of Art
6 La Arcada
7 Moreton Bay Fig Tree
8 Stearns Wharf

**Unterkünfte**
9 Hotel Milo
10 Marina Beach Motel

**Restaurants**
1 Hoffmann Brat Haus
2 Figueroa Mountain Brewing Co.

**Santa Barbara County Courthouse**, 1100 Anacapa St., ① (805) 882-4520, www.sbcourts.org; Mo–Fr 8–17, Sa/So 10–17 Uhr, Eintritt frei (Spenden erwünscht), Gratis-Führungen (ca. 1 Std.) tgl. 14 Uhr, Mo–Mi und Fr auch 10.30 Uhr.

Unweit des Courthouse findet man den **Presidio State Historic Park (2)**, der Teile der ältesten spanischen Bebauung enthält und als historischer Park Besuchern offen steht. Hier haben sich viele Erinnerungen an das 1782 gegründete Fort erhalten, das die letzte militärische Befestigung der Spanier in Kalifornien darstellt. Sehenswert sind u. a. die rekonstruierte Presidio-Kapelle, die Quartiere der Padres und des Kommandanten sowie, auf der anderen Straßenseite, vor allem die Wache von 1788, El Cuartel, die als ältestes Gebäude von Santa Barbara und als zweitältestes des Bundesstaates gilt.
**El Presidio de Santa Barbara State Historic Park**, 123 E. Canon Perdido St., ① (805) 965-0093, www.sbthp.org/presidio; tgl. 10.30–16.30 Uhr, US$ 5, ab 62 Jahre US$ 4, bis 16 Jahre frei.

An der Nachbarstraße liegt das 1965 errichtete **Historical Museum (3)**, das sich in seiner Architektur mit dem schattigen Innenhof an die Adobe-Häuser der Spanier anlehnt. Es enthält eine der besten Sammlungen zur Geschichte Kaliforniens und der Stadt.
**Santa Barbara Historical Museum**, 136 E. De la Guerra St., ① (805) 966-1601, www.sbhistorical.org; Di–Sa 10–17, So 12–17 Uhr, US$ 7, ab 62 Jahre US$ 5, unter 18 Jahre frei.

Einen Steinwurf weit entfernt, verdient das in den 1920ern gebaute pittoreske Einkaufszentrum **El Paseo (4)** Beachtung, das den Block zwischen den Straßen State St., De la Guerra St. und Anacapa St. einnimmt und den Beginn des Mission Style von Santa Barbara markiert. Diese herrliche Anlage

# Santa Barbara

*Architektur im Spanish Mission Style: das Courthouse mit dem Glockenturm El Mirador*

mit verwinkelten Gassen, Arkaden und Innenhöfen lädt zum ausgiebigen Shopping in den Kaufhäusern und Galerien ein, von dem man sich dann in einem der Cafés oder Restaurants erholen kann. Hier, im ersten Stockwerk, hat sich auch die junge, zeitgenössische Kunst der Stadt niedergelassen: Das **Santa Barbara Contemporary Arts Forum** *(653 Paseo Nuevo, www.sbcaf.org, Eintritt frei)* bietet jungen Künstlern, die einen Bezug zur Stadt haben, einen bespielbaren Raum – mit manch überraschendem Ergebnis. Daneben gibt es die „Funk Zone", die das Gebiet zwischen State und Garden St. sowie Montecito St. und Cabrillo Blvd. umfasst. Hier kann man, in teilweise historischem Umfeld, zeitgenössische Kunst quasi erwandern *(https://funkzone.net)*.

*Shoppen und davon erholen*

Zwei Blocks weiter auf der State St. folgt das **Museum of Art (5)**, das über eine ausgezeichnete Auswahl amerikanischer, europäischer und asiatischer Kunst verfügt. Besonders gut vertreten sind in der europäischen Abteilung neben Chagall die französischen Impressionisten wie Monet, Matisse und Degas.
**Santa Barbara Museum of Art**, *1130 State St., ① (805) 963-4364, www.sbma.net; Di–So 11–17 Uhr, Do –20 Uhr (ab 17 Uhr frei), US$ 5, ab 65 J. und 6–17 J. US$ 3.*

Sofort daneben befindet sich ein weiterer architektonisch interessanter Komplex, das Einkaufszentrum **La Arcada (6)** *(www.laarcadasantabarbara.com)*, das mit Galerien, lokalem Kunsthandwerk, Boutiquen, Cafés und Restaurants bestückt ist.

Einige Kilometer weiter am nördlichen Stadtrand liegt erhöht an einem Berghang und mit weitem Blick aufs Meer die **Mission Santa Barbara (9)**, das wohl schönste Sakralgebäude Kaliforniens, was schon im Beinamen *Queen of the Missions* zum Ausdruck kommt. Das sandsteinfarbene Gotteshaus, das von zwei jeweils mit einer roten Steinkuppel bekrönten Türmen flankiert wird, wurde 1786 gegründet und ist seit seiner Fertigstellung im Jahre 1826 die Pfarrkirche der Stadt. Die alten Klostergebäude und der Freiplatz vor der 1950 komplett restaurierten Fassade tragen zum europäischen Geprä-

*„Queen of the Missions"*

*Santa Barbaras Königin der Missionen*

ge der Missionsstation bei. Besucher können sich die Kirche, das Museum, die Kapelle und den Friedhof anschauen.
**Old Mission Santa Barbara**, *2201 Laguna St., ① (805) 682-4713, www.santabarbara mission.org; tgl. 9–17.15 Uhr (im Winter 1 Std. kürzer), US$ 9, ab 65 Jahre US$ 7, 5–17 Jahre US$ 4. Es werden auch 60-minütige geführte Touren (US$ 13, 11, 8) angeboten.*

Ganz in der Nähe, in einer wald- und blumenreichen Umgebung, in der man noch spärliche Überreste der alten Indianermission finden kann, befindet sich das **Museum of Natural History (10)**. Neben seiner äußeren Architektur im pseudo-spanischen Stil sind die Sammlungen sehenswert, die außer den üblichen naturhistorischen Abteilungen samt riesigem Blauwal-Skelett auch Exponate zur Indianerkultur umfassen. Zum Museum gehört außerdem das Sea Center auf der Stearns Wharf (s. S. 427).
**Santa Barbara Museum of Natural History**, *2559 Puesta del Sol Rd., ① (805) 682-4711, www.sbnature.org; tgl. 10–17 Uhr, US$ 12, ab 65 Jahre und 13–17 Jahre US$ 8, 2–12 Jahre US$ 7.*

Ein Stückchen weiter nördlich bringt einen der Scenic Dr. zum **Botanic Garden (11)**, der in Privatinitiative bereits 1926 gegründet worden ist. Pfade und Spazierwege von insgesamt knapp 8 km bringen einen an typischen Vertretern der kalifornischen Flora (u. a. viele Kakteen, Redwoods, Wildblumen) vorbei und lassen einen zudem die landschaftliche Schönheit des Mission Canyon erholsam erleben.
**Santa Barbara Botanic Garden**, *1212 Mission Canyon Rd., ① (805) 682-4726, www.sbbg.org; tgl. 9–18, Nov.–Feb. bis 17 Uhr, US$ 14, ab 60 Jahre US$ 12, Studenten US$ 10, 3–17 Jahre US$ 8.*

Wieder zurück am Pazifik, kann man das Naturerlebnis im **Andree Clark Bird Refuge (12)** vertiefen. Dort lebt auf und an einer friedlichen Lagune, um die Wander- und Fahrradwege herumführen, eine Vielzahl von einheimischen See- und Süßwasservögeln.

Auch sonst lohnt sich das Gelände wegen seiner schönen Gärten. Das Reservat liegt an der Kreuzung des Cabrillo Blvd. mit dem Hwy. 101 *(Parkplatz, freier Eintritt)*.

In unmittelbarer Nähe nehmen die **Zoological Gardens (13)** das Gelände zwischen Cabrillo Blvd. und Hwy. 101 ein. In dem nicht besonders großen, aber sehr schön aufgemachten Zoo leben rund 700 Tiere aus aller Welt, u. a. Tiger, Löwen, Giraffen und Elefanten. Im neuen Restaurant oder auf dem großen Picknick-Platz kann man sich erfrischen, während Kinder den Zoo mit einer Miniatur-Eisenbahn erleben können.
**Santa Barbara Zoo**, *500 Niños Dr., ① (805) 962-5339, www.sbzoo.org; tgl. 10–17 Uhr, US$ 18, ab 65 Jahre US$ 13, 2–12 Jahre US$ 11.*

Selbstverständlich bezieht Santa Barbara seinen Reiz auch und vor allem durch den palmengesäumten **Chase Palm Park** und die Waterfront im Allgemeinen, die ein solch paradiesisches Ensemble abgibt, dass die Öltürme im Meer kaum unangenehm auffallen. Der 40.000 m² große Erholungs- und Strandpark besitzt u. a. ein altehrwürdiges Karussell mit 37 handgeschnitzten Pferden und auf dem Shipwreck Playground einen riesigen wasserspeienden Wal. Hier lädt auch die *Winfield Scott*, der Nachbau eines vor Santa Barbara gesunkenen Schoners, Jung und Alt zum Klettern ein. Etwas weiter wird das Stadtbild zur Seeseite hin von dem Pier **Stearns Wharf (8)** dominiert, den man bereits 1876 in den Ozean hinausbaute und der eine Sehenswürdigkeit ganz eigener Art darstellt. Den langen Holzsteg, an dessen Ende sich ein richtiger kleiner Stadtteil ausbreitet, kann man mit dem Wagen befahren und natürlich auch zu Fuß erreichen. Der

*Waterfront*

## Whale Watching – die Wanderung der Grau- und anderer Wale

Santa Barbara ist – genau wie San Diego, Los Angeles, Monterey und viele andere Stellen am Meer – ein guter Standort, um den alljährlichen Zug der **Grauwale** (lat.: eschrichtius robustus, engl.: gray whale) zu beobachten. Wegen dieses eindrucksvollen und merkwürdigen Schauspieles sind an der gesamten pazifischen Küste Stationen zum Whale Watching eingerichtet, sogenannte „Whale Overlooks", von denen man mit Ferngläsern und natürlich etwas Glück die mächtigen Tiere sehen kann. Daneben bieten verschiedentlich Unternehmen Bootstrips an, auf denen man den zutraulichen Walen sehr nahe kommt.

Mit bis zu 14 m Länge gehören Grauwale zu den kleineren Walen; sie sind sehr hell (blau-weiß) und haben einen überproportional dicken Kopf. Jedes Jahr im späten September verlassen die Tiere, bevor ihre Futterplätze im Beringmeer und im Ochotskischen Meer zufrieren, die Arktis und machen sich auf den mindestens 8.000 km langen Weg bis zu den Lagunen der mexikanischen Halbinsel Baja California. Tag für Tag legen sie dabei bis zu 150 km zurück. In den flachen und ungewöhnlich planktonreichen Lagunen des kalifornischen Golfes (z. B. Magdalene Bay) bringen die Walkühe ihre Kinder zur Welt, wenige Wochen später findet dort auch die Paarung statt. Weibliche Grauwale mit Jungen gelten übrigens als sehr angriffslustig und werden von Fischern auch als „Teufelsfische" bezeichnet. Nach zwei Monaten Schwimm- und Überlebenstraining sind die **Jungtiere** fit für die Rückreise ins Nordpolarmeer, aber noch acht Monate werden die Kälber ausschließlich mit Muttermilch ernährt. Deswegen dauert die Wanderung zurück auch erheblich länger (und das bedeutet für die Betrachter mehr Zeit) und endet im April, um ein knappes halbes Jahr später wieder in umgekehrter Richtung zu beginnen. Die besten Zeiten zur Beobachtung sind von Mitte Dezember bis Ende April.

Bis vor Kurzem galten die Riesensäuger noch als vom Aussterben bedroht, nachdem Mitte des 19. Jh. schlimme Massaker vor der kalifornischen Küste stattgefunden haben. Mehr als 1.000 Tiere wurden damals täglich harpuniert und abgeschlachtet, und Männer wie der berüchtigte Kapitän Scammen erwarben sich dabei zweifelhaften Ruhm. Den Bartenwalen wurde zum Verhängnis, dass sie ihre Nahrung vom Meeresboden abweiden und deswegen immer nah an die Küste schwimmen. Inzwischen sind sie durch internationale Abkommen geschützt und dürfen nicht mehr gejagt werden. Die amerikanischen Bestände werden wieder auf 20.000 bis 22.000 Exemplare geschätzt und gelten als – im Gegensatz zu fast allen anderen Barten- und Zahnwalen – **nicht mehr gefährdet**. Die Tiere sind am besten mit dem Fernglas an den Spritzstrahlen ihres charakteristischen Blasens zu erkennen, das wegen ihrer zwei Blaslöcher V-förmig abgegeben wird.

Graue Wale sind aber beileibe nicht die einzigen Meeressäuger, die man im nährstoffreichen Pazifik vor Santa Barbara sichten kann. Von Mai bis Dezember wandern z. B. etliche Exemplare der **Buckelwale** (engl.: humpback whale) an der Küste entlang. Wie der Blauwal gehört der Buckelwal zur Familie der Bartenwale, d.h. dass er anstelle von Zähnen einen „Vorhang" hornartiger Barten hat. Nachdem die Säugetiere mit geöffnetem Maul eine Menge Meerwasser aufgenommen haben, pressen sie dieses durch die Barten zurück und filtern so ihre Nahrung heraus. Die Buckelwale ernähren sich also von äußerst kleinen Lebewesen (Plankton, Krill, Kleinfische und -krebse), obwohl sie zu den größten Lebewesen der Welt gehören: Bis zu 15 m Länge und 45 Tonnen Gewicht erreicht ein ausgewachsenes Tier. Ihren Namen tragen die Säugetiere wegen des charakteristischen Schwimmverhaltens, bei dem sie ihren Rumpf als Buckel über der Wasseroberfläche zeigen. Langsam rollt dieser gekrümmte Rücken nach hinten, bis nur noch die Schwanzflosse aus dem Meer ragt. Nach einem kurzen Moment, in dem die Flosse fast senkrecht steht, verschwindet der Wal in der Tiefe der See. Selbst der **Blauwal** (lat.: balaenoptera musculus, engl.: blue whale), ebenfalls ein Bartenwal, macht zwischen Mai und September der kalifornischen Küste seine Aufwartung. Diese Giganten werden bis zu 30 m lang und sind damit nicht nur die größten Wale, sondern die größten lebenden Tiere überhaupt. Blauwale können bis zu 175 t wiegen, sind grau-blau und haben oft einen gelblichen Bauch.

Außer den genannten Bartenwalen sichtet man in dieser Region auch verschiedene Arten von Zahnwalen. Häufige Gäste vor Santa Barbara sind z. B. die an ihrer kontrastreichen schwarz-weißen Färbung leicht zu erkennenden **Orcas** (lat.: orcinus orca). Ihren blutrünstigen Beinamen Mörderwal (Killer Whale) tragen die maximal 10 m langen Tiere zwar zu Unrecht, sind aber trotzdem Raubtiere, die u. a. auch Jagd auf Delfine machen.

Eng verwandt mit den Orcas sind die verschiedenen **Delfinarten**, die sozusagen als Zugabe bei den Whale-Watching-Ausflügen aus den Wellen tauchen. Am häufigsten kommt dabei der Gemeine Delfin (lat.: delphinus delphis) vor, der bis zu 2½ m lang wird und dessen Oberseite schwarz-braun ist, während sein Bauch eine gräulich-gelbe Färbung aufweist. Seine lange Schnauze ist am ausgeprägtesten unter den Delfinen und erinnert an Vogelschnäbel.

Die Möglichkeiten, den Meeressäugern nahe zu kommen, sind vielfältig. Mit Helikoptern und Kleinflugzeugen kann man Whale Watching aus der Luft betreiben, und nur dabei sieht man durch das klare Wasser die kompletten Umrisse der massigen Tiere. Weitaus populärer sind die Ausflüge per Boot, auf denen man sich den Walen bis auf ca. 10–20 m nähert. Wer an einer solchen **Expedition**, die von vielen Veranstaltern angeboten wird, Interesse hat, sollte sich im Visitor Center oder im Naturhistorischen Museum nach empfehlenswerten Trips erkundigen.

Besuch lohnt sich unbedingt, da für Augen und Gaumen viel geboten wird. Wie wäre es mit frischem Heilbutt in einem der Seafood-Restaurants? Oder man holt sich am Fischstand einen Lobster, um ihn unter freiem Himmel zu verspeisen. Auch lohnt sich ein Blick in das **Sea Center** mit seiner sehenswerten Ausstellung zum maritimen Leben der Umgebung (① *(805) 962-2526, www.sbnature.org; tgl. 10–17 Uhr, US$ 9, ab 65 Jahre und 13–17 Jahre US$ 8, 2–12 Jahre US$ 7)*. Man kann selbstverständlich auch nur die Aussicht genießen, den Anglern zuschauen oder den Sonnenuntergang beobachten. Vielleicht hat man Glück und besucht den Pier zur Zeit der Wanderung der Grauwale. Denn von hier aus sind die Meeressäuger vorzüglich zu sehen.

*Seafood-Paradies*

Wer noch Zeit für einige Sehenswürdigkeiten in der Nähe der Stearns Wharf hat, für den lohnt sich ein Spaziergang am Cabrillo Blvd. entlang in westlicher Richtung. Wenn man dabei auf die Chapala St. rechts einbiegt, kommt man in wenigen Gehminuten beim Busbahnhof zum kuriosen **Moreton Bay Fig Tree (7)**, einem australischen Feigenbaum (ficus macrophylla), der per Schiff aus der Bucht von Moreton (Westaustralien) importiert und 1877 an dieser Stelle eingepflanzt wurde. Er gilt als der größte Baum dieser Art in den USA, und schon allein seine mehr als 50 m breite, schattenspendende Krone ist den Abstecher wert.

Wieder zurück am Wasser, steht man vor dem **Yacht-Hafen (14)**, in dem rund tausend Fischer- und Sportboote zu Hause sind. An Restaurants, Shops und Spezialläden für Sportfischer vorbei gelangt man zu den Schiffen, von denen viele Angeltouren, Hafenrundfahrten oder Whale Watching anbieten. Wer lieber an Land bleiben möchte, sollte den beflaggten, knapp 1 km langen Fußweg am Breakwater entlanggehen, der eine vorzügliche Sicht auf den Hafen, die Stadt und die Berge gewährt.

Im Komplex des **Waterfront Center** am Yacht-Hafen sind außerdem mehrere interessante Institutionen untergebracht, etwa das **Seefahrts-Museum**, das zahlreiche Attraktionen, Dokumente und Exponate aufweist. Besucher können hier z. B. ihre Talente als Hochseefischer auf einem Spezial-Tisch testen oder an einer virtuellen Erforschungstour entlang der Küste und durch den Santa Barbara Channel teilnehmen. In der militärischen Abteilung des Museums erstaunt u. a. das knapp 14 m lange Seerohr der U. S. Navy, eines von weltweit nur drei derartigen Teleskopen. Im gleichen Gebäude ist das **Outdoors Santa Barbara Visitor Center** untergebracht, das sich speziell an Naturfreunde und sportlich ambitionierte Gäste richtet. Hier gibt es Infos über naturnahe Abenteuer in der gesamten Region einschließlich des Channel Islands National Park. Zwischen dem Yacht-Hafen und der Stearns Wharf verkehrt im 30-Minuten-Takt tgl. von 12 Uhr bis zum Sonnenuntergang das Wassertaxi **Waterfront Shuttle**.
**Maritime Museum**, *113 Harbor Way, ① (805) 962-8404, https://sbmm.org; tgl. außer Mi 10–18, im Winter 10–17 Uhr, Sa 9–15 Uhr, US$ 8, ab 65 Jahre, Studenten und 6–17 Jahre US$ 5.*

Neben dem Whale Watching ist in Santa Barbara längst auch das **Star Watching** zu einer beliebten Beschäftigung der Touristen geworden. Denn hier leben zahlreiche Größen aus Showbusiness, Sport und Politik; infolgedessen ist die Stadt eine der teuersten Wohngegenden in den USA, gehört mit einem Durchschnitts-Haushaltseinkommen von über US$ 166.000 allerdings auch zu den reichsten Bezirken Amerikas. Die Stars und ihre Familien leben in hochherrschaftlichen Villen am Stadtrand, auf den Bergen

*Lieblingsort der Promis*

*Route 3: zwischen San Francisco und Los Angeles*

*Schöne Ausblicke am Stearns Wharf*

oder direkt am Ufer des Pazifik; insbesondere im Nachbarort **Montecito** gibt es eine hohe VIP-Konzentration. Zu Montecitos prominenten Bewohnern gehört neben u. a. Oprah Winfrey, Jeff Bridges und Jimmy Connors auch der Schriftsteller **T. C. Boyle**, der sich immer wieder intensiv und kritisch mit der gesellschaftlichen Entwicklung seiner kalifornischen Heimat beschäftigt, etwa in seinen Büchern „América (1995), „Riven Rock" (1998), „Wenn das Schlachten vorbei ist" (2011), „San Miguel" (2012) und „Hart auf Hart" (2015). Während sich die ganz große Prominenz naturgemäß gut abzuschotten weiß, lernt man auf einer Fahrt durch die sogenannte **Hope Ranch Residential Area (15)** das luxuriöse Ambiente der „normalen Millionäre" kennen.

In den letzten Jahren rutschte Montecito allerdings zunehmend von den Klatschspalten in die ernsteren Rubriken der Berichterstattung: Wiederholt wurde der Ort Opfer von Naturkatastrophen. Allein das verheerende Thomas Fire (Dez. 2017/Jan. 2018) kostete zahlreiche Menschen das Leben und richtete schwere Zerstörungen an, zudem trafen Schlammlawinen und Überschwemmungen die Stadt. Zwischen Ende 2017 und März 2018 musste Montecito nicht weniger als fünfmal evakuiert werden. Die Wiederaufbauarbeiten sind immer noch im Gange, um die Spuren der Heimsuchungen zu beseitigen. Wann Montecito wieder komplett in altem Glanz erstrahlt, wird die Zukunft zeigen.

## Reisepraktische Informationen Santa Barbara

**Vorwahl**: 805

### Information
**Visitors Center**, 1 Garden St., ℐ 965-3021 und 568-1811, www.santabarbaraca.com. Feb.–Okt. Mo–Sa 9–17, So 10–17, Nov.–Jan. 9–16, So 10–16 Uhr. Hier gibt es Tipps, Tickets und jede Menge Karten.

Das **Outdoors Santa Barbara Visitor Center** informiert in vorbildlicher Weise über die vielfältigen Möglichkeiten, die Landschaft und Kultur der Region zu genießen, vor allem auch die des Channel Islands National Park. Das Zentrum befindet sich direkt am Hafen: 113 Harbor Way, 4th Floor, ① 456-8752, http://outdoorsb.sbmm.org. So–Fr 11–17, Sa 9–15 Uhr.

### Hotels (→ Karte S. 420)

**Motel 6 Santa Barbara Beach $$$–$$$$ (6)**, 443 Corona Del Mar, ① 564-1392, www.motel6.com; das erste Motel 6, das in den USA eröffnet wurde (1962), ist – abgesehen von der Lage fast am Beach – immer noch typisch für die Kette: schlicht, aber mit Pool und der Ausstattung, die man bei einem Mittelklasse-Motel erwarten darf.

**Marina Beach Motel $$$–$$$$ (10)** (→ Karte S. 422), 21 Bath St., ① 307-7764, (855) 384-6321, https://marinabeachmotel.com; sehr angenehmes, familiär geführtes Motel in Strandnähe. Auch Downtown kann zu Fuß gut erreicht werden. Nette und große Zimmer, ansprechend eingerichtet.

**Autocamp Santa Barbara $$$–$$$$ (8)**, 2717 De La Vina St., ① (888) 405-7553, https://autocamp.com. Wer schon immer mal in einem stylishen, metallisch-silber blitzenden „Airstream"-Wohnwagen übernachten wollte, der ist hier richtig. Ausgestattet sind die geräumigen Gefährte mit Küchenzeilen, Picknicktisch und allem, was das Camperherz begehrt. Nur beweglich sind sie nicht mehr ... Mindestaufenthalt 2 Nächte.

**Best Western Plus Pepper Tree Inn $$$–$$$$ (1)**, 3850 State St., ① 687-5511, (800) 338-0030, www.sbhotels.com/best-western-plus-pepper-tree-inn; empfehlenswertes Haus mitten in der Innenstadt, 150 gut ausgestattete Zimmer mit Terrasse oder Balkon, 2 Pools.

**Hotel Milo $$$–$$$$ (9)** (→ Karte S. 422), 202 W. Cabrillo Blvd., ① 965-4577, (800) 965-9776, http://hotelmilosantabarbara.com; schick herausgeputztes Hotel am Strandboulevard, 122 unterschiedlich große Zimmer, tw. mit Meerblick, 2 Außenpools.

**Hyatt Centric Santa Barbara $$$$ (5)**, 1111 E. Cabrillo Blvd., ① 882-1234, www.hyatt.com; jenseits des Hilton Beachfront Resort gelegenes und im spanischen Stil errichtetes First-Class-Haus, 174 Zimmer mit allem Komfort, Restaurant (v. a. spanisch, Seafood), Bar, Pool, Fitness-Center.

**Santa Barbara Inn $$$$–$$$$$ (4)**, 901 E. Cabrillo Blvd., ① (800) 231-0431, www.santabarbarainn.com; ebenfalls jenseits des Hilton Beachfront Resort gelegene Unterkunft der guten Mittelklasse, 70 komfortable und renovierte Zimmer, sehr empfehlenswertes Restaurant, Cocktail Lounge, Pool mit Jacuzzi.

**Best Western Beachside Inn $$$$–$$$$$ (2)**, 336 W. Cabrillo Blvd., ① 965-6556, www.beachsideinn.com; direkt am Strandboulevard und in der Nähe zu allen Attraktionen gelegenes Mittelklasse-Hotel mit 60 Zimmern, Restaurant, Pool, Tennisplatz.

**Hilton Santa Barbara Beachfront Resort $$$$$ (3)**, 633 E. Cabrillo Blvd., ① 564-4333, www3.hilton.com; First-Class-Resort im spanischen Stil mit 360 luxuriösen Zimmern, etwas südlich vom Zentrum und nur durch den Cliff Drive vom Sandstrand getrennt, mehrere Restaurants und Bars, Pool, Spa, Fitness-Raum, Tennis.

**Four Seasons Resort The Biltmore $$$$$ (7)**, Montecito (Stadtteil südöstlich der Downtown), 1260 Channel Dr., ① 969-2261, www.fourseasons.com/santabarbara; erstklassiges und renommiertes Grand Hotel mit 206 komfortablen Zimmern und Appartements, palmengesäumter Park, preisgekröntes Restaurant, alle Annehmlichkeiten.

### Restaurants (→ Karte S. 422)

Nachbarschaft der z. T. exquisiten Santa-Ynez-Weinkellereien und der Standort des American Institute of Wine & Food haben ihren Teil dazu beigetragen, dass Santa Barbara nicht nur als **kulinarisches Mekka** gilt, sondern auch mit die höchste Dichte der Restaurant-Einwohner-Relation in den USA besitzt. Deshalb ist es gar nicht notwendig, nach einem bestimmten Lokal Ausschau zu halten. Es reicht, nur **einmal die State St. hinaufzuspazieren**, wo eine Gaststätte neben der anderen liegt und an den ausgehängten Speisekarten Provenienz und Preisniveau sichtbar werden.

Santa Barbara ist zudem ein Eldorado für Bierfreunde. Eine ganze Reihe Craft-Beer-Brauereien erprobt sich an Geschmäckern, die für mitteleuropäische Gaumen manchmal recht ungewohnt sein können, die zu kosten aber unbedingt lohnt; z. B. hier:

**Figueroa Mountain Brewing Co. (2)**, 137 Anacapa St., ① 694-2252, www.figmtnbrew.com; urige Kneipe in der Funk Zone mit abwechslungsreicher Bierauswahl, Pub-taugliche Gerichte kann man sich aus dem benachbarten Lucky Penny (www.luckypennysb.com) kommen lassen.

Wer Heißhunger verspürt auf ein deutschstämmiges Erzeugnis, der besucht:

**Hoffmann Brat Haus (1)**, 801 State St., ① 962-3131, www.hoffmannbrathaus.com; der Name verrät es: Hier wird in deutscher Tradition (und mit belgischem Einschlag) gebraten. Ein prima Ort also für eine gute Bratwurst und ein Köstritzer Dunkelbier. Mo–Mi 11.30–21, Do bis 21.30, Fr bis 22, Sa 10–22, So 10–21.30 Uhr. Happy Hour tgl. außer Sa 14–18 Uhr.

### Veranstaltungen

Ende Juli/Anfang August wird an die Gründung der Stadt während der **Old Spanish Days** (https://oldspanishdays-fiesta.org) Fiesta fünf Tage lang mit Paraden, Kostümen und viel Essen erinnert.

# Von Santa Barbara nach Los Angeles

Die Strecke von Santa Barbara nach L.A. setzt die Schönheiten der Central Coast fort, obwohl bald schon der Einzugsbereich der Mega-Metropole L.A. durch stärkeren Verkehr und eine zersiedelte Küste bemerkbar werden. Bei **La Conchita** trennen sich die Hwys. 1 und 101 für eine Weile, kommen aber am **Emma Wood State Beach** wieder zusammen. Kurz danach, rund 30 Meilen hinter Santa Barbara, erreicht man schließlich Ventura, ein bei in- und ausländischen Gästen beliebtes Seebad.

## Ventura

*Guter Standort*

Während der letzten Jahre hat sich Ventura zu einem beliebten **Ausflugsziel für Städter** aus L.A. gemausert, ist aber ebenfalls eine hervorragende Alternative als Basis für diejenigen, die nicht im Großstadtgetümmel von Los Angeles nächtigen möchten – daran hat auch das Thomas Fire nichts geändert, das Stadt und County im Dezember 2017 heimsuchte. Hollywood und Universal City sind etwa 1½, L.A. Downtown 2 und Disneyland 2½ Autostunden entfernt. Viele verbringen zudem in diesem beschaulichen Strandort ihre erste bzw. letzte Nacht nach Eintreffen am bzw. vor Abflug vom Flughafen von Los Angeles.

Plant man, Hollywood oder Universal City an einem Tag zu besuchen, bietet sich die folgende Rundfahrt an: Auf dem Fwy. 101 (und später der I-405) nach Universal City bzw. Hollywood und von dort über den Santa Monica Blvd. zurück an die Küste fahren. Von

## Von Santa Barbara nach Los Angeles

Santa Monica aus führt dann der Hwy. 1 zurück nach Ventura. Für diese Rundfahrt empfiehlt sich ein sehr früher Start.

Die Stadt, die ursprünglich San Buenaventura hieß, ist mit ihren knapp 110.000 Einwohnern eines der wesentlichen **Zentren des Obst- und Gemüseanbaus** entlang der Küste. Es gibt hier kaum eine Jahreszeit, in der man nicht frische Erdbeeren, Avocados, Zitrusfrüchte u. a. frische Waren an einem der vielen Straßenstände vor der Stadt erstehen kann. Und im Hinterland befinden sich zudem noch einige Weingüter. Auf Wunsch kann man an einer der Agricultural Tours teilnehmen, die hinter die Kulissen des Obst- und Gemüseanbaus führt. Vor allem aber bietet Ventura ein lebhaftes Treiben zu Wasser und zu Land und lockt mit städtebaulichen und kulturellen Attraktionen sowie vielen Freizeitvergnügungen. Der schöne Strand lädt ganzjährig zum Baden ein, und die Strandpromenade kann man mit dem geliehenen Fahrrad abfahren. Während im Wasser die Surfer Gelegenheit haben, ihre Künste zu zeigen, spazieren die geruhsameren Naturen auf dem hübschen, 1875 erbauten Ventura Pier.

*Viele Straßenstände*

In der **Historic Downtown** um die Main St. herum gibt es nicht nur Antiquitätenläden, sondern auch etliche gut erhaltene historische Gebäude, viele davon in Adobe-Technik errichtet. Das älteste ist die **Mission San Buenaventura**, die Junípero Serra 1782 anlegen ließ und die der Stadt ihren ersten Namen schenkte. Die Kirche, der Friedhof mit den historischen Gräbern dreier Padres und das Museum können besichtigt werden, auch ein kleiner Souvenirladen ist am Platz.
**San Buenaventura Mission**, *211 E. Main St., ☏ (805) 643-4318, www.sanbuenaventuramission.org; tgl. 10–17, Sa ab 9 Uhr, US$ 5, ab 65 J. US$ 4, 5–17 J. US$ 2.*

Weitere Sehenswürdigkeiten im Stadtbereich sind das Albinger Archaeological Museum (*113 E. Main St., ☏ (805) 658-4728, www.cityofventura.ca.gov/639/Albinger-Archaeological-Museum; Mitte Juni–Sept. Sa/So 11–16 Uhr, Eintritt frei*), das Museum of Ventura County (*100 E. Main St., ☏ (805) 653-0323, https://venturamuseum.org; Di–So 11–17 Uhr, US$ 5, ab 62 J. US$ 3, 6–17 J. US$ 1*) sowie das zugehörige Agriculture Museum (*926 Railroad Ave., ☏ (805) 525-3100, Mi–So 10–16 Uhr, US$ 5, ab 62 J. US$ 3, 6–17 J. US$ 1*). Außerdem ist die Stadt Ausgangspunkt für Bootstouren zu den Channel Islands (s. u.), die 1994 zu einem Nationalpark erklärt worden sind.

*Kilometerweise Sandstrand, nicht zu viele Menschen: Ventura Beach*

## Reisepraktische Informationen Ventura

**Vorwahl**: 805

### Information

**Ventura Visitors & Convention Bureau**, 101 S. California St., ② 800-333-2989, https://visitventuraca.com; Mo–Sa 9–17, So 10–16, im Winter tgl. bis 16 Uhr. Im Visitor Center gibt es eine „Historic Walking Tour Guide"-Broschüre, mit der sich Besucher Downtown Ventura selbst erlaufen können. Besonders die Holz-Wohnhäuser aus dem späten 19. Jh. sind immer noch einen Blick wert.

Auch wer nicht vorhat, die Channel Islands (s. S. 433) zu besuchen, sollte einen Blick in das **Channel Islands National Park Visitor Center** werfen (1901 Spinnaker Dr., ② 658-5730, www.nps.gov/chis; tgl. 8.30–17 Uhr). Es gibt einen kleinen Garten mit Pflanzen von den Channel Islands, ein kleines, multimediales Museum und einen Aussichtsturm.

### Hotels

**Inn on the Beach** $$$, 1175 S. Seaward Ave., ② 625-2000, www.innonthebeach ventura.com; nicht mehr ganz taufrische Zimmer, dafür direkt am Strand gelegen. Für Familien und größere Gruppen gibt es das Beach House mit drei Schlafzimmern.

**Crowne Plaza Ventura Beach** $$$–$$$$, 450 E. Harbor Blvd., ② 648-2100, www.crowneplaza.com; modernes Ferienhotel direkt am Strand und zudem nur 5 Minuten von der Innenstadt entfernt. Die meisten Zimmer mit Balkon. Man sollte versuchen, ein Zimmer nach Nordwesten zu bekommen.

**Four Points by Sheraton Ventura** $$$–$$$$, 1050 Schooner Dr. (3 Meilen südl. der Innenstadt an der Ventura Harbor Marina), ② 658-1212, www.marriott.com; Hotel der gehobenen Mittelklasse am Yachthafen, von wo aus auch die Boote zu den Channel Islands ablegen. Die Gebäude sind übrigens von Schülern der Frank-Lloyd-Wright-Architekturschule entworfen worden.

**Ventura Beach Marriott** $$$$, 2055 E. Harbor Dr., ② 643-6000, www.marriott.com; modernes Haus der gehobenen Mittelklasse, 285 geräumige Zimmer, großer Pool, zwischen Innenstadt und Ventura Harbor Marina gelegen.

### Camping

**Staatliche Campingplätze**: **Emma Wood State Beach** (nördlich von Ventura), **McGrath State Beach** (südlich von Ventura, bei Redaktionsschluss wegen Flutschäden geschlossen), zu reservieren über ② (800) 444-7275, www.reserveamerica.com, www.parks.ca.gov. Zudem gibt es noch eine Reihe privater Plätze, z. B. **Lake Casitas** (11311 Santa Ana Rd. Ventura, ② 649-1122, www.casitaswater.org) und **Ventura Ranch KOA** (7400 Pine Grove Rd., Santa Paula, ② (877) 779-8080, https://koa.com/campgrounds/ventura-ranch).

### Restaurants

Viele Restaurants der verschiedensten Küchen sind drei Meilen südlich der Innenstadt im Ventura Harbor Village an der gleichnamigen Marina konzentriert. Die Variationsbreite reicht von griechischen Delikatessen über Fischgerichte bis hin zu einfachen, aber hervorragenden Hot Dogs. Dabei entwickelt sich in der lockeren Atmosphäre nicht selten ein Schwätzchen mit den Freizeitkapitänen.

**Beach House Fish**, 668 Harbor Blvd., ② 643-4783, www.beachhousefish.com; gutes Fischrestaurant direkt am Pier von Ventura. Tgl. 11–20.30, Fr/Sa bis 21 Uhr. Unter gleicher Adresse

*Von Santa Barbara nach Los Angeles*

ist **Beach House Tacos**, ① 648-3177, www.beach-house-tacos.com, längst kein Geheimtipp mehr für gutes, günstiges Frühstück, Lunch und Dinner. Mo–Do 11–20.30, Fr bis 21, Sa 8.30–21, So bis 20.30 Uhr.

### Einkaufen

*Ventura ist Sitz der Outdoor-Bekleidungsfabrik* **Patagonia**, *die besonders für Wasser- und Bergsportler hervorragende Kleidung herstellt. Im Fabrikladen* **Great Pacific Iron Works** *(235 W. Santa Clara St., ① 643-6074, www.patagonia.com; Mo–Sa 10–18, So 11–17 Uhr) kann man die Markenware quasi direkt vom Erzeuger erstehen. Und sofern man kleine Fehler toleriert, erhält man bei* **Real Cheaps Sports** *(Ecke 36 W. Santa Clara/Ventura St., ① 648-3803, www.realcheapsports.com; Mo–Sa 10–18, So bis 17 Uhr) ausgesonderte Stücke noch günstiger. Bekannt ist Ventura auch für seine unzähligen* **Antiquitäten- und Trödelläden**, *die sich vor allem entlang der Main St. befinden. Sie sind wahre Schatztruhen, und wer erst einmal zu stöbern begonnen hat, wird sich für ein paar Stunden nicht wieder davon losreißen können.*

## Channel Islands National Park

Der Channel Islands National Park umfasst heute fünf der insgesamt acht Inseln im Santa-Barbara-Kanal entlang der Küste Süd-Kaliforniens: Anacapa, Santa Cruz, Santa Rosa, San Miguel und Santa Barbara. Die zzt. noch spärlich besuchten Inseln haben einiges zu bieten: Neben den prähistorischen Funden von Mammuts sind dies Überreste indianischer Siedlungen, alte Ranches früher Siedler, eine **bezaubernde Tierwelt** mit unzähligen Seevögeln, Seelöwen und -hunden, seltenen Fuchsarten und nicht zuletzt den Walen, die während der Wintermonate durch den Santa-Barbara-Kanal ziehen und von Booten aus beobachtet werden können. Botaniker werden sich besonders an den vielen Pflanzenarten erfreuen, die es wegen der Insellage nur hier gibt.

*Ein Park aus fünf Inseln*

Bereits die **Überfahrt** zu einer der Inseln – mehr als eine Insel kann man an einem Tag nicht besuchen – verrät das zu erwartende Abenteuer: Zumeist verstecken sich die Inseln in der an der Küste Kaliforniens allgegenwärtigen Verdunstungs-Kältewolke und tauchen i. d. R. erst nach einer einstündigen Seefahrt gespenstisch aus den Nebelschwaden auf. Die Schiffe sind klein, und es schaukelt sehr. Unterwegs begegnet man mit Sicherheit einigen Seehunden. Bevor man dann an Land gehen kann, bedarf es eines weiteren „Umstandes", dem des Ausbootens. In kleinen, 6-sitzigen Booten wird man vom Hauptschiff in Etappen an Land gebracht. Das kann schon mal eine Stunde dauern, denn auch jegliches Gepäck, Kajaks und andere Dinge müssen ausgeladen werden. Das alles aber macht den besonderen Reiz eines Besuches hier aus und hat den unschätzbaren Vorteil, dass eben nur wenige Besucher auf die Inseln gelangen. Ist man erst einmal an Land, und das gilt vor allem für die Inseln Santa Cruz, Santa Rosa und San Miguel, merkt man bald, dass sich diese wenigen Besucher schnell verlaufen und man die Natur dann ganz für sich alleine hat.

*Wenig besucht*

Bei einem Besuch der Channel Islands sollte man bedenken, dass sich die letzte Chance auf Lebensmittel und Getränke auf den Schiffen befindet! Besser aber wäre es, man bringt bereits etwas vom Festland mit. Außerdem ist es sehr kühl, besonders während der Überfahrt. Eine wetterfeste Jacke und einen Pullover sollte man mitnehmen.

## Fauna und Flora

Drei besondere Umstände prägen die Naturlandschaft der Channel Islands: erstens die **Isolation** vom Festland, die vor allem dafür gesorgt hat, dass sich bestimmte Tier- und Pflanzenarten über die Jahrtausende auf eigene Art weiterentwickelt haben. Sie unterscheiden sich oft in Größe, Farbe und Form. So ist z. B. der Inselfuchs ein nur katzengroßer Verwandter des Graufuchses auf dem Festland. Zweitens die **klimatischen** und **geologischen Besonderheiten**, insbesondere die Vermischung kalter und warmer Meeresströmungen, was zu unterschiedlichen sowie starken Winden, zu einer ganz eigenen Meeresflora und -fauna und zu hohen – eingewehten – Salzgehalten auf den Inseln geführt hat. Drittens der **Einfluss des Menschen**, wobei vornehmlich die Rancher und Händler nachhaltig auf das Ökosystem eingewirkt haben. Eingeführte Schafe, Hasen und Rinder schädigten den natürlichen Lebensraum durch den Verzehr verschiedenster typischer Pflanzen.

Die Inseln bieten also für Biologen und naturkundlich Interessierte eine Fülle von Besonderheiten und Erlebnissen, die hier nur kurz angerissen werden können. Im Visitor Center des Parks gibt es aber zahlreiche gute Bücher über den Naturraum der Channel Islands.

Allein 27 verschiedene **Walarten** ziehen während der Wintermonate an den Gewässern der Channel Islands vorbei. Wie überhaupt in dieser Region sichtet man dabei aus der Gruppe der Bartenwale vor allem Grauwale, Finnwale und – weitaus seltener – Blauwale; aus der Gruppe der Zahnwale besonders häufig Orcas und fünf unterschiedliche Delfinarten, die i. d. R. in großen Gruppen anzutreffen sind und gerne die Schiffe zu den Inseln begleiten und mit ihnen „spielen".

Daneben sind **Seehunde und Seelöwen** häufige Gäste an den Ufern der Channel Islands. Dabei unterscheidet man zwischen See-Elefanten (Gattung: mirounga), Seehunden (phoca vitulina) und Seelöwen (otariidae). Seehunde werden bis zu 2 m groß, Seelöwen zwischen

*Auf den Inseln findet sich eine reiche Tierwelt*

2 m (Weibchen) und 3,50 m (Männchen) und männliche See-Elefanten bis zu 6½ m. Als beste Insel zur Beobachtung dieser Tiere gilt San Miguel und hier vor allem der Point Bennett im Westen, wo sich zwischen Dezember und August ganze Kolonien, die z. T. einige Tausend Tiere umfassen, der Aufzucht der Jungen widmen. Auf die Frage, warum ausgerechnet San Miguel von so vielen Seehunden und -löwen aufgesucht wird, gibt die Abgeschiedenheit der Insel, die auch Robbenjägern zu weit war, die wichtigste Antwort. Außerdem sorgt die Vermischung warmer südlicher und kalter nördlicher Ströme bei Point Bennett für einen idealen Speiseplan. Denn dort können auf einem relativ kleinen Wasserareal die unterschiedlichsten Pflanzen und Meerestiere leben und gedeihen. Hinzu kommt noch eine Tiefenströmung, die nährstoffreiches Wasser und Plankton vom Meeresboden hochwirbelt. An keinem anderen Punkt entlang der Inseln ist die Artenvielfalt und damit das Nahrungsangebot für die Seehunde und -löwen so groß.

*Interessante Fauna*

Die Menge der Tiere ist andererseits aber auch dafür verantwortlich, dass etwa ein Viertel der Jungen bereits während der ersten Lebenswoche stirbt.

Unter den Landtieren verdienen die **Insel-Graufüchse** (urocyon littoralis) eine besondere Erwähnung, die auf San Miguel, Santa Rosa, Santa Cruz, Santa Catalina, San Nicolas und San Clemente vorkommen. Die meisten Insel-Graufüchse, rund 900 Exemplare, wurden auf Santa Rosa gezählt. Diese Tiere haben sich durch die Isolation der Inseln zu einer ganz eigenen Art entwickelt, die viel kleiner als die festländische ist. Man schätzt, dass die Füchse seit mehr als 10.000 Jahren auf den Inseln leben. Wie sie überhaupt hierhergekommen sind, ist umstritten. Ein ausgewachsener Insel-Graufuchs wird maximal 70 cm lang, bis zu 30 cm hoch und wiegt nicht viel mehr als 2 kg. Damit ist er um 18 % kleiner als sein nächster Verwandter, der Graufuchs.

*Eigene Fuchs-Art*

Zu den **anderen Tieren** des Nationalparks zählen u. a. über 260 Vogelarten, darunter Pelikane und verschiedenste Seemöwen, sowie 25 Haiarten, von denen der bis zu 9 m lange Weiße Hai der eindrucksvollste ist. Unter den 13 Landsäugetierarten auf den Inseln gehören allein 8 der Gattung der Fledermäuse an.

## Die Inseln im Einzelnen

### Anacapa

Anacapa Island befindet sich elf Meilen südwestlich von Oxnard, ist 2,7 km² groß und hat ihre höchste Erhebung bei 300 m ü. d. M. Sie besteht aus den drei gut unterscheidbaren Teil-Inseln West-, Middle- und East Anacapa Island. Das Schiff landet nahe dem Visitor Center auf East Anacapa an, wo sich auch der **Campingplatz**, ein kleines **Museum**, ein **Leuchtturm** und ein etwa 2 km langer **Lehrpfad** befinden. Bitte nicht zu nahe an den Leuchtturm herangehen, denn seine akustischen Nebelsignale können das Gehör schädigen! Ebenfalls wichtig: Auf der Insel gibt es **kein Trinkwasser**, man muss also selbst ausreichend Wasser mitbringen.

*Felsenlandschaft* — Anacapa Island ist die einzige Insel im Nationalpark, die vornehmlich aus einer Felsenlandschaft besteht. Diese zu erkunden, fasziniert vor allem **Kajaker**, die mit den Booten in Höhlen und Grotten sowie um eindrucksvolle Felsgebilde paddeln können.

Die bekannteste Höhle ist die Cathedral Cave, und die schönste Felsformation ist der Arch Rock, beide auf East Anacapa. Ein weiteres beliebtes Ziel sind die Tide Pools (Gezeiten-Pools) und Frenchy's Cove, eine pittoreske natürliche Bucht mit einem Strand und einem idealen Areal zum Schnorcheln. Wenn der Wasserstand niedrig ist oder man Lust auf **Schnorcheln** hat, sollte man versuchen, das 1853 gesunkene Schiff, die *Winfield Scott*, nördlich von Middle Anacapa zu erkunden.

*Blumenwiese auf Anacapa*

## Santa Cruz

Santa Cruz ist mit 248 km² die **größte Insel** des Nationalparks und damit 2½-mal so groß wie Sylt; ihr höchster Punkt liegt bei 780 m ü. d. M. Sowohl die 123 km lange Küstenlinie als auch das die ganze Insel durchziehende Central Valley versprechen eine große botanische Vielfalt – es gibt alleine 670 Pflanzenarten auf Santa Cruz – schöne Wanderwege und ein ideales Revier zum Kajaken. Um diese Insel auch nur annähernd zu erkunden, benötigt man einige Tage.

Santa Cruz ist eine **Insel der Gegensätze**. Gerade die diversifizierte Geografie macht sie so interessant. Im Central Valley kann es z. B. im Sommer an die 40 °C heiß werden, während die Temperaturen im Winter auf bis zu -8 °C fallen. Die ganze Insel ist von einer Grasfläche überzogen, auf der im Frühjahr die buntesten Blumen blühen. An den Inselrändern fällt diese Fläche an vielen Punkten in nahezu dramatischer Weise zum Meer ab. An diesen Kliffen finden dann wiederum die Seevögel ein hervorragendes Brutgebiet vor. Kajaker werden auch hier die verschiedenen Höhlen und Grotten zu schätzen lernen, von der die bekannteste die Painted Cave im Nordwesten ist.

*Stark schwankende Temperaturen*

## Santa Rosa

Die bis auf 500 m Höhe ansteigende Insel Santa Rosa ist 217 km² groß. Mit ihren weiten Grasflächen und Kliffen im Nordosten ähnelt sie Santa Cruz, sodass man auf einen Besuch *beider* Inseln eigentlich verzichten kann. Immerhin kann Santa Rosa mit einigen Besonderheiten aufwarten: Zum einen sind dies die kleinen **Inland-Canyons** und zum anderen die Tatsache, dass die Insel landwirtschaftlich sehr stark genutzt, z. T. übernutzt worden ist. Rinder- und Schafzucht bestimmten das Bild über 100 Jahre, und viele Tiere und Pflanzen wurden dadurch ausgerottet bzw. in winzige Rückzugsnischen gedrängt. Anderseits haben sich auch Arten entwickeln können, die von den Menschen hierher gebracht worden sind bzw. die sich erst durch die Exkremente der Tiere entwickeln konnten. Auch eine kleine, mittlerweile nicht mehr genutzte Militärbasis im Süden hat ihre Spuren hinterlassen. Außerdem wurden einige **Überreste von Mammut-Skeletten** auf Santa Rosa gefunden.

*Landwirtschaftlich genutzt*

## San Miguel

Die 36 km² große Insel San Miguel besteht aus einem etwa 150 m hohen, grasbedeckten Hochplateau, das nur unterbrochen wird von zwei kleinen Bergen (höchster Punkt: 250 m ü. d. M.). Bäume gibt es nur an wenigen Punkten. Botaniker werden sich aber an der **Artenvielfalt** der Strand- und Sanddünenvegetation sowie an den im Frühjahr und Sommer blühenden, bis zu 3 m hoch aufwachsenden Sonnenblumen erfreuen. An den Küsten beeindrucken vor allem die Sanddünen. Besonders die Seehunde und -löwen sowie die See-Elefanten lieben hier die Strände. Zu Tausenden leben sie während ihrer Paarungs- und Tragzeit sowie für die Aufzucht der Jungen am Point Bennett am westlichen Ende der Insel. Das nährstoffreiche Wasser an dieser Stelle bietet ihnen ideale Lebensbedingungen.

Ein Besuch des **Versteinerten Waldes** (Caliche Forest) in der Inselmitte sollte auch nicht fehlen, zeugt dieser doch vom tropischen Klima vor einigen Millionen Jahren. Die

*Besiedlungs-geschichte* — Insel weist zudem eine vielseitige Geschichte auf, die so manche Tragödie gesehen hat. Die ersten Bewohner waren die Chumash-Indianer, die hier bereits vor 10.000 Jahren gelebt haben sollen. Sie wurden Mitte des 19. Jh. zwangsumgesiedelt. Überreste ihrer Siedlungen und Lagerplätze sind auch heute noch auf der Insel zu finden. Erster Europäer war der portugiesisch-spanische Entdecker Juan Rodríguez Cabrillo, der 1542/43 mit seinem Corps hier überwinterte. Er starb im gleichen Winter auf der Insel an einer Wundinfektion. Das 1937 errichtete Grab oberhalb des Cuyler Harbor erinnert an ihn.

Mitte des 19. Jh. wurde die Insel von Ranchern besiedelt, deren letzter Herbert Lester gewesen ist, der „König von San Miguel". Von 1948–65 wurde die Insel dann von der Navy als **Übungszielgebiet für Bomber** genutzt. Noch heute sieht man viele der Bombenkrater, und es wird dringend darauf hingewiesen, auf den markierten Wanderwegen zu bleiben, da sich immer noch aktive Bomben unter dem Sand befinden können.

### Santa Barbara

Die mit nur 2½ km² **kleinste Insel** des Nationalparks liegt über 60 km südlich der anderen Inseln am Nordwestende von Santa Catalina Island. Zum Festland sind es 74 km. Das Landschaftsbild wird von zwei runden Hügeln (höchster Punkt: 200 m ü. d. M.) im Westen beherrscht, zu deren Füßen sich eine Grasfläche ausbreitet, die an vielen Punkten steil ins Meer abfällt. Das Meer hat hier einige Kliffe geschaffen.

Trotz der isolierten Lage gab es ursprünglich auf Santa Barbara ebenfalls eine artenreiche Tier- und Pflanzenwelt, die jedoch durch landwirtschaftliche Übernutzung – verbunden mit dem Abbrennen der Wälder – sehr stark in Mitleidenschaft gezogen wurde. Der **Überweidung** konnten sich nur einige widerstandsfähigen Pflanzen entgegenstellen, besonders Kakteen und Dornensträucher. Das Netz der Wanderwege ist insgesamt 8 km lang, wobei man den kurzen Canyon View Nature Trail (an der Ranger Station) mit seinen Erläuterungen zuerst erlaufen sollte. Auch für diese Insel gilt es, das Trinkwasser mitzubringen.

## Reisepraktische Informationen Channel Islands National Park

### Information

*Auskünfte erteilt das **Channel Islands National Park Visitor Center** in Ventura (s. S. 432). Hier wird auch ein 25-Minuten-Film gezeigt, und es gibt einige Infokästen sowie Literatur. In der Stadt Santa Barbara empfiehlt sich der Besuch des **Outdoors Santa Barbara Visitor Center** (s. S. 429), das viele Vorschläge für den Aufenthalt im Nationalpark bereithält.*

### Camping

*Die meisten Besucher des Nationalparks machen einen Tagesausflug auf eine der Inseln und übernachten anschließend wieder in Ventura. **Einfache Campingplätze** gibt es auf allen Inseln. Fürs Campen benötigt man ein Permit von der Parkverwaltung. Alle **Lebensmittel** müssen selbst mitgebracht werden. Auch sollte man sich erkundigen, ob der ausgewählte Platz über **Trinkwasser** verfügt (derzeit so auf Santa Rosa und Santa Cruz). Feuer sind verboten, nur ein Gaskocher darf verwendet werden.*

Für Infos, Buchungen und den aktuellen Stand des Verpflegungssystems wende man sich an **Island Packers**, 1691 Spinnaker Dr., Ventura, ✆ 642-1393, https://islandpackers.com. Das Büro des seit 1968 etablierten Veranstalters befindet sich direkt neben dem Visitor Center des Nationalparks im Ventura Harbor Village. Buchungen für einige Inseln auch über www.recreation.gov möglich, ✆ (877) 444-6777.

### ✈ Flüge
**Channel Islands Aviation**, 305 Durley Ave., ✆ (805) 987-1301, www.flycia.com, bieten Flüge vom Camarillo Airport zu den Inseln Santa Cruz und Santa Rosa an. Halb- und ganztägige Ausflüge sind möglich.

### 🥾 Wandern
Zum Wandern eignen sich die Inseln Santa Cruz (Ein- und Mehrtagestrips), San Miguel und Santa Rosa (Zwei- und Mehrtagestrips).

### 🛶 Kajaking
Am schönsten sind Kajaktouren um Anacapa Island, denn hier gibt es unzählige Höhlen, Grotten und Felsformationen zu erkunden. Alternativ dazu sind Touren um Santa Cruz Island und San Miguel lohnend. Mehrere Unternehmen, die alle über Island Packers gebucht werden können, haben entsprechende Angebote, bei denen Guides, Bootsausrüstung und Logistik gestellt werden.

### 🚢 Bootstouren
Das Unternehmen **Island Packers** organisiert sehr interessante Bootstouren zu den Inseln. Die Boote verlassen i. d. R. die Marina von **Ventura** am Morgen (Zeiten variieren), einige Touren beginnen aber teilweise auch von Santa Barbara (z. B. San Miguel) und Oxnard. Da es keine einheitlichen Fährzeiten und Abfahrtszeiten gibt, ist es unbedingt erforderlich, sich rechtzeitig telefonisch zu erkundigen. Von Ende Dezember bis Anfang Mai sowie von Mitte Juni bis Mitte September gibt es daneben ganztägige Whale-Watching-Trips. Auch hierfür sollte man sich rechtzeitig anmelden. Von **Santa Barbara Harbor** bietet **Truth Aquatics** Bootstouren zu den Inseln an, 301 West Cabrillo Blvd., ✆ (805) 962-1127, www.truthaquatics.com. Weitere Infos: www.nps.gov/chis/planyourvisit/island-transportation.htm.

*Auf dem Weg nach L.A.*

Zehn Meilen hinter Ventura teilen sich in **Oxnard** die Hwys. 1 und 101 erneut. Falls man nicht nach Downtown L.A. oder auf schnellstem Weg zum System der innerstädtischen Freeways fahren muss, ist hier dem Hwy. 1 (Pacific Coast Hwy.) der Vorzug zu geben, der wie immer direkt an der Küste entlangführt. Auf einer Panoramastrecke unterhalb der Steilküste und oberhalb des Meeres geht es immer näher auf die Millionen-Metropole zu, wobei zunächst die Villen der Begüterten und die **Santa Monica Mountains** das Bild bestimmen (aber auch die Spuren des Woolsley Fire vom November 2018 noch nicht überall getilgt sind) – kein Zweifel: Man nähert sich dem Nobelvorort **Malibu** (s. S. 252). An mehreren Stellen sind Abfahrten zum Strand ausgeschildert (Coastal Access), die nun natürlich sehr viel stärker frequentiert sind. Vielleicht tut es aber gut, noch einmal eine Badepause einzulegen (z. B. am sehr schönen **Leo Carrillo State Beach**), bevor man sich in das Getümmel der größten Stadt des amerikanischen Westens stürzt. Nach weiteren herrlichen Stränden überschreitet man schließlich in Malibu die Grenze von Greater L.A.

## Von Los Angeles nach San Francisco durchs Inland

Die Fahrt von der Megalopolis am Pazifik durchs Inland nach San Francisco ist über weite Strecken ein reiner Autobahn-Transfer ohne besondere Sehenswürdigkeiten. Lohnend wird die Strecke aber allein schon durch den Aufenthalt in den Nationalparks Sequoia und Kings Canyon. Außerdem besteht die Möglichkeit, im weiteren Verlauf auch dem Yosemite NP einen Besuch abzustatten und die letzte Etappe mit den Zielen der ab S. 342 beschriebenen Rundfahrt zu kombinieren, d. h. ab Yosemite entweder durch das pittoreske Gold Country oder in einem weiteren Bogen über Mono Lake und Lake Tahoe zurückzufahren. Zunächst verlässt man die Millionenmetropole nordwärts über die I-5, die einen durch das dichtbesiedelte San Fernando Valley bringt.

### Valencia

Hier leben nach einem enormen Wachstum der letzten Jahre heute etwa 62.000 Menschen. Die „Stadt in der Stadt" ist ein Teil der Großstadt **Santa Clarita**, die insgesamt rund 211.000 Einwohner hat. Valencia liegt ca. 40 km hinter der Stadtgrenze von L.A. und etwa 55 km nördlich der Downtown. Ihre Geschichte ist ebenso jung wie interessant, denn Valencia wurde in den 1960ern von dem österreichischen Architekten und Städteplaner Victor Gruen komplett am Zeichentisch entworfen – mit einzelnen Sektionen („villages"), die alle ihre eigenen Schulen, Schwimmbäder, Shoppingcenter etc. haben. Ein weiteres Kennzeichen der Stadt ist ihre Mischbebauung von Apartment-, Einfamilien-, Bürohäusern, Industrie- und Einkaufsbetrieben etc., die Verbindung der einzelnen villages durch ein 40 km umfassendes Netz von Gehwegen (paseos), die vielen Grün- und Freiflächen, eine ziemlich gut ausgebildete Bevölkerungsstruktur sowie eine sehr geringe Kriminalitätsrate.

*Am Zeichentisch entworfen*

Bei Valencia hat man nochmals die Möglichkeit, einen der vielen Freizeitparks des vergnügungssüchtigen L.A. aufzusuchen: **Six Flags California**. Der Park verspricht als Flaggschiff des Six-Flags-Unternehmens (andere Six-Flags-Parks gibt es u. a. in Dallas, Houston, Atlanta und St. Louis) ähnliche Attraktionen wie Disneyland oder Knott's Berry Farm. Auf dem **Magic Mountain** sind ebenfalls Zeichentrickfiguren allgegenwärtig, da der Park unter dem „Patronat" der Warner-Brothers-Figur Bugs Bunny steht. Außer einem riesigen Gelände mit viel Grün und Wasser bietet der Magic Mountain auch Shows mit Delfinen, Seelöwen und anderen Tieren, artistische Vorstellungen, ein Marionettentheater und viel Spielgerät. Das größte Highlight aber ist sicherlich die beeindruckende Ansammlung von **19 Achterbahnen**, Loopings und stählernen Spiralen. Bei einigen Geräten stürzt man Dutzende von Metern im freien Fall in die Tiefe, bei anderen macht man mehrere vertikale Drehungen von jeweils 360 Grad mit, bei wieder anderen durchrast man Wasserbecken. Namen wie Twisted Colossus, The New Revolution, Ninja, Viper oder Scream sprechen für sich, bei den Rides im DC Universe orientieren sich die Rides thematisch an den bekannten Superhelden und -schurken (z. B. Batman, Superman, Lex Luthor).

*Für Schwindelfreie*

Direkt neben dem Magic Mountain liegt ein zweiter Vergnügungspark, der **Hurricane Harbor**, eine Wunderwelt voller Lagunen, tropischem Dschungel, Schiffswracks und Piratenschätzen. Natürlich ist auch hier jede Menge Action angesagt, u. a. in nicht weni-

ger als 14 Wasser-Attraktionen. Beide Parks werden getrennt verwaltet, aber gemeinsam unter dem Namen Six Flags California vermarktet. Für das leibliche Wohl sorgen mehrere Restaurants, und wer die Nacht hier verbringen möchte, hat dazu die Möglichkeit in einigen nah gelegenen Hotels/Motels.
**Six Flags Magic Mountain**, *26101 Magic Mountain Pkwy., ✆ (661) 255-4100, www.sixflags.com/magicmountain; Öffnungszeiten variieren, Eintritt US$ 89,99, Kinder unter 48" (knapp 122 cm) US$ 59,99 (online deutlich günstiger). Der* **Six Flags Hurricane Harbor** *ist nur im Sommer (Mai–Sept.) geöffnet und kostet separaten Eintritt (US$ 44,99, ebenfalls online deutlich günstiger).*

Kurz hinter Valencia müssen die Coast Ranges überwunden werden, die den Stillen Ozean vom Central Valley trennen. Die I-5 nimmt diese Hürde mit Leichtigkeit, passiert bewaldete Höhen und schöne Seen (Castac Lake, Pyramid Lake, Castaic Lake) und führt auf der anderen Seite in das breite Central Valley, den größten Gemüse- und Obstgarten der Vereinigten Staaten, der aber ohne eine intensive Bewässerung nicht bewirtschaftet werden könnte. Vor **Mettler** biegt man hier auf den Hwy. 99 ab, der einen auf schnurgerader Strecke nach Bakersfield bringt.

*Landwirtschaftliches Zentrum*

## Bakersfield

### Information
**Visitors Information Center**, *515 Truxtun Ave., Bakersfield, CA 93301, ✆ (661) 852-7282, (866) 425-7353, www.visitbakersfield.com; Mo–Fr 8–17 Uhr.*

Die Stadt, mit rund 375.000 Einwohnern eine der am schnellsten wachsenden Großstädte der USA, stellt das südliche Zentrum der San Joaquin Valley genannten Region dar und entspricht in seiner Bedeutung dem nördlichen Fresno. Der Ort ist mit seiner niedrigen, ausufernden und unspektakulären Bebauung keine Augenweide. Sofern man hier nicht auf das ganz gute Übernachtungsangebot zurückgreifen möchte, kann man ihn getrost links liegen lassen – sehenswert ist allenfalls das 5 km östlich gelegene **Kern County Museum**, das mit Gebäuden aus der Zeit von 1880 bis 1930 ein richtiges „Pioneer Village" repräsentiert (*3801 Chester Ave., ✆ (661) 437-3330, https://kerncountymuseum.org; Mo–Sa 10–17, So ab 12 Uhr (im Winter bis 16 Uhr, Mo geschlossen), US$ 10, Senioren US$ 9, Kinder ab 3 J. US$ 5*), und das **California Living Museum**, 6 km nordöstlich des Stadtzentrums, in dem man Hunderte von kalifornischen Wüstentieren in natürlicher Umgebung sieht (*10500 Alfred Harrell Hwy., ✆ (661) 872-2256, http://calmzoo.org; tgl. 9–16 Uhr, US$ 10, ab 60 J. US$ 7, 3–12 J. US$ 5*).

*San Joaquin Valley*

Für die nächsten 100 km hat man die Wahl zwischen dem autobahnähnlichen und stark befahrenen Hwy. 99 und dem weiter östlich verlaufenden Hwy. 65, der als wenig frequentierte und auch kürzere Route das landwirtschaftlich genutzte Umfeld des Central Valley durchquert. In beiden Fällen fährt man fast schnurgerade nach Norden, vorbei an Weiden, Feldern, Farmen, Dörfern und Kleinstädten, bis man auf den Hwy. 198 stößt. Auf diesem geht es über **Visalia** bzw. **Exeter** anschließend ostwärts und geradewegs auf die hochaufsteigende Sierra Nevada zu. Schon vor der Ortschaft **Three Rivers**, in der man einige Läden, Restaurants und Motels findet, wird es landschaftlich entschieden reizvoller, nicht umsonst ist der Highway als Scenic Route ausgeschildert. Nachdem sich die Straße am **Lake Kaweah** vorbeigewunden hat, schraubt sie sich in etlichen Serpen-

*Am Lake Kaweah geht es vorbei Richtung Sequoia und Kings Canyon National Park*

tinen von rund 500 m ü. d. M. auf über 2.000 m an der Gebirgsflanke hoch. Schöne Blicke und der Nationalpark oben entschädigen für die Kurverei.

## Sequoia und Kings Canyon National Park

Da der 162.884 ha große Sequoia und der 186.821 ha große Kings Canyon National Park direkt aneinandergrenzen, werden sie oft in einem Atemzug genannt und touristisch als eine Einheit behandelt. Zusammen erstrecken sie sich über 104 km in Nord-Süd-Richtung und bieten einige der **schönsten Landschaften Amerikas**. Das Rückgrat des Areals ist das schneebedeckte Bergmassiv der Sierra Nevada. Mt. Whitney, der höchste Gipfel des amerikanischen Festlandes südlich von Alaska, erhebt sich majestätisch über dieses Gebiet und bildet die Ostgrenze des Parks. Trotz ihrer geografischen Nähe und der gemeinsamen wilden Urwüchsigkeit sind die Sehenswürdigkeiten von Sequoia und Kings Canyon jedoch ganz verschiedener Art. Sequoia, die südlichere Region, hat 32 Gebiete mit riesigen Mammutbäumen, die dem Park den Namen gegeben haben und mit das älteste pflanzliche Leben auf der Welt verkörpern. Kings Canyon hingegen hat zwar auch herrliche Bestände an Mammutbäumen, ist aber ansonsten durch zwei tiefe Schluchten (gebildet durch den Kings River und seine Nebenflüsse) und steil aufragende Felswände, unzählige Seen, tosende Wasserfälle und Bergwiesen geprägt.

*Mt. Whitney*

Immer schon war die Region von Indianerstämmen besiedelt, die jedoch nach Ankunft der Weißen von bis dahin nicht gekannten Krankheiten (Pocken, Scharlach, Masern) hinweggerafft oder in blutigen Kämpfen mit Goldsuchern und Siedlern vertrieben wurden. Den Berichten dieser Pioniere über „riesenhafte Bäume" wurde im Land zunächst wenig Glauben geschenkt. Nachdem aber die abgesägten Baumteile einiger Exemplare

*Schutz der Mammutbäume*

in den Osten gebracht wurden – später sogar nach Europa –, stieg die Bereitschaft, diese einzigartigen Pflanzen zu retten. Der Entschluss, Sequoia unter Naturschutz zu stellen und als Nationalpark zu installieren, ist einerseits auf die Aufklärungsarbeit des großen John Muir zurückzuführen, wurde andererseits aber auch dadurch erleichtert, dass die wirtschaftlich Nutzung der Mammutbäume schwierig war. Denn im Gegensatz zu den Redwoods sind die **Riesensequoien** nicht leicht zu verarbeiten und außerdem einfach zu schwer für den Transport. Außerdem zerbarsten sie beim Fällen häufig durch den Aufprall unter ihrem eigenen Gewicht. Trotzdem sind in der zweiten Hälfte des 19. Jh. unzählige Exemplare gefällt worden, um Brennholz aus ihnen zu machen, darunter wahrscheinlich die größten Bäume der Welt. 1890 war es dann so weit: Man erklärte das Sequoia-Gebiet zum zweiten Nationalpark der Vereinigten Staaten, nur fünf Tage bevor der Yosemite NP in den gleichen Stand gesetzt wurde. Im selben Jahr wurde auch die Grant Grove unter nationalen Naturschutz gestellt, die dann später im 1941 geschaffenen Kings Canyon NP aufging.

*Blick in den Sequoia NP*

Bei der Besichtigung der beiden Nationalparks kann man auf der beschriebenen Streckenführung auf dem Hwy. 180 (der innerhalb des Parks Generals Highway heißt) zuerst dem Giant Forest einen Besuch abstatten. Nicht nur mit dem **General Sherman Tree**, dem vom Volumen her größten Baum der Welt (s. Kasten), macht dieser Wald seinem Namen alle Ehre: Auf zahlreichen kurzen Pfaden kann man sich auch mit den anderen Waldfürsten bekannt werden. An der Kreuzung im Giant Forest Village führt eine Straße nach rechts, auf der man weitere mächtige Bäume und Panoramen zu Gesicht bekommt und auch den Granitbrocken **Moro Rock** (2.050 m) über eine Felsentreppe erklimmen kann. Die Mühe wird mit einem weiten Rundblick belohnt. Zurück im Village, geht ein letzter, 15 km langer Abstecher nach links zur **Crystal Cave** ab. Die Tropfsteinhöhle erreicht man vom Parkplatz aus auf einem knapp 1 km langen, steilen Pfad. Durch die Höhle wird man von Rangern auf einer ca. 500 m langen Tour begleitet (Zeiten im Visitor Center erfragen).

*Zweitdickster Baum der Welt*

Bei der Weiterfahrt kommt man nach Grant Grove, einem der beiden „urbanisierten" Parkteile (Visitor Center, Campingplätze, Lodges, Restaurants, Läden), der außerdem über einige der größten Sehenswürdigkeiten verfügt. Dazu gehört an erster Stelle der **General Grant Tree**, der zweitvoluminöseste bekannte Baum dieser Erde. Er misst über 81 m und hat ein Volumen von 1.357 m³, sein Alter wird auf ca. 1.650 Jahre geschätzt. Im Jahre 1926 erklärte Präsident Calvin Coolidge den General Grant Tree zum „Nation's Christmas Tree". Auch seine Nachbarn sind von enormen Dimensionen.

## Pflanzen- und Tierwelt

Es ist kein Wunder, dass das immens große Gebiet der beiden Nationalparks, das ja sehr unterschiedliche Landschaften umfasst, über ein **reichhaltiges Tier- und Pflanzenleben** verfügt. In die unzugänglichen Bergregionen haben sich Pumas, Dickhornschafe und Schwarzbären zurückgezogen, während man Maultierhirsche, Kojoten, Füchse, Murmeltiere, Waschbären, Stachelschweine, Marder, Pfeifhasen, Fledermäuse und natürlich die Erd- und Baumhörnchen eher zu Gesicht bekommt.

In dem Areal sind 160 Vogelarten heimisch, darunter viele Finken, Drosseln, Spechte, Zaunkönige, Amseln, Häher und Kolibris. Häufiger Gast an Camping- und Rastplätzen ist der schwarzköpfige und sonst wunderschön blau gefiederte Diademhäher (Steller's jay). Größere Räuber sind Habichte, Eulen und Bussarde, und im Hochgebirge haben die Steinadler ihre Horste.

*160 Vogelarten*

Außer den Mammutbäumen (s. Kasten), die oft in Hainen (Groves) zusammenstehen, sind natürlich auch andere **Nadelbäume** anzutreffen wie Kiefern, Tannen und Weihrauchzedern. In den höheren Lagen geht die Vegetation zu Steinkiefern und Krüppelbäumen über, darüber erstrecken sich Matten und Blumenwiesen.

## Die Mammutbäume

*info*

Die Mammutbäume oder Riesensequoien (sequoiadendron giganteum), deren nächste Verwandte die Redwoods (sequoia sempervirens) an der Pazifikküste sind (s. S. 329), gehören zu den größten und ältesten Bäumen der Welt. Es gibt sie lediglich an den Westhängen der Sierra Nevada im mittleren Kalifornien und nur in einer Höhenlage zwischen 1.200 und 2.400 m ü. d. M. Mit den Redwoods haben sie die rötliche Holzfärbung, die Resistenz gegen Schädlinge und Feuer sowie die archaische biologische Struktur gemeinsam. Der Unterschied der nahen Verwandten liegt darin, dass die Mammutbäume noch älter werden können (man schätzt 3.200 bis 4.000 Jahre) und zwar etwas kleiner, dafür aber von viel größerem Umfang sind.

Während der Höhen-Weltrekord also im Redwood National Park verbleibt, gelten die Riesensequoien als die größten Bäume der Welt (d. h. sie haben das größte Volumen). In Zahlen bedeutet das für den absoluten Giganten **General Sherman Tree** (Giant Forest), der als der voluminöseste Baum überhaupt gilt:

| | |
|---|---|
| Höhe: | 83,8 m |
| Gewicht: | 1.200 t |
| Größter Stammbasisdurchmesser: | 11,1 m |
| Umfang an der Stammbasis: | 31,12 m |
| Durchschnittl. Kronendurchmesser: | 32,5 m |

Ihm folgt der General Grant Tree (Grant Grove), der genauso dick, aber ca. 2 m kürzer ist. Neben ihrer riesenhaften Erscheinung ist das biblische Alter der Bäume bemerkenswert. Viele der Giganten zählen mehr als 2.000 Jahre. Damit wird angesichts der majestätischen Bäume die menschliche Existenz gleichzeitig relativiert – auch das ist eine Erfahrung, die man in den beiden Nationalparks machen kann. Und man versteht auch, warum die Indianer den Mammutbäumen immer mit Ehrfurcht begegnet sind.

## Die Kings-Canyon-Panoramastraße

Falls man genügend Zeit mitbringt, kann man sich auf dem kurvenreichen, schwierig zu fahrenden und im Winter gesperrten Scenic Byway zu den anderen nördlichen **Naturschönheiten** des Kings Canyon National Park begeben. Auf der Panoramastraße kommt man an schäumenden Katarakten, tiefen Schluchten und der Cedar Grove vorbei, alles Ziele, die man sich von Parkplätzen oder auf kurzen Spaziergängen näher anschauen sollte. Die Straße endet an einem Parkplatz, der eine schöne Aussicht u. a. auf den Gipfel des Glacier Monument (3.403 m) bietet. Auf dem Weg dorthin oder zurück kann man die Schönheit der Zumwald Meadows auf einem der vielen markierten Wanderwege genießen. Bei der Rückfahrt kann man auf den schmalen, 6 km langen Cedar Grove Motor Trail ausweichen, eine unbefestigte Einbahnstraße mit vielen Erläuterungen zu Flora und Fauna der Region. Nachdem man wieder Grant Grove passiert hat, verlässt man schließlich den Nationalpark über den Hwy. 198 in westlicher Richtung.

*Schöne Wanderungen*

## Reisepraktische Informationen Sequoia & Kings Canyon National Parks

### Information

**Sequoia & Kings Canyon National Parks**, The Superintendent, 47050 Generals Hwy., Three Rivers, ☎ (559) 565-3341 (aufgezeichnete Informationen), www.nps.gov/seki. Der Eintrittspreis beträgt US$ 35 pro Fahrzeug bzw. US$ 20 p. P. (Fußgänger/Radfahrer).

### Unterkunft

*In den beiden Villages Grant Grove und Giant Forest konzentriert sich das touristische Leben, das im Winter allerdings stark eingeschränkt ist. Dort gibt es Unterkünfte aller Art, von stabilen Wohnzelten ohne jeglichen Komfort über Cabins und Blockhütten bis zu großzügigen Lodges mit Hotelzimmern. Reservierungswünsche für die Unterkünfte im Sequoia und Kings Canyon National Park sind zu richten an:* **Sequoia & Kings Canyon National Parks**, *P.O. Box 89, Sequoia National Park, ☎ (855) 985-3289, www.visitsequoia.com. Empfehlenswert ist z. B.:*
**John Muir Lodge $$–$$$**, *Hwy. 180; knapp 2.000 m hoch im Kings Canyon NP gelegene Lodge mit modernen Zimmern, im Sommer auch Blockhäuser, Restaurants, Laden und Visitor Center nahebei.*

*In den beiden Parks gibt es* **14 Campingplätze**, *davon sind drei ganzjährig geöffnet: Lodgepole, Azalea und Potwisha. Bei sechs Plätzen ist Reservierung möglich (Potwisha, Buckeye Flat, Lodgepole, Dorst Creek, Sunset und Sentinel), sonst gilt „first come first serve". Infos und Reservierung online unter www.nps.gov/seki/planyourvisit/campgrounds.htm, Kontaktdaten s. o. Außerhalb des Parks stehen am südlichen Ausgang in Hammond und Three Rivers einige Motels zur Verfügung, so z. B. ca. sechs Meilen vom Nationalpark entfernt:*
**Comfort Inn & Suites Sequoia Kings Canyon $$–$$$**, *40820 Sierra Dr., Three Rivers, ☎ (559) 561-9000, www.choicehotels.com/comfort-inn; modernes Haus mit Restaurant und 103 Zimmern, darunter mehrere Suiten mit Kamin und Jacuzzi. Noch weiter weg haben Fresno und Visalia das größte Zimmer-Angebot.*

## Beste Besuchszeit

Der Park ist **ganzjährig geöffnet**, kann aber im Winter äußerst kalt sein. Die Sommer sind warm, und auch die Übergangszeiten haben angenehme Temperaturen, dann allerdings mit kühlen Nächten (Frost). Noch im April muss man sich auch tagsüber auf eiskalte Temperaturen und viel Schnee auf den Straßen einstellen. Zwar bemüht man sich, die gesamte Straße, die den Nationalpark durchquert, auch im Winter frei zu halten und sogar einige Wanderwege zu räumen, doch kann es bei ungünstiger Witterung durchaus zur **Vollsperrung** kommen. Viele touristische Leistungsträger (Lodges, Shops etc.) stehen im Winter nicht oder nur eingeschränkt zur Verfügung. Die von Schnee bedeckten Mammutbäume vor dem blauen Himmel sind ein Anblick, der nicht nur Wintersportler in die Nationalparks zieht. Die Niederschläge fallen über das ganze Jahr verteilt, insgesamt aber viel weniger als an der pazifischen Küste!

## Wandern

Bei **1.448 km Wanderwegen** können die Bewegungswünsche eines jeden Besuchers erfüllt werden. Bevorzugte Ziele sind das Hochland und die Haine der Baumriesen wie Giant Forest, Grant Grove oder Cedar Grove. In den Besucherzentren liegen spezielle Broschüren bereit. Besonders schöne kürzere Wege führen auf den Moro Rock (über eine in den Fels geschlagene Treppe), zur und durch die Tropfsteinhöhle Crystal Cave und über die Zumwald Meadows.

## Andere Aktivitäten

Im Sommer werden in Grant Grove und Cedar Grove geführte Pferdetouren organisiert, die zwischen einer Stunde und mehreren Tagen dauern. **Forellenangeln**, für das man sich im Besucherzentrum eine Lizenz besorgen muss, ist ein beliebter Sport im Kings River und den Nebenarmen des Kaweah River. Freunde des **Wintersports** können im Grant Grove sowie im Wuksachi Gift Shop Ausrüstungen leihen. Die Abfahrten sind von unterschiedlichem Schwierigkeitsgrad. An den tief verschneiten Hängen sind auch Rodeln, Schneeschuhwandern und Langlauf populär.

---

Auf dem Weg vom Sequoia und Kings Canyon NP nach San Francisco muss man sich erst einmal erneut über eine steile Serpentinenstraße (Hwy. 198) talwärts bewegen und die waldbedeckte Sierra Nevada verlassen. Dies hat man bis zur Kreuzung mit dem Hwy. 180 geschafft, dem man die nächsten 88 km bis Fresno auf schnurgerader Strecke folgt. Im Gegensatz zu den zurückliegenden Naturerlebnissen ist die Landschaft nun weit und hat eindeutig landwirtschaftliches Gepräge. Das San Joaquin Valley ist bekannt für seine ausgedehnten Obst- und Gemüsefelder, seine Orangenhaine und Weingärten. Neben Kürbissen, Artischocken und Orangen gedeihen hier Produkte wie Baumwolle, Feigen, Melonen und Weinreben.

## Fresno

Das geschäftliche und kulturelle Zentrum dieser Region ist mit über 527.000 Einwohnern die **fünftgrößte Stadt Kaliforniens** und kündigt sich durch den Autobahnring und eine Hochhauskulisse an. Ein Besuch der Stadt ist nicht unbedingt notwendig, obwohl sie einige interessante Museen, Parks und Baudenkmäler aufzuweisen hat. Wer also Fresno nicht über die Stadtautobahn gleich wieder verlässt (auf die Abfahrt zum Hwy. 99 achten), sollte sich dort vielleicht den Zoo, das Art Museum (*2233 North 1st*

*Kein Muss*

*St., www.fresnoartmuseum.org; Di–So 11–17 Uhr, US$ 10, 6–17 Jahre US$ 5)*, einen der Parks (darunter ein japanischer Garten) und eine der Weinkellereien sowie die beiden schönsten Häuser anschauen. Dies sind das **Meux Home** (*https://meuxhomemuseum. org*), 1888–89 im viktorianischen Stil errichtet und heute als Museum zugänglich, und das **Kearney Mansion** aus dem Jahr 1901, im Stil der französischen Renaissance gebaut und ebenfalls ein Museum.

Mit seiner bunt gemischten Bevölkerung (großer Anteil an Hispanics) verfügt Fresno außerdem über eine Bandbreite an hervorragenden Restaurants mit der Küche der jeweiligen ethnischen Gruppe.

### *i* Information
**Fresno / Clovis Convention & Visitors Bureau**, *1180 E. Shaw Ave., Suite 101, Fresno, ① (559) 981-5500, (800) 788-0836, www.fresnocvb.org; Mo–Fr 8–17 Uhr.*

Sofern man nicht ab Fresno zum Yosemite NP aufbricht (Hwy. 41), folgt man nun dem relativ uninteressanten Hwy. 99 nach Norden. Man passiert die junge Universitätsstadt **Merced** (87.000 Ew.) und 25 Meilen danach die mit 212.000 Einwohnern recht große Verwaltungsstadt **Modesto**. Das örtliche Fremdenverkehrsbüro bemüht sich zwar, Modesto als „City of Water, Wealth, Contentment, Health" in ein gutes Licht zu rücken – nicht ganz zu Unrecht, denn mit zahlreichen Seen in der nahen Umgebung und einigen hübsch restaurierten viktorianischen Häusern kann das 1870 gegründete Modesto Besuchern durchaus etwas bieten. Aber der vorherrschende Eindruck ist, ähnlich wie in Bakersfield, der einer Stadt, die in hohem Maß von der Verarbeitung der landwirtschaftlichen Produkte lebt.

*Auf dem Weg nach San Francisco* Nur wenige Fahrminuten sind es von Modesto bis **Manteca** (79.000 Ew.), das ebenfalls ein Agrarzentrum ist (u. a. Rinderzucht, Anbau von Avocados, Nektarinen, Mandeln, Pfirsichen, Pflaumen, Tomaten und Trauben). Südlich der Ortschaft zweigt ein Autobahnverbindungsstück nach Westen ab in Richtung **Tracy**. Dieses mündet automatisch in den Freeway 580, auf dem der immer dichter werdende Verkehr schon früh das Ballungszentrum der Bay Area ankündigt. Zur westlichen Seite der Bucht gelangt man auf diesem Weg am besten über die 1967 fertiggestellte **San Mateo-Hayward Bridge**, die mit 11,3 km **längste Brücke an der Bay**. Ihre bereits 1929 eingeweihte Vorgängerin, bekannt unter dem Namen „San Francisco Bay Toll Bridge", war damals und für lange Zeit die mit Abstand längste Brücke der Welt. Ihre modernere Nachfolgerin hat zwar die gleiche enorme Länge, besteht ansonsten aber aus einer nicht sehr spektakulären Stelzenkonstruktion, die sich nur auf der Westseite über eine Länge von 3,1 km zur Durchfahrtshöhe von 41 m aufschwingt. Die Brücke verkraftet täglich im Durchschnitt gut 100.000 Fahrzeuge und musste wegen des hohen Verkehrsaufkommens 2004 auf sechs Spuren verbreitert werden. Ihre Nutzung kostet Mautgebühr *(2019: US$ 6; www. bayareafastrak.org)*, aber nur für Wagen, die in westlicher Richtung unterwegs sind.

Wer allerdings auf der Ostseite der Bay nur 18 Meilen über den Fwy. 880 nordwärts fährt, kann dort anstelle der San Mateo-Hayward Bridge die San Francisco-Oakland Bay Bridge (s. S. 192) nutzen.

# Route 4: Rundfahrt zu den südkalifornischen Highlights und nach Las Vegas

## Streckenvarianten und Hinweise

Wer so schnell wie möglich von L.A. nach Las Vegas reisen muss, kann die 286 Meilen über die I-15 mit dem Pkw in fünf Stunden zurücklegen. Der Greyhound benötigt etwa sieben Stunden, und ein Flugzeug schafft's in weniger als einer Stunde. Genauso gut kann man jedoch Wochen unterwegs sein und, in Nevadas Spielerparadies angekommen, immer noch das Gefühl haben, nur einen geringen Prozentsatz der wichtigsten Sehenswürdigkeiten erlebt zu haben.

Die im Folgenden **vorgeschlagene Hauptroute** durch den Süden hat folgende Stationen: Los Angeles – San Diego – Palm Springs – Joshua Tree NP – Las Vegas. Empfohlen werden für diese Strecke mindestens fünf Tage plus ein zusätzlicher Tag für den Abstecher nach Tijuana. Las Vegas nur wegen der Casinos zu besuchen wäre zu schade, wenigstens ein Ausflug zum Valley of Fire State Park sollte dort Programmbestandteil sein. Auch für die Rückfahrt zur Pazifikküste kann man unter mehreren Wegvarianten auswählen, wobei das Death Valley und die Mojave-Wüste die schönsten Landschaftseindrücke bieten.

Ein zeitlich sehr gedrängtes **Programm** dieser Rundfahrt könnte so aussehen:
1. **Tag:** Los Angeles – San Diego (59-Mile Scenic Drive und erste Besichtigungen, Übernachtung)
2. **Tag:** Besichtigungen in San Diego: Balboa Park und Old Town; Abendessen im Gaslamp Quarter
3. **Tag:** San Diego – Wild Animal Park – Palomar Mountains – Palm Springs
4. **Tag:** Rundfahrt durch Palm Springs – Joshua Tree NP (kleinere Wanderungen) – Las Vegas (abends erster Casinobesuch)

### Redaktionstipps

▸ Die **Palomar Mountains** mit Indianerreservationen, Wanderwegen, Seen und dem weltberühmten Observatorium zählen zu den schönsten Landschaften der USA (S. 495).
▸ Die Fahrt durch das **Death Valley** mit Geröllfeldern, Sanddünen, vielfarbigen Bergen und dem tiefsten Punkt Nordamerikas ist ein einmaliges Erlebnis (S. 552).
▸ In **San Diego** und Umgebung lohnt sich eine Fahrt mit dem Heißluftballon genauso wie mit dem San Diego Trolley nach San Ysidro (S. 458).
▸ Für **Golf-Freunde** wäre es fast schon ein Verbrechen, wenn sie sich in der typischsten aller amerikanischen Golf-Destinationen Palm Springs keine Zeit für ihren Sport nehmen würden (S. 499).
▸ Der **Joshua Tree National Park** ist ein hervorragendes Terrain für Freeclimber und Mountainbiker (S. 508).

- **5. Tag:** Ganztägige Rundfahrt zum Valley of Fire State Park, Lake Mead und Hoover Dam. Abends Besichtigung einiger Hotelcasinos am Strip
- **6. Tag:** Las Vegas – Beatty – Death Valley NP (erste Besichtigungen)
- **7. Tag:** Death Valley NP (Panoramafahrt) – Shoshone – Baker – Barstow (evtl. Besuch Calico Ghost Town) – Los Angeles

# Von Los Angeles nach San Diego

San Diego befindet sich in der äußersten südwestlichen Ecke Kaliforniens und ist 193 km von Los Angeles entfernt. Wer diese Distanz schnell zurücklegen möchte und immer auf der I-5 bleibt, benötigt an Fahrzeit etwa 2½ Stunden. Es gibt aber sowohl an der Küste als auch durch das Landesinnere schönere Strecken, für die man sich dann auch die entsprechende Zeit nehmen sollte.

*Lohnende Küstenstrecke*

Auf der Küstenstrecke kann man praktisch vom Internationalen Flughafen (LAX) aus an sandigen **Stränden** und der Halbinsel Palos Verdes vorbei (s. S. 255) bis nach Huntington Beach – der inoffiziellen „Hauptstadt der Surfer" – und Newport Beach gelangen. Hier hat man Anschluss an die ab S. 275 beschriebene Strecke über Dana Point und Capistrano Beach bis nach San Clemente, wobei sich ein Abstecher zur Franziskaner-Mission von San Juan Capistrano lohnt. Die I-5 passiert anschließend **San Onofre** mit dem umstrittenen, seit 2013 komplett stillgelegten und tw. bereits abgebauten Atomkraftwerk und verläuft durch das militärische Sperrgebiet der Marinebasis von **Camp Pendleton**. Auf einer Länge von ca. 30 km ist dabei der Zugang zum Strand nicht möglich.

## Oceanside

Südlich davon, in **Oceanside**, fängt wieder die ununterbrochene Reihe der Strandbäder an. Neben dem **California Surf Museum** (s. S. 265) gibt es außer einigen restaurier-

*Auf der Küstenstraße bei Encinitas*

ten Häusern der Jahrhundertwende nicht viel zu sehen. Als gelungen aber darf der moderne Komplex der **City Hall** bezeichnet werden, der mit seiner kubischen, weißen Architektur und dem von Wasser umgebenen Palmengarten vage an ein maurisches Schloss erinnert. Auch der Erweiterungsbau des **Oceanside Museum of Art** ist sehenswert, genauso wie die Sammlung des Museums.
**Oceanside Museum of Art**, *704 Pier View Way, ① (760) 435-3721, https://oma-online.org; Di, Mi & Sa 11–17, Do–Fr bis 20, So 12–17 Uhr, US$ 8, ab 65 J. US$ 5, bis 18 J. frei.*

Deutlich weiter in die Vergangenheit zurück führt der Abstecher nach **San Luis Rey**, ab Oceanside über den Hwy. 76 etwa 8 km entfernt. Hier ist das gleichnamige, strahlend weiße Kloster (de Francia) zu besichtigen, das im Jahre 1798 gegründet wurde und seinen Namen nach dem Heiligen und französischen König Ludwig IX. erhielt. Als größte der 21 kalifornischen Missionen trägt es außerdem den Beinamen „King of the Missions". Besonders schön ist der von einem Kreuzgang umschlossene Innenhof, ebenfalls sehenswert der angrenzende Friedhof mit einer Vielzahl von Indianergräbern. Auch ein Museum und ein kleiner Souvenirladen sind vorhanden. *„König der Missionen"*
**San Luis Rey**, *① (760) 757-3651, www.sanluisrey.org; Mo–Fr 9.30–17, Sa/So ab 10 Uhr, Erwachsene US$ 7, ab 65 J. US$ 5, 6–18 J. US$ 3. Am Wochenende werden 75-minütige „Behind the Scenes"-Touren veranstaltet (US$ 12, bis 18 J. und ab 65 J. US$ 10), Infos und Anmeldung online oder telefonisch.*

## Carlsbad

Ab Oceanside lohnt es sich, die I-5 zu verlassen und die Schönheit der Küstenstrecke (Pacific Hwy.) zu genießen. Dabei durchfährt man Ortschaften wie **Carlsbad**, das mit knapp 114.000 Einwohnern (darunter 20 %, die ihre Herkunft auf deutsche Auswanderer zurückführen) zu den größten Städten entlang der Strecke zählt. In den 1880er-Jahren ließ sich hier John Frazier nieder, ein ehemaliger Kapitän, dessen Statue in der Downtown zu sehen ist. Er verkaufte Wasser aus seinem Brunnen an Reisende; als dieses untersucht wurde, stellte es sich heraus, dass es die gleiche chemische Zusammensetzung wie die **Mineralquelle** im berühmten tschechischen Karlsbad (Karlovy Vary) hatte – damit war der Name der Siedlung gefunden. Heute lebt das Seebad in touristischer Hinsicht natürlich von seinen feinsandigen Stränden, die von der Buena-Vista-Lagune im Norden bis zur Batiquitos-Lagune im Süden reichen und knapp 10 km lang sind. Dahinter stehen einige Campingplätze und zwei Dutzend größere Hotelanlagen, meist der gehobenen und First Class, zur Verfügung.

Eingebettet ist die Stadt in mehrere Grünanlagen, die im Sommer an jedem Freitag Schauplatz von gutbesuchten und kostenlosen Jazz-Konzerten sind. Aktive Naturen reizen sicher die vielfältigen Wassersportmöglichkeiten. Golffreunden ist die Destination wegen mehrerer öffentlicher Plätze und Championship-Golf-Resorts ein Begriff. *Jazz im Sommer*

Aber auch im Hinterland gibt es einiges zu entdecken, z. B. die ausgedehnten Blumenfelder, in denen viele Arten (besonders Rosen) gezüchtet und exportiert werden. Einige dieser **Flower Fields** auf dem Areal der Carlsbad-Ranch können im Frühjahr besichtigt werden (*Anfang März–Mitte Mai tgl. 9–18 Uhr, Eintritt US$ 18, ab 60 J. US$ 16, 3–10 Jahre US$ 9, Infos unter ① (760) 431-0352 und www.theflowerfields.com*). Unmittelbar östlich der Carlsbad Flower Fields, ca. 1 km von der Küste entfernt, gibt es einen **Legoland-**

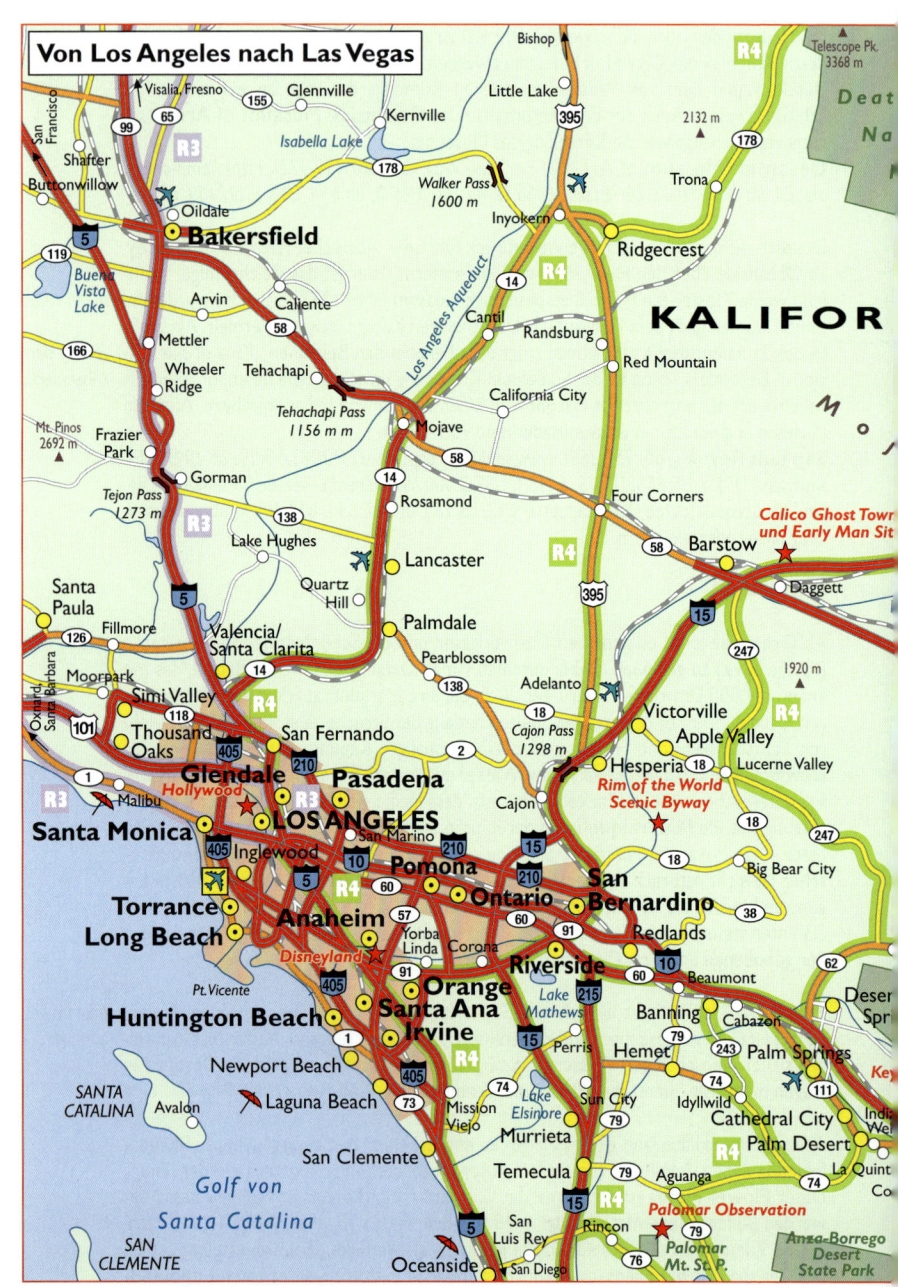

*Von Los Angeles nach San Diego* 453

*Piratenhotel im Kleinformat in Legoland*

**Park**. Hier wurden natürlich aus den bekannten Spielzeugsteinchen die berühmtesten Städte und Landschaften Nordamerikas im Miniaturformat nachgebaut, ansonsten gibt es jede Menge Spielgeräte, Karussells, ägyptische oder karibische Kulissenarchitektur mit Wasserspielen, Boote, Gastronomie u. v. m. Ein ganz eigenes Highlight ist das komplett aus Legosteinen bestehende **Legoland-Hotel**. Wer mit kleineren Kindern unterwegs ist, wird sich über das Angebot freuen, das der Altersgruppe eher entspricht und weniger hektisch ist als z. B. Disneyland. Unmittelbar an das Legoland grenzen zwei hochwertige Hotelanlagen an, die „Legoland Bed & Brick"-Paketangebote einschl. Eintritt bieten (Sheraton Carlsbad Resort & Spa und Grand Pacific Palisades Resort). Auch ein SEA-LIFE-Aquarium und ein Water Park sind vorhanden.

**Legoland California**, *1 Legoland Dr., Carlsbad, ☏ (877) 376-5346, www.legoland.com/california; tgl. wenigstens 10–17 Uhr (gerade im Sommer meist länger, s. Website), ab US$ 104,99, 3–12 Jahre US$ 98 (online günstiger; außerdem verschiedene Kombinations- und Mehrtagestickets buchbar).*

### ℹ Information
**Visit Carlsbad**, *400 Carlsbad Village Dr., Carlsbad, ☏ (760) 434-6093, https://visitcarlsbad.com; Mo–Fr 9–17, Sa 10–16, So 10–15 Uhr geöffnet. Die Visitor Information befindet sich in der Downtown, und zwar im ehemaligen Bahnhofsgebäude der Santa Fe Railway.*

Südlich von Carlsbad folgen **Encinitas** (mit den wunderschönen **Quail Botanical Gardens**, *230 Quail Gardens Drive, ☏ (760) 436-3036, www.sdbgarden.org; tgl. 9–17 Uhr, US$ 18, Senioren US$ 12, 3–18 Jahre US$ 10*) und **Del Mar**, die ebenfalls wegen ihrer feinsandigen Strände und touristischen Infrastruktur bekannt sind. Überall stehen kleine und größere Pensionen, Motels und Hotels bereit, es gibt Campingplätze, Restaurants, Geschäfte und alles, was zum Urlaub gehört. In den Häfen sieht man ganze Flotten von Freizeityachten und Fischerbooten. Der stets wehende Wind und die entsprechenden Wellen sorgen für einen starken Andrang durch Surfer, und Naturliebhaber sind von der herrlichen Vegetation begeistert: Die schönen, zum Meer hin abfallenden Straßen werden von Kokospalmen gesäumt, und die Hügel setzen mit ihren Tausenden blühenden Gärten farbige Akzente vor den azurblauen Himmel. Hier leuchten Hibiskus und Oleander, und hier wächst auch die philippinische Merill-Palme mit ihren charakteristischen roten Fruchtständen.

*Urlauberparadies*

Kein Wunder, dass dieser Küstenabschnitt zu den beliebtesten der Künstler und Hobbymaler gehört und dass es dementsprechend viele Galerien gibt.

Kurz vor San Diego durchfährt man das **Torrey Pines State Natural Reserve** (*https://torreypine.org*), wo entlang einer schönen Allee letzte Bestände der Torrey Pines geschützt sind. Diese seltene Kiefernart (*pinus torreyana*) zeichnet sich durch lange Nadeln und kräftige, runde Baumkronen aus. Anschließend erreicht man La Jolla und befindet sich damit bereits im Stadtgebiet von San Diego mit all seinen Sehenswürdigkeiten (s. S. 458).

## Alternativstrecke durchs Landesinnere

Die **alternative Strecke** führt von L.A. nach San Diego **durchs Landesinnere**. Nachdem man über den Fwy. 91, der das ganze Stadtgebiet von Los Angeles und das Orange County durchschneidet, die Grenze des Distrikts erreicht hat, wird die Route steiler, und über Berg und Tal geht es bis nach **Corona**, einer Stadt, deren Einwohnerzahl sich seit 1980 etwa vervierfacht hat; derzeit leben hier 167.000 Menschen. Arbeitsplätze werden von einer Reihe unterschiedlichster Firmen gestellt, u. a. Zulieferer für die Flugzeug- und Automobilindustrie, pharmazeutische Unternehmen, ein Hersteller von Musikinstrumenten (Fender-Gitarren) oder einer der größten Käsehersteller der Welt (Golden Cheese Company).

Die Stadt macht einen wohlhabenden und aufgeräumten Eindruck, hat dem Touristen ansonsten aber nicht viel zu bieten. Als Attraktion in der näheren Umgebung sei aber das **Glen Ivy Hot Springs Spa** erwähnt, etwa acht Meilen südlich der Stadt und unmittelbar westlich der I-15 gelegen. Dieses ungewöhnliche Spa bietet mehrere Pools und Mineralbäder, darunter eines in einer unterirdischen Grotte, eine breite Palette an Anwendungen, außerdem diverse Unterkunftsmöglichkeiten, Café und Restaurant. **Glen Ivy Hot Springs**, 25000 Glen Ivy Rd., Corona, ☏ (888) 453-6489, www.glenivy.com; Tagespaket „Taking the Waters" Mo-Fr US$ 52, Sa/So US$ 72. *Spa in unterirdischer Grotte*

Auf Höhe von Corona zweigt man über die I-15 nach Süden ab und fährt durch eine schöne Landschaft, in der der Stausee **Lake Mathews** als Trinkwasserreservoir für Los Angeles und der große **Lake Elsinore** als Naherholungsgebiet von Bedeutung sind. Letzterer, der übrigens regelmäßig von vielen Kranichen aufgesucht wird, hat ein empfindliches Ökosystem, das ständig von der kompletten Austrocknung bedroht ist. Deshalb wurde mit großem Aufwand 2007 ein System installiert, das helfen soll, den Pegel des Sees halbwegs stabil zu halten. Das größte Interesse daran hatten natürlich die Einwohner der gleichnamigen Stadt **Lake Elsinore** (55.000 Ew.) am nördlichen Seeufer. Der Ort wurde 1883 gegründet und profitierte von den warmen Quellen der Umgebung, die ihn schnell zur guten Adresse für Badetouristen werden ließ. Auch Hollywoodgrößen und Sportler zog es hierhin, einige bauten auch ihre Residenzen bzw. Ferienhäuser am Seeufer. Das Crescent Bath House (auch „The Chimes" genannt) in der gut erhaltenen Downtown ist das beste Beispiel für die Bäderarchitektur dieser Zeit.

Nach etwa drei Meilen, nachdem sich kurz vor der 113.000-Einwohner-Stadt **Temecula** die Fwys. 15 und 215 vereinigt haben, ist über die Rancho California Rd. ein Abstecher zu den Winzereien des **Temecula Valley** möglich. Dabei handelt es sich um die südlichste der fünf großen Weinanbau-Regionen Kaliforniens, deren bekannteste Weinkellereien Baily, Callaway, Filsinger, Hart, Maurice Car'rie, Oak Mountain, Ponte und Thornton sind. Fast alle bieten *wine tasting* an, viele auch geführte Rundgänge (Infos un- *Südlichstes Weinanbaugebiet*

*Das Palomar Observatory*

ter www.temeculawines.org). Eine komplette Übersicht über die Region erhält man auf einer rund 15 Meilen langen Rundtour, bei der man am Ende der Rancho California Rd. nach rechts auf die Glenoaks Rd. abbiegt und von dieser wieder rechts auf die De Portola Rd. Auf dem Hwy. 79 geht es dann zurück in Richtung I-15.

Temecula selbst kann Besuchern eine schön restaurierte Old Town und das **Temecula Valley Museum** bieten *(28314 Mercedes St., ☏ (951) 694-6450, www.temeculavalleymuseum.org; Di–So 10–16 Uhr. Eintritt frei, Spende in Höhe von US$ 5 erbeten)*, den architektonisch markanten 262-Mio.-Dollar-Komplex „Pechanga Resort" *(www.pechanga.com)* mit u. a. Casino, Hotel, Bars und Restaurants sowie einen recht umfangreichen jährlichen Festtagskalender (z. B. mit dem Temecula Valley Balloon & Wine Festival Ende Mai/Anfang Juni).

Bei der Weiterfahrt sollte man auf der I-15 auf den Abzweig der S16 (Pala Temecula Rd.) achten, der einen nach Pala am Hwy. 76 bringt, dieser wiederum nach links zur **Mission San Antonio de Pala**. Von hier aus ist es nicht mehr weit zum Palomar Mountain State Park. Nicht nur das Gelände mit seinen Indianerreservationen, Wanderwegen, Seen, 30 Campingplätzen und den bis zu 1.850 m hohen Bergen ist dabei von Interesse, sondern auch die weltberühmte Institution des **Palomar Observatory**. Unter dem weithin sichtbaren weißen Pilz befindet sich das berühmte Hale-Spiegelteleskop, dessen Bau bereits in den 1930er-Jahren begann und 15 Jahre in Anspruch nahm. Das Fernrohr mit einer Brennweite von 16½ m und einem Spiegeldurchmesser von gut fünf Metern war bis 1975 das größte der Welt und kann von einer Besuchergalerie aus betrachtet werden.

*Einst größtes Teleskop der Welt*

**Palomar Observatory**, *35899 Canfield Rd., Palomar Mountain, ☏ (760) 742-2119, www.astro.caltech.edu/palomar; tgl. 9–16, im Winter bis 15 Uhr, Eintritt frei.*

Bei der Weiterfahrt sollte man auf der Straße 76 zurück bis zur Siedlung **Rincon** fahren, und ab dort über den landschaftlich schönen Weg S 6 nach Süden, der bei **Escon-**

dido wieder auf die I-15 stößt. Diese mehrheitlich spanischsprachige Küstenstadt ist in den letzten Jahren nicht nur enorm auf derzeit über 151.000 Einwohner gewachsen, sondern hat auch viel für ihr Renommee getan. Dafür sprechen Institutionen wie das von einem Park umgebene **California Center for the Arts** (320 North Escondido Blvd., ① (760) 839-4138, http://artcenter.org; Di–Sa 12–18, So bis 17 Uhr), das **San Diego Children's Discovery Museum** (www.sdcdm.org; tgl. 9.30–16.30 Uhr, US$ 8) und das History Center (321 N. Broadway, ① (760) 743-8207, www.escondidohistory.org; Di–Do und Sa 13–16 Uhr), in dem u. a. der originale Bahnhof der Santa Fé Railroad, eine Schmiede, eine Bücherei und mehrere viktorianische Holzhäuser konserviert sind.

Überhaupt hat sich die **Downtown** hübsch herausgeputzt und zeigt sich vor allem entlang der Grand Avenue mit Galerien, Boutiquen, Restaurants und Cafés von ihrer besten Seite.

## San Diego Zoo Safari Park

Falls man mindestens 2½ Stunden Zeit hat, lohnt in Escondido ein Besuch des Safari-Parks, der wenige Fahrminuten östlich der Stadt am Hwy. 78 liegt. Diese Institution, die mit dem weltberühmten Zoo von San Diego (s. S. 470) kooperiert, beherbergt über **3.000 wilde Tiere**. Es wurde Wert darauf gelegt, dass diese so natürlich wie möglich gehalten werden und die Lebensbedingungen ihrer afrikanischen, asiatischen oder australischen Heimat weitestgehend wiederfinden.

Es handelt sich daher nicht um einen Zoo im landläufigen Sinn, sondern um ein Wildgehege, das man am besten auf einer erläuternden Fahrt mit den Wagen der **Cart Safari Africa** erlebt; diese 5-Meilen-Tour dauert 1 Stunde und startet regelmäßig – ist allerdings nicht im Eintrittspreis enthalten. Alternativ gibt es eine entsprechende Asia-Tour. Wer den Tieren noch näher kommen möchte, kann an speziellen Fotosafaris teilnehmen – Infos dazu am *Guest Relations Office* am Parkeingang.

Natürlich ist es auch möglich, auf Spazier- und Wanderwegen das Gelände zu erkunden, wobei man automatisch zu Beobachtungsposten und botanisch interessanten Regionen geleitet wird – besonders lohnend ist dabei der 2½ km lange Kilimanjaro Safari Walk. Für das eher amerikanische Element des Safari-Parks sorgen Shows mit Vögeln, Elefanten und nordamerikanischen Tieren, die zu festgelegten Zeiten in Amphitheatern stattfinden.
**San Diego Zoo Safari Park**, 15500 San Pasqual Valley Rd., ① (619) 231-1515, www.sdzsafaripark.org; tgl. 9–18 Uhr, im Winter bis 17 Uhr, Erwachsene ab US$ 56, 3–11 Jahre US$ 46, Parken US$ 15. Auch Kombinationstickets mit dem San Diego Zoo.

Vom Animal Park fährt man die sechs Meilen bis zur I-15 zurück (Ausfahrt Via Rancho Parkway), auf der es dann noch rund 30 Meilen bis zur Downtown von San Diego sind.

*Afrikanische Savanne in Kalifornien*

*Route 4: Rundfahrt zu den südkalifornischen Highlights und nach Las Vegas*

# San Diego

San Diego, das sich in der äußersten südwestlichen Ecke Kaliforniens befindet, gilt als eine der **interessantesten Städte** der USA. Immer schon war es die Marinebasis für die pazifische Seemacht des Landes (am Atlantik nimmt Norfolk diese Rolle ein). In der Bay und bis zum Horizont sind die grauen Schiffskörper von Zerstörern, Kreuzern, Flugzeugträgern, Kommandoschiffen und U-Booten dafür untrügliche Zeichen. Regelrecht zelebriert wird die Marine während der *Fleet Week* im Oktober, wenn Paraden abgehalten werden, Kriegsschiffe spektakuläre Manöver ausführen und Flugzeuge Formationen fliegen.

*US-Marinebasis am Pazifik*

Heute aber liegt die Bedeutung der 514 km² großen Gemeinde nicht mehr allein auf militärischem Gebiet: San Diego ist dabei, anderen Metropolen den Rang abzulaufen – sowohl in wirtschaftlicher und kultureller Hinsicht als auch in der Gunst der Besucher. Mit einer Bevölkerung von 1,4 Mio. Einwohnern (Großraum 3,3 Mio.) steht die Stadt inzwischen auf dem zweiten Platz in Kalifornien bzw. auf dem achten in den Vereinigten Staaten.

Kein Zweifel: San Diego ist eine **„booming city"**. Mehr als 100 km Sandstrände, ein Klima, das nur in Florida ähnlich angenehm ist, und sowohl sorgsam restaurierte Altstadtviertel als auch die glitzernde Skyline einer modernen Millionenstadt – so stellt sich San Diego dem Besucher dar. Außerdem ist hier eine der „Geburtsstätten" Kaliforniens: Der Ort war der erste, den der portugiesische Seefahrer Cabrillo auf seiner Reise in den Norden entdeckte, hier entstanden die erste spanische Mission der Franziskaner und später die erste europäische Siedlung, die diesen Namen verdiente. Vieles von dem wird der Tourist in den etwa 90 Museen der Stadt wiederfinden, bei einem Besuch

*Cabrillos erstes Ziel*

*Nicht unumstritten: die „Kissing Statue"*

der Mission San Diego de Alcalá oder aber auf Spaziergängen durch die Old Town und das Gaslamp Quarter. Insgesamt ist die kulturelle Vielfalt San Diegos unbestritten erstklassig; laut *San Francisco Chronicle* ist sie sogar der wichtigste amerikanische Theaterstandort nach New York.

Dieses Angebot lockte in den letzten Jahren immer mehr Menschen in die sonnenreiche Metropole. Im Jahr 2017 etwa blieben rund 17,6 Mio. Besucher mindestens eine Nacht, noch mehr reisten zu einem Tagesbesuch an (am häufigsten aus Los Angeles). Über die beiden Grenzübergänge nach Mexiko kamen rund 4,3 Mio. Tagesbesucher in die Stadt. Damit ist der Tourismus der zweitwichtigste Erwerbszweig der Stadt. Jeder achte Job ist hier angesiedelt.

*Sonnenreiche Metropole*

## Überblick

Für einen Besuch sollte man sich mindestens zwei Tage Zeit nehmen. Wer auch Tijuana oder andere mexikanische Ziele im Auge hat, dementsprechend länger. Ein Minimalprogramm könnte so aussehen:

**1. Tag:** vormittags eine Teilstrecke des 59-Mile Scenic Drive befahren: von Downtown über Harbor Island, Shelter Island und Point Loma bis La Jolla und entweder vor Ort Besuch des Stephen Birch Aquarium oder weiter zur SeaWorld (dort Minimum vier Stunden Aufenthalt einplanen). Am späten Nachmittag zur Old Town, Tagesausklang mit mexikanischem Abendessen. Für dieses Programm braucht man einen Wagen. Alternativ Teilnahme an einer Stadtrundfahrt, z. B. mit Old Town Trolley Tours, und/oder einer Hafenkreuzfahrt.

**2. Tag:** vormittags Rundgang im Balboa Park, evtl. mit Zoo-Besuch. Nachmittags Spaziergang durch Downtown mit Horton Plaza, Seaport Village und Maritime Museum. Abendessen im Gaslamp Quarter. Gut mit öffentlichen Verkehrsmitteln durchzuführen (Transferstrecke Balboa Park – Downtown).

### ☞ Sehenswürdigkeiten

Die Sehenswürdigkeiten San Diegos liegen in folgenden Stadtteilen:
**Downtown** (s. S. 461): Das Gebiet umfasst das zentrale Finanz- und Hotelzentrum mit seiner Hochhausarchitektur, den Hafen mit dem Maritime Museum und Seaport Village, die Horton Plaza und das restaurierte Gaslamp Quarter.
**Balboa Park** (s. S. 466): In dem Parkgelände befinden sich neun z. T. sehenswerte Museen, Kunstgalerien, Theater und nicht zuletzt der weltberühmte Zoo.
**Old Town** (s. S. 470): Der State Historic Park enthält die älteste Profanarchitektur der Stadt, in der Nähe gibt es Beispiele viktorianischer Bauweise, das Serra Museum und den Nobelvorort Hillcrest.
**Nördliche Küste** (s. S. 472): Das Gebiet umfasst den Mission Beach, im Hinterland die Mission Bay mit der weltbekannten SeaWorld, den Pacific Beach, das exklusive La Jolla und das Birch Aquarium.
Die **östliche Peripherie** (s. S. 479): Unter den vielen Sehenswürdigkeiten östlich des Zentrums ist die Mission San Diego de Alcalá an erster Stelle zu nennen.
**Südliche Küste** (s. S. 477 und 482): Sehenswert sind hier vor allem die Inseln, Buchten und Halbinseln: die große, über eine Brücke oder mit der Fähre erreichbare Halbinsel Coronado, die Yachthäfen, Harbor Island, Shelter Island, Point Loma und der Ocean Beach.

Route 4: Rundfahrt zu den südkalifornischen Highlights und nach Las Vegas

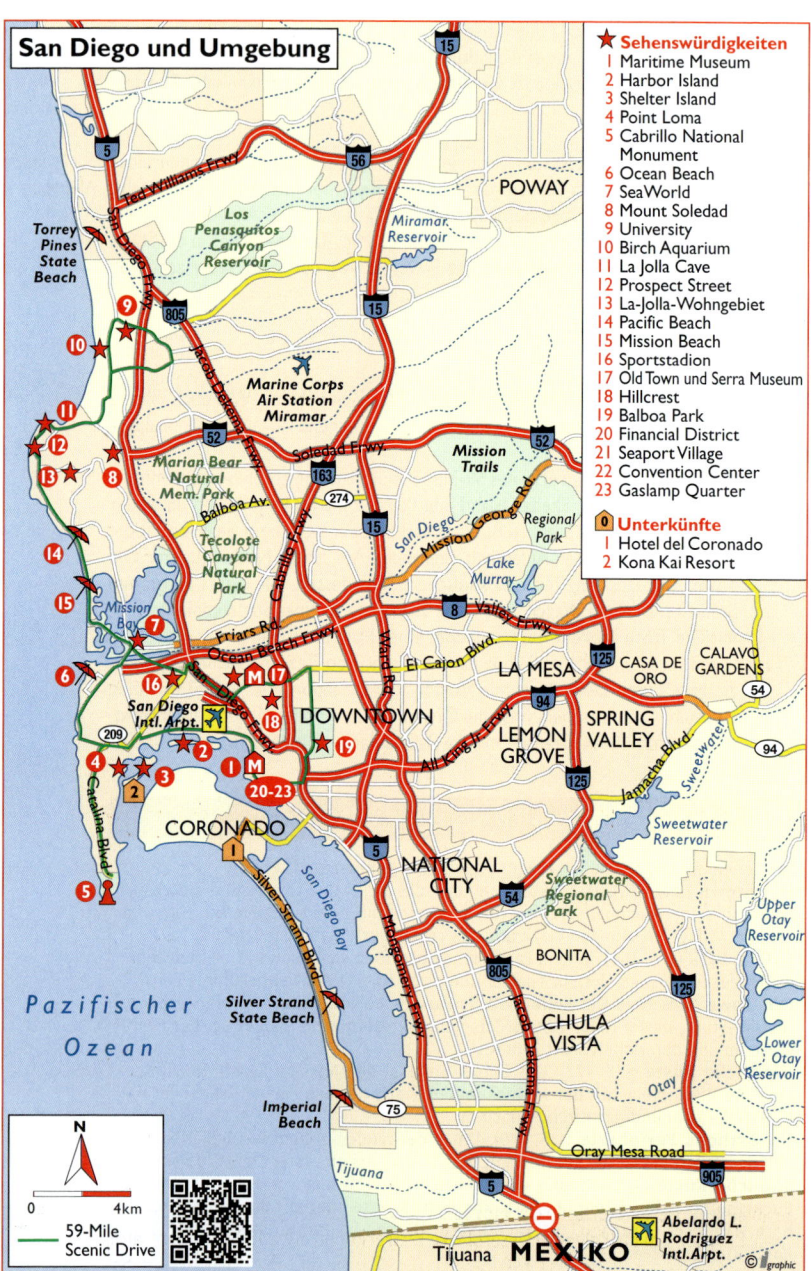

## 59-Mile Scenic Drive
→ Karte S. 460

Selbstfahrer seien ausdrücklich auf den 59-Mile Scenic Drive hingewiesen, der den wohl besten Überblick über die Stadt ermöglicht. Die Route ist durch **besondere Schilder** (Symbol: weiße Seemöwe auf blau-gelbem Grund und Beschriftung „Scenic Drive") und Zusatzhinweise (z. B. *left lane* oder *next exit*) gekennzeichnet. Prinzipiell kann man dem Scenic Drive in beiden Richtungen folgen, die Beschilderung ist jedoch besser, wenn man in dieser Reihenfolge bleibt:

*Gut ausgeschilderte Rundfahrt*

Downtown – Maritime Museum **(1)** – Harbor Island **(2)** – Shelter Island **(3)** – Point Loma **(4)** – Cabrillo National Monument **(5)** – Ocean Beach **(6)** – SeaWorld **(7)** – Mount Soledad **(8)** – University **(9)** – Birch Aquarium **(10)** – La Jolla Cave **(11)** – Prospect Street **(12)** – La-Jolla-Wohngebiet **(13)** – Pacific Beach **(14)** – Mission Beach **(15)** – Sportstadion **(16)** – Old Town und Serra Museum **(17)** – Hillcrest **(18)** – Balboa-Park-Museen und Zoo **(19)** – Financial District **(20)** – Seaport Village **(21)** – Convention Center **(22)** – Gaslamp Quarter **(23)**.

## Stadtbesichtigung: Rundgänge in Downtown und im Balboa Park

→ Karte S. 462

Vorgeschlagen werden **zwei Rundgänge**, auf denen man das Geschäftszentrum der Stadt und ihren schönsten Park kennenlernt. Wer nicht mit dem Auto unterwegs ist, sollte die Strecke zwischen Downtown und Balboa Park mit öffentlichen Verkehrsmitteln zurücklegen. Falls man beide Rundgänge an einem Tag absolvieren möchte, empfiehlt es sich, den Besuch der Downtown auf den Nachmittag und Abend zu legen.

### Downtown

Ein Besuch der Downtown, die am besten über die Uferstraße (Harbor Drive) oder die Hwys. 5, 94 und 163 zu erreichen ist, führt automatisch zum modernen Zentrum zwischen den Bankhochhäusern und der niedrigeren Bebauung des Gaslamp Quarter. Von der Autobahn aus nördlicher Richtung kommend, richtet man sich am besten nach dem Hinweis *Downtown*. Irgendwann stößt man im Rastersystem der Straßen auf den Broadway, der einen dann in Richtung Bay zum eigentlichen Zentrum bringt. Zwei Blocks weiter südlich erstreckt sich die Horton Plaza (s. S. 461), der Mittelpunkt des geschäftigen Lebens.

Autofahrer könnten die Garage auf der F Street ansteuern oder einen der Parkplätze am Rande der Innenstadt, je näher an der Stadtmitte, desto teurer werden sie (US$ 5–15/Tag). Von dort aus kann man dann Teile der Downtown zu Fuß erkunden – nicht zuletzt das Gaslamp Quarter (s. S. 465).

*Parken*

Das mehrstöckige Einkaufszentrum **Horton Plaza (1)** ist ein verwinkelter, postmoderner Bau, der sich über sieben Häuserblöcke erstreckt und etwa 130 Einzelgeschäfte, Restaurants, Theater, Kinos, ein Großhotel, die o. g. Garage etc. unter seinem Dach be-

**Route 4: Rundfahrt zu den südkalifornischen Highlights und nach Las Vegas**

herbergt. Sein Reiz besteht in den offenen Passagen, Innenhöfen und Fußgängerbrücken sowie der alten Uhr von 1905.

> **Tipp**
> Im Arts Tix Center an der Horton Plaza kann man **Karten für kulturelle Veranstaltungen** kaufen – am Tag der Vorstellung sogar **zum halben Preis**.
> **Arts Tix Center**, 28 Horton Plaza, ① (858) 437-9850, www.sdartstix.com; Di–Do 10–16, Fr/Sa bis 18, So bis 14 Uhr), auch telefonische bzw. Online-Buchung.

Den Broadway erreicht man auf Höhe des 1910 gebauten, denkmalgeschützten U. S. Grant Hotel. Entlang dieser Straße gibt es weitere Hotels, das historische Spreckels Theatre und das **Museum of Contemporary Art Downtown (2)**. Bei dem zweistöckigen Gebäude mit insgesamt vier Galerien handelt es sich um die Downtown-Filiale des Kunstmuseums von La Jolla (s. S. 476) und des Kunstmuseums im Balboa Park. Alle stellen zeitgenössische Kunst und Design aus.
**Museum of Contemporary Art Downtown**, Ecke Broadway/Kettner Blvd., ① (858) 454-3541, www.mcasd.org; tgl. außer Mi 11–17 Uhr, US$ 10, Senioren US$ 5, bis 25 Jahre frei (Eintrittskarte gilt eine Woche lang, auch für den anderen MCASD-Standort La Jolla (Letzteres derzeit wg. Umbauarbeiten geschlossen, s. S. 476)).

*Shoppingparadies Horton Plaza*

Genau gegenüber befinden sich der schön renovierte AMTRAK-Bahnhof **Santa Fe Train Depot (3)** und die Trolley-Station America Plaza. Zwei Blocks weiter kann man jenseits des Harbor Drive Seeluft schnuppern und zu den ufernahen Attraktionen bummeln. Am **Broadway Pier (4)** starten jede Stunde zwischen 9 und 21.30 Uhr (Fr/Sa bis 22 Uhr) **Personenfähren**, die einen zum Ferry Landing Marketplace auf der Halbinsel Coronado (s. S. 482) bringen. Am Navy Pier bildet der **riesige Flugzeugträger USS Midway** einen unübersehbaren Akzent. Als er bereits in der Endphase des Zweiten Weltkriegs eingesetzt wurde, war er das größte Schiff der Welt. Später spielte die Midway im Vietnam-Krieg eine wichtige Rolle (u. a. wurden 1975 mehr als 3.000 Flüchtlinge evakuiert), ebenso in den weltweiten Konflikten der 1980er-Jahre und in der Operation Desert Storm 1990–91 im Irak. Nach Jahren der Renovierung ist der Flugzeugträger heute das **USS Midway Museum (5)**. Besichtigt werden können das Flugdeck, die Brücke, der Maschinenraum, die Krankenstation und einige Offiziers- und Mannschaftsquartiere. Auch diverse Flugzeuge im Hangar und auf dem Flugdeck gehören zum Museum.

*Fähre zur Coronado-Halbinsel*

**USS Midway Museum**, 910 N. Harbor Dr., ① (619) 544-9600, www.midway.org; tgl. 10–17, im Winter bis 16 Uhr, US$ 23, ab 62 Jahre US$ 20, 13–17 Jahre US$ 17, 6–12 Jahre US$ 10 (online US$ 1 günstiger).

Im Schatten der USS Midway steht die umstrittene Skulptur **Unconditional Surrender** (bedingungslose Kapitulation), auch „Kissing Statue" genannt. Sie ist gut 8 m hoch und beruht auf dem berühmten Fotomotiv eines Matrosen, der auf dem Times Square in New York am Tag der Kapitulation Japans das Ende des Zweiten Weltkriegs feiert und eine Krankenschwester innig umarmt und küsst. Viele bezweifeln den künstlerischen Wert der Statue, aber ein Blickfang ist sie allemal. Gleich daneben glänzt der kleine Gedenkpark **National Salute to Bob Hope and the Military** mit Statuen und Tonaufnahmen, die das Engagement des bekannten Schauspielers für die Truppen im Zweiten Weltkrieg plastisch veranschaulichen sollen.

Der Pier ist ebenfalls Startpunkt für einige Hafenkreuzfahrten. Unmittelbar nördlich davon kann man am **Cruise Ship Terminal (6)** oft die weißen Riesen der Kreuzfahrtschiffe bewundern. Nebenan liegen auf dem Gelände des **Maritime Museum (7)** historische Schiffe auf Reede, so z. B. der große Windjammer *Star of India*, ein eisenummantelter Schoner aus dem Jahre 1863, die Dampffähre *Berkeley* aus dem Jahre 1898, die bei dem Erdbeben von 1906 in San Francisco Menschen in Sicherheit brachte, oder die Luxusyacht *Medea*, die 1904 in Schottland gebaut wurde. Ebenfalls liegt die *HMS Surprise* am Kai. Sie wurde 1970 als originalgetreues Replikat einer 24-Kanonen-Fregatte aus dem 18. Jh. gebaut und kam im Kinofilm „Master & Commander" (2003) zum Einsatz. Ein sowjetisches U-Boot der Foxtrott-Klasse ist ebenfalls zu besichtigen, daneben eine Dauerausstellung, die in fünf Abteilungen Interessantes zum Thema Seefahrt, San Diego und Navy präsentiert.
**Maritime Museum**, *1492 N. Harbor Dr., ① (619) 234-9153, www.sdmaritime.org; tgl. 9–21 Uhr, im Winter bis 20 Uhr, US$ 18, ab 62 Jahre und 3–17 Jahre US$ 13, 3–12 Jahre US$ 8.*

*Shops und Restaurants*
Schlendert man am Ufer wieder zurück, stößt man südlich des Broadway Pier an der G-St.-Mole auf einen Großteil der hiesigen Thunfisch-Flotte. Dahinter hat man, ähnlich wie in San Francisco, die Wharf und verschiedene Piers in jüngerer Zeit zu Restaurant-, Einkaufs- und Vergnügungsstätten umgebaut. Besonders gelungen ist dabei das **Seaport Village (8)**, das eine großartige Sicht über die Bay von San Diego bietet. Mit etwa 50 Shops sowie ca. 15 Restaurants, Cafés und Imbiss-Ständen, einem nostalgischen Kinderkarussell von 1895 und einem prall gefüllten Veranstaltungskalender hat das Seaport Village jedem etwas zu bieten. Mit dem Wagen erreicht man das Seaport Village über Kettner Blvd./Harbor Dr., Parkplätze sind ausreichend vorhanden und zwei Stunden kostenlos bei Verzehr oder Einkauf in einem der Shops (*Gelände tgl. 9–20 Uhr geöffnet, Juni-Aug. bis 21 Uhr, Infos unter www.seaportvillage.com*).

Die Nachbarschaft des Seaport Village hat in den vergangenen Jahren durch die städteplanerische Neugestaltung gewonnen. Die größere Attraktivität wurde schnell von Hotelketten genutzt, die nun ihrerseits durch markante Bauwerke Akzente in der Skyline setzen, etwa die Luxushotels Marriott Marquis & Marina und Manchester Grand Hyatt mit ihren klobigen bzw. hoch aufragenden Doppeltürmen. An diesen Landmarken vorbei geht es in den **Embarcadero Marina Park (9)** und den Yachthafen, mit einer prächtigen Aussicht auf die Coronado-Brücke. Von hier aus sollte man den Weg am **San Diego Convention Center (10)** vorbei nehmen; der Bau des kanadischen Architekten Arthur Erickson ist eine Landmarke der Skyline. An der 5th Ave. und direkt an der Bay errichtet, erinnert die markante Dachkonstruktion nicht zufällig an ein Segelschiff. Hier findet u. a. jeden Sommer die viertägige Unterhaltungs-Messe Comic-Con statt.

Dem Convention Center liegt jenseits des Harbor Dr. das 2004 eröffnete **Baseballstadion Petco Park** gegenüber, das mit seiner Sandstein-Stahl-Architektur und den umliegenden Hotels in der Fachpresse überschwänglich gelobt wurde. Das 450-Mio.-Dollar-Stadion fasst 42.000 Zuschauer, doch bei ausverkauften Spielen wird das Geschehen auf Riesenleinwänden in den angrenzenden Grünflächen gezeigt. Wenn man zu Fuß vom Convention Center zurück zur Horton Plaza geht und mit Kindern unterwegs ist, sollte man an der Ecke Front St./Island Ave. dem **New Children's Museum (11)** einen Besuch abstatten. Das 2008 anstelle eines älteren Kindermuseums eingeweihte Werk des Architekten Rob Wellington ist eine Augenweide moderner Baukunst und insofern auch ohne die Begleitung von Kindern ein Genuss; diese jedoch können sich in zahlreichen interaktiven Spielen richtig austoben oder zu kreativen Künstlern werden. **The New Children's Museum**, *200 W. Island Ave., ① (619) 233-8792, https://thinkplaycreate.org; tgl. außer Di 9.30–16, So 11–16 Uhr, Eintritt ab 1 Jahr US$ 14, ab 65 Jahre US$ 10.*

*Kindermuseum*

## Gaslamp Quarter

Zum Tagesausklang empfiehlt sich das Viertel östlich und südlich der Horton Plaza, das als **Gaslamp Quarter (12)** eine inzwischen in Amerika selten gewordene Sehenswürdigkeit ist. Denn während in den meisten Großstädten der Vereinigten Staaten die Ziegelstein- und Eisengussarchitektur der viktorianischen Epoche den Wolkenkratzern geopfert wurde, konnte in San Diego ein 16 Blocks umfassendes Areal unter Denkmalschutz gestellt und restauriert werden. Alonzo Horton, ein Einwohner von San Francisco (nach dem heute u. a. die Horton Plaza benannt ist), hatte 1867 das ehemalige Brach-

*Viktorianisches Viertel*

*Hinein ins Gaslamp Quarter*

land für insgesamt 265 Dollar aufgekauft und in ein lebendiges Viertel verwandelt. Da Eckhäuser besonders gut an Geschäftsleute zu verkaufen waren, sorgte er dafür, dass die einzelnen Blocks relativ schmal blieben. In den zwei- bis vierstöckigen Häusern der Jahrhundertwende befinden sich heute Büros, Kunstgalerien sowie Antiquitäten- und Modegeschäfte, an den manchmal sogar noch gepflasterten Straßen gibt es Repliken alter Gaslaternen (nach denen das Viertel benannt wurde). Vor allem aber ist das Gaslamp Quarter heute ein **kulinarisches Mekka** mit einer Vielzahl von Edel-Restaurants (hauptsächlich italienische, französische und neu-kalifornische Küche). Selbst in die unterirdischen Räume ist wieder neues Leben eingekehrt, so z. B. in der E Street Alley (zwischen 4th und 5th St.) mit Japan-Restaurant, Jazz-Club und Diskothek. Unter den Hotels ist das traditionsreichste das Horton Grand Hotel auf der 311 Island Ave., das sich zu einem „High Tea" oder einem sonntäglichen Brunch anbietet.

Außerdem finden im Gaslamp Quarter in unregelmäßigen Abständen Floh- und Kunstmärkte sowie weitere Events statt, u. a. im Mai, wenn während des mexikanischen Festes *Cinco de Mayo* mit Paraden, Mariachi-Musik, Straßenkarneval und Feuerwerk an die Schlacht von Puebla gedacht wird, oder Ende Februar, wenn hier *Mardi Gras* gefeiert wird, die karibische Spielart des Karnevals. Die bedeutendste kulturelle Veranstaltung des Gaslamp Quarter ist das renommierte Internationale Filmfestival (*https://sdfilmfest.com*), bei dem im September/Oktober mehr als 100 Spiel-, Kurz- und Dokumentarfilme gezeigt werden.

## Balboa Park und Zoo

Der 490 ha große Balboa Park liegt recht nah zur Downtown (*www.balboapark.org*), nur wenige Fahrminuten in nordöstlicher Richtung entfernt. Seinen Namen erhielt das **riesige Erholungsgebiet** nach Vasco Núñez de Balboa, der 1513 als erster Europäer den Pazifischen Ozean sah. Schon 1892 in seiner Substanz als Park eingerichtet, erhielt das Gelände anlässlich der Panama-California-Ausstellung von 1915–16 und der Internationalen California-Pacific-Ausstellung von 1935 sein heutiges Aussehen. Besonders die Architektur der Ausstellungsgebäude, die heute im Wesentlichen Museen enthalten, ist von Interesse. Auf gelungene Art wurden hier der spanische Neo-Barock und der Mission Style miteinander verbunden.

*Ehemaliges Ausstellungsgelände*

Der Besucher sollte einfach durch das herrliche Gelände mit seinen Springbrunnen, Palmen und Blumen spazieren, im Freiluft-Theater einem Konzert lauschen, eines der Museen besuchen, vielleicht in einem der Cafés einkehren und noch genügend Zeit für den Zoo reservieren. Ist man Anfang Dezember hier, darf man sich einen Besuch ohnehin nicht entgehen lassen, denn dann gibt es die *Balboa Park December Nights* mit dem Licht unzähliger Lampions und mit zauberhaften Konzerten.

Übersichtskarten und Informationen über den Balboa Park sind in einem eigens eingerichteten **Visitors Center** erhältlich. Hier und in den Verkaufsstellen der einzelnen Museen bekommt man den *Balboa Park Explorer Multi-Day Pass* für vergünstigten Eintritt in die Museen (s. u.). Wer sich nicht entgehen lassen will, wie die Einheimischen das Gesamtkunstwerk Balboa Park feiern, sollte an Dienstagen den Park besuchen, dann sind „Residents Free Days" – verschiedene Museen bieten freien Eintritt.

## Information

**Balboa Park Visitors Center & Gift Shop**, 1549 El Prado (im House of Hospitality), ☎ (619) 239-0512, www.balboapark.org; tgl. 9.30–16.30 Uhr. Der Park selber ist 24 h offen.

Museumsbesucher sollten sich den **Balboa Park Explorer Multi-Day Pass** besorgen, der eine Woche lang gültig ist und zum Eintritt in 16 Museen des Parks berechtigt (sowie zu einem Tag im Zoo). Er kostet mit Zoo US$ 103, 3–12 Jahre US$ 68, ohne Zoo US$ 59/32, und ist bei den einzelnen Museen sowie im Visitors Center oder über die Website erhältlich. Außerdem gibt es einen Tagespass für fünf Museen (US$ 48/29).

Von Downtown aus finden Autofahrer am besten über die 12th Ave. zum Balboa Park, die hinter der Autobahn (I-5) automatisch zum Park Blvd. wird. Am günstigsten nimmt man hier einen der ersten Parkplätze vor dem Zoo. Falls man über den Scenic Drive anreist, gelangt man über die Prachtstraße El Prado in den Park und sollte sich bei der Parkplatzsuche nach den Hinweisschildern zum Zoo richten.

Bei einem kleinen Rundgang kommt man am Kunstgewerbezentrum **Spanish Village (13)** vorbei zu einem wunderschönen Platz mit einem Seerosenteich und schönen Gebäuden. An seiner Längsseite lohnt das **Botanische Haus** mit seinen grandiosen Farmbäumen einen Besuch, eine sehenswerte Holz-Konstruktion in Art der Palmenhäuser (aber ohne Glasfenster). Schräg gegenüber befindet sich das **Timken Museum of Art** mit einer beachtlichen Sammlung europäischer Malerei des 14.–19. Jh., russischer Ikonen und nordamerikanischer Künstler des 19. Jh.

**Botanical Building**, ☎ (619) 235-1100, www.balboapark.org/explore/gardens/botanical-building; Fr–Mi 10–16 Uhr, Eintritt frei.
**Spanish Village Art Center**, ☎ (619) 233-9050, http://spanishvillageart.com; tgl. 11–16 Uhr, Eintritt frei.
**Timken Museum of Art**, ☎ (619) 239-5548, www.timkenmuseum.org; Di–Sa 10–16.30, So 12–16.30 Uhr, Eintritt frei.

Noch bekannter ist gegenüber das **San Diego Museum of Art**, das weithin berühmte Exponate der spanischen Renaissance und des Barock, der niederländischen und italienischen Malerei, der europäischen Malerei und Grafik des 19./20. Jh. sowie der asiatischen Kunst zeigt. Selten wird klassische Kunst in solch schöner Umgebung präsentiert wie hier. Man sollte auch den Skulpturengarten (klassische Moderne) mit seinem schönen Café besuchen. Das Haus ist eines der markanten Gebäude, die die repräsentative **Plaza de Panama** flankieren.
**San Diego Museum of Art**, ☎ (619) 232-7931, www.sdmart.org; Mo/Di/Do/Sa 10–17, Fr 10–20, So 12–17 Uhr, US$ 15, ab 65 Jahre US$ 10, unter 18 Jahren frei.

*Im Botanischen Haus*

Dazu gehört auf der anderen Seite des Platzes auch das **Mingei International Museum**. Es enthält eine sehr sehenswerte und farbenprächtige Sammlung von Volkskunst und Kunsthandwerk aus aller Welt, die in sechs verschiedenen Abteilungen gezeigt wird. Eine Zweigstelle dieses Museums befindet sich in Escondido.
**Mingei International Museum**, ✆ *(619) 239-0003, https://mingei.org. Im Jahr 2019 wegen aufwendiger Renovierung geschlossen, zu den Fortschritten sowie zu diversen Angeboten in der Zwischenzeit s. Website.*

Ein unbedingtes Muss ist etwas weiter auf dem El Prado die Fassade des **California Tower (14)**, die wohl am besten das barocke Element des Balboa Park verkörpert. Das Gebäude mit seiner weitgespannten Kuppel beherbergt keine Kirche, sondern das **San Diego Museum of Man**, das die biologische und kulturelle Entwicklung der Menschheit dokumentiert und so unterschiedliche Schwerpunkte wie Kannibalen oder das Leben mit Tieren setzt. Auf Kinder warten Abenteuer im alten Ägypten, Erwachsenen wird die Geschichte des Bierbrauens interaktiv vorgestellt. Aufgrund von Renovierungsarbeiten werden einige Angebote allerdings bis ca. Herbst 2019 nur eingeschränkt oder gar nicht nutzbar sein.

*Menschheitsentwicklung*

**San Diego Museum of Man**, ✆ *(619) 239-2001, www.museumofman.org; tgl. 10–17 Uhr, ab 6 Jahre US$ 13.*

Hinter dem California Tower erstreckt sich der große Komplex des **Simon Edison Centre for the Performing Arts** mit mehreren Bühnen, u. a. dem sehenswerten **Old Globe Theatre**. Es geht ebenfalls auf die Internationale California-Pacific-Ausstellung von 1935 zurück und wurde nach dem historischen Vorbild von Shakespeares gleichnamigem Rundbau in London aus Holz und im Renaissance-Stil errichtet. In diesem sehr charmanten und nicht zu großen Haus (580 Sitze) gibt das hiesige Theaterensemble regelmäßig Vorstellungen.

Wenn man nun auf der Straße El Prado wieder zurückgeht (zur Rechten den **Alcazar Garden** nicht übersehen), gelangt man zum zentralen Platz **Plaza de Panama**. Er befindet sich in einer Achse mit dem **Spreckels Organ Pavilion (15)**, dessen ganzer Stolz die nach eigenen Angaben größte Open-Air-Orgel der Welt ist (über 5.000 Pfeifen) und in dem jeden Sonntagnachmittag um 14 Uhr ein einstündiges Gratis-Konzert gegeben wird. Ihren Namen hat die Orgel nach dem aus Hannover eingewanderten Adolph Spreckel, der in der Neuen Welt reich geworden war. Die Söhne des vielfachen Millionärs schenkten das Prachtstück der Stadt San Diego im Jahre 1915. Daneben bietet der **Japanese Friendship Garden** – ähnlich wie der japanische Garten in San Francisco – fernöstliches Ambiente.

*Orgel-Konzerte*

**Japanese Friendship Garden**, ✆ *(619) 232-2721, www.niwa.org; tgl. 10–19 Uhr (im Winter bis 18 Uhr), Eintritt US$ 12, ab 65 Jahre und Studenten US$ 10, bis 6 Jahre frei.*

Geht man vom Spreckels Organ Pavilion noch etwas weiter, gelangt man an der Hall of Nations und dem United Nations Bldg. vorbei zur **Pan-American Plaza**, um die weitere Museen, Bühnen und Theater gruppiert sind. Am auffälligsten ist dabei das **Air & Space Museum (16)**, das über eine einzigartige Sammlung zur Geschichte der Luftfahrt verfügt. In diesem Rundbau werden die Pioniere der Fliegerei porträtiert, außerdem Flugapparate aus der Frühphase, der Zeit des Zweiten Weltkriegs bis hin zur Jet-Ära im Original, als Replik (z. B. Charles Lindberghs „Spirit of St. Louis") oder mit Mo-

*Moderne Kunst im Balboa Park*

dellen vorgeführt. Zur Rechten wird das Gebäude vom **Automotive Museum** flankiert, das rund hundert Beispiele aus der Frühzeit des motorisierten Personenverkehrs und Wagen aus den 1940er- bis -80er-Jahren präsentiert.
**Air & Space Museum**, ✆ (619) 234-8291, http://sandiegoairandspace.org; tgl. 10–16.30 Uhr, Erwachsene US$ 19,95, Senioren und Studenten US$ 16,95, 3–11 Jahre US$ 10,95.
**Automotive Museum**, ✆ (619) 231-2886, https://sdautomuseum.org; tgl. 10–17 Uhr, US$ 12, ab 65 Jahre und Studenten US$ 8, 6–15 Jahre US$ 6.

Zurück auf der Hauptstraße El Prado, setzt man den Weg fort, passiert das **Visitor Center** und gelangt zu zwei weiteren zeittypischen Gebäuden. Rechter Hand ist das der riesige Komplex der **Casa de Balboa**, in der gleich drei Museen Platz finden: Das **Museum of Photographic Arts** zeigt seinen weithin bekannten Bestand an Fotografien und Wechselausstellungen, im **San Diego History Center** sieht man Möbel, Textilien, rekonstruierte Zimmer und andere Gegenstände aus San Diegos Vergangenheit, und das **San Diego Model Railroad Museum** richtet sich mit einer riesigen und liebevoll präparierten Anlage an die Liebhaber von Modelleisenbahnen.

*Für jeden etwas*

**Museum of Photographic Arts**, ✆ (619) 238-7559, https://mopa.org; Di–So 9–17 Uhr (im Sommer Do bis 20 Uhr), Eintritt frei, Spende wird erwartet.
**San Diego History Center**, ✆ (619) 232-6203, www.sandiegohistory.org; tgl. 10–17 Uhr (Juni–Aug. Fr bis 20 Uhr), Eintritt frei, Spende (US$ 10) wird erwartet.
**San Diego Model Railroad Museum**, ✆ (619) 696-0199, http://sdmrm.org; Di–Fr 10–16, Sa/So 11–17 Uhr, US$ 11,50, ab 65 Jahre US$ 9, Studenten und 6–14 Jahre US$ 6.

Der Casa de Balboa gegenüber stellt die **Casa del Prado** ein architektonisches Schmuckstück dar, das auf der Nordseite das Casa del Prado Theatre beherbergt. Jenseits der nächsten Querstraße befindet sich das **San Diego Natural History**

Museum, das bereits 1920 eröffnet wurde und über ausgezeichnete Sammlungen u. a. zur Paläontologie, Mineralogie, Ökologie und Erdgeschichte verfügt.
**San Diego Natural History Museum**, ① *(619) 232-3821, www.sdnhm.org; tgl. 10–17 Uhr (im Sommer Fr meist bis 20 Uhr), US$ 19,95, ab 62 Jahre und Studenten US$ 16,95, 3–17 Jahre US$ 11,95.*

Kurz darauf endet die Straße an der Plaza de Balboa, die mit dem **Reuben H. Fleet Science Center (17)** eine der populärsten Attraktionen des Parks besitzt. Auf einer Riesenleinwand werden hier im **IMAX-Kino** Filme über naturwissenschaftliche Phänomene (Vulkane etc.) gezeigt, außerdem kann man an zahlreichen interaktiven Experimenten oder Simulationen teilnehmen.
**Reuben H. Fleet Science Center**, ① *(619) 238-1233, www.rhfleet.org; Mo–Do 10–17, Fr–So bis 18 Uhr, US$ 21,95, ab 65 Jahre US$ 19,95, 3–12 Jahre US$ 18,95.*

### San Diego Zoo (18)

*Über 100 Jahre alt*

An das Spanish Village schließt sich der berühmte zoologische Garten an, der 2016 seinen 100. Geburtstag feierte und mit Sicherheit zu den bekanntesten Tiergärten der Welt zählt. Nach Eigenwerbung ist er außerdem der **größte, schönste und wichtigste Zoo der USA**, wenn nicht der Welt – Besucher müssen selbst entscheiden, ob das stimmt. Bei einem Besuch verschafft man sich am besten zunächst einen Überblick durch die 3-Meilen-Tour im offenen Doppeldecker, die einem etwa 80 % des Zoogeländes erschließt. Später kann man die Erlebnisse zu Fuß intensivieren, indem man einige der Erlebnis-Pfade bewältigt – etwa durch den Dschungel von Malaysia (mit entsprechender Tierwelt, Pflanzen, Flüssen und Wasserfällen). Weiter gibt es einen speziellen Kinderzoo und die unumgänglichen Tiershows.

Da auch der größte Tierfreund angesichts der hiesigen Entfernungen müde werden kann, gibt es nicht nur mehrere Lokalitäten zur Stärkung (besonders gut: Treetops Café) – einige steile Wegabschnitte sind sogar mit Rolltreppen versehen. Ganz Fußfaule können außerdem die Gondelbahn (Skyfari Aerial Tram) benutzen, die aus 50 m Höhe übrigens eine fantastische Übersicht über den Zoo und den benachbarten California Tower bis hin zu den Hochhäusern der Downtown bietet.

Die populärsten Gehege sind natürlich die mit den auf Werbeplakaten immer wieder abgebildeten Koalas, Gorillas, Meerkatzen und Pandabären. Weitere Attraktionen sind u. a. der Ituri Forest, in dem man Flusspferde über und unter Wasser beobachten kann, das Reptilienhaus, die Flamingo Lagoon, der Tiger River sowie der Polar Bear Plunge mit Eisbären und anderen Bewohnern der nordpolaren Regionen.
**San Diego Zoo**, *Balboa Park, 2920 Zoo Dr.,* ① *(619) 231-1515, https://zoo.sandiegozoo.org; tgl. ab 9 bis min. 17 Uhr, u. a. im Sommer und in der Weihnachtszeit länger, US$ 56, 3–11 Jahre US$ 46. Auch Kombinationstickets mit dem San Diego Zoo Safari Park (s. S. 457) und SeaWorld San Diego (s. S. 474).*

## Old Town

*Geburtsstätte Kaliforniens*

Unter der Überschrift „Where California began" stellen die Touristenbüros die Old Town von San Diego *(ausführliche Infos unter www.oldtownsandiegoguide.com)* als Geburts-

*„La Pinata Mexican Restaurant":*
*Old Town ist bekannt für seine fröhlichen Kneipen und Restaurants*

stätte des Bundesstaates vor und haben damit in gewisser Weise auch recht: Hier wurde von Junípero Serra die Mission der Franziskaner unter den militärischen Schutz des Presidio (Fort) gestellt, hier wurden die ersten spanischen Profangebäude aus Stein in Kalifornien errichtet, und hier wurde 1846 schließlich zum ersten Mal die amerikanische Flagge in San Diego gehisst. Da die bauliche Substanz und das originale Ambiente hier so gut wie nirgendwo sonst erhalten waren, entschloss man sich 1968, das Viertel offiziell als **State Historic Park** zu klassifizieren und unter Denkmalschutz zu stellen. Aber nicht nur die niedrigen Häuser wie das älteste Ziegelsteingebäude (1847) oder die prächtige Casa de Estudillo, nicht nur Museen wie das Wells Fargo Museum, nicht nur Plätze wie die Presidio Plaza mit ihrem schönen Springbrunnen, die Old Town Plaza und der Campo Santo (ein alter katholischer Friedhof) locken Besucher an, sondern auch die duftende Vegetation mit ihrer überquellenden Blütenpracht macht die Old Town zu einem reizvollen Ausflugsziel.

*Duftende Vegetation*

Hier gedeihen Oliven- und Feigenbäume, wachsen Korkeichen, Eukalyptusbäume und Palmen inmitten subtropischer Gärten, hier sieht man Oleander, Pfefferbäume und Hibiskus. Fast spannend ist der Farbkontrast zur blauen Kuppel der katholischen Kirche (im Stil des spanischen Barock) und zu den weißen Wänden der unzähligen spanisch-mexikanischen Gaststätten. Die nordwestliche Ecke der Old Town ist als Bazaar del Mundo (www.bazaardelmundo.com) mit neun Shops und vier Restaurants ein Zentrum des touristischen Trubels, während an der gleichen Straße (Juan St.) die Mormonen mit einem Tempel und Besucherzentrum einen ganz anderen Akzent setzen. Sofort daneben hebt sich das englisch-vornehme Victorian Village mit sechs Häusern der 1880er- und 1890er-Jahre von der mexikanischen Architektur ab. In dem Heritage Park, den dieses Ensemble bildet, ist der Temple Beth Israel, San Diegos erste Synagoge (1889), eine weitere Sehenswürdigkeit.

Nördlich der Old Town, wo auf den Presidio Hills Golf gespielt wird, erinnert am Rand eines hübschen Parks das **Junípero Serra Museum** *(2727 Presidio Dr., ① (619) 232-6203, www.sandiegohistory.org/serra_museum; Ende Mai (Memorial Day)–Anfang Sept. (Labor Day) Fr–Mo 10–17, sonst Sa/So 10–16 Uhr (Mittagspause 13–13.30 Uhr), Eintritt frei, Spende (US$ 5) wird erwartet)* an den Apostel Kaliforniens. Das schöne Gebäude, 1929 im Mission Style errichtet, darf freilich nicht mit der ebenfalls sehenswerten Missionsstation am östlichen Stadtrand (s. S. 479) verwechselt werden. Besucher mit viel Zeit und Lust auf Shopping oder gepflegtes Essen sollten auch dem Nobelvorort **Hillcrest** einen Besuch abstatten.

### Information

Das **Old Town Visitor Center** *befindet sich in der 2415 San Diego Ave., ① (619) 291-4903, www.oldtownsandiego.org; tgl. 11–18 Uhr.*

### Anfahrt

Die Old Town mit ihren zahlreichen Parkmöglichkeiten liegt nördlich der Downtown und südöstlich der Mission Bay. Vom Stadtzentrum aus erreicht man sie in wenigen Minuten über die I-5 (Exit: Old Town Ave.); die gleiche Autobahn benutzt, wer von Los Angeles oder den nördlichen Vororten anreist. Falls man aus östlicher Richtung über die I-8 kommt, nimmt man den Exit Taylor St.

## Mission Bay und La Jolla

San Diegos nördliche Peripherie bietet weitverzweigte Buchten, Attraktionen von Weltruf, mondäne Vororte und Strände mit allen Wassersportmöglichkeiten. Reisende aus Los Angeles, die auf dem Weg nach San Diego noch Zeitreserven haben, können die Region am besten kennenlernen, indem sie die I-5 in Oceanside verlassen und über die

*An der La Jolla Cove geht es tierisch zu*

*Route 4: Rundfahrt zu den südkalifornischen Highlights und nach Las Vegas*

Seebäder Carlsbad, Encinitas, Solana Beach und Del Mar bis zum Torrey Pines State Park nördlich von La Jolla fahren.

Wer sich bereits in San Diego aufhält, benutzt ab der Downtown entweder den Scenic Drive oder die I-5 in nördlicher Richtung. Wenn man am Autobahnkreuz mit der I-8 den Exit Rosecrans St. nimmt und anschließend rechts auf den Sports Arena Blvd. abbiegt, kommt man zur **Pechanga Arena San Diego (1)**, die 1966 als San Diego International Sports Arena eröffnet wurde und seitdem mehrmals den Namen wechselte (bis 2018: Valley View Casino Center). Bekannter als durch ihre Sportveranstaltungen wurde die Arena als Konzertbühne, auf der u. a. ABBA, Elvis Presley, Frank Sinatra, Jimi Hendrix, The Doors, Diana Ross, Bob Dylan, Slayer und Muse gefeierte Auftritte hatten. Auch heute noch kann man hier hochkarätige Veranstaltungen besuchen.

*Großer Markt* Nebenan findet an jedem Wochenende (*Fr–So 7–15 Uhr*) einer der größten Freiluft-Märkte Südkaliforniens statt, mit wöchentlich bis zu 30.000 Besuchern. Dieser **Kobey's Swap Meet** (*http://kobeyswap.com*) kostet zwar freitags US$ 1 Eintritt, Sa/So US$ 2, ist aber immer noch ein guter Tipp für alle, die auf der Suche nach Schnäppchen sind. Von der Sportarena bringt einen der Midway Dr. zur **Mission Bay**, die sich weit ins Land hinein verzweigt und dabei Buchten, Landzungen und Inseln bildet.

Die Bucht wurde in den 1940–60er-Jahren aus Marschgebieten, dem Mäander des San Diego River und tidenabhängig überflutetem Areal künstlich geschaffen, um den Fremdenverkehr anzukurbeln und den Einwohnern ein über 17 km² großes Naherholungsgebiet zu bieten. Dessen Küstenlinie ist 43 km lang und besitzt 19 Sandstrände, sodass Wassersportler hier ein wahres Eldorado vorfinden. Aber auch sonst sind die Bedingungen zur sportlichen Aktivität mit Tennis-, Basketball- und Fußballplätzen sowie einem ausgedehnten Netz an Rad- und Wanderwegen bestens.

Die zentrale Sehenswürdigkeit an der Mission Bay ist die gut ausgeschilderte SeaWorld.

### SeaWorld San Diego (2)

*Umstrittener Besuchermagnet* SeaWorld stellt die wohl bekannteste kommerzielle Verbindung von Aquarium, Zoo, wissenschaftlicher Tierforschung, Vergnügen und Show dar, ist aber aus Tierschutzgründen seit Jahren Gegenstand kontroverser Debatten. Wenn man das Konzept des Parks akzeptiert und den hohen Eintrittspreis für diese typisch amerikanische Mischung aus Amüsement, Schaugeschäft und Belehrung zu zahlen bereit ist, sollte man auf jeden Fall genügend Zeit mitbringen. Denn es ist kaum möglich, alle Angebote an einem Besichtigungstag wahrzunehmen.

Neben den Attraktionen rund um die Orcas kommt man automatisch an Teichen und Bassins mit Flamingos, Schildkröten, Robben, Seelöwen u. a. vorbei. Man kann die Delfinfütterung in der Rocky Point Preserve besuchen und am Pacific Point die putzigen Alaska-Seeotter beobachten. Wer SeaWorld aus der Vogelperspektive erleben will, kann mit dem rotierenden Aufzug den Skytower hinauffahren oder mit der Gondel Mission Bayside Skyride einen Wasserarm überbrücken.
**SeaWorld**, *500 Sea World Dr., ☎ (619) 226-3901, https://seaworld.com/san-diego; tgl. ab 10 Uhr, Schließzeiten je nach Saison 17–22 Uhr, ab 3 Jahre US$ 91,99 online deutlich günstiger.*

## SeaWorld und der Wandel der Zeit

Nach immer stärkeren Protesten von Tierschutzorganisationen und zunehmendem öffentlichem Druck sicherte SeaWorld 2015 zu, seine Orca-Show One Ocean in San Diego abzusetzen und ein neues Programm an ihre Stelle treten zu lassen. Dieses sollte die Tiere nicht mehr zu wenig artgerechten Dressurkunststückchen zwingen, sondern ihr normales Verhalten in der Natur veranschaulichen. „Infotainment" lautete das neue Zauberwort. Im Januar 2017 war es dann tatsächlich vorbei mit der Schau alten Zuschnitts, allerdings bleiben die Orcas im Park. Ein neues Programm namens „Orca Encounter" soll den Besuchern seitdem vermitteln, wie die Orcas kommunizieren und navigieren; der Show-Aspekt scheint aber nach wie vor dominant. Ob die Kritik zukünftig leiser wird, ist fraglich.

---

Fährt man von SeaWorld auf den Mission Bay Drive, der über die Mission Bay gespannt ist, erreicht man den **Mission Beach (3)**. 3 km Sandstrand warten auf Strandläufer, Sonnenhungrige und Surfer. Hier kann man Segler und andere Wassersportler beobachten oder auch selbst schwimmen. Am Strand entlang läuft der Ocean Front Walk. Radler, Inliner und Skater halten sich hier fit. Gleich nebenan lädt der **Belmont Park (4)** zu allen möglichen Vergnügungen ein. Weithin sichtbares Wahrzeichen ist die Holzachterbahn Giant Dipper, 1925 erbaut und immer noch im Einsatz. Der Park selbst kostet keinen Eintritt, man zahlt pro Fahrgeschäft bzw. Attraktion. Wer hier viel ausprobieren möchte, sollte sich einen Ride Pass (*2 Varianten: Erw. US$ 34 bzw. 53, online etwas billiger*) zulegen, eine Art Flatrate für die Unterhaltungsangebote des Parks.
*Vergnügungspark mit Tradition*

**Belmont Park**, *3146 Mission Blvd., Ecke West Mission Bay Dr., ☎ (858) 488-1549, www.belmontpark.com; tgl. ab 11 Uhr (unterschiedliche Schließzeiten, je nach Saison 18–23 Uhr).*

Gleich daneben folgt der ebenso schöne **Pacific Beach (5)**. Hier ist alles ein wenig schicker und teurer. Die Attraktion ist der *Crystal Pier*, der von hippen Cafés, Restaurants und Bars umsäumt ist.

Den La Jolla Blvd. geht es weiter, bis linker Hand die Nautilus St. abzweigt. Diese bringt einen zum 251 m hohen Aussichtshügel **Mount Soledad (6)**. Auf dessen Spitze befindet sich der Mt. Soledad Park mit einem weithin sichtbaren Kreuz. Von hier aus kann man meilenweit den Bezirk San Diego überblicken.
*Aussichtspunkt*

## La Jolla

Nördlich des Mt. Soledad erstreckt sich der Badeort La Jolla (ausgesprochen etwa *La Hoja*). Die Übersetzung des spanischen Namens (eigentlich *joya*) lautet **„das Juwel"**, und es fällt nicht schwer, die Richtigkeit der Namensgebung zu erkennen: ein malerischer Ort mit mediterranem Ambiente, Promenaden und gewundenen Gassen, Straßencafés und Fischrestaurants, kleine, sandige Strände, romantisch von Klippen eingerahmt, Grotten und Höhlen, die Tauchern als Eldorado dienen, dazu die ständig scheinende Sonne und trotzdem eine erfrischende Brise – La Jolla ist tatsächlich ein kleines Juwel.
*Mediterranes Ambiente*

Wenn man sich zunächst die nördlichen Stadtgebiete des Seebades anschauen möchte, fährt man am einfachsten über den La Jolla Shores Dr. oder die North Torrey Pines Rd. bis zur **University (7)**, die nicht nur eine wichtige Lehranstalt des Bundesstaates, son-

*Vor dem Stephen Birch Aquarium*

dern auch von architektonischem Interesse ist. Sehenswert ist am Campus der UCSD (University of California, San Diego) u. a. die Bibliothek, die sich inmitten eines Eukalyptus-Hains befindet.

Noch etwas weiter nördlich erstreckt sich hinter dem 18-Loch-Golfplatz des Sheraton-Hotels das **Torrey Pines State Reserve (8)**, in der Kaliforniens letzte Bestände der Torrey Pines geschützt sind. Diese seltene Kiefernart (*pinus torreyana*) zeichnet sich durch lange Nadeln und kräftige, runde Baumkronen aus. An der Steilküste kann man oft Drachenflieger beobachten.

Auf gleicher Strecke geht es über die Torrey Pines Rd. und den La Jolla Shores Dr. zurück bis zur ausgeschilderten Abzweigung des **Stephen Birch Aquarium & Museum (9)**. Etliche Besucher sind sich einig, dass das Aquarium nicht nur informativer, sondern auch schöner ist als SeaWorld. Im Aquarium, das der nahen Universität angeschlossen ist, kann man viele farbenprächtige Meeresbewohner beobachten, Tierfütterungen beiwohnen und an den neuesten Erkenntnissen der meeresbiologischen Forschung teilhaben. Ein Gift Shop offeriert Andenken und Bücher für Groß und Klein, im Splash Café im Eingangsbereich kann man sich stärken. Und von der Aussichtsterrasse hat man einen weiten Blick auf die feinsandigen Strände der Umgebung (La Jolla Shores Beach, Blacks Beach). **Stephen Birch Aquarium & Museum**, *2300 Expedition Way, La Jolla, ☏ (858) 534-3474, https://aquarium.ucsd.edu; tgl. 9–17 Uhr, US$ 19,50, ab 60 Jahre US$ 16,50, 3–17 Jahre US$ 15.*

Das eigentliche Zentrum von La Jolla erreicht man über die Straßen La Jolla Shores Dr. und Torrey Pines Rd., von der rechts die Prospect St. abgeht, die Hauptgeschäftsstraße des Ortes. Hier und an den Nebenstraßen Cuvier St. und Girard Ave. findet man jede Menge Boutiquen, Restaurants und Hotels, allerdings kaum einen Parkplatz. Landschaftlich ist die Uferstraße (Coast Blvd.) schöner, wo man zur **La Jolla Cove (10)** hinabsteigen, schwimmen und Seehunde beobachten kann. Für moderne Kunst und Design gibt es in La Jolla das **Museum of Contemporary Art** (MCASD) **(11)**. Seit Januar 2017 wird es großflächig saniert und ausgebaut, um den 4.700 Kunstwerken nach dem Ausbau ein würdiges Umfeld bieten zu können. Die Wiedereröffnung ist für Ende 2020 geplant, über den Baufortschritt kann man sich auf der Website www.mcasd.org auf dem Laufenden halten. Ausstellungen finden auch weiterhin statt am MCASD-Standort in Downtown San Diego, s. S. 463.

*Seehunde beobachten*

Auch weiter südlich bleibt die Küstenszenerie spannend, findet man Sandbuchten genauso wie markante Felsen und Seehunde – beispielsweise am **Seal Rock Beach (12)**. Auf dem Weg zurück zur Mission Bay benutzt man am besten den Mission Blvd., der parallel zur Küste verläuft und mehrere herrliche Strandabschnitte passiert.

*Kunst am und im Bau: das Museum of Contemporary Art*

## Von Downtown zum Point Loma
→ Karte S. 460

Eine weitere schöne Tour verläuft vom Zentrum aus an der Küste entlang nach Norden, wobei man über den Harbor Dr. auf Höhe des Flughafens in wenigen Minuten zunächst **Harbor Island** erreicht. Die kleine, durch einen Damm mit dem Festland verbundene Insel verfügt zwar nicht über Strände, lohnt den Besuch aber wegen der Aussicht auf die Skyline von San Diegos Downtown. Hier kann man außerdem vorzüglich speisen, das lebhafte Treiben im Yachthafen beobachten und nachts den atemberaubenden Anblick des Lichtermeeres genießen.

*Blick auf die Skyline*

Westlich davon und ebenfalls über den Harbor Dr. zugänglich bieten **Shelter Island** und die **Loma-Halbinsel** viele komfortable und architektonisch ansprechende Hotels, Fisch- und Seafood-Restaurants, einen kleinen Sandstrand und ausgedehnte Parkanlagen. Da am **Point Loma** ein Großteil der Freizeit- und Fischereiflotte seinen Heimathafen hat, kann man in den frühen Morgenstunden entsprechend viel sehen und erleben. So feiern die im Morgengrauen eingelaufenen Freizeitfischer den „Catch of the Day" – den schwersten gefangenen Fisch des Trips – mit reichlich Kaltgetränken und Schulterklopfen. Und man sollte sich nicht wundern, wenn an der nahen Moteltür steht, dass Fisch im Zimmer nicht erlaubt sei.

Am südwestlichen Ende der schmalen Halbinsel setzt die **Yokohama Friendship Bell** von 1960, in einem kleinen, von Wasser umgebenen Tempel untergebracht, einen fernöstlichen Akzent (Yokohama wurde 1957 die erste von inzwischen 16 Partnerstädten San Diegos). Nicht weit entfernt verweisen die drei bronzenen Angler des **Tuna Man's Memorial** (1986) auf die Leistung all jener, die in San Diego die weltgrößte Thunfisch-Industrie aufgebaut haben.

*Weltweit größte Thunfisch-Industrie*

*Route 4: Rundfahrt zu den südkalifornischen Highlights und nach Las Vegas*

*An der Fisherman's Landing wird der Fang des Tages präsentiert*

Die sehens- und erlebenswerte **Loma-Halbinsel** liegt zwischen Pazifik und Stadt. Über Cañon St., Catalina Blvd. und Cabrillo Memorial Dr. kann man bis zur südlichen Spitze des langgestreckten Bergrückens fahren. Die Straße, die auf dessen Grat entlang führt, passiert dabei auch Fort Rosecrans, wo endlose Reihen von Grabsteinen an die Schrecken der beiden Weltkriege erinnern.

*Südwest-lichster Punkt* Automatisch gelangt man dann zum südwestlichsten Punkt der kontinentalen USA, zum **Point Loma** mit den landschaftlichen und kulturellen Sehenswürdigkeiten des **Cabrillo National Monument**. Außer dem Standbild Cabrillos lohnen sich Abstecher zum alten Leuchtturm von Point Loma, Spaziergänge zu den Klippen und den Tidepools (Wassertümpel, die beim Eintreten der Ebbe zurückbleiben). Sollte man zwischen Ende Dezember und Anfang März hier sein, kann man mit etwas Glück vom Whale Overlook aus das grandiose Schauspiel beobachten, wenn Tausende von Grauwalen vorbeiziehen. Der Besuch von Point Loma ist in erster Linie aber eine Reverenz vor jenem Mann, den man auch den Entdecker Kaliforniens nennt: Juan Rodríguez Cabrillo.
**Cabrillo National Monument**, *1800 Cabrillo Memorial Dr., ① (619) 557-5450, www.nps.gov/cabr; tgl. 9–17 Uhr, Eintritt pro Fahrzeug US$ 20, Fußgänger und Radfahrer US$ 10, Motorradfahrer US$ 15.*

### Juan Rodríguez Cabrillo

Für die Erforschung der kalifornischen Westküste war Juan Rodríguez Cabrillo, **portugiesischer Seefahrer** in spanischen Diensten, eine bedeutende Persönlichkeit. Nur 50 Jahre nach Kolumbus war er es, der sich mit zwei kleinen Segelschiffen, der *San Salvador* und der *Victoria*, auf den Weg in eine völlig unbekannte Welt machte und diese per Akklamation dem spanischen Kolonialreich eingliederte. Ursprünglich war Cabrillo als Mitstreiter von Hernán Cortéz an der Zerschlagung und Eroberung des Aztekenreiches beteiligt. Doch auf der Suche nach unsterblichem Ruhm und, mehr noch, nach den sagenhaften Goldschätzen eines fernen Königreiches Kaliforniens, von dem damals die Sage ging, stieß er weiter in den Westen vor als jemals ein europäischer Entdecker vor ihm.

Zunächst musste Cabrillo den südamerikanischen Kontinent umsegeln, um auf die andere (westliche) Seite Mexikos zu gelangen. In dem kleinen Hafenort Navidad traf er dann letzte Vorbereitungen und sammelte eine kleine Mannschaft um sich: eine Handvoll Soldaten, einen Priester, indianische Dolmetscher. Mit Lebensmitteln für ein dreiviertel Jahr ausgestattet, ließ er im Juni des Jahres 1542 die Segel setzen. Nach drei Monaten hatten die Spanier die Küste der Halbinsel Baja California hinter sich gelassen und gingen im September in einem umschlossenen und sehr guten Hafen an Land. Diesen nannte der Entdecker **San Miguel** – nicht ahnend, dass sich dort 450 Jahre später eine Millionenstadt mit dem Namen San Diego ausbreiten sollte. Und weiter ging die Fahrt in den Norden: Man passierte die Inseln Santa Catalina und San Clemente und entdeckte in der darauffolgenden Bucht die Feuer einiger Indianerlager. Aus der damals deswegen so genannten Bahia de los Fumos wurde inzwischen das Stadtmonstrum von Los Angeles.

Mit den Indianern trieben die Europäer Handel und ergänzten ihre Vorräte, bisweilen wurden sie allerdings auch in kriegerische Auseinandersetzungen verstrickt. Bei einem solchen Anlass – es war auf der Insel San Miguel, wo die Expedition nach Wasser suchte – versuchte Cabrillo, einem in Not geratenen Kameraden zu helfen, und brach sich dabei ein Bein. Durch diese Verletzung muss er sich **mit Wundbrand infiziert** haben; nachdem er unter Schmerzen die stürmische See vor Big Sur bewältigen konnte, starb Juan Rodríguez Cabrillo sechs Wochen später, am 3. Januar 1543, in der Nähe des heutigen Fort Ross, nördlich von San Francisco. Unter der Leitung des Ersten Lotsen, Bartolomé Ferrer, wurde die Expedition jedoch fortgesetzt. Die Europäer segelten weiter gen Norden und erreichten den Süden von Oregon. Danach kehrten sie um und trafen am 14. April 1543 wieder am Ausgangsort im westlichen Mexiko ein. Insgesamt hatten sie 1.300 km Küstengebiete erforscht. Und viele Namen, die Cabrillo Buchten, Orten und Landschaften gegeben hatte, sind heute noch in Gebrauch, z. B. Sierra Nevada.

Nördlich der Halbinsel, durch die wildromantischen Sunset Cliffs von dieser getrennt, ist der sandige **Ocean Beach** einen Abstecher wert. Einerseits findet man hier ein turbulentes Strandleben, das sich beiderseits des langen Piers entfaltet und viele Surfer anlockt. Imbissbuden, Bars, Cafés, Boutiquen sowie Verleihstationen von Bade- und Wassersportausrüstung gibt es hier wie auch entlang der Newport Avenue. Andererseits sollte man aber auch auf die schöne Architektur des Strandbades achten, wo man auf gute Beispiele des mexikanisch-spanischen Stils und des Art déco stößt – auch wenn manche Strandhäuser schon bessere Zeiten gesehen haben.

## Die Mission San Diego de Alcalá

Unter einigen Sehenswürdigkeiten an der östlichen Peripherie soll an dieser Stelle nur die Mission San Diego de Alcalá genannt werden. Man erreicht sie über die I-8, wo man nach einigen Meilen die Ausfahrt Mission Gorge Rd. nimmt, dann die Twain Ave. nach links und schließlich die San Diego Mission Rd. Die 1769 gegründete Mission, die erste des Ordens der **Franziskaner** in Kalifornien, befand sich ursprünglich in der Nähe des heutigen Old Town, im Schutz des Forts Presidio. 1774 aber entschlossen sich die Mönche, zum jetzigen Standort überzusiedeln, weil hier im fruchtbaren Tal die Wasserversorgung und der Boden besser waren.

*Erste Franziskaner-Mission*

## Pater Junípero Serra und die kalifornischen Missionen

Als mehr als 200 Jahre nach der Expedition Cabrillos (s. S. 478) die Spanier wieder einmal an der Küste Kaliforniens entlang nach Norden vorstießen, geschah dies hauptsächlich aus zwei Gründen: Einerseits wollten sie den **russischen Konkurrenten**, die von Alaska und den Aleüten her langsam nach Süden vordrangen, entgegenwirken, das Land dauerhaft erobern und dem spanischen Weltreich einverleiben. Daher hatte der spanische König Karl III. dem Seefahrer Gaspar de Portolà den Auftrag gegeben, an der Küste der Baja California entlang nach Norden vorzustoßen und die notwendigen Schritte zu veranlassen.

Zweitens ging es um eine **Christianisierung** der „Wilden". Zwar hatten sich auf der Baja California schon die Jesuiten – mit bescheidenem Erfolg – als Missionare versucht. Im Zusammenhang mit den Auseinandersetzungen zwischen Papst, spanischem König und dem Orden mussten sie allerdings Amerika 1767 verlassen. Damit war das Feld frei für die Graubrüder, wie man die Franziskaner ihres Gewandes wegen nannte. Einer ihrer Pater, Junípero Serra, war deshalb an Bord der Portolà-Expedition.

Der **aus Mallorca** stammende Pater Serra war zwar von kleinem Wuchs (er maß nur 1,57 m), aber von großer Energie und Tatkraft. Mit dem Schiff, zu Fuß und zu Pferd legte er, obwohl gehbehindert, Tausende von Kilometern zurück. Dabei gründeten Serra und andere Franziskaner-Padres entlang der kalifornischen Küste eine Missionsstation nach der anderen (die erste davon 1769 in San Diego), die in der Kirchenprovinz Alta California zusammengefasst wurden. Serras Werk war dabei nicht von gleichbleibendem Erfolg gekrönt. Manchmal gab es harte Auseinandersetzungen mit Portolà, der sich mehr der Krone als Gott verpflichtet fühlte, ein andermal setzten sich die Indianer blutig gegen die Missionierungsversuche zur Wehr (1775 in San Diego). Trotzdem gründete er entlang des *Camino Real* (Königsstraße) immerhin 9 der 21 kalifornischen Missionen.

Die Namen der Missionen sind in vielen Fällen mit den Ortschaften identisch, die sich später um die Stationen etablierten, und beweisen, wie wichtig diese für die europäische Erschließung Kaliforniens waren:
   1769: San Diego de Alcalá, San Diego
   1770: San Carlos Borromeo, Carmel
   1771: San Gabriel Arcángel, San Gabriel
   1771: San Antonio de Padua, King City
   1772: San Luis Obispo de Tolosa, San Luis Obispo
   1776: San Juan Capistrano, San Juan Capistrano
   1776: San Francisco de Asís/Dolores, San Francisco
   1777: Santa Clara de Asís, Santa Clara
   1782: San Buenaventura, Ventura
   1786: Santa Barbara, Santa Barbara
   1787: La Purísima Conceptión, Lompoc
   1791: Santa Cruz, Santa Cruz
   1791: Nuestra Señora de la Soledad, Soledad
   1797: San Miguel Arcángel, San Miguel
   1797: San Fernando Rey de España, San Fernando
   1797: San Juan Bautista, San Juan Bautista
   1797: San José, Fremont
   1798: San Luis Rey de Francia, Oceanside
   1804: Santa Inés, Solvang
   1817: San Rafael Arcángel, San Rafael
   1823: San Francisco Solano, Sonoma

Junípero Serra, den man auch den **Apostel Kaliforniens** nennt, ist in der Mission von Carmel beigesetzt. Die bedeutende Rolle des Franziskanerpaters wird u. a. daran sichtbar, dass sein Standbild nicht nur den dortigen Friedhof und viele andere kalifornische Kirchhöfe schmückt, sondern ebenfalls die Rotunda in Washington D.C. Bei aller Achtung vor dem Werk der Missionare im Allgemeinen und dem von Junípero Serra im Besonderen dürfen kritische Anmerkungen zum Missionssystem nicht fehlen. Denn die Missionen waren nicht nur geistige Institutionen, sondern auch reiche landwirtschaftliche Unternehmen. In San Diego z. B. baute man u. a. Bohnen, Mais und Weizen an, daneben Wein, Gemüse und Obst.

Der Mission gehörten um 1800 nicht weniger als 20.000 Schafe, 10.000 Rinder und 1.250 Pferde. Und die wirtschaftliche Basis dieser Franziskaner-Bauernhöfe war hauptsächlich die Indianerarbeit, sodass an die Adresse der Mönche der **Vorwurf der Sklaverei** nicht ausbleiben konnte. Dass eine ihrer ersten Schwierigkeiten die Indianerrevolte von San Diego war, bei der ein Pater sein Leben lassen musste, wird kein Zufall gewesen sein.

Ein zeitgenössischer Kritiker war Adelbert von Chamisso, der (zusammen mit Otto von Kotzebue) auf einer russischen Brigg 1815–18 eine Weltumseglung durchführte und dabei das Indianerelend bei der Mission Dolores in San Francisco sah. Er berichtete: „*Die Indianer sterben in den Missionen aus, in furchtbar zunehmendem Verhältnis. Ihr Stamm erlischt. San Francisco zählt bei tausend Indianer, die Zahl der Toten überstieg im vorigen Jahr 300 ... Die frommen Franziskaner, welche die Missionen in Neukalifornien halten, sind in keiner der Künste und Handwerke unterrichtet, die sie hier ausüben, lehren sollen; in keiner der Sprachen, an die sie gesandt sind ... Keiner scheint sich um deren Geschichte, Bräuche, Glauben, Sprachen bekümmert zu haben ... Der Indianer selbst bezieht unmittelbar keine Frucht von seiner Arbeit, keinen Lohn ...*"

So wurden z. B. in San Diego bis zum Jahr 1800 ca. 1.500 **Indianer getauft**, sehr viel mehr starben aber durch die harte Arbeit und eingeschleppte Krankheiten, und ihr kultureller Zusammenhang war zerstört. Zur Anpassung an die christliche Kultur der Europäer blieb ihnen kaum Zeit.

Die meisten der Missionskirchen sind heute nicht mehr original erhalten, sondern z. T. mehrfach wieder aufgebaut. Erdbeben, besonders schlimm in den Jahren 1803 und 1812, zerstörten Sakralbauten und Wirtschaftsgebäude. 1833 verfügte der mexikanische Kongress, nachdem sich das Land in einer Revolution von Spanien getrennt hatte, die **Säkularisation** und zog die Kirchengüter ein. Obwohl dies 1857 vom Präsidenten der Vereinigten Staaten rückgängig gemacht wurde, ist damals viel verlorengegangen. Heute stellen die Missionen nicht nur die historische Keimzelle des jeweiligen Ortes dar, sondern sind vielfach wieder von Mönchen bewohnt und Ziel von Touristen und Wallfahrern. Mit ihren blühenden Gärten sind sie zudem schöne Oasen der Ruhe inmitten der kalifornischen Großstädte.

---

Die zweite Kirche wurde ein Opfer des Erdbebens von 1803. Während der Jahre 1846–62 war das Gelände von der US-Kavallerie besetzt, und die Soldaten gingen daran, die notdürftigsten Reparaturen auszuführen. 1862 schließlich wurden die Gebäude auf Veranlassung Abraham Lincolns dem Orden zurückgegeben. Die jetzige Kirche erklärte 1976 Papst Paul VI. zur **Basilica minor**. Bei einem Rundgang wird man zum original erhaltenen Refektorium Serras geleitet, zu den Ruinen des Klosters, zur heutigen Kirche und zum Museum. Besonders schön sind der Glockenturm und der immer blühende

*Erste Mission der Franziskaner: San Diego de Alcalá*

Garten. Im Museum werden frühe liturgische Gewänder aufbewahrt; vor allem aber erinnern Ausstellungsstücke und originale Handschriften an den Gründer dieser und anderer Missionen, den kalifornischen Apostel Pater Serra.
**Mission San Diego de Alcalá**, *10818 San Diego Mission Rd., ① (619) 281-8449, www.missionsandiego.org; tgl. 9–16.30 Uhr; jeden So stündlich von 7–12 und um 17.30, Mo–Fr 7 und 17.30, Sa 17.30 Uhr katholische Messe.*

## Coronado Peninsula

Von Süden her schiebt sich die **Coronado Peninsula** wie ein überdimensionierter Angelhaken weit in die Bucht von San Diego hinein. Fußgänger und Fahrradfahrer nehmen in Downtown am Broadway Pier am besten die Personenfähre, die tgl. jede volle Stunde von 9 bis 21 Uhr, Fr/Sa bis 22 Uhr verkehrt (*US$ 5 einfache Fahrt, Rückfahrten jeweils zur halben Stunde, www.flagshipsd.com/cruises/coronado-ferry*).

Ihr Ziel ist **Coronado Ferry Landing**, ausgebaut zu einem großen Laden- und Restaurantkomplex (*tgl. 10–21 Uhr, Restaurants meist länger; www.coronadoferrylanding.com*). Autofahrer sind entweder auf den Silver Strand Blvd. (Hwy. 75) angewiesen, der Coronado über die schmale Landenge erschließt, oder auf die 1969 eröffnete, fünfspurige **Coronado Bay Bridge**, über die man vom Zentrum aus die schöne Halbinsel schneller erreichen kann. Ihr markanter 2-Meilen-Bogen, der sich zu einer Höhe von über 60 m aufschwingt, ist schon von Weitem zu sehen und gehört zur unverwechselbaren Skyline der Stadt. Die Brücke mit ihrer beeindruckenden Aussicht kann kostenfrei in jede Richtung befahren werden.

Neben großzügigen Parkanlagen, Seafood-Restaurants, Golf- und Tennisplätzen, noblen Villen und schönen Sandstränden ist die größte Attraktion das **Hotel del Coronado**, das sich unter dem Namen *The Del* als fester Begriff der internationalen Hotellerie etabliert hat. 1888 erbaut, war die Herberge von Anfang an eines der größten, luxuriösesten und bekanntesten Häuser der Westküste. Während sich San Diego noch als ziemlich ärmliche Kleinstadt darstellte, verkörperte das Del all das, was zu Beginn der 1890er-Jahre an Komfort und Technologie möglich war. *Berühmtes Hotel*

Tatsächlich gab es damals außerhalb von New York in ganz Amerika keinen größeren Komplex, der über elektrisches Licht verfügte. Thomas Edison hat persönlich die entsprechenden Installationen überwacht und ließ es sich nicht nehmen, den Schalter zum ersten elektrisch beleuchteten Weihnachtsbaum der Welt anzuknipsen. In den Gästezimmern war damals der Hinweis zu lesen „Dieses Zimmer ist mit 'Edison Elektrischem Licht' ausgestattet. Versuchen Sie nicht, die Lampen mit einem Streichholz zu entzünden. Drehen Sie einfach am Schalter neben der Tür. Die Benutzung von elektrischem Licht ist in keiner Weise der Gesundheit abträglich und schadet auch nicht der Nachtruhe …"

Wie es sich für ein **viktorianisches Haus** gehört, erzählt man sich natürlich auch Spukgeschichten über das Del. So geht angeblich immer noch der Geist der jungen Kate Morgan um, die im November 1892 als Gast ein-, allerdings niemals auscheckte und seitdem nicht mehr auftauchte. Belegbarer ist, dass das Hotel bis heute gleichzeitig Nobelherberge und Sehenswürdigkeit blieb und u. a. den Präsidenten Benjamin Harrison, Franklin D. Roosevelt, John F. Kennedy, Richard Nixon, Jimmy Carter, Ronald Reagan, George H. W. Bush, Bill Clinton, George W. Bush und Barack Obama als bequemer Aufenthaltsort und Bühne diplomatischer Aktivität diente. Auch blaublütige Kundschaft war nicht selten. U. a. logierte im Jahre 1920 der Prince of Wales (der spätere englische König Edward VIII.) im Del, Wallis Simpson hat er hier aber nicht kennengelernt, auch *Präsidenten, Könige und Filmstars*

*Das historische Hotel del Coronado: Hier drehte Billy Wilder „Manche mögen's heiß"*

wenn das manchmal kolportiert wird. Und neben vielen anderen berühmten Dauergästen (u. a. Charles Lindbergh) hat das Hotel schließlich auch Filmstars wie Charlie Chaplin, Marilyn Monroe, Jack Lemmon, Humphrey Bogart, Tony Curtis, Peter O'Toole und Brad Pitt verwöhnt. In mehreren Kinofilmen diente es zudem als grandiose Kulisse (z. B. in „Manche mögen's heiß").

Wie die Halbinsel erhielt das Hotel seinen Namen nach Francisco Coronado, der 1540 vom mexikanischen Vizekönig Mendoza ausgesandt wurde, das sagenhafte Goldland Cibola zu finden. Diese Expedition war damals eine Art Konkurrenzunternehmen zur Seereise Cabrillos (s. S. 478) und fand auf dem Landwege statt. Dementsprechend lagen Coronados Leistungen hauptsächlich in der Erforschung New Mexicos.

### Information und Hinweis
**Coronado Visitor Center**, 1100 Orange Ave., Coronado, ✆ (866) 599-7242, http://coronadovisitorcenter.com; Mo–Fr 9–17, Sa/So 10–17 Uhr.
**Hotel del Coronado**, www.hoteldel.com (s. S. 486); der Eintritt zur Lobby und zum Garten ist für Nicht-Gäste frei.
Ein **Transfer** nach und von Downtown ist mit den Old Town Trolley Tours (✆ (866) 754-0966, www.trolleytours.com/san-diego) möglich.

## Reisepraktische Informationen San Diego

**Vorwahl**: 619

### Information
**San Diego Visitor Information Center**, 996 N. Harbor Dr., Downtown San Diego, ✆ 236-1242, www.sandiegovisit.org; tgl. 9–16/17 Uhr. Hier liegen auch Info-Zeitschriften aus mit zahlreichen Tipps und Coupons, die Vergünstigungen bei verschiedenen Eintritten oder beim Einkaufen verschaffen wie „San Diego – 101 Things to do" (https://101thingstodosw.com).
**Weitere Visitor Centers** befinden sich u. a. im Balboa Park, der Old Town, in La Jolla (7590 Fay Avenue, ✆ (858) 230-2725, https://lajollabythesea.com) und auf der Coronado-Halbinsel.
Schwule und Lesben finden aktuelle Infos beim **San Diego LGBT Visitors Center**, 529 University Ave., ✆ 432-5428, www.facebook.com/LGBTVisitorsCenter; Mo–Sa 8–19, So 10–16 Uhr.
Für **Menschen mit Behinderung** gibt es ein eigenes städtisches Programm: „Accessible San Diego" mit einer Broschüre und der Website www.facebook.com/AccessSD. Infos auch auf www.sandiego.org.

###  Tipp

Wer sich länger in der Stadt aufhält, sollte den Kauf der **Go San Diego Card** erwägen. Mit ihr hat man freien Eintritt zu den wichtigsten Attraktionen und Museen in der Stadt und ihrer Umgebung (z. B. San Diego Zoo, Legoland, Safari Zoo Park, Belmont Park, ab 3 Tage inkl. SeaWorld), zu Hafenrundfahrten, Stadtrundgängen, Whale-Watching-Touren etc. Die Go San Diego Card kann man an den Besucherzentren kaufen oder online unter https://smartdestinations.com/san-diego-attractions-and-tours. Es gibt sie für 1 Tag (US$ 104, 3–12 Jahre US$ 99) bis 7 aufeinanderfolgende Tage (US$ 374, 3–12 Jahre US$ 334).

## 🛏️ Hotels

Bei der Wahl des Hotel-/Motel-Standortes kommen **mehrere Gebiete** infrage: Geeignet sind die Strandhotels von La Jolla, Pacific Beach, Shelter Island und Coronado für Wassersport und zur Erholung; zu den Attraktionen der Stadt hat man längere Wege zurückzulegen (Hotel-Busse, Taxen, öffentliche Verkehrsmittel). Die Hotels in der Old Town haben eine ganz eigene, gemütliche Atmosphäre in historischer Umgebung, Häuser in Downtown schließlich sind am besten zum Shopping geeignet. Die Loma-Halbinsel mit Point Loma ist ein gutes Ziel für günstige Motels und Restaurants. Autofahrer, die nichts vorgebucht haben, sollten entweder zum Touristenbüro fahren, wo man bei der Suche nach einer passenden Unterkunft gerne behilflich ist. Oder man biegt vom Fwy. 8 am ausgeschilderten Hotel Circle ab, wo zentrumsnah viele und günstige Hotels/Motels nebeneinander anzutreffen sind. Eine kleine Auswahl empfehlenswerter Häuser:

### DOWNTOWN UND BALBOA PARK (→ Karte S. 462)

**Best Western Plus Hacienda Hotel Old Town $$$–$$$$ (2)**, 4041 Harney St., ☏ 298-4707, (800) 888-1991, www.haciendahotel-oldtown.com; sehr schönes Hotel der Best-Western-Kette im mexikanischen Stil mitten in Old Town, 200 großzügige Zimmer mit Miniküche, Swimmingpool, Airport-Transfer.

**The Horton Grand $$$–$$$$ (1)**, 311 Island Ave., ☏ 544-1886, (800) 542-1886, www.hortongrand.com; traditionsreiches, viktorianisches Haus mit 132 Zimmern, alle mit Antiquitäten und Gaskamin ausgestattet, mitten im Gaslamp Quarter.

**Wyndham San Diego Bayside $$$$ (3)**, 1355 N. Harbour Dr., ☏ 232-3861, (877) 999-3223 www.wyndhamsandiegobay.com; gutes Mittelklasse-Hotel mit 600 Zimmern, zentral zu Seaport Village (Downtown) gelegen, schöne Sicht auf die Bay und die Coronado-Brücke.

**U. S. Grant Hotel $$$$–$$$$$ (4)**, 326 Broadway, ☏ 232-3121, www.marriott.com; bildschönes, historisches Hotel, 280 Zimmer und Suiten, gegenüber der Horton Plaza mitten in Downtown, sehr gutes Restaurant (Grant Grill).

**Marriott Marquis & Marina $$$$$ (5)**, 333 W. Harbor Dr., ☏ 234-1500, www.marriott.com; großzügiges Luxushotel mit markanten Zwillingstürmen, 1.360 Zimmer und Suiten, großer Yachthafen, viele Sportangebote, absolut zentrale Lage, herrliche Aussicht, Restaurants und Bars.

### MISSION BAY UND LA JOLLA (→ Karte S. 473)

**The Empress Hotel $$$–$$$$ (2)**, 7766 Fay Ave., ☏ (858) 454-3001, www.empress-hotel.com; großzügiges Haus mit 73 Suiten im Herzen von La Jolla, für gehobene Ansprüche, trotzdem relativ moderate Preise.

**Hilton La Jolla Torrey Pines $$$–$$$$ (3)**, 10950 North Torrey Pines Rd., ☏ (858) 558-1500, www3.hilton.com; 2018 als bestes Golf-Resort ausgezeichnetes Luxushotel mit 400 Zimmern und Suiten, Restaurants, Bar, Swimmingpool, Fitness-Studio, Tennisplätze. 2 Meilen nördlich von La Jolla unmittelbar am Torrey Pines State Reserve und am Rand des berühmten Golf Course (insgesamt 36 Loch) gelegen, kurzer Fußweg zu schönen Sandstränden.

**Blue Sea Beach Hotel $$$$–$$$$$ (1)**, 707 Pacific Beach Dr., ☏ (858) 488-4700, www.pacificahotels.com/blueseabeachhotel; gutes Mittelklasse-Hotel, direkt am Sandstrand gelegen, 126 geräumige Zimmer und Suiten, schöner Swimmingpool, viele Freizeitangebote, freies Parken.

## OLD TOWN; SHELTER ISLAND; CORONADO; POINT LOMA
(→ Karte S. 460)
**Kona Kai Resort $$$–$$$$$ (2)**, 1551 Shelter Island Dr., Shelter Island, ☏ 221-8000, (800) 566-2524, www.resortkonakai.com; gutes Hotel mit eigenem Strand auf Shelter Island, sportliche Note, Airport-Shuttle, 129 Zimmer mit allen Annehmlichkeiten.
**Hotel del Coronado $$$$–$$$$$ (1)**, 1500 Orange Ave., Coronado, ☏ (800) 468-3533, 435-6611, https://hoteldel.com; eine Hotel-Legende auf der Coronado-Halbinsel, viktorianisches Holzhaus von 1888 mit modernen Anbauten, eigener Strand, Fahrrad- und Bootsverleih, mehrere Restaurants, Bars und Cafés, 368 unterschiedliche Zimmer, aber in jedem Fall Luxusklasse.

### Jugendherberge/YMCA/Backpacker
In San Diego gibt es etliche günstige Unterkünfte für Rucksackreisende und Junggebliebene. Stellvertretend seien hier drei Häuser genannt. Ein paar Adressen online erleichtern die Suche, so z. B. www.usahostels.com, www.hostelbookers.com oder www.hostels.com.
**HI San Diego Point Loma $$** (Doppelzimmer), 3790 Udall St., ☏ 223-4778, www.hiusa.org/hostels/california/san-diego; mitten auf der Halbinsel und ruhig gelegenes 53-Betten-Hostel.
**HI San Diego Downtown Hostel $$–$$$** (Doppelzimmer) **(6)** (→ Karte S. 462), 521 Market St. (Ecke 5th St.), ☏ 525-1531, www.hihostels.com; 171 Betten, recht zentral, Fahrradverleih; im gleichen Gebäude befindet sich die Zentrale des Jugendherbergsverbandes mit Reservierungsservice.
**Ocean Beach International Backpackers Hostel $$–$$$** (Doppelzimmer), 4961 Newport Ave., ☏ 223-7873, www.usahostels.com/locations/san-diego-ocean-beach; beliebtes 60-Betten-Hostel in Strandnähe, viele Surfer.

### Camping & R. V. Parks
**Chula Vista RV Resort**, 460 Sandpiper Way, Chula Vista, ☏ (888) 303-7063, www.sunrvresorts.com.
**San Diego Metro KOA**, 111 N. 2nd Ave., Chula Vista, ☏ 427-3601, (800) 562-9877, https://koa.com/campgrounds/san-diego.

### Restaurants
Ein Blick in den **San Diego Dining Guide** (kostenlos bei der Touristeninformation erhältlich) zeigt, dass es von der afghanischen und australischen über die französische, englische, dänische, deutsche, griechische und jüdische bis hin zur chinesischen, japanischen und indischen nahezu jede denkbare Küche gibt. Natürlich kann man auch amerikanische Steaks bekommen und die kalifornische Nouvelle Cuisine probieren, und selbstverständlich sind mexikanische Restaurants und solche mit Fisch- und Seafood-Gerichten ebenso zahlreich wie gut.

Eine **Konzentration von Gaststätten** aller Art gibt es in Downtown, vor allem im Gaslamp Quarter. Vorzüglich speist man auch in Nobelvierteln wie La Jolla, Hillcrest und Coronado. Entlang der großen Straßen in den Seebädern (Mission Blvd., Sunset Cliffs) ist das Angebot riesig und die Preise sind nicht allzu hoch. Lokale mit spanisch-mexikanischer Küche sind hier oft authentischer als in der Old Town. Eine kleine Auswahl:

## DOWNTOWN, OLD TOWN UND BALBOA PARK (→ Karte S. 462)
**Karl Strauss' Old Columbia Brewery (1)**, 1157 Columbia St., Downtown, ☏ 234-2739, www.karlstrauss.com; beliebte Microbrewery mit Pub-Atmosphäre und rustikaler ameri-

> **Tipp**
>
> Zweimal im Jahr, nämlich im Januar und im September, bieten während der **San Diego Restaurant Week** viele Cafés und Restaurants dreigängige Menüs zu einem sehr günstigen Festpreis an. Infos unter www.sandiegorestaurantweek.com.

kanischer Küche, preiswert, ebenso die Filialen in La Jolla und auf der Scranton Rd. Mo–Fr 11–22, Sa 11.30–23, So 11.30–22 Uhr.
**Tivoli Bar and Grill (2)**, 505 Sixth Ave., Downtown, ① 232-6754, www.facebook.com/TivoliBarandGrill; die älteste Bar in Downtown (seit 1885), in der einst Wyatt Earp Stammgast gewesen sein soll, sieht ein wenig abgerissen aus, hat aber immer noch gehörig Sitzqualität. Wer sich nicht aufs Trinken beschränkt, ist mit den BBQ-Gerichten bestens bedient.
**The Blind Burro (3)**, 639 J St., ① 795-7880, www.theblindburro.com. Die Grenze zu Mexiko ist nicht weit, höchste Zeit also für die Küche des Nachbarlandes. Lecker Brunch, Lunch und Dinner, Mo–Fr lockt die „Amigo Happy Hour" von 15 bis 18 Uhr mit Specials. Mo–Do 11–23, Fr/Sa 11–1.30, So 10–22 Uhr.
**Old Town Mexican Cafe (4)**, 2489 San Diego Ave., ① 297-4330, https://oldtownmexcafe.com; ein Muss nach einem Besuch der Old Town. Hier gibt es den ganzen Tag reichlich Kaltgetränke, vor allem aber feinste und dabei günstige mexikanische Küche. Gelegentlich spielt der hauseigene Gitarrist ein Ständchen. Tgl. ab 7 Uhr.
**The Fish Market & Top of the Market (5)**, 750 N. Harbor Dr., Downtown, ① 232-3474 (Fish Market) bzw. 234-4867 (Top of the Market), www.thefishmarket.com/location/san-diego bzw. www.sdtopofthemarket.com; 2 Fisch- und Seafood-Restaurants im gleichen Gebäude, geöffnet tgl. 11–21.30, Fr/Sa bis 22 Uhr (Fish Market) bzw. tgl. 11–14.45 und 16–21.30, Fr/Sa bis 22 Uhr (Top of the Market); während es im Fish Market (u. a. Austern- und Sushi-Bar, moderate Preise) weniger förmlich zugeht, ist Top of the Market seit Jahren eine feste und teure Gourmet-Adresse.
**Dobson's Bar & Restaurant (6)**, 956 Broadway Circle, Downtown, ① 231-6771, https://dobsonsrestaurant.com; mehrfach ausgezeichnete kulinarische Institution mit rustikalem Chic, beliebte Bar, amerikanische Küche, direkt an der Horton Plaza gelegen. Mo–Fr zu Lunch und Dinner (11.30–21 Uhr), Sa nur zum Dinner (17–21 Uhr) geöffnet, So geschlossen, teuer.

**POINT LOMA UND LA JOLLA** (→ Karte S. 473)
**Georges at the Cove (1)**, 1250 Prospect St., La Jolla, ① (858) 454-4244, www.georgesatthecove.com; schön gelegenes Restaurant mit kühl-minimalistischem Ambiente, aber wunderbarem Meerblick, Innen- und Außenservierung, Piano Bar, leichte amerikanische Küche mit Seafood, Steaks, Pasta etc., moderat bis teuer. So–Do 11–22, Fr/Sa 11–23 Uhr.
**Supannee House of Thai (2)**, 2907 Shelter Island Dr., Point Loma, ① 795-8424, http://sdthai.com; sehr netter und günstiger Thai in schön reduziertem Ambiente. Hier kocht die Mama und nutzt nur Gemüse aus heimischem Anbau. Lunch Mo–Fr 11.30–14.30, Dinner Mo–Do 17–21, Fr 17–21.30, Sa 12–21.30, So 12–21 Uhr.

### Sport
San Diego ist nicht nur eine attraktive und kulturell produktive Stadt, sondern auch überaus aktiv und trägt nicht umsonst den Beinamen „Sports Town". Die Profi-Mannschaften im **Baseball**, **Basketball** und **Football** sind auf dem ganzen Kontinent bekannt. Profis und Amateure, die gleichermaßen für das sportliche Flair der Metropole verantwortlich sind, schät-

zen die idealen Bedingungen zu Wasser und zu Land. Für Tennisspieler z. B. stehen rund 1.200 private und öffentliche Plätze bereit und Golfern fast 90 Courses, darunter mehrere von Weltmeisterschafts-Format! Fahrradfahrer werden von dem ausgedehnten Radwegenetz begeistert sein, und auch Jogger sieht man im gesamten Stadtgebiet. Angesichts der Strände, der Buchten und des kristallklaren Ozeans ist es kein Wunder, dass **Wassersport** großgeschrieben wird. Segeln, Rudern, Kayaking, Schwimmen, Surfen, Tauchen, Schnorcheln, Wasserski, Windsurfing, Sportfischerei – all das ist möglich und wird ganzjährig ausgeübt.

### Ballonfahrten

Eine fantastische Möglichkeit, **Südkalifornien aus der Luft** zu erleben, sind Fahrten mit dem Heißluftballon, die ab Carlsbad oder Del Mar in San Diego's North County durchgeführt werden. Die Fahrzeit beträgt 40–60 Minuten, die Erinnerung an dieses Erlebnis aber erheblich länger! Gestartet wird meist in den Morgen- oder Abendstunden. Ein Hoteltransfer kann organisiert werden; eine Reservierung ist unbedingt notwendig. Veranstalter ist u. a.: **Balloon Adventure by California Dreamin'**, 33133 Vista Del Monte Rd., Temecula, ① (951) 699-0601, https://californiadreamin.com.

### Flüge

Der **San Diego International Airport** (① 400-2400, www.san.org), der auch als Lindbergh Field in den Karten eingetragen ist, wird von den meisten amerikanischen und vielen internationalen Fluggesellschaften angeflogen. Der Flughafen mit seinen drei Terminals liegt mitten in der Stadt und verfügt über alle üblichen Einrichtungen, u. a. haben auch alle wichtigen amerikanischen Autovermieter dort eine Repräsentanz. Flugreisende kommen mit Shuttle-Bussen zum Zentrum sowie zu den größeren Hotels. Ebenfalls im Zentrum (Downtown) befindet sich eine AMTRAK- und Greyhound-Station.

### Trolley Line

Ein besonderes Verkehrsmittel ist die Straßenbahn der **San Diego Trolley Line**, die in einer großen Schleife um Downtown fährt und bis zur mexikanischen Grenze verlängert ist. Die knallroten Waggons sind gleichermaßen Touristenattraktion und wichtiger Teil des Nahverkehrssystems. Zzt. existieren folgende Linien:
Die **Blue Line** fährt von American Plaza (Downtown) bis zur Endstation San Ysidro, von wo man zu Fuß in wenigen Minuten in Tijuana ist.
Die **Green Line** bringt einen von Downtown (12th/Imperial) zu den östlichen Vororten bis hin nach Santee.
Die **Orange Line** ist vor allem für Touristen von Bedeutung, da sie an den Hotels und Attraktionen nahe dem Convention Center vorbeiführt.
Ein Ticket kostet US$ 2,50, ein Tagespass kostet US$ 5. Auf der Kreuzung 12th Ave./Imperial Ave. hat man an der Bus/Trolley Transfer Station Umsteigemöglichkeiten zu Straßenbahn, Stadtbussen und Überlandbussen.

Busse und Trolleys sind im **Metropolitan Transit System (MTS)** zusammengefasst, das u. a. auch Ein- bis Vier-Tage-Pässe anbietet. Tickets, Pässe, Routen- und Fahrpläne sowie weitere Infos erhält man am The Transit Store, 102 Broadway (Ecke 1st Ave.), ① 234-1060, oder im Internet unter www.sdmts.com.

### Old Town Trolleys

*Eine gute Möglichkeit für Touristen, die Stadt kennenzulernen, sind die grün-orangefarbenen* **Old Town Trolleys** *(im Stil der Cable Cars), die ab 9 Uhr in einer 90-minütigen Rundfahrt folgende wichtige Stationen anfahren: Old Town, Serra Museum, Maritime Museum, Cruise Ship Terminal, Seaport Village, Gaslamp Quarter, Balboa Park, San Diego Zoo, Hotel Coronado. Mehrfaches Ein- und Aussteigen ist möglich. Nähere Informationen bei Old Town Trolley Tours of San Diego, 4010 Twiggs St. (Stop A), ☏ 298-8687, (866) 754-0966, www.trolleytours.com.*

### Boote

*Zwischen den einzelnen am Meer gelegenen Sehenswürdigkeiten und Hotels von Point Loma, der Downtown und Coronado verkehren* **Wassertaxis** *(www.flagshipsd.com/cruises/san-diego-water-taxi). Die einfachste Möglichkeit, von Downtown aus die Halbinsel Coronado zu erreichen, bietet die* **Personenfähre** *Coronado Ferry (Broadway Pier/1050 N. Harbor Dr., ☏ 234-4111, www.flagshipsd.com/cruises/coronado-ferry; einfache Fahrt US$ 5, Fahrrad ist gratis). An gleicher Stelle wird von San Diego Harbor Excursions eine große Bandbreite unterschiedlichster* **Minikreuzfahrten** *angeboten, z. B. Dinner Cruises, Harbor Tours, Cocktail Cruises zum Sonnenuntergang, Whale Watching (Infos unter www.flagshipsd.com).*

### Fahrradverleih

*Mit ihren langen Strandpromenaden, Parks, Buchten und Halbinseln bietet sich die flache Stadt zum Fahrradfahren geradezu an. Ausflüge nach La Jolla oder bis nach Mexiko sind an einem Tag zu schaffen.*

*U. a. folgende Unternehmen vermieten Fahrräder:*
**Cheap Rentals**, *3689 Mission Blvd., ☏ (858) 488-9070, www.cheap-rentals.com; neben Fahrrädern werden u. a. auch Skateboards, Kajaks und Surfbretter verliehen. Tgl. 10–18 Uhr.*
**The Bike Revolution**, *522 6th Ave., ☏ 564-4843, www.thebikerevolution.com; im Gaslamp Quarter, auch Touren. Tgl. 9–17 Uhr.*
**Holland's Bicycles**, *977 Orange Ave., Coronado, ☏ 435-3153, www.hollandsbicycles.com. Mo–Sa 10–19, So 10–17 Uhr.*

# Abstecher nach Tijuana/Baja California

Die meisten Touristen durchqueren jenen als South Bay bekannten Teil von San Diego auf dem Weg zur mexikanischen Grenze, und zwar auf den Fwys. 805 und 5 oder mit dem San Diego Trolley (Endstation ist das San Ysidro Transit Center, direkt an der mexikanischen Grenze). Landschaftlich schöner ist auf den ersten Meilen der Hwy. 75 (Silver Strand Blvd.), der über die schmale Landzunge der Coronado-Halbinsel verläuft. Autofahrer, die über die großartige Brücke nach Coronado gelangt sind, können auf dieser Strecke also eine kleine Rundfahrt um die South Bay herum unternehmen. Man sollte dabei die Badesachen nicht vergessen, denn der langgezogene **Silver Strand State Beach**, der sich parallel zur Straße erstreckt, ist mit Sicherheit einer der schönsten Kaliforniens. Der Abschnitt an seinem südlichen Ende heißt **Imperial Beach** und ist wegen des jährlichen Sandburgen-Wettbewerbs berühmt, bei dem in jedem Juli zwar schnell vergängliche, aber wunderschöne Kunstwerke entstehen.

*Zur mexikanischen Grenze*

*Route 4: Rundfahrt zu den südkalifornischen Highlights und nach Las Vegas*

*Imperial Beach Pier*

Eine Weiterfahrt an der Küste entlang ist anschließend nicht weiter möglich, da das Gelände von der Naval Station San Diego (auch bekannt als 32nd Street Naval Base) eingenommen wird. Die Basis, die mehr als 8.000 Militärs und 5.000 Zivilisten beschäftigt und wo immer etwa 40 Kriegsschiffe zu sehen sind, ist Heimathafen der Pazifikflotte der Vereinigten Staaten und ein wichtiger Wirtschaftsfaktor. Wegen des Militärgeländes setzt man die Reise also in östlicher Richtung fort bis zum Fwy. 5, auf dem man dann in vier Meilen bis zur mexikanischen Grenze fährt.

Wer mit dem San Diego Trolley oder auf den Fwys 805/5 nach Süden reist, passiert zunächst die Vorstadt **National City**, Standort der hiesigen Werftindustrie und ein quirliges Kommerzzentrum mit auffallend vielen Autohändlern. Der nächste Ort heißt **Chula Vista**, gehört mit gut 267.000 Einwohnern immerhin zu den 15 größten Städten Kaliforniens und hat Touristen dementsprechend etwas mehr zu bieten: Es gibt am Ufer der Bay nahe dem Wohnmobil-Resort zwei Yachthäfen, Picknickplätze mit schöner Aussicht und viele Wassersportmöglichkeiten. Bekannt ist Chula Vista zudem wegen der vielen fantastischen Golfplätze und dem Sportzentrum ARCO, in dem junge Athleten auf die Olympischen Spiele vorbereitet werden. Das **Living Coast Discovery Center** *(1000 Gunpowder Point Dr., ① 409-5900, www.thelivingcoast.org; tgl. 10–17 Uhr, Erwachsene US$ 16, 3–12 Jahre US$ 11)* bietet allen Naturfreunden beste Beobachtungsmöglichkeiten der einheimischen Fauna. Ornithologisch Interessierte können auf einem Beobachtungsturm die einmalige Vogelwelt bestaunen, die an den Salz- und Süßwasserteichen rund 130 verschiedene Arten umfasst, ansonsten sind in dem Naturcenter Reptilien, Amphibien, Fische und Pflanzen zu sehen. Das Zentrum erreicht man vom Fwy. aus am besten über den Abzweig E-St.

Auf der mit 8–10 Spuren sehr breit ausgelegten Interstate 5 passiert man südlich der Bay das Städtchen **Palm City** und gelangt zum Grenzübergang von **San Ysidro**, von dem aus man bequem zu Fuß nach **Tijuana** kommen kann. Aufgrund der aktuellen Situation an der Grenze (s. u.) und angesichts der wiederholten Drohungen US-Präsident Trumps, die Grenze zu schließen, kann es möglicherweise zu Einschränkungen und Verzögerungen an dieser ohnehin sehr stark frequentierten Station kommen. Ausflügler sollten sich also kurzfristig über den gegenwärtigen Status quo informieren.

## Tijuana (Mexiko)

Die beiden Grenzstationen (San Ysidro, Otay Mesa) sind nur 28 km von Downtown San Diego entfernt und mit öffentlichen Verkehrsmitteln bestens zu erreichen. Durch den seit 2006 in Nordmexiko herrschenden Drogenkrieg und den damit verbundenen Anstieg der Kriminalität nahm die Zahl der Einreisenden aus den USA in Tijuana allerdings deutlich ab. Man sollte eine gewisse **Vorsicht** walten lassen (aktuelle Infos zu Mexiko unter www.auswaertiges-amt.de).

Wer sich bei der Tourist Information in San Diego erkundigt, ob ein **Ausflug nach Tijuana** eine sichere und lohnende Angelegenheit ist, wird Folgendes hören: 1. Gehen Sie am besten in einer Gruppe. 2. Kehren Sie vor Einbruch der Dunkelheit zurück. 3. Machen Sie sich auf lange Schlangen bei der Wiedereinreise gefasst, bis zu 2 Std. Wartezeit sind möglich. Das klingt nicht allzu verlockend, und da Tijuana – ebenso wenig wie die anderen mexikanischen Städte an der Grenze zu den USA – auch nicht wirklich schön ist, stellt sich die Frage: Lohnt sich ein Besuch in Tijuana überhaupt? Die Amerikaner haben die Antwort längst gefunden und kaufen, kaufen, kaufen. Denn immerhin sind in Mexiko viele Waren erheblich günstiger als in den USA. Zudem liegt die Grenze für zollfreie Importe bei komfortablen US$ 800 – und lässt sich (nicht ganz legal) durch ein kurzes Abladen am abgestellten Wagen jenseits der Grenze verdoppeln oder verdreifachen. Wer auf Shoppingtour gehen möchte, sollte aber die weiteren Einschränkungen beachten; so ist pro Person ab 21 Jahre nur eine Flasche Alkohol erlaubt, bei Drogen herrscht „Zero Tolerance".

*Grenzbefestigung an der mexikanisch-amerikanischen Grenze*

*Nicht schön, aber günstig*

### Touren nach Tijuana

*Wer die Stadt einigermaßen sicher besuchen möchte, sollte sich einer Tour anschließen. Diese sind buchbar über die Touristeninformationen in San Diego, Hotels und Hostels und kosten ab US$ 48 für einen halben Tag. Zwei als zuverlässig geltende Veranstalter:*
**San Diego Scenic Tours**, ① *(858) 273-8687, www.sandiegoscenictours.com.*
**Five Star Tours**, ① *(619) 232-5040, www.citytoursofsandiego.com.*

*Route 4: Rundfahrt zu den südkalifornischen Highlights und nach Las Vegas*

Das **Geschäftszentrum** von Tijuana wirkt wie ein einziger großer Basar, in dem gerufen, gefeilscht, gekauft und angepriesen (auch gebettelt und gestohlen) wird. Trotzdem findet man hier eine ganz eigenartige Atmosphäre von Flaneuren, Kunden und Geschäftsleuten, und es macht Spaß, die überquellenden Auslagen mit ihren Lederwaren, kunstvollem Glas, Keramik sowie Gold- und Silberschmiedearbeiten zu betrachten. Die meisten Geschäfte gibt es auf der Hauptstraße Avenida Revolución. Mit einer kurzen Taxi-Fahrt (ca. US$ 7) gelangt man außerdem zum Plaza Rio Shopping Center (*www.plazariotijuana.com.mx*), dem größten Einkaufszentrum in Nordmexiko. Die Geschäfte sind normalerweise täglich von 10 bis 20 Uhr geöffnet, die Waren meistens in US$ ausgezeichnet, Dollars werden außerdem von jedem Händler problemlos angenommen.

*Einkaufen und Feiern*

Dass Einkaufen das Lebenselixier der Stadt ist, wird Neuankömmlingen, die soeben an der Endstation den Trolley verlassen haben, schon nach 150 m in der lebhaften Shopping-Zone **Viva Tijuana** deutlich. Hat man diese hinter sich gebracht, überquert man auf einer überdachten Fußgängerbrücke den Tijuana River und ist bald darauf auf der zentralen und lebhaften Avenida Revolución. Neben den Läden ziehen hier vor allem die unzähligen **Restaurants**, **Kneipen**, **Hightech-Discos** und **Striptease-Shows** die Besucher an. In letzteren Etablissements sind hauptsächlich die Marinesoldaten aus San Diego, in steigendem Maße aber auch japanische Touristen dankbare Kunden. Und vor allem College-Schüler und andere junge Leute zieht Tijuana magisch an, weil hier öffentlich Alkohol ab 18 Jahren getrunken werden darf (in Kalifornien ab 21 Jahren).

Neben dem Einkaufs- und Essvergnügen bietet Tijuana auch noch „Attraktionen", die aus einer vergangenen Zeit zu stammen scheinen. Namentlich bei den Stierkämpfen (Bullfights) muss jeder selbst entscheiden, ob diese Spektakel einen Besuch wert sind. Zwei entsprechende Arenen gibt es in Tijuana, die bedeutendere ist „El Torero" oder „Bullring" südlich des Stadtzentrums, meist finden die Veranstaltungen am Sonntagnachmittag statt. Weitere Tiersportarten, die hauptsächlich Wettfreunde anlocken dürften, sind die **Pferde- und Hunderennen**, die das ganze Jahr über im Stadtteil Caliente ausgetragen werden.

Von besonderem Reiz ist ein Besuch in der Arena **Frontón Palacio** *(Ecke Avenida Revolución/7th St.)* im Stadtteil Caliente, in der man die Handballsportart Jai Alai betreibt. Jai Alai, das oft als „schnellstes Spiel der Welt" bezeichnet wird, entstand vor etwa 200 Jahren im Baskenland und überdauerte nur in Mexiko.

*Kulturzentrum*

Interessierte Gäste sollten sich auf keinen Fall einen Besuch im architektonisch markanten und unübersehbaren **Centro Cultural Tijuana** entgehen lassen, das östlich des Einkaufszentrums liegt. Der Komplex in Form einer großen Kugel wurde von dem mexikanischen Architekten Pedro Ramirez Vasquez entworfen, die großformatigen Wandgemälde stammen von Diego Rivera. In den großzügigen und hypermodernen Räumen wird örtliches Kunsthandwerk präsentiert, daneben im Museum finden sich Artefakte aus Mexikos Geschichte und Kunstgeschichte.
**Centro Cultural Tijuana**, *Paseo de los Héroes 9350, ① (+52) (664) 687-9600, www.cecut.gob.mx; tgl. 9–21 Uhr. Eintritt nur für einzelne Attraktionen, sonst frei.*

Auf der anderen Seite bedeutet ein Abstecher nach Tijuana und Umgebung freilich auch die Gelegenheit, handfest etwas über die **Probleme Mexikos** zu erfahren und die merkwürdige Beziehung zwischen den beiden Staaten zu verstehen. Gerade im Grenzgebiet zu den USA herrscht nämlich bittere Armut, weil jährlich Hunderttausende mexikanische Auswanderungswillige in den Norden ziehen, um hier bei nächstbester Gelegenheit (legal oder illegal) ins gelobte Land überzusiedeln. Die meterhohe Metallmauer, die die Amerikaner Anfang der 1990er-Jahre entlang der Grenze errichteten und seit 2006 verlängern, ist dabei kein unüberwindbares Hindernis, allerdings wurde hier zuletzt auf Druck von Donald Trump partiell sichtbar aufgerüstet, auch wenn der Bau der vom US-Präsidenten präferierten Grenzmauer bislang nicht vor der Verwirklichung steht – weder der US-Kongress noch Mexiko wollen hierfür Gelder bereitstellen; ob Trumps Versuch von Februar 2019, Finanzmittel für seine Mauer durch die Erklärung des Nationalen Notstands zu erlangen, Bestand haben wird, wird voraussichtlich vor Gericht entschieden werden.

*Illegale Grenzüberschreitungen an der Tagesordnung*

Direkt jenseits der Grenzanlagen vegetieren viele der hoffnungslosen Menschen in armseligen Barackensiedlungen dahin und warten auf den nächsten Versuch des Grenzübertritts. Auf amerikanischer Seite patrouillieren schwer bewaffnete Grenzer, um die illegalen Einwanderer sofort wieder abzuschieben oder festzusetzen. Nachts schwirren Hubschrauber durch die Dunkelheit und suchen mit Schweinwerfern die Grenze ab. Und nirgendwo in den USA muss man sich als Autofahrer so häufig wie hier Durchsuchungen gefallen lassen. Im November 2018 kam es sogar zu einer kurzzeitigen Schließung des Grenzübergangs, nachdem einige Hundert Migranten aus Mittelamerika versucht hatten, den Grenzübergang zu stürmen. Die Verschärfung der Flüchtlingssituation hat zudem wiederholt zu Spannungen mit der lokalen Bevölkerung geführt.

Aufgrund dieser fortwährenden Konflikte ist das Verhältnis zwischen Mexikanern und US-Amerikanern nicht immer problemlos. Tatsächlich herrschen reichlich **gegenseitige Vorurteile**. Bei vielen Amerikanern gelten die Mexikaner nicht nur als „faul", sondern vor allem auch als Diebe und Schlitzohren, denen man nicht über den Weg trauen dürfe. Die Mexikaner wiederum entwickeln den nördlichen Nachbarn gegenüber eine gefährliche Mischung aus Hass, Minderwertigkeitskomplexen und Nationalstolz. So sehr man die Dollars der Gringos schätzt, so sehr verabscheut man deren Lebensart und ihre Anwesenheit. Man moniert, dass sie nicht Spanisch sprechen, andererseits aber erwarten, dass jeder ihre Sprache beherrscht und ihre Währung akzeptiert. Der mittelamerikanische „Machismo" hat außerdem seine Schwierigkeiten mit der Frauenemanzipation des Nordens. Im persönlichen Gespräch mit Mexikanern kann es jedenfalls nie schaden, sich als Deutscher (Österreicher, Schweizer) zu erkennen zu geben …

*Problematisches Verhältnis*

## Reisepraktische Informationen Tijuana (Mexiko)

### ℹ️ Information
**Tourist Assistance Office**, *Avenida Revolución 842 (zwischen 2nd und 3rd St.), Zona Centro,* ☏ *(+52) (664) 973-0424 und -0430; Mo–Fr 8–20, Sa/So 9–13 Uhr. Weitere Informationen, Stadtpläne etc. gibt es beim* **San Diego Visitor Information Center** *(s. S. 484).*

# Von San Diego über Palm Springs und den Joshua Tree National Park nach Las Vegas

Die Fahrt von San Diego (oder Los Angeles) nach Las Vegas bietet einen spannenden Kontrast, es ist der Schritt von der Zivilisation in die unverfälschte Natur. Heutzutage sorgen zwar breite Freeways für zügigen Transport, Tankstellen und Restaurants für Komfort. Wer aber die klimatisierte Atmosphäre verlässt, eine Nebenstraße befährt oder eine kleine Wanderung in Angriff nimmt, spürt die Wüste und merkt, dass sie nichts gemein hat mit der pazifischen Metropole, aus der man gekommen ist.

*In die Wüste* Auf dem Weg von der südwestlichsten Ecke der USA nach Las Vegas muss man zunächst wieder ein ganzes Stück in den Nordosten. Dabei liegen das paradiesische Palm Springs und der Joshua Tree National Park sozusagen auf dem Weg, und es wäre schade, diese Sehenswürdigkeiten auszulassen. Um dorthin zu kommen, hat man ab San Diego jedoch die Qual der Wahl zwischen vier Streckenvarianten (von denen Alternative 2 vielleicht die spannendste ist):

## Alternative 1 – über Riverside und Cabazon

Wer die Strecke am schnellsten zurücklegen möchte, nimmt in San Diego die I-15 in Richtung Los Angeles. Nach 30 Meilen passiert man den **Zoo Safari Park** (s. S. 457, Ausfahrt „Via Rancho Parkway"). Hinter Rancho California kann man dann über den Hwy. 79 etwas abkürzen, schneller ist es aber, wenn man auf dem Freeway bleibt und bei dem folgenden Autobahndreieck auf den Fwy. 215 in Richtung San Bernardino abbiegt. Dabei überquert man das Colorado River Aqueduct und kommt kurz vor **Riverside** und nach insgesamt knapp 30 Meilen zum Abzweig des Hwy. 60. Riverside selbst ist eine Universitätsstadt und Sitz der Bezirksregierung des gleichnamigen Countys. Das 1870 gegründete Gemeinwesen lebte lange ausschließlich von seinen Seidenraupen-Zuchtanlagen und landwirtschaftlichen Betrieben (Orangen, Zitrusfrüchte). Seit den 1990er-Jahren wurde Riverside aber zunehmend industrialisiert, einhergehend mit einer enormen Expansion, sodass die Großstadt (2017: 327.700 Ew.) inzwischen mit San Bernardino fast schon zusammengewachsen ist.

### Auskunft
**Riverside Convention & Visitors Bureau**, 3750 University Ave., Suite 570, ✆ (951) 335-7040, http://riversidecvb.com.
**Riverside Convention Center**, 3637 Fifth Street, ✆ (951) 346-4700.

Auf dem Weg nach Palm Springs folgt man ab dem Abzweig dem Hwy. 60, der nach 20 Meilen in östlicher Richtung automatisch in die I-10 übergeht. Auf landschaftlich sehr reizvoller Strecke erreicht man anschließend die Berghänge von San Gorgonio, wo Tausende weißer Windmühlen Strom erzeugen. Bald darauf passiert man den Weiler **Cabazon**. Hier betreibt ein Indianerstamm das Morongo-Casino, dessen 27-Etagen-Klotz weithin zu sehen ist. Wer nicht in Cabazon spielen will, möchte vielleicht einkaufen, preisgünstige Gelegenheiten dazu sind durch die berühmten Cabazon Outlets gegeben. Wer in das 2.500-Seelen-Dorf abbiegt, wird außerdem durch den Anblick riesiger Dinosaurierskulpturen belohnt, die seit 2005 an der Hauptstraße stehen.

Nicht allzu lange hinter Cabazon gelangt man zur Abzweigung des Hwy. 111. Ab hier braucht man zum ausgeschilderten Palm Springs nur noch wenige Fahrminuten. Diese Route ist insgesamt etwa 80 Meilen lang und müsste in zwei Stunden zu schaffen sein (die Autobahnen des Großraums San Bernardino sind allerdings sehr stauanfällig).

## Alternative 2 – durch die Palomar Mountains und Idyllwild

Diese reizvollere Strecke nutzt zunächst ebenfalls die I-15 in Richtung Los Angeles. 15 Meilen hinter Escondido nimmt man die Abzweigung über den Hwy. 76 in östlicher Richtung und durchfährt die herrliche Landschaft der bis zu 1.850 m hohen Palomar Mountains. Ein erster Stopp empfiehlt sich an der historischen Mission von Pala, der **San Antonio de Pala Asistencia**, die 1816 am sogenannten „Königsweg" gebaut wurde und immer noch hauptsächlich von Indianern genutzt wird (*tgl. 9–16 Uhr, montags geschlossen*). Das Auffällige aber ist das **Pala Casino & Hotel** (*www.palacasino.com*), ein imposanter Bau, der einzig dem Vergnügen gewidmet ist.

*Mission am Königsweg*

Kurze Zeit später nähert man sich der absoluten Attraktion des **Palomar Observatory** (s. S. 456), zu dem man über die Stichstraße S 6 gelangt. Zurück geht es an der ersten Kreuzung weiter nach links auf der S 7, grandiose Ausblicke inklusive. Wieder auf dem Hwy. 76, erreicht man bald das blaue Wasser des **Lake Henshaw**, dann geht es über die Scenic Rd. des Hwy. 79 in nördlicher Richtung weiter, hinter Aguanga dann über die Landstraße 371. Vorbei an der Indianerreservation Cahuilla und den bewaldeten Hängen des San Bernardino Forest stößt man auf den Hwy. 74 – auch dies eine Scenic Rd. –, der einen in 24 Meilen nach Palm Desert bringt.

*Wunderschöner Ausblick auf der Strecke – hier der malerische Lake Henshaw*

Genauso gut ist es möglich, dem Hwy. 74 in nordwestlicher Richtung zu folgen. In diesem Fall gelangt man zum Abzweig der schmalen, aber problemlos befahrbaren Straße 243, die einen durch eine wirklich herrliche Szenerie zum Fremdenverkehrsort **Idyllwild** bringt. Dieses Städtchen im Blockhüttenstil hoch in den San Jacinto Mountains ist als Künstlerkolonie bekannt und zieht Besucher wegen eines fantastischen Netzes an Wanderwegen, einer schönen Downtown mit großem kulinarischen Angebot, angenehmen Unterkünften (meist B&B-Pensionen) und einem umfangreichen Veranstaltungskalender in ihren Bann – Infos unter ☏ *(951) 659-3259, www.idyllwildchamber. com.* Nach dem Aufenthalt in Idyllwild geht es auf dem Hwy. 243 in mehreren Serpentinen in die Wüstenebene hinab, wo man bei Banning auf die I-10 und damit auf die oben skizzierte Strecke stößt. Man sollte sich beim Fahren nicht zu sehr von der Aussicht auf das Coachella Valley ablenken lassen, obwohl der Anblick gewaltig ist.

*Künstlerkolonie*

Bleibt man hingegen auf dem Hwy. 74 in nordöstlicher Richtung, sollte man vor allem auf dem letzten Streckenabschnitt durch den San Bernardino National Forest an den markierten Aussichtspunkten anhalten, insbesondere am Cahuilla Tewanet Vista Point mit seinem kleinen botanischen Lehrpfad und am Vista Point danach, der den Blick über das gesamte Wüstental und seine Oasenstädte freigibt.

Nachdem anschließend die Serpentinen bewältigt sind, lohnt im Tal zunächst der Besuch der botanischen Anlage und des Wildfreigeheges von **The Living Desert** (s. S. 504). Hier ist man schon im Vorstadtbereich von Palm Springs, das an der Straße 111 zwölf Meilen weiter nordwestlich liegt. Auf dem Weg dorthin passiert man die Gartenstädte **Rancho Mirage** und **Cathedral City**.

Für diese insgesamt etwa 150 Meilen lange Route benötigt man wegen der gewundenen Straßen, der Sehenswürdigkeiten und der Naturschönheiten ungefähr einen halben Tag.

## Alternative 3 – über Descanso und den Lake Henshaw

Die dritte Variante führt von San Diego über die I-8 zunächst in östlicher Richtung. Dabei bewältigt man auf der Autobahn z. T. erhebliche Höhenunterschiede, und immer wieder reizen bewaldete Hänge und nahe Seen zu erholsamen Pausen. Bei Descanso biegt man dann auf den Hwy. 79 in nördlicher Richtung ab und stößt nach 36 Meilen beim **Lake Henshaw** auf die oben genannte Strecke der Alternative 2. Beide Routen sind ungefähr gleich lang.

## Alternative 4 – über den Anza-Borrego Desert State Park

Auf dieser Strecke fährt man ebenfalls über den I-8 und den Hwy. 79, bis man im idyllischen **Julian** auf die Scenic Rd. 78 abbiegt. Das sehenswerte Julian (☏ *(760) 765-1857, www.visitjulian.com*) mit seinen heute 1.500 Einwohnern war Ende des 19. Jahrhunderts nach San Diego die zweitgrößte Stadt in der Region, denn hier wurde reichlich Gold gefunden. Vom alten Glanz sieht man noch einiges bei einem Spaziergang durch den Ort: Entlang der Hauptstraße gibt es historische Holzhäuser, und im Julian Pioneer Museum (*2811 Washington St.,* ☏ *(760) 765-0227, http://julianpioneermuseum.org*; in der Regel Do–

*San Diego – Palm Springs – Joshua Tree NP – Las Vegas*

*Im Anza-Borrego Desert State Park*

So 10–16 Uhr, ggf. vorher anrufen) wird Geschichte lebendig. Auch eine alte Mine kann besichtigt werden, die Julian Mining Company (① *(951) 313-0166, www.julianminingcompany.com; Sa 10–16, So 12–16 Uhr)*. Anschließend sollte man sich einen Genuss nicht entgehen lassen, für den Julian heute berühmt ist: **apple pies**, natürlich mit Äpfeln aus der Region.

*Herrlicher Apfelkuchen*

Die Scenic Rd. 78 durchquert einen Teil des **Anza-Borrego Desert State Park** (*www.parks.ca.gov*), der mit 2.430 km² immerhin der größte kalifornische State Park ist und der zweitgrößte der USA. Das Tal, das von über 800 m hohen Hügelketten umringt ist, bietet Wüstenerlebnis pur. Ein Besuch (mit geländegängigem Wagen) empfiehlt sich zwischen Februar und April, wenn die Wildblumen blühen und die Wüste in ein Farbenmeer verwandeln. Nach etwa 50 Meilen in westlicher Richtung stößt man auf den Hwy. 86, der parallel zum 1.300 km² großen **Salton Sea** verläuft. Der salzige See entstand durch eine verheerende Überschwemmung, als 1905 der Colorado River in das unter Meeresspiegelniveau liegende Tal einbrach. Nicht zuletzt wegen dieser Katastrophe beschloss man damals übrigens, den Flussverlauf durch Staudämme (u. a. Hoover Dam) zu regulieren.

*Für Offroad-Fans*

Entlang der Ufer sind verschiedene Abschnitte des Salton Sea als Tier- und Naturschutzgebiete ausgewiesen. In **Desert Shores** kommt man dem See am nächsten, noch günstiger ist jedoch der Desert Beach auf dem gegenüberliegenden Ufer (erreichbar über die Nordküste und die Straße 111). Man folgt der Straße, bis man bei **Coachella** die 111 erreicht, die nach Palm Springs führt. Diese Route ist etwas länger als die beiden vorhergehenden Varianten, allerdings zügiger befahrbar.

# Palm Springs und das Coachella Valley

## Überblick

Das Coachella Valley, das von den Little San Bernardino Mountains im Norden, den San Jacinto Mountains im Westen und den Santa Rosa Mountains im Süden eingerahmt ist, wird so wirkungsvoll gegen alle Regenwolken abgeschirmt, dass die klimatischen Verhältnisse nur als Wüstenklima bezeichnet werden können. Dass sich Palm Springs und die Nachbargemeinden trotzdem als grüne Oasen aus der Colorado Desert erheben, liegt an den heißen und kalten Mineralquellen, die hier aus dem Boden sprudeln. Bereits

**Sehenswürdigkeiten**
1 Windfarmen
2 Palm Springs Aerial Tramway
3 Mount Jacinto
4 Visitors Center
5 Art Museum
6 Tahquitz Canyon
7 Indian Canyons
8 Wet'n'Wild Waterpark (derzeit geschlossen)
9 Palm Springs Air Museum
10 Hot Springs Park
11 Greater Palm Springs Convention & Visitors Bureau
12 Vista Point
13 The Living Desert

**Unterkünfte**
1 Motel 6 Palm Springs Downtown
2 Best Western Inn at Palm Springs
3 Avalon Hotel Palm Springs
4 Hyatt Palm Springs
5 The Riviera Palm Springs, a Tribute Portfolio Resort
6 La Quinta Resort & Club

**Restaurants**
1 Del Rey at Villa Royale
2 Farm Restaurant
3 Las Casuelas Terrazza
4 Alicante

die Agua-Caliente-Indianer wussten diese zu schätzen, und heute profitieren die berühmten Heilbäder von ihnen. Das Besondere an Palm Springs und den angrenzenden Ortschaften ist der internationale **Ruf eines exklusiven Ferienparadieses**, den man sich z. B. mit Santa Barbara (s. S. 419) teilt: Beide Städte sind noch überschaubar genug, weisen ein großzügiges Ambiente mit Palmenalleen auf, verfügen über eine abwechslungsreiche Architektur und sind bei Politikern, Stars und Urlaubern gleichermaßen beliebt.

Bei 350 Sonnentagen im Jahr war es kein Wunder, dass immer häufiger Berühmtheiten hierhin zogen. Nationale „Institutionen" wie Frank Sinatra und Kirk Douglas besaßen nicht nur Traumvillen in Palm Springs, sondern hatten jeweils auch ihre eigene Straße. Durch das Beispiel Bob Hopes angeregt, der keinen besseren Platz zum Golfspiel als seine Heimatstadt kannte, wurde Palm Springs als **Golf-Metropole** (http://palmsprings.com/golf) etabliert, in der sich Stars und Größen dieses Sports ein Stelldichein geben. Inzwischen haben sich über 100 Golfplätze etabliert, die meisten davon sind 18-Loch-Courses. Inter-

*Beliebte Urlaubsziele: die Resorts von Palm Springs*

nationale Bedeutung haben daneben die **Tennisturniere**, insbesondere das von Indian Wells, die jedes Jahr die gesamte Weltelite des Weißen Sports ins Coachella Valley bringt. Die Gesamtzahl der Tennisplätze wird hier auf über 600 geschätzt. Und das internationale **Film-Festival** (www.psfilmfest.org), das im Januar stattfindet, hat genauso seinen festen Besucherstamm wie die Galerien und Modeboutiquen.

*Über 600 Tennisplätze*

Gut 3,5 Mio. Besucher sind es, die alljährlich nach Palm Springs und in die umliegenden Orte kommen, ihnen stehen rund 200 Hotels und Motels mit insgesamt ca. 15.000 Zimmern zur Verfügung. Eine sehr große Gruppe stellen die Rentner, die hier ihren Winterurlaub in angenehmem Klima verbringen, durch sie ist die Einwohnerzahl um etwa 150.000 höher als außerhalb der Saison. In der Nebensaison hat sich Palm Springs inzwischen als Treffpunkt der LGBTQ-Community (zumindest ihres begüterten Teils) etabliert (*Infos unter www.visitgaypalmsprings.com*). Insgesamt ist der **Fremdenverkehr** klar das wirtschaftliche Standbein des Tales. (Auf dem zweiten Platz steht die Landwirtschaft: U. a. werden Zitrusfrüchte, Weintrauben und Dattelpalmen angebaut.) Immer noch gilt der Winter als Hochsaison, in der die Hotelpreise fast doppelt so hoch sind, aber Palm Springs ist das ganze Jahr über einen Besuch wert. Vor allem der Sport wird hier großgeschrieben. Neben den genannten Disziplinen Golf und Tennis kann man am organisierten **Jeeping** und an Fahrten mit dem **Heißluftballon** teilnehmen, man kann **Fahrrad** fahren (es gibt einen Radverleih, Radwege und besondere Stadtkarten), **wandern** und in der nahen Gebirgsregion **Wintersport** treiben.

*Rentner-Paradies*

*Route 4: Rundfahrt zu den südkalifornischen Highlights und nach Las Vegas*

*Zentraler Standort* Deswegen und wegen der landschaftlichen Attraktionen in der Nähe bietet sich Besuchern Palm Springs auch als relativ zentraler Standort für einen erholsamen und sonnigen Aufenthalt in Südkalifornien an, etwa wenn man Los Angeles meiden will. Die touristische Infrastruktur ist vorzüglich, u. a. soll es nicht weniger als 30.000 Swimmingpools im Coachella Valley geben. Und neben unzähligen Feinschmecker-Restaurants (besonders die italienische Küche ist hervorragend vertreten) sind es die guten Hotels/ Motels, die einen angenehmen Urlaub garantieren. Leicht erreichbare Sportstätten gehören in Palm Springs zum Standard.

Bei einem nur eintägigen Besuch der Stadt sollte man das Zentrum von Palm Springs auf einem kleinen **Stadtbummel** kennenlernen, kurz das Village Green mit Ruddy's General Store besuchen, gleich nebenan einen Blick in das Museum der Palm Springs Historical Society (**The McCallum Adobe Museum**, ① *(706) 323-8297, https://pshistorical society.org; tgl. 10–16 Uhr*) werfen und das **Art Museum** (s. S. 502) nicht vergessen. Anschließend ist die Fahrt zum nördlichen Stadtrand und mit der **Seilbahn** auf den Mount Jacinto (dort Wanderungen und evtl. Abendessen) empfehlenswert. An einem evtl. zweiten Besichtigungstag darf man sich Attraktionen wie The Living Desert (s. S. 504) und die Indian Canyons (s. S. 503) nicht entgehen lassen (wahlweise eine Landschaftsfahrt über die Scenic Route der Highways 111, 74, 243 und die I-10).

*Acht Städte* In der Reiseliteratur hat es sich eingebürgert, das berühmte Palm Springs als Sammelbezeichnung für alle acht Städte zu nehmen, die sich als grüne Oasen im Coachella Valley ausbreiten und zusammen etwa 500.000, während der Wintermonate sogar rund 800.000 Einwohner haben. Im Einzelnen sind dies (von West nach Ost): Desert Hot Springs, Cathedral City, Palm Springs, Rancho Mirage, Palm Desert, Indian Wells, La Quinta und Indio. Mit Ausnahme des nördlichen Desert Hot Springs liegen sie alle südlich der I-10 und sind am einfachsten über den Hwy. 111 (Palm Canyon Dr.) zu erreichen. Die wichtigsten Sehenswürdigkeiten des Tals können auf folgender Fahrt erlebt werden:

## Fahrt durch das Coachella Valley (von Palm Springs bis Indio)

Wer über die I-10 anreist, nimmt hinter Cabazon die Ausfahrt des Hwy. 111 und fährt auf zunächst noch vierspuriger Straße durch eine karge Wüstenlandschaft auf Palm Springs zu. Was entlang dieser Straße zunächst auffällt, sind die ausgedehnten **Wind-** *Führend in* **farmen (1)** mit Tausenden und Abertausenden von Windmühlen, die zur Gewinnung *Windenergie* elektrischer Energie (*generator windmills*) installiert wurden und von der steten Brise profitieren, die durch das Tal weht – nicht umsonst heißt ein Punkt entlang der Straße „Windy Point".

### Palm Springs

Auf dem Hwy. 111 (N. Palm Canyon Dr.) gelangt man automatisch ins Zentrum der Stadt (48.000 Ew.), das sich zwischen den beiden Hauptstraßen Palm Canyon Dr. und Indian Ave. ausbreitet. Am nördlichen Ortseingang passiert man dabei die Tramway Rd., die sich zur Talstation der berühmten Gondelbahn **Palm Springs Aerial Tramway (2)** hochwindet. Die von einer Schweizer Firma 1963 installierte Seilbahn, eine der längsten weltweit, besteht aus zwei jeweils etwa 80 Passagiere fassenden Gondeln, die im halbstündigen Turnus Touristen, Skifahrer und Bergwanderer hinaufbefördern; 14 Minuten dauert die Fahrt zur 2.597 m hohen Gipfelstation. Von dort aus ist ein Wanderweg zum Gipfel des knapp 3.300 m hohen **Mount Jacinto (3)** markiert. Trotz des relativ hohen Preises ist der Ausflug unbedingt zu empfehlen, da man in Palm Springs oder an anderen Orten in der heißen Talsohle nicht ahnt, wie bewaldet die höheren Regionen sind. Dort oben kann man auf insgesamt 54 Meilen ausgeschilderter Wanderwege u. a. im Long Valley herrliche Spaziergänge unternehmen, auf einem der (sehr einfachen) Campingplätze übernachten und von Mitte November bis Mitte April Wintersport betreiben. Aber selbst im Hochsommer liegen noch Schneereste auf dem Mt. Jacinto, und man sollte an warme Kleidung denken. In der Bergstation gibt es eine Cafeteria und ein Restaurant. Wer in luftiger Höhe mit herrlichem Blick dinieren will, kann ein Ride'n'Dine-Ticket kaufen, das die Fahrt mit der Bergbahn und ein Dinner einschließt (ab 11 Uhr möglich). Besonders schön ist es, den Sonnenuntergang zu erleben, aber zu jeder Tageszeit ist schon die Fahrt an sich ein Erlebnis.

*An der Talstation der Aerial Tramway zum Mount Jacinto*

**Palm Springs Aerial Tramway**, 1 Tram Way, ☏ (888) 515-8726, www.pstramway.com; Abfahrten (wenigstens) zu jeder halben Stunde Mo–Fr ab 10, Sa/So ab 8 Uhr, letzte Fahrt bergauf um 20 Uhr, letzte Fahrt talwärts um 21 Uhr, Ende Mai–Aug. Mo–Do ab 10, Fr–So ab 8 Uhr, letzte Fahrt bergauf So–Do 20, Fr/Sa 21 Uhr, letzte Fahrt talwärts 22.30 Uhr, US$ 25,95, ab 65 J. US$ 23,95, 3–10 J. US$ 16,95. Ride'n'Dine: US$ 36, Kinder US$ 23,50.

Hinter der Kreuzung entdeckt man dann am Palm Canyon Dr. das **Visitors Center (4)** (s. a. S. 506), untergebracht in einer futuristisch aussehenden ehemaligen Tankstelle, in dem reichhaltiges Informationsmaterial bereitliegt. Auf der Fahrt ins Zentrum sollte man ab den 200er-Hausnummern versuchen, einen Parkplatz an der Allee N. Palm Canyon Dr. (oder am Museum, s. u.) zu bekommen und die Stadtbesichtigung zu Fuß fortzusetzen. Der **Palm Canyon Drive** ist nicht nur ein palmengesäumter, breiter Boulevard, sondern auch das Herz der Stadt, die ihre Identität u. a. aus der Anwesenheit vieler berühmter Stars bezieht, die sich Palm Springs als Wohnort erkoren haben. Deshalb hat man nach dem Vorbild Hollywoods einen **Walk of Stars** angelegt, auf dem seit 1992 die größten Persönlichkeiten mit einem Stern gefeiert werden. Zu den solcherart Geehrten gehören Bob Hope, Ginger Rogers, Elvis Presley, Sophia Loren und Frank Sinatra.

*Beliebt bei der Prominenz*

Ebenfalls am Palm Canyon Dr. liegt die **Palm Springs Promenade** mit der benachbarten **Mercado Plaza**, einem schön gestalteten Viertel mit einigen Cafeterien. Vor der Umgestaltung des Parks war die überdimensionale, knapp 8 m hohe **Marilyn-Monroe-Statue** ein beliebtes Fotomotiv für die ganze Familie. Seit 2014 wurde sie an verschiedene Orte ausgeliehen, sogar bis nach Australien, soll aber in Zukunft eine dauerhafte Heimat im geplanten Downtown Park finden. Dessen Bau beginnt voraussichtlich 2020.

*Route 4: Rundfahrt zu den südkalifornischen Highlights und nach Las Vegas*

*Im Museum kann man reichlich Geschichte erleben*

Gleich westlich der Promenade stößt man auf das moderne und großzügig ausgestattete **Art Museum (5)**, das auch Ableger am S. Palm Canyon Drive sowie in Palm Desert hat. Es besitzt eine beachtliche Bandbreite an zeitgenössischer und älterer Kunst, auch die indianische und mittelamerikanische Kultur ist reichhaltig vertreten. Außerdem werden Wechselausstellungen gezeigt. Das Museum, das größte im gesamten Coachella Valley, verfügt über einen von Frank Sinatra gestifteten Skulpturengarten, ein Theater und einen Museumsshop.

**Palm Springs Art Museum**, *101 Museum Dr., ① (760) 322-4800, www.psmuseum.org; Fr–Di 10–17, Do 12–20 Uhr, US$ 14, ab 62 Jahre US$ 11, Studenten US$ 6, bis 18 Jahre frei. Do ab 16 Uhr generell frei.*

Über den Tahquitz Canyon Way, der die Hauptstraßen in einen Nord- und einen Südteil trennt und auf dessen Mittelstreifen sich eine Indianerstatue befindet, gelangt man zum Block zwischen dem S. Palm Canyon Dr. und dem S. Indian Canyon Dr., wo sich inmitten einer anheimelnden spanisch-mexikanischen Architektur ein buntes Durcheinander von Restaurants, Cafés und exklusiven Geschäften angesiedelt hat. Wer dieser Straße gut einen Kilometer nach Osten folgt, findet dort weitere Einkaufsmöglichkeiten, insbesondere in der „Palm Springs Mall". Der **Tahquitz Canyon (6)** selbst gilt als einer der schönsten Canyons der Region und kann auf eigene Faust oder mit einer Ranger-Führung besucht werden.

**Tahquitz Canyon**, *500 W. Mesquite Ave., ① (760) 416-7044, www.tahquitzcanyon.com; Okt.–Anf. Juli tgl. 7.30–17 Uhr, Juli–Sept. nur Fr–So. US$ 12,50, 6–12 Jahre US$ 6. Rangergeführte Wanderungen (2½ Std., im Eintritt inbegriffen) tgl. ab 8 Uhr, Okt.–Juni auch ab 10, 12 und 14 Uhr.*

*Historische Häuser*

Viel näher zum Plaza Theatre befindet sich auf der anderen Straßenseite am S. Palm Canyon Dr. der Block des **Village Green Heritage Center**, in dem historische Häuser aus dem 19. Jh. und ein Museum für nostalgisches Flair sorgen. Man sollte sich insbesondere den alten Kramladen (mit 1930er-Jahre-Sortiment) des **Ruddy's General Store Museum** anschauen (① *(760) 327-2156, http://ruddy1930generalstoremuseum.com; Sept.–Mai geöffnet (genaue Zeiten telefonisch erfragen, US$ 0,95, bis 11 Jahre frei).*

Nach diesem kleinen Stadtbummel sollte die Fahrt mit dem Wagen fortgesetzt werden. Wer Zeit für einen Abstecher hat, bleibt dort, wo der Hwy. 111 eine Linkskurve beschreibt und als E. Palm Canyon Dr. weitergeführt wird, auf dem S. Palm Canyon Dr. Dieser führt zum **Moorten Botanical Garden** (*1701 S. Palm Canyon Dr., ① (760) 327-6555, http://moortenbotanicalgarden.com; tgl. außer Mi 10–16, im Sommer bis 13 Uhr, US$ 5,*

6–15 Jahre US$ 2), in dem die Wüste mit unzähligen Kakteen, Sukkulenten, Wildblumen, Vögeln und anderen Tieren lebt. Wer sich länger in dieser Region aufhält, kann Ähnliches allerdings auch in freier Wildbahn (und ohne Eintritt) erleben. Einige Fahrminuten weiter wird der S. Palm Canyon Dr. zu einer Privatstraße, die nur mit einem Eintrittsgeld passiert werden darf.

Hinter dem Entrance Gate befindet man sich in der Indianerreservation der Agua Caliente, eines Unterstamms der Cahuilla-Indianer, dem heute noch rund 42 % des Tals gehört – er gilt als wohlhabendster Stamm in Nordamerika. Die Touristen kommen allerdings in erster Linie nicht wegen der Ureinwohner hierhin, sondern wegen der **Indian Canyons (7)**. Dabei handelt es sich um vier enge Schluchten von bizarrer Schönheit, von denen Palm Canyon, Murray Canyon und Andreas Canyon besucht werden dürfen. Von den Parkplätzen aus führen Wanderwege mit verschiedenen, klar gekennzeichneten Schwierigkeitsgraden in den Naturpark, dessen schönste Stellen die Oasen mit ihren endemischen Palmen darstellen. Im Palm Canyon gibt es eine alte Handelsstation, in der man Erfrischungen, Souvenirs oder Kartenmaterial bekommt.
*Bizarre Canyons*
**Indian Canyons**, *S. Palm Canyon Dr., ① (760) 323-6018, www.indian-canyons.com; Okt.–Anf. Juli tgl. 8–17 Uhr, sonst nur Fr-So, US$ 9, ab 62 Jahre US$ 7, 6–12 Jahre US$ 5. Rangergeführte Wanderungen (1½ Std., im Eintritt inbegriffen) Okt.–Juni Fr-So ab 8 bzw. 13 Uhr.*

Wer dem Hwy. 111 in östlicher Richtung folgt, passiert mehrere hochherrschaftliche Villen, die den Reichtum der hiesigen Wüstenstädte besonders augenfällig machen, und linker Hand schließlich den Abzweig der breiten Straße Gene Autry Tr. Auf dieser sind es nur wenige Hundert Meter bis zum **Wet'n'Wild Waterpark (8)**, bis 2013 bekannt als Knott's Soak City. Der attraktionsreiche Wasserpark ist gerade für Familien und/oder an heißen Tagen eine gute Adresse, wenn man Lust auf eine Abkühlung hat. Derzeit ist der Park geschlossen, soll aber 2020 wiedereröffnen.

## Cathedral City

Über den Gene Autry Tr. gelangt man auch am schnellsten in die Nachbargemeinde Cathedral City, die in den letzten Jahrzehnten quasi aus dem Boden gestampft wurde und jetzt schon 54.000 Einwohner hat. Auch hier gibt es jede Menge Golfplätze und Resort-Hotels, spielt für die Einheimischen aber wegen ihrer Einkaufszentren, Autogeschäfte und Supermärkte eine wichtigere Rolle. Ein Blickfang ist hier die im Mission Style gestaltete und von einem hübschen Park umgebene City Hall. Folgt man dem Gene Autry Tr. nordwärts, passiert man den modernen Flughafen, an dessen Nordende das **Palm Springs Air Museum (9)** zu finden ist. In und hinter dem eindrucksvollen Gebäude können vor allem Fluggeräte aus der Zeit des Zweiten Weltkrieges nicht nur bestaunt werden, an einigen kann man auch zum Cockpit hinaufklettern. Die Sammlung gilt als einer der größten ihrer Art weltweit.
*Flugzeugausstellung*
**Palm Springs Air Museum**, *745 N. Gene Autry Trail, ① (760) 778-6262, https://palmspringsairmuseum.org; tgl. 10–17 Uhr, Erw. US$ 17,50, ab 65 J. und 13–17 J. US$ 15,50, 6–12 J. US$ 10,50.*

Hinter dem Flughafen kreuzt die Straße schließlich die I-10 und gelangt in die Nachbarstadt Desert Hot Springs (s. S. 506). Auf dem beschriebenen Weg bleibt man aber auf dem Hwy. 111.

## Rancho Mirage, Palm Desert und Indian Wells

Die nächste Gemeinde heißt **Rancho Mirage** (18.000 Ew.) und begrüßt einen kurz hinter der Stadtgrenze mit dem **Greater Palm Springs Convention & Visitors Bureau (11)**, das auf zwei Etagen touristische Dienstleistungen anbietet. Rancho Mirage ist geprägt von gepflegten Einfamilien-Häusern, Krankenhäusern, Golfanlagen und Unterkünften der First-Class- und Luxus-Kategorie. Trotz aller Modernität kann man immer noch freilebende Dickhornschafe beobachten, die manchmal Autofahrer auf dem Hwy. 111 zur Vollbremsung zwingen oder friedlich die Blumenbeete abweiden.

Die Kreuzung der Hwys 74/111 markiert den Beginn des eigenständigen Städtchens **Palm Desert**, das 52.000 Einwohner aufweist. Direkt am Hwy. 111 sieht man linker Hand den großen Komplex des Palm Desert Town Center, während sich nach rechts die Zeile **El Paseo** etwa eine Meile weit erstreckt. Hier sind entlang einer blumengeschmückten und mit Skulpturen und Brunnen dekorierten Straße mehr als 300 Boutiquen, Schmuckläden und Restaurants versammelt. Dieses hübsche Architekturensemble im spanischen Stil ermöglicht die angenehmsten Shopping-Möglichkeiten außerhalb von Palm Springs, die zusätzlich im angrenzenden „The Gardens" weiter ergänzt werden.

*Über 300 Geschäfte*

Falls man genügend Zeit hat, kann man auf dem gut ausgebauten Hwy. 74 hinauf in die Bergwelt fahren, wo es deutlich kühler als im Tal ist und auch mehr Niederschlag fällt – ein grünes Vegetationskleid ist dafür der beste Beweis. Wer auf dem Weg von San Diego nach Palm Springs der Alternative 2 gefolgt ist, kommt ohnehin über diese landschaftlich reizvolle Verbindung (s. S. 495) Alle anderen sollten zumindest bis zum ersten **Vista Point (12)** fahren, von dem aus der Blick über das gesamte Coachella Valley und bis zum Gipfel des Mt. Jacinto reicht.

*Flora und Fauna der Wüste*

Eine Querverbindung zwischen den Hwys 74 und 111 ist die Portola Ave., an der die Attraktion **The Living Desert (13)** ein unbedingt lohnendes Ziel darstellt. In dem knapp 500 ha großen Gelände begegnet man natürlich in erster Linie der Flora und Fauna der hiesigen Wüste, u. a. sind Kojoten, Dickhornschafe, mexikanische Wölfe, Klapperschlangen, Golden Eagles und Pumas hier beheimatet. Der zweite Schwerpunkt des Zoos ist die afrikanische Tierwelt mit u. a. Schimpansen und Zebras. Hier wurde auch die genaue Replik eines ganzen afrikanischen Dorfes (WaTuTu) aufgebaut. Den Park kann man auf geführten Rundgängen oder Tramtouren kennenlernen, es gibt Wanderwege, Picknick-Areale, Shops und eine Open-Air-Bühne.
**Living Desert Zoo and Gardens**, *47900 Portola Ave., Palm Desert, ✆ (760) 346-5694, www.livingdesert.org; Juni–Sept. tgl. 8–13.30, sonst tgl. 9–17 Uhr, US$ 20, ab 62 J. US$ 18, 3–12 J. US$ 10.*

Zurück auf dem Hwy. 111, gelangt man in östlicher Richtung übergangslos in die Ortschaft **Indian Wells**, deren nur 5.300 Einwohner offensichtlich zu den Gutverdienenden gehören. Tennisfreunden in aller Welt ist Indian Wells natürlich ein Begriff: Die bekannten **Indian Wells Masters** mit den Stars des weißen Sports werden im Indian Wells Tennis Garden ausgetragen, dessen Stadium 1 die weltweit zweitgrößte Tennisarena ist. Im Tennis Garden findet im April auch ein zweitägiges Musik-Festival statt (www.gardenjammusicfestival.com).

## La Quinta und Indio

An Indian Wells schließt sich **La Quinta** an (41.000 Ew.), das auf der Landkarte des internationalen Fremdenverkehrs ebenfalls schon seit Langem deutlich markiert ist. Wenn man sich das älteste und bis heute wohl schönste Resort des Coachella Valley anschauen möchte, fährt man vom Hwy. 111 rechts auf die Washington St. und dann wieder rechts auf den Eisenhower Dr. ab. Das heutige **La Quinta Resort & Club** wurde bereits 1926 als äußerst luxuriöse Unterkunft in der Wüste etabliert (s. S. 507). In der Szene des aufblühenden Hollywood sprachen sich bald der Charme und Komfort der damals 56 „casitas" herum, und immer mehr illustre Stars fanden den Weg zum La Quinta Resort, nicht wenige wurden Stammgäste. Inzwischen ist die Anlage mehrfach modernisiert und ausgebaut worden und umfasst heute u. a. mehrere Gourmet-Restaurants, 23 Tennisplätze, 41 Pools, 38 Thermalquellen und eine unübertroffene Golf-Landschaft auf Championship-Niveau (insgesamt 90 Löcher). Für einen kurzen Besuch stellt man den Wagen am besten an der zentralen Plaza ab und schaut sich die „historischen" Gästehäuser an, in denen sich nun Restaurants, Shops und die Rezeption befinden.

*Start des Tourismus*

**Indio**, die östlichste Gemeinde des Tales, ist nicht nur die erste, die sich in der Wüste etablieren konnte, sondern mit nunmehr 88.000 Einwohnern auch die größte. Ihr Stadtbild ist deutlich weniger mondän als das ihrer Nachbarorte, aber nicht ohne provinziellen Charme. Der Name Indio ist eng verknüpft mit der Pferdezucht. Gestüte, das Equestrian Center und Polofelder sind dafür bester Beweis. Außerdem ist die Landwirtschaft ein wichtiger Wirtschaftsfaktor. Von der Qualität der Weintrauben und Datteln kann man sich an Straßenständen überzeugen. Übrigens stammen nicht weniger als 95 % der amerikanischen Datteln von hier: Anlass genug für ein jährliches „Nationales Dattelfest" (*www.facebook.com/DateFest*), das Mitte Februar mit so unterschiedlichen Attraktionen wie der Kür der Dattelkönigin oder einer Monstertruck-Show scharenweise Publikum anlockt.

*Größte Stadt im Tal*

*Windpark in der Wüste bei Palm Springs*

## Desert Hot Springs

*Heiße Quellen*

Nicht am Hwy. 111, sondern zwölf Meilen nördlich von Palm Springs und jenseits der I-10 liegt die aufblühende Gemeinde Desert Hot Springs, die auch den Beinamen „Spa Capitol" trägt. Verantwortlich für ihren schnellen Aufstieg ab den 1980er-Jahren ist die touristische Nutzung einer Vielzahl von heißen Quellen. Bereits jetzt gibt es in dem 28.500-Einwohner-Ort über 40 Resorts, Hotels und Motels. Ebenfalls findet man hier die schönsten Campingplätze des Tales. Die Thermalbäder all dieser Unterkünfte sind gleichzeitig die einzige Attraktion der Region, sieht man einmal vom lehrreichen **Hot Springs Park (10)** an der Ecke Palm Dr./8th St. und vom Cabot's Pueblo Museum (☏ (760) 329-7610, https://cabotsmuseum.org; Okt.–Mai Di–So 9–16, Touren stündlich 9.30–14.30, Juni–Sept. Mi–Sa 9–13 Uhr, Touren stündlich 9.30–11.30 Uhr, US$ 13, Senioren und 6–12 Jahre US$ 11) ab. Vor allem aber kann der Ort als komfortables Standquartier zur Erkundung des Joshua Tree NP genutzt werden. Von Palm Springs aus oder ab der Autobahn erreicht man Desert Hot Springs am einfachsten über den Palm Dr.

### Reisepraktische Informationen Palm Springs und Umgebung

**Vorwahl**: 760

#### Information

*Für Reisende aus Los Angeles liegt am nächsten, sofort hinter dem Abzweig zur Kabinenseilbahn (Tramway Rd.), das* **Palm Springs Visitors Center** *(2901 N. Palm Canyon Dr., ☏ 778-8418, (800) 347-7746, www.visitpalmsprings.com; tgl. 9–17 Uhr). In der Stadt gibt es ein zusätzliches Büro: 100 South Palm Canyon Dr., ☏ 323-8296. Das zentrale Fremdenverkehrsamt* **Greater Palm Springs Convention & Visitors Bureau** *liegt etwas weiter in Rancho Mirage, 70100 Hwy. 111, Rancho Mirage, ☏ 770-9000, (800) 967-3767, www.visitgreaterpalmsprings.com; Mo–Fr 8–17 Uhr. Die Büros helfen u. a. bei der Hotelsuche vor Ort oder buchen im Voraus Unterkünfte. Viele Hinweise zu Restaurants, Sehenswürdigkeiten und touristischen Angeboten enthält das kostenlose Touristenmagazin „Desert Guide", online unter: www.palmspringslife.com/the-guide.*

#### Hotels (→ Karte S. 498)

*Infos über das Hotel- und Resortangebot in Palm Springs und Umgebung unter www.palmspringslife.com. Stellvertretend für Dutzende anderer Häuser seien hier nur genannt:*
**Motel 6 Palm Springs Downtown $$ (1)**, *660 S. Palm Canyon Dr., ☏ 327-4200, www.motel6.com; gute Wahl für den kleineren Geldbeutel. Das Motel samt Pool befindet sich in fußläufiger Entfernung zur Stadtmitte und bietet den üblichen Mittelklasse-Standard.*
**Best Western Inn at Palm Springs $$$ (2)**, *1633 S. Palm Canyon Dr., ☏ 325-9177, (800) 780-7234, www.bestwestern.com; recht zentrales Mittelklasse-Hotel mit 72 zweckmäßig eingerichteten Zimmern, freies Frühstück, Swimmingpool.*
**The Riviera Palm Springs, a Tribute Portfolio Resort $$$–$$$$ (5)**, *1600 N. Indian Canyon Dr., ☏ 327-8311, (866) 716-8147, www.rivierapalmsprings.com; großzügiges, am nördlichen Ortseingang von Palm Springs gelegenes First-Class-Resort, 480 Zimmer, Pools, umfassendes Sportangebot.*
**Hyatt Palm Springs $$$$–$$$$$ (4)**, *285 N. Palm Canyon Dr., ☏ 322-9000, www.hyatt.com; direkt an der Desert Fashion Plaza/Museum gelegen, gehobene Kategorie mit großzügiger Lobby im Atrium-Stil, 197 geräumige Zimmer, Swimmingpool, Restaurants, sehr zentral.*

**Avalon Hotel Palm Springs** $$$$–$$$$$ **(3)**, 415 S. Belardo Rd., ☎ 381-3012, www.avalon-hotel.com/palm-springs; nach Besitzerwechsel neu gestylt und weiterhin eine überschaubare und elegante Herberge im Adobe-Stil, 5 Gehminuten von der Innenstadt entfernt, luxuriös eingerichtete Zimmer, Studios, Suiten und Villas, Spa, Gourmet-Restaurant **Chi Chi**.
**La Quinta Resort & Club** $$$$–$$$$$ **(6)**, 49–499 Eisenhower Dr., La Quinta, ☎ 564-4111, www.laquintaresort.com; die „große alte Dame" der Palm-Springs-Hotellerie, stilvolles Ambiente, 640 Zimmer, Casitas und Suiten im Hacienda-Stil, unübertroffenes Sport- und Freizeitangebot.

### Restaurants (→ Karte S. 498)
Von Fast-Food-Häusern bis zu ethnischen Küchen und Gourmet-Restaurants gibt es alles in der Region. Besonders reichhaltig ist das kulinarische Angebot in Palm Desert, aber auch in Rancho Mirage, La Quinta und Indio findet man schnell ein passendes Lokal. Zu guten Restaurants in Palm Springs selbst gehören das **Farm Restaurant (2)**, 6 La Plaza, ☎ 322-2724, www.farmpalmsprings.com (Mo–Fr 9–14, Sa/So 8–14, Fr/Sa 18–21 Uhr), frische, französisch angehauchte Küche, und **Las Casuelas Terrazza (3)**, 222 S. Palm Canyon Dr., ☎ 325-2794, www.lascasuelas.com (Mo–Fr ab 11, Sa/So ab 10 Uhr, Happy Hour Mo–Fr 15.30–17.30 Uhr), mexikanische Küche. Wer zur Happy Hour unterwegs ist, sollte sich die Auswahl an Kaltgetränken im **Alicante (4)**, 140 S. Palm Canyon Dr., ☎ 325-9464, http://alicanteps.com (Mo–Do 11–23, Fr 11–24, Sa 10–24, So 10–23 Uhr), spanische Küche, nicht entgehen lassen. Auch die kleinen Speisen über die Theke sind prima. Gute Cocktails und vorwiegend mediterrane Gerichte gibt es im **Del Rey at Villa Royale (1)**, ☎ 327-2314, 1620 Indian Tr., http://delreypalmsprings.com (tgl. 16–24 Uhr). Für Freunde von Thai-Küche ist das **Thai Smile**, 100 S. Indian Canyon, ☎ 320-5503, www.thaismilepalmsprings.com, eine gute und günstige Wahl.

### Aktivitäten
Dass in fast jedem besseren Hotel von Palm Springs geschwommen sowie Tennis und Golf gespielt werden kann, versteht sich von selbst. Sportlich Aktive oder Liebhaber des Besonderen können jedoch auf eine ganze Palette anderer Aktivitäten zurückgreifen. Ein ganz besonderes Erlebnis ist es, die Morgen- oder Abendstimmung der Wüste in einem **Heißluftballon** zu erleben. Infos zu Fahrzeiten und Preisen u. a. bei:
**Fantasy Balloon Flights**, 74181 Parosella St., Palm Desert, ☎ 568-0997, (800) 462-2683, www.fantasyballoonflight.com.
Wer gerne **Fahrrad fährt**, kann das flache Coachella Valley auf gut markierten Radwegen kennenlernen. Fahrradverleih mit Anlieferung zum eigenen Hotel u. a. bei:
**Big Wheel Tours**, 1590 S. Palm Canyon Dr., Palm Springs, ☎ 748-0500, und 42160 State St., Palm Desert, ☎ 779-1837, www.bwbtours.com; tgl. 9–17 Uhr.
**Bike Palm Springs Rentals**, 194 S. Indian Canyon, ☎ 832-8912, www.bikepsrentals.com; tgl. 8–17, Juni–Sept. bis 10 Uhr.
Für **Reiter**: Meilenweit winden sich Reitwege durch Berge, Wüste und Canyons. Infos u. a. bei:
**Smoke Tree Stables**, 2500 S. Toledo Ave., Palm Springs, ☎ 327-1372, www.smoketreestables.com; tgl. außer Mi Ausritte verschiedener Länge zu festen Zeiten (s. Website), dennoch besser vorher anrufen.
**Coyote Ridge Stable**, 50639 Panorama Dr., Morongo Valley, ☎ 799-5182, www.coyoteridgestable.com, im Morongo Valley, 20 Min. von Palm Springs.
**Wanderer** finden in der Gipfelregion des Mount Jacinto ein ausgezeichnetes Netz markierter Pfade, ebenso im Joshua Tree NP.

### Veranstaltungen

Architekturinteressierte, die im Dezember zu Besuch in Palm Springs sind, sollten sich nicht den **Palm Springs Walk of the Inns** entgehen lassen, bei dem man vom Art Museum aus durch die historischen Inns zieht. Wer sich für die besondere Architektur von Palm Springs, die „midcentury modern architecture", interessiert, ist richtig bei **PS Architecture Tours**, 501 S. Palm Canyon Dr., Palm Springs, ① (323) 578-6025, www.psarchitecturetours.com; in den gut 2,5 Std. der Tour (Start 501 S. Palm Canyon Dr.) der Tour kommen Interessierte beispielsweise auch am ehemaligen Haus von Frank Sinatra vorbei. US$ 95 p. P., auf jeden Fall rechtzeitig reservieren.

## Joshua Tree National Park

Über zwei Routen kann man von Palm Springs zum nahen Joshua Tree National Park gelangen, der sich über das riesige Areal von 200.000 ha nördlich der I-10 ausbreitet: einmal über den Hwy. 62, der zu den Ortschaften **Morongo Valley**, **Yucca Valley** und **Joshua Tree** führt. Ab Joshua Tree kommt man über den Park Blvd. in das Naturschutzgebiet (West Entrance) und zum **Joshua Tree Visitor Center (9)**, ab dem benachbarten Ort **Twentynine Palms** zu einem anderen Parkeingang (North Entrance) und zum größten, dem **Oasis Visitor Center (5)**. Den südlichen Eingang (South Entrance) erreicht man über die I-10, wobei man etwa 40 km (25 Meilen) östlich von Indio die Abfahrt Cottonwood Springs nehmen muss. Bei jedem Parkeingang kommt man an

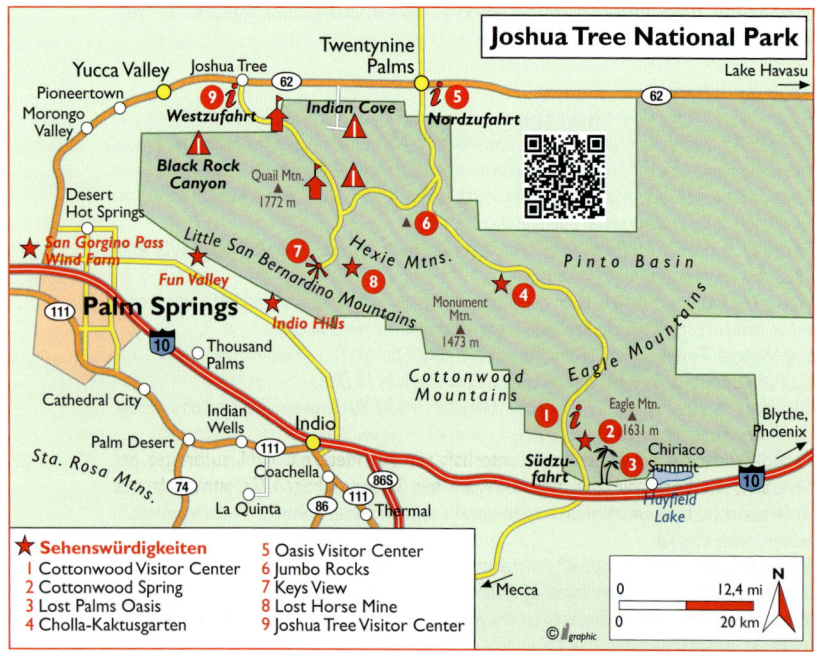

*Palm Springs und das Coachella Valley*

*Im Joshua Tree National Park*

einem Wärterhäuschen vorbei, an dem der Eintritt zu zahlen ist und Informationsmaterial bereitliegt (auch in deutscher Sprache).

Für die vorliegende Routenbeschreibung ist letztgenannter Südeingang besser. Wer allerdings eine Hotelunterkunft in Parknähe braucht, sollte die nördliche Strecke nehmen, wo Hotels/Motels jeder Kategorie in ausreichender Anzahl in den Ortschaften Desert Hot Springs, Morongo Valley, Yucca Valley, Joshua Tree und Twentynine Palms zur Verfügung stehen. Innerhalb des Naturschutzgebietes selbst gibt es neun Campingplätze, außerdem Grill- und Picknickareale. *Übernachtungsmöglichkeiten*

### ℹ️ Information

**Oasis Visitor Center**, *74485 National Park Dr., Joshua Tree, ☏ (760) 367-5500, www.nps.gov/jotr; tgl. 8.30–17 Uhr.*
**Joshua Tree Visitor Center**, *6554 Park Blvd., Twentynine Palms; tgl. 8–17 Uhr.*
**Cottonwood Visitor Center**, *10 km ab Südeingang im Park, tgl. 8.30–16 Uhr.*
**Black Rock Nature Center**, *9800 Black Rock Canyon Road, Yucca Valley (Black Rock Campground); Okt.–Mai tgl. 8–16 Uhr.*
*Der Park ist rund um die Uhr geöffnet. Eintritt pro Fahrzeug (7 Tage gültig) US$ 30, Fußgänger und Radfahrer US$ 15.*

Der Joshua Tree NP beinhaltet eine der schönsten Landschaften des amerikanischen Westens mit einem überaus interessanten Tier- und Pflanzenleben. Es sind hauptsächlich zwei Wüstengebiete, die das Areal umfasst: einerseits die relativ tief gelegene Colorado-Wüste, die sich in den Lagen unterhalb von 900 Metern ü. d. M. ausbreitet, andererseits die hoch gelegene Mojave-Wüste mit ihren mächtigen Granitbuckeln und großen Joshua-Tree-Beständen. Leider ging die von Budget-Streitigkeiten zwischen Präsident Trump und dem US-Kongress verursachte Haushaltssperre (Shutdown) im Dez. 2018/Jan. 2019 nicht spurlos an dem Nationalpark vorüber: Während die Ranger im Zwangsurlaub waren, kam es wiederholt zu Fällen von Vandalismus und rücksichtslosem Reiseverhalten (Abholzungen, Feuerstellen etc.), deren – natürlich eher punktuelle – Folgen noch für Generationen sichtbar bleiben können. *Zwei Wüsten*

> ### ❗ Achtung!
>
> Auch bei einem Besuch des Joshua Tree NP sollte man an die **Gefahren** denken, die ein Aufenthalt in der Wüste mit sich bringen kann:
> - Die zwar seltenen, aber periodisch auftretenden Regenfälle können **Überschwemmungen** verursachen. Immer dann sollte man die ausgetrockneten Flusstäler meiden und von Flussüberquerungen Abstand nehmen.
> - Die vielen Freeclimber und Bergsteiger mögen darüber hinwegtäuschen, dass das Klettern risikoreich ist. Bitte anseilen und auf verwittertes und lockeres Gestein achten.
> - Die Tiere der Wüste sind wild; insbesondere vor **Klapperschlangen** sollte man sich hüten und immer einen Stock bei Wanderungen mit sich führen, mit dem man durch Geräusche auf sich aufmerksam macht.
> - Ein weiteres Risiko stellen die verlassenen **Grubenschächte** der Bergwerke dar. Entweder man erkundet die Hunderte von Metern langen Gänge möglichst nicht, oder man führt zumindest eine starke Taschenlampe mit sich.

Wo sich die beiden Wüstenregionen treffen, sind in der Übergangszone Charakteristika beider Ökosysteme vereint. Hinzu kommen Oasen mit ihrem jeweils ganz eigenen Gepräge. So tot die Wüsten erscheinen mögen, so gilt doch der Satz „Die Wüste lebt" im Joshua Tree National Park in besonderem Maße. Außer den üblichen Insekten, Erdhörnchen, Kaninchen u. a. finden folgende **Tiere** im Park ihre Existenzgrundlage:

*Reiche Tierwelt*

- der **Wegekuckuck** (Roadrunner). Dieser aus Trickfilmen bekannte Vogel fliegt nicht, sondern läuft durch die Wüste. Der Roadrunner ist eine Kuckucksgattung und ernährt sich von Nagetieren, Reptilien, Insekten und jungen Vögeln.
- der **Goldadler** (Golden Eagle). Sein goldfarbenes Nackengefieder hat dem „König der Lüfte" seinen Namen eingebracht. Kaum eine Regung entgeht dem scharfen Blick dieses Greifvogels, dessen majestätische Silhouette oft über den Bergkuppen auftaucht.
- der **Kojote** (Präriewolf). Diese Tiere sind „Allesverwerter" und ernähren sich nicht nur von Aas, Insekten, Eidechsen, Vögeln, Schlangen, Ratten, Hasen und jungen Schildkröten, sondern auch von Früchten, Nüssen und Gras. Selbst Zivilisationsabfälle wie Schuhsohlen o. Ä. verschmäht ein Kojote nicht. Charakteristisch ist sein langgezogenes Geheul, aber er kann auch wie ein Hund bellen.
- der **Präriehase** (White-Tailed Jackrabbit). Das wichtigste Beutetier der Wüste hat ein dichtes, dunkles Fell, das für eine gute Tarnung sorgt.
- die **Kängururatte** (Kangaroo Rat). Das kleine Nagetier ernährt sich ausschließlich von Samen, die auch seinen gesamten Flüssigkeitsbedarf decken. Charakteristisch sind die stark ausgebildeten Hinterläufe, auf denen die Ratte tatsächlich wie ein Känguru durch die Wüste hüpft.
- die **Nachteidechse** (Yucca Night Lizard). Das merkwürdige Reptil existiert eigentlich nur vom und im Joshua Tree. In den schmalen Gängen und Spalten hinter der Baumrinde lebt die Echse von der Jagd auf Termiten und Ameisen.
- die **Höhleneule** (Burrowing Owl). Der massige Vogel macht in der Dämmerung Jagd auf Insekten, Reptilien und Nagetiere. Die bequeme Eule baut sich kein Nest, sondern wohnt in Höhlen, die von Nagetieren eingerichtet und später verlassen worden sind.
- der **Luchs** (Bobcat). Die scheue Wildkatze ist das schnellste Landtier der Wüste und geht meist nachts auf Jagd.

- die **Tarantel** (Tarantula). Die furchterregende Wüstenspinne lebt von Insekten. Entgegen einer landläufigen Meinung ist ihr Biss für Menschen weder giftig noch gar tödlich, aber sehr schmerzhaft.
- die kleine **Klapperschlange** (Sidewinder). Ihren englischen Namen trägt die Schlange der Mojave-Wüste wegen der typischen seitwärtigen Fortbewegung. Bei kühlem Wetter sonnt sie sich auf freien Sand- oder Felsflächen, bei heißem Wetter versteckt sich die Klapperschlange im Schatten der Büsche und Felsen. Ihre Nahrung sind kleinere Nagetiere.

In den an den Eingängen erhältlichen Karten sind die fahrbaren Wege und sehenswerten Stationen eingezeichnet. Kommt man über den südlichen Eingang in den Park (die günstigste Route für die hier angegebene Strecke Palm Springs – Las Vegas), erreicht man wenige Meilen, nachdem man die I-10 verlassen hat, das **Cottonwood Visitor Center (1)**. In Schaukästen sind dort Informationen zur Geologie, Pflanzen- und Tierwelt des Parks zusammengetragen. Etwa 1½ km davon entfernt befindet sich die künstlich angelegte Palmenoase von **Cottonwood Spring (2)**. Wer deren reiches Vogelleben beobachten möchte, kommt zu der Oase über eine gut befahrbare Straße. Etwas weiter entfernt und nur auf einem 6,4 km langen Wanderweg erreichbar ist die **Lost Palms Oasis (3)** mit ihrem üppigen Palmenbestand. Vom Visitor Center fährt man nun gut 25 km weiter und durchquert dabei das Pinto Basin, eine Ebene der Colorado-Wüste, durch die sich vor Urzeiten ein breiter Fluss wälzte. Äußerst interessant ist die Vegetation dieser Region, die man am schönsten im **Cholla-Kaktusgarten (4)** studieren kann. Neben vielen Exemplaren von Bigelow-Kakteen bilden auch die fächerartigen, filigranen Ocotillos (fouquieria splendens), Creosotobüsche und andere Pflanzen den Bestand dieses „Gartens". Einen Überblick über die Pflanzen- und Tierwelt der Colorado-Wüste erhält man auf einem kurzen, beschilderten Wanderweg.

Die Autostraße windet sich nun zur hochgelegenen Mojave-Wüste hinauf, und in der gut sichtbaren **Übergangszone** trifft sich die für beide Wüsten typische Pflanzen- und Tierwelt. Nach etwa 15 km kommt man zu einer Weggabelung, wo man nach rechts zum

*Blick in die Wüste*

*Route 4: Rundfahrt zu den südkalifornischen Highlights und nach Las Vegas*

**Oasis Visitor Center (5)** am Nordeingang fahren kann, in dem auch die Nationalpark-Verwaltung untergebracht ist. Zu den eigentlichen Schönheiten des Parks gelangt man aber nur, wenn man nach **links** abbiegt. Man befindet sich nun in der Mojave-Wüste, deren schroffe Berge sich bis auf 1.800 m auftürmen und in der es im Winter nachts spürbar kälter wird. Charakteristisch sind die verwitterten Granitblöcke, die in grandioser Monumentalität aus der Ebene wachsen und verkleinerte Ausgaben des australischen Ayers Rock zu sein scheinen. An Formationen wie den **Jumbo Rocks (6)** tut sich übrigens ein Eldorado für Kletterer auf, das besonders in den Ferien und an Wochenenden reichlich genutzt wird. Auf einer 29 km langen, markierten **geologischen Exkursionsroute** kann man die Erosionsformen der alten Quarz- und Gneisgesteine kennenlernen, gleichzeitig führt dieser (unasphaltierte und für Motorhomes nicht geeignete) Weg durch einige der faszinierendsten Landschaften des Parks. Herrlich ist die Palette an leuchtenden Farben, die besonders bei schrägstehender Sonne auf den Felsflächen erscheint.

*Mitten in der Mojave-Wüste*

Die asphaltierte Straße führt nun weiter durch das Queen Valley, wo man auf einem nicht sehr anstrengenden Wanderweg (2½ km lang) den 1.660 m hohen Gipfel des Ryan Mountain erklimmen kann. Lohn des Aufstiegs ist ein schöner Ausblick auf die Täler von Queen, Lost Horse, Hidden und Pleasant Valley. Diese Täler sind z. T. dicht mit den typischen Pflanzen der Mojave-Wüste bewachsen, wobei die dichten Bestände von **Joshua Trees** dem Park den Namen gegeben haben. Eigentlich handelt es sich beim Joshua Tree nicht um einen Baum, sondern um ein Liliengewächs (*Yucca brevifolia*), das hier allerdings bis zu 12 m hoch wird und manchmal richtige Wälder bildet. Die Blütezeit der Joshua Trees ist von März bis Mai; dann leuchten Abertausende von blassgelben kleinen Blüten und bilden einen zusätzlichen Anreiz für den Besuch dieser Region. Ansonsten ist die Pflanze nicht weit verbreitet; sie gedeiht nur in der Mojave-Wüste (zu sehen z. B. entlang der I-15 bis zum Cajon Pass bei San Bernardino) und im wüstenähnlichen Hochland Mexikos. Seinen biblischen Namen verdankt der Joshua Tree übrigens mormonischen Siedlern.

*Biblischer Name*

Weiter wachsen in den hochgelegenen Tälern u. a. die **Mojave-Yucca** (deren Wurzeln von den Indianern als Medizin und deren harte Blätterspitzen als Nähnadeln benutzt wurden), der kalifornische **Wacholder** und die kalifornische **Fächerpalme**.

Fährt man an der folgenden Weggabelung nach links, kommt man nach etwa 8 km zum **Keys View (7)**. Dieser in 1.576 m Höhe gelegene Aussichtspunkt bietet einen weiten Ausblick über Täler, Berge und Wüstenlandschaft; die Sichtverhältnisse sind allerdings nachmittags und abends (Gegenlicht) nicht besonders gut.

Auf dem Rückweg kann man auf einem 2½ km langen Spaziergang nach rechts zur **Lost Horse Mine (8)** gehen. Dieses historische Bergwerk ist insofern interessant, als nach den Indianern die Goldsucher die Gegend erforschten und sich hier kurzzeitig niederließen. Später versuchten einige Farmer sogar, die Wüste zu bewässern und fruchtbar zu machen. Davon erzählt der **Barker-Damm**, der auf der Schwelle zum 20. Jh. gebaut wurde und ursprünglich zur Wasserversorgung für Viehzucht und Bergbau diente. Der aufgestaute Teich, der heute der Tierwelt des Parks als Tränke dient, liegt etwa 8 km weiter nördlich und ist über einen ausgeschilderten, aber nicht asphaltierten Weg erreichbar.

*Goldsucher und Farmer*

Der Name des folgenden Tals, **Hidden Valley**, verweist darauf, dass die Mojave-Wüste für Banditen und besonders für Viehdiebe auch als schwer zugängliches Versteck genutzt wurde. Heute ist das Hidden Valley mit seinem Netz von Wanderwegen das bevorzugte Ziel der Parkbesucher. Der günstigste Weg vom Hidden Valley zum Hwy. 62 ist der über die Quail Springs Rd. zum **Westeingang**, von wo es nur einige Fahrminuten bis zur Ortschaft **Joshua Tree** sind.

## Vom Joshua Tree National Park nach Las Vegas

Bei der Weiterfahrt vom Joshua Tree NP nach Las Vegas gilt es, zwischen drei gleichermaßen reizvollen Streckenvarianten auszuwählen:

**Strecke 1**: Man verlässt den Park über den westlichen Eingang und stößt bei der Ortschaft Joshua Tree auf den mehrspurig ausgebauten Hwy. 62. Nach neun Meilen in westlicher Richtung biegt man nach rechts auf die Straße 247 ab, die einen nach einer 77-Meilen-Fahrt durch absolute Wildnis bis **Barstow** bringt. Hier kann man über die I-15 entweder direkt nach Las Vegas fahren oder unterwegs den Abstecher zum **Death Valley** anschließen. Auch ein größerer Schlenker durch die Einsamkeit der **Mojave-Wüste** einschließlich des Besuchs im Tal des Todes ist ab Barstow denkbar (s. 548).

*Streckenvarianten*

**Strecke 2**: Man verlässt den Park über den südlichen Eingang, fährt nach Indio und nimmt von dort erst die 865 und dann die 111 Richtung Osten. Rechter Hand liegen jetzt Salton Sea und damit Orte mit klingenden Namen wie Desert Beach oder **Bombay Beach**. Letzterer war in früheren Zeiten ein gut gehendes Strandbad. Nachdem der Salton Sea aber dank eingebrachten Düngers gekippt war, war es auch mit der Strandbar-Herrlichkeit vorbei. Heute leben hier noch 300 Menschen, ganz weit weg von den Geschehnissen der Welt. Einige Meilen weiter folgt hinter dem Örtchen Niland und linker Hand der **Salvation Mountain**. Der 2014 verstorbene lokale Exzentriker Leonard Knight baute in den 1980er-Jahren mit seinen eigenen Händen aus Lehm und Stroh diesen bunten Hügel, auf dem bis heute gut lesbar Knights Motto prangt: „God is Love". Kurz darauf wechselt man etwas weiter südlich von der 111 auf die 78 in nordöstlicher Richtung und quert die Chocolate Mountains. Nach gut zwei Stunden erreicht man den Hwy. 10. Hier geht es Richtung Osten bis Blythe, dann auf dem Hwy. 95 gen Norden bis Las Vegas.

*Ganz weit weg*

**Strecke 3**: Ab Twentynine Palms der Beschilderung folgen Richtung Amboy. Auf dem Weg gibt es immer wieder untrügliche Anzeichen, dass das Militär in die Nähe ist. In der Tat ist hier das Marine Corps Air Ground Combat Center (MCAGCC), genannt „29 Palms", untergebracht. Kein Wunder, dass Friseure einen „Combat Haircut" anbieten oder als gängiges Fahrschulfahrzeug ein kriegstauglicher Humvee (High Mobility Multi-

*Roadtrip-Atmosphäre in Amboy*

*Einsame Strecke* purpose Wheeled Vehicle) unterwegs ist. Die Strecke selbst aber ist gut ausgebaut, einsam und führt durch verlassene Ecken, vorbei an Salzseen, riesigen Dünenlandschaften, aufgelassenen Minen. Wer Glück hat, dem begegnet ein etliche Hundert Meter langer Güterzug mit vier Lokomotiven. Nach Twentynine Palms findet der erste Kontakt mit der Menschheit wieder in **Amboy** statt (s. S. 560). Danach geradeaus weiter, die erste Abzweigung nach links nicht verpassen, Richtung Kelso. **Kelso** selbst ist ein größerer Bahnhof. Von dort weiter Richtung Cima und dann der Beschilderung I-15 folgen. Nach rund zwei Stunden ab Twentynine Palms hat man die Schnellstraße nach Las Vegas erreicht, von hier nochmal rund 1½ Std. bis ins Spielerparadies.

# Las Vegas und Umgebung

## Die Karriere einer Wüstenstadt

„Las Vegas ist der merkwürdigste Ort auf der ganzen Welt", lässt Don Winslow in seiner Krimi-Persiflage „Palm Desert" seinen Helden Neal Carey sinnieren. „Ich denke, das kommt daher, dass hier unbegrenzt viel Platz auf unbegrenzt viel Geld trifft und weder Vernunft noch guter Geschmack dem Zusammenspiel der beiden Grenzen setzt. Ich meine, in einem von Mormonen beherrschten Staat prosperiert eine von einem jüdischen Gangster mit dem Spitznamen Bugsy gegründete Stadt." Und außer Mormonen und Gangstern tummeln sich in Las Vegas bis heute zahlreiche schräge Typen und schillernde Persönlichkeiten, die hier investieren. Sei es Donald Trump, der einen golden strahlenden Hotelturm sein Eigen nennt, oder sein Kumpel Steve Wynn, früherer CEO des gleichnamigen Casino-Unternehmens, das hier sein Hauptquartier hat, der Las Vegas geprägt hat wie kaum ein anderer in jüngeren Jahren. Aber nicht nur für Investoren ist die Stadt eine Spielwiese, sondern vor allem für die Millionen von Besuchern, die Las Vegas Tag für Tag bevölkern.

### Redaktionstipps

▸ Übernachtung in einem der wirklich großen **Casino-Hotels** (s. S. 519ff bzw. 533ff) wie The Venetian, MGM Grand, Mandalay Bay, Luxor, Bellagio, Mirage, Caesars Palace etc. – ein bezahlbarer Luxus.
▸ Auf die angebotenen Preisermäßigungen in Form von **Rabattkarten** achten, man erhält sie beim Einchecken z. B. für das Buffet.
▸ Ein abendlicher Gang durch die Glitzerwelt entlang dem **Strip** (s. S. 523) vermittelt die Essenz von Las Vegas!
▸ Für Leute mit starken Nerven: Alle drei Attraktionen auf dem **Stratosphere Tower** (s. S. 523) sorgen für Adrenalinschübe in schwindelerregender Höhe, der wahnwitzige Big Shot, die X-Scream-Gondel und das Insanity-Karussell!
▸ Von besonderem Reiz ist es, die nächtliche Spielerstadt von oben zu betrachten, per **Helikopterflug** über den Lichtern der Stadt.
▸ Absolutes Highlight: die preiswerten **Flüge oder Tagesexkursionen zum Grand Canyon** nutzen!

Mit 632.000 Einwohnern, Tendenz steigend, stellt Las Vegas das weitaus größte Ballungszentrum in Nevada dar. Die Ursprünge der Stadt liegen im Jahr 1829, als Antonio Armijo eine Karawane von 60 Menschen und 100 Maultieren über den Old Spanish Trail von New Mexico nach Kalifornien führte. Bei der Erkundung der Gegend verließ der Scout Rafael Rivera seine Gruppe und stieß nach tagelangem Ritt auf artesische Quellen: die heutigen Las Vegas Springs.

Diese Entdeckung verkürzte die Route nach Kalifornien für zukünftige Expeditionen, doch es sollte mehr als 25 Jahre dauern, bis hier eine erste Siedlung entstand. 1855 errichteten Mormonen hier ein Fort aus Lehm, um die Postroute zwischen Los Angeles und Salt Lake City zu sichern. Nicht zuletzt aufgrund des

*Eines der großen Casinohotels am Strip: das Bellagio*

heißen Klimas und interner Querelen hielt die kleine Siedlergruppe allerdings keine drei Jahre durch. 1865 bezog Octavius D. Gass mit einigen Mitstreitern das baufällige Fort und etablierte die **Rancho Las Vegas**. Diese war nicht nur als Rinderfarm, sondern auch als Weingut bekannt und wurde so zu einem beliebten Zwischenstopp auf dem Old Spanish Trail. Von einer Missernte in den Bankrott getrieben, hatte Gass am eigentlichen Aufstieg von Las Vegas keinen Anteil mehr. Der begann 1904, als der Ort als Basisstation für den Bau der Eisenbahn an die Westküste diente. Dabei entstanden hier sowohl ein zentrales Ersatzteillager als auch eine Zeltstadt für die Arbeiter.

*Erste Spieler* Diese waren es auch, die im Bereich der heutigen Downtown die ersten Saloons, primitiven Spielhöllen und Bordelle bevölkerten, später – inzwischen war die Stadt offiziell ins Register eingetragen – sorgte man auch für die Kunden der Eisenbahn: Im Bahnhof eröffnete ein **Casinohotel**, und immer mehr Reisende planten hier einen Aufenthalt ein, bevor sie, meist um viel Geld erleichtert, mit dem nächsten Zug weiterfuhren. Zwar hatte Las Vegas im Jahre 1910 nicht mehr als 1.500 Einwohner, doch war es bereits als Stadt des Glücksspiels berühmt. Der größte Impuls, der Las Vegas zu seinem heutigen Aussehen verhalf, erfolgte in den 1940ern, als weitab der Downtown in der Wüste kurz hintereinander die Casinohotels El Rancho Las Vegas und Flamingo eröffneten: **The Strip** war geboren. Der Bauherr des Flamingo war der legendäre Gangsterboss Bugsy Siegel. Wie er stammten auch viele andere Geldgeber aus **Mafia-Kreisen**. Die Investitionen dieser „ehrenwerten Gesellschaft" waren so groß, dass sich in den 1950er-Jahren die Liste der Hotelbesitzer las wie eine Verbrecherkartei.

Der notwendige Neubeginn zog sich lange hin, und es dauerte, bis der Einfluss der Verbrecherkartelle zurückgedrängt werden konnte. Erste Ansätze für eine Neuausrichtung brachte Howard Hughes in die Stadt, der ab 1967 einige Casinohotels übernahm. Den maßgeblichen Impuls setzte aber 1989 **Steve Wynn** mit dem Bau des Mirage. Der bloße Hotel- und Casinobetrieb wurde mit Themenparks, Entertainment, Weltklasse-Shows internationaler Stars und einer atemberaubenden Architektur zu einer exklusiven Erlebniswelt umgewandelt. Diese sollte nicht nur Besucher anlocken, sondern ihnen auch jeglichen Grund nehmen, in ein Haus der Konkurrenz überzuwechseln.

*Umbau zur Erlebniswelt*

Dieses Streben hält bis heute an. Immer neue Mammutpaläste schießen aus dem Boden, und der Strip ist auf einer Länge von rund fünf Meilen zugebaut. Mitte der 1990er-Jahre eröffneten innerhalb von nur vier Monaten die drei Großhotels MGM Grand, Luxor und Treasure Island mit zusammen mehr als 10.000 Zimmern. Das 2008 um das Palazzo erweiterte Venetian stieg mit über 7.100 Zimmern zeitweilig zum größten Hotel der Welt auf. Derzeit befindet sich mehr als die Hälfte der 20 größten Hotels der Welt in Las Vegas.

Es ist klar, dass sich die Kosten für solche Gebäude nur noch große Konzerne leisten können. An der Spitze steht in Las Vegas die im Jahr 2000 gegründete Firma **MGM Resorts International**, der u. a. die Casinohotels und Megaresorts Bellagio, Mirage, Luxor, Mandalay Bay, MGM Grand, Aria, New York-New York und Excalibur angehören.

*Platzhirsch*

# Von der Glücksspiel- zur Entertainment-Metropole

Der Name Las Vegas ist untrennbar mit dem Glücksspiel verbunden. Ob in der Downtown oder am Strip, überall dominieren die Casinohotels, großartig in der Innen- und Außenarchitektur, protzig, prunkvoll, ein unglaubliches Schauspiel aus einfallsreichen Neonreklamen, Automatengeratter und hervorragenden Shows. Hier gibt es Hotelhallen, in denen Tausende von „Einarmigen Banditen" installiert sind, wo sich im Verlauf einer Nacht mehr als 10.000 Menschen an einem Buffet vergnügen und in denen kostümierte Paradiesvögel die Blicke auf sich ziehen.

Aber mittlerweile reichen die Umsätze der Zocker alleine nicht mehr aus, um die Geldmaschine Las Vegas am Laufen zu halten. Während die Luxusresorts früher eher Casinos waren, die mit Unterhaltungsangeboten, günstigen Hotel- und Buffet-Preisen Spieler anlockten, so sind sie heute eher Erlebniswelten, die eben auch ein Casino beherbergen. Zahlreiche Hotels haben die Zimmerpreise angehoben und verlangen zusätzliche „resort fees", kostenfreies Parken bieten nur noch die wenigsten an, und auch die legendären *free drinks* bekommt nur noch serviert, wer den Spielautomaten ausreichend füttert (und der Kellnerin ein anständiges Trinkgeld gibt; aber das war schon immer so).

*Die Geldmaschine stottert*

Las Vegas ist zwar weiterhin die Hauptstadt des Glücksspiels, jedenfalls in Amerika, doch da Stadtverantwortliche und Investoren zu spüren bekommen haben, dass mit dem Image der **Sin City** nicht mehr das große Geld zu machen ist, kommt dem Angebot an Edel-Boutiquen und Unterhaltungsshows ein immer größerer Stellenwert zu. Aber auch in sportliche Großereignisse setzt man Hoffnungen: Am Strip wurde 2016 die **T-Mobile Arena** eröffnet, in der nicht nur Stars wie Justin Bieber und U2 auftreten, sondern auch die Heimspiele des Eishockey-Teams Vegas Golden Knights und Mixed-Martial-Arts-Kämpfe ausgetragen werden. Und südwestlich des Strip entsteht derzeit für 1,9 Mrd. US$ das neue **Las Vegas Stadium**, mit dessen Eröffnung die Football-Mannschaft der Raiders von Oakland nach Las Vegas ziehen soll.

*Sportveranstaltungen gewinnen an Bedeutung*

*Route 4: Rundfahrt zu den südkalifornischen Highlights und nach Las Vegas*

> **! Achtung!**
> Trotz aller scheinbaren Liberalität herrschen in Nevada in Bezug auf Glücksspiel und Alkoholkonsum **strenge Altersbeschränkungen,** die selbstverständlich auch für Ausländer gelten: Wer jünger als 21 ist, darf in der Öffentlichkeit keinen Alkohol zu sich nehmen. Auch das Gambling ist an diese Altersgrenze gebunden, allerdings dürfen Jugendliche unbehelligt durch die Spielcasinos gehen und sich alles ansehen.

## ☞ Hochzeit in Vegas

Heiraten in Vegas ist berühmt und berüchtigt. Für eine unverzügliche Trauung reicht es in Nevada, mindestens 18 Jahre alt zu ein und einen Reisepass vorweisen zu können. Weitere Dokumente wie Geburtsurkunden sind nicht notwendig. Nicht einmal Trauungswillige, die bereits verheiratet waren, müssen die Beendigung der Ehe belegen, sondern lediglich die entsprechenden Daten angeben. Auch gleichgeschlechtliche Ehen sind in Nevada natürlich möglich. Bevor man zum Altar schreitet, benötigt man eine Heiratslizenz (*marriage license, US$ 77*). Für diese muss man persönlich im **Marriage Bureau** zwischen Downtown und Strip (*201 Clark Ave., ① (702) 671-0600, tgl. 8–24 Uhr*) vorsprechen. Die Lizenz wird unverzüglich ausgehändigt, mit dieser kann man sich entweder auf dem Standesamt oder – stilechter – in einer Wedding Chapel trauen lassen. Übrigens stimmt nicht jedes Klischee: Wer offenkundig alkoholisiert ist, erhält keine Lizenz. Die Gefahr, nach einer durchzechten Nacht in einem fremden Hotelzimmer mit Ehering am Finger aufzuwachen, ist also äußerst gering.

Die meisten Hochzeitskapellen gibt es am Strip. Die Kosten für die Zeremonie variieren je nach Datum, Aufwand, Sonderwünschen und Kapelle zwischen US$ 95 und 1.700. Nach oben sind selbstredend keine Grenzen gesetzt, wer beim Helikopterflug zum Grand Canyon getraut werden will, muss selbstverständlich tiefer in die Tasche greifen. Auch die (vorgeschriebenen) Trauzeugen können meist vor Ort „gemietet" werden. Die Trauung wird durch eine Heiratsurkunde bestätigt. Diese stellt aber noch kein gültiges Rechtsdokument dar. Das eigentliche *marriage certificate*, eine Abschrift aus dem Trauregister, erhält man vom **Clark County Recorder** (*www.co.clark.nv.us*).

Die **Anerkennung** einer Vegas-Hochzeit in Deutschland ist recht unkompliziert. Hierfür braucht man beglaubigte Kopien der *marriage license* und des *marriage certificate* (*jeweils US$ 15*). Zusätzlich muss die Echtheit der Dokumente durch eine amerikanische Stelle mittels einer Apostille (*ca. US$ 20, ebenfalls beim County Recorder zu beantragen*) beglaubigt werden. Mit diesen Unterlagen begibt man sich in der Heimat zum Standesamt, um die Ehe rückwirkend registrieren zu lassen. **Achtung:** Wenn man in Las Vegas heiratet, ist man tatsächlich verheiratet, auch wenn man sich nicht um eine Anerkennung im Heimatland bemüht. Sofern man nicht tatsächlich den Bund der Ehe eingehen will, ist eine Spaß- oder Spontanhochzeit also eine denkbar schlechte Idee.

**Verbindliche Informationen** erhält man auf der Website des Clark County: www.clarkcountynv.gov/clerk/services/Pages/Marriage.aspx.
Der **deutsche Honorarkonsul** in Las Vegas ist berechtigt, die für die Anerkennung nötigen Dokumente und die Apostille zu besorgen:
Ryan Michael Lower, *c/o Morris Law Group, 411 East Bonneville Ave., Suite 360, Las Vegas, Nevada 89101, ① (702) 759-8303, las-vegas@hk-diplo.de, weitere Infos: www.germany.info/us-de/vertretungen/la/heirat-nevada/912744.*

# Las Vegas und Umgebung

*Las Vegas ist bunt und glitzert*

## Sehenswürdigkeiten/Stadtrundgang

Las Vegas liegt im Schnittpunkt der Fwys. 15, 93 und 95 und besteht aus zwei gut unterscheidbaren Stadtteilen, nämlich der Downtown, die um die Rancho Las Vegas und das Eisenbahnercamp entstanden ist, und den mehr als fünf Meilen nach Süden weisenden Las Vegas Blvd., der besser unter dem Kurznamen **The Strip** bekannt ist. Hier liegen die riesigen Casinohotels, die die eigentlichen Attraktionen der Stadt bilden: Einerseits sind sie von ihrer Architektur her selbst Sehenswürdigkeiten, auf der anderen Seite halten viele von ihnen zusätzliche Highlights bereit. *5-Meilen-Boulevard*

Falls man zwei Tage reserviert hat, sollte man einen Tag der Stadt selbst und den zweiten der Umgebung (Valley of Fire, Lake Mead, Hoover Dam) widmen. Bei 1½ Tagen und Ankunft am späten Nachmittag könnte der erste Abend mit einem Rundgang zu den bekanntesten Hotels am Strip verbracht werden, der darauffolgende Vormittag und frühe Nachmittag in die naturschöne Umgebung führen und der zweite Abend ebenfalls nach Las Vegas. Plant man den Besuch einer Show, besorgt man die Tickets am besten bereits morgens.

### Downtown

Dass Las Vegas nicht nur aus Hotelanlagen besteht, führt ein kleiner Abstecher in den Norden der Downtown vor Augen. Jenseits der I-515 kann man sich den historischen Ursprüngen der Stadt nähern. An der Ecke Las Vegas Boulevard/Washington Avenue liegt der **Las Vegas Mormon Fort State Historic Park (1)**. Das Fort wurde 1855 von denjenigen Mormonen errichtet, die 1855 als erste Weiße in jener Gegend siedelten, in der 50 Jahre später der Stern von Las Vegas aufgehen sollte. Es ist von einer Adobe-Mauer umfriedet, tatsächlich hatte es seinem Namen zum Trotz aber nie militärische Aufgaben zu erfüllen. Zu sehen gibt es Planwagen, Möbel, Kleider und Gerätschaften *Mormonische Siedlung*

*Route 4: Rundfahrt zu den südkalifornischen Highlights und nach Las Vegas*

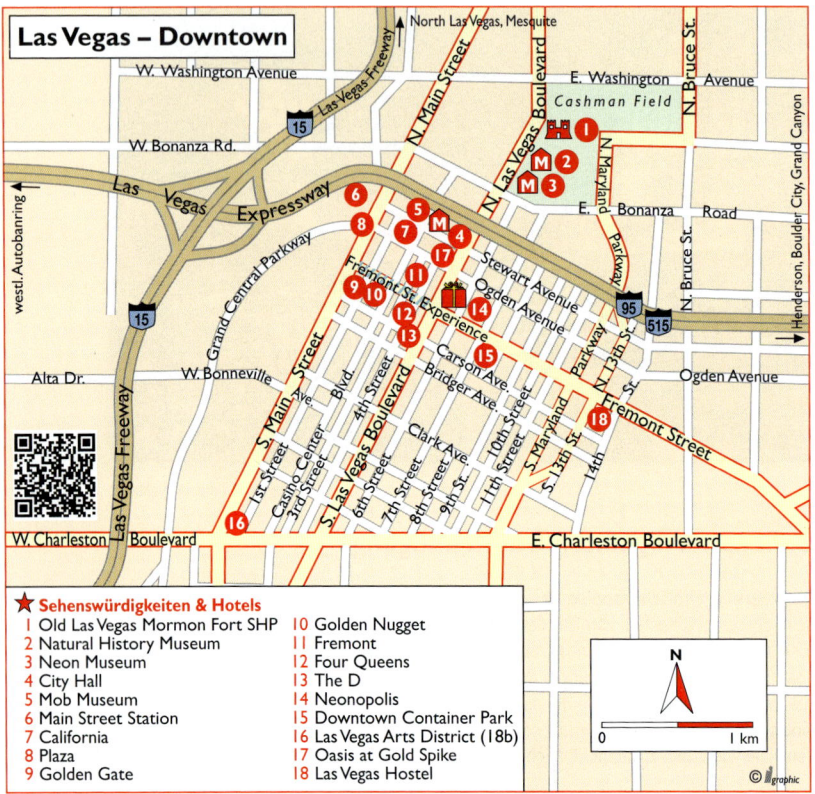

sowie eine sehr interessante Fotosammlung. Besichtigen kann man u. a. das Ranch House, immerhin das älteste Gebäude von ganz Nevada. Östlich hinter dem Fort breitet sich das **Cashman Field** mit Multifunktionshalle, Stadion und Park aus.
**Old Las Vegas Mormon Fort State Historic Park**, *500 E. Washington Ave., ① (702) 486-3511, http://parks.nv.gov/parks/old-las-vegas-mormon-fort; Di–Sa 8–16.30 Uhr, Eintritt US$ 3, bis 12 Jahre freier Eintritt.*

Das unmittelbar südlich gelegene **Natural History Museum (2)** ist nicht gerade eine Offenbarung, kann aber dank seiner gut gemachten lebensgroßen Tierfiguren (Dinosaurier, Löwen, Bären etc.) vor allem für Kinder eine Alternative zur Casino-Glitzerwelt sein. Neben der naturkundlichen Sammlung gibt es hier auch die Nachbildung der Gruft des Tutanchamun zu sehen, die sich bis 2008 im Luxor-Hotel befand.

*Ägyptische Abteilung*

**Las Vegas Natural History Museum**, *900 Las Vegas Blvd., ① (702) 384-3466, www.lvnhm.org; tgl. 9–16 Uhr, Erwachsene US$ 12, 3–11 Jahre US$ 6.*

*Lichtreklame* Noch weiter südlich – vom Naturkundemuseum durch einen der großen Parkplätze des Chapman Field getrennt – gibt es am Boulevard im **Neon Museum (3)** eine unbedingt

## Las Vegas und Umgebung

sehenswerte Sammlung von Reklametafeln, Neon-Fassadenschmuck und vielen Erinnerungsstücken an alte Casinos und Hotels. Als Besucherzentrum dient die elegant geschwungene Lobby des La Concha Motel. Das architektonische Schmuckstück wurde 2005 von seinem angestammten Platz 6 km weiter südlich für rund US$ 3 Mio. hierher versetzt. Als Landmarke ist auf dem Mittelstreifen gegenüber dem Museum ein riesiger Damenschuh zu sehen, der bis 1988 dem Casino Silver Slipper als Wahrzeichen diente.
**The Neon Museum,** *770 Las Vegas Blvd. N., ① (702) 387-6366, www.neonmuseum.org; i. d. R. tgl. 9–17 Uhr, US$ 20, 7–17 und über 65 Jahre US$ 15, Tour (ca. 1 Std.) US$ 28, 7–17 und über 65 Jahre US$ 24, Lichtshow US$ 23, 7–17 und über 65 Jahre US$ 15. Tourbuchung online erforderlich.*

Folgt man dem Las Vegas Blvd. nach Süden, empfängt einen unmittelbar hinter der Autobahn die ehemalige **City Hall (4)**. Der elfstöckige Turm stammt von 1973 und wirkt durch seine halbkreisförmige Gestalt sehr markant. Umgeben ist er von Anbauten aus dem Jahr 2003. Seit 2013 ist hier anstelle der Stadtverwaltung das Hauptquartier des Online-Versandhändlers Zappo untergebracht. Nebenan führt die interaktive Ausstellung im **Mob Museum (5)** unter dem Motto „All the Dirt. All in One Place" in die dunkleren Aspekte der Stadtgeschichte ein und beleuchtet die Rolle, die Gangster-Kartelle („Mob" ist eine gängige Bezeichnung für die Mafia) und ihre gewalttätigen Aktionen für das Werden und Gedeihen der Stadt spielten, ohne Bugsy Siegel und Konsorten zu verklären. Highlights sind die Speakeasy-Bar und die Schwarzbrennerei, die in die Ära der Prohibition entführen – inklusive entsprechender Getränke. Wo weiter westlich die Stewart Ave. in die Main St. mündet, erhebt sich der Turm der **Main Street Station (6)**, mit 450 Zimmern ein vergleichsweise kleines Hotel.
**The Mob Museum,** *300 Stewart Ave., ① (702) 229-2734, https://themobmuseum.org; tgl. 9–21, Bar und Brennerei bis 24 Uhr, ab US$ 27, 10–17 Jahre US$ 17.*

*„All the Dirt. All in One Place"*

Wenige Gehminuten weiter südlich mündet die Ogden Ave. in die Main St., auf der auch einige größere Casinos zu finden sind. Am bekanntesten ist hier das **California (7)** mit über 780 Zimmern, das mit seinem Angebot – dem Namen zum Trotz – vor allem auf den hawaiianischen Markt zielt. Wieder auf der Main St., gelangt man schnell zur **Greyhound Station** für den überregionalen Busverkehr. Unmittelbar davor sieht man das **Plaza (8)**, ein älteres 1.000-Zimmer-Hotel, das zu den preiswertesten der Stadt gehört. Es markiert den Beginn des spektakulärsten Straßenzuges der Downtown, der Fremont Street. Anfang der 1990er-Jahre galt die Downtown als große Verliererin im Kampf um die Gunst der Besucher, zu verstaubt war ihr Image, zu viele zwielichtige Gestalten trieben sich dort herum, zu „billig" war das Ambiente. Daher setzte man riesige Geldsummen ein, um die Straße zum Herzstück einer neuen, veredelten Downtown-Ausgabe um- und auszubauen. Über fünf Blocks wurde sie in futuristischer Weise überdacht und bietet nun allabendlich Licht- und Tonshows mit mehr als 2,1 Mio. Lichtquellen und dem angeblich größten Soundsystem der Welt. Der Eindruck dieser **Fremont Street Experience** mit ihren rotierenden Blitzkaskaden und laserunterstützten Lichtspielen ist wirklich einmalig – natürlich in erster Linie abends.

*Millionen von Lichtern*

Zu den Gründen, die nähere Bekanntschaft mit der Spielerstadt in der Downtown zu beginnen, zählt daneben eine Reihe charmanter, etwas älterer Casinos, aber auch die Tatsache, dass die Chancen hier besonders gut sind, nicht allzu viel Geld zu verlieren: Auf dem Strip sind die Mindesteinsätze z. T. fünfmal so hoch.

*Das Fremont Casino*

Wer noch kein Spielerprofi ist, sollte also zunächst in Downtown einschlägige Erfahrungen sammeln und sich dann zu den Spitzenhotels auf dem Strip vorarbeiten. Bummelt man vom Plaza aus über die Fremont St. ostwärts, geht man sofort zu Anfang rechter Hand am 1906 eröffneten **Golden Gate (9)** vorbei. Das älteste und mit nur 106 Zimmern kleinste Casino-Hotel der Stadt wurde 2005 aufwendig renoviert.

Das mit über 1.900 Zimmern größte Casino-Hotel der Downtown, das berühmte **Golden Nugget (10)**, ist ebenfalls ein Teil der Fremont Street Experience. Als es 1946 eröffnet wurde, galten seine Dimensionen für ein Hotel noch als absolut gigantisch. In zahlreichen Film- und TV-Produktionen diente es als Kulisse. Vieles im Innern nimmt Bezug auf den Goldrausch, u. a. ist hier ein ca. 27 kg schweres Goldnugget ausgestellt (das allerdings erst 1980 und zudem in Australien gefunden wurde). Zu den Alleinstellungsmerkmalen zählt ein Haifischbecken, durch das eine Röhrenrutsche aus Plexiglas verläuft – Nervenkitzel pur. Aus dem Jahr 1956 stammt das **Fremont (11)**, eine der bekanntesten Landmarken aus der „alten Zeit". Das 2007 renovierte Casino-Hotel (447 Zimmer) diente ebenfalls als Schauplatz unterschiedlichster Hollywood-Streifen. Etwas größer (690 Zimmer) und jünger (1966) nimmt gegenüber das **Four Queens (12)** den ganzen Block zwischen Fremont St. und Carson Ave. ein.

Das östliche Ende der Fremont Street Experience wird von dem 34-Etagen-Hotelcasino **The D (13)** markiert, dem größten Gebäude in Downtown Las Vegas. Unmittelbar davor erhebt sich an der Ecke Fremont St./Las Vegas Blvd. über einem riesigen Parkhaus der Komplex der **Neonopolis (14)**. Hier findet man eine US$ 100 Mio. teure Shopping Mall, die sich (wie der Name schon sagt) durch besonders viele Neonlichter auszeichnet. In dem Komplex gibt es neben einigen Läden und Restaurants u. a. eine Hochzeitskapelle, eine Axtwurf-Anlage, das Kunstmuseum Metropolitan Gallery und seit 2018 – pünktlich zur Legalisierung – das „immersive" Cannabismuseum Cannabition.

*Cannabismuseum*

Verlässt man die Fremont Street Experience in Richtung Osten, kommt man in einen Bereich von Downtown, wo es wieder deutlich ruhiger zugeht. Aber auch hier gibt es Interessantes zu entdecken. Am Eingang zum **Downtown Container Park (15)** begrüßt einen eine große Gottesanbeterin aus rostigem Stahl. Der rustikale Look deutet bereits darauf hin, dass der Bau der sympathischen kleinen Mall deutlich günstiger war

*Las Vegas und Umgebung*

als der von Neonopolis: Die hiesigen Restaurants und Cafés, Boutiquen und Kunstgalerien sind tatsächlich in rund 30 gestapelten und miteinander verbundenen Containern untergebracht. Zusätzlich gibt es einen Kinderspielplatz und eine Open-Air-Bühne.

**Downtown Container Park**, *707 Fremont St., ① (702) 359-9982, https://downtowncontainerpark.com; Läden tgl. 11–21, Gastronomie Mo–Do 11–23, Fr/Sa 11–1, So 10–23 Uhr.*

Im Südwesten der Downtown wurde 1998 ein Gebiet von 18 Blocks zum **Las Vegas Arts District (16)** (*www.18b.org*) erklärt. Seither ist das Areal weiter gewachsen, hier finden sich zahlreiche Galerien und Ateliers, aber auch Boutiquen und Second-Hand-Läden. Ein Abstecher lohnt sich v. a. am ersten Freitag im Monat, wenn beim First Friday Art Walk bei Streetfood und Musik Festivalstimmung herrscht. — *Festivalstimmung*

## Der Las Vegas Boulevard (The Strip)

Der Busservice **The Deuce on the Strip** ist die interessanteste Möglichkeit, von der Downtown in den Süden zu gelangen, hier lässt sich das profane Fortkommen mit dem Sightseeing verbinden. Schneller geht es allerdings mit dem Express-Bus **SDX** (s. S. 537). Die folgende Auflistung sehenswerter Casinohotels und anderer Attraktionen folgt dem Strip von Norden nach Süden und stellt nur eine Auswahl dar.

### Stratosphere Tower (1)

Der 1996 eingeweihte, 350 m hohe Vergnügungsturm ist nicht nur die unübersehbare Landmarke der Spielerstadt, sondern setzte auch **neue Maßstäbe** für das vergnügungssüchtige Publikum. Das Gesamtprojekt, dessen Baukosten mehr als US$ 500 Mio. betrugen, ist dabei nicht wegen des Casinos mit seinen 2.400 Slot Machines und 60 Spieltischen oder wegen des riesigen 2.444-Zimmer-Hotels Las Vegas World interessant. Bei der Einweihung gehörte vielmehr die ganze Aufmerksamkeit dem Turm selbst, der in letzter Minute so hoch gebaut wurde, dass er als höchster freistehender Aussichtsturm Amerikas selbst den Eiffelturm übertraf. In seiner nach oben verbreiterten Spitze

*Ein hohes Vergnügen: der Stratosphere Tower*

# 524 Route 4: Rundfahrt zu den südkalifornischen Highlights und nach Las Vegas

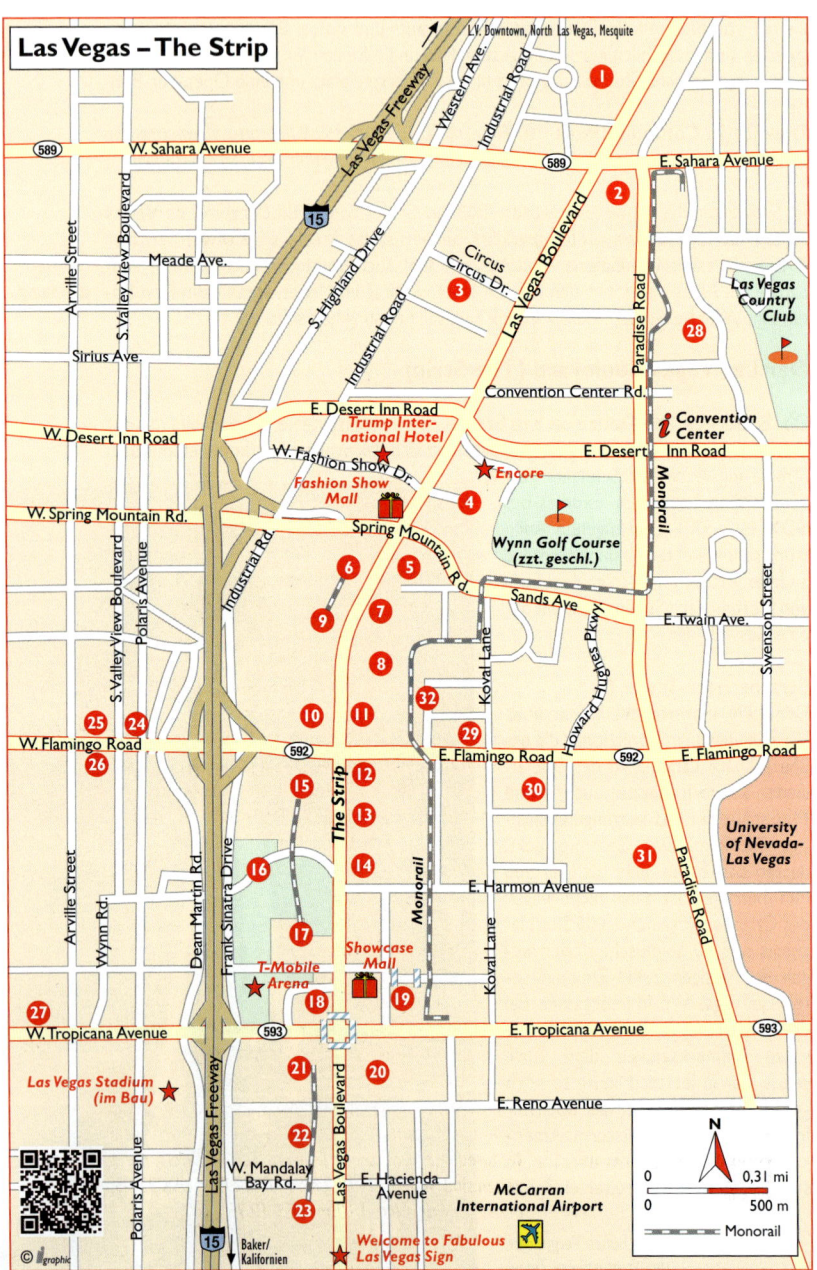

# Las Vegas und Umgebung

befinden sich in 250 m Höhe u. a. Hochzeitskapellen, Konferenzräume, Restaurant und Bar. Dort neigen sich die Fensterscheiben im 60°-Winkel nach außen und stellen alle vor eine harte Mutprobe, die sich der verglasten Front zu sehr nähern.

Das aber ist nichts im Vergleich zu dem, was einen auf der Aussichtsterrasse und über der obersten Plattform in 280 m Höhe erwartet. Zunächst ist da die 2003 installierte offene Gondel **„X-Scream"**, in der acht Personen förmlich über die Plattformkante geschleudert werden und zwischen Himmel und Erde zum Stehen kommen. Etwas gemächlicher bewegt man sich mit dem 2008 aufgebauten Karussell **„Insanity"** im Kreis herum, allerdings ebenfalls mit freiem Blick in die Tiefe. Und noch ein Stockwerk höher lässt man sich mit dem 16sitzigen **„Big Shot"** in drei Sekunden den äußersten Stahlmast hinauf katapultieren, bevor es – mit einem kurzen Moment der Schwerelosigkeit – 40 m im freien Fall wieder hinabgeht. Wem das alles nicht reicht, der stürzt sich beim **Sky Jump** an Seilen gesichert gleich selbst in die Tiefe.

*Extreme Fahrgeschäfte*

Schräg gegenüber steht das Casinohotel **SLS (2)**, nicht zuletzt deswegen eine wichtige Adresse, weil sich dahinter an der Paradise Rd. die nördliche Endstation der Hochbahn **Monorail** befindet. Ihre futuristisch gestalteten Wagen verkehren seit 2004 bis zur 6,3 km entfernten MGM Grand Station. Die Hochbahn kommt allerdings erst auf Höhe des Imperial Palace wieder dem Strip nahe, und führt auch dann hinter den Megaresorts entlang, sodass sie sich nicht zum Strip-Sightseeing eignet. Wohl aber ist sie die schnellste und bequemste Möglichkeit, zwischen den größten der weit entfernten Casinohotels zu pendeln.

★ **Sehenswürdigkeiten/Hotels**
1 Stratosphere Tower
2 SLS
3 Circus Circus
4 Wynn Las Vegas
5 The Venetian Resort / The Palazzo
6 Treasure Island
7 Harrah's
8 The LINQ
9 Mirage
10 Caesars Palace
11 Flamingo
12 Bally's
13 Paris
14 Planet Hollywood Resort
15 Bellagio
16 CityCenter
17 Park MGM
18 New York-New York
19 MGM Grand
20 Tropicana
21 Excalibur
22 Luxor
23 Mandalay Bay Hotel & Casino
24 Rio All-Suites
25 Gold Coast
26 Palms
27 The Orleans
28 Westgate Las Vegas Resort & Casino
29 Westin
30 Ellis Island Casino & Brewery
31 Hard Rock Hotel
32 High Roller

## Circus Circus (3)

Nicht weit vom Stratosphere Tower entfernt liegt das inzwischen schon altehrwürdige Hotelcasino Circus Circus, dessen Name alles über die hier zu erwartenden Sensationen aussagt. Immerhin handelt es sich dabei um den größten Zirkusbau der Welt, unter dessen Kuppel Trapezkünstler versuchen, trotz des Geklimpers der Slot Machines die Konzentration zu bewahren.

*Casino mit Artisten*

Zum Circus Circus gehört der **Adventuredome**, ein klimatisierter Indoor-Vergnügungspark für die ganze Familie. Neben einer Rollschuhanlage, Videospielen und einer Kletterlandschaft mit Bungeeturm gibt es unter der pinkfarbenen Kuppel zahlreiche Fahrgeschäfte, darunter eine Doppellooping-Achterbahn.

**Adventuredome**, *2880 Las Vegas Blvd., ① (702) 794-3939, https://circuscircus.mgmresorts.com/en/adventuredome.html; die Öffnungszeiten variieren, Kernzeiten sind Mo–Fr 11–18, Sa/So 10–12 Uhr, US$ 33,95, unter 44 Inches (ca. 1,10 m) US$ 19,95.*

## Wynn Las Vegas (4)

Mit Gesamtkosten von US$ 2,7 Mrd. ist das 2005 eingeweihte Wynn Las Vegas einer der teuersten Hotelbauten weltweit. Das Resort umfasst über 2.700 absolut luxuriöse Zimmer (mindestens 58 m²) und Suiten (bis 650 m²), 18 Bars und Gourmet-Restaurants, darunter das mit einem Michelin-Stern ausgezeichnete Wing Lei, rund 50 Nobel-Geschäfte sowie Gärten mit einem Wasserfall und einem künstlichen See. Die berühmte Revue „La Rêve" von Cirque-du-Soleil-Regisseur Franco Dragone ist seit Jahren ein Highlight unter den Las-Vegas-Shows. Das Hotel verfügte sogar – als einziges am Strip – über einen eigenen 18-Loch-Golfplatz. Dieser ist allerdings seit Dezember 2017 geschlossen und sollte eigentlich einer künstlichen Lagunenlandschaft weichen. Nachdem das Projekt aufgegeben wurde, soll er 2020 wieder eröffnen. Normalsterbliche dürften aber kaum in die Verlegenheit geraten, hier einzulochen, er wird wohl weiterhin prominenten Hotelgästen vorbehalten sein. Hier sollen schon Bill Clinton und George W. Bush, aber auch Mark Wahlberg ihren Abschlag verfeinert haben. Ergänzt wird das Angebot des Wynn durch das ebenso luxuriöse Schwesterhotel **Encore**.

*Venedig in Las Vegas*

## The Venetian Resort (5)

Jenseits der Sands Ave. setzt das Venetian Resort einen markanten städtebaulichen Akzent. Das aus den beiden Einzelhotels **The Venetian** (2000 eröffnet) und **The Palazzo** (2008 eröffnet) bestehende Resort galt mit 7.128 Zimmern zeitweilig als der größte Hotelkomplex der Welt. Wie bei den Hotels New York-New York und Paris ist das Thema dieser Luxusherberge eine Stadt mit ihren Wahrzeichen, nämlich – wie der Name subtil andeutet – Venedig. Ob Dogenpalast oder Rialtobrücke, ob Markusplatz oder Canal Grande – alles wurde hier in der Wüste Nevadas in kitschiger Perfektion nachgebildet.

## Treasure Island (6)

Schräg gegenüber zieht die **Fashion Show Mall** mit ihren Modegeschäften und Restaurants die Besucher an, dahinter sieht man den Trump Tower gülden in der Sonne glänzen. Das auf der anderen Straßenseite liegende Casinohotel Treasure Island ist bekannt für die fantastische Bühnenshow des Cirque du Soleil. Für Comic- und Kinofreunde gibt es hier seit 2016 die Marvel Avengers S.T.A.T.I.O.N. Die interaktive Superhelden-Ausstellung ist gut gemacht, der Preis aber recht happig.

*Cirque du Soleil*

Im Casinohotel **Harrah's (7)** ein Stück den Boulevard hinunter ist der Karneval das dominierende Thema. Das **The LINQ (8)** direkt daneben kombiniert ein Hotel mit einem „Party-Casino" und einer Open-Air-Vergnügungsmeile. Auf dem Gelände zieht schon von Weitem ein mächtiges Bauwerk die Blicke auf sich: Der am 1. April 2014 eröffnete **High Roller (33)** ist mit seinen 167 Metern Höhe das größte Riesenrad der Welt (*11.30–18 Uhr US$ 22, 7–17 Jahre US$ 9, nach 18 Uhr US$ 32/19, www.caesars.com/linq/high-roller*). Nett zum Flanieren ist auch die **LINQ Promenade** mit ihren vielen Bars und Restaurants zu Füßen des High Roller.

## Mirage (9)
Das 1989 als erstes wahres **Mega-Resort** in Las Vegas eröffnete Mirage lockt nach Einbruch der Dunkelheit jede Stunde mit der Eruption eines 16 m hohen künstlichen Vulkans, die regelmäßig Tausende von Zuschauern anzieht. Daneben steht man staunend vor einem Wasserfall von solchen Dimensionen, dass er auch als Attraktion zu gelten hätte, wenn er natürlichen Ursprungs wäre. Im Mirage traten in einem eigens gebauten Theater 13 Jahre lang Siegfried und Roy auf. Die Show um die Zauberkünstler und ihre weißen Tiger gilt bis heute als teuerste Bühnenproduktion der Welt – und als erfolgreichste. Drei Jahre nach Siegfried und Roys Karriereende 2003 feierte die Cirque-du-Soleil-Produktion „Love" mit Beatles-Musik hier ihre Premiere. Die Tiere der Magier, neben Tigern auch Delfine, sind heute in **Siegfried & Roy's Secret Garden and Dolphin Habitat** untergebracht. Die Anlage geriet kurz nach ihrer Eröffnung in die Kritik von Tierschützern, trägt aber das Tierwohl-Siegel von American Humane.

*Allabendlicher Vulkanausbruch*

## Caesars Palace (10)
Ein Stück weiter die Straße runter kündigen Säulen mit vergoldeten Statuen, Springbrunnen und Arkadengänge eines der bekanntesten Hotelcasinos der Welt an: das Caesars Palace. Und diese amerikanisch-verkitschte Version des alten Rom muss man gesehen haben, um sie zu glauben! Der erste „Palast" wurde bereits 1966 eröffnet, 2005 kam der 100 m hohe Hotelturm „Augustus Tower" hinzu, inzwischen hat sich die Gesamtzahl der Zimmer und Suiten auf 3.980 erhöht. Dem staunenden Touristen wird eine antike Kulissenarchitektur geboten, in der man die Pracht des alten Rom wieder aufleben lassen möchte – ob das gelungen ist, kann man auf einem Bummel über das *Forum* oder den *Appian Way* selbst entscheiden. Auch die vornehme Einkaufspassage der *Forum Shops* mit ihrer perfekt-illusionistischen Deckenmalerei ist unbedingt einen Besuch wert. Im 4.000-Plätze-Theater **Colosseum** kann man fast allabendlich Weltstars der Popmusik erleben. Die Liste der „Residents", die regelmäßig hier auftraten oder noch auftreten, umfasst u. a. Elton John, Rod Stewart, Cher und Mariah Carey. Den Rekord hält Céline Dion mit annähernd 1.200 Konzerten in 16 Jahren.

Auf der anderen Straßenseite sieht man das Casinohotel **Flamingo (11)**, das heute rund 3.600 Zimmer und Suiten aufweist. Es wurde bereits 1946 eröffnet und ist damit das älteste noch bestehende Casinohotel auf dem Strip. Wegen seiner von rosafarbenen Neonlichtern erleuchteten Fassade wird es auch „The Pink Hotel" genannt. Im Innern erwartet Besucher ein karibischer Landschaftsgarten mit vielen Tieren, vor allem sind natürlich Flamingos reich vertreten. Auch das Gebäude des vom Flamingo durch die Flamingo Rd. getrennten Nachbarhotels **Bally's (12)** ist schon etwas älter. Es wurde 1973 unter dem Namen „Bonanza" eröffnet und war damals das größte Hotel der Welt. Mit über 2.800 Zimmern liegt es heute im Mittelfeld der Großhotels, das Gleiche gilt auch für die Ausstattung der Zimmer, des Spielbetriebes und der darunter liegenden Shopping Mall.

*Pink Hotel*

## Paris (13)

Mit dem Bally's durch eine unterirdische Passage verbunden ist dieser Komplex, der auf dem benachbarten Grundstück 1998–99 für US$ 785 Mio. entstand. Nicht der 34-stöckige Hotelturm mit seinen mit 2.916 Zimmern oder die Monorail-Station sind hier der Clou, sondern die nachgestellten Pariser Bauten und Ansichten wie z. B. Triumphbogen, Louvre, Rathaus und Pariser Oper. Und natürlich darf auch der Eiffelturm nicht fehlen – zwar nur halb so hoch wie das Original, doch auch er bietet eine atemberaubende Aussicht. Im Innern will ein Teil des Casinos den Versailler Spiegelsaal kopieren. Der Nachbar im Süden ist das **Planet Hollywood Resort (14)**, das bis zum Komplettumbau im Jahre 2007 als „Aladdin" firmierte. In dem Resort haben sich Elvis und Priscilla Presley 1967 in einer achtminütigen Zeremonie trauen lassen. Wer es dem King nachtun möchte, hat in der Wedding Chapel die Gelegenheit. Außer dem obligatorischen Spielbetrieb bietet das Hotel ein großzügiges Spa, eine Einkaufspassage und mehrere Restaurants, die Einrichtung im Boutique-Stil richtet sich an ein eher jüngeres Publikum.

*Paris en miniature*

## Bellagio (15)

Dem Paris gegenüber liegt am Strip das Resort Bellagio, das wegen der **Eleganz** der 3.950 Zimmer und Suiten zur Spitze der Las-Vegas-Hotellerie zählt. Man sollte sich auf jeden Fall die luxuriöse Empfangshalle anschauen. Unter den 14 Restaurants sind einige wahre Gourmet-Tempel, die fünf großen Pools mit Wasserrutschbahn laden zum Badespaß ein, und die weiteren Außenanlagen im klassischen Stil sind der Landschaft am Comer See nachempfunden. Das Hotel verfügt über einen eigenen botanischen Garten und eine Kunstgalerie mit Wechselausstellungen. Die meisten Besucher lassen sich die tanzenden Fontänen der 300 m langen Wasserorgel nicht entgehen (*Mo–Fr ab 15, Sa ab 12, So ab 11 Uhr*). Eine eigene Hochbahn verbindet das Bellagio mit dem Park MGM.

## CityCenter (16)

Südlich des Bellagio und bis hinunter zum Park MGM erhebt sich auf über 300.000 m² ein **riesiger Komplex** namens CityCenter, der wirklich als hypermoderne Stadt in der Stadt gelten muss. Mit Baukosten von rund US$ 8,5 Mrd. ist dies das teuerste privat finanzierte Bauprojekt der USA. Die Architektur ist nicht nur ambitioniert – u. a. sind Helmut Jahn, Cesar Pelli und Daniel Libeskind an den Entwürfen beteiligt –, sondern auch ökologisch auf höchstem Niveau. Hier wurde in den USA zum ersten Mal die Idee des „Grünen Bauens" in solch riesigen Dimensionen in die Tat umgesetzt: Energie-Einsparung durch intelligente Beleuchtung, Energiegewinnung und effektive Wasserwiederaufbereitung gehören zu den Innovationen dieses Mega-Projekts. Zum CityCenter gehören u. a. ein 4.000-Zimmer-Hotelcasino mit einem 61 Stockwerke hohen Turm, ein 400-Zimmer-Luxushotel, knapp 3.000 luxuriöse Eigentumswohnungen und ein riesiger Unterhaltungsbereich.

*Ambitionierte Architektur*

Das **Park MGM (17)** südlich davon wurde 1996 unter dem Namen Monte Carlo eröffnet. Nach einer umfassenden Renovierung firmiert das Resort mit insgesamt 2.992 Zimmern seit 2018 unter dem neuen Namen. In den oberen Etagen ist das Boutique-Hotel NoMad untergebracht. Für den Neustart wurden als Concert Residents im angeschlossenen **Park Theater** (5.200 Sitze) u. a. Lady Gaga und Janet Jackson verpflichtet. Gegenüber liegen das Restaurant-Areal **The Park** und die **T-Mobile Arena**. Das **New York-New York (18)** nebenan wirkt wie eine Stadt in der Stadt. Die zwölf New Yorker Wolkenkratzer, die man hier nachgebildet hat, sind zwar nicht so hoch wie die Originale, doch erreicht das hiesige Empire State Building immerhin auch noch 160 Meter! Natürlich darf auch die Freiheitsstatue nicht fehlen, und sogar die Brooklyn Bridge ist in verkleinertem Maßstab zu sehen. Und um die gesamte Anlage kann man mit einer 100-Stundenkilometer-Achterbahn rasen …

### MGM Grand (19)

Das auf der anderen Seite des Strip liegende Hotel MGM Grand ist mit 6.852 Zimmern derzeit noch das drittgrößte der Welt – ein smaragdgrüner Riesenpalast, benannt nach dem Hollywood-Studio mit dem brüllenden Löwen, Metro-Goldwyn-Mayer. Bei einem Komplex dieser Dimension sind alle Einrichtungen gigantisch, wenn auch weder die Poolanlage noch andere Attraktionen zu den unbedingten Highlights in Las Vegas gehören. Dafür lockt das Resort mit der außergewöhnlichen Qualität seines Gastronomie- und Show-Angebotes. So werden die zwölf Restaurants von z. T. weltweit bekannten Spitzenköchen geleitet (u. a. Joël Robuchon, Michael Mina oder Masaharu Morimoto), auf den Bühnen kann man sich z. B. die Show Kà vom Cirque du Soleil anschauen oder auch Künstler wie David Copperfield. Der Vergnügungspark hinter dem Hotel

*„Are you lonesome tonight?":
Elvis-Imitator im MGM Grand*

wurde abgerissen und machte drei Hochhäusern Platz, die als **The Signature at MGM** dem MGM Grand Hotel angeschlossen sind. Einkaufsbummler sollten nebenan **The Showcase Mall** nicht verpassen, ein Einkaufs- und Vergnügungscenter, hinter dem u. a. Coca-Cola als Geldgeber steckt. Allein die gigantische gläserne Coca-Cola-Flasche und der hohe Schriftzug des Unternehmens sind den Besuch wert. Neben Coca-Cola betreibt auch M&Ms hier einen vierstöckigen „Flagship Store".

Südlich des MGM Grand, jenseits der Tropicana Ave., präsentiert sich das ebenfalls riesige Hotelcasino **Tropicana (20)** im Südsee-Design. Südöstlich davon erstreckt sich auf dieser Seite des Strip bereits der MacCarran International Airport.

### Excalibur (21)

Auf der anderen Straßenseite will ein **kunterbuntes Ensemble** von Türmen, Mauern und Schlossräumen Touristen ins europäische Mittelalter versetzen – so, wie man es sich in Nevada wohl vorstellt. Einen guten Blick auf das Ensemble erhalten Fotografen übrigens von der Fußgängerbrücke über den Strip. Außer dieser Kulissenarchitektur besteht das 1990 für rund 300 Mio. Dollar errichtete Resort im Wesentlichen aus vier Hoteltürmen, die jeweils 28 Stockwerke hoch sind. Das Innere wurde vor einigen Jahren umfassend modernisiert und orientiert sich nur noch geringfügig am Mittelalter-Thema, doch am Abend gibt es weiterhin die **Dinnershow** „Tournament of Kings" mit zünftigem Rittermahl. Eine gänzlich andere, aber ebenfalls ungewöhnliche Dinner-Erfahrung

*Europäisches Mittelalter*

erlebt man in Dick's Last Resort, wo Burger und Publikumsbeschimpfungen auf dem Programm stehen.

### Luxor (22)

Einen Zeitsprung vom Mittelalter zur ägyptischen Antike vollzieht man im benachbarten Luxor, vielleicht das **auffälligste Gebäude** im Westen der USA. Es steht einerseits in der Nähe des Flughafens und andererseits ganz im Zeichen des alten Ägyptens. Hinter einem Obelisken und einer Sphinx ragt eine 106 m hohe, schwarz glänzende Riesenpyramide auf, die 1992–93 in nur 20 Monaten in die Wüste gesetzt wurde und ca. 2.500 Zimmer beherbergt. Allein im 100 m hohen Atrium dieses Wunderwerks hätten 9 Jumbo-Jets Platz. Wenn man nicht hier wohnt, sollte man einmal mit den schräg verlaufenden Aufzügen bis in den 30. Stock fahren. Mit seinen Erweiterungsbauten hat das Resort nunmehr 4.407 Zimmer.

*Riesenpyramide*

Bei einer aufwendigen Umgestaltung wurden 2007–09 viele Elemente der Innen- und Außenarchitektur entfernt, die an Ägypten erinnern. Im Zuge dessen wurde auch die Nachbildung der Gruft des Tutanchamun ins Natural History Museum in Downtown verlegt (s. S. 520). „Mumien" sind hier aber weiterhin zu sehen, nämlich in der Ausstellung **Bodies: The Exhibition**, die an Gunther von Hagens' „Körperwelten" erinnert und wie diese plastinierte Körper ausstellt. Bei **Titanic: The Artifact Exhibition** gibt es hingegen Gegenstände zu bestaunen, die vom Wrack der Titanic geborgen wurden. Des Weiteren beinhaltet die Ausstellung ein Stück der Außenhülle sowie einen Nachbau des mondänen Treppenaufgangs.

### Mandalay Bay Hotel & Casino (23)

Dieses 1999 am südlichen Ende des Strip eröffnete Hotel besteht aus zwei goldfarben verglasten und hoch aufragenden Türmen, deren nördlicher 45 Etagen besitzt und erst in einer 2004 abgeschlossenen Erweiterung hinzukam. Er firmiert unter der Bezeich-

*Altägyptische Begegnung auf dem Strip*

nung **Delano Las Vegas** und stellt eine eigene Unternehmenssparte dar, die sich ganz dem Luxus verpflichtet weiß. Dementsprechend durchgestylt sind die 1.117 Suiten. Noch exklusiver geht es im älteren, östlichen Turm zu, der 40 Stockwerke hoch ist. Denn hier hat sich in fünf der oberen Etagen die separat bewirtschaftete Nobelherberge **Four Seasons** einquartiert. Neben allem Luxus ist der Name des Mandalay aber auch mit einem der tragischsten Ereignisse in der jüngeren Geschichte der USA verknüpft: Aus einem Zimmer im 32. Stock eröffnete am 1. Okt. 2017 ein schwer bewaffneter Amokläufer das Feuer auf die Besucher eines Country-Festivals. Er tötete 58 Menschen und verletzte weitere 851, bevor er sich selbst erschoss.

*1.117 Suiten*

Zwischen Mandalay, Luxor und Excalibur verkehrt die Hochbahn Mandalay Bay Tram. Gut 500 m südlich steht auf dem Mittelstreifen das **Welcome to Fabulous Las Vegas Sign**, hier ist der Endpunkt bzw. eigentlich der Anfang des Strip erreicht.

### Attraktionen abseits des Strip *(→ Karte S. 524)*

Wirkliche Sehenswürdigkeiten abseits der Downtown oder des Strip sind äußerst rar gesät, am eindrucksvollsten sind auch hier riesige Casinohotels, deren Standortnachteil zu einem Preisvorteil für alle wird, die dort spielen, essen oder übernachten möchten.

**Westlich des Strip** und jenseits der I-15 sind hier an erster Stelle zu nennen:
- **Rio All-Suites (24)**, ein 1990 eröffneter Hotel-Casino-Komplex, dessen 2.550 Wohneinheiten ausschließlich Suiten mit mindestens 55 m² sind. Das Thema des Hotels ist der Karneval von Rio de Janeiro. Hier finden alljährlich die World Series of Poker statt, die als Poker-Weltmeisterschaften gelten.
- **Gold Coast (25)**, eine 700-Zimmer-Anlage mit großem Spielbetrieb und einer der größten Bowlinghallen im amerikanischen Westen.
- **Palms (26)**, 2018 umfassend renoviertes Casinohotel aus drei Türmen, die neben einem großen Poolbereich die weltweit einzige Suite mit eigenem Basketballfeld beherbergen.
- **The Orleans (27)**, eine 1.886-Zimmer-Herberge mit Thema New Orleans; mit dem Schwesterhotel Gold Coast und The Linq durch einen kostenlosen Shuttleservice verbunden.

*Noch mehr Casinos*

**Östlich des Strip**, zwischen Sahara-Hotel und dem Flughafen gelegen, verdienen eine Erwähnung:
- **Westgate Las Vegas Resort & Casino (28)**, das frühere Las Vegas Hilton, wurde 1969 eröffnet und zuletzt 2008 aufwendig renoviert. Das 3.261-Zimmer-Hotel ist ein überlebender Dinosaurier der Las-Vegas-Hotellerie, auf dessen Bühnen u. a. Barbra Streisand, Elvis Presley und Barry Manilow sehr lange Engagements hatten.
- **The Westin (29)**, 1977 als Maxim eröffnet und 2003 renoviert und erweitert, hat das Hotel heute 825 Zimmer. Hauptattraktion ist der Spa-Bereich.
- **Ellis Island Casino & Brewery (30)**, günstiges Casinohotel mit hauseigener Brauerei.
- **Tuscany Suites & Casino (31)**, ein richtiges kleines Dorf im mediterranen Stil, inmitten eines 11 ha großen Parks.
- **Hard Rock Hotel (32)**. Das Hotel mit Casino soll die quirligsten Parties und den heißesten Pool der Stadt zu bieten haben. Die Veranstaltungshalle „The Joint" fasst

*Streisand, Presley und Manilow*

4.000 Besucher und hat schon Größen wie Kiss, Guns N' Roses oder Morrissey gesehen. Auch das Hotel selbst hat seinen Platz in der Rockgeschichte: Hier starb The-Who-Bassist John Entwistle.

*Ausflug in die Umgebung*

In weiterer Entfernung sind von Las Vegas aus sowohl in westlicher als auch in östlicher Richtung interessante und landschaftlich sehr reizvolle Ausflüge möglich. Da gibt es 16 Meilen westlich der Stadt z. B. den **Red Rock Canyon** mit dem **Spring Mountain Ranch State Park**, dessen pittoreske Farm einmal Howard Hughes und später der Deutschen Vera Krupp gehörte. Und knapp 50 km im Nordwesten erhebt sich der 3.633 m hohe **Mt. Charleston** über die Wüste und bietet im Winter Gelegenheiten zum Skifahren, im Sommer beste Wander- und Reitbedingungen. Noch bekannter sind die Sehenswürdigkeiten östlich der Stadt, wo man eine Rundfahrt zum technischen Wunderwerk des Hoover Dam, zu Relikten der indianischen Vergangenheit, zu leuchtenden Sandsteinformationen und zum Blau des Lake Mead unternehmen kann (s. S. 538).

## Reisepraktische Informationen Las Vegas

**Vorwahl**: *702*

### Information

**In Deutschland** *verfügt das Fremdenverkehrsamt von Las Vegas (LVCVA) über eine Repräsentanz: c/o Aviareps Tourismus GmbH, Josephspitalstraße 15, 80331 München, ☏ (089) 552533416, www.visitlasvegas.com/de.*
**In Nevada** *gibt es Fremdenverkehrsämter mit Informationen zu Las Vegas (Hotel-/Motelbuchungen, Ausflüge, Stadtpläne etc.) entlang der Freeways an der Staatsgrenze und an den großen Ausfallstraßen der Stadt sowie am Flughafen. In Las Vegas wendet man sich an das* **Las Vegas Convention & Visitors Authority Welcome Center**: *Convention Center, 3150 S. Paradise Rd., ☏ 892-7575 oder (877) 847-4858, www.lvcva.com und www.visitlasvegas.com; Mo–Fr 8–17.30 Uhr.*
*Über* **Shows und aktuelle Veranstaltungen** *informieren diverse Zeitungen, Zeitschriften und Magazine, die selbstverständlich auch im Internet präsent sind. Zu den wichtigsten zählen das „Las Vegas Magazine" (https://lasvegasmagazine.com), „Las Vegas Weekly" (https://lasvegasweekly.com) sowie die Tageszeitungen „Las Vegas Sun" (https://lasvegassun.com) und „Las Vegas Review" (www.reviewjournal.com). Es gibt auch Gratis-Werbeblättchen mit Coupons, beispielsweise „Where – Las Vegas".*

### Ausflüge und Sightseeing-Touren

*Der günstigen Hotelpreise und des nächtlichen Amüsements wegen bevorzugen viele Las Vegas als Standort, von dem aus man die Attraktionen der näheren und weiteren Umgebung erkundet. Etliche Firmen haben sich darauf eingestellt und bieten Flug-, Bus-, Schiffs-, Heißluftballon- und andere Reisen an. Am meisten lohnen ein Ausflug zum Hoover-Staudamm oder ein Flug zum Grand Canyon.*
**Lip Smacking Foodie Tours**, *☏ (888) 681-4388, https://vegasfoodietour.com; auf den Touren dieses sehr beliebten Anbieters kann man die kulinarischen Genüsse der Stadt kennenlernen.*
**Nomad Walking Tours**, *☏ 373-2275, www.nomadwalkingtours.com; auf den gut zweistündigen kostenlosen Spaziergängen lernt man so einiges über den Strip und seine Geschichte.*

*Las Vegas und Umgebung*

**Gray Line Las Vegas**, 7370 Dean Martin Dr., ⓘ 739-7777, www.graylinelasvegas.com; zahlreiche Bustouren in und um Las Vegas herum, u. a. zum Lake Mead und nach Laughlin.
**Grand Canyon Scenic Airlines**, 1265 Airport Rd., Boulder City, ⓘ 638-3300, (800) 634-6801, www.scenic.com; Panorama-Rundflüge zum Grand Canyon und zum Antelope Canyon, Audiokommentare auch in deutscher Sprache. Abflug von Boulder City, Shuttle-Service zu den Hotels am Strip.
**Balloon Las Vegas**, 4790 S. Fort Apache Rd., ⓘ 248-7609, www.hotairballoonlv.com; kleiner, aber sehr kompetenter Anbieter der beliebten Ballonfahrten über Las Vegas.

### Hotels

Las Vegas ist berühmt für seine riesigen, glitzernden und sensationellen Hotels, die gleichzeitig auch die größten Casinos und Show-Theater beherbergen. Tatsächlich bilden die Hotels die eigentlichen Sehenswürdigkeiten der Stadt, wobei i. d. R. die am Strip moderner, besser und teurer sind als die in Downtown. Zzt. stehen rund **150.000 Hotel-/Motelzimmer** zur Verfügung, doch kommen jährlich mehrere Hundert hinzu. Die Übernachtungspreise variieren stark je nach Wochentag und Saison. Ein Doppelzimmer der gehobenen Kategorie kann US$ 60 kosten, von Fr–So US$ 100, während der Weihnachtstage US$ 200. Hinzu kommen oftmals noch sogenannte „Resort Fees", die vor einigen Jahren eingeführt worden sind, da der reine Umsatz des Spielbetriebs die günstigen Hotelpreise nicht mehr gegenzufinanzieren vermag. Auch das kostenlose Parken haben die meisten Resorts mittlerweile abgeschafft, die Preise in den Parkhäusern liegen bei ca. US$ 10–12/Tag.

Wer eine wirklich **günstige Unterkunft** sucht, also unter US$ 50, der muss Abstriche machen. Die Hostels und Motels in Downtown am Las Vegas Blvd. und an der Fremont St. sind im wahrsten Sinne des Wortes „basic", dafür gibt es aber ein Zimmer um US$ 30–40. Auch wenn die Gegend, besonders die Fremont St., einen schäbigen, in der Dunkelheit gefährlichen Eindruck macht, so gilt sie doch als sicher – dank massiver Polizeipräsenz. Wer ein Fahrzeug dabei hat, sollte sicherstellen, dass es nachts hinter einem Zaun steht oder bewacht wird.

### Hinweis

Die **großen Hotelkomplexe** von Las Vegas muss man gesehen haben, auch wenn man nicht dort übernachtet. Deshalb sind sie in den Karten S. 520 und 524 als Sehenswürdigkeiten eingezeichnet. Folgend kann nur eine Auswahl genannt werden, weitere Hotelcasinos sind in den Rundgängen beschrieben.

**DOWNTOWN** (→ *Karte S. 520*)
**Las Vegas Hostel $–$$ (18)**, 1322 Fremont St., ⓘ 385-1150, http://lasvegashostel.net; hat seine besten Jahre hinter sich, aber einen Pool im Innenhof und freundliches Personal. Ganz im Stil einer Jugendherberge besteht das Gratis-Frühstück aus Pfannkuchenteig, den man sich selbst in der Pfanne zubereitet.
**Oasis at Gold Spike $–$$ (17)**, 217 Las Vegas Blvd., ⓘ 768-9823, http://oasisatgold spike.com; spielt in einer ähnlichen Klasse wie das Las Vegas Hostel und ist – renoviert – doch noch ein wenig „frischer" und angenehmer.
**Tipp: Ellis Island Casino & Brewery $–$$ (30)**, 4178 Koval Ln., ⓘ 733-8901, 794-0888, www.ellisislandcasino.com; günstiges und nettes Hotel mit Casino, Restaurants und eigener Brauerei. Abseits, aber noch in Fußentfernung zum Strip. Es gibt 289 Hotelzimmer und 12 Suiten, in denen man es gut aushalten kann. Vor allem hat man es nicht weit, wenn man einige der hauseigenen Biere probiert hat.

*Pool mit Blick aufs Aquarium im Golden Nugget*

**Golden Gate $$–$$$ (9)**, 1 Fremont St., ① 385-1906, (800) 426-1906, www.goldengatecasino.com; das Hotel mir nur 106 Zimmern ist das älteste noch erhaltene Hotel der Stadt. Die zwischenzeitlich doch recht muffig gewordenen Erinnerungen an frühere Jahre wurden kräftig durchgelüftet, als das Hotel 2012 renoviert wurde – zum ersten Mal in 50 Jahren. Das Casino versucht mit seinen weiblichen „Dancing Dealers" zu punkten.

**Golden Nugget $$$ (10)**, 129 E. Fremont St., ① 385-7111, (844) 468-4438, www.goldennugget.com; berühmtes und nicht unsympathisches Mittelklasse-Hotel der „alten Garde" im Herzen der Downtown, 2.419 geräumige Zimmer, Unterhaltungsprogramm, Riesen-Casino, Pool mit Plexiglasrutsche und Haifischbecken, Fitnesscenter.

## THE STRIP (→ Karte S. 524)

**Tropicana $$–$$$ (20)**, 3801 Las Vegas Blvd./Tropicana Ave., ① (888) 381-8767, www.troplv.com; sehr gutes Hotel mit einer der weltweit größten Innen- und Außenpoolanlage, umgeben von Wasserfällen und Grotten, Flughafennähe, 1.467 großzügige Zimmer mit allen Annehmlichkeiten, Riesen-Casino. 2010 für 165 Mio. US$ renoviert.

**MGM Grand $$–$$$$ (19)**, 3799 Las Vegas Blvd./Tropicana Ave., ① (877) 880-0880, www.mgmgrand.com; mit seinen 6.852 First-Class-Zimmern ist der 1993 eröffnete und 2008 erweiterte smaragdgrüne Riesenpalast derzeit das drittgrößte Hotel der Welt (bei seiner Eröffnung 1993 war er die Nr. 1), 13 Restaurants und Bars, Casino, große Poolanlage, Showangebot.

**Luxor $$–$$$$ (22)**, 3900 Las Vegas Blvd., ① 262-4000, (877) 386-4658, www.luxor.com; das vielleicht verrückteste Hotel des Westens steht ganz im Zeichen des alten Ägypten. Hinter Obelisk und Sphinx (größer als in Gizeh) ragt eine schwarzglänzende Riesenpyramide auf, die man 1992–93 als surreales Architekturerlebnis in die Wüste gesetzt hat. Auch der Pool, die Widder-Allee, das riesige Atrium mit einer Mini-Stadt und das Casino sind im altägyptischen Stil gehalten; 4.407 komfortable Zimmer und Suiten, in der Pyramide und in zwei 30-stöckigen Nebengebäuden.

**Treasure Island $$$ (6)**, 3300 Las Vegas Blvd., ① 894-7111, (800) 944-7444, www.treasureisland.com; im Oktober 1993 eröffnetes Hotel in unmittelbarer Nachbarschaft zum Mirage, knapp 3.000 Zimmer, etliche Restaurants, Bars, Casino, Geschäftsarkade und das wohl opulenteste Frühstücksbuffet des Westens.

**Mirage $$$–$$$$ (9)**, 3400 Las Vegas Blvd., ① 791-7111, (800) 374-9000, www.mirage.com; 31-stöckiger Komplex mit 3.044 Zimmern, zusätzlich sechs Bungalows mit privatem Swimmingpool, gigantische Eingangsfront mit Lagune, Wasserfall und Vulkan, Casino mit polynesischem Touch, vor der Rezeption ein riesiges Aquarium mit Haien und anderen Großfischen, Swimmingpool-Wasserlandschaft, mehrere internationale Restaurants, Anlagen mit Delfinen und weißen Tigern u. v. m.

**Hard Rock Hotel $$$–$$$$ (31)**, 4455 Paradise Rd., ① 693-5000, (800) 473-7625, www.hardrockhotel.com; noch in Gehweite zum Strip, aber etwas abseits gelegenes und mit 1.503 Zimmern fast schon eines der kleineren Hotels der Stadt, für alle Liebhaber der Hard Rock Cafés jedoch ein unbedingtes Muss, viele Memorabilia an Rock-Stars, entsprechend eingerichtetes Ambiente, gutes japanisches Restaurant und 24-Stunden-Café, Pool-Anlage, Casino, Theater mit 1.200 Plätzen, in dem auch bekannte Rockgruppen in Club-Atmosphäre auftreten, sowie eine Konzerthalle für 4.000 Menschen.

**Bellagio $$$–$$$$$ (15)**, 3600 Las Vegas Blvd. S., ① 693-7111, (888) 987-6667, www.bellagio.com; das 1998 eröffnete Haus zählt zur Spitze der Las-Vegas-Hotellerie. Alle 3.933 Zimmer und Suiten sind äußerst luxuriös ausgestattet, die Empfangshalle ist ein Traum von Eleganz, unter den 14 Restaurants sind einige wahre Gourmet-Tempel, und die Außenanlagen sind der Landschaft am Comer See nachempfunden (großer See mit Fontänen, Gärten im klassischen Stil). 5 große Pools und eine Kunstgalerie sind weitere Highlights.

**The Venetian Resort Hotel $$$–$$$$$ (5)**, 3355 Las Vegas Blvd. S., ① 414-1000, (866) 659-9643, www.venetian.com; zusammen mit dem 2008 eröffneten Schwesterhotel **The Palazzo**, zwischen dem Venetian und dem Wynn gelegen, hat der Komplex nun 7.128 Zimmer und Suiten, damit stellt es eines der größten Hotels der Welt dar. Die Ausstattung ist vom Feinsten, und angesichts von mehr als 40 verschiedenen Restaurants, über 160 Boutiquen sowie vier Außenpools braucht man dieses Urlaubsdomizil eigentlich kaum zu verlassen.

**Caesars Palace $$$–$$$$$ (10)**, 3570 Las Vegas Blvd., ① (866) 227-5938, www.caesarspalace.com; weltberühmtes Luxus-Hotel im Glanz des alten Rom mit mehreren Abteilungen, Tempelfassade mit Springbrunnen und Fußgänger-Rollbandsystem, als Kleopatra, Vestalinnen oder Gladiatoren kostümierten Angestellten; Indoor- und Outdoor-Arenen für große Sport- oder Musikveranstaltungen, Spa, 7 Swimmingpools, Thermen, Shopping Mall mit Boutiquen aller bekannten Edel-Marken, Restaurants aller Preisklassen, die 3.976 Zimmer befinden sich zurückgesetzt in vier 22-stöckigen Blocks, dem 2005 eröffneten Augustus Tower sowie dem Octavian Tower von 2012.

### Camping

**Circus Circus RV Park**, 2880 Las Vegas Blvd. S., ①: (800) 634-3450, www.circuscircus.com; im Wesentlichen ein großer RV-Parkplatz mit sanitären Anlagen in unmittelbarer Nähe zum Circus Circus und damit quasi direkt am Strip.

**Las Vegas KOA at Sam's Town Journey**, 5225 Boulder Hwy., ① 454-8055, (800) 562-7270, https://koa.com/campgrounds/las-vegas; vom Campingplatz verkehrt ein Shuttlebus gratis zum Strip und nach Downtown.

**Oasis RV Resort**, 2711 Windmill Lane, ① (800) 566-4707, www.oasislasvegasrvresort.com; unmittelbar südlich des Strip, nahe der I-15 und I-215.

## 🍴 Restaurants

Die Zeiten, in denen die Casinohotels versuchten, mit Buffet-Preisen von einer Handvoll Dollar Spieler in ihre Häuser zu locken, sind weitgehend vorbei. Zwar stehen die **Buffets** weiterhin auch Nicht-Hotelgästen offen, heutzutage muss man hierfür aber je nach Etablissement und Tageszeit US$ 20–30 p. P. einplanen. In Anbetracht des Gebotenen und in Kombination mit eventuellen Rabatt-Coupons kann das aber immer noch ein guter Deal sein, zumal Menge und Auswahl der angebotenen Leckereien einen reellen Gegenwert darstellen. Außerdem ist mit den Preisen meist auch die Qualität des Service gestiegen. Wer langes Anstehen vermeiden möchte, kommt möglichst früh oder möglichst spät. Einen Überblick über die Angebote bietet z. B. www.vegas-online.de/buffets.htm.

Darüber hinaus ist das Angebot an Restaurants in Las Vegas nahezu unüberschaubar, wobei es allerdings kaum „freie" Gaststätten gibt, also solche, die nicht einem Hotel angeschlossen sind oder zu einer der mehr oder minder bekannten Ketten gehören. Dennoch ist das Angebot in den Hotelcasinos international und äußerst vielfältig. So gut wie jede Küche der Welt ist hier vertreten, von Burgern über Pasta und deutsche Hausmannskost bis zu authentischem (also wirklich authentischem) chinesischen Essen. In vielen der großen Resorts betreiben international bekannte Spitzenköche Restaurants – oder schwingen sogar selbst den Kochlöffel.

## 🎁 Einkaufen

Das gewonnene Geld kann am besten in den großen Malls wieder in Umlauf gebracht werden; diese gibt es als Kaufhäuser und als Einkaufspassagen innerhalb der Casinos. Die Ladenschlusszeiten sind nicht einheitlich geregelt.
Hier nur folgende Tipps:
**Boulevard Mall**, 3528 Maryland Pkwy., http://boulevardmall.com; mit 140 Geschäften zwar die größte, nicht aber die schönste Mall.
**Fashion Show Mall**, 3200 Las Vegas Blvd./Ecke Spring Mountain Rd., www.thefashionshow.com; Über 200 Boutiquen und andere Geschäfte, wie z. B. Neiman Marcus und Saks Fifth Avenue, aber auch viele nette Cafés.
**The Forum Shops**, 3570 Las Vegas Blvd., www.caesars.com/caesars-palace/things-to-do/forum-shops; innerhalb des Caesars Palace, ca. 120 vornehmlich Mode- und Schmuckgeschäfte oder Parfümerien.

Daneben locken auch in Las Vegas Outlet Stores, die meist etwas außerhalb liegen, dafür aber sehr günstig sind:
**Las Vegas Premium Outlets South**, 7400 Las Vegas Blvd. S., www.premiumoutlets.com; 140 Outlet-Shops, z. B. Levis, Tommy Hilfiger, Calvin Klein und Nike – eine der besten Outlet-Adressen der Stadt. Das Gegenstück **Premium Outlets North** liegt am 875 South Grand Central Parkway. Beide sind Mo–Sa 9–21, So 9–20 Uhr geöffnet.
**Fashion Outlets of Las Vegas**, 32100 Las Vegas Blvd. S., an der I-15, Exit 1 bei Primm, www.fashionoutletlasvegas.com; Geschäfte von Ralph Lauren, Gap, Michael Kors oder Tommy Bahama. Tgl. 10–20 Uhr.

## ☝ Konzerte/Shows/Sportveranstaltungen

Es gibt wohl kaum einen Platz in der Welt, wo sich Showstars, berühmte Musiker oder Weltmeister im Boxen solch ein Stelldichein geben wie in Las Vegas. Natürlich gibt es auch weniger bekannte Musicals und andere Shows. Leider sind die Karten für die ganz großen Veranstaltungen häufig **früh ausverkauft** und dazu auch **nicht ganz billig**. Auf der deutsch-

**Las Vegas und Umgebung**

sprachigen Website www.vegas-online.de/shows kann man sich den aktuellen Showkalender anschauen und viele Shows auch online buchen.

### Autofahren
Nach Einbruch der Dunkelheit ist es am besten, die öffentlichen Verkehrsmittel zu nutzen. Nicht nur wegen der Drinks, die man in den Casinos zu sich nehmen kann, sondern besonders wegen des Geflackers der Leuchtreklamen, unter dem die Aufmerksamkeit für den Straßenverkehr leidet und bei dem Ampeln nur schwer zu erkennen sind!

### Flüge
Der **McCarran International Airport** (① 261-5211, www.mccarran.com) befindet sich am Südende des Strip (Las Vegas Blvd. South), nur ca. 20 Fahrminuten von den großen Hotels entfernt. Zu den großen Hotelcasinos fahren Zubringerbusse, die i. d. R. kostenlos sind.

### Züge und Busse
Mit dem Zug ist Las Vegas nicht direkt zu erreichen. Nahe dem ehemaligen Amtrak-Bahnhof liegt in Downtown die **Greyhound-Busstation**, 200 S. Main St.; Auskünfte unter ① 384-9561, www.greyhound.com. Für den Nahverkehr empfiehlt sich der Bus **The Deuce on the Strip**. Der Deuce verkehrt 24 Stunden tgl. entlang des Strip bis Downtown. Ein 2-Std.-Ticket kostet US$ 6, ein 24-Std.-Pass US$ 8, ein Dreitages-Pass US$ 20. Daneben gibt es die Express-Linie **SDX**, die Downtown und den Strip – dank weniger Stopps – schneller zusammenführt. Die Kosten sind dieselben wie für den Deuce. Infos: www.rtcsnv.com.

Seit 2004 verkehren östlich parallel zum südlichen Strip auf einer 6,3 km langen Hochstrecke die vollautomatisierten Wagen der futuristischen **Las Vegas Monorail**. Endstationen sind die Hotelcasinos MGM Grand im Süden und SLS im Norden. Dazwischen liegen die Stationen Bally's/Paris, Flamingo/Caesars Palace, Harrah's/The Link, Las Vegas Convention Center und Westgate. Die Züge verkehren Mo 7–24, Di–Do 7–2, Fr–So 7–3 Uhr, ein Einzelticket kostet US$ 5, ein Tagesticket US$ 13, ein 3-Tage-Ticket US$ 29. Auf der westlichen Seite des Strip existieren drei kleinere Monorail-Verbindungen mit jeweils zwei oder drei Stationen, nämlich zwischen den Hotelcasinos Mandalay Bay und Excalibur, Bellagio und Park MGM sowie Mirage und Treasure Island. Infos unter www.lvmonorail.com.

### Taxis
**Yellow Checker Star:** ① 873-2000, www.ycstrans.com.
**Nellis Cab:** ① 248-1111, www.nelliscab.com.

### Mietwagen
Alle großen Mietwagenfirmen sind im **McCarran Rent-A-Car Center** untergebracht, ca. 4 km vom Flughafen entfernt: 7135 Gilespie St., ① (702) 261-6001, www.mccarran.com/Transportation/RentalCars. Alle 5 Min. fahren die blau-weißen kostenlosen Shuttle-Busse von und zu den Terminals. Das Center ist rund um die Uhr geöffnet, gut ausgeschildert und vom Strip aus in südlicher Richtung, sofort jenseits der I-215, über die George Crockett St. zu erreichen. Auch in den großen Hotels sind zumeist ein oder zwei Mietwagenfirmen mit einem Schalter vertreten.

## Rundfahrt zum Lake Mead und Hoover Dam

Im Folgenden wird eine Rundfahrt vorgeschlagen, die etwa 250 km lang ist und ab/bis Las Vegas als Tagesausflug durchgeführt werden kann. Genauso gut könnte man aber entlang der Strecke in einem schönen Strand-Hotel am Lake Mead übernachten oder die einzelnen Stationen mit der Weiterfahrt zum Grand Canyon verbinden. Der Anfahrtsweg zu den Naturschönheiten und Sehenswürdigkeiten des Lake Mead kann über die US 93/I-15 in nördlicher Richtung schnell zurückgelegt werden. Nach etwa 35 Meilen kann man nach rechts zum Valley of Fire State Park abbiegen und damit ein gutes Stück abkürzen. Wer weiter auf der I-15 bleibt, kann bei der 200.000-Einwohner-Stadt **Glendale** (Exit 90, Hwy. 168) nach links zur Indianerreservation Moapa abbiegen und etwas später in den Mineralwasser-Pools von **Warm Springs** baden.

Die eigentliche Rundfahrt geht aber am Exit 93 nach Osten ab, wo der Hwy. 169 parallel zum Muddy River geführt wird. In diesem fruchtbaren Tal haben schon früh die Anasazi Ackerbau betrieben. Heute sind es die Mormonen, die sich, wie überall in Utah und Nevada, die ehemals abgelegenen und für das Gros der Siedler wenig attraktiven Gegenden zum Siedeln ausgesucht haben. Weder die Ortschaften von **Logandale** und **Overton** noch die landwirtschaftlich genutzte Region sind sonderlich interessant.

Unbedingt lohnend ist am Ortsausgang von Overton jedoch das **Lost City Museum**, zu dem es rechts der Straße in wenigen Hundert Metern abgeht. Während man sich vor dem Gebäude nachgebaute Hütten der Anasazi ansehen kann, lohnt das Innere mit einer der vollständigsten Sammlungen der frühen **Pueblo-Kulturen** des Südwestens. Sogar Exponate aus der frühen Wüsten-Kultur (ca. 8000 v. Chr.), als man in diesem Tal noch Mammuts jagte, sind ausgestellt. Die ersten sesshaften Menschen der Lost City waren die „Basketmaker", von denen außer geflochtenen Gegenständen auch das Wurfholz (*atlatl*), das erst später durch Pfeil und Bogen ersetzt wurde, präsentiert wird. *Besiedlungs-* Die verschiedenen Basketmaker-Kulturen existierten hier, bis gegen 500 n. Chr. die *geschichte* Pueblo-Indianer einwanderten. Sie hinterließen einige Ruinen und Fundamente, über denen am Museum Rekonstruktionen errichtet wurden. Den Pueblo-Indianern, die etwa 1150 n. Chr. nach Arizona und New Mexico auswanderten, folgte als letzte Kulturgruppe der Jägerstamm der Paiute, dessen Nachfahren heute noch in Südnevada leben. Alle diese Kulturen haben in der Region reiche Spuren hinterlassen, von denen das Lost City Museum einige präsentiert; nicht zuletzt sind die hierhin gebrachten Felszeichnungen sehenswert. Aber auch die erste „weiße" Besiedlung durch Mormonen wird dokumentiert.
**Lost City Museum**, *721 S. Moapa Valley Blvd., Overton, ① (702) 397-2193, http://nvculture. org/lostcitymuseum; tgl. 8.30–16.30 Uhr, Eintritt US$ 5, unter 19 Jahre frei.*

13 km hinter Overton erreicht man auf dem Hwy. 169 eine Abzweigung, auf der man einerseits zum Overton Beach und dem Northshore Scenic Dr., andererseits zum **Valley of Fire** kommt. Wer auf der Hinfahrt ab der I-15 abkürzte, stößt an dieser Stelle auf die Route der Rundfahrt. Allen anderen sei geraten, wenigstens ein kurzes Stück nach rechts in den ca. 190 km² großen Valley of Fire State Park hineinzufahren. Das Tal des Feuers hat seinen Namen von den 150 Mio. Jahre alten **roten Sandsteinformatio-** *Schillernde* **nen**, die besonders bei schräg stehender Sonne für eine wahre Farbenexplosion in allen *Farben* möglichen Rot-Tönen sorgen. Bei der Fülle seiner landschaftlichen und kulturhistori-

*Wanderweg zwischen Felsen im Valley of Fire*

schen Sehenswürdigkeiten ist es kein Wunder, dass das Gebiet 1935 als Nevadas erster State Park geschützt wurde.

Von Overton erreicht man über den asphaltierten Hwy. 169 den östlichen Eingang, wo es Infotafeln und sanitäre Einrichtungen gibt. Zu den sehenswertesten Stationen gehören: das versteinerte Holz der *petrified logs*, die Bergformation Seven Sisters, das Visitor Center, der nördliche Abstecher zum Aussichtspunkt Rainbow Vista und **Petroglyph Canyon/Mouse's Tank** sowie die etwa zwei Meilen lange Scenic Loop Rd., die an einigen der interessantesten Felsgebilde (u. a. Arch Rock, Atlatl Rock, Piano Rock) vorbeiführt. Außer für seine Natur ist das Valley of Fire berühmt wegen der hervorragend erhaltenen Felsbildkunst (Petroglyphe) der prähistorischen Basketmaker und Anasazi. Die schönsten Gravuren sieht man auf dem etwa 800 m langen Spaziergang durch den Petroglyph Canyon und auf dem Atlatl Rock.

*Spaziergang zu schönsten Gravuren*

**Valley of Fire State Park**, *29450 Valley of Fire Rd., Overton,* ✆ *(702) 397-2088, http:// parks.nv.gov/parks/valley-of-fire-state-park; Eintritt pro Fahrzeug US$ 10, Camping US$ 20– 30. Der Hwy. 169 ist nach Regenfällen manchmal nicht zu befahren. Auskünfte über die Passierbarkeit der Wege und sonstige Informationen sind im Lost City Museum erhältlich oder beim Visitor Center. Der Park ist tgl. von Sonnenauf- bis -untergang, das Visitor Center tgl. 8.30–16.30 Uhr geöffnet.*

Setzt man die Rundfahrt weiter fort, wird man ab nun ständig begleitet von der tiefblauen Fläche des nahen Lake Mead. Von der Northshore Rd. (167), die als Scenic Drive ca. 70 km parallel zum See verläuft, kommt man über Stichstraßen zu ausgebauten Yachthäfen (Marinas), Sandstränden, Campingplätzen usw. Die erste dieser Möglichkeiten, dem Lake Mead nahe zu kommen, besteht am **Overton Beach**.

*Route 4: Rundfahrt zu den südkalifornischen Highlights und nach Las Vegas*

*Geologische Entwicklung*

Bei der Weiterfahrt kommt man durch eine herrliche Wüstenlandschaft, die am Horizont durch die Muddy Mountains (Muddy Peak: 1.656 m ü. d. M.) begrenzt wird. Diese wurden durch enormen Druck gepresst, gefaltet und z. T. umgekippt. Der Druck war so stark, dass sie 14 Meilen in östliche Richtung über den bereits vorhandenen Untergrund gedrückt worden sind. Wie sehr die Gesteine „vermengt" wurden, machen die beiden warmen Quellen **Rogers Spring** und **Blue Point Spring** (beide rechts der Straße) deutlich, deren Wasser aus tiefen Lavaschächten bis auf 30 °C erwärmt werden und richtige kleine Oasen entstehen ließen. Diese Lavaschächte sind ein Resultat der Umwerfungen.

### Lake Mead

*Stausee*

Im 640 km² großen Lake Mead ist der Colorado River zum **größten künstlichen See der USA** aufgestaut, der als Trinkwasserreservoir und Stromlieferant für mehrere Bundesstaaten und etwa 20 Mio. Menschen existentielle Bedeutung hat. Insgesamt ist der See 190 km lang und bis zu 162 m tief. Wegen seiner vielen Buchten beträgt die gesamte Küstenlänge sogar über 1.200 km. Der See bedeckt eine Fläche von knapp 64.000 ha und besitzt eine Kapazität von 32.236 km³. Allerdings entspricht das tatsächliche Volumen nach der extremen Trockenheit der vergangenen Jahre längst nicht mehr der möglichen Kapazität. Bis in die 1950er-Jahre bewegte sich der Wasserstand kaum bei einer Höhe von 370 m über NN. Doch seit den frühen 60ern sinkt der Wasserstand wegen der Dürreperioden immer wieder deutlich. Am 1. Juli 2016 wurde mit 326 m der bisher niedrigste Pegel seit der vollständigen Füllung des Stausees 1941 gemessen. Un-

*Trinkwasser-Reservoir und Stromlieferant: Lake Mead*

*Las Vegas und Umgebung*

ter 312 m wird die Stromerzeugung am Hoover Dam problematisch. Dieses Absinken kann jeder Besucher leicht an der hellen Verfärbung der unteren Uferregion erkennen. Zwei Jahre würde es dauern, bis der Colorado dieses Reservoir gefüllt hat. Und nach dem Passieren der Hoover-Dam-Turbinen benötigt das Wasser des Colorado noch etwa zehn Monate bzw. 500 Meilen, bis es in den Golf von Kalifornien einmündet.

Die Fläche des durch den Lake Mead bewässerten Landes beträgt allein in den USA 4.000 km², hinzu kommen rund 2.000 km² in Mexiko. Daneben hat der Lake Mead zu Recht den Ruf einer paradiesischen Urlaubsregion: Angeln und jede Art von Wassersport sind möglich, die Sonne scheint nahezu immer, trotz des Tourismus scheint der See seiner Größe wegen von Menschen unberührt, und das Hinterland bietet eines der reizvollsten Landschaftsbilder. *Freizeitparadies*

Auf dem Weg bis zum westlichen Ende des Sees passiert man die Abzweige zur **Echo Bay** sowie zur **Callville Bay**, die vier Meilen von der Hauptstrecke entfernt ist und einst ein bedeutender Flusshafen für die Mormonen war. Unvorstellbar, wie damals die kleinen Dampfschiffe die Stromschnellen des Colorado gemeistert haben müssen. Als 1869 der Eisenbahnbau den Warentransport auf dem Fluss überflüssig gemacht hatte, verlor die Callville Bay an Bedeutung, und der Ort wurde zur Ghost Town. Die Ruinen der kleinen Stadt liegen jetzt unter der Wasseroberfläche des Lake Mead. Die heutige Nachfolgerin wurde allein als Freizeit-Bootshafen angelegt.

Wenn man etwas mehr Zeit hat, sollte man sich ein **Hausboot** mieten – sicher eine der angenehmsten Arten, im Westen Urlaub zu machen. Im Angebot sind z. B. moderne Hausboote für drei bis sieben Nächte, die Platz für bis zu zehn Personen bieten, über allen Komfort (Küche, Bad, Grill etc.) verfügen und nicht nur ein großes Sonnendeck haben, sondern auch mit einer Schwimmplattform und einer Wasserrutschbahn ausgerüstet sind.

### ℹ️ Information

Informationen und aktuelle Preislisten für Hausbootverleih bei den einzelnen Marinas oder bei: **Forever Resorts, Houseboat Rentals**, ☎ *(800) 255-5561, www.forever houseboats.com und https://callvillebay.com.*

Nicht nur das tiefe Blau des Lake Mead lädt zu einem längeren Stopp ein. Einen solchen sollte man auch zwischen den Stichstraßen zur Echo Bay und zur Callville Bay einlegen, wo links der Straße die kleine **Redstone Picnic Area** ausgeschildert ist. Hier kann man auf einem Pfad durch die alten, roten Steine hindurchgehen und dabei viel über ihre Formen und die Erosionskräfte der Erde lernen. Für den unbefestigten, aber ausgeschilderten Weg braucht man nicht mehr als 30 Minuten einzuplanen; dieser Spaziergang abseits der üblichen Touristenrouten ist besonders in den Abendstunden empfehlenswert, wenn die Landschaft wie in ein rotes Flammenmeer getaucht scheint. Die bizarren und monumentalen Hügel mit ihrer unglaublich roten Färbung waren einmal Sanddünen, die sich vor etwa 140 Mio. Jahren auftürmten, also in jener Zeit, als Dinosaurier die Erde beherrschten. Die letzten Millionen Jahre und Erdkräfte haben die Dünen in diese Sandsteinformationen umgewandelt; ihre Farbe erhielten sie durch die Oxidierung von Eisen. Vereinzelt lassen sich jedoch auch grüne und grün-graue Sandsteinablagerungen – z. T. mit Überresten von versteinertem Holz – sowie schwarzes Lavagestein ausmachen. *Leuchtendes Farbenspiel*

13 km hinter dem Abzweig zur Callville Bay bringt einen der Hwy. 167 zum Abzweig des Hwy. 147 (Lake Mead Blvd.), auf dem man recht zügig nach North Las Vegas zurückfahren kann. Bleibt man auf der Northshore Rd., kommt man nach ca. 5 weiteren Kilometern an eine T-Kreuzung. Nach rechts geht der Lake Mead Pkwy. (564) ab, der nach Henderson und Las Vegas führt. Auf der vorliegenden Route bleibt man jedoch auf der Lakeshore Rd. nahe dem Seeufer und fährt in 16 km weiter zum **Boulder Beach** mit Campingplatz, Hafen und dem wohl schönsten Strand am Lake Mead. Dort befindet sich auch die Lake Mead Resort Marina, wo man einfache Motor- und Segelboote ausleihen oder an einer Minikreuzfahrt teilnehmen kann.

*Der schönste Strand*

Sieben Meilen vor dem Hoover Dam, wo der Hwy. 166 auf den Hwy. 93 stößt, empfiehlt sich ein Besuch im **Alan Bible Visitor Center**, das umfassend über die Entstehung des Lake Mead, seine Flora, Fauna und Erholungsmöglichkeiten informiert. Das moderne Besucherzentrum (u. a. Filmvorführungen, Spezialkarten, Buchverkauf, sanitäre Anlagen) fungiert auch als Hauptquartier für die Lake Mead National Recreation Area.
**Alan Bible Visitor Center**, *601 Nevada Way, Boulder City, ① (702) 293-8990, www.nps.gov/lake/planyourvisit/visitorcenters.htm; tgl. 9–16.30 Uhr.*

Von hier aus ist es nicht mehr weit bis zu einem der spektakulärsten Bauten der 1930er-Jahre, dem Hoover Dam. An der Abzweigung des neu gebauten Hoover Dam Bypass bleibt man auf dem alten Hwy. 93, der einen zum Damm und dem Visitor Center bringt.

## Hoover Dam

### Geschichte
Der Staudamm ist Teil eines Systems, das den einst wilden und gefährlichen **Colorado River** nicht nur bändigt, sondern gleichzeitig für die Landwirtschaft, die Stromversorgung und den Tourismus in weiten Teilen Arizonas, Nevadas und Kaliforniens von großer Bedeutung ist. Schon die ersten hier siedelnden Menschen versuchten, den Fluss für sich zu nutzen. Doch immer wieder schluckten die Wassermassen im Frühjahr (bedingt durch die Schneeschmelze auf den Bergen) das Land, während im Sommer und Herbst nur ein müdes Rinnsal übrig blieb. Der Colorado ist nämlich einer der größten Fremdlingsflüsse der Welt, d. h. er führt im unteren Flusslauf erheblich weniger Wasser – in Dürrejahren z. T. gar kein Wasser – als im oberen Flusslauf. Nach einer schrecklichen Katastrophe im Jahre 1905, bei der der Colorado seinen Lauf änderte und später in das Imperial Valley eindrang (dabei wurde die riesige Salton-Senke mit Wasser gefüllt und ein See geschaffen – Salton Sea –, dessen Küstenlinie knapp 200 km beträgt), beschloss man 1922, seinen Lauf zu regulieren und seine Wassermassen besser zu nutzen. Das unter dem damaligen Handelsminister Herbert Hoover geschlossene Abkommen regelte die Wassernutzungsrechte der sieben Anliegerstaaten (Colorado River Compact) und sah als Kernstück der Projektplanung den größten bis dahin gebauten Staudamm vor.

*Aufteilung des Stroms*

Die Arbeiten, 1931 begonnen, waren schon im Jahre **1935 beendet** – zwei Jahre früher als vorgesehen. Dies war nur möglich mit Tausenden von Arbeitern, die rund um die Uhr schufteten – in den Rezessionsjahren der damaligen Zeit musste man froh sein, überhaupt eine Arbeit zu haben. 96 Menschen kamen dabei zu Tode. Neben der Stromerzeugung war vor allem die Wasserversorgung das wesentliche Ziel dieses Mammutprojektes. Kanäle und Rohre bis nach Kalifornien (Imperial und Coachella Valley), Tucson und Phoenix wurden dazu angelegt. Den Staudamm feierte Präsident Franklin D. Roosevelt bei der Einweihung als „technisches Wunderwerk" und nannte ihn einen „engineering victory". Die 17 Turbinen wurden zwischen 1936 und 1961 installiert, 13 von ihnen wurden zwischen 1986 und 1993 ersetzt, wodurch die Leistung des Kraftwerks deutlich gesteigert wurde.

*Technisches Wunderwerk*

## Maße
Durch den Hoover Dam kann der industrielle und private Wasserbedarf von nicht weniger als 15 Mio. Menschen gedeckt werden; die Produktion von elektrischer Energie beträgt rund 4 Mrd. Kilowattstunden pro Jahr, damit werden ca. 1,3 Mio. Menschen versorgt. Die gewaltigen Dimensionen des Bauwerks können durch folgende Maße anschaulich gemacht werden:

Höhe des Staudamms: _____ 221 m  
Länge des Staudamms: _____ 379 m  
Mauerdicke an der Krone: __ 13,7 m  
Mauerdicke an der Basis: ___ 201,2 m  
Verbauter Beton: _____ 3,3 Mio. m³

## Besichtigung
Es ist klar, dass ein solches Wunderwerk der Technik eine große Faszination auf die Besucher ausübt. Jedes Jahr kommen ca. 7 Mio. Menschen hierher. Bei der Anreise ist es ratsam, auf der Nevada-Seite wenige Hundert Meter vor dem Damm das mehrstöckige **Parkhaus** (tgl. 8–17.15 Uhr, US$ 10) auf der linken Seite anzusteuern; weitere Parkplätze sind nämlich nicht vorhanden. Gegenüber dem Parkhaus befindet sich das 2019 renovierte **Visitor Center** direkt am Rand des 300 m tiefen Black Canyon. Einen fantastischen Blick auf Canyon, Staudamm und See hat man von der Aussichtsplattform.

**Hoover Dam Visitor Center**, *81 Hoover Dam Access Rd., Boulder City, https://www.usbr.gov/lc/hooverdam/service; tgl. 9–17, letzter Eintritt 16.15 Uhr, Eintritt US$ 10, bis 3 Jahre frei. Führungen: Hoover Dam Tour (zum Damm und zum Kraftwerk) US$ 30, Mindestalter 8 Jahre, Powerplant Tour (nur zum Kraftwerk) US$ 15, ab 62 Jahre und 4–16 Jahre US$ 12. Der Ticketpreis für die Touren beinhaltet den Eintrittspreis für das Visitor Center.*

Da nach dem 11. September 2001 auch der Hoover Dam als mögliches Ziel terroristischer Anschläge eingestuft wurde, müssen sich alle Besucher einem Sicherheits-Check unterziehen, auch die Fahrzeuge werden vor Überquerung des Damms untersucht *(Infos unter www.usbr.gov/lc/hooverdam)*.

*Der Hoover Dam von oben*

*Route 4: Rundfahrt zu den südkalifornischen Highlights und nach Las Vegas*

Der Hwy. 93, der über die Dammkrone die beiden Ufer verbindet, ist die Hauptverkehrsstraße zwischen Phoenix und Las Vegas, zwei Städte, die einen explosionsartigen Bevölkerungszuwachs gemeinsam haben. Deshalb konnte die Straße schon seit Langem das gestiegene Verkehrsaufkommen nicht verkraften, zumal auch der Ausflugs- und Sightseeingverkehr u. a. mit Fußgängern und Fahrradfahrern auf der zweispurigen Dammkrone unterwegs war.

*Über die Dammkrone*

Seit 2006 wurde daher die Umgehungsstraße **Hoover Dam Bypass** gebaut, die im November 2010 schließlich eingeweiht wurde. Ihr spektakulärstes und aufwendigstes Teilstück ist die Überquerung des Colorado River, knapp 500 m hinter dem Damm flussabwärts. Die vierspurige Brücke ist knapp 600 m lang und liegt einem markanten Bogen aus Stahlbeton auf, 270 m über dem Tal. Seit seiner Eröffnung nutzen täglich ca. 15.000 Fahrzeuge den Hoover Dam Bypass.

Nach der Besichtigung hat man die Möglichkeit, auf der **Arizona-Seite** die Fahrt in Richtung **Kingman**/Grand Canyon fortzusetzen. Nach wenigen Meilen ergibt sich am Hwy. 93 nochmal ein herrlicher Ausblick auf den tief unten blinkenden Stausee (Parkplatz).

Ansonsten fährt man über den Hwy. 93 in entgegengesetzter Richtung nach Las Vegas zurück. Dabei passiert man die Ortschaft **Boulder City**, die heutzutage wegen des Solarkraftwerkes Nevada Solar One bekannt ist. Das 250-Mio-Dollar-Kraftwerk liegt außerhalb des Ortes, liefert jährlich rund 134 Mio. KWh Strom und besteht aus nicht weniger als 18.240 Glas- und Stahlbehältern, von denen jeder einzelne 4 m lang ist. Boulder City selbst wurde inmitten der Wüste errichtet, um den mehr als 4.000 Arbeitern des Dammprojektes eine Unterkunft zu geben.

*Solaranlagen*

Die Stadt, in der heute rund 16.000 Einwohner leben, ist auch deswegen interessant, weil sie eines der ersten gelungenen amerikanischen Experimente für Stadtplanung auf dem Reißbrett darstellt. Abgesehen davon ist Boulder City die einzige Stadt Nevadas, in der es so gut wie kein Glücksspiel gibt. Außer der Zweckarchitektur erinnert in der Siedlung auch das **Museum** im historischen Boulder Dam Hotel mit Modellen, Fotos und anderen Dokumenten an „The Construction of Hoover Dam".
**Boulder City Hoover Dam Museum**, *1305 Arizona St., ① (702) 294-1988, www.bchd museum.org; tgl. 7–19 Uhr, Eintritt frei.*

# Von Las Vegas nach Los Angeles

*Mitten durch die Wüste*

Heutzutage sind die gut 270 Meilen zwischen Las Vegas und Los Angeles bequem **an einem Tag** zu schaffen, auch wenn man dabei eine wirkliche Wüste durchquert, die Mojave (s. Kasten S. 546). Mindestens einen weiteren Tag verlangt der Bogen durch das Tal des Todes. Ob man sich nun für die schnellere Variante (I-15) oder die längere entscheidet, über eines sollte man sich im Klaren sein: Klima und Natur in den Wüsten sind in einem Maße extrem, das viele nicht geahnt haben werden. Der Aufenthalt hier verlangt in gewissen Situationen nach **Sicherheitsmaßnahmen**, die unbedingt befolgt werden sollten:

*Von Las Vegas nach Los Angeles*

> **! Achtung!**
>
> - Bei Wanderungen, aber auch bei Autofahrten genügend **Wasser mitnehmen**, mit Kopfbedeckung, Sonnenbrille und Sonnencreme gegen die Sonne schützen. Gegen den Verlust von Mineralien helfen Salztabletten.
> - Im Sommer kann die Hitze unerträglich sein. Nur in der Libyschen Wüste und Ouargla in Algerien sollen jemals höhere Temperaturen gemessen worden sein. Für **Besucher mit schwachem Kreislauf** können deshalb in den Monaten Juli, August und September schnell Situationen entstehen, die lebensgefährlich sind.
> - **Nicht alleine wandern** und andere wissen lassen, wohin man die Wanderungen plant und wann man etwa wieder zurück sein wird.
> - Die Mojave und das Tal des Todes sind nicht tot. Viele Tiere leben hier, und alle sind **Wildtiere**; manche können beißen. Sicherheitsabstand einhalten und nicht füttern; Klapperschlangen, Skorpione und Taranteln meiden!
> - In den Wüsten gibt es Hunderte verlassener **Stollen**, die noch nicht gesichert oder zugeschüttet sind. Ihr Betreten ist lebensgefährlich.
> - Manchmal stößt man bei Wanderungen auf liegengelassene oder vergessene **(Jagd-)Munition**. Bitte nicht anfassen, sondern dem nächsten Ranger über den Fundort Bescheid geben.
> - Im Falle einer **Autopanne** nicht zu Fuß Hilfe holen, immer beim Wagen bleiben.
> - Besondere Vorsicht ist bei **Regen** geboten. Wenn Niederschläge fallen, dann meist als Wolkenbrüche, die das Wandern in ausgetrockneten Flusstälern zum Risiko machen. Auch asphaltierte Straßen können unterspült werden.

## Der direkte Weg durch die Mojave-Wüste (I-15)

Der schnellste Weg von Las Vegas nach Los Angeles führt über die I-15 direkt durch die Mojave-Wüste, wobei zunächst noch als Nachklang zu Las Vegas einige Spieleroasen die Interstate begleiten, jedenfalls bis zur Bundesgrenze nach Kalifornien. Riesige Reklame-

*Stillleben in der Mojave-Wüste*

*Route 4: Rundfahrt zu den südkalifornischen Highlights und nach Las Vegas*

## Die Mojave-Wüste

Die Mojave-Wüste, früher auch Mohave und engl. Mojave Desert genannt, ist ein über 124.000 km² großes Gebiet, das sich außer in Kalifornien auch über große Teile in den Bundesstaaten Arizona, Nevada und Utah erstreckt. Obwohl sich die Wüste bis in Höhenlagen von über 2.000 m ü. d. M. hinaufzieht, bedeckt sie im Wesentlichen ein Becken, das im Süden von den San Bernardino Mountains begrenzt wird und im Westen von den Tehachapi Mountains, die wiederum eine Barriere zum San Joaquin Valley bilden.

Solcherart von Bergen umringt, können kaum Regenwolken zur Mojave vordringen, was eine maximale Niederschlagsmenge von nur 150 mm pro Jahr bedeutet. Andere Wasserquellen gibt es kaum, abgesehen vom Mojave River, der allerdings nicht immer Wasser führt und schließlich als schmales Rinnsal versickert. Offensichtlich waren die klimatischen Verhältnisse in der Vergangenheit einmal besser, denn an mehreren Stellen dokumentieren Felszeichnungen eine zehntausend Jahre zurückreichende Siedlungsgeschichte. Bei der Erschließung des Westens durch die Europäer erwies sich die Mojave als **lebensfeindliches Hindernis**, das man nur in einem weiten Bogen umgehen konnte. Erst später wurden mit großartigen Ingenieurleistungen Straßen durch die menschenleere Region gebaut, so z. B. die berühmte Route 66 und später die Interstates 15 und 40. Viele der Siedlungen, die damals entlang der schnurgeraden Straßen entstanden und oft von bescheidenem Bergbau (Silber, Borax) lebten, sind heute Geisterstädte.

*Salz wird ebenfalls in der Mojave gewonnen*

Eine zukunftsweisende Branche, die nach dem ehemaligen Bergbau für die Wüste einen sehr interessanten ökonomischen Aspekt bedeutet, sind die **Solarkraftwerke** (u. a. bei Boulder City, Barstow), die vom fast immer wolkenlosen Himmel und mehr als 3.000 Sonnenscheinstunden profitieren.

Die einzigartige Landschaft, die sowohl riesige Sanddünen als auch schroffe Berggipfel und versteppte Joshua-Tree-Wälder umfasst sowie über eine erstaunlich **artenreiche Fauna** (u. a. Klapperschlangen, Skorpione, Dickhorn-Schafe, Schildkröten, Salamander, Spinnen) verfügt, steht an mehreren Standorten unter strengem Naturschutz. Zu den wichtigsten gehören die Nationalparks Joshua Tree und Death Valley oder die Mojave National Preserve. Andererseits gibt es ebenso viele Areale, die ausschließlich dem Militär und der NASA zur Verfügung stehen (u. a. Edwards Air Force Base, Naval Air Weapons Station, China Lake Marine Corps Air Ground Combat Center, Twentynine Palms) und als nicht gerade naturkonservierende Sperrgebiete für Touristen unzugänglich sind.

tafeln bewerben die Angebote in den hiesigen Ortschaften und die Glücksversprechen ihrer Casinos, preisen Hotels an oder machen auf Shows aufmerksam. Doch wenn man nicht auf der Suche nach einer Tankstelle oder Übernachtungsmöglichkeit ist, kann man die Siedlungen entlang der Straße getrost vergessen.

Die weitere Strecke entlang der I-15 kann keine sensationellen Landschaftseindrücke vermitteln, bleibt aber geprägt von der großartigen Weite der Wüste. Schnurgerade fährt man durch die Ebene, bis bei **Wheaton Springs**, rund 50 Meilen hinter Las Vegas, einige Kehren und Steigungen am Pass zwischen den Clark Mountains und Ivanpah Mountains für etwas Abwechslung sorgen. Auf kalifornischer Seite passiert man dann die **Clark Mountain Range** zur Rechten und die **Mojave National Preserve** zur Linken, in der ein großer Teil der Wüste unter Naturschutz gestellt wurde. Doch schon beim bloßen Durchfahren kann die riesige Einöde zu einem unvergesslichen Erlebnis werden, der Fwy. 15 gilt deshalb auch als Scenic Road. Die Vegetation besteht jetzt nur noch aus Joshua Trees, vereinzelten Kakteen und niedrigem Gebüsch, später hört auch dies auf. *Riesige Einöde*

Schließlich erreicht man den kleinen 1.000-Seelen-Ort **Baker**, der ziemlich nichtssagend ist, aber einige Motels und Tankstellen aufweist. Allerdings besitzt er ein Wahrzeichen, das man schon von Weitem erkennt: ein riesiges Thermometer, mit 41 m immerhin „the world's tallest". Die Höhe von 134 Fuß ist symbolträchtig gemeint, denn im nahen Death Valley wurde vor rund hundert Jahren mit 134 °F die bisher **höchste Temperatur in den USA** gemessen. In Baker stoßen diejenigen auf die vorliegende Route, die das Tal des Todes über den Hwy. 127 verlassen haben.

Weiter geht es, am künstlichen Lake Dolores vorbei, wo man 20 Meilen nördlich von Barstow bis 2004 im Sommer einen Vergnügungspark mit Wasserrutschen etc. unterhielt, ganz so, als sei in der Mojave-Wüste das kostbare Nass im Überfluss vorhanden. Ganz in der Nähe liegt das archäologische Feld von **Calico Early Man Site**. Stimmen die Theorien des 1972 verstorbenen Professors Louis Leakey und seiner Nachfolger, dann muss aufgrund der hier gemachten Funde (seit 1942 mehr als 6.000 Einzelstücke) die Geschichte der Besiedlung Amerikas ganz neu geschrieben werden. Im Gegensatz zur üblichen Datierung (s. S. 15) glauben die Forscher, dass bereits vor 50.000–200.000 Jahren Menschen in Calico gelebt und Werkzeuge hergestellt haben. Die wichtigsten Funde sind im San Bernardino County Museum in Redlands ausgestellt, das Gebiet selbst kann derzeit nicht mehr besichtigt werden. *Archäologisches Feld*

Nicht in die Vergangenheit, sondern in die Zukunft wies lange Zeit im nahen **Daggett** am Fwy. 40 ein hypermodernes Solarkraftwerk mit futuristischer Technologie, das als „Solar One" 1982 eingeweiht und später als „Solar Two" erweitert wurde. Hier wurde v. a. die Möglichkeit untersucht, Energie mithilfe von Salzschmelze zu speichern. Das Forschungsprojekt wurde 2004 abgeschlossen und Solar Two zeitweilig als Observatorium genutzt. 2009 wurden die Anlagen abgebaut, die Forschungsergebnisse sind in den Bau von Solar Tres in Spanien eingegangen.

Bleibt man auf dem Fwy. 15, kann man gut zehn Meilen vor Barstow der Geisterstadt von **Calico** einen Besuch abstatten (Exit: Ghost Town Rd., ab da 3 Meilen). Hier hat man in den 1880er-Jahren erfolgreich nach Silber geschürft, und 1885 hatte die Stadt

*Klassiker der Fernstraßen: die Route 66*

3.500 Einwohner, zwei Hotels, eine Kirche und nicht weniger als 13 Saloons. Sogar eine kleine Chinatown gab es in Calico. Nach zwei Bränden waren die Gemäuer verfallen, und die Kleinstadt wurde zur Ghost Town. Im Gegensatz zu anderen, wirklichen Geisterstädten hat man das hiesige Gelände jedoch 1950 zu einer Art Vergnügungszentrum ausgebaut, das den morbiden Charme verfallener Wüstensiedlungen mit den Annehmlichkeiten moderner Restaurants, Shops und einem Freilichtmuseum verbindet. Minentouren und Fahrten mit historischen Zügen lassen die Zeit des Silberbergbaus erfahrbar werden. **Calico Ghost Town**, *36600 Ghost Town Rd., Yermo, ℡ (800) 862-2542, http://cms.sbcounty.gov/parks/parks/cali coghosttown.aspx, tgl. 9–17 Uhr, Erwachsene US$ 8, 4–11 Jahre US$ 5. Weitere Infos (von Touranbietern): www. calicoattractions.com, www.visitcalico ghosttown.com.*

Kurz hinter dem Abzweig kommt man nach **Barstow**, ein 1886 gegründetes Eisenbahndepot, das später als Bergbaustadt zur Blüte gelangte. Der recht gesichtslose Ort (ca. 24.000 Ew.) ist in erster Linie als Verkehrsknotenpunkt von Bedeutung (Kreuzung der Fwys. 15/40 und der Hwys 247/58, Eisenbahn, Flughafen), und natürlich findet man hier jede Menge Hotels, Motels, Fastfood-Läden, Restaurants, Tankstellen und Supermärkte. Außerdem ist Barstow für die Verwaltung des Distrikts zuständig, spielt eine Rolle als Militärstandort und hat durch die riesige Solarkraftanlage SEGS, die eine israelische Firma bereits in den 1980er-Jahren errichtete, auch energiepolitische Bedeutung.

Bei genügend Zeit haben Museumsfreunde gleich drei interessante Adressen: Die ersten beiden haben Barstows Rolle als Verkehrsknotenpunkt zum Thema, wobei im **Western America Railroad Museum** historische Wagen, Fotodokumente, Gerätschaften und Dieselloks wie die „Santa Fe 95" zu sehen sind (*685 N. 1st St., www.barstowrail museum.org; Fr 11–15, So 11–16 Uhr, freier Eintritt*), während das **Route 66 „Mother Road" Museum** Verkehrsschilder, Logos, alte Tankstellen und Fotodokumente zur „Mother Road" zeigt (*681 N. 1st Ave., www.route66museum.org; Fr/Sa 10–16, So 11–16 Uhr, freier Eintritt*). Das **Mojave River Valley Museum** schließlich ist ein Tipp für alle,

*Drei Museen*

die sich für die Geschichte der Wüste sowie das Tier- und Pflanzenleben des Mojave-River-Tals besonders interessieren (*270 E. Virginia Way, www.mojaverivervalleymuseum.org; tgl. 11–16 Uhr, freier Eintritt*). Das schönste Gebäude der Stadt ist sicher die **Casa del Desierto**, auf der 1st Ave., auch Barstow Harvey House genannt: ein Prachtbau aus den 1880er-Jahren, der für die Passagiere der Santa Fe Railway errichtet wurde. Er fungiert nach wie vor als Bahnhof, beherbergt aber außerdem die Greyhound-Station, das Eisenbahn- und Route-66-Museum sowie das NASA Goldstone Visitor Center, das über das Goldstone-Observatorium auf der Militärbasis Fort Irwin informiert.

### Information

**Barstow Visitors Bureau**, *229 East Main Street, Barstow,* ① *(760) 256-8617, www.barstowchamber.com; Mo-Fr 10–14 Uhr.*

**California Welcome Center Barstow**, *2796 Tanger Way, Suite 100, Barstow,* ① *(760) 253-4782; tgl. 9–20 Uhr.*

Etwa 80 Meilen sind es von hier bis **San Bernardino**, eine interessante Strecke, auf der man langsam die Ausläufer der riesigen Mojave-Wüste verlässt. Der Kamm der Sierra Nevada wird dabei mit dem 1.277 m hohen Cajon-Pass bezwungen, wo sich ein Abstecher in die San Bernardino Mountains empfiehlt (s. S. 550). San Bernardino selbst ist eine von ausländischen Touristen nur selten besuchte 216.000-Einwohner-Großstadt, die in Kalifornien lange Zeit nur als inoffizielle Hauptstadt des Orangenanbaus bekannt war. Sie hat sich aber in den letzten Jahren enorm gemausert – sehenswert ist insbesondere die renovierte Downtown zu beiden Seiten des Santa Ana River, wo man sowohl auf postmoderne Verwaltungsgebäude von Stadt und County stößt als auch auf einige historische Baudenkmäler, die noch aus der Zeit der Stadtgründung um 1810 stammen.

*Kamm der Sierra Nevada*

San Bernardinos größter Vorzug aber ist die Nähe zu der gleichnamigen Gebirgskette, die mit ihren Gipfeln, Wäldern und Seen zu den schönsten kalifornischen Landschaften zählt. Bei genügend Zeit sollte man also einen Abstecher in die San Bernardino Mountains nicht versäumen.

## Reisepraktische Informationen San Bernardino

### Unterkunft

**Wigwam Motel $$**, *2728 West Foothill Blvd.,* ① *(909) 875-3005, www.wigwammotel.com. Das Motel ist eine Ikone der Route 66. Die einzeln stehenden Einheiten sind im Look eines Indianer-Tipis gebaut. Die „Zelte" sind mit Bad und Klimaanlage ausgestattet, außerdem gibt es einen Pool und Grillplätze.*

### Veranstaltung

*Am dritten Wochenende im September wird im nahen Ontario das vielbesuchte, zweitägige Fest* **Route 66 Cruisin' Reunion** *(https://route66cruisinreunion.com) begangen. Die genaue Wegstrecke der historischen Route sowie andere Infos gibt es unter www.historic66.com.*

## Panoramastraße am Ende der Welt – Abstecher zu den San Bernardino Mountains

*Skigebiet*

Unmittelbar nördlich der Stadt San Bernardino ragen die oft schneebedeckten San Bernardino Mountains in die Höhe, eine Region, die auch zum Inland Empire gezählt wird. Nach den Wüstenerlebnissen begegnet man hier nun einer ganz anderen Landschaft: Bewaldete Täler mit Seen und Naherholungsgebieten prägen das Bild, und im Winter passiert man auf dieser Strecke eines der beliebtesten Skigebiete der Nation. Die erreichten Höhen (Mt. San Gorgonio, 3.506 m ü. d. M.) sind einerseits für den winterlichen Schneefall in den Gipfellagen und auf den westlichen Hängen verantwortlich, andererseits für die Niederschlagsarmut der östlichen Wüsten. Der größte Teil des Gebirges ist als **San Bernardino National Forest** naturgeschützt.

Die tollste Route, um das gesamte Gebiet per Auto kennenzulernen, bietet der 110 Meilen lange **Rim of the World Scenic Byway**. Der empfohlene Startpunkt liegt nördlich von San Bernardino an der I-15 und nahe dem Cajon Pass, wo der Hwy. 138 die Interstate kreuzt. Schon hier hat man die Möglichkeit, eine kurze Wanderung auf dem alten Mormonen-Pfad einzulegen und die rosafarbene Sandsteinformation **Mormon Rock** zu bestaunen (markierter Weg, beginnend an der Mormon Rock Fire Station). Dann geht es am **Cajon Pass Overlook** vorbei zur Südküste des **Silverwood Lake**, mit herrlichen Picknick-Plätzen, Stränden und weiteren markierten Wanderwegen. Anschließend führt der Hwy. 18 in östliche Richtung, immer ganz nah zum blauen **Lake Arrowhead** und zum gleichnamigen Fremdenverkehrsort. Dieses erste Touristenzentrum auf dem Weg liegt inmitten eines alpinen Wunderlandes und bietet allerbeste

*Wassersportparadies Big Bear Lake*

Outdoor-Möglichkeiten sowohl im Sommer (u. a. Wandern, Bergsteigen, Angeln, Segeln, Mountainbiking) als auch im Winter (u. a. Ski und Snowboarding). Im weiteren Verlauf des Scenic Byway schraubt sich die Straße zu einem 2.167 m hohen Pass hinauf, anschließend wieder hinab und auf dem sogenannten „Arctic Circle" bis zum Big Bear Dam. Der Hochgebirgssee **Big Bear Lake** ist ein wahres Eldorado für sommerliche Wassersportler.

Bei der Weiterfahrt bringt einen die Panoramastraße Rim of the World hinauf zum **Onyx Summit**, mit 2.573 m ü. d. M. eine der höchstgelegenen asphaltierten Straßen Kaliforniens. Hinter dem Pass hat man einen herrlichen Ausblick auf den Mt. San Gorgonio, dem mächtigsten Gipfel Süd-Kaliforniens. Weitere Panoramablicke erlebt man im weiteren Verlauf, vor allem wenn man den **Santa Ana River** überquert. Die Rundfahrt endet an der Mill Creek Ranger Station nahe der I-10, wo man die Fahrt u. a. nach Redlands, San Bernardino und Los Angeles fortsetzen kann.

*Gute Aussichten*

Ab San Bernardino erreicht man Los Angeles am schnellsten über die I-15 bzw. I-215 und dann die I-10. Ein größerer Kontrast zu der Strecke, die hinter einem liegt, ist kaum denkbar. Während sich vor wenigen Fahrstunden noch menschenleere Einsamkeit ausbreitete, taucht man nun im Gewimmel der Millionenstadt unter, blühende Gärten der Villenviertel und palmengesäumte Alleen haben die vegetationslose und bis zum Horizont nur weiß-gelbe Wüste abgelöst, und freute man sich dort noch über jeden Schluck Wasser, kann man nun ein erfrischendes Bad im Pazifik nehmen …

*Landschaftliche Gegensätze*

## Von Las Vegas zum Death Valley National Park

Um von Norden her das Tal des Todes zu durchfahren, ist ab Las Vegas die vierspurige I-95 der beste Anfahrtsweg. Dieser bringt einen durch eine weite Ebene, die von kahlen, zerfurchten Bergen begrenzt wird. Sehr häufig kann man auf der Route Windhosen erleben, und verfallene Schilder weisen zu Indianerreservationen. Größere Steingebäude gehören zu Staats-Gefängnissen (deswegen ist entlang des Highways das Trampen bzw. die Mitnahme von Trampern verboten) oder dem Militär, das nördlich der Strecke das größte Atombombentestgebiet der USA unterhält.

Die einzige größere Ortschaft auf diesem Streckenabschnitt heißt **Indian Springs** und ist nicht viel mehr als eine unbedeutende Wohnwagensiedlung. Knapp 140 km hinter Las Vegas liegt inmitten der grandiosen, weiten Landschaft **Amargosa Valley**, ab wo es noch 45 km bis **Beatty** sind. In diesem 1.000-Seelen-Wüstennest gibt es Tankstellen, Lebensmittelgeschäfte, Campingplätze, drei kleine Motels und ein Touristenbüro mit gut sortierter Literatur. Interessanter als Beatty selbst sind die Ghost Towns in der Nähe, in denen noch um das Jahr 1900 Menschen lebten und nach Gold und Silber suchten.

*Wüstennest*

Eine der größeren ist **Rhyolite**, das man auf einem kurzen Abstecher über den Hwy. 374 erreicht. Nachdem man eine Bergkuppe passiert hat, weist ein Schild nahe einer Fabrik nach rechts zu den Ruinen der Geisterstadt, die während des Goldrausches bis zu 10.000 Einwohner hatte und „Queen City of the Death Valley" genannt wurde. Ein Hingucker sind die sieben seltsamen Statuen auf der rechten Seite. Diese wurden in den 1980er-Jahren von dem belgischen Künstler Albert Szukalski geschaffen und gehören

*Route 4: Rundfahrt zu den südkalifornischen Highlights und nach Las Vegas*

*Nicht mehr viel übrig vom alten Glanz: Geisterstadt Rhyolite*

zum **Goldwell Open Air Museum** (✆ *(702) 870-9946, http://goldwellmuseum.org, Park rund um die Uhr geöffnet, Museum Mo–Sa 10–16 Uhr, Eintritt frei).*

Folgt man dem Highway weiter in südlicher Richtung, gelangt man automatisch zum **Death Valley**.

# Death Valley National Park

Immer noch kommt die Mehrheit der jährlich etwa 1,3 Mio. Besucher zwischen Spätherbst und Frühling in den Nationalpark, aber die Zahl derjenigen, die sich von der extremen Hitze im Sommer nicht abschrecken lassen, stieg in den letzten Jahren konstant an. Außer mit dem eigenen (Miet-)Wagen ist das Death Valley praktisch nur auf organisierten Touren zu erreichen. Es gibt weder eine Linienbus- noch eine Eisenbahn-Verbindung hierhin. Der nächste größere Flughafen ist der von Las Vegas.

>  **Hinweis zur Reiseplanung**
>
> Seit den heftigen Überschwemmungen im Oktober 2015 ist ein Großteil des nördlichen Nationalparkareals nicht mehr befahrbar. Die Reparaturarbeiten dauern noch an, nach Angaben der Verantwortlichen bis 2020. Das ebenfalls in Mitleidenschaft gezogene Scotty's Castle, eine bekannte Touristenattraktion, kann deshalb derzeit nicht besucht werden, einige Straßenzüge, u. a. NV 267, Scotty's Castle Road/North Highway, die Bonnie Claire Road sowie die Titus Canyon Road, sind gesperrt. Auf dem Hwy. 190 sind jedoch sowohl der Ubehebe Crater und Mesquite Spring als auch die Racetrack Playa (via Racetrack Road) erreichbar. Aktuelle Informationen gibt es im Visitor Center in Furnace Creek und online: www.nps.gov/deva/learn/news/newsreleases.htm.

*Von Las Vegas nach Los Angeles*

Eigentlich bildet das Tal des Todes nur den nordöstlichen Teil der Mojave-Wüste, ist aber von ganz eigenem Gepräge und gehört zweifellos zu den herausragenden natürlichen Sehenswürdigkeiten des amerikanischen Westens. Das war auch der Grund, warum 1933 Präsident Hoover das Tal des Todes zum **National Monument** erklärte. 1994 schließlich erhob man das Death Valley zum Nationalpark und weitete das Naturschutzgebiet auf insgesamt gut 1,3 Mio. ha aus – damit ist der Nationalpark der größte außerhalb Alaskas. Das Tal selbst ist nur ein kleiner Teil davon, der größere besteht aus hohen Gebirgszügen, tiefen Canyons und Hochebenen mit Joshua-Tree-Wäldern. Während die Gipfel Höhen von mehr als 3.000 m ü. d. M. erreichen, ist das eigentliche Death Valley eine Senke, die bei Badwater 86 m unter Meeresspiegelniveau liegt. Damit bildet *86 m u. NN*

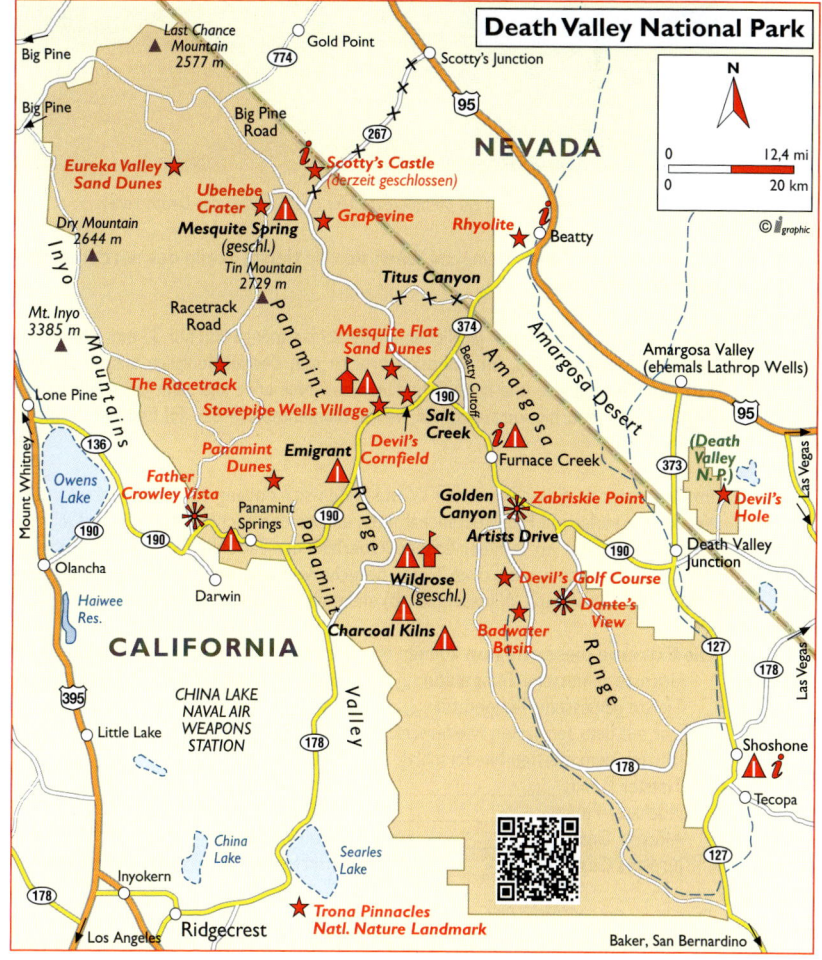

*Route 4: Rundfahrt zu den südkalifornischen Highlights und nach Las Vegas*

*Am Zabriskie Point eröffnet sich ein atemberaubender Ausblick über das Death Valley*

das Tal mit seinen Sand-, Stein- und Salzwüsten die **tiefste Stelle des nordamerikanischen Festlands**.

Bei einer durchschnittlichen jährlichen Niederschlagsmenge von nur 33 mm gibt es keinerlei Wasserreservoirs. Im Talboden breiten sich deshalb lediglich ausgetrocknete Salzseen, Geröllfelder und hohe Sanddünen aus. Nur etwa alle zehn Jahre fällt so viel Regen, dass immerhin kurzzeitig ein weiter Blumenteppich das Tal bedeckt – zuletzt Anfang 2016.

Im Gegensatz zu dieser extremen Wüste finden sich entlang der Hänge verschiedene Vegetationsstufen mit Halbwüstencharakter, und auf den höchsten Gipfeln der Gebirgsstränge liegt selbst im Sommer Schnee. Oberhalb der Talsohle, die nur nach Einbruch der Dunkelheit von nachtaktiven Tieren besucht wird, können u. a. Kojoten, Dickhornschafe (Bighorn Sheep), Wildesel (burro) und mehrere Greifvögel existieren.

Die **Extreme dieser Region** können durch folgende Zahlen belegt werden:
Höchste gemessene Temperatur: 56,7 °C (10. Juli 1913)
Tiefste gemessene Temperatur: -9,4 °C (8. Januar 1913)
Jahr mit dem geringsten Niederschlag: 1929, 1953 (0,0 mm)
Jahr mit dem meisten Niederschlag: 1941 (116 mm)
Tiefster Punkt: -86 m (westlich von Badwater)
Höchster Punkt: 3.368 m (Telescope Peak)
Ältestes Gestein: 1,8 Mrd. Jahre alt
Jüngstes Gestein: Salzkristalle, die sich permanent bilden

Durch das Death Valley führen asphaltierte Straßen, wobei die Hauptverbindung durch den Hwy. 190 gebildet wird, der von Death Valley Junction im Osten zum Owens Lake im Westen geht. Entlang dem Highway befinden sich das Visitor Center und die Unterkünfte von Furnace Creek, ein Lebensmittelgeschäft, drei Tankstellen und zehn Campingplätze.

>  **Hinweis**
> Im Backofen des Death Valley machen sich Besucher immer wieder einen Spaß daraus, **Eier auf den Boden** zu schlagen und ihnen beim Brutzeln zuzuschauen. Mitte 2013, nachdem eine erneute Hitzewelle das Valley zum Glühen gebracht hatte, wurde dies von der Parkverwaltung **verboten**. Die Ranger waren zunehmend mit dem Entfernen von faulen Eierresten und Schalen beschäftigt …

Mit Ausnahme der Höhenunterschiede und der Hitze (Kühlwasser!) sind bei dieser Straße keine Schwierigkeiten zu erwarten. Auch die asphaltierten Wege 267 (nördlicher Parkabschnitt) und 374 (nach Beatty) sind prinzipiell uneingeschränkt verkehrstauglich, während die Straße 178 (südlicher Parkabschnitt, nach Shoshone) für Motorhomes nicht immer zu empfehlen ist.

*Mit Auto problemlos befahrbar*

## ☞ Zeiteinteilung

Für eine Erkundung des Death Valley sollte man etwa zwei Tage einkalkulieren. Folgender Vorschlag geht von einer Abfahrt in Las Vegas am frühen Morgen aus, sodass man das Tal des Todes um die Mittagszeit erreicht.

**1. Tag:** Anfahrt über Beatty (Abstecher Rhyolite) und den Hwy. 374 in den Osten des Nationalparks. Über den Hwy. 374 geht es zur Geisterstadt Rhyolite. Die nächste Station ist **Furnace Creek**. Hier sollte man unbedingt das Visitor Center besuchen, in dem man Informationen, Bücher und Kartenmaterial erhält. Auch das Death Valley Museum (Fotos und Gegenstände aus Geschichte und Naturgeschichte des Tals) ist einen Besuch wert. Weiter geht es in südlicher Richtung auf dem Hwy. 190 und dem rechts abbiegenden Hwy. 178. Endpunkt könnte die Senke mit dem Salzsee von **Badwater** sein, wo der tiefste Punkt der USA liegt. Nahebei liegt der wohl ungewöhnlichste „Golfplatz" der Vereinigten Staaten, der **Devil's Golf Course**. Der Name, so heißt es, stamme daher, dass wirklich niemand hier Golf spielen könne, außer eben dem Teufel. Hier kann man sehen, wie sich Salzstrukturen durch Wind und Regen verändern, neue Formen bilden und dabei zu messerscharfen Kanten wer-

*Auf dem Devil's Golf Course kann allenfalls der Teufel Golf spielen*

den. Ebenfalls ganz nah ist das teilweise restaurierte Bergwerk **Harmony Borax Works**, das 1881 in Betrieb genommen wurde.

Auf der Rückfahrt in Richtung Furnace Creek sollte man nach rechts zur Autorundfahrt **Artists Drive** einbiegen. Die im Vormittagslicht wunderschön liegende „Palette" eines gigantischen Künstlers leuchtet in grünen, rostroten, braunen, violetten, gelben und orangenen Farbtönen. Verantwortlich für dieses Schauspiel sind neben der farbigen vulkanischen Asche die unterschiedlichen und z. T. oxidierten Materialien des Gesteins (besonders rotes und gelbes Eisenoxid).

*Aussichtspunkte*

An der Weggabelung mit dem Hwy. 190 geht es rechts ab zum Aussichtspunkt **Zabriskie Point**, der ein herrliches Panorama auf die verschiedenen und leuchtenden Gesteins- und Sandformationen des Tales bietet. Einen mindestens ebenso schönen Landschaftseindruck erhält man einige Kilometer weiter, wo es nach rechts zum 1.677 m hoch gelegenen Aussichtspunkt **Dante's View** geht. Die Stichstraße ist über 21 km in einer Richtung lang und lohnt sich bei tiefstehender Abendsonne nicht mehr. Zu anderen Tageszeiten hat man aber einen herrlichen Blick über das Tal des Todes und auf die gegenüberliegende Bergkette der Panamint Range mit dem 3.368 m hohen **Telescope Peak**. Übernachten kann man beispielsweise in Furnace Creek oder in Beatty.

**2. Tag:** Eine ungemein sehenswerte Strecke folgt dem Hwy. 190 Richtung Westen. Hier geht es vorbei an den **Mesquite Flat Sand Dunes**, an denen man die Weite der Landschaft sehr konkret erfahren kann. Hinter Stovepipe Wells lohnt sich ein Abstecher zum **Mosaic Canyon**. In Emigrant biegt man links ab auf die Emigrant Canyon Road, die langsam in Bergregionen aufsteigt. Bald folgt eine Abzweigung zur Geisterstadt Skidoo, interessanter aber ist die nächste Abfahrt zur aufgelassenen **Eureka Mine**. Der Goldgräber Pete Aguereberry schürfte hier von 1907 bis ca. 1930 in größter Einsamkeit. Doch trotz aller Entbehrungen blieb ihm der große Reichtum verwehrt. Zurück auf der Emigrant Canyon Road kommt man durch

*Mitten im Nirgendwo: die Eureka Mine*

abwechslungsreiche Landschaften mit zahlreichen Ausblicksmöglichkeiten. In **Wildrose** kann man die Überreste eines Sommercamps besichtigen, in dem sich Menschen aus der Stadt erholen konnten. Am Ende der Straße hinein in den Canyon stehen die sehenswerten **Charcoal Kilns**. Die zehn Konstruktionen sehen aus wie Bienenstöcke und wurden 1876 errichtet. In ihnen wurde Kohle erzeugt, die dann als Energiequelle zur Gewinnung von Silber und Bleierz genutzt wurde. Bis heute riecht es in und rund um die Kilns eindrücklich nach Kohle. Hier beginnen einige Wanderwege, beispielsweise auf den **Telescope Peak** mit seinen 3.368 m. Der Endpunkt der Ausfahrt ist erreicht. Man kann den Weg jetzt zurückfahren oder in Wildrose der Wildrose Canyon Road nach links folgen. Auf einer rauen Piste geht es steil den Hang hinunter, bis man in der Ebene die Panamint Valley Road erreicht. Hier folgen bald die Geisterstadt **Ballarat** und später die **Trona Pinnacles**.

**Trona** ist ein verfallener, müffelnder Ort, der seine beste Zeit lange hinter sich hat und langsam, aber sicher auf dem Weg ist, zur Geisterstadt zu werden. Die Attraktion vor Ort sind die **Trona Pinnacles**. Diese sind links vom Highway leicht erkennbar und nach einer abenteuerlichen Fahrt über fünf Meilen Schotterpiste zu erreichen: einmalige Kalksteinformationen, teilweise bis zu 40 m hoch, die sich vor 100.000–10.000 Jahren unter Wasser gebildet haben. Manche erinnern in ihrer Form an Tiere, andere haben Gesichter (*Eintritt frei, Toilettenanlage vorhanden, Camping erlaubt*).

## Reisepraktische Informationen Death Valley National Park

**Vorwahl**: *760*

### Information

Nähere Informationen über den Park sowie aktuelle Programme erhält man beim **Furnace Creek Visitor Center**, *am Hwy. 190 in Furnace Creek, ☏ 786-3200, www.nps.gov/deva; im Sommer tgl. 8–18 Uhr, im Winter bis 17 Uhr.*
Der **Eintrittspreis** *in den Park von US$ 30 pro Wagen und US$ 25 für Motorradfahrer gilt für sieben Tage. Gezahlt wird an Automaten, die nur Kreditkarten akzeptieren. Wer mit Bargeld zahlen muss oder will, muss eines der Visitor Centers besuchen.*

### Hotels

*Außerhalb des Parks gibt es meist einfache und günstige ($–$$) Unterkünfte in Beatty (z. B. Death Valley Inn, Stagecoach Hotel, Exchange Club Motel, Motel 6), Death Valley Junction (Amargosa Opera House and Hotel) und Shoshone (Shoshone Inn).*
**Atomic Inn $$**, *350 South First St., Beatty, ☏ (775) 553-2250, https://atomicinnbeatty.com; das Inn war früher eine Unterkunft für die Techniker der nahen Atombomben-Versuchsstation, daher der martialische Name. Im Gegensatz dazu handelt es sich um ein freundliches, pfiffig eingerichtetes Motel mit grünem Touch, z. B. wird zum Erhitzen des Waschwassers Solarwärme genutzt.*
**Stovepipe Wells Village Motel $$$**, *Hwy. 190, Death Valley, ☏ 786-7090, www.death valleyhotels.com; einfacheres, aber gutes und komfortables Haus mit 83 Zimmern, Restaurant, Swimmingpool und einigen Campmobil-Stellplätzen.*
**The Oasis at Death Valley $$$$–$$$$$**, *Hwy. 190, Death Valley, ☏ 786 2345, www.oasisatdeathvalley.com; das Traditionshotel wurde 1927 erbaut und in den letzten Jahren auf-*

wendig renoviert. Heute bezeichnet sich frühere Furnace Creek Resort als das „Jewel of Death Valley" – und da mag durchaus etwas dran sein.

### 🍴 Restaurant
**Happy Burro Chili & Beer**, 100 W. Main St., Beatty, ① (775) 553-9099, www.facebook.com/Happy-Burro-Chili-Beer-427245825466. Nicht nur Freunde eines hausgemachten, deftigen Chilis sind hier gut aufgehoben. Es gibt einen kleinen Biergarten, die Stimmung ist gut. Unbedingt ausprobieren! Tgl. 10–22 Uhr.

### ⚠ Camping
Im Nationalpark befinden sich ca. zehn Campingplätze. Ganzjährig geöffnet sind normalerweise Furnace Creek sowie die voraussichtlich bis 2020 gesperrten Mesquite Spring und Wildrose.

### ☞ Hinweis
Wegen der begrenzten Kapazität im Death Valley sollte man **Unterkünfte vorbuchen**, vor allem im Winterhalbjahr und an Wochenenden. Wegen der Entfernung zur nächsten Stadt sind Lebensmittel, Benzin etc. deutlich teurer als im Landesdurchschnitt.

## Vom Death Valley zum Pazifik

Das Death Valley kann man auf allen möglichen Routen in Richtung südkalifornischer Pazifikküste verlassen. Nur einige davon sollen hier kurz skizziert werden:

### Nach Los Angeles über den Hwy. 14

Man verlässt den Nationalpark entweder über den Hwy. 178 und fährt über **Ridgecrest** und **Inyokern** gen Süden oder über die Passstrecke des Hwy. 190, auf der man nach **Olancha** kommt. In beiden Fällen stößt man auf den Hwy. 14, auf dem es dann parallel zum eindrucksvollen Los Angeles Aqueduct, das die Millionenstadt mit dem Wasser der Sierra Nevada versorgt, nach Süden geht. Auf dieser Strecke passiert man den **Red Rock Canyon State Park** (es gibt im Westen der USA mehrere Canyons dieses Namens!), dessen leuchtende Sandsteinformationen im herrlichen Kontrast zum blauen Himmel stehen – besonders bei schräg stehender Abendsonne. Der Canyon, in dem einige Western gedreht worden sind, ist außerdem wegen vieler verlassener Bergwerke und paläontologischer Funde bekannt.

*Drehort für Western*

Von hier aus erreicht man nach ca. 25 Meilen auf dem Hwy. 14 den Verkehrsknotenpunkt **Mojave** (Santa-Fe-Eisenbahn, Hwys. 14/58, Flughafen). Das Städtchen ist mit seiner Vielzahl an Fast-Food-Restaurants und günstigen Motels für eine kurze Pause oder Zwischenstation geeignet, hat aber keinerlei Sehenswürdigkeiten aufzuweisen. Immerhin beeindrucken die ausgedehnten Windfarmen, die die westlichen Berghänge überziehen.

Anschließend führt der Hwy. 14 auf schnurgerader Strecke über **Rosamond**, **Lancaster** und **Palmdale** bis an die Ausläufer der San Gabriel Mountains, an dem die Mojave-Wüste endet. Hinter dem Pass stößt man auf die I-5, auf der man zügig **San Fernando** bzw. **Los Angeles** erreicht. Diese Route ist die beste, wenn man in der Millionenmetropole z. B. zum Flughafen, nach Santa Monica oder in andere nördliche oder westliche Stadtteile möchte.

## Nach Los Angeles über den Hwy. 395

Wie oben verlässt man hier den Nationalpark über den Hwy. 178 oder den Hwy. 190 und fährt südwärts, biegt jedoch bei **Inyokern** auf den Hwy. 395 ab. Dieser wird zunächst durch die Red Mountains endlich zu einigen Kurven gezwungen und bietet bei **Randsburg** die Möglichkeit zu einem kurzen Abstecher zur Randsburg Ghost Town und zum nahen Rand Desert Museum.

*Abstecher zur Geisterstadt*

Spätestens ab dem Nest **Atolia** wird der Highway dann aber zu einem einsamen, fast schon beängstigend geraden Asphaltband. Wer immer schon einmal wissen wollte, wo in Amerika diese bis zum Horizont reichenden, wie mit dem Lineal gezogenen Straßen sind: Hier kann man eine erleben und befahren. Nur selten gibt es etwas Abwechslung, so z. B. einen Militärflughafen oder die Kreuzung am Hwy. 58, wo man auf einige Souvenirläden, Tankstellen und Gaststätten trifft. Auf dem Weg passiert man übrigens in gehörigem Abstand die riesige **Edwards Air Force Base**, ein Zentrum der Raumfahrtindustrie, auf dessen Gelände auch die NASA-Raumfähre Space Shuttle bis 2009 zu landen pflegte. Ca. neun Meilen vor dem Cajon Pass gelangt man schließlich zur I-15, die einen südwärts nach L.A. und nordwärts nach Barstow bringt (s. S. 513/548). Ganz in der Nähe zweigt die Panoramastraße Rim of the World zu den schönsten Szenerien der San Bernardino Mountains ab, ein geradezu unglaublicher Kontrast zu dem bisher Erlebten (s. S. 550).

## Nach Los Angeles/San Diego über den Hwy. 127

Auch hier verlässt man das Tal des Todes über den Hwy. 178 oder den Hwy. 190, aber zur anderen, östlichen Richtung. Im ersten Fall passiert man **Badwater**, den tiefsten Punkt der USA (s. S. 555), kommt nach 47 km zu den Ruinen der Ashford Mill und überwindet nach weiteren 41 km den Salsberry Pass (1.010 m), bis man in **Shoshone** auf den Hwy. 127 stößt. Diese Straße ist zwar asphaltiert, aber nicht immer in bes-

*Zurück in die Stadt der Engel: Blick auf Downtown L.A.*

*Vorsicht mit Campmobilen*

tem Zustand. Insbesondere Campmobile können Schwierigkeiten bekommen. Problemloser ist es, auf dem Hwy. 190 bis nach **Death Valley Junction** zu fahren und dort auf den Hwy. 127 einzubiegen. Die Straße führt einen südwärts, wobei man mit einer vermeintlich toten Landschaft konfrontiert wird, in der Windstöße feinen Sandstaub auf dem Asphalt verteilen. Hin und wieder rollt loses Dornenwerk über die Fahrbahn und weckt Erinnerungen an zahllose Wild-West-Filme. Die Fahrbahn verläuft in sanften Wellen schnurgerade, während sich in der Ebene zur Linken der Sand zu riesigen Wanderdünen auftürmt. In **Baker** (s. S. 547) endet der Hwy. 127 an der I-15.

*Einsame Nebenstrecken*

Wer keine Angst vor Einsamkeit hat, kann dort auch auf Nebenstrecken ausweichen: Über **Kelso** und durch das riesige Gebiet der East Mojave National Scenic Area bis **Amboy**, eine Ortschaft fast ohne Einwohner und auf dem besten Weg, eine echte Ghost Town an der Route 66 zu werden. Amboy gehört dem US-Amerikaner japanischen Ursprungs Albert Okura, einem Hühnerbaron, der mit seiner Marke „Juan Pollo" reich geworden ist. Als Fan der alten Route 66 ließ er sich 2005 die Chance nicht entgehen, bei einer eBay-Auktion die ganze Stadt Amboy für 425.000 US$ zu kaufen. Heute (über)leben hier vier Menschen und viele Relikte aus den alten Zeiten wie beispielsweise Zapfsäulen aus den 1960er-Jahren.

Naturliebhaber sollten den Amboy Crater besteigen, der sich vor 6.000 Jahren aus Lava aufgebaut hat. In der Ortschaft selbst steht das kleine Roy's Motel & Café auf weiter Flur, inzwischen so oft fotografiert (s. Bild S. 513), dass es zu einer kleinen Berühmtheit geworden ist. Überhaupt zeigt die Szenerie offensichtlich so viel Typisches, dass Amboy gerne als Drehort für Hollywoodstreifen genommen wurde.

In Amboy geht es links auf menschenleerer Strecke nach **Twentynine Palms**, wo man dem Joshua Tree NP (s. S. 508) und Palm Springs einen Besuch abstatten kann.

*Der tiefste Punkt der USA: 85,5 m unter dem Meeresspiegel!*

# 6. Anhang

## Literaturhinweise

Folgend eine **kleine Auswahl von Buchtipps** zum Reiseziel Kalifornien:

Victor Garnier **Astorino**, *Los Angeles – die Kultrezepte*, Christian Verlag 2017. Ein bebildertes Kochbuch der ganz besonderen Art. Der Autor bringt seinen Lesern die multikulturelle Küche des „Melting Pot" Los Angeles in ansprechenden Bildern und persönlichen Geschichten näher.

T. C. **Boyle**, *Wenn das Schlachten vorbei ist*, Hanser 2012, und *San Miguel*, Hanser 2013. Zwei Bücher aus der Feder eines der erfolgreichsten Schriftsteller der USA. Boyle lebt in Montecito bei Santa Barbara und beschreibt in den genannten Büchern die harten Arbeits- und Lebensbedingungen auf der Küste vorgelagerten Channel Islands. Dass es dabei immer auch einen ökologischen Aspekt zu thematisieren gibt, dafür steht Boyle seit Jahren. Auch in seinem 2015 auf Deutsch erschienen Buch „Hart auf Hart" widmet sich Boyle wieder der Umwelt wie dem Außenseitertum und spart nicht mit Zivilisationskritik. Das Buch ist in Nord-Kalifornien angesiedelt, und die Charakterisierungen der Orte wie beispielsweise Mendocino oder Eureka und ihrer Einwohner sind ungemein treffend – ganz zu schweigen vom großflächigen Marihuana-Anbau.

Charles **Bukowski**, *Ende der Durchsage*, KiWi 2012. Der 1920 im deutschen Andernach geborene Bukowski war bis zu seinem Tod 1994 unbestritten einer der führenden Chronisten des Lebens und Sterbens in Los Angeles. Nicht jeder mag seine Schreibe, seine zahlreichen Romane und Gedichte sind allerdings unbedingt lesenswert und zeigen eindrücklich Figurenbiografien außerhalb eines geordneten Sozialstaats.

Michael **Connelly**, *Kalter Tod*, Heyne 2008. Der Polizist Harry Bosch ist der Antiheld in einer Reihe von Krimis aus Connellys Feder. Seine Bücher *Das zweite Herz* und *Der Mandant* (beide nicht aus der Bosch-Reihe) wurden mit Clint Eastwood bzw. Matthew McConaughey verfilmt. Obwohl der mehrfach preisgekrönte Autor in Florida wohnt, leben seine Bücher vom Lokalkolorit, von seinem Insiderwissen und der Atmosphäre von Los Angeles.

Mike **Davis**, *City of Quartz*, Verso 2006. Die Sozialgeschichte von Los Angeles, eindrucksvoll und spannend von den Anfängen bis heute – eine Stadt als Symbol der zukünftigen Gesellschaft.

Bret Easton **Ellis**, *Unter Null*, KiWi 2006. Mitte der 1980er-Jahre das Buch zur Stadt Los Angeles. Ellis hatte es als 20-Jähriger in wenigen Wochen geschrieben und all das einfließen lassen, was das hohe Leben wohlhabender Familien und deren Kinder in Los Angeles (nicht) ausmacht. Mit seinem dritten Roman *American Psycho* wurde er dann weltberühmt.

James **Ellroy**, *L.A. Confidential*, Ullstein 2006. Erfolgreich verfilmt mit Russell Crowe, Kevin Spacey und Kim Basinger. Ellroy hält sich für den besten Krimi-Autoren der Welt, zumindest sind seine Plots und Storys einzigartig, wenn auch die Erzählweise gewöhnungsbedürftig, aber mitreißend ist. Und meist dreht es sich in seinen zahlreichen Büchern, die vielleicht das Genre „L.A. Noir" anführen, um das Böse in Los Angeles.

Philipp **Gassert** u. a., *Geschichte der USA*, Reclam 2018. Eine übergreifende Skizze der historischen Entwicklungen in den Vereinigten Staaten.

James **Franco**, *Palo Alto: Storys*, Eichborn 2012. Der Schauspieler, Schriftsteller und Künstler erzählt atmosphärisch ungemein dicht aus dem langweiligen Luxus-Alltagsleben einer sich trotz allem Überfluss leer fühlenden Generation am Elite-Studienort Palo Alto. Drogen, Sex und Tod bestimmen den Alltag, das Leben spielt sich auf Partys und im Auto ab.

Jack **Kerouac**, *On the Road, Die Urfassung*, rororo 2011. An der Beat Generation und ihrem vermeintlichen Sprecher Kerouac kommt keiner vorbei, der sich ein wenig mit der zeitgenössischen Literatur der USA und vor allem Kaliforniens auseinandersetzen will. Das Buch wurde 1957 erstmals veröffentlicht und gilt als das Werk der Beatniks. Erstmals im Original (*The Original Scroll*) veröffentlicht wurde es erst 2007. Kerouac starb bereits 1969.

Jack **London**, *Der Seewolf*, *Wolfsblut* (beide u. a. bei Diogenes) oder *Lockruf des Goldes* (dtv) heißen die großen Werke des legendären Schriftstellers aus der San Francisco Bay Area.

Armistead **Maupin**, *Stadtgeschichten* (Reihe), rororo. Maupins Stadtgeschichten sind ein Muss für alle San-Francisco-Freunde. Seit mehr als 40 Jahren stellt der Autor seine Stadt und vor allem ihre Menschen vor, mit all ihren Ticks und Tugenden, mit wiederkehrenden Themen wie AIDS und Homosexualität. Etliche Fans wurden schon auf dem Russian Hill herumirrend gesehen, auf der Suche nach der fiktiven Barbary Lane.

Werner **Skrentny**, *Wo Hitchcocks Vögel schreien*, Europa Verlag 2002. Außergewöhnlicher Reiseführer, der detaillierte Informationen zu Drehorten berühmter Spielfilme liefert, aber auch zu Museen, Gedenkstätten für Stars, zu Studiotouren und zu historischen Kinopalästen – nur noch antiquarisch zu kaufen.

John **Steinbeck**, *Früchte des Zorns* und *Die Straße der Ölsardinen* (dtv). Zwei Klassiker von 1940 bzw. 1945 über das Leben der einfachen Leute in Kalifornien und der Bauern auf der Flucht aus dem „Dust Bowl" im Zentrum der USA nach Kalifornien.

Mark **Twain**, *Im Gold- und Silberland und andere Erzählungen* und *Der berühmte Springfrosch von Calaveras* (beide antiquarisch erhältlich). Ironische Erzählungen aus dem Goldgräbermilieu.

Heinrich **Wefing**, *Gebrauchsanweisung für Kalifornien*, Piper 2005. Lesenswerte Anekdoten über das Leben im Golden State, amüsant und pointiert erzählt von einem langjährigen Kenner. Hier erfährt man beispielsweise alles, was man über Baseball schon immer wissen wollte. Weiterer Titel der Reihe: Rainer **Strecker**, *Gebrauchsanweisung für Los Angeles*, Piper 2013.

Don **Winslow**, *Kings of Cool*, Suhrkamp 2012. Winslow ist der Chronist der zeitgenössischen kalifornischen Surfer-Kultur in und um Los Angeles. Und auch hier, im täglichen Überleben des Molochs Großstadt, geht es nicht nur um die Welle, sondern in seinen zahlreichen und komplexen Krimis auch um Drogen, Mord und Sex. Von ihm stammt auch *Palm Desert*, Suhrkamp 2016, eine köstliche Parodie auf das Leben und Überleben in Las Vegas und Palm Desert.

**Zagat**, *Zagat Survey*. Jährlich aktualisierte Restaurantführer (u. a. zu San Francisco und der Bay Area, Los Angeles und Südkalifornien), die in Amerika als Klassiker unter den Gourmet-Tippgebern gelten.

# Stichwortverzeichnis

## A
Abkürzungen 62
Afroamerikaner 41
Agua Caliente-Indianer 499
Albion 333
Alder Gulch Shortline Railroad 356
Alkohol 62
Amador City 381
Amargosa Valley 551
Amboy 513, 560
American River 354, 355
Amerikanischer Bürgerkrieg 22
Amerikanisch-Mexikanischer Krieg 18
Anaheim 267
Anasazi 15
Andrew Molera State Park 412
Angel Island 191
Angeln 92
Angels Camp 381
Año Nuevo State Park 387
Anza-Borrego Desert State Park 496
Apotheken 88
Arbeitslosenquote 51
Arbeitsplätze 51
Ärzte 87
Asiaten 42
Atolia 559
Auburn 355, 382
Aufenthaltskosten 115
Auto fahren 63
Automobilclub 65
Autovermietung 66
Avenue of the Giants 33, 281, 329

## B
Badwater 13, 553, 555, 559
Baja California 489
Baker 547
Bakersfield 441
Balboa, Vasco Núñez de 466
Banken 68
Barstow 513, 548
Beat Generation 133, 248, 412
Beatty 551
Bed & Breakfast 108, 116
Behinderte 69
Benzin 69, 116
Benzinverbrauch 57
Bergbau 55
Beringer Vineyards 303
Berkeley 201
　Sather Gate 202
　University of California 202
Berkeley, George 201
Bevölkerung 13, 40
Bidwell Bar Suspension Bridge 307
Big Basin Redwoods State Park 387
Big Bear Lake 551
Big Oak Flat 379
Big Sur 412
Bird Rock 408
Bixby Creek Bridge 411
Blue Point Spring 540
Bodega Bay 336
Bodenschätze 55
Bodie 368
Bolinas 340
Botschaften 74
Boulder Beach 542
Boulder City 544
Boyle, T. C. 428
Bridalveil Fall 374
Bridgeport 368
Brown, Charlie 291
Brown, Jerry 27
Buellton 417
Buena Park 273
　Knott's Berry Farm 273
　Medieval Times 273
Buffalo Bill 382
Bukowski, Charles 256
Bumpass Hell 311
Burroughs, William S. 133
Buschbrände 373
Busse 70, 115

## C
Cabazon 494
Cabrillo, Juan Rodríguez 17, 26, 398, 438, 478
Cajon Pass Overlook 550
Calico 547
Calico Early Man Site 15, 547
California's Great America 391

Calistoga 301, 303, 306
Callville Bay 541
Cambria 416
Camino Real 392
Camper 70, 114
Camping 72
Canby 319
Carlsbad 451
Carmel-by-the-Sea 408
   Mission Carmel 409
Carson City 361
Cascade Mountains 33
Cathedral City 496, 503
Cave Rock 365
Cayucos 416
Channel Islands National Park 433
   Anacapa 436
   San Miguel 437
   Santa Barbara 438
   Santa Cruz 437
   Santa Rosa 437
Chico 308
Cirque du Soleil 526, 529
Clark Mountain Range 547
Clear Lake 306
Coachella Valley 498
Colma 388
Coloma 382
Colorado River 542
Columbia 380
Computer History Museum 392
Corona 455
Coronado, Francisco Vásquez de 17, 26
Cortéz, Hernán 17
Costa Mesa 266
   Segerstrom Center for the Arts 266
Coupons 73
Crater Lake National Park 320
Crescent City 320
Crocker, Charles 407
Crystal Bay 364
Crystal Cave 444
Cummings 330

## D
Daggett 547
Death Valley 35
Death Valley Junction 560
Death Valley National Park 551, 552
   Badwater 555
   Dante's View 556
   Devil's Golf Course 555
   Telescope Peak 556
   Zabriskie Point 556
Del Mar 454

Del Norte Coast Redwoods State Park 324
Descanso 496
Desert Hot Springs 506
Desert Shores 497
Devil's Golf Course 555
Devils Postpile 370
Diplomatische Vertretungen 73
Disney California Adventure Park 271
Disneyland Resort 268
   Disneyland Park 269
Disney, Walter Elias 27, 271
Domaine Chandon 301
Downieville 356
Drake, Francis 17, 26

## E
Earthquake Trail 338
Echo Bay 541
Echo Summit 355
Edison, Thomas 483
Einreise 75
Eintritte 117
Eisenbahngesellschaften 22
El Capitan 374
Eldorado National Forest 355
Elk 333
El Niño 27, 37
El Segundo Dunes 256
Emerald Bay Vista Point 366
Emma Wood State Beach 430
Encinitas 454
Energie 57
Entfernungstabelle 112
Erdbeben 23, 27, 29, 30, 125
Erdgas 56
Erdöl 56
Escondido 456
Essen 76
ESTA 75
Eureka 322
Events 80

## F
Fahrrad fahren 80
Fairfield 343
Fannette Island 366
Feather Falls 308
Feather River Scenic Byway 309
Feiertage 80
Ferlinghetti, Lawrence 133
Fern Canyon 325
Ferndale 328
Feuer 23, 27
Fischerei 24, 52
Flächenmaße 91
Flagge 13

Flüge 83, 113
Folsom 354
Folsom Lake 354
Footsteps Rock 324
Forstwirtschaft 52
Fort Baker 185
Fort Bragg 331
Fort Ross 335
Fotografieren 84
Franziskaner 17
Fresno 447
Frieden von Guadalupe Hidalgo 19
Frontier 19
Furnace Creek 555
Fwy. 280 (Junípero Serra Fwy.) 387

## G
Garberville 329
Garden Grove 274
   Crystal Cathedral 274
Gästehäuser 108
Gaviota 417
Gebirgssystem, Pazifisches 32
Gehry, Frank O. 250, 390
Geld 85
Geldumtausch 85
General Grant Tree 444, 445
General Sherman Tree 444, 445
Geografie 28
Geologie 28
Gesamtkostenplanung 117
Geschichte 15
Gesellschaft 40
Gesundheit 87
Getty, J. Paul 251, 254
Getty Villa 250
Gewichte 91
Geyserville 292, 331
Geysire 29
Ghost Tree 408
Ginsberg, Allen 133
Glacier Point 374
Glacier Point Rd. 373, 374
Glendale 538
Glen Ellen 292
Glen Ivy Hot Springs 455
Gold Bluffs Beach 325
Gold Country 99
Golden Gate National Recreation Area 185
Goldfunde 19, 124
Goldrausch 19
Golf-Sport 499
Gouverneur 13
Grenzen 13
Greyhound 70
Größe 13

## Stichwortverzeichnis

Größentabelle Bekleidung 91
Groveland 379
Grundstückspreise 45

## H
Half Moon Bay 386
Hallidie, Andrew 130
Hangtown's Gold Bug Park & Mine 382
Harmony 416
Hat Mountain 312
Hauptstadt 13, 346
Hausboote 187
Hearst Castle 414
Hearst, George 414
Hearst, William Randolph 414
Henry Cowell Redwoods State Park 395
Hermosa Beach 256
Hewlett, William 389
Hidden Valley 512
Hispanics 40
Hitchcock, Alfred 336
Hitzerekord 35
Hohlmaße 91
Homosexualität 166
Hoopa 318
Hoover Dam 538, 542
Hoover Dam Bypass 544
Hopkins, Mark 382
Hotels 106, 115
Hot Rock 312
Huntington Beach 264
Hwy. 1 383, 384, 386, 397, 411, 416
Hwy. 14 558
Hwy. 82 (Camino Real) 388
Hwy. 127 559
Hwy. 395 559

## I
Idyllwild 496
Immobilienkrise 45
Incline Village 364
Indianer 15
Indian Springs 551
Indian Wells 504
Indio 505
Industrie 55
Informationen 89
Intel-Museum 392
Inuit 15
Inyokern 558, 559
Iron Mountains 355

## J
Jackson 381
Jamestown 379
Jedediah Smith Memorial Trail 354
Jefferson 18
Jenner 336
Johnson, Lyndon B. 326
Joshua Tree National Park 508
  Cholla-Kaktusgarten 511
  Cottonwood Spring 511
  Cottonwood Visitor Center 511
  Joshua Tree Visitor Center 508
  Jumbo Rocks 512
  Lost Horse Mine 512
  Lost Palms Oasis 511
  Oasis Visitor Center 508, 512
Jugendherbergen 108
Julian 496
Julia Pfeiffer Burns State Park 413

## K
Kartenmaterial 89
Kelseyville 306
Kerouac, Jack 133, 412
Kinder 90
Kingman 544
Kings Canyon National Park 442
Kings-Canyon-Panoramastraße 446
Klamath Falls 319
Klamath Lake 319
Kleidung 49, 90
Klima 35
Konsulate 74
Krankenversicherung 46
Kreditkarten 86
Kruse Rhododendron State Reserve 334
Küstenlinie 13

## L
La Conchita 430
Lady Bird Johnson Grove 326
Laguna Beach 275
Lake Arrowhead 550
Lake Berryessa 382
Lake Cachuma 419
Lakecreek 320
Lake Elsinore 455
Lake Ewauna 319
Lake Henshaw 495, 496
Lake Kaweah 441
Lake Mathews 455
Lake Mead 538, 540
Lake Natoma 354
Lake Oroville 307
Lake Tahoe 342, 362
Lake Tahoe Nevada State Park 364
Lancaster 558
Landwirtschaft 23, 52
Längenmaße 91
La Quinta 505
Las Cruces 417
Lassen Peak 312
Lassen Peak Rd. 311
Lassen, Peter 311
Lassen Volcanic National Park 281, 309
**Las Vegas** 514
  Bally's 527
  Bellagio 528
  Caesars Palace 527
  California 521
  Circus Circus 525
  CityCenter 528
  City Hall 521
  Downtown 519
  Downtown Container Park 522
  Excalibur 529
  Fitzgerald's 522
  Flamingo 527
  Four Queens 522
  Fremont 522
  Golden Gate 522
  Golden Nugget 522
  Harrah's 526
  High Roller 527
  Las Vegas Arts District 523
  Las Vegas Boulevard 523
  Las Vegas Mormon Fort State Historic Park 519
  Luxor 530
  Main Street Station 521
  Mandalay Bay Hotel & Casino 530
  MGM Grand 529
  Mirage 527
  Mob Museum 521
  Natural History Museum 520
  Neon Museum 520
  Neonopolis 522
  New York New York 528
  Paris 528
  Park MGM 528
  Planet Hollywood Resort 528
  Plaza 521
  Reisepr. Informationen 532
  SLS 525
  Stratosphere Tower 523
  The LINQ 526
  The Strip 519, 523
  The Venetian Resort 526
  Treasure Island 526
  Tropicana 529
  Wynn Las Vegas 526
Lava Beds National Monument 319
Lebensmittel 116
Lee Vining 369, 370

Lee-Vining-Canyon-Panoramastraße 370
Leggett 330
Libeskind, Daniel 144
Linda Mar 386
Logandale 538
Lompoc 417
London, Jack 197, 198, 292, 293, 408
Lone Cypress Tree 408
**Long Beach** 259
  Aquarium of the Pacific 261
  Bixby Hill 262
  Long Beach Museum of Art 262
  Naples 262
  Ocean Boulevard 262
  Pyramid Stadium 263
  Queen Mary 260
  Rancho Los Alamitos 262
  Shoreline Village 261
  Vincent Thomas Bridge 260
**Los Angeles** 206
  Angelino Heights 218
  Autry Museum of the American West 228
  Avenue of the Stars 234
  Beverly Hills 229
  Bradbury Building 218
  Broadway 218
  Bunker Hill 216
  California Science Center 220
  Chateau Marmont Hotel 229
  Chinatown 214
  Church of the Blessed Sacrament 224
  Civic Center 215
  Convention Center 219
  Dodger Stadium 218
  Einkaufsgegenden 233
  El Pueblo 212
  Exposition Park 219
  Farmer's Market 231
  Geschichte 210
  Grand Central Market 218
  Grauman's Chinese Theatre 222
  Griffith Observatory 227
  Griffith Park 220, 226
  Guinness World Record Museum 223
  Hammer Museum 234
  Hollywood 220, 222
  Hollywood Bowl 225
  Hollywood Forever Cemetery 224
  Hollywood & Highland Center 223
  Hollywood Sign 228
  Hollywood Wax 223
  Holocaust-Museum 233
  Jewelry District 218
  Koreatown 215
  La Brea Tar Pits & Museum 232
  L.A. LIVE 219
  Leimert Park 235
  Little Tokyo 215
  Los Angeles Central Public Library 218
  Los Angeles County Museum of Art 232
  Los Angeles Zoo 228
  Melrose Strip 224
  Midtown 229
  MOCA 216
  Mulholland Drive 231
  Museen 232
  Museum of Tolerance 233
  Music Center 215
  Orientierungstipps 207
  Pacific Design Center 234
  Paramount Studios 224
  Pershing Square 218
  Petersen Automotive Museum 233
  Port of Los Angeles 260
  Reisepr. Informationen 235
  Rodeo Drive 233
  St. Elmo Village 235
  Sunset Strip 229
  TCL Chinese Theatre 222
  The Broad 217
  The Grove 232
  Union Station 214
  Universal City 225
  Universal Studios 225
  University of California 234
  Walk of Fame 222
  Walt Disney Concert Hall 217
  Warner Bros. Studios 226
  Watts Towers 220
  West Hollywood 234
  Westwood Village 234
Los Gatos 395
Lost City Museum 538
Lucas, George 161
Luftverschmutzung 57

# M

Malibu 246, 252
  Getty Center 253, 254
Mammoth Lakes 370
Mammutbäume 329, 445
Manhattan Beach 256
Mann, Heinrich 249
Mann, Thomas 249
Manteca 448
Manzanita Lake 312
Marina 397
Marina Del Rey 246
Mariposa Grove 375
Maßeinheiten 91
Mavericks 386, 396
McLaren, John 154
Medford 320
Meeks Bay 366
Mendocino 332
Mendocino Coast Botanical Garden 332
Menlo Park 388
Merced 448
Merrill 319
Mietwagen 113
Millbrae 388
Miller, Henry 412
Mill Valley 191
Missionare 17
Mission Carmel 409
Mission Dolores 163
Missionen 480
Mission La Purísima Consepción 417
Mission San Antonio de Pala 456
Mission San Buenaventura 431
Mission San Diego de Alcalá 479
Mission San Francisco Solano de Sonoma 296
Mission San Juan Capistrano 276
Mission San Luis Obispo de Tolosa 416
Mission Santa Barbara 423
Mission Santa Clara de Asis 392
Mission Santa Inés 418
Missionsstationen 17
Mobilität 52
Modesto 448
Modoc-Indianerkrieg 319
Mojave 558
Mojave National Preserve 547
Mojave-Wüste 513, 545, 546
Mokelumne Hill 381
Mono Lake 369
Montara State Beach 386
**Monterey** 398
  California's First Theatre 401
  Cannery Row 402
  Casa del Oro 401
  Custom House 401
  Custom House Plaza 401
  First Brick House 401
  Fisherman's Wharf 402
  Lover's Point 406
  Monterey Bay Aquarium 404
  Monterey State Historic Park 401
  Old Whaling Station 401
  Pacific House 401
  Robert Louis Stevenson House 402

Royal Presidio Chapel 402
Monterey Peninsula 398
Moore, Henry 141
Morgan Summit 309
Mormon Rock 550
Moro Rock 444
Morro Bay 416
Morro Rock 416
Motels 107, 115
Motorhomes 70
Mountain View 391
Mount Jacinto 500
Mount Tamalpais State Park 190
Mt. Charleston 532
Mt. Shasta 315
Mt. Whitney 442
Muir Beach 190, 341
Muir, John 189, 444
Muir Woods National Monument 189
Murals 163, 164
Murphys 381

# N
Napa 288, 297
Napa Valley 281, 283, 301
Napoleon 18
Nationalparks 92
National Steinbeck Center 398
Nepenthe 413
Nevada 357
Nevada City 356
Newport Beach 275
Newsom, Gavin 13, 25, 28
Newton B. Drury Drive 325
Niederschläge 36
Nixon, Richard 266
Notfall 87, 93
Notruf 93
Novato 289

# O
**Oakland** 194
　Camron-Stanford House 198
　Chabot Space & Science Center 199
　Chinatown 197
　City Hall 197
　Fox Oakland Theater 197
　Jack London Square 198
　Lake Merritt 198
　Lakeside Park 198
　Oakland Convention Center 197
　Oakland Museum of California 198
　Oakland Zoo 200
　Old Oakland 196

Paramount Theater of the Arts 197
USS Potomac 198
Obama, Barack 27
Oceanside 265, 450
　California Surf Museum 265
Öffnungszeiten 93
Old Faithful 304
Old Mission Santa Inés 418
One Log House 329
Onyx Summit 551
Oppenheimer, Frank 147
Oppenheimer, Robert 147
Orange County 266
Oroville 306
Oroville Dam 307
Overton 538
Overton Beach 539
Oxnard 439

# P
Pacifica 386
Pacific Grove 406
Packard, David 389
Palmdale 558
Palm Desert 504
**Palm Springs** 498, 500
　Art Museum 502
　Indian Canyons 503
　Knott's Soak City Waterpark 503
　Marilyn-Monroe-Statue 501
　Mount Jacinto 501
　Palm Springs Aerial Tramway 500
　Reisepr. Informationen 506
　Tahquitz Canyon 502
　Walk of Stars 501
　Wet'n'Wild Waterpark 503
Palo Alto 390
Palomar Mountains 495
Palomar Observatory 456, 495
Palos Verdes Peninsula 256
　Bukowskis Grab 257
　Cabrillo Marine Aquarium 258
　Korean Bell of Friendship 258
　Los Angeles Maritime Museum 258
　Point Fermin 257
　Point Vicente 256
　The Wayfarers Chapel 256
　Vincent Thomas Bridge 258
Pannenhilfe 65
Parkgebühren 117
Pasadena 244
Pebble Beach 408
Pescadero 387
Pescadero Point 408
Petaluma 290

Petroglyph Canyon 539
Pfeiffer Big Sur State Park 412
Pismo Beach 416
Placerville 382
Plumas National Forest 309
Plymouth 381
Point Arena Lighthouse 333
Point Lobos State Natural Reserve 411
Point Piedras Blancas 413
Point Piños Lighthouse 406
Point Reyes Lighthouse 339
Point Reyes National Seashore 338
Point Sur 411
Point Sur Light Station 412
Polk, James 19
Portolà, Gaspar de 17, 26, 399
Post 93
Prairie Creek Redwoods State Park 325
Preise 113
Preisermäßigungen 94
Princeton-by-the-Sea 386

# Q
Queen Mary 260

# R
Rancho Mirage 496, 504
Randsburg 559
Rauchen 95
Reagan, Ronald 24, 27
Redding 314
Redondo Beach 256
Red Rock Canyon 532
Red Rock Canyon State Park 558
Redstone Picnic Area 541
Redwood City 388
Redwood National Park 320, 324
Redwoods 281, 326, 329, 387, 395
Redwood-Staatswälder 327
Reflection Lake 312
Reisezeit 35, 95
Reno 357
Restaurants 96, 116
Rhyolite 551
Ridgecrest 558
Riesensequoien 324, 444
Rim of the World Scenic Byway 550
Rincon 456
Riverside 494
Roaring Camp & Big Trees Narrow-Gauge Railroad 395
Robert Louis Stevenson Memorial State Park 306
Rogers Spring 540

Roosevelt, Franklin D. 543
Rosamond 558
Route 66 „Mother Road" Museum 548
Routen 119
Rundreisen 119
Russen 17

# S

**Sacramento** 343
  California Automobile Museum 350
  California Museum 348
  California State Railroad Museum 350
  Cathedral of the Blessed Sacrament 348
  City Hall 348
  Convention Center 348
  Crest Theatre 348
  Crocker Art Museum 351
  Delta King 349
  Downtown Commons 349
  Eagle Theatre 349, 350
  Esquire Theatre 348
  Historic Governor's Mansion 348
  Leland Stanford Mansion 349
  Reisepr. Informationen 351
  Sacramento History Museum 350
  State Capitol 347
  Sutter's Fort State Historic Park 351
  Vietnam Veterans Memorial 348
  Wells Fargo History Museum 349
  Wells Fargo Museum 349
Salinas 398
Salton Sea 497
San Andreas 381
San Antonio de Pala Asistencia 495
San Bernardino 549
San Bernardino Mountains 550
San Bernardino National Forest 550
San Carlos 388
San Clemente 274
**San Diego** 458
  59-Mile Scenic Drive 461
  Air & Space Museum 468
  Balboa Park 466
  Belmont Park 475
  Broadway Pier 463
  Cabrillo National Monument 478
  California Tower 468

  Coronado Peninsula 482
  Cruise Ship Terminal 464
  Downtown 461
  Embarcadero Marina Park 464
  Fähren 463
  Gaslamp Quarter 465
  Go San Diego Card 484
  Harbor Island 477
  Horton Plaza 461
  La Jolla 475
  La Jolla Cove 476
  Loma-Halbinsel 477
  Maritime Museum 464
  Mission Bay 472
  Mission Beach 475
  Mission San Diego de Alcalá 479
  Mount Soledad 475
  Museum of Contemporary Art Downtown 463, 476
  New Children's Museum 465
  Old Town 470
  Pacific Beach 475
  Pechanga Arena San Diego 474
  Point Loma 478
  Reisepr. Informationen 484
  Reuben H. Fleet Science Center/IMAX 470
  San Diego Convention Center 464
  San Diego Museum of Art 467
  San Diego Zoo 470
  Santa Fe Train Depot 463
  Seal Rock Beach 476
  Seaport Village 464
  SeaWorld San Diego 474
  Shelter Island 477
  Spreckels Organ Pavilion 468
  Stephen Birch Aquarium & Museum 476
  Torrey Pines State Reserve 476
  University 475
  USS Midway Museum 463
San Diego Zoo Safari Park 457
San Fernando 558
**San Francisco** 122
  49-Mile Scenic Drive 160
  555 California Street 145
  Alamo Square 160
  Alcatraz 136
  Anchorage Square 149
  Asian Art Museum 140
  Bank of America 145
  Bank of California 146
  Besichtigungsprogramm 127
  Brand 125
  Buffalo Paddock 159
  Cable Car 125
  Cable Car Museum 137

  Cable Cars 128, 130
  California Academy of Sciences 157
  Castro 124
  Chinatown 123, 131
  Chinese Historical Society Museum 132
  City Hall 140
  City Lights Bookstore 133
  CityPASS 165
  Civic Center 124, 140
  Cliff House 162
  Coastal Trail 153
  Coit Tower 134
  Columbus Tower 132
  Conservatory of Flowers 156
  Contemporary Jewish Museum 144
  Crocker Galleria 145
  De Young Museum 156
  Dutch Windmill 159
  Einkaufszentrum 142, 144
  Embarcadero Center 146
  Emporium 142
  Entfernungen 183
  Erdbeben 125
  Exploratorium 147
  Fairmont Hotel & Tower 138
  Ferry Building 147
  Financial District 123, 144
  Fisherman's Wharf 124, 128, 135, 149
  Fort Mason 150
  Fort Point 152
  Ghirardelli Square 150
  Golden Gate Bridge 152, 177
  Golden Gate Park 154
  Golden Gate Park Stadium 159
  Golden Gate Promenade 151
  Go San Francisco Card 165
  Grace Cathedral 138
  Haight-Ashbury 159
  Hallidie Plaza 128, 142
  Huntington Park 138
  Hyde Street Pier 149
  Japanischer Teegarten 157
  Japantown 142
  Lake Merced 162
  Legion of Honor 162
  Lloyd Lake 159
  Lombard Street 137
  Louise M. Davies Symphony Hall 141
  Main Public Library 140
  Marina Green 151
  Maritime National Historical Park 149
  McLaren Lodge 156
  Metreon 144

Mission Dolores 163
Moscone Center 143
Municipal Pier 150
Murphy Windmill 159
Nob Hill 123, 137
North Beach 124, 134
Old St. Mary's Cathedral 131
Old U.S. Mint 143
Painted Ladies 123
Palace of Fine Arts 151
Pier 39 135
Pier 41 135
Pier 43 135
Pier 43½ 135
Pier 45 135, 149
Presidio of San Francisco 161
Reisepr. Informationen 164
Ripley's Believe It or Not! Museum 135
Rundfahrten 128
Rundgänge 128
San Francisco County Fair Building 159
San Francisco Museum of Modern Art 144
San Francisco-Oakland Bay Bridge 148
San Francisco War Memorial 140
San Francisco Zoo 162
SFMOMA 144
Shopping 131
Spreckels Lake 159
St. Mary's Cathedral 142
Strawberry Hill 159
Strybing Arboretum & Botanical Gardens 158
Telegraph Hill 134
The Bay Lights 148
The Cannery 149
Transamerica Pyramid 146
Twin Peaks 163
Union Square 128
Vergangenheit 124
Visitor Passport 165
War Memorial Opera House 141
War Memorial Veterans Building 141
Washington Square 134
Wells Fargo Bank 145
Western Addition 160
Westfield San Francisco Centre 142
Westin St. Francis 131
Yerba Buena Center for the Arts 143
Yerba Buena Gardens 143
San Francisco Bay 183

San Francisco-Oakland Bay Bridge 148, 192
San José 392
San Juan Bautista 397
San Juan Bautista State Historic Park 398
San Luis Obispo 416
San Luis Rey 451
San Marino 244
San Mateo-Hayward Bridge 448
San Quentin 288
San Quentin State Prison 288
San Rafael 288
San Simeon 414
Santa Ana 266
  Bowers Museum 266
Santa Ana River 551
**Santa Barbara** 419
  Andree Clark Bird Refuge 424
  Botanic Garden 424
  Chase Palm Park 425
  Downtown Waterfront Shuttle 421
  Einkaufszentrum 422, 423
  El Paseo 422
  Historical Museum 422
  Hope Ranch Residential Area 428
  La Arcada 423
  Mission Santa Barbara 423
  Montecito 428
  Moreton Bay Fig Tree 427
  Museum of Art 423
  Museum of Natural History 424
  Presidio State Historic Park 422
  Red Tile Walking Tour 421
  Reisepr. Informationen 428
  Santa Barbara County Courthouse 421
  Santa Barbara Trolley 421
  Scenic Drive 421
  Sea Center 427
  Seefahrts-Museum 427
  Stearns Wharf 425
  Whale Watching 425
  Yacht-Hafen 427
  Zoological Gardens 425
Santa Catalina Island 277
Santa Cruz 395
Santa Maria 417
Santa Monica 249
  Museum of Flying 250
  Santa Monica Pier 250
Santa Monica Mountains 439
Santa Rosa 291
Santa Ynez 419
Santa Ynez Mountains 419
Saratoga 395

Sausalito 185, 186
Scenic Byway 120 370, 372
Schellville 296
Schwarzenegger, Arnold 27
Seal Beach 264
Seal Rock 408
Sea Ranch Chapel 334
Sebastopol 338
Sequoia National Park 442
Serra, Junípero 17, 26, 163, 399, 409, 431, 471, 472, 480
Shasta Caverns 315
Shasta Lake 314
Shasta State Historic Park 315
Shoshone 559
Sicherheit 97
Siedlungsstruktur 43
Sierra Nevada 33, 442
Silicon Valley 24, 56, 389
Silverwood Lake 550
Sinagua 15
Six Flags California 440
Six Flags Discovery Kingdom 287
Skunk Train 332
Solvang 418
Sonoma 281, 294
Sonoma Coast State Beach 336
Sonoma Valley 283
South Lake Tahoe 355, 365
Soziale Lage 44
Spanier 17
Sperrnummer 87
Sport 98
Sprache 100
Spring Mountain Ranch State Park 532
Squaw Valley 364
Staatsmotto 13
Stanford, Leland Jr. 391
Stanford University 390
Steinbeck, John 398, 403
Stevenson, Robert Louis 302, 306, 402, 411
St. Helena 302
St. Helena (Vulkan) 306
Stinson Beach 190, 341
Strände 101
Strauss, Levi 21
Strom 102
Studebaker, John 382
Sulphur Works 311
Summit Lake 312
Surfen 98, 396
Sutter Creek 381
Sutter, Johann August 20, 26, 346

# T

Tahoe City 366
Tahoe Rim Trail 364

## Stichwortverzeichnis

Tahoma 366
Tall Tress Grove 326
Tankstellen 69
Taxi 114
Telekommunikation 102
Temecula 455
Temecula Valley 455
Temperaturen 36, 91
Tennessee Beach 341
Thanksgiving Day 80
The Living Desert 496, 504
Tiburon 191
Tijuana (Mexiko) 489, 491
Tioga Lake 370
Tioga Pass 372
Tomales 338
Torrey Pines State Natural Reserve 455
Tourismus 24, 58
Tracy 448
Treasure Island 194
Trees of Mystery 325
Trinidad 323
Trinity Mountains 318
Trinken 76
Trinkgeld 103
Trona Pinnacles 557
Truckee 357
Trump, Donald 24
Twain, Mark 359, 382
Twentynine Palms 560

## U

Ukiah 331
Umweltschutz 57
Unabhängigkeitskrieg 18
Unfall 93
Unterkunft 104, 115
USS Iowa 258

## V

Valencia 440
Vallejo 287, 343
Vallejo, Mariano Guadalupe 19, 295
Valley of Fire 538
Vegetarier 77
Venice 247
Venice Beach 248
Ventura 430
Verkehrsregeln 63
Versicherungen 67, 109
Vikingsholm 366
Virginia City 359
Vista del Mar 415
Visum 109
Vizcaíno, Sebastián 398, 408, 420
Vulkane 29

## W

Waldbrände 37, 373
Wale 425
Wandern 99
Wappentier 13
Warm Springs 538
Wasserverbrauch 57
Wasserversorgung 23, 53
Watsonville 397
Weaverville 317
Wechselkurs 86, 113
Wechselstuben 68
Wein 79, 299
Weinanbau 24
Weingüter 298
Weinkellereien 417
Weinverkostungen 286, 296
Wells Fargo & Company 21
Wells Fargo History Museum 349

Wells Fargo Museum 349
Whaler's Cove 411
Whale Watching 425
Wheaton Springs 547
Whiskeytown Lake 315
Willits 330
Willow Creek 318
Wine Country 283
Wintersport 99
Winzereitouren 286
Wirtschaft 13, 50
Woodside 388
Wright, Frank Lloyd 289
Wüsten 33

## Y

Yerba Buena Island 194
YMCA/YWCA 108
Yorba Linda 266
 Richard Nixon Library and Birthplace 266
Yosemite Falls 343, 374
Yosemite Mountain Sugar Pine Railroad 375
Yosemite National Park 342, 371
Yosemite Valley 373
Yountville 301
Yuba City 306

## Z

Zahlungsmittel 85
Zahnärzte 87
Zeit 109
Zephyr Cove 365
Zoll 110
Züge 110, 114

---

**Abbildungsverzeichnis**

Alle Bilder von **Stefan Blank**, außer:
**Adobe Stock**/Uwe Taubert: Umschlag hinten (oben), eric: Umschlag hinten (unten); **Amtrak:** 111; **Apple:** 389; **Calaveras County CVB**/Lisa Boulton: 380; **Dr. Margit Brinke:** 143, 270, 291, 339; **Flickr:** [CC BY 2.0] Visit Redwoods.com/Humboldt Lodging Alliance/Gary_Todoroff: 41, 322; Kev Herrera: 276; Sheila Sund: 369; William Warby: 543; [CC BY-SA 2.0] Don Graham: 457, 550; **iStock/**borealisimages: 12 (2. Tipp); Alex Gleitz: 278; jmoor17/Around the World Tours: 391; **National Park Service (NPS):** 311, 326, Brad Sutton: 511; **SFTravel**/Nader Khouri 81, 141; **Ulrich Quack:** 16, 20, 49, 189, 191, 269, 416, 540; **Ulrike Niederer:** 12 (oben); **Unsplash**/Abraham Barrera: 450; Dakota Corbin: 490; **US Forest Service**/Blake Scott: 38; **Verlagsarchiv:** 30, 126, 272; **Visit California**/Andreas Hub: 18, 99, 260, 264, 312, 409, 454, 499; Blaise: 415, 497; Carol Highsmith: 105, 153, 386, 424; Max Whittaker: 393; Myles Mc Guinness: 321, 368; Robert Holmes: 157; **Visit Calistoga:** 304; **Visit Napa Valley**/Bob McClenahan: 297, 305; **Wikimedia Commons**: [CC BY 2.0] Robert Schwemmer/CINMS/NOAA: 436; [CC BY-SA 2.5] Summum: 263; [CC BY-SA 3.0] Amadscientist: 361; [CC BY-SA 4.0] Catalina Island Conservancy: 435, RightCowLeftCoast: 491.
**Creative-Commons-Lizenzen**: https://creativecommons.org/licenses/by/2.0; https://creativecommons.org/licenses/by-sa/2.0; https://creativecommons.org/licenses/by-sa/2.5; https://creativecommons.org/licenses/by-sa/3.0; https://creativecommons.org/licenses/by-sa/4.0

# Die beste Perspektive aus und über die USA im Abo!

## Ja, ich möchte 360° USA im Abonnement bestellen!

Sie erhalten das alle drei Monate erscheinende Magazin **360° USA** ...

☐ **...im Abonnement für 1 Jahr (4 Ausgaben) zum Vorzugspreis von nur 32 €**
(innerhalb Deutschlands. Außerhalb Deutschlands gelten folgende Preise: Ausland/Europa: 40 €, Ausland/restliche Welt: 48 €. Alle Preise inkl. Versand und – soweit erforderlich – inkl. MwSt.).

☐ **...im Abonnement für 2 Jahre (4 Ausgaben) zum Vorzugspreis von nur 56 €**
(innerhalb Deutschlands. Außerhalb Deutschlands gelten folgende Preise: Ausland/Europa: 64 €, Ausland/restliche Welt: 78 €. Alle Preise inkl. Versand und – soweit erforderlich – inkl. MwSt.).

Das Abonnement verlängert sich automatisch um den abgeschlossenen Zeitraum, wenn es nicht sechs Wochen vor Ablauf gekündigt wird.

### Einfach ausfüllen und zusenden:

Ich zahle per: ☐ Rechnung  ☐ Bankeinzug

_____
Firma

_____
IBAN

_____
Name, Vorname

_____
BIC/SWIFT-Code

_____
Straße, Nr.

Datum       ✗ Unterschrift

_____
PLZ, Ort, Land

**Widerrufsrecht:** Die Bestellung kann innerhalb von zwei Wochen (rechtzeitige Absendung genügt) bei 360° medien gbr mettmann, Marie-Curie-Str. 31, 40822 Mettmann, E-Mail: info@360grad-medien.de) widerrufen werden.

_____
E-Mail

_____
Telefon, Telefax

Datum       ✗ 2. Unterschrift

 +49(0)2104/5063100     +49(0)2104/5063156     info@360grad-medien.de     360° medien gbr mettmann
Marie-Curie-Str. 31
40822 Mettmann

# IWANOWSKI'S REISEBUCHVERLAG

## AMERIKAS WILDER WESTEN

! „Seit nun fast 20 Jahren reise ich individuell (Mietwagen, auch mal Wohnmobil) durch die Welt. Nachdem ich vor vielen Jahren auf Ihre Reiseführer gestoßen bin, gibt es keine Reise mehr ohne …
Iwanowski's Reiseführer sind einfach die besten!"
**USA-Reisender**

**Traumhaft schöne Routen durch die Bundesstaaten Arizona, Colorado, Idaho, Kalifornien, Montana, Nevada, Oregon, Utah, Washington und Wyoming**

- Ausgewählte Streckenvorschläge für Selbstfahrer, Infos zum Camping und Tipps für Nationalpark-Erkundungen
- Ausflüge in die Westküsten-Metropolen Los Angeles, San Francisco und Seattle
- Mit herausnehmbarer Reisekarte und Karten-Download

**Das komplette Verlagsprogramm finden Sie unter www.iwanowski.de**

Iwanowski's Reisebuchverlag GmbH
Salm-Reifferscheidt-Allee 37 | D-41540 Dormagen
Tel: +49 (0) 21 33/26 03-0 | Fax: -34
E-Mail: info@iwanowski.de

# IWANOWSKI'S REISEBUCHVERLAG

## URSPRÜNGLICHKEIT DER LANDSCHAFT

! „Umfangreichen Allgemeininformationen zum recht großen Zielgebiet von Nordkalifornien über Oregon nach Washington, Montana, Wyoming, Colorado, Utah, Nevada, Idaho, North und South Dakota folgen Reisetipps mit Entfernungstabellen, Kostenbeispielen sowie Routenvorschlägen für Aufenthalte unterschiedlicher Länge, danach die regional geordneten Detailinformationen zum Reisegebiet. Redaktionstipps geben Hinweise auf besondere Sehenswürdigkeiten oder Erlebnisse. Im Anhang befinden sich ausführliche Literaturhinweise sowie das Register. Alle reisepraktischen Infos sind auf aktuellem Stand." **ekz**

- Naturliebhaber entdecken die grandiose Landschaft von der rauen Pazifikküste bis zu den Great Plains; majestätisch erhebt sich die gigantische Bergwelt der Rocky Mountains
- Ideal für Selbstfahrer, mit herausnehmbarer Reisekarte und Karten-Download

**Das komplette Verlagsprogramm finden Sie unter www.iwanowski.de**

**Iwanowski's Reisebuchverlag GmbH**
Salm-Reifferscheidt-Allee 37 | D-41540 Dormagen
Tel: +49 (0) 21 33/26 03-0 | Fax: -34
E-Mail: info@iwanowski.de

# IWANOWSKI'S REISEBUCHVERLAG

## SYMBIOSE AUS STADT UND NATUR

! „Ich mag ja die Iwanowski-Reiseführer super gerne. Gerade wenn wir planen, mit dem Mietwagen auf eigene Faust loszudüsen, nehmen wir den eigentlich immer. Er ist eben auf Individualtouristen ausgerichtet. Wenn man mit dem Leihauto alleine die Region erkundet, gibt es sicherlich nichts Besseres."
**Privater Reiseblog**

**Routen durch Indiana, Minnesota, Wisconsin, New York, Michigan mit Detroit, Chicago/Illinois sowie Pittsburgh in Pennsylvania, Cleveland in Ohio und Kanada: Toronto und Niagarafälle**

- Zeitpläne, Vorschläge für abwechslungsreiche Rundreisen und Routenskizzen
- Nationalpark-Wanderungen, Hausboot- und Kanu-Touren, Besuch der Niagarafälle, Architektur und Kultur Chicagos
- Mit herausnehmbarer Reisekarte und Karten-Download

**Das komplette Verlagsprogramm finden Sie unter www.iwanowski.de**

**Iwanowski's Reisebuchverlag GmbH**
Salm-Reifferscheidt-Allee 37 | D-41540 Dormagen
Tel: +49 (0) 21 33/26 03-0 | Fax: -34
E-Mail: info@iwanowski.de

# IWANOWSKI'S REISEBUCHVERLAG

## ALOHA URLAUBSPARADIES

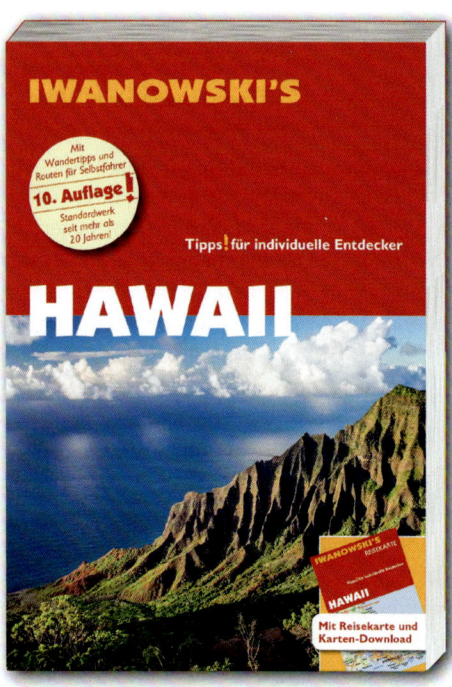

! „Wenn man wirklich die Inseln kennenlernen möchte, dann macht man das am besten auf eigene Faust. Ganz auf sich allein gestellt sein muss man aber nicht, eine große Hilfe ist der Reiseführer ‚Iwanowski's Hawaii'. [...] Des Weiteren finden wir wie bei den Reiseführern aus dem Verlag üblich reichlich Kartenmaterial und Adressen und Telefonnummern. So wird die Reisevorbereitung leicht und das Abenteuer vor Ort gut organisiert."

**testiversum.at**

**Mit den Inseln Big Island, Kauai, Lanai, Maui, Niihau, Molokai und Oahu**

- Ideal für Selbstfahrer und Individualreisende
- Mit zahlreichen Outdoortipps: Wanderungen, Wassersport und Whale Watching
- Mit herausnehmbarer Reisekarte und 46 Detailkarten, die kostenlos heruntergeladen werden können

**Das komplette Verlagsprogramm finden Sie unter www.iwanowski.de**

**Iwanowski's Reisebuchverlag GmbH**
Salm-Reifferscheidt-Allee 37 | D-41540 Dormagen
Tel: +49 (0) 21 33/26 03-0 | Fax: -34
E-Mail: info@iwanowski.de

# IWANOWSKI'S REISEBUCHVERLAG

## ebook-REISEFÜHRER

- Hohe Benutzerfreundlichkeit
- Internetadressen sind extern, Kapitel- und Seitenverweise intern verlinkt
- Je nach Software können Lesezeichen gesetzt, Textstellen markiert sowie Karten gezoomt werden
- In allen gängigen ebook-Shops erhältlich
- Größenänderung von Schrift, Karten und Fotos*
- Suchfunktion innerhalb des ebooks bzw. über Google oder Wikipedia*

\* Funktionalität abhängig vom genutzten Reader

**Das komplette Verlagsprogramm finden Sie unter www.iwanowski.de**

**Iwanowski's Reisebuchverlag GmbH**
Salm-Reifferscheidt-Allee 37 | D-41540 Dormagen
Tel: +49 (0) 21 33/26 03-0 | Fax: -34
E-Mail: info@iwanowski.de

# IWANOWSKI'S REISEBUCHVERLAG

# REISEFÜHRER AUF EINEN BLICK

## REISEHANDBÜCHER

### Afrika
Äthiopien *
Botswana *
Kapstadt & Garden Route *
Kenia/Nordtanzania *
Madagaskar *
Mauritius mit Rodrigues *
Namibia *
Réunion *
Ruanda *
Seychellen
Südafrika *
Uganda *

### Amerika
Bahamas
Barbados, St. Lucia & Grenada
Costa Rica *
Chile mit Osterinsel *
Florida *
Guadeloupe
Hawaii *
Kalifornien *
Kanada/Osten *
Kanada/Westen *
Karibik/Kleine Antillen *
New York *
USA/Große Seen|Chicago *
USA/Nordosten *
USA/Nordwesten *
USA/Ostküste *
USA/Süden *
USA/Südwesten *
USA/Texas & Mittl. Westen *
USA/Westen *

### Asien
Oman *
Rajasthan mit Delhi & Agra *

Shanghai *
Singapur *
Sri Lanka *
Thailand *
Tokio mit Kyoto *

### Australien / Neuseeland
Australien *
Neuseeland *

### Europa
Berlin *
Dänemark *
Finnland *
Irland *
Island *
Lissabon *
Madeira mit Porto Santo *
Malta, Gozo & Comino *
Norwegen *
Paris und Umgebung *
Piemont & Aostatal *
Rom *
Schottland *
Schweden *
Tal der Loire mit Chartres *

### 101...-Serie: Geheimtipps und Top-Ziele
101 Berlin *
101 Bodensee
101 China
101 Deutsche Ostseeküste
101 Florida
101 Hamburg *
101 Indien
101 Inseln
101 Kanada/Westen
101 Kopenhagen *
101 Lissabon *
101 London *
101 Mallorca
101 Namibia *
101 Nepal
101 Reisen für die Seele – Relaxen & Genießen in aller Welt
101 Reisen mit der Eisenbahn – Die schönsten Strecken weltweit
101 Safaris *
101 Skandinavien
101 Stockholm *
101 Südafrika *
101 Südengland
101 Tansania
101 Wien *

## REISEGAST

in ...
Ägypten
China
England
Indien
Japan
Korea
Polen
Russland
Südafrika
Thailand

### Legende:
* mit Extra-Reisekarte
auch als ebook (epub)
Karten gratis downloaden

**Das komplette Verlagsprogramm finden Sie unter www.iwanowski.de**

Iwanowski's Reisebuchverlag GmbH
Salm-Reifferscheidt-Allee 37 | D-41540 Dormagen
Tel: +49 (0) 21 33/26 03-0 | Fax: -34
E-Mail: info@iwanowski.de